汕头港口志

1860~2010

汕头开港150周年纪念丛书

汕头市港口管理局 编

人民交通出版社
China Communications Press

图书在版编目（CIP）数据

汕头港口志 / 汕头市港口管理局编. — 北京：人民交通出版社，2010.11
（汕头开港150周年纪念丛书）
ISBN 978-7-114-08774-5

Ⅰ. ①汕… Ⅱ. ①汕… Ⅲ. ①港口—交通运输史—汕头市 Ⅳ. ①F552.9

中国版本图书馆CIP数据核字（2010）第221835号

汕头开港150周年纪念丛书
书　　名：汕头港口志
著 作 者： 汕头市港口管理局
责任编辑： 乔文平
出版发行： 人民交通出版社
地　　址：（100011）北京市朝阳区安定门外外馆斜街3号
网　　址： http://www.ccpress.com.cn
销售电话：（010）59757969，59757973
总 经 销： 人民交通出版社发行部
经　　销： 各地新华书店
印　　刷： 北京盛通印刷股份有限公司
开　　本： 787×1092　1/16
印　　张： 20
字　　数： 337千
版　　次： 2010年11月　第1版
印　　次： 2010年11月　第1次印刷
书　　号： ISBN 978-7-114-08774-5
全套定价： 460.00元

汕头开港150周年纪念丛书编委会

《汕头港口志》编委会

主　编：陆集源
副主编：黄华生
编　辑：邱子芳　林伟生　许建生　吴志明
邱文广　张义英　杨　冰

目　录

总序言一

港口作为交通运输的重要枢纽,是国家对外贸易的主要门户,也是沿江沿海城市和区域经济发展的重要依托。汕头港历史上是粤东、闽西、赣南物资的重要集散地，素有“岭东之门户，华南之要冲”之称。改革开放后，汕头港作为对外开放的沿海主要港口，成为泛珠三角经济圈和海西经济带的很重要交通枢纽。

自1860年开港以来，汕头港至今已有150年历史。20世纪30年代，汕头港进出港外洋船艘次及吨位数居全国第三位。建国以来特别是改革开放30多年来，汕头港抓住机遇加快发展，走出了一条港城互动的良性发展轨道。2005年以来，汕头港货物吞吐量和集装箱吞吐量年均增长15%和25%，连续5年保持较快增长的良好态势。目前，汕头港已与世界68个国家和地区的289个港口有客货运往来，正在着力打造多功能、综合性、对外开放的东南沿海深水大港。

为纪念汕头港走过的一个半世纪的风雨历程，弘扬港口文化，传承港口历史，汕头市港口管理局精心组织编辑出版了汕头开港150周年纪念丛书。丛书共分《汕头开港150年图像编年史》、《汕头港口志》和《汕头港引航史》三册，从不同角度展现了汕头港口与城市的变迁轨迹。其中，《汕头开港150年图像编年史》以400余幅珍贵的历史照片和图像，分晚清时期、民国时期、解放后至改革开放时期、改革开放时期和规划远景五个部分，展示汕头港的变迁和发展历程；《汕头港口志》，以大量翔实的资料，记述汕头港的悠久历史、地理优势、自然环境、港口建设和人文精神状况，展示了汕头港的发展前景；《汕头港引航史》则全面记录了汕头港引航的发展过程，从一个角度反映了港口城市的演变历史。丛书的出版，为后人留下了宝贵的历史资料，也为今后港口的建设和发展提供了重要的借鉴意义。

希望汕头港以开港150周年为契机，加快实施“以港兴市”发展战略，加快构筑区域交通航运中心，为区域经济社会发展作出新的更大贡献！

二〇一〇年十月二十一日

（中华人民共和国交通运输部副部长）

总序言二

在纪念汕头港开埠150周年、迎来汕头经济特区建立30周年之际，汕头市港口管理局精心编纂的《汕头港口志》、《汕头港引航史》和《汕头开港150年图像编年史》，即汕头开港150周年纪念丛书出版，这是记述汕头港口建设、城市发展的重要文献，引人瞩目，令人喜悦。

汕头于1860年开埠，是近代中国最早对外开放的港口之一，曾被恩格斯誉为中国“唯一有一点商业意义的口岸”，有“百载商埠”的美誉，历来是粤东、赣东南、闽西南的商品集散地，素有“粤东门户，华南要冲”之称。曾有美、英、法、德、日、俄、荷、比等8个国家在汕设立领事馆。汕头港开埠150年，经历了发展—停滞—再发展的路程，既给汕头刻下了半封建半殖民地的印记，又使汕头从封闭走向开放，沟通了与全国各地乃至与世界各国之间的联系，促进近现代工商业发展，并在上个世纪30年代创造了辉煌，年往来外洋船舶艘次及吨位数均占全国港口第3位，仅次于上海、广州；商业之盛居全国第7位，仅次于上海、天津、大连、汉口、胶州、广州，呈现“海渡千帆，楼船万国”的繁荣景象。新中国成立后，汕头港在汕头历届党委、政府的重视下，在历代港口建设者的艰苦创业、顽强拼搏中，规模不断壮大，功能日趋完善，逐步发展成为多功能、综合性、现代化港口，跻身全国沿海25个主要港口行列，与世界68个国家和地区的289个港口有货物往来，并于2009年开通汕-台海上货运直航，成为广东省首个对台海上货运直航港口。改革开放30多年来，汕头得改革开放风气之先，成为全国五个经济特区、沿海开放城市之一，经济社会发展取得了令人瞩目的成就。不仅实现了从计划经济向社会主义市场经济转变，从以农业经济为主向现代工业、服务业综合发展转变，从封闭半封闭状态向开放繁荣、充满活力的滨海城市转变；而且在中西文化的激荡交融中，传承了潮汕传统优秀历史文化，形成了“开放兼容、创新争先”的文化特质和“海纳百川、自强不息”的城市精神。

150年弹指一挥间。150年的历史，在时间长河里只不过是一瞬间，但对于汕头这样一座因开埠而开放，因港口而兴旺的城市来说，却几乎是全部的岁月。汕头开港150周年纪念丛书引领人们穿越时间隧道，探寻汕头城市文化的痕迹与意蕴，以严谨的学风、完备的体例、翔实的资料、朴实的文字、珍贵的图片，全面记述了一个半世纪来汕头城市发展潮起潮落的历史，客观反映了开埠150年汕头港兴衰起伏的轨迹。本丛书不仅直观诠释了城市与港口发展的密切关系，深刻揭示了“以港兴市、港航共荣”的港口城市发展的共同规律，向人们展示了改革开放才是强国兴市之路的普遍真理,而且为所有关心、热爱汕头的人们深入了解汕头市情和发展进程提供了可靠的历史借鉴。同时，也为汕头各级各部门创新发展思路，整合港口资源，引进战略投资者，加快建设东南沿海亿吨深水大港，不断增强区域中心城市辐射服务功能，提供了科学的决策依据和参考。总之，编辑出版汕头开港150周年纪念丛书，对于汕头广大干部群众以史为鉴，继续敢闯敢试、敢为人先，擦亮特区牌子，以改革创新精神增创港口城市新优势、续写科学发展新篇章，具有特殊的现实意义与重要的历史价值。

值此汕头开港150周年纪念丛书付梓刊印之际，谨向辛勤劳动且做出卓有成效工作的全体编纂人员，表示诚挚的问候！向所有为汕头城市和港口发展作出重大贡献的一代又一代建设者，表示崇高的敬意！祝愿汕头在建设亿吨大港、推动科学发展、加快打造区域中心城市的新征程中，迎来更加辉煌的明天！

二〇一〇年十一月八日

（中共汕头市委书记）

《汕头港口志》序言

江河悠远，碧海浩瀚；粤东门户，大路朝阳。

公元2010年，汕头市迎来了开港一百五十周年。一百五十年的时间，在人类发展进步的历史长河里，只是“弹指一挥间”。然而，对江海交汇的港口城市汕头来说，却有着非同寻常的意义。面对中国和平崛起的大趋势，汕头市以科学发展观为统领，为实现展翅高飞的新目标，提出了经济建设与文化建设并重的高要求，内涵丰富，影响深远。汕头港口管理局按照全市的部署，精心策划，组织力量，广集史料，经过细心梳理、辩证与归纳，前后历时数载，同步编纂了《汕头开港150年图像编年史》、《汕头港口志》和《汕头港引航史》，三书一套共同组成了汕头港的专业史丛书，硕果丰盈，不失为向汕头开港一百五十周年献上的一份厚礼。

汕头人杰地灵，物丰埠兴，素有“海滨邹鲁”之称。虽然潮汕地区有着悠久的历史，然而从地理演迁的角度来看，汕头乃是因河流孕育了港口，因港口孕育了城市，其诞生、成长、发展的历程，仅仅几个世纪。所以，汕头市既是一座年轻的、活力勃发的河口型城市，又是一座“因港而生”、“因港而兴”的滨海型城市。由于河流、海洋、港口与城市之间有着千丝万缕、“休戚与共”的联系，所以系统地、求实地、辩证地编纂一部完整的《汕头港口志》，就成为城市文化建设大工程中的一项基础性工程，其必要性和重要性十分显然，同样，其时代性和紧迫性也十分凸显。

“粤东门户”汕头，从昔日海中的“小沙脊”变成为“小渔村”，再由“小渔村”发展为今日的国家级大港和国际性开放城市，不过短短数百个春夏秋冬，这“天翻地覆”的巨大变化，充分展现了汕头市“沧海桑田”的历史变迁。在这伟大的历史变迁中，港口与城市的潮起潮落，兴衰互动，演绎得有声有色。

明永乐年间，现今的汕头市区还是天风海涛，一片汪洋。韩江、榕江和练江携带大量泥沙奔腾而来，汇合于南海，慢慢形成了冲积平原。到明末清初时在这片新生的陆地上，因船舶往来渐多形成了雏形港埠和早期的盐渔集市，时称“沙汕头”。由于通江达海，商贸兴起，“沙汕头”到清代嘉庆年间进一步发展为粤东地区的新兴港口和经贸重镇，进而被称为“沙汕头港”。当时“沙汕头港”已拥有樟林、凤岭、辟望、东陇、庵埠、浮浔、钱东和厦岭等众多子港，“舟楫停泊，若蜂屯蚁聚”，其规模可见一斑；红头八卦、大八桨、大乌底、大圆尾、大青头、大虎绘、白腹龟等各色船舶频繁进出港口，往来穿梭于江河沿海，其繁荣也可见一斑。这两个“可见一斑”，印证了港城互动的诞生与发展的过程。

1840年鸦片战争后，在西方列强坚船利炮的威逼下，中国处于被瓜剖豆分的危难境地，汕头亦不可避免地遭遇了同样的命运，于1860年被迫辟为通商口岸，沦为西方殖民者掠夺的跳板，开始称为“汕头埠”。由于汕头地处韩江和榕江之出海口，“扼商彝出入之冲”，依托富饶的潮汕平原，自然条件优越，英美法日俄等列强纷至沓来，设领馆，办洋行，筑码头，建仓库…… 航线通达欧洲、美洲、澳洲和东南亚地区，“从此举凡潮州出入口贸易者皆以汕头为吐纳”。据史料记载，经汕头进出货物的价值1860年为618万关平两，1880年为2128万关平两，1890年为4403万关平两，1910年为5401关平两。在殖民氛围里，汕头在开埠之后客观上促进了海运贸易的兴盛，地区经济也获得了畸形发展。

1911年进入民国时期，汕头的经济进一步繁荣，港口进一步发展。从1932年到1937年，“各年往来外洋船舶艘次及吨位数均占全国港口第三位”，“商业之盛居于全国第七位”。汕头更在1921年上升为广东省的直辖市，位列全省第二大城市，成为了粤东地区的经济、商贸和海运中心，此时的“汕头市”开始名扬海内外。抗日战争爆发，日寇入侵汕头，控制海关，禁止商贸，港口一落千丈；随着日寇失败命运的来临，更加对港口进行封锁和破坏，设施毁损严重，致使港口变成了一座死港。因遭日寇蹂躏，“汕头商民星散”，经贸商业一派凋敝衰败，汕头亦成为了一座了无生机的城市。抗日战争胜利后国家陷入了内战状态，汕头又无奈地处于动乱之中，港口吞吐量徘徊在30万吨的低水平。尤其在国民党军队败走台湾时，再次涂炭汕头，致使港口瘫痪，城市萧条。

1949年中华人民共和国诞生后，港口恢复生产，经济走出低谷，汕头市生机盎然，奋发向上，景象崭新。始于1979年的改革开放大潮，更将汕头推上了风口浪尖，与珠海、厦门一起，在1981年被国家确定为率先进行试点的“经济特区”，由此迎来了发展经济的最佳历史机遇期。短短三十余年，港口“旧貌换新颜”，迅速崛起为一座现代化的国际性综合大港，跻身于全国沿海二十个主枢纽港之行列；城市“脱胎换骨”，迅速崛起成为东南沿海的一座拥有新兴产业的国际化商贸城市。

《汕头港口志》是一部关于港口的专业志。该志主题鲜明、史料翔实、线条清晰，虽然立足于港口，却是在“港口与城市”的全景式视野下，客观记录了港口诞生、成长与发展的演变历史。其重要性有三点：第一，在中国社会发展的历史进程中，国人自古以来就重视“以史为鉴”，所以就有“盛世修志”的传统，各地认真编纂地方志就是这一优良传统的体现。《汕头港口志》的编纂出版，丰富了汕头市地方志这块园地，在市领导和有关单位关心支持下，由汕头港口界垦殖的这株“幼树”，一定会根深叶茂，传承下去。第二，《汕头港口志》记录了港城发端的缘由历程，也透视了港城跌宕起伏的历史进程。从明清，到民国，再到人民共和国，汕头港一路走来，由屈辱到傲立，由弱小到壮大，由落后到先进，云卷云舒，风雷激荡，充分彰显了汕头人百折不挠，开拓进取，自强不息的人文精神和海洋意识。第三，《汕头港口志》以港口为“舞台”，在一个独特的视角上全方位地铺陈了汕头市的发展历程。可以说，一部港口兴衰史，就是一部城市兴衰史，在港口领域为汕头市进行惠及后人的文化工程建设，一定会产生巨大的社会影响。

对港口城市汕头而言，港口兴旺，城市就兴旺；港口上升为国家层级的开放口岸，城市就上升为国家层级的开放国门；港口“走强港之路”迈向现代化，城市就能“因港而荣”走强市之路迈向现代化。二十一世纪是发展海洋经济的新世纪，今天，当全市纪念开港一百五十周年之际，编纂《汕头港口志》更赋予了新的历史意义。

苏耀光

二〇一〇年十一月八日

（汕头市副市长）

凡　例

一、《汕头港口志》，是潮汕地区有史以来第一部比较全面、系统、有代表性的专业志。

二、本志书所记述的内容时间上限至公元前118年（汉·元鼎五年），下限至公元2010年。

三、本志中所提及时间，新中国成立前，以年号对应公元纪年表述；新中国成立后，以公元纪年表述。

四、本志陆上距离沿袭以往称谓，以“公里”为单位名称；海上距离以“海里”为单位名称。

五、本志记述范围为潮汕地区4市（汕头、潮州、揭阳、汕尾）沿海及内河各港的人、事、物，记述内容以汕头港为重点。

六、本志所称的“汕头”，在潮汕地区4市分设前为整个潮汕地区。

七、本志除概述、大事记及专记和编后记之外，中间分为两大部分，第一部分为“正编”，主要是记述潮汕地区中心港口即汕头港；第二部分为“副编”，主要是记述潮汕地区沿海港口及内河港口。

八、本志涉及的沿海、内河港口（副编部分）资料不全，这是由于潮汕地区行政体制变动，资料没有及时收集，或收集后因保管不好移交时丢失，给编志造成困难。

九、本志“正编”部分的各章节，经常出现汕头港务分局、汕头港务管理局、汕头港务局、汕头市港口管理局、汕头港务集团有限公司等机构名称，这是自1949年新中国成立以来，不同时期的港口管理体制和机构发生变动时的实际称谓。1999年4月，原汕头港务局实施“政企分开”的改革，分别设立汕头港务集团有限公司和汕头港务局。前者负责港口的生产经营，后者负责港口的行政管理。2005年，汕头港务局改称为“汕头市港口管理局”，负责全市的港口的行政管理。

概　述

汕头港开港于1860年1月1日（清咸丰九年十一月十九日），是中国较早对外开放的贸易港口之一，也是粤东、闽西、赣南地区的物资集散地和海上门户，素有“岭东之门户，华南之要冲”之称誉。

由于地理位置重要，区位优势明显，20世纪30年代，汕头港已颇具规模，当时进出港的外洋船艘次及吨位数居全国第三位，仅次于上海港和广州港。

1949年，中华人民共和国成立后，在历次的港口布局规划，汕头港均被定位为国家层面的主枢纽港。改革开放30年以来，汕头港发生翻天覆地的变化，既是全国沿海25个主要港口之一，也是粤东唯一的国家沿海主要港口，规模、区位、资源、交通等方面优势明显。

汕头港位居福州至广州黄金海岸线的中点，是泛珠三角经济圈和海西经济带的重要节点，且濒临西太平洋国际主航线。近年来，在原有国内沿海及近洋航线的基础上，又陆续开通了中东、地中海等远洋航线。汕头港还是广东省距离台湾最近的港口，距高雄仅214海里，2009年1月18日，汕头港实现广东省首个对台海上货运直航，标志着中断半个多世纪的“汕—台海上直航”得以恢复。

一

潮汕地区（包括汕头、潮州、揭阳、汕尾4市）位于粤东南部，东南濒临南海，地理位置座标为北纬22°53′18″至24°14′10″，东经115°36′至117°19′之间。地域面积15617平方公里。境内江河密布，有韩江、榕江、练江、黄岗河和龙江5大水系64条支流；沿海港湾众多，全境有大陆岸线567.5公里，岛屿岸线167.37公里，水路交通四通八达。这种得天独厚的地理位置和自然环境，成为发展港口和航运的巨大优势，并在经济发展和社会进步中发挥着重大作用。

据本地历代地方志书记载，潮汕地区自古至今，拥有大小港口50多处，按类型划分，列明如下：沿海主要港口8处：汕头港、西堤港、广澳港、海门港、莱芜港、南澳港、三百门港、汕尾港。沿海小港口5处：柘林港、海山港、靖海港、神泉港、资深港。内河主要港口6处：韩堤港、潮州港、榕城港、棉城港、东里港、关埠港。内河小港口16处：曲溪港、炮台港、渔湖港、地都港、棉湖港、塔脚港、石马港、长美港、凤岗港、钟堂港、流沙港、洋尾山港、贵屿港、黄岗港、赤凤港、达濠港。废弃港19处（至20世纪末之前废弃）：凤岭港、辟望港、东陇港、庵埠港、浮浔港、南港（南关港）、厦岭港、樟林港、钱东港、浮山港、汫洲港、龙须港、澳角港仔、羊角林港、里湖港、桥柱港、隆津港、后溪港、河婆港。

二

潮汕地区的港口源远流长。

早在西汉时期就有了海上交通的记载。据《史记•东越传》载："汉武帝元鼎五年（公元前112年），南越丞相吕嘉发动叛乱，汉武帝命令江淮以南楼船十万师征讨之。"当时，"东越王余善上书，请以卒八千人从楼船将军击吕嘉。兵至揭阳，以海风波为解，不行，持两端，阴使南越。"当时的揭阳县地域远大于现在的潮汕地区，而以海岸线论，则基本上是一致的。东越的兵船队停泊地点，虽现在还难以确切考证，但可以推测不可能远离韩江、榕江两江的出海口，因为若不泊于两江口，就难以解决8000大军的用水问题。从韩江东溪下游龟山西汉遗址的发现，可与文献相印证。

《隋书•陈棱传》载：隋炀帝大业六年（610年），陈棱"朝请大夫张镇周发东阳兵万余人，自义安泛海击流求国"（隋时的"义安郡"为现潮州的前称，其地域包括现在的粤东与闽南部分地方）。对于这次军事行动的出发港口，潮汕地方志与福建漳泉地方志有不同的推测。假设陈棱是从粤东出发的，则上引记载是对本区海上交通活动的第二次记录。《陈棱传》又载："流求人见船舰，以为商旅，往往诣军中贸易"（注：台湾岛古称流求），据此可推测为彼时常有发自义安的商船前往流求贸易。而陈棱发东阳兵（今之浙江金华），不自就近的温州或福州、泉州港口出，必抵义安后方击流求，或许是由于义安人有航海技术经验的缘故。然则前此本区必已有对外贸易的商港，惟其位置仍未能确指。

中唐时期，海潮涨满，潮水还能沿韩江河道到达城下，贾岛的《寄韩潮州愈》诗有句"海浸城根老树秋"，又《寄韩湘》诗有句"潮州涨满川"应有所据。

宋代以前，本区主要商港是古潮州港。有关古潮州港的最早文献记录是《宋史·外国传·三佛齐传》：“太平兴国五年……是年潮州言，三佛齐国蕃商李甫诲，乘舶载香药、犀角、象牙，至海口，会风势不便，飘船六十日，至潮州。”当时潮州没有设置市舶司（相当海关职能）的建制，地方官不敢接受外国商船货物，经劝说后，该船才驶往广州港，事后地方官员将此事报告朝廷。当时，潮州以南还是一片汪洋大海，距离海岸线已有40多公里。今日潮州市东平路一带，为昔日韩江堤，且有海船停泊于此。潮州城南池湖村，相传有通航安南（即今越南）的码头，曾建过“安南庙”。庙已废，但其地至今尚有“安南渡口”之称。其时潮州港出海主要通道有韩江的支流古潮州溪和古彩塘溪。古潮州溪分汊于潮州竹竿山南，向南偏西流，汇入牛田洋（汕头港内湾）。这道溪形成于汉晋时期，废弃于北宋。从潮州的位置看，这道溪入海距离远远短于其他支流，而牛田洋又是风浪较小的内海，随榕江溯源，北通揭阳，南通潮阳，正是理想的航道。古彩塘溪分汊于西溪龙湖上游，自南偏西方向流入牛田洋。这道溪形成于唐代，它“上达潮州，下通大海，具舟楫之便，而无大洪水之虞”，也是理想的航道。

三

北宋时期，韩江三角洲不断向东南拓展，古潮州溪逐渐淤积湮没，古彩塘溪也湮塞废弃，潮州港口只能向韩江支流另觅出海通道。由于此时韩江东西溪之间江心洲的江东（地名）已基本定型，江东洲两旁的河段开始淤高，韩江三角洲上的中部平原已经形成，这个区域以现庵埠至程洋岗至东陇一线为分界，这一分界就是当时潮州地区沿海岸线。随着韩江三角洲的拓展，海岸线不断向东南延伸，韩江下游西溪、东溪和北溪的港口相继出现。

凤岭港，位于韩江支流东溪与南溪交界处，其遗址在今澄海程洋岗乡外的韩江边，是继潮州港之后，潮汕地区古代中心港口。据地方史志载，凤岭港创立于“兴国丁丑年”，即宋太宗太平兴国二年（977年）。当时经过开发建设，港埠拥有永兴街、新兴街、下市、店铺头、源兴街、沙尾营盘市等建筑物和建成区，形成“之”字形的街头网络。

凤岭港作为潮汕古老的对外贸易口岸，当时出口外销主要是陶瓷产品。宋代，潮州的陶瓷工业已经相当发达，潮州笔架山上有百窑村生产的大量陶瓷产品，用小船经过韩江运抵凤岭港集中，然后用大船或远洋船运往上海、广州以及东南亚等地销售。凤岭港在宋代一直保持着本区主要商贸港的地位。只是到南宋后，由于横陇洲的成陆，南北堤逐渐向海滨修筑，东溪成为韩江排洪干道，凤岭港因此失去优势，逐渐被庵埠港、东陇港、辟望港（南关港）、樟林港和柘林港所取代。

庵埠港位于韩江西溪下游的河道分汊梅溪河西侧。南宋徽宗（赵佶）大观四年（公元1110年），开始有郭姓来此定居，创立郭陇乡，随后杨、陈、王等诸姓也来此定居。淳熙年间，已创立不少乡寨，也有海船在此停泊。现在的金平区湖头至水吼桥一带，那时均为泊船的处所，至今还有咸鱼踏头、盐踏头等古代码头旧迹。据《潮州府志》记载："庵埠集百货之舟，如蜂屯蚁聚"。到宋末，庵埠以南的海滩也已成陆，成为鮀浦盐场。南宋宁宗（赵扩）嘉定十四年（公元1220年），潮州水军移驻鮀浦场"以扼海道"，就是控制进出庵埠的海船航道。到了明代，庵埠湖头乡（今属汕头市金平区）附近有造船厂，为府宪建造兵船。大约在明代后期，庵埠的海上贸易，已有一定基础。

清康熙二十二年（公元1683年）统一了台湾。康熙二十四年（公元1685年），清廷宣布广东的广州、江苏的松江、浙江的宁波、福建的泉州为对外贸易港口，同时设粤、江、浙、闽等四个海关。粤海关成立后，在广东沿海设了6个总口，潮州府属的海关总口设在庵埠。

清乾隆十四年（1749年），"以吴越八闽之舶，时挟资来游，丛聚日众，移通判以驻其地"。此时庵埠港已发展为具有相当规模的商贸港。其出海口溪东港（属澄海县鮀江都）景象繁荣，"舟楫停泊，若蜂屯蚁聚"，庵埠东面梅溪码头"商贾舟楫辐辏"。当时，潮州、樟林、东陇等处货物纷纷"来在梅溪"，别埠货物米谷也"兼时来庵"。道光末年始，庵埠所处的韩江下游双溪口一带，淤积日渐严重。庵埠的地理优势逐渐丧失。位于20余里外的沙汕头（今汕头）便代之而起。

东陇港地处韩江北溪下游，西北达潮州郡城，南通澄海城南门。早在唐宋年代，北溪就是韩江支流的出海通道，东陇港在北溪出海口，前面是南澳岛和柘林湾。《潮州府志》载："东陇在樟林之西，北达郡城，商船停泊之处，为海船出入要隘，木筏、盐船货物总汇之地。其出海处称旂岭港，水自韩江发源而来，往来客舟多泊于此。"到宋代，东陇建有白塔寺，附近的南砂寨在南宋乾道四年（1168年），潮州在此设置水军，为海防重地。至清代，东陇港征税的进口商货船有：江南货船、高州薯苓船、福州杉木寿枋船、福州竹船、福建荔枝船、樟林小贩货船。出口商货船有：往福建单桅船，往惠来商船，往江南糖船，往黄冈平底杂货船、炭船，往樟林杂木船，往南澳杂货船。随着韩江三角洲向东南延伸，东陇港到了清代后改称为樟林港。

南关港（早期为辟望港）在澄海城东南门外，是辟望港的外移、韩江下游诸水“会入于海”之处。一向为海防重地，又为“商渔船只出入咽喉”。凡舆贩外地之船，“千艘万舶悉由澄分达诸邑。”因此，南关是重要的中转港口。樟林、庵埠的物产也到此“开场列肆，随价售直（值）”。清康熙年间粤海关在此设关收税，称南关口，又称澄海正税口。在南关停泊的船舶有上海船、江南船、福建船和高州船等；装卸的货物有上海江南来的金针菜、苎麻，高州来的薯苓，福建来的寿板枋，以及往江南的黄白糖，往上海或省内各地的明瓦等。可见南关港的规模是不小的。南港原为渔港，康熙后期解除海禁后，因东、西港埠头废弃，往来商船多在南港停泊，造成南港在短时间内迅速繁荣。到了道光年间，南港日见淤泥严重，船舶渐渐不能通航，其经济地位逐渐被樟林港和汕头港所取代。

樟林港在澄海城东北15公里，与东陇毗邻，处于韩江支流北溪的出海口。南宋时，樟林还只是个渔村，明代始建樟林寨。清康熙解除海禁后一跃成为“商渔船只停泊之处，米谷积聚之地”。潮州的远洋红头船，多属樟林所有，有“红头船故乡”之誉。

樟林港南北二线的航运同时繁荣，港内经常停泊数十至上百艘大船。各地物资云集于此，由红头船运往天津、上海等地和南洋诸国，又从北方和南洋运来各种货物，堆积如山。樟林村内，大量兴建“洋船栈”，当年南社港周围的仙桥街、长发街、新兴街等环港街道，皆为货栈，大多数货栈门前均附有书斋式建筑，称为“行台”，以接待顾客和洽谈生意。嘉庆四年（1799年），在南社港旁修建的新兴街，就有大栈十八间，小栈三四十间。当年樟林一带栈房的堆存能力，很是可观。全盛时的樟林，有七社九街，店铺近千。樟林港自清康熙年间解除海禁后，发展海上航运。在清乾隆、嘉庆、道光、咸丰四朝的一百多年间，樟林港的海运处在兴盛时期，南北航线同时繁荣。从19世纪70年代（清同治年间）起，樟林港逐渐衰落了。随着樟林港航道的逐渐淤塞，外国汽船取代了我国的红头船，清廷在第二次鸦片战争失败后，汕头被迫辟为通商口岸，至光绪年间，樟林港作为潮汕对外贸易的中心港口地位完全被汕头港所代替。

饶平县和南澳县沿海港口较大的是柘林和深澳两港。柘林在饶平县城东面20里，毗邻福建。港东南为鸡母澳，港西为西澳。两澳“对峙如门，中可避风”，因此从明代起，柘林就是沿海一大港口。清代前中期，澄海县沿海港口的兴起，使柘林港相形见绌。但由于它地居广东与福建交界之处，避风条件较好，仍不失为“商渔船停泊之所”。南澳岛处于闽粤要冲，是我国沿海南北通航必经之地。史称“南澳一镇，为天南第一重地，闽粤两省门户”。1937年，日本人侵略军曾两次于前江湾登上南澳岛。深澳港在南澳岛东北部，港口条件好，据《港规碑记》载：在港口装货的船种有本港单桅船、潭仔船、大船、本港五块底船、贾船、澄海船、黄岗船、诏安大号船。可见深澳亦是粤东沿海的大港。此外，饶平县的沿海港口还有浮浔港。浮浔地处饶、澄两县交界处，“东有海山南、北两溪，南有长山尾，西南有辞郎洲，四面屏蔽，虽在大洋，无风涛之患。为商贾停泊之所”。

原潮阳县有4个港口，分别为达濠、隆津、后溪和海门。达濠港在潮阳东30里，为渔盐集散之地。乾隆年间，这里亦是“琼南广惠往来商船停泊之处”，达濠港停泊的上海、江南船多是糖船，福建船多是竹船，惠州船多装咸鱼等货，庵埠、黄冈、揭阳以及潮属各口双桅、单桅船则多装铁钉、铁锅、麻皮、桐油等杂货。这些船只“来往络绎”。隆津港俗称龙井渡头，位于县城南面练江之畔，为本县古港之一，是潮阳早期主要通商港口，沿练江可通金浦、和平、谷饶、贵屿等地，直抵惠来、普宁，经城南连接后溪港可达汕头、揭阳、潮州，出海门湾可通沿海各口岸。清光绪年间，港区逐渐淤浅，港口外移。民国初期至1965年，隆津港是练江内河客运的主要停泊处，客运甚为兴旺。1970年后，随着龟头海围海造田和海门湾闸坝的建成，水域外移，港口变迁，古港消失。后溪港在潮阳棉城北门外，“乃商渔船只出入咽喉”。乾隆年间，江南、上海、福建以及惠高雷和潮属各地的单桅、双桅商船和小货船、大小渡船均泊于此。古代后溪还是潮州地区盐船的一大集散地。其码头附近的天后庙，占地1400平方米，规模宏敞，说明了后溪港当时的繁盛。海门港在潮阳县城东南20里，为商渔船只停泊处，港内西通练江至和平桥，亦通隆津溪。绕城区西北，达后溪。城临大海，驻参将，为琼南广惠闽浙江苏商船往来之要口，为海防最要。据《粤海关志》记载：上海、江南的糖船就常泊于此港。

揭阳港，古名玉窖，本为渔村，宋绍兴10年置县于此。南北二溪分绕县城，在浦湾渡合流，入牛田洋。港口距外海虽远，但二溪流量大，河道深，故“二水具通潮汐，以上下邑之舟，每候潮始行，吴越岢峨大艘，亦乘潮而泊城下”。乾隆年间，刘业勤作《天后庙重建碑记》就言：“揭地濒海，其土沮洳。近达漳泉，远通吴越。商舻贩舶，出入于稽天巨浸中。”

惠来县沿海港口较大的是神泉港。神泉港在县城南15里，“港北通县城，西达隆江至葵潭。商渔船停泊港内。外有炮台，为惠来门户，海防最要”。清代神泉港有红糖运往福建、上海，有咸鱼、油粄运往潮州。因此，除本港商船外，上海、福建以及本省庵埠、澄海都有商船来此装货。其次是靖海港，距县城50里，“通惠来之西石乡、鸣珂乡，商渔船聚泊于内”，也有糖船、煤炭船等湾泊于此。

海丰县的汕尾港也在清初兴起。清初已在此港设巡检一员，吏一人管理。可见汕尾港的重要。据《粤海关志》记载：清代前中期该港有省城、浙闽、潮惠等地的商船进出，也有本县内河沿岸各乡的船只来往。所装卸的货物主要是糖水、杂货、布疋、咸鱼虾米、煤炭、网具等物。

四

继凤岭、庵埠、东陇、南关、樟林诸港之后，汕头港成为近现代潮汕地区对外海运贸易的中心港口。汕头港随着韩江三角洲不断扩展、变迁而逐渐形成。一千多年前，这里还是一片汪洋大海。正如唐元和十四年（819年），韩愈贬潮（州）时写的《泷吏》诗句有“州（指潮州）南数十里，有海无天地”，可见汕头在唐代中期还是一个大海湾。随着韩江三角洲不断向南延伸，汕头这块地方慢慢地“诞生”了。汕头港是厦岭港演变形成的，汕头旧城区最早见于史籍的是厦岭（今光华埠东南侧）。元代已有厦岭之名。明代初期，厦岭是一个渔村，但其地理位置重要，“扼商彝出入之冲”，是海船出入庵埠港必经之地。在今汕头老市区未成陆之前，厦岭村濒临大海，海船从妈屿口进来后，在厦岭、西港至溪东一带水面停泊。到了嘉靖四十二年（1563年）设置澄海县时，厦岭归属澄海，那时，厦岭已成为商船停泊、货物集散的港埠了。清代初期，郑成功抗清武装力量活动于闽粤沿海，清政府对东南沿海实施严格海禁。康熙元年（1662年）、三年（1664年）先后两次实施“斥地迁界”，沿海居民内迁30里，从此厦岭荒废了三四十年。康熙二十三年（1684年），清政府平定台湾，解除海禁，厦岭和其他沿海港口一样，恢复了航运，很快发展成为一个繁荣的商贸港埠。

汕头港由厦岭港演变而成。明代中期，这里处于浅海湾状态。到明嘉靖初年，厦岭以南几条沙脊渐渐露海面，开始有人来这里设栅捕鱼，称为“沙汕”。正如明嘉靖年间兵部尚书翁万达（蓬洲人，今属汕头金平区）在《鮀济河记》中说："海口有沙汕脊出，横激巨浪，滔涌拍天"。明万历初年，淤积起来的沙脊连成一片，人们称为"沙汕坪"，开始有人来这里捕鱼、晒盐和种植。

清康熙五十六年（1717年），清政府在今汕头市外马路与升平路交叉口北侧建烟墩、筑炮台，称为"沙汕头汛"。雍正八年（1730年），在厦岭天妃宫设立了税站，时称"汕头口"（为粤海关庵埠总口的一个分口），从此"汕头"这一地名逐渐取代了"厦岭"的地名。乾隆年间，汕头较为稳定地发展，许多商贩到这里载盐运销，过往船只越来越多。嘉庆年间，船民、渔民、盐民自愿捐款，在今升平路头建立"天后庙"和"关帝庙"（俗称老妈宫）。那时，今外马路西段，至居平路、安平路、同平路海滨一带是海船停泊区。居平路原名铜山路，其名出处是该路段原来是福建铜山、漳州来的船只停泊地点。随着船民、盐民、渔民和驻防士兵的增多，因生活需要，小贩们在"老妈宫"前摆摊设点，供应居民粮食、燃料、副食品及药品等物资，还有修船工场，后来发展到有固定商铺，由于渔业、盐业生产的发展和航运贸易的日益繁荣，因此，嘉庆十四年（1809年），"沙汕头"又称为"汕头港"。

随着港埠的形成，各地过往商船聚集于汕头港，以榕江和梅溪河为航道，与潮州上下交通，横过牛田洋可达潮州、惠州，溯榕江而上可抵揭阳、普宁。随着庵埠港和樟林港的衰落，汕头港自然而然就上升为潮汕地区"商船停泊之总汇"。

鸦片战争前，汕头已初具商埠雏形，汕头港成为国内一个运输十分繁忙的中转港。由于地理位置重要，自然条件优越，引起外国人的垂涎。汕头开埠前，西方国家的帆船已驶到妈屿海面，进行倾销洋货（主要是鸦片）和贩运人口等非法活动。清咸丰八年（1858年），恩格斯在《纽约每日论坛报》发表的《俄国在远东的成功》一文中指出，汕头是五口通商之后"唯一有一点商业意义的口岸"（《马克思恩格斯选集》第二卷第38页）。第二次鸦片战争失败，根据中美、中英、中法《天津条约》规定，汕头于1860年被迫辟为对外通商口岸，称"汕头埠"，属澄海县鮀浦司管辖。

汕头开埠后，外国资本主义势力纷至沓来，英、美、法、德、日以及挪威、丹麦、荷兰、俄国等9个国家先后来汕设立领事馆，开办洋行、教会和航运机构，建设码头、仓库，开展海运贸易事业。同治元年（1862年），英国汽船首次公开抵汕，随后，美、法、德、日等12个国家的船舶相继来汕。外国船舶来汕运进的外国货物，除了少量的棉花、布匹、工业品外，大部分是鸦片。据

《潮州志》记载："同治三年海关的输入总额为3899542银元，内鸦片为大宗，占2910938银元。"又据《汕头海关志》统计："从1864年至1911年的48年中，汕头港运进外国货物共值67157万银元，其中仅鸦片一项共283535司马担，输出金额约合2.3亿银元；运出的中国货物共值17669万银元，贸易逆差为3.8比1，计49488万银元；征收各种税款约合7958万银元。同一时期，潮汕地区有294万人因生活所迫等原因离乡背井，远涉重洋，到国外、境外谋生，其中大部分以'契约华工'身份前往。"汕头的开埠，记载了西方殖民主义者对潮汕的掠夺，但从客观上说，又对汕头的对外开放，外贸发展起到了推动作用。"从此举凡潮州出入口贸易者皆以汕头为吐纳，汕头与新加坡、暹罗、海防、苏门答腊各地商贸日繁，贸易额也以次激增"。1860年，从汕头口岸进出口货物价值合计6176293关平两(银元)，1880年增长至21275667关平两，1890年再增至44030734关平两，而1910年则为54014382关平两。1864～1911年48年间，共有12个国籍38177艘次总吨位34863000吨的外籍商船进入汕头港。最后几年，平均每年有1300艘次1500000吨位的船只进出汕头港，与开埠初期相比，船只数增加1.6倍，吨位数增加约6.5倍。对外贸易的对象主要是香港、新加坡、曼谷、西贡以及英、美、日本等地区与国家。

汕头港从开埠至20世纪初，经过几十年的建设发展，已成为颇具规模的商贸港口：拥有木栈桥趸船码头6座，仓库200多间（约5万平方米），中外轮船公司10多家，包括英国的怡和、太古轮船公司，法国雷特公司，日本大阪商船会社，泰国中暹轮船公司，还有中国轮船招商局汕头分局、中国民生实业公司汕头分公司等。另有本地太古南记、维记、捷利、和丰、元和、五福等30多家船务行或代理行。汕头港与国内沿海各港通航，并与日本和新加坡、中国香港（英属）等国家或地区及欧洲几个大港通航。1921年汕头港出入船只达到3090艘，总吨位达到390多万吨。鉴于汕头埠发展趋势及经济地位，是年广东省政府设立汕头市政厅，与澄海分治，自此汕头成为广东省的一个直辖市（至1930年正式成立汕头市政府）。20世纪初期，汕头港的辉煌成就驰名中外，引起各界人士的重视。

汕头港随着基础设施的建设，国际航线的开通，促进了港口海运贸易的发展，至20世纪30年代，汕头海运商贸达到了鼎盛时期。据《潮海关史料汇编》载："1932～1937年各年往来外洋船舶艘次及吨位数均占全国港口第三位，仅次于上海、广州"。"1935年进出汕头港国内外船舶共4531艘，6780121总吨位，是开港以后的最高年份"，货运量占全国港口的8.64%。海运贸易的发达，促进了汕头经济的繁荣。至1925年，外国在汕开洋行办企业已有91家，其中英、美、日三国占大部分。1933年，汕头工商业已发展到3441家，分5大类55个行业，各行各业资本达5768万多元。1933年前后几年，汕头市每年贸易额在6—7亿元左右，“商业之盛居于全国第七位，仅次于上海、天津、大连、汉口、胶州、广州”（饶宗颐总纂《潮州志·商业志》）。

1939年6月21日，日本帝国主义军队入侵汕头，控制海关，关闭港口贸易，港口主权和航运权益被日本帝国主义控制和操纵。1941年12月太平洋战争爆发后，港口生产设施遭受严重破坏，港口内外交通中断，“汕头商民星散，人口内迁”，贸易运输一蹶不振，汕头港曾一度成为“死港”。

1945年8月抗战胜利后，汕头港口航运得到恢复，但因战争创伤，加上国民党政府腐败，通货膨胀，港口海运贸易仍处于冷落状态，至汕头解放的前几年港口吞吐量每年只有30万吨左右。

五

1949年10月24日汕头解放，结束了帝国主义列强对汕头人民欺凌的历史，汕头港回到祖国怀抱，获得新生。

汕头解放后的第四天即10月27日，汕头市军管会接管了原国民党统治的港口各个管理机构和轮船公司，建立了新中国的港口管理机构和港口企业。1950年粉碎了败退到台湾的国民党当局妄图封锁汕头港、破坏港口生产的阴谋。“一五”时期修复了码头、仓库，使港口航运得到恢复发展，港口吞吐量从解放初期的三四十万吨发展到1957年的130.3万吨。

从1958年至1978年，汕头港同全国一样，经历了“大跃进”、“经济调整”、“文化大革命”和“拨乱反正”的艰难曲折过程。这20年间，港口生产建设没有大的发展，港口年吞吐量在120万吨至180万吨之间徘徊。1971年周恩来总理主持中央工作之后，港口生产建设有了转机。1973年至1979年建成一座3000吨级泊位客货兼用码头和两个5000吨级泊位杂货码头以及一座外轮航修站，加上浮筒泊位，港口通过能力达到150万吨。

1976年10月“文化大革命”结束。1978年12月党的十一届三中全会制定的改革开放的方针、政策，为汕头港发展带来了机遇，促进了港口管理、生产、建设和贸易运输的发展。

改革开放促进了汕头港生产建设蓬勃发展。至2010年，汕头港已与世界

68个国家和地区的289个港口有客货运往来。拥有生产泊位86个，其中1万～5万吨级泊位18个，年综合通过能力3244万吨，集装箱通过能力58万标箱，旅客通过能力（汕头港客运码头）40万人次。生产能力的提高，促进了港口生产的发展。1993年，汕头港的吞吐量首次突破1000万吨大关。2005年以来，汕头市委市政府和港口管理当局落实广东省粤东工作会议精神，加快实施“以港兴市”的发展战略，货物吞吐量和集装箱吞吐量年均增长15%和25%，连续5年保持快速较快增长的势头，两项指标均高于全国沿海规模以上港口。继2006年突破2000万吨大关之后，2009年全港货物吞吐量突破3000万吨，集装箱突破80万标箱，初步打下规模发展的基础。

改革开放，促进了汕头港海运贸易事业的发展。1980年汕头经济特区创办之后，港埠企业应运而生，至2010年，全市拥有港务、航运、船务、船舶代理和境外航运商常驻机构105家，为汕头港海运贸易发挥了应有作用。

正编

第一章　港口概况

第一节 地理位置

一、港口区位

汕头市位于广东省东部，地理位置东经116°14′40″至117°19′35″；北纬23°02′33″至23°30′50″,东邻潮州市饶平县，西接普宁市，南临南海,历来是粤东、赣南、闽西南的交通枢纽，史称“粤东之门户，华南之要冲”。

汕头港东北距厦门130海里，西南距香港187海里，东距台湾省高雄214海里。汕头市大陆海岸线长263.28公里；另有大小岛屿84个，海岛岸线167.37公里，沿海有广澳、海门等深水岸线资源。榕江航道是潮汕大地上的“黄金水道”，目前可通航3000吨级海轮，5000吨级船舶可乘潮到达揭阳。汕头港通过206国道、324国道、深汕高速、汕汾高速、广梅汕铁路、厦深铁路等与全国集疏运网络相连。

汕头港湾区是一个天然河口港，三面环陆，一面连海，为韩江、榕江、练江出海的总汇，港湾宽阔绵长。北岸是汕头市区中心城区，南岸是濠江区。汕头港老港界（1959年版）东起德州岛最东端，西至龟屿最西端，港区水域面积32.11平方公里。南北两边岸线长21.85公里，南北岸距离1～4公里。港内有大小岛屿五座，分别为妈屿、鹿屿、草屿、龟屿和蛤屿岛。妈屿是汕头港内第一大岛，面积13.2公顷。鹿屿岛又名德州岛，是港内第二大岛，面积11.1公顷。妈屿与鹿屿两岛位于出海口，相互对峙，大小轮船均从这里进出，是汕头港的门户，也是历代海防要地。

广澳港区位于汕头市达濠岛南部的广澳湾内，湾口开阔、水深10米以上，是我国东南沿海难得的优良深水港区，也是汕头港今后发展建设的重点港区。其地理位置东经116°43′36″，北纬23°13′12″。

汕头港的海门港区和田心港区位于企望湾西部，其地理坐标为：东经116°37′04″，北纬23°12′16″，面向南海，水陆交通便利。

莱芜港区位于莱芜岛南侧，三面临海，东与南澳岛隔海相望，西面经莱芜旅游渡假区与大陆相连，地理坐标为：东经116°52′44″，北纬23°25′。

南澳港区位于闽粤交界处的南海北部海面上的南澳岛，地跨东经116°54′43″至117°19′35″，北纬23°11′15″至23°32′26″。

榕江港区位于榕江下游潮阳关埠镇，是汕头港内河运输的枢纽。

二、水陆交通

（一）内河运输

内河主要有韩江、榕江、练江等可通航汕头港。韩江历史上可通航梅州地区和福建龙岩地区，对粤东、闽西南、赣南物资交流曾经起到重要作用。公路和铁路建设近年加速，陆路运输得到很大改善，货运量增长很快，导致内河运输运量大幅下降。目前，韩江、练江已少有货船通航汕头港，内河运输主要集中在榕江航道。

（二）海上运输

至2010年，汕头港与68个国家和地区的289个港口有贸易往来。国际港口航线主要有：汕头至欧洲、美洲、澳洲、中东、地中海、西非等远洋航线；汕头至韩国、日本、朝鲜、泰国、印度尼西亚，菲律宾、越南等近洋航线。国内港口航线主要有：汕头至锦州、大连、营口、天津、秦皇岛、青岛、烟台、日照、连云港、上海、宁波、温州、福州、泉州、厦门、香港、蛇口、黄埔、广州、湛江、海口、北海等24条；2009年1月18日，汕头至台湾高雄及台中航线成功开通，成为广东省对台货运直航第一家，结束了“汕—台”海运中断60年的历史。

（三）公路运输

汕头市公路网由3条国道、9条省道、16条县道及众多乡村公路组成。3条国道分别是G010、G206和G324线，9条省道公别是S231、S232、S233、S234、S235、S237、S335、S336、S337线，国道和省道在公路网中起着重要的骨干作用，是县乡公路构成公路网的基础。汕头市已基本建成以高等级公路为主骨架的公路网。

206国道以汕头市区为起点，北上连接梅州市、赣南地区。324国道连接广州、厦门。汕头至梅州、汕头至深圳、汕头至福建、至江西有多条干线公路和高速公路。公路运输是汕头港最重要的集疏运方式。

（四）铁路运输

“广梅汕铁路”于1995年底建成通车，该线西起广深铁路线东莞境内常平站，东到汕头站，全长474公里。北与京九铁路干线在龙川交汇，与全国铁路相通，初期运输能力290万吨。另由梅州引出通往福建的支线，构成粤赣闽的重要运输通道。“广梅汕铁路”已延伸至珠池港区2号泊位，正线6.3公里。正在建设的有厦（厦门）—深（深圳）铁路。同时，正在规划建设的广澳港区疏港铁路，对汕头港未来的发展有重大的促进作用。

第二节 自然条件

一、汕头湾港区

（一）气象

汕头湾港区分布在珠池肚南、北两岸和老市区南北两岸，据汕头市气象台的多年气象资料，气象台地理坐标为北纬23°24′、东经116°41′，观测场地海拔高度为1.2m。

1.气温

根据气象台1951年～1984年观测资料统计：

年平均气温：	21.3℃
极端最高气温：	37.9℃
极端最低气温：	0.4℃

2.降水

根据气象站1951年～1984年资料统计：

年平均降水量：	1554.9毫米
历年最大降水量：	2420.4毫米
一日最大降水量：	297.4毫米

日降水量≥80毫米平均每年出现2.8天

降雨主要集中在每年的5～8月份，其降水量占全年降水量的65%。

3.雾

年平均雾日为21.4天，雾在全年各月中均有出现，一般春季较多夏季较少。每年1～4月份为雾季，雾日多为23天，少为11天，平均20.3天，连续浓雾有碍航行不超过48小时。

4.相对湿度

年平均相对湿度为82%。

5.风况

根据气象台1985年～1987年资料统计：该地区常风向为ENE；其出现频率为16.44%，次常风向为E；其出现频率为12.76%。强风向为E。每年7～9月份为台风季节，对汕头港有严重影响。

（二）水文

1.潮汐

汕头湾港区潮汐性质属不正规半日潮型，潮汐不等现象较为明显。

潮位特征值（根据妈屿验潮站资料）

历年最高潮位：4.65米

历年最低潮位：—0.29米

平均海平面：1.37米

平均高潮：1.90米

平均低潮：0.87米

平均潮差：1.03米

设计水位

设计高水位：2.28米

设计低水位：0.32米

极端水位

极端高水位：4.31米

极端低水位：—0.46米

汕头湾港区乘潮水位见表1：

汕头湾港区乘潮水位表 表1

累积频率（%）	乘　潮　水　位（m）		
	2小时	3小时	4小时
70	1.68	1.60	1.51
80	1.62	1.54	1.47
90	1.53	1.47	1.41
95	1.44	1.39	1.34

2.波浪

汕头湾口面向南海，湾口附近有妈屿、鹿屿、表角等岛屿形成天然屏障，加之口门外建有导流防沙堤，外海波浪对港内泊稳的影响甚小。

外海不同重现期波要素与广澳港区同。

3.海流

汕头湾潮流性质属不正规半日潮流型。湾内狭长水道的深泓线附近，一般为最大流速的分布区，如鹿屿水道的最大落潮流速可达2.0～3.0米／秒，对导流防沙堤的部分堤段造成一定的冲刷。

（三）泥沙运动

1.泥沙来源

汕头湾泥沙的来源主要有两方面：陆域迳流来沙和海域来沙，但以迳流来沙为主。若湾内建港还应考虑周围的滩地来沙。

湾内迳流主要为榕江和韩江的支流梅溪，湾口外有韩江另一支流新津溪。韩江是条多沙河流，正常年份的5～9月份日最大含沙量可达1.5～1.7千克／立方米，多年平均实测悬移质含沙量为0.292千克／立方米，榕江多年平均实测悬移质含沙量为0.228千克／立方米。根据1976年广东省水文统计，迳流及陆向来水来沙情况见表2：

汕头湾迳流及陆向来水来沙情况表　　表2

河流名称	年迳流量（亿／立方米）	年输沙量（万吨）	备注
梅溪	27.3	79.6	约占韩江11%
新津溪	27.3	79.6	约占韩江11%
榕江	35.2	85.2	泥沙大部分沿途沉降

上述三条河流中，榕江下泄泥沙的粗颗粒部分主要在牛田洋上段（三屿以西）扩散沉积，其细颗粒部分输移较远，沿途沉降；梅溪中的泥沙则大部分注入湾内，成为湾内淤积的主要沙源；口门外的新津溪由于防沙导流堤的建成，其泥沙将很难直接进入湾内。

湾外随涨潮进入湾内的细粉砂主要沉积在珠池肚水域。

2.底质情况及泥沙的淤积形态

整个汕头湾的底质，除梅溪河口和新津溪河口有沙质堆积外，其他地方中值粒径一般小于0.004m，属黏土和沙质黏土。

根据有关资料，珠池肚水域的沉积物粒级成分大致为：粒级＜0.005mm的黏土占40%～60%，粒级0.01～0.005mm的粉砂质黏土占20%，粒级0.05～0.01的细粉砂占10%～30%，粒级0.1～0.05mm的粗粉砂占5%～25%。

根据南京水利科学研究院的计算与分析，汕头湾内的淤积以细颗粒泥沙为主，运移形态为悬移质输运。

目前珠池肚水域的淤积，主要是由于该水域水面宽阔，涨、落潮时湾外的悬移质和上游榕江与梅溪的细颗粒泥沙在流速降低的情况下落淤而致。

（3）动力条件

汕头湾是一个以潮汐作用为主的河口湾，从汕头湾的成因和形态可以看出，并非是因为迳流下泄所致，而是由于榕、韩两江来水来沙条件的差异以及向海淤积发展的不平衡使泥沙围聚而成，湾内的水体以潮水为主。

汕头湾妈屿水文站多年平均潮差1.03米，平均涨潮延时（6小时42分）大于落潮延时（5小时43分），内港最大流速一般出现在高低潮位附近，潮流具有明显的往复流性质，流向与岸线及水下地形基本一致。

汕头湾内纳潮面积目前仅有75平方千米，每日两次各吞吐1亿立方米左右的潮水，年纳潮量高达720亿立方米，这是整个汕头潮汐通道得以维持和保存的动力。根据中科院海洋所计算，汇入汕头湾的年迳流量（包括榕江和梅溪的水量）仅62.5亿立方米，占潮水量的8.7%。可见，湾内泥沙运动的主要动力因素为涨落潮流。

4.泥沙研究的初步结论

通过对汕头湾多年的泥沙调查和研究工作，初步认为汕头湾的发育与形成是韩江来水来沙量较多，韩江三角洲堆积速度较快，而将榕江河口延长的结果，它从喇叭状河口湾的基础上发育而形成一条潮汐水道，不是因本流域的泥沙堆积，而是其邻侧外流域泥沙围聚的结果。随着韩江三角洲的向前堆积，汕头湾必然会向比较规整或平衡的潮水河道演变，故湾内建港要顺应这一自然趋势，人工岸线的建设要考虑和维持河道中水沙运动的自然平衡。

目前由于防砂导流堤的建成，新津溪河口外浅滩的泥沙无法直接进入湾内，可以大大改善珠池港区、马山港区和堤内港区的淤积状况，通过最新测图的对比，结果显示防砂导流堤对减少湾内泥沙来源和淤积有明显作用。

（四）工程地质

1.珠池港区

区表层为较厚的淤泥层，分布广泛且连续，最厚达14.9米，呈饱和流塑状，混砂。其下呈灰色粗砾砂混淤泥，呈灰色、饱和、松散、稍密，混较多淤泥，颗粒不均匀，以中砂混淤泥为主，局部表现为粗砾砂混淤泥、中细砂混淤泥及粉细砂混淤泥。分布广而连续，厚度不均匀，最大厚度8.5米，最小厚度1.5米，贯入击数为7～14击。下面为灰色、饱和、流塑～软塑、粉细砂局部混夹较多的灰色淤泥，此层土的性质不均匀，较多地段呈灰色淤泥质黏土～亚黏土，贯入击数N＝1～5击。再下面为灰黄色中粗砂、灰色饱和松散～稍密的粉细砂和饱和中密～密实的灰色粗砾砂为主的灰色粗砾砂混卵石层，贯入击数N＝18～50击，最下层是坚硬的花岗岩强风化层，标贯击数＞80击，是桩基的良好持力层。从以上地质情况看本区上部沉积了较厚的淤泥、淤泥质土、砂性土等，基底为比较坚硬的花岗岩强风化层。陆域在浅滩填筑而成，需作软基处理。

2. 马山港区

港区表层为较厚的淤泥层，厚约20米，局部夹有黏土和亚黏土，向下局部有厚砂层。底部为花岗岩强风化层，N＞50击，岩面起伏大，为良好持力层。陆域在浅滩填筑而成，需作软基处理。

3. 堤内港区

根据导堤上钻孔资料，大致分三层：上部为灰色细砂、淤泥混砂层，中部为灰色淤泥质土、砂和淤泥的混合层，下部为中细砂、粗砾砂贝壳层，可作为天然地基持力层。

4. 港池、航道疏浚区

港池航道疏浚范围处于海底表面的淤泥层，该层呈灰色，表层灰黑色，饱和，流塑，局部混贝壳，粉细砂。标准贯入击数＜1击。

（五）地震

汕头港所在的汕头地区历史上的地震比较活跃。据历史记载：从公元1067至2008年，地震有128次，其中小于5级的有感地震115次，大于5级的破坏性地震有13次，汕头地区的地震基本烈度为8度。

二、广澳湾港区

（一）气象

广澳港区位于达濠岛西侧南端的广澳湾内，该区属亚热带季风气候，具有气候温和、雨量充沛、光照充足及台风影响大的特点。达濠岛属丘陵地区，港区东北、西北向的陆域，均有海拔高度100米以上的山峰。尽管该区有汕头气象局，达濠盐务局气象站长期资料及表角、马耳角测站部分观测资料，由于地势起伏不平，部分气象要素有较大差异。分析选用汕头气象局、达濠盐务局气象站的观测值，其他观测站资料作为参考。

1. 气温

达濠盐务局气象站多年观测资料统计：

年平均气温：　　　　　　21.5℃

极端最高气温：　　　　　　36.2℃
极端最低气温：　　　　　　 1.8℃

2.降水

达濠盐务局气象站多年资料统计：

年平均降水量：　　　　　　1530.2毫米
历年年最大降水量：　　　　2510.2毫米
一日最大降水量：　　　　　306.4毫米
年平均降水日数：　　　　　117.2天
日降水量≥80毫米暴雨日数年平均：3.7天

从降水量的季节变化看，6月最多，月平均降水量为364.6毫米，约占全年的23.8%，每年雨季为5～8月，其降水量约为年降水量的67%。

3.雾

汕头气象局1966年～1980年资料统计，年平均21.4雾日，各月均有出现，但每年的2～5月出现次数较多。能见度小于1公里的大雾1985年～1987年平均每年实际出现近60小时。

4.相对湿度

达濠站相对湿度多年平均为81%。

5.风

广澳港区陆域山峦起伏，受地形影响风速风向变化较大，不同观测站统计结果有所差异，但从多年观测资料统计结果看，该地区主导风向为ENE，主要出现在每年的1～5月和9～12月，而6～9月主导风向则为偏SSW向，汕头、达濠、表角三测站ENE、E向风出现频率分别为27%、29%、37%。

6.热带风暴和台风

汕头近岸是受台风袭击最频繁的地区，来自西太平洋的台风和南海生成的台风，首先影响该区，对广澳有影响的台风平均每年有8个，其中，中等影响程度以上（过程降雨量超过101毫米，海面风力8级～10级），平均每年2～3个。台风路经本区时，多出现狂风、巨浪暴潮、暴雨，如6001号、7307号台风，过程降雨量分别达439毫米、428毫米；5717号、6213号、6814号台风，广澳近海海面的最大风速均超过40米／秒；6903号、9017号台风路经汕头地区时，极大风速达52.1米／秒、52.9米／秒，属解放以来最强的两次台风。由于狂风暴雨引起的增水，加之大潮汛，1969年7月28日（农历6月15日）出现了历史最高潮位4.65米，给人民的生命财产造成巨大损失。

（二）水文

1.潮位

潮位值均从当地理论最低潮面起算。

（1）潮位特征值

平均海平面：　　　　1.24米

平均高潮：　　　　1.68米

平均低潮：　　　　0.83米

平均潮差：　　　　0.86米

（2）设计水位

设计高水位：　　　2.05米

设计低水位：　　　0.33米

（3）极端水位

考虑了6903号台风的增长和特高潮位，计算结果为：

极端高水位：　　　4.08米

极端低水位：　　　－0.41米

（4）乘潮水位见表3：

汕头港广澳湾港区乘潮水位表　　表3

延时 \ 保证率	70%	50%	90%	95%
乘潮 2 小时	1.48	1.41	1.33	1.25
乘潮 3 小时	1.40	1.34	1.28	1.20
乘潮 4 小时	1.31	1.26	1.21	1.15

2.波浪

（1）波浪概况

企望湾口面向南海，水域开敞，台风（或热带风暴）形成的偏S向大浪，可直接由湾口传入。表角、遮浪两测站多年观测资料统计表明：该海区NE～SSE向波浪为主导波向，出现频率高达70%以上，风浪和以风浪为主的混合浪是本海区的主导波型。为建港需要，四航院于1985年在湾口投放Endeco956测波浮球，取得为期一年的资料，统计结果见波玫瑰图。一年中测得的最大波高为7.1米，平均周期为7.8秒，波向为SE向。

（2）外海不同重现期波要素

中国科学院南海海洋研究所曾对该海区的波浪进行了专题研究，于1992年6月提交了《汕头广澳港及其近岸区的台风波浪和各种重现期波浪要素》专题报告，报告中20米水深处不同重现期波要素见表4：

汕头港广澳湾港区20米水深处不同重现期波要素表　　表4

重现期	50年		25年		10年		5年	
波要素 方向	H4% (m)	T平均 (s)	H4% (m)	T平均 (s)	H4% (m)	T平均 (s)	H4% (m)	T平均 (s)
ENE	6.8	9.3	6.1	8.8	5.3	8.2	4.6	7.6
E	8.9	10.6	7.9	10.0	6.8	9.3	6.0	8.7
ESE	9.5	10.9	8.7	10.5	7.5	9.7	6.3	8.9
S	7.8	9.9	6.8	9.3	5.6	8.4	4.6	7.6
SSW	5.6	8.4	4.9	7.9	3.9	7.0	2.9	6.1
SW	3.5	6.6	3.1	6.3	2.6	5.7	2.0	5.0
SE	9.8	11.1	8.9	10.6	7.5	9.7	6.5	9.0
SSE	9.0	10.7	8.1	10.1	6.8	9.3	5.6	8.4
WSW	2.9	6.1	2.7	5.9	2.2	5.2	2.0	5.0
W	2.6	5.7	2.4	5.5	2.0	5.0	1.8	4.7

3.海流

中国科学院南海海洋研究所于1992年5月6日～13日在拟建港区水域布设六个测点进行大、小潮三站同步25小时连续观测，经计算分析得出：

广澳港区水域属规则半日潮流海区，六个测点表、中、底三层次（WK1＋WO1）／WM2均小于0.5。本区潮流以M2分潮为主，M4分潮次之。M2分潮的潮流椭圆长轴方向基本与等深线平行，潮流基本呈往复流。

该海区潮流主流向为SE—NW，湾口流速大于湾内，表层流速大于中层和底层，湾口大潮最大流速达73厘米／秒，流向为120°。

余流：大潮余流最大流速出现在湾口表层，流速为25厘米／秒，流向为119°，小潮余流最大也在表层，流速为36厘米／秒，流向为114°。

（三）地形、地貌及泥沙运动

广澳湾位于企望湾的东侧，是连岛砂坝形成的海湾，属基岩海岸的海蚀堆积型海湾。湾内水深一般为-5～-8米，湾口水深达-10米以上，进屿头至碓母头之间海底坡度平缓，碓母头至马耳角沿岸，海底斜坡陡峭。

湾内海岸可分为三段：东段由碓母头至达濠水产站，为1公里长的花岗岩侵蚀海岸，广泛发育海蚀崖与岩滩，由于处于自然掩护条件最好的岸段，海蚀崖多生长植物而后退缓慢。中段由达濠水产站至狮山东侧，为1.7公里长的东西向平直沙质海岸。由东向西，自然掩护条件渐差，波能强度渐大，由中细砂缓坡海滩（滩坡为7°～9°）渐变为粗砂较陡坡（在狮山东侧达15°～20°）海滩，海滩陡坡向海延伸的深度由-2米增大至-7米，说明波能渐强，影响深度渐大。中西部海滩发育滩角，平均间距12米，显示泥沙运动以横向运动为主，在达濠水产站以西约200米，仍见已废弃的建于近百年前用于看护鱼具的小屋位于岸边，说明该处海岸近百年来变化甚小。西段狮山至进屿头，为0.8公里东西向花岗岩基岩侵蚀海岸，海蚀崖与岩滩发育，海滩陡坡延伸至海下-7米，波浪作用强。三段海岸共同组成一个向南敞开的对数螺线型海湾。两端的基岩海岸为侵蚀供沙（以及山坡和沟谷来沙）海岸，中段平直沙岸为接受两侧来沙（以及陆地小河沟来沙）的堆积海岸。由于花岗岩抗蚀能力强，后退缓慢，海岸侵蚀供沙及附近陆地供沙都不多，堆积海岸淤长也慢，至今仍为限于岬角之间平衡岸线以内的袋状海滩，所以整个海湾的海岸线都比较稳定。

海湾的海底是一个泥沙堆积区，花岗岩风化基底高程在当地理论最低潮面以下-15～-20米，其上堆积有以全新世中后期海湾相淤泥沉积（厚度2.2～9.5米）为主的松散沉积层，近岸有灰色细砂层。根据83个表层沉积物取样分析资料得知，本海湾海底表层沉积物分布的主要特点是大致以-4米（海湾东部和东北部）和-6米（海湾北部中段）等深线为界，形成两个截然不同的沉积物分布区，即近岸浅水砂质沉积物区与海湾中心粉砂黏土类沉积物区。前者平行于海岸成带状分布由海滩向下，水底质粒径渐细，由粗砂、细砂过渡到细砂、极细砂。砾和砂含量通常在90%以上，尤其在海滩和较浅水区，几乎不含粉砂和黏土，分选很好。后者分布于海湾中部及湾口较深水区域，粉砂与黏土含量通常各占40%～60%，砂含量很小，分选中等。粉砂黏土类沉积区又可分为两部分，北部黏土含量较高，为粉砂质黏土，砂含量多小于2%；南部湾口区沉积物相对变粗，以粉砂为主，为黏土质粉砂，砂含量增高，可达10%以上。

上述沉积物分布特点的形成主要与水动力条件有关，波浪的高能量与高频冲选的改造分选作用使粉砂、黏土颗粒不宜停留，由达濠水产站向西，随着岬角掩护作用减弱和波能增强，砂质沉积物分布区随之向较深水区延伸，与海滩陡坡带向较深水区延伸相一致。在横向上随着水深增加，波浪作用强度减小，沉积物也随之变细。海湾中心和湾口粉砂黏土类沉积区则为潮流作用下悬移质泥沙运动的产物。由于广澳湾潮流流速由湾口向湾内减小，并且在不同的潮汐阶段存在顺时针或逆时针水平环流，使得最细黏土颗粒在环流中心弱流区富集。湾口水流动力较强，且易于受马耳角至礁母头基岩海岸侵蚀产物的影响，显示沉积物粒径变粗且砂砾含量增大。

整个企望湾泥沙来源有陆地径流来砂，海岸侵蚀及海底侵蚀三部分，但数量不大，陆上来砂每年约4万吨，沿岸侵蚀来砂约1万立方米。达濠江虽与汕头港相通，但它是一条汇潮水道，汇潮点在水道中部珠浦附近，韩江（梅溪）及榕江泥沙难以通过达濠江进入企望湾。韩江是粤东海岸最大的泥沙来源，根据水文调查和卫星照片分析，韩江泥沙主要向北、向东扩展，极少向南越过表角和马耳角深水区而进入广澳湾海区。因此，广澳湾既无外来砂源，本地区泥沙又很少，长期维持了较稳定的深水水域。

（四）工程地质

港区位于NE向汕头、南澳两断裂构造带之间，被NW向断裂切割的断隆边缘，区内主要发育第四纪松散沉积与中生代燕山早期与晚期花岗岩体。港区周围有NW、NE向断裂9条，NW向为主，多为压剪性或张剪性，在中生代强烈活动，新生代有继承性活动，第四纪时期大多不活动或活动微弱。其中乌鹿坑断裂走向NW，长1.5公里，倾港区以北3公里有东西向河渡微河渡断裂，西南方4公里有NW向榕江弱活动断裂（向企望湾中部延伸部分），西北方21公里有NE向汕头中活动断裂，东南方8公里有南澳中活动断裂（海上），东南方28公里有NE向闽粤滨海强活动断裂，NE向汕头、南澳及滨海断裂带，在历史上均有地震活动记录，其中滨海断裂带曾发生1918年7.25级南澳大地震。由于这种中活动断裂和强活动断裂均具离港区8公里以外，同时港区是上述断裂围限的相对比较稳定的地块，历史上未曾发生破坏性地震活动，因此，从区域稳定性角度分析，港区属于构造活动相对稳定的地区。

港区内地层自上而下主要分为灰色淤泥、灰色细砂、黄灰色亚黏土（或混砂）、黄灰色中细砂、灰黄色粗砂混黏性土、强风化岩，强风化岩埋深本在－15.0米以下，局部有岩石浅点。

（五）地震

根据广东省地震局1986年1月《广澳开发区地震危险性分析与地震影响小区划综合研究报告》，该地区地震基本烈度为8度。

三、海门湾港区

海门港在练江南面出海口的海门湾内，是潮阳唯一海港，也是广东省一级群众渔港。海门港位于潮阳县海门镇，东经116°25′，北纬23°10′。水域面积42.9万平方米，陆域面积6.6万平方米。航道全长3500米，平均宽度750米，水深5.6米（退潮时4米）。年平均气温21.8℃，年最大风力12级，年平均降雨量1694毫米，属不规则半日潮，最高潮位2.02米（珠基）。海门港交通方便，陆路至潮阳11公里，至汕头27公里；水路至汕头30海里，至香港170海里。水路入海门大闸经练江而上可往普宁等地，经棉城河与榕江、韩江、汕头港沟通。

海门环山抱海，山光绮丽。这里古称海口村，宋代已为潮州主要渔村之一。元末始称海门（意即大海的门户）。明洪武二十七年（1394年），朝廷在海门设置“守御千户所”，筑所城，驻扎水师。清康熙三年（1664）建海门水师营。海门所城城墙，于建国后始拆除，至今残垣尚存。在历史的长河中，海门几经沧桑。道光二十年（1840）前后，海门港与香港、澳门、越南等地区和国家已有频繁的通商贸易。

20世纪30年代，海门港有船只直通港、澳和台湾省，成为粤东重要渔港和通商口岸，曾有“小香港”之称。民国28年（1939），日军侵占汕头后，汕头港贸易停顿，外来商船进出海门港频繁，是海门港极盛时期。抗日战争胜利后至建国前夕，海门港仍有香港商船进出。1952年后，海门港对外通商贸易中断，1975年开始有小货船进出海门港。1984年设立海门公司。

（一）气象

本海区属于亚热带海洋性气候，没有严寒酷暑，气候温和。冬季常受来自高纬度地区冷空气影响，盛行偏北风，夏秋季常受台风影响，春季冷暖空气交替，常出现阴雨多雾天气。

港区气象资料采用潮阳区气象站资料统计（资料年限1955～1986年）。

1.气温

年平均气温：	21.6℃
年极端最高气温：	38℃
年级端最低气温：	0.5℃

2.降水

本地区雨量充沛，雨季旱季明显，降雨多集中在4～9月，占年降雨量的84.7%。

年平均降水量：	1493.8毫米
年最大降水量：	2716.8毫米
日最大降水量：	345.6毫米
最大降雨强度：	87.8毫米／小时

日降水量≥50毫米的暴雨日数年平均40天。

3. 雾

年平均雾日17天，最长连续雾日约5天，多发于2～4月。

4. 湿度

受海洋性气候影响，空气湿度较大，年平均湿度为82%，冬季为78%，夏季为85%～87%。

5. 风

本区属东南亚季风带，风向季节变化明显，冬季多偏北风，夏季多偏南风，春末夏初和初秋季节风较强，通常为4～5级，最大可达8级以上，且持续时间较长。

常风向ENE，频率21.9%；次常风向NE，频率14.5%；强风向为ENE，最大风速8级，次强风向NE。

6. 台风

汕头地区为我国沿海台风暴潮多发地区和最严重地区之一。来自西太平洋的台风和南海生成的台风（包括热带风暴）首先影响汕头近海，历年资料统计，对该区有影响的台风平均每年有8个，其中中等程度以上（过程降雨量超过101毫米，海面风力8级以上）平均每年2～3个，台风路经本区时，产生大风、巨浪、暴雨、暴潮，如6903号、9107号台风分别在惠来、汕头登陆，最大风力达12级，瞬时最大风速近53米／秒，由于大风暴雨加之大潮汛，出现1696年7月28日（农历6月15日）历史最高潮位4.65米，其增长值达3.0米以上。

（二）水文

1. 潮汐

汕头地区的潮汐性质均属不正规半日潮，以下潮位值均以当地理论最低潮面起算。

（1）潮位特征值

最高高潮位：	3.23米
最低低潮位：	−0.39米
平均高潮位：	1.46米
平均低潮位：	0.68米
平均海平面：	1.03米
平均潮差：	0.78米

（2）设计水位

设计高水位：	1.83米

设计低水位　　　　　　0.17米
极端高水位　　　　　　3.43米
极端低水位　　　　　－0.52米

（3）乘潮水位

延时2小时，保证率为90%，乘潮水位为1.11米。

2.波浪

海门湾没有实测波浪资料，取用附近汕头广澳湾的波浪资料。广澳湾位于海门湾东侧约9海里，测波浮鼓抛放在水深13米处，由于两地海域条件基本相似，岸线形态较吻合，故资料可供参考。

该海区NE～SSE向波浪为主导波向，出现频率高达70%以上，风浪和以风浪为主的混合浪是本海区的主导波型。据1985年一年的观测资料，其测得最大波浪为7.1米，平均周期为7.8秒，波向为SE向。

3.海流

湾内潮流性质为往复流，其流势与外海偶合，涨潮流向向东，落潮流向向西。该海区曾在澳内港区设立A、B两个测流点，A点地理坐标为：E：116°37′18″，N：23°10′27″；B点地理坐标为：E：116°36′15″，N：23°10′53″。经实测资料分析得：潮流基本呈往复流，涨潮流向SE，落潮流向NW，涨潮流速大于落潮流速具体见表5：

海门湾潮流实测成果表　　　　表5

站名	项目	涨潮				落潮			
		最大平均流速	最大流速	平均流速	平均流向	最大平均流速	最大流速	平均流速	平均流向
A站	表层	0.14	0.20	0.13	190	0.13	0.20	0.12	340
	0.6H	0.15	0.30	0.13	180	0.18	0.25	0.13	350
	底层	0.09	0.20	0.09	170	0.13	0.02	0.07	330
B站	表层	0.14	0.25	0.13	100	0.18	0.30	0.15	210
	0.6H	0.15	0.30	0.10	50	0.13	0.25	0.11	230
	底层	0.17	0.30	0.06	50	0.11	0.20	0.07	260

（三）地形、地貌及泥沙运动

1.地形及地貌概况

澳内海湾是一个位于海门湾波浪遮蔽带内的小型准对数螺线型海湾。其两岬角相距2.25公里，纵深800米。其水下地形变化较为平缓，除水下礁石部分地形受到一定的影响之外，其他部分的地形没有突上突下的变化。等深线分布大致与湾的外轮相吻合。分布较疏，坡度较缓，湾东的加坑山、尖山，湾中的笔架山均属侵蚀剥蚀低丘陵，湾东南为花岗基岩侵蚀海岸，风化强烈。风化层在海浪的剥蚀下被带到湾内成为沙源之一。

2.泥沙运动

澳内港区起步工程的实测潮流资料和邻近波浪资料表明，本海区潮流动力弱，流速小，但波浪动力较强。

海湾泥沙来源主要是边滩泥沙的搬迁，由于海湾边滩长度、面积有限，因此搬运的泥沙数量很少。外海沿岸流输沙，由于受到湾口岬角的阻挡，加之波浪较弱，很少进入海湾，近岸带的细粉沙层，主要堆积在澳内湾西侧，练江河口以西的沿岸浅滩一带。

流入海门湾的练江全长约99公里，1972年建成龟头海大堤及桥闸后，这条水系来沙大部分落淤在闸内，仅开闸时被落潮流带入湾内，这部分泥沙随湾西沙滩上的部分泥沙在潮余流的作用下，从湾西挟带到湾东。但海门湾的强浪向和常驻浪向均为ES向，它将潮流带来并落淤在海底表层的西向来沙重新掀起，通过沿岸流将它们从湾东侧输运到湾西侧进行推移向西南方向。正是这种波流相互作用，方使澳内湾甚至海门湾始终维持一种相对稳定的平衡状态。

本港区位于澳内湾东、尖山脚下，根据上述泥沙运动分析，不论是上游河流挟带的泥沙还是沿岸浅滩泥沙的局部搬迁，均表明本港区淤积较易保护。

（四）工程地质

港区地质资料分澳内和尖山两处，分述如下：

1.澳内区

灰色淤泥：饱和，流塑，以淤泥为主，含少量粉细沙，贝壳，腐植质等。该层分布于勘察区表层，平均厚度1.29米。

浅黄、灰黄色中沙：饱和，松散～稍密，中沙为主，分选性一般，含少量泥质、贝壳碎片，分布于勘察区的上层。其中，ZK4、ZK7孔缺失，平均厚度2.32米。

灰色粉质黏土：湿，可塑，粉粒，黏粒为主，含沙少量不均，该层在ZK4、

ZK9、ZK14号孔缺失，平均厚度1.78米。

杂色沙质黏性土：灰白、灰黄、粉红等色。湿，可塑～硬塑，由细粒花岗岩风化残积而成。花岗结构可辨，遇水易软化崩解，与下伏强风化花岗岩界线不明显。该层分布于勘察区下部，厚度大，平均8.02米。

强风化花岗岩：灰白、灰黄色，稍湿，硬塑～坚硬，长石大部已风化成高岭土，岩心碎块状。各孔于该层N63.5≥50击处终孔。

2.尖山区

灰色淤泥：饱和，流塑，淤泥为主，含少理粉细沙，贝壳碎片，腐植质，局部夹薄层粉沙。分布于勘察区表部，平均厚度1.55米。

灰色粉质黏土：湿，可塑，由黏粒、粉粒组成，含沙少量，且不均，局部夹沙质黏土薄层。分布于勘察区上部，平均厚度4.95米。

杂色沙质黏性土：灰黄色、灰白色、砖红等色。湿，可塑～硬塑，由细粒花岗岩风化残积而成。花岗结构可辨，遇水易软化，崩解。与下伏强风化花岗岩界线不明显。该层分布于勘察区下部，厚度大，平均8.68米。

强风化花岗岩：灰白色、灰黄色，浅红等色。稍湿，硬塑～坚硬，原岩为细粒花岗岩，长石已大部分风化，岩心碎块状或手捏即碎。本次钻控至N63.5≥50击处终孔。

（五）地震

根据广东省1990年地震烈度区划图，本地区地震基本烈度为7度。

四、田心港区

田心港区位于海门湾，其自然条件参照海门湾统计分析如下。

（一）气象

见海门港区。

（二）水文

见海门港区

（三）地形、地貌及泥沙运动

见海门港区。

（四）工程地质

深灰色淤泥：饱和，流塑，淤泥为主，含少量粉细砂、贝壳、腐殖质。分布于勘察区表部，平均厚度1.35米。

灰黄色中砂：饱满和，松散～稍密，中砂为主，含少量粗、砾砂、泥质、贝壳碎片，分选性较好，分布于勘察区上部，厚度大，平均8.97米。

灰色含贝壳黏土：湿～很湿，软塑～可塑，黏粒为主，含少量贝壳碎片，夹薄层粉土。分布于勘察区中部，厚度大，平均8.43米。

灰色细砂：饱和，稍密，细砂为主，分选好，见于ZK1、ZK2孔，平均厚度3.04米。

深灰色含腐殖质黏土：湿～很湿，软塑～可塑，黏粒为主，含少量腐殖质（腐木碎块），底含砂较多。分布于勘察区下部，平均厚度4.08米。

强风化花岗岩：灰白、灰黄、浅红等色，稍湿，硬塑～坚硬，由细粒花岗岩强风化而成，长石大部分已风化，岩心碎块状或手捏即碎。顶部有厚度不大（＜1.0米）的风化残积砂质黏性土。本次钻探至N63.5≥50击处终孔。

（五）地震

根据广东省年地震烈度区划图，本地区地震基本烈度为7级。

五、莱芜港区

莱芜港位于汕头港北面，澄海东南面的莱芜岛南侧，东经116°4′，北纬23°24′，距澄城11.3公里，有公路相通。该港三面环山，一面望海，港区水深为高潮4.4米，低潮2.2米。据史书记载，明清时代，莱芜是兵防要隘，且是渔船的东北风避风港。清嘉庆年间，莱芜的海外贸易已较兴盛。20世纪60年代修筑海堤与大陆相连，水产部门建了渔业码头，并设立水产购销站和加工场。

（一）气象

莱芜港区位于莱芜半岛与东屿岛之间，气象分析资料来源于原澄海市气象局（1959～1985年）、汕头市气象局并参照原澄海市溪口水文站有关资料。

1.气温

本地区属亚热带海洋性气候，夏季炎热多雨，冬季温和干燥。

年平均气温：	21.2℃
年极端最高气温：	37.2℃
年级端最低气温：	0.4℃

2.降水

本地区降雨多集中在4～9月，占年降雨量的80%。

年平均降水量：	1474.6毫米
年最大降水量	2090.4毫米

日降水量≥50毫米的暴雨日数年平均6.1天。

3.雾

年平均雾日23.6天，全年各月均可出现，但以冬春季为多，夏季为少。

4. 湿度

受海洋性气候影响，空气湿度较大，年平均湿度为82%，冬季为78%，夏季为84%～87%。

5. 风

本区属东南亚季风带，风向季节变化明显，冬季以北风为主，夏季以南风为主。每年9月至次年3月多吹东北到东风，平均风力4级，最大风力8～9级；4月至9月多吹南风，一般风力3～4级，台风路经时可达11级以上。

常风向E，频率18%；次常风向ENE，频率15%；强风向为ENE，次强风向S。

6. 台风

汕头地区为我国沿海台风暴潮多发地区和最严重地区之一。来自西太平洋的台风和南海生成的台风（包括热带风暴）首先影响汕头近海，历年资料统计，本地区台风多发生于每年7、8、9月间，约占年总数的75%；平均每年有两次台风在本地区登陆，近几十年最强一次发生于1969年，风力达12级，风速45米／秒。

（二）水文

1. 潮汐

汕头地区的潮汐性质均属不正规半日潮，以下潮位值均以当地理论最低潮面起算。

（1）潮位特征值：

最高高潮位：	4.60米
最低低潮位：	－0.20米
平均高潮位：	2.01米
平均低潮位：	0.98米
平均海平面：	1.50米
平均潮差：	1.11米

（2）设计水位：

设计高水位：	2.62米
设计低水位：	0.54米
极端高水位：	4.60米
极端低水位：	－0.43米

（3）乘潮水位：

高潮时取延时2小时，保证率为90%，乘潮水位为1.69米；低潮时取延时2小时，保证率90%，乘潮水位为0.65米。

2.波浪

莱芜港区没有实测波浪资料，取用临近海域的波浪资料。临近海域的设计波浪计算以及汕头广澳湾、南澳县云澳站的波浪观测资料可供参考。

本港区常波向SE，强波向为S，次强波向为NE及SW。风浪和以风浪为主的混合浪是本海区的主导波型。据1985年一年的观测资料，其测得最大波高为7.1米，平均周期为7.8秒，波向为SE向。

3.海流

莱芜港区水域属规则半日潮流海区，潮流基本成往复流。主流向为SE～NW，湾口大于湾内，表层大于中层和底层。

（三）地形及地貌及泥沙运动

1.地形及地貌概况

港区位于莱芜半岛东面东屿岛天然海湾处，三面临海，西与大陆相连。莱芜半岛以前为孤岛，后经大规模围垦及自然淤泥堆积逐渐形成现在的半岛形式。东屿岛与莱芜半岛之间靠一人工形成的浅堤相连，涨潮时浅堤淹没，落潮时出露并可行人。莱芜半岛与东屿岛目前为莱芜旅游度假区的风景点之一，海边礁石林立，风光怡人。周边水域广阔，南北沿岸发育有大片浅滩，东屿岛东侧与南澳岛之间有一沿岸流冲刷而成的“南澳深槽”，最大水深13米，北段东南坡度，较陡，西北较缓；南段坡度稍缓。

2.泥沙运动

港区位于韩江三角洲前缘，岛南岸泥沙主要来源是西溪（外砂河）的出海泥沙，岛北侧泥沙主要来源于东溪及北溪的出海泥沙。2米等深线以外的泥沙主要是波浪掀沙，潮流输沙或者直接由潮流输送东、北、西溪的出海泥沙。拟建港口区域近期受淤积影响较小。

在台风浪期间，悬沙含沙量大大增加，同时，沿岸输沙范围较大输沙量亦较大，将对港区造成一定的不利影响。

（四）工程地质

规划港区范围内地质土层按成因大致可分为三大类型。第一类型为第四系淤积层、冲积层，属高—中压缩性土地，容许承载力4～20吨／平方米。第二、三类型为第四系残积层及基岩，容许承载力大于23吨／平方米，基岩以风化花岗岩为基底。

（五）地震

根据广东省1990年地震烈度区划图，本地区地震基本烈度为7度。

六、南澳港区

南澳县是广东省唯一的海岛县，岸线绵长。南澳县位于广东省东部海面，地处东经116°53′43″～117°19′35″，北纬23° 11′15″～23°32′26″。西临澄海县，距莱芜7.6公里，距广州374公里；西南与汕头市相邻，距离21公里；北靠饶平县，距离海山岛5.1公里；东与福建省交界，距东山岛22.3公里；南至公海。海域面积0.4万平方公里，陆地面积109.12平方公里，由23个岛屿组成。

南北朝以前，南澳居民主要聚居点在云澳，云澳地处岛的南部，故有岛南之称。南北朝梁普通四年（公元523年），东阳州改名瀛州，南澳在瀛州的南面，故名瀛南。清齐翀《南澳志》载："南澳古之井澳也，澳城北有古井，清甘上出，相传有南澳即有是井，故名井澳。"到了隋朝（公元581～619），才有南澳之名。

南澳气候属南亚热带海洋性气候，常年气候温和，冬暖夏凉，温光热充足，雨量较少，冬春季旱象突出。多年平均气温21.5℃，最高气温36.2℃，最低气温2.9℃，1月份均温13.94℃，8月份均温27.53℃。多年平均日照2325.3小时，最大年日照2770.9小时，最小年日照1855.5小时，终年无霜冻。年平均降雨量1348.4毫米，集中期为4～9月份。年平均雾日12.1天，海雾天达25天。9月份至次年4月主导风向为东北风，5月至8月为南风。每年6月至9月为台风侵袭的主要季节，最大风速每秒在8.54米，年平均风速为东北偏东每秒6米，年平均台风次数为5.8次，一般风力达9～11级，阵风12级。

（一）气象

本次规划采用云澳海洋站（N23°24′，E117°06′）气象资料统计（资料年限1970～1982年）。

1.气温

南澳岛属南亚热带海洋气候，常年温和，夏长而无严冬，光能充足，热量丰富。

年平均气温：	21.1℃
年极端最高气温：	34.1℃
年级端最低气温：	3.5℃

2.降水

年平均降水量：　　　　　　　　1273.5毫米

年最大降水量：　　　　　1741.0毫米

日最大降水量：　　　　　312.7毫米

降水有明显的季节变化，降水多集中在4～9月份，其降水量为全年降水量的80%左右，6月份最多，月平均降水量257mm，约占全年的20.2%。

3.雾

雾主要发生在春夏季节（2～5月），占全年天数的80%，据统计多年平均雾日为16.9天，能见度小于1公里的大雾年平均天数为9.5天。

4.湿度

年平均相对湿度为80%。

5.风

该地区风况为季风型，冬季多为NNE、NE、ENE向风，夏季多为S和SSW向风，春末夏初为转型期，风向不定。

常风向ENE，其出现频率23.1%；次常风向NE，其出现频率21.8%；强风向为NE，7级以上（含7级）出现频率为2.30%；次强风向为ENE，7级以上（含7级）出现频率为1.6%。

6.台风

汕头地区为我国沿海台风暴潮多发地区和最严重地区之一。来自西太平洋的台风和南海生成的台风（包括热带风暴）首先影响汕头近海，历年资料统计，本地区台风多发生于每年7、8、9月间，约占年总数的75%；平均每年有两次台风在本地区登陆，近几十年最强一次发生于1969年，风力达12级，风速45米/秒。

（二）水文

1.潮汐

汕头地区的潮汐性质均属不正规半日潮，以下潮位值均以当地理论最低潮面起算。

（1）潮位特征值：

最高高潮位：　　　　　2.83米

最低低潮位：　　　　　-0.10米

平均高潮位：　　　　　2.16米

平均低潮位：　　　　　0.88米

平均海平面：　　　　　1.50米

平均潮差：　　　　　　　1.29米

（2）设计水位：

设计高水位　　　　　　　2.54米

设计低水位　　　　　　　0.48米

极端高水位　　　　　　　4.13米

极端低水位　　　　　　　-0.65米

乘潮水位：乘潮2小时，保证率为90%的乘潮水位为1.80米。

2.波浪

根据云澳海洋站1973～1975年波浪观测资料统计分析得：常波向分别为ENE、NE向频率分别为22.85%。次常波向SSE，频率为18.23%，强波向NE，H4%＞1.5米出现频率占5.51%，次强波向为ENE向，H4%＞1.5米出现频率占4.45%。该海区波周期≥7秒的频率占0.46%，波周期≥8s的频率占0.02%。

3.海洋

在云澳湾口外，涨潮时潮流流向由西向东上塑，经云澳湾绕入湾内的部分潮流分量顺岸走向向东推进。到澳前前湾附近，由于岸线从东西走向渐变为南北走向，受地形影响，涨潮流流向在此扭转为由北向南流动。落潮流在云澳湾口由东向西退落，由于小岛官屿的挡拦，落潮流分为两股，一股沿外海侧继续沿西退下，在官屿和烟墩湾间的另一股到达澳前湾南角（外青山）后部分分量拐入湾内顺湾内岸线方向向退落。

渔港口门附近的全潮平均流速较小，一般仅有0.2米／秒左右，流速最大值出现在涨憩前的2～3小时，实测最大流速0.22米／秒。

（三）地形、地貌及泥沙运动

主要介绍本次港口规划的烟墩湾作业区。

烟墩湾背离大陆，又远离黄岗河、韩江和榕江，河流挟带泥沙对该地区基本没有影响，泥沙岩很少，湾内水域稳定，水深条件良好，水质清澈，透明度高，基本无淤泥现象，是天然深水港湾。

（四）工程地质

主要介绍本次港口规划的烟墩湾作业区。

根据海军工程设计研究院勘测大队于1992年10月～12月对烟墩湾的勘察，港区地质根据成因和时代不同可分为三大层。

1.第四系全新海相沉积层

由砂混贝壳和淤泥混砂组成，在整个烟墩湾内普遍分布，根据岩性不同又分三层。

（1）中砂，局部为砂砾、粗砂，灰色，饱和，松散～稍密状态，混贝壳碎片10%～30%，局部混少量淤泥。砂的成分主要为石英，有一定分选和磨图。

（2）淤泥混砂，局部为淤泥质黏土含砂或粗砂混淤泥，灰黑～暗灰色，流塑～软塑状态，饱和，含贝壳碎片。砂含量一般30%左右，成分主要为石英，砾径一般在0.5毫米左右。

（3）粗砂，局部为砾砂或细砂，灰～灰白色，中密～密实状态、饱和。砂为石英质，分选性差。含少量贝壳碎片，局部含泥，以透镜体状分布于烟墩湾中部地段。

2.上第三系至第四系陆相残积层

此层是由花岗岩及岩脉经长期风化作用残积而成的，在烟墩湾广泛分布，根据岩性和物理力学性质不同，从上到下可分为三层。

（1）亚黏土含砂，棕黄夹浅灰色，软塑～可塑状态，饱和，含细料石英小于20%。此层仅见于烟墩湾中北部钻孔。

（2）亚黏土混砂或中砂混黏性土，局部为亚黏土含砂或砾砂混黏性土，棕黄、灰、灰绿、灰白、桔黄等杂色，可塑～硬塑状态，砂混黏性土为中密状态，很湿。砂的含量30%～80%，毫无分选，粗细混杂，矿物成分主要是石英。

（3）砾砂混黏性土地，局部为中砂混黏性土，黄、白、灰等杂色，密实状态，黏性土为硬塑状态。砂含量60%～90%，成分为石英和未完全风化的长石和暗色矿物，粗细混杂。

3.中生界燕山期花岗岩

浅肉红色，中粒等粒结构，块状构造。岩石被北东、北西两组节理切割较破碎，且穿插很多北东向的辉级岩，辉长岩，煌班岩岩脉。本次勘察的部分钻孔只钻到此层顶部，其埋藏深度一般大于6米。

本次勘察未发现不良地质现象，勘察结果表明：第一层海相沉积属高压缩性软弱土层，可作为防波堤的天然抛石基持力层，若作为码头地基，需采取适当处理措施。第二层花岗岩残积层属中压缩性，可作为港区主要水工建筑物的天然地基持力层。第三层花岗岩为良好的桩尖持力层。

（五）地震

根据《广东省地震烈度区划图》，南澳地区地震基本烈度为7度。

第三节 汕头港港界

汕头港自1860年正式开港至2010年，经历了四次港界范围的划分。

（一）1865年确定的港界

清同治四年（1865年），潮海关拟定的《海关章程》，确定汕头港的范围是：“包括一条从塔岛经过鹿屿的南端至南岸的尖顶礁，从东北北（正北以东22°30′）至西南南（正南以西22°31′）的线内，以及另一条在距离汕头炮台西部一英里半的以北至南的线内的这一部分韩江（或称‘汕头河’）”。

（二）1959年确定的港界

根据1959年1月20日公布的《汕头港港章》第一章总则第4条规定，本港港界：东自鹿屿最东端的经线（东经116°45′30″）起，西至龟屿最西端的经线（东经116°38′24″）止，南以南岸为界，北以北岸，沿西堤岸线至韩江口，再自韩江口引一纬线（北纬23°21′33″），通过第三号立标与龟屿最西端的经线相接为界。以上港界包括岸线、岸上码头、仓库、船厂和其他应划为港口应用的有关区域在内，具体范围另定。港内有妈屿、鹿屿（德洲岛）、龟屿、草屿和蛤屿5个岛屿。

汕头港港界范围系交通部海督〔58〕交字第199号文审定和广东省航运厅〔59〕省航监字第007号文经广东省人委同意审核批复的。这是法定的港界范围。但随着交通水运事业的发展，汕头港务管理局没能按港界范围充分使用港区水陆域。

1959年汕头港务管理局与汕头专署交通局将航运部分合并为汕头专署航务局。合并前汕头航运局所属的西堤港务所、四码头作业区船舶航运和装卸作业已有一定规模，实际上早已占有港界范围的一定水陆域，合并期间，更是不分界线，港湾行政管理工作由当时的港航合并的新机构汕头专署航务局港航监督统一管理。到1963年港航分家，为解决分管问题，1963年交通部马部长来汕头，召集有关部门商议，制订了港航监督业务分管联合通知，文号为〔63〕汕港监字97号、〔63〕汕专督005号。联通知规定：在不改变汕头港港界情况下，划定自水警角渡口码头东侧对开向外海面延伸至60公尺，向西行一直线至韩江口第一号浮标南面，再伸一直线至龟屿最西端经线北面上为南北界线，界线以南为外港，界线以北为内港，外港为港务局管理，内港为航务局管理。从此之后，港区水陆域范围分管一直按联合通知规定执行至2000年。

（三）2003年确定的港界

根据2003年3月13日交通部和广东省人民政府《关于汕头港总体规划的批复》（交规划发〔2003〕107号）（2001年版），原则同意规划中各港区水域界限的划分。汕头港水域范围为：西以汕头湾内的三屿为界，北至新津河口，南至濠江河渡西侧S6点，东南以瞭望山W点为圆心，半径14公里的圆孤以内水域。

汕头港水域港界见表6：

水域界限表 表6

控制点	N	S
W 瞭望山	23° 16′ 50″	116° 45′ 10″
S1 三屿	23° 20′ 16″	116° 36′ 05″
S2 三屿	23° 22′ 09″	116° 36′ 05″
S3 新津河口	23° 20′ 59″	116° 45′ 36″
S4 海域	23° 16′ 18″	116° 53′ 21″
S5 海域	23° 09′ 26″	116° 43′ 17″
S6 河渡西	23° 14′ 52″	116° 43′ 16″

（四）2010年确定的港界

根据《汕头港总体规划（修订）》，汕头港港界确定为：

1.水域港界

（1）汕头湾及广澳港区

汕头湾的几个港区和广澳港区形成统一的水域港界。控制点坐标见表7：

汕头湾水域港界控制点坐标表 表7

控制点编号	控制点坐标	
	北纬	东经
S	23° 14′ 37″	116° 44′ 46″
W	23° 16′ 43″	116° 52′ 40″
E1	23° 13′ 40″	116° 47′ 47″
SA	23° 12′ 09″	116° 52′ 32″
SB	23° 07′ 51″	116° 48′ 27″
SC	23° 12′ 33″	116° 42′ 23″
E10	23° 14′ 06″	116° 41′ 45″

（2）海门港区

西侧以海门湾大酒店为界，东至海门电厂外龙头山岬角处，南至尖山南水域内。

水域港界的控制点坐标详见表8：

海门港区水域港界控制点坐标 表8

控制点编号	控制点坐标	
	东经	北纬
S1	116° 39′ 44″	23° 11′ 14″
S2	116° 40′ 11″	23° 11′ 14″
S3	116° 40′ 11″	23° 04′ 17″
S4	116° 37′ 02″	23° 04′ 17″
S5	116° 37′ 02″	23° 10′ 52″

2. 陆域港界

老港区、珠池港区、马山港区和堤内港区的陆域港界维持2001年版规划不变，对广澳港区和海门港区的陆域港界规划如下：

（1）广澳港区

广澳港区陆域港界西起濠江口西侧，东至广达大道及粤东工业基地相邻，北至三寮工业区，港区陆域东西长约10公里，南北最大纵深为2300米，是汕头港近期重点开发建设的中心港区。

广澳港区控制点坐标见表9：

广澳港区陆域港界控制点坐标表 表9

编号	坐标值	
	X（米）	Y（米）
E1	2569812	39479155
E2	2569812	39477873
E3	2569720	39477555
E4	2570285	39477018
E5	2571203	39476359
E6	2571647	39476220
E7	2571647	39473298
E8	2571954	39473325
E9	2571774	39470856
E10	2570634	39468877

（2）海门港区

海门港区陆域港界西起海门湾大酒店东侧，东至龙头山岬角，北以规划的疏港公路为界，海门港区控制点坐标见表10：

港区海门陆域港界控制点坐标表　表10

编号	坐　　标　　值	
	X（米）	Y（米）
E11	2564864	39461286
E12	2564864	39462045
E13	2564508	39462390
E14	2564484	39462404
E15	2564029	39463247
E16	2563969	39463485
E17	2563969	39464052
E18	2564230	39464314
E19	2566439	39464314
E20	2565905	39465106

第四节　港口现状

一、港口的发展历程

汕头港历史悠久，早在晚清时期就已开港，并逐渐成为我国东南沿海的重要商埠，但直到20世纪90年代以前，港口规模很小，泊位最大等级为5000吨级。

20世纪80年代后期，为了适应沿海地区发展战略，振兴地区经济，汕头港的建设进入了一个新的发展阶段，港口基础设施有较大改善。

20世纪90年代以来，汕头港马山港区、珠池港区陆续建设，完成了马山电厂一期工程、珠池港区的一期工程、二期工程和7号、8号国际集装箱码头工程；广澳港区建设了起步工程、东深水防波堤、加德士LPG项目和广澳港区一期工程；海门港区建设了澳内起步工程、华能汕头海门电厂工程正在建设中。

目前，汕头港主要以石油化工、煤炭和集装箱等货种为主，并适当发展钢铁、矿建材料、粮食、化肥等其他货种，港口已经进入综合运输枢纽的发展阶段。

二、港口设施状况

（一）汕头港码头现状

汕头港泊位主要分布在老港区、珠池港区、马山港区、广澳港区和海门港区。至2010年，全港共有生产性码头泊位86个，其中万吨级以上深水泊位18个，港口通过能力3244万吨，集装箱58万TEU，旅客通过能力40万人次。汕头港各港区的泊位分布、构成、用途和能力见表11：

汕头港2010年各港区泊位构成表 表11

港区名称	生产性泊位数（个）	码头长度（米）	泊位等级（DWT）				主要用途	通过能力（万吨）
			5万吨级以上	5万吨级~1万吨级	1万吨级~5000吨级	5000吨级~500吨级		
全港合计	86	9444		18	14	54		3244 / 58
老港区	31	2181			3	28		485 / 8
	23	1334				23	通用	260
	3	297				3	多用途	90 / 8
	3	310			1	2	煤炭	120
	1	100			1		液体化工	15
	1	140			1		客运	40万人
珠池港区	18	2578		9	3	6		725 / 40
	7	576		1		6	通用	96
	6	1102		6			多用途	309
	3	440			3		油品化工	80
	2	460		2			集装箱	240
马山港区	7	801		4		3		571
	2	339		1		1	煤炭	410
	2	122		1		1	重件	
	2	230		1		1	油品	101
	1	110		1			水泥	60
广澳港区	6	1329		4	1	1		479
	3	731		2	1		液化石油气	382
	2	492		2			多用途	97
	1	106				1	通用	
榕江港区	6	390			1	5		68
	5	340			1	4	成品油	52
	1	50				1	通用	16
南澳港区	10	1069			5	5		132
	5	519			2	3	通用	63
	3	230			1	2	成品油	37
	2	320			2		水泥	32
海门港区	6	967		1	1	4		79
	2	457		1		1	煤炭	635
	1	146			1		多用途	38 / 3
	1	120				1	通用	1
	1	94				1	成品油	40
	1	150				1	液化气	50
莱芜码头	2	129				2	通用	20

（二）航道现状

汕头市现有航道7条，分别是：汕头港主航道、广澳港区航道、海门港区航道、濠江航道、榕江航道、棉城河航道和梅溪河航道。汕头港各港区主要航道情况见表12：

汕头港进港航道现状表　　表12

序号	航道名称	长度（公里）	宽度（米）	底高程（米）	备　注（吨级）（船舶吨级）	
					不乘潮	乘潮
1	汕头港外航道	13.168	150	-11.0		30000
2	汕头港内航道	8.54	120	-8.0		5000
3	汕头港广澳港区航道	4.8	165	-13.8		50000
4	汕头港海门港区华能电厂航道	5.4	166	-16.44		70000

（三）锚地现状

汕头全港共有锚地13处，分别是：汕头湾外锚地区、广澳港区油轮锚地区、广澳港区一般锚地区、防台锚地区、内港锚地区、海门外港2号锚地区、海门外港1号锚地区、潮阳引航锚地区、莱芜锚地区、南澳港第一引航锚地区、南澳港第二引航锚地区、南澳港区锚地区、南澳国际避风锚地区，共享海面积8735.2万平方米。

三、港口生产运营状况

2009年，汕头港完成吞吐量3101.8万吨，比上年增10.5%，集装箱吞吐量82.06万TEU，比上年增长14.1%，汕头港货物吞吐量96.9%由中心城区各公司（含广澳港区）完成，除此之外由海门及榕江码头完成，占全港吞吐量的3.1%。

2009年汕头港各港区吞吐量完成情况见表13：

2009年汕头港分港区吞吐量情况表　　表13

港　区	2009年实际完成		泊位数（个）	设计通过能力（万吨/万TEU）
	吞吐量（万吨）	其中：集装箱（万TEU）		
珠池/马山/老港区	2541.2	70.36	57	1781/48
广澳港区	106.4	11.55	6	479/7
南澳港区	28.9	0.15	12	152
海门港区	398.9		5	764/3
榕江港区	26.4		6	68
全港合计	3101.8	82.06	86	3244/58/40

第五节　港口规划

一、港口总体布局

根据2010年《汕头港总体规划（修订）》，港口规划基本内容是：

（一）老港区、珠池港区、马山港区和堤内港区

根据2003年版港口规划，汕头港老港区、珠池港区、马山港区和堤内港区的规划业经国家交通运输部、广东省联合审批。其中，老港区、珠池港区、马山港区已基本建设完成，堤内港区为预留发展港区，本次规划修订维持其原港区布局不变。

（二）广澳港区

根据《汕头市工业经济带控制与发展规划》，汕头市工业经济带总体用地分为三个片区，即濠江临港片区、海门片区和潮南工业走廊。濠江临港片区利用其良好的交通和区位优势，重点发展以石化产业为核心的石油化学产业和物流业。

本次规划修订的广澳港区位于濠江临港片区。根据片区的功能定位，广澳港区在发展深水转运码头的基础上，进一步发展成一座为国家东南沿海的地区性深水港区，也是汕头市今后发展的重点港区。其主要功能为近、远洋集装箱运输、大宗散杂货及石油化工、液体化工运输提供服务，将成为具有物流园区、临海加工、保税仓储等多功能的综合性港区。

（三）海门港区

根据城市经济发展规划，海门片区应积极配合濠江临港片区，以大型临港工业项目为起步，以进口能源物资和原材料为主，并适当发展与之配套的下游企业及配套企业。

海门港区是继广澳港区后汕头市重点发展的又一港区，位于海门片区。应与汕头市工业经济带的规划紧密结合，将以进口能源物资和原材料运输为主，以大型临港工业项目为起步、逐步拓宽投资渠道。海门港区主要为临港工业走廊提供服务，为打造粤东沿海能源和仓储基地、石化产业链服务。

（四）田心港区

田心港区就位于潮南工业走廊。根据规划，潮南工业走廊将重点发展技术含量高、规模效益好、产业集群度高的先进制造业为主的装备制造业、信息制造业和海洋经济产业。田心港区将以业主泊位为起步，结合地区经济发展状况

适时建设。

（五）南澳港区

是远景发展的预留港区，将结合地区经济发展情况适时建设，其岸线资源应予以保护。

（六）榕江港区

是汕头市内河运输的枢纽，随着榕江航道的整治和通航等级的提升，充分发挥沿江的关埠、灶浦等地的码头，形成通过能力，将成为汕头港内河的中转运输中心，为沿江经济服务。并结合沿岸经济发展情况，适时开发建设。

二、港区划分及功能定位

（一）老港区

以内贸货物转运及沿海客运服务为主，逐渐向服务于城市生活功能转换。

（二）珠池港区

以集装箱、粮食和建材运输为主，为汕头市发展外向型经济和临海工业提供服务。

（三）马山港区

以煤炭进口为主，主要为华能电厂提供服务。

（四）广澳港区

根据吞吐量发展水平，结合港区功能定位和建设现状，以“深水深用，合理分区，便于运营管理”为原则，将规划港区从东到西划分为石化作业区、多用途码头作业区、集装箱码头作业区、散杂货码头作业区以及预留发展区。此外，还在濠江口西侧布局了远景发展港区。

广澳港区是汕头市今后发展的重点港区，主要为近、远洋集装箱运输、大宗散杂货及石油化工、液体化工运输提供服务，将建成为具有物流园区、临海加工、保税仓储等多功能的综合性港区。

（五）堤内港区

为预留发展港区。主要为大宗散杂货和外贸集装箱运输服务，相应发展仓储、加工、保税、物流等业务，逐步成为一个多功能、综合性的深水港区。

（六）海门港区

是汕头市重点发展的港区，海门港区与汕头市南部工业经济带规划紧密结合，将以服务进口能源物资和原材料运输为主，以服务大型临港工业项目为起步，逐步拓宽投资渠道。海门港区主要为临港工业走廊提供服务，为打造粤东沿海能源和仓储基地、石化产业链服务。

（七）南澳港区

是远景发展的预留港区，将作为汕头港今后发展的优良岸线资源予以保护。

（八）田心港区

是远景发展的预留港区，将结合地区经济发展情况适时建设，其岸线资源予以保护。

（九）榕江港区

是汕头市内河运输的枢纽，随着榕江航道的整治和通航等级的提升，将成为汕头港内河的中转运输中心，为沿江经济服务。

三、港区布置规划

根据汕头港的性质功能和各港区之间的功能定位，结合目前港口发展建设情况，重点对广澳港区和海门港区进行规划布置。

（一）广澳港区

以濠江口为分界，形成东、西两大作业区。规划期内重点建设濠江口以东作业区。

在濠江口东侧规划建设东、西两条深水防波堤，环抱形成港池；规划新建东外防波堤长度1470米，西防波堤长度约320米（不含西突堤）。口门位于广澳湾口天然水深约-10.0米处，口门宽度约700米（按15万吨级集装箱船控制）。港内布置了三个港池和三个突堤，一突堤宽度800米，二突堤宽度为318米（为石化作业区），三突堤位于濠江口东侧，宽度750米。一、二突堤之间为一港池，也是目前建设中的港池；二突堤与东外防波堤之间为二港池，规划为石化作业区；一突堤与三突堤之间为三港池，主要为集装箱作业区。另外，在马耳角至南牙角外侧布置有5万～30万吨级油品泊位3个。

广澳港区东部作业区可形成生产性岸线长度为11378米，布置0.5万～30万吨级泊位40个。

在濠江口西侧布置远景发展港区。规划建设深水西、南防波堤，与濠江口东侧规划港区陆域结合形成港区；规划新建西防波堤长度5100米，南防波堤长约1300米。口门位于广澳湾口天然水深约-9.0米处，口门宽度700米（按15万吨级集装箱船控制）。港内布置了两个港池、两个突堤，一突堤宽度1000米，二突堤宽度超过1000米；港池宽度为800～1000米。

广澳港区西部作业区（远景发展港区）可以形成生产性岸线长度13330米，布置大型深水泊位35个。

1.作业区布局

整个港区从东到西依次布置石化作业区、多用途作业区、集装箱作业区、通用泊位作业区、集装箱预留作业区和远景发展港区等。

（1）石化作业区

石化作业区位于广澳港区东端，现有一港池南侧岸线、规划二港池和马耳角至南牙角段岸线及后方的港区陆域。结合加德士LPG项目，在现有东防波堤内侧布置了5万吨级油码头一座，并在现有东防波堤外侧回填形成港区陆域（二突堤），在规划第二港和新建东防波堤内侧建设0.5万～10万吨级油品化工泊位9个（亦可考虑建设LNG码头），该段岸线陆域布置油灌区、LPG用地及生产生活辅建区等，陆域纵深大于300米。另外，汕头市规划在汕头南区建设高新技术石油化学工业区，与该工业区的龙头项目“烯烃、芳烃联合装置”配套建设外海30万吨级原油进口码头1个，并在其内侧预留建设10万吨级油码头1个。

石化作业区生产性岸线长度3770米，共布置0.5万～30万吨级泊位15个。

（2）多用途作业区

多用途作业区布置在一港池东侧岸线，由现有的起步工程和在建的一期工程组成，岸线长度675米，布置了2万吨级泊位3个，部分码头结构为5万吨级，可停靠5万吨级集装箱船舶。为近期发展的过渡性作业区，远期随着港区规模的扩大，功能的完善，可改造为集装箱专业化作业区。其后方陆域布置了库场区、辅建区等用地，陆域纵深不足400米。

（3）集装箱作业区

集装箱码头区布置在一港池北侧和西侧岸线，岸线总长度2415米，布置了5万～10万吨级集装箱泊位6个。后方陆域布置了集装箱堆场区、综合办公区、辅建区和集装箱转运站等，陆域纵深从400～2300米不等。

（4）通用散杂货作业区

散杂货作业区布置在一突堤西侧及三港池北侧岸线，岸线长度1550米，共布置2万～5万吨级泊位7个。一突堤的宽度为800米，主要布置堆场和生产性的辅助建筑。三港池北侧岸线后方陆域纵深约1800米，主要布置散杂货堆场、辅建区、仓储加工区和预留发展用地。

（5）集装箱预留作业区

规划三港池西侧和南侧岸线作为规划港区的预留岸线，可布置5万～15万吨级泊位8个，岸线长度为2968米。规划突堤的宽度为750米，主要布置为集装箱堆场。

（6）远景发展港区

为满足港口可持续发展的要求，在濠江口西侧布置远景发展港区，形成生产性岸线长度13330米，布置大型深水泊位35个。

（7）港区支持系统岸线

为满足港区生产作业要求，在规划一港池的东侧、一突堤南侧和远景港区分别布置了港口支持系统岸线，总长度约1300米。

（8）景观区

在规划三突堤的最南端，布置约1000米的亲水岸线。

2.陆域布置

石化作业区位于港区东部，目前已建有加德士LPG项目的3个泊位，规划还可建设12个0.5万～30万吨级油品化工泊位，后方陆域主要布置罐区和生产生活辅助建筑区。

多用途作业区目前已基本形成，由起步工程和广澳港区一期工程组成，共有2万吨级泊位（结构兼顾5万吨级）3个，后方陆域主要布置堆场和生产生活辅助建筑区。

集装箱作业区位于一港池北侧和西侧岸线，可布置5万～10万吨级集装箱专用泊位6个，其后方陆域从前沿至后方依次布置了集装箱堆场、港区物流中心、综合管理办公区（含口岸设施及安全管理控制中心等）和预留发展用地。另外，为满足“区港联动”的要求将设置专用通道实现与保税区顺畅连接。

散杂货作业区布置在一突堤西侧和三港池北侧岸线，一突堤上主要布置堆场和生产性辅助建筑；三港池北侧陆域纵深较大，除布置堆场、生产生活辅助建筑、仓储加工区外，考虑了港区预留发展用地。

整个港区的码头面高程为4.5米。港区陆域高程从码头前沿至后方呈逐渐抬高，其平均使用高程为6～7米。

三突堤岸线作为预留考虑，同时为充分利用广澳深水资源，给港口建设留有长期发展空间，在濠江口规划了远景发展港区。

规划港区（含远景港区）生产性岸线总长度24708米，可布置生产性泊位75个，总陆域面积约2366万平方米，每米码头岸线对应的陆域面积为958平方米。

（二）海门港区

由于华能海门电厂与丰盛电厂两泊位的实施方案已成定局，本次规划在其基础上进行方案布置。

整个港区以丰盛电厂泊位为分界形成东、西两大作业区。

西部作业区位于尖山和练江口之间，自尖山南（丰盛电厂）向西修建防波堤，形成海门港区的西部作业区。防波堤长度约2000米，港区西向及西南方向自然掩护条件良好。西部作业区形成生产性岸线3301米，可布置0.5万～10万吨级泊位16个。

东部作业区位于丰盛电厂和华能海门电厂之间，分别在尖山南和龙头山修建东、南两条深水防波堤，环抱形成东部作业区。防波堤总长度约7500米，并结合东防波堤建设东侧的突堤。口门位于港池南侧水深-12.0米处，口门宽度约550米（按15万吨级散货船控制）。东部作业区岸线长度5410米，可布置5万～15万吨级泊位18个。

另外，在尖山南（丰盛电厂外侧）预留了远景发展港区，可形成生产性岸线长度5632米。

1.作业区布局

港区西部由多用途作业区和石化作业区组成，东部为通用散货作业区。

（1）多用途作业区

多用途作业区布置在西部作业区的北侧岸线，岸线长度1224米，布置了5000吨级多用途泊位7个，兼顾杂货和集装箱的作业。后方陆域布置了库场区、辅建区等用地，陆域纵深200～800米。

（2）石化作业区

石化作业区布置在西侧和南侧岸线，岸线总长度2527米，布置了100000吨级LNG泊位1个，5000～20000吨级油品泊位10个。后方陆域布置了LNG接收站、油罐区、综合办公区和辅建区等，陆域纵深约1000米。

（3）通用散货作业区

散杂货作业区布置在港区东部华能电厂南侧，岸线长度5410米，共布置5万～15万吨级散货泊位18个，可分阶段实施。岸线后方陆域纵深约600～1900米，主要布置散货堆场和辅建区。

（4）远景预留发展区

远景预留发展区位于尖山南（丰盛电厂外侧），预留了远景发展港区，可形成生产性岸线长度5632米。

（5）支持系统岸线

在东、西作业区分别布置了港区支持系统岸线，岸线总长度953米。

2.陆域布置

多用途作业区位于港区西部的北侧岸线，目前已建有海门港务公司2个泊位，规划还可以建设5个5000吨级多用途泊位，后方陆域主要布置堆场和生产生活辅助建筑区。

石化作业区位于港区西部的西侧及南侧岸线，目前已建有弗兰克油码头项目的1个泊位，规划还可建设9个5000～20000吨级油品化工泊位，后方陆域主要布置罐区和生产生活辅助建筑区。

散杂货作业区布置在尖山东侧丰盛电厂和华能海门电厂之间的岸线，可布置5万～15万吨级散货泊位18个，其后方陆域主要布置堆场和生产性辅助建筑。

整个港区的码头面高程为5米，港区陆域高程从码头前沿至后方呈逐渐抬高，其平均使用高程为6～7米。

另外，在尖山南（丰盛电厂外侧）预留了远景发展港区，可形成生产性岸线长度5632米。

规划港区总陆域面积约990万平方米（不含远景预留发展区），生产性岸线长度8711米，可布置生产性泊位34个。每米码头岸线对应的陆域面积约1136平方米。

汕头港广澳港区主要规划指标见表14：

港广澳港区主要规划指标表 表14

序号	项　目	单　位	数　量
1	占用自然岸线长度	米	12280
2	码头岸线长度	米	24708
3	延米岸线对应陆域面积	平方米　/米	958
4	形成泊位数量	个	75
5	港区陆域面积	万平方米	2366
6	港区海域面积	万平方米	1640

注：不含保税区岸线及陆域。

田心港区、南澳港区及榕江港区也是本次规划的港口岸线资源，将视地区经济发展情况，适时启动建设，目前按照本规划作为港口岸线资源的储备，暂不规划具体的建设方案。

汕头港海门港区主要规划指标见表15：

海门港区主要规划指标表 表15

序号	项　　目	单　位	数　量
1	占用自然岸线长度	米	9600
2	码头岸线长度	米	8711
3	延米岸线对应陆域面积	平方米/米	1136
4	形成泊位数量	个	34
5	港区陆域面积	万平方米	990
6	港区海域面积	万平方米	1280

注：不含预留发展区岸线及陆域。

第二章　港口设施

第一节　老港区

一、码头泊位

1938年之前，汕头港的老港区有大小码头31个，包括港区的货运码头、礐石轮渡码头，以及韩堤、乌桥一带的小码头；其中，可靠泊轮船的木栈桥趸船码头7个，分别是：怡和公司1个，太古公司4个，汕头招商分局1个，汕头东亚码头1个。抗日战争爆发之后，1939年汕头沦陷，港口遭受严重破坏，大部分码头设施被日寇飞机炸毁。到1949年汕头市解放时，汕头港仅存下来的码头只有东亚码头和太古（元亨）公司一个残缺不全的货运码头。

（一）木栈桥趸船码头

1860年汕头开港后，轮船抵港多停泊在海上，货物通过驳船装卸驳运。1892年，轮船招商局在汕头港建设木栈桥趸船码头1座，供轮船靠泊装卸作业。以后，外国航运公司先后在本港建设木栈桥趸船码头。至1939年汕头沦陷前，港内有木栈桥趸船码头6座。计怡和公司码头1座（在德安街口怡和公司前）；太古公司码头4座：怡安街口太古公司前1座、中栈巷太古公司前1座、太古43号栈前1座、招商横路太古货仓库前1座（即元亨栈桥）、招商局码头1座（在招商路招商局仓库前）。抗战时期，这些木栈桥趸船码头大部分被飞机炸毁、炸坏。解放后，仅存破烂不堪的太古（元亨）码头。1952年，汕头港在制订第一个五年计划时，提出建设3000吨级泊位码头1座和960米海滨石堤，并被列入广东省第二界人民代表大会的提案。但由于台湾国民党政府经常派遣飞机袭击沿海航行轮船及港口，港口成了国防前哨，故国家“一五”计划汕头港建港规划没有被批准。

1956年港口社会主义改造基本完成，生产得到了统一调度指挥，客观条件促使港口生产需要向前发展。这一年打捞了沉在海底的趸船2艘，经修复后配套引桥，安置在港西作为杂货码头使用。浮趸船码头长55米，宽8.8米，前沿水深-4.4米，可靠泊1000吨级以下轮船。它是汕头港20世纪五六十年代唯一的浮趸船码头，该趸船码头于1977年报废。

1979年和1983年，根据港口生产需要，新建钢质趸船2艘，安置在港西堆场前沿，作为工人上下班交通码头，趸船码头前沿实际水深均为0.5米，码头长12米，靠泊能力200吨。

（二）锚地浮筒泊位

在建设木栈桥趸船码头的同时，招商局及怡和公司，太古公司等国内外航运公司，先后在汕头港施放系船浮筒（俗称水鼓），供船舶抵港停泊使用。至1939年汕头沦陷前，港内固定系船浮筒共有18个，分为二列：靠北的一列是1号、3号、5号、7号、9号、11号、13号、15号共8个；靠南的一列是2号、4号、6号、8号、10号共5个；在亚细亚油库前有系泊油轮的浮筒4个；在石炮台有一个系泊水上飞机的浮筒。这些系船浮筒的泊位，除了国内的招商局仅占有其中一个外（5号浮筒），其余的都属英商太古洋行、怡和洋行、德忌利士洋行、亚细亚洋行、美商德士古洋行。他们占有的泊位，都是港内比较优越的重要位置。

上述系泊浮筒，在抗日战争时期，第2、6、11、13、15号及亚细亚油库码头外的浮筒遭受战争破坏。1945年抗战胜利后，新装了一个＋1号浮筒，以供万吨级船舶系泊之用。解放初，为了适应生产需要，对港内系船浮筒作了调整，除原有＋1号和1号浮筒不动外，废去3号、4号、8号、10号等浮筒，恢复11号浮筒，并将5号、7号、9号3个浮筒的位置从航道中心移开。至此，港内系泊浮筒有+1号、1号、5号、7号、9号、11号等6个浮筒。经过30多年的更新换代，至1987年港口系船浮筒保持6个，为3号、5号、7号、9号、11号、13号浮筒。其中1000吨级2个（11号、13号），4000吨级2个（7号、9号），10000吨级2个（3号、5号）。

港内除了旋转浮筒外，还将整个港区海域划分为若干个船舶停泊区。自石炮台以东的水域为载运易爆危险品船舶的停泊区；自石炮台以西至检疫码头的水域为检疫锚地；自检疫锚地至石炮台为油类装卸区；自石炮台至牛母礁的水域为运载普通货物船舶的停泊区；在牛母礁以西为上游油类装卸区。船舶在港内的防台锚地则在珠池肚及龟屿附近2处。经过历史沿革，现港内锚地共有14处，列号自东至西，东近妈屿，西近龟屿，地质均为泥沙质，低潮面水深为-5.2米至-12米。

（三）　汕头港东亚码头

1939年6月21日，日本帝国主义军队入侵汕头，为了军事需要，日军从1939年下半年开始，在汕头港内建筑一座钢筋混凝土高桩梁板式结构的3000吨级军用泊位码头。码头长80米，宽10米，双引桥。码头于1940末建成使用，称东亚码头。

1945年抗战胜利后，该码头由当时国民党汕头信托局接管，并于1946年移交给潮海关管理，称为“海关码头”。解放战争时期，码头曾一度被国民党军队占用。汕头解放前夕，国民党胡琏兵团从汕头败退时，在潮汕先后抓了一批青壮年，在该码头上船运往台湾当国民党兵。

1949年10月24日汕头解放。该码头仍由海关管理，后由潮汕军分区海巡队使用。1951年移交驻汕海军使用。

1952年12月25日，广州区港务管理局汕头分局根据上级有关接管港务、海务的文件精神，发文通知汕头海关，要求接管该码头。1953年1月2日，汕头海关复函，同意将该码头移交给广州区港务管理局汕头分局。

1953年9月8日，汕头海关接海关总署指示，把该码头及港区避风塘移交给广州区港务管理局汕头分局。因国防需要，由当时的分局局长杨堃珊，与当时驻汕海军司令卢士盛签订码头借用合同。从此以后，该码头一直由驻汕海军使用。

（四）3000吨级泊位客货码头

旧中国，汕头港没有国际客运站。旅客出入境上下轮船由港口木驳船驳运。新中国成立初期，汕头港务局将港东元亨栈因陋就简改为客运站和旅客出入境行李检查场，1956年对该处进行装修，增设了旅客休息室、膳厅、浴室。1961年3月开始开办华侨行李服务工作。

1960年，汕头港开辟汕穗客运航线，由“南海184”轮担负常班客轮。当时把至平路尾一座原怡和仓库改装成为国内航线客运站，我国“跃进”轮事件后，1963年11月汕穗航线停航，该客运站也停止营业。

1969年，为了服务下乡海南岛的潮汕知识青年，开辟了汕琼客运航线。

1971年11月15日，汕头地区水运公司革命委员会（港务、航务机构合并的名称），向广东省交通战线革命委员会申报了3000吨级高桩梁板式码头（即客货码头）建设设计计划任务书。1972年3月17日，广东省交通战线革委会批复同意该项目上马。该工程由广东省航务工程局设计处（后改名为交通部第四工程局设计院）设计，由广东省航务工程局第一工程大队（后改名为交通部第四航务工程局第一工程处三大队）负责施工。1972年9月正式开工，1973年12月13竣工验收。工程总投资结算为145万元，其中码头水工工程136万元，供水工程4万元，供电工程5万元。

3000吨级泊位客货码头（列港务3号码头）位于汕头港老港东侧，码头平面形式为“T”型单引桥，两侧设系船墩。码头结构为钢筋混凝土高桩梁板式结构，长度100米，两侧25米处设系船墩，宽度为22.60米；引桥长度33.60米，宽度20.10米，设计水深为-6.6米，码头前沿底高程为6米。

该码头可兼作停靠客轮，交通部计划统计局核定年通过能力为10万吨（客运除外）。码头建成后，汕头港改变原来轮船过驳作业全靠驳船驳运为有部分可以停靠码头作业，扩大港口通过能力，减少货物运转环节，提高装卸效率和技术水平，减轻工人劳动强度，加快船舶周转。同时置换原来客运设施、改善服务条件，结束了汕头港没有客运码头的历史。

1986年，为扩大港口通过能力，交通部交基516号文《关于汕头港改扩建两个中级泊位初步设计的批复》，同意3号码头改扩建为5000吨级、3000吨级泊位各1个，年通过能力40万吨。码头长220米，向前加30米，前沿水深7.5米，另外，配套有10000平方米宿舍，6000平方米仓库，安装变压器2台400kV·A（千伏安）。码头主体工程于1987年11月27日开工，1988年11月27日完工。整个工程1989年底竣工验收投产。

（五）两个5000吨级泊位杂货码头

汕头港两个5000吨级泊位杂货码头（列1、2号）位于汕头港老港区西侧。1974年8月，国家计委批准建设，1975年2月动工兴建，1976年6月竣工，1978年全部投入使用。码头设计年通过能力为40万吨。该项工程由汕头港自行组织设计，工程投资总概算1629万元。其中码头主体为348.10万元。码头平面形式为“Π”型双引桥，结构为钢筋混凝土高桩梁板式结构；码头长250米，宽24.9米；引桥2座各长62.15米，宽20.10米，设计水深为-7.6米，码头前沿底高程为7.0米；码头主要配套5吨门座起重机4台，流动机械61台，平板车15部，维修设备10台，900匹马力拖轮1艘；配套的仓库、候工室、宿舍共9300平方米以及相应的供电、供水、工程等。

该工程建成后，汕头港进一步扩大了轮船直接靠泊码头的装卸作业能力，同时相应提高机械装卸作业水平，提高了劳动效率，据汕头港统计，该码头泊位占用率高达90%。汕头港两个5000吨级泊位杂货码头配套项目情况见表16。

（六）5000吨级泊位客运码头和客运站

改革开放促进了汕头港客运事业的发展，1980年港口客运量高达26.6万人次。除已经开通的广州、蛇口、香港固定轮航线外，还开通了泰国、海口、三亚等临时航线。每逢节假日及新兵入伍、老兵复员期间，港口客运任务繁重。

汕头港两个5000吨级泊位杂货码头配套项目情况表　　表16

项目名称	项目规格	投资金额	设计单位	施工单位	完成时间
前方仓库	2座面积2965平方米	37.85万元	汕头港务局设计组	港务局工程大队	--
职工宿舍	两幢（万安街）面积4146平方米	47.96万元	同上	基础由港务局工程大队上部机构省二建公司	1978年3月竣工投入使用
候工室食堂浴室	总面积3685.5平方米	总造价31.96万元	—	—	1978年8月28日竣工投入使用
变电房	电房一个面积 397 平方米，电缆沟1273.3平方米	总造价70.59万元	汕头港务局设计组	港务局工程大队	1976年6月
安装交换机	300门交换机 4 座电话机200部等	总造价17.18万元	—	广州航运局通讯站	1978年1月中旬完工28日投入使用
码头前沿挖泥	2个5000吨级和1个3000吨级泊位总挖泥量　280490立方米	总投资120.31万元	—	广州航道局黄埔工程处务局工程大队、玉石挖泥队	1988年7月全部完成
航道疏浚	内外航道挖槽总长　4900米	总投资114.50万元	—	黄埔工程处	1977年9月16日
航标工程	导标3对（即1、2、3号）。在鹿屿设变电房1间，安电机2部，充电房1间26平方米，电机1部	27.66万元	—	港务局工程大队	—
码头供水	铺设水管总长709米，安阀门及消防栓各8个	3.10万元	—	—	—
港区道路改造	将新建1、2号仓周围路面三合土改为混凝土	20.00万元	—	港务局工程大队珠浦工程队	—
装卸机械和船舶	装卸运输机械80台，980匹拖船一艘	516.95万元 100.00万元	—	上海造船厂	1978年4月抵港

由于没有专门客运码头，客轮经常在海中抛锚，用驳船接送旅客，不仅影响货物运输和船舶调度，也影响旅客的安全。早在1975年汕头港上报的汕头港第二作业区第一期设计任务书中就列有客运码头和客运站的项目。当时，交通部和国家计委同意汕头港建设5000吨级码头1座及相应的配套设施。但由于客运码头选址存在分歧而停搁。后在广东省和汕头地、市有关领导的强烈要求下，交通部根据广东省和汕头形势发展的需要，在汕头港重报设计计划任务书之后，于1980年4月30日批准了该设计计划任务书。1980年8月，交通部第四航务工程勘察设计院完成勘查工作，10月底，完成整个工程的设计工作。该工程由

交通部第四航务工程局于1984年11月动工兴建，1985年11月竣工，1986年1月1日投入使用，整个工程投资1761.51万元。该码头长140米，宽12米，引桥长40米，宽12米，平面形式为"T"型单引桥，结构形式为钢筋混凝土高桩梁板式结构，设计水深为-6.6米，码头前沿底高程为6.0米，设计年吞吐量39.68万人次。

随着港口客运量的增长，客运设施不断更新改造。1990年投资104万元改建客运站联检大厅，面积2308平方米。1991年又投资26万元，在客运码头建成一条长78米，宽2.5米，净高2.3米的引桥长廊，避免了旅客上下船日晒雨淋。1995年7月汕头市政府和汕头港务局投资1000万元，将原联检大厅扩建并装饰为豪华旅客侯船大厅（包括联检），面积3500平方米。

（七）5000吨级泊位煤炭码头

1986年以前汕头港尚未有专门煤炭码头，轮船载运煤炭抵港，只能停泊锚地，由驳船驳运至港区岸边起卸，由于没有专用煤炭码头，影响了港口通过能力，同时造成市区空气污染。

1982年，交通部同意汕头港在礐石蜞田海滨虎头山北面与本港航修站毗邻的空地建设1座5000吨级泊位煤炭码头及煤堆场，占地面积37820平方米。工程投资2481.32万元，设计年通过能力100万吨。1984年3月开始围海筑堤填堆场，1984年年底填土工程完成。

煤炭泊位码头由交通部第四航务工程局中标承担施工，1984年9月动工兴建。经过2年零9个月筹备和施工，汕头港5000吨煤炭泊位码头于1986年12月23日经交通部验收合格，1987年2月10日正式投产。

该码头平面形式为"L"型，结构形式为钢筋混凝土高桩梁板式结构。码头长130米，宽为15.5米，码头两侧26米各设系缆墩，泊位总长度为182米，引桥长105.7米，宽8米，码头前沿水深-7.9米，码头前沿高程7.5米。配套设施有500吨级驳船码头1座，长60米，宽10米，引桥长20米，宽8米，码头前沿水深-2.9米，码头前沿底高程为2.5米；煤堆场1个，面积为13200平方米；码头前沿配套安装负荷为10吨的门座起重机2台。

汕头港两个5000吨级泊位杂货码头配套项目情况见表17。

1993年，港务局自筹资金1573.4万元在煤码头东端连接3000吨级杂货泊位1个，码头长120米，宽18米，引桥长120米，宽15米，由汕头经济特区航业建设公司承建，1993年5月22日开工，至1994年8月全面竣工。该码头安装上海港机厂制造10吨门机2台，配套相应的轮胎吊机、叉车、拖头等机械以及新建堆场

7287平方米，形成年20万吨的吞吐能力。

汕头港两个5000吨级泊位杂货码头配套项目情况一览表　　表17

<table>
<tr><th>工程名称</th><th>建筑规模</th><th>备注</th><th colspan="2">工程名称</th><th>建筑规模</th><th>备注</th></tr>
<tr><td>道路</td><td>1615 米</td><td>面积 15633 平方米，其中路宽有 14 米、7 米、5 米</td><td colspan="2">电缆沟</td><td>335 米</td><td>—</td></tr>
<tr><td>休息室</td><td>43.2 平方米</td><td>单层</td><td colspan="2">堆料机基础</td><td>212.5 米</td><td>—</td></tr>
<tr><td>变电所</td><td>338.40 平方米</td><td>2 层</td><td colspan="2">厕所</td><td>41.40 平方米</td><td>—</td></tr>
<tr><td>地磅房</td><td>104.2 平方米</td><td>单层 30 吨地中衡</td><td colspan="2">1 号皮带机房</td><td>107.80 平方米</td><td>栈桥 24.5 平方米</td></tr>
<tr><td>流动机械工具库</td><td>744.2 平方米</td><td>2 层</td><td colspan="2">2 号皮带机房</td><td>45.20 平方米</td><td>栈桥 76.0 平方米</td></tr>
<tr><td>办公楼</td><td>1475.00 平方米</td><td>5 层</td><td colspan="2">3 号皮带机房</td><td>93.00 平方米</td><td>栈桥 184.0 平方米</td></tr>
<tr><td>修理车间材料库</td><td>979.40 平方米</td><td>2 层</td><td colspan="2">灯塔基础</td><td>4 座</td><td>—</td></tr>
<tr><td>食堂</td><td>548.48 平方米</td><td>单层</td><td colspan="2">植树</td><td>2500 棵</td><td>—</td></tr>
<tr><td>加油站</td><td>123.46 平方米</td><td>单层</td><td colspan="2"></td><td>—</td><td>—</td></tr>
<tr><td>消防站</td><td>432.75 平方米</td><td>单层</td><td rowspan="4">污水处理</td><td>调节池</td><td>318</td><td>—</td></tr>
<tr><td>水池</td><td>100 平方米</td><td>—</td><td>沉淀池</td><td>504</td><td>—</td></tr>
<tr><td>水泵房</td><td>29.69 平方米</td><td>单层</td><td>水泵房</td><td>111.5</td><td>2 层</td></tr>
<tr><td>水塔</td><td>100</td><td>支架 30 米高、水箱直径 6.4 米，高 3.2 米</td><td>污水明沟</td><td>6.9</td><td>—</td></tr>
</table>

（八）5000吨级泊位粮食杂货码头

为改造老港区，扩大港口通过能力，解决粤东地区粮食运输问题以及适应外贸运输的需要，1981年，交通部同意汕头港在第1、2号码头与第3号码头中间建设1座2个5000吨级泊位的粮杂兼集装箱码头，该码头设计由交通部第四航务工程勘察设计院承担。整个工程总投资3500万元（包括仓库、机械等配套设施），设计年通过能力70万吨，1983年完成码头的测量和钻探工作，1984年完成码头施工前承包招标工作，交通部第四航务工程局二处中标，1985年4月动工至1987年7月31日完工。该码头平面型为“T”型单引桥，结构形式为钢筋混凝土高桩梁板式结构。码头总长度245米，宽30米，引桥长度约5.5米。码头前沿水深-7.9米，码头前沿底高程为7.5米（当地理论深度基准面）；码头前沿安装2台10吨门机，1台25吨门机；配套粮食仓库6497平方米，改建集装箱堆场5325平方米；配套附属生产设施6078平方米，生活福利设施14367平方米。

（九）东海港务公司码头

1992年，汕头市港口疏浚建设公司筹建粤东混凝土预制场。该项目经汕头市交通办公室同意，市计委批准立项，于1993年9月在礐石塔头山东北海边围海造地建造预制、搅拌系统场地9.5万平方米，配套1000吨级出运码头1座，年预制能力钢筋混凝土构件1.5万立方米。

1994年初，汕头航务工程公司（前身为市港口疏浚建设公司）利用预制场前沿岸线和部分场地建设货运码头。货运码头由广州海上救助打捞局建筑勘察设计所设计，市航务工程公司自行施工，委托汕头港港口工程质量监督站进行质监。该货运码头长340米，宽24米，码头面高程4.3米，前沿水深-7.5米，为3个5000吨级泊位（多用途、杂货、集装箱泊位各1个），年吞吐能力80万吨。另有1000吨级凹入式构件出运码头1座，平台宽14米，凹入水域宽20米，长60米，水深-3.6米。两座码头均为高桩梁板结构。同时抓紧码头后方道路、堆场、仓库的施工，至1996年5月，建成2.4万平方米的集装箱、杂货堆场；简易仓库4座，总面积7200平方米。配套设施有10吨门座起重机3台、40吨多用途门机1台。整个工程于1996年5月竣工，5月23日投入生产，停靠国内货轮装卸货物。8月，经汕头市人民政府口岸办公室批准，东海码头对外籍船舶开放，开始供外轮靠泊直接装卸货物。至此，市航务工程总公司一共投入资金3.2亿元，建成装卸生产码头泊位4个及1000吨级构件出运码头1座。同时建成仓库、堆场、道路、办公楼、候工楼、配电房、地磅房等，总建筑面积近10万平方米，以及消防、环保等配套设施，形成了100万吨吞吐能力。东海码头主要配套项目见表18：

东海码头主要配套项目一览表　　表18

项目名称	规模及主要内容	设计单位	施工单位	竣工时间	质量等级
码头水工	码头长340米，宽24米，出运码头长60米，宽14米	广州救助打捞局勘测设计所	汕头市航务工程总公司	1996.5	优良
护岸	长1600米，抛砌石13.5万立方米	广州救助打捞局勘测设计所	汕头市航务工程总公司	1996.8	合格
陆域填方	填方158万立方米，形成面积20.5万平方米	广州救助打捞局勘测设计所	汕头市航务工程总公司	1997.10	优良
路面工程	堆场12万平方米，道路4万平方米	广州救助打捞局勘测设计所	汕头市航务工程总公司	分期建设分期投产	优良
仓库	6座，建筑面积12000平方米	广州救助打捞局勘测设计所	汕头市航务工程总公司	1996.5	合格
土建工程	办公楼2层，建筑面积2550平方米，候工楼6层，建筑面积3600平方米	广州救助打捞局勘测设计所	汕头市航务工程总公司	1996.3	优良
	配电房800平方米，地磅房150平方米	广州救助打捞局勘测设计所	汕头市航务工程总公司	1996.2	优良
供电照明	电缆沟1250米，灯塔16座	广州救助打捞局勘测设计所	汕头市航务工程总公司	1996.5	合格
装卸机械	45吨门机2台，10吨门机3台，25吨轮胎吊12台，5吨叉车8辆，10吨叉车10辆，拖头板卡25台套，陆上25吨门机1台，40吨正面吊2台，其他配合设备23台套	—	—	—	—

（十）航运公司西堤客运码头

该码头由汕头航务局经营，于1980年1月建成。码头为高桩梁板式结构，长80米，前沿水深-3米，靠泊能力为80吨级，年旅客通过能力400万人次。1982年8月在对岸建成磊口客运码头，长20米，前沿水深-2.5米，靠泊能力为60吨级（与西堤码头配套）。

（十一）航运公司西堤码头

该码头由汕头市航运总公司西堤港务公司经营。1985年10月，汕头市政府批准将镇邦路海滩地近1万平方米划给西堤港务公司建新港区。该工程从1985年11月动工，1989年12月20日竣工。工程投资500万元，建成1000吨级高桩梁板式货运码头1座。码头长95米，宽15米，引桥长100米。码头内档及引桥侧面可供3艘500吨级货轮同时靠泊作业。1990年1月8日正式投入使用。

（十二）航运公司西堤四码头

汕头市航运总公司于1967年修建的简易石堤码头，1989年建成1000吨级货运码头，1994年6月至1995年6月将原石堤码头进行扩建加固，建成长88米、宽9.5米、前沿水深-3米的高桩梁板式结构的500吨级码头泊位2个。配套了2800平方米的生产场地，配备吊机3部，叉车2部，年吞吐能力20万吨。1995年3月至1998年6月，航运总公司又在西堤港区建设护岸式驳船泊位85米，可靠泊500吨级驳船2艘，年吞吐能力13万吨。1996年12月，再在西港建成500吨级泊位3个，码头长238米，前沿水深-2.5米，为钢筋混凝土护壁机构。

（十三）汕头市水运总公司永泰码头

该码头位于市区永泰路尾。由汕头市水运总公司属下永泰港务公司经营。该码头于1983年9月建成投产，以后再进行改造，总长240米，有1000吨级的集装箱泊位1个和500吨级的件杂货泊位3个。配套仓库2200平方米，堆场6400平方米。起重机械6台、运输机械24台，其他专用机械5台。

二、仓库堆场

中华人民共和国成立前，汕头港有货物仓库92座（间），总面积27480平方米，容量60.891吨。抗战期间，一部分仓库遭受战火破坏，抗战胜利后，完整可供使用的只有59间（座），容量49496吨。中华人民共和国成立后，经过三十多年的修理、改建、扩建和新建，至1985年，港务局拥有仓库29座，总面积32169平方米（其中出租给货主单位17间，面积3092平方米），堆场7处，面积24829平方米。库场合计总面积56996平方米，有效面积46746平方米，容量46746吨（包括出租给货主仓库3092平方米）。1985年以后，继续改建旧仓库和建设港区前沿仓库。1993年初至1994年9月，建成港东1、2号码头内档和港西6号码头内档水上平台货场，大幅度增加库场面积，至2000年老港区库场总面积70590平方米，总容量60482吨。

（一）仓库

汕头开港后，帝国主义列强和我国招商局先后在港区建筑堆放货物的仓库。至抗战前，港口共有仓库堆场100多间。抗战期间，许多仓库遭受战火破坏。至解放后遗留仓库情况分布如下：招商局仓库有22间（约建于1890年，全部用本地灰沙泥土石砖瓦以及木材等构成，分布在招商路尾及怀安街两处），可供使用有12间，容量8100吨，倒塌破漏7间，容量3200吨，其他改为职工宿舍及办公厅3间。太古码头有仓库50间（建于1900年至1918年，用灰沙铁梁、瓦以及木材等建成，分布于招商路海旁及海关左侧至至平路口一带），完整可供使用有42间，容量29646吨，破漏8间，容量6995吨。怡和公司有仓库5座（分布在至平路口至怡和角一带，除一座是混凝土结构外，其余都是贝灰、杉木结构），大部分保留完整，容量11750吨。

中华人民共和国成立后，汕头港将倒塌破漏的仓库进行修建，“一五”期间，修理30间，面积3000平方米；1957年新建仓库10间，面积3102平方米。“二五”期间，修理63间，面积1.8万平方米；1958年新建1间，面积398平方米。1958年至1970年，为适应港口机械化生产需要，汕头港务局又对使用的仓库（大部分仓库长期租给货主单位除外）进行了不同程度的改造。

1972年以后，汕头港开始建设码头泊位，同时配套仓库建设。1973年新建港东13号仓，1977年新建港西1号仓、2号仓，1980年改建港西6号仓，1981年改建港中7号仓，1984年改建港东10号仓。1987年建设5000吨级粮食杂货泊位配套仓库6497平方米，1988年改扩建3000吨级客货泊位配套6000平方米仓库，港区前沿仓库12497平方米。另外，汕头市航运总公司和汕头市交通局先后在西堤路海滨一带建筑货物仓库4093平方米，其中航运总公司西堤港务所经营管理的仓库3243平方米，交通局西堤水上运输公社（现为汕头市水运总公司）经营管理的仓库850平方米。

（二）堆场

中华人民共和国成立前，汕头港只有在港东招商局仓库东侧一块不足3000平方米的小堆场，货物堆放主要靠仓库，各船公司的仓库都靠近海滨，打开仓门过了马路就是海。轮船货物装卸靠驳船载运货物靠岸，工人装卸货物可以从驳船直接搬入仓库或从仓库直接搬往驳船。

中华人民共和国成立后，随着国民经济的发展，港口物资日益增多，特别是1956年以后木材、钢材、煤炭大量进港，迫切需要堆场堆放这些货物。1958年，汕头港干部职工积极参加义务劳动，利用生产空隙时间，自力更生，载沙运石，在至平路尾海滨填起堆场面积1663平方米。此后，围海筑堤填堆场成为汕头港一项建设任务，每年进行续建扩建，使堆场从无到有，从小到大。至1964年，堆场已填至海关钟楼前（原避风塘门口），面积2万多平方米。堆场填起后，扩大了港口通过能力，使大宗散庄货物得以堆放，同时给后来发展机械、适应机械化作业创造了客观有利条件。

港西堆场建成之后，接着建设港东堆场。港东堆场建设列入汕头港“三五”建设规划，1965年报广州海运局批准。工程建设项目围筑石堤360米，填积堆场1.8万平方米，工程投资43.2万元。该工程于1966年开工，至1968年底完成避风塘口门东侧石堤170米，填堆场0.6万平方米。但由于“文化大革命”的影响，致使工程中断，至1969年底，石堤发生滑移倒塌，花费2万元才修复。

1970年在“工业学大庆”运动中，港务局党委再次动员全港职工发扬艰苦奋斗，自力更生，勤俭建港的精神，依靠自己的力量，续建港东堆场，并向广东省港务管理局发出《关于汕头港自力更生建堆场的报告》，得到该局的批准。港务局成立由领导干部、工程技术人员和工人参加的三结合建港领导小组，并组成一支有港口退休老工人及职工家属子女300多人参加的建港队伍，进行挑沙、运石，围海筑堤填堆场。工程于1971年4月开工，同年12月完工，完成石堤基床挖泥176米，挖泥量22577立方米，外海取运沙18435立方米，运载石头10157立方米；填基床176米，粗沙垫层176米，粗沙量13200立方米；浆砖块堤体176米，砌石量1239立方米；干砌减压菱体155米，砌筑量1147立方米；堆场填方挖泥22577立方米（石堤基床）35574.74吨；填沙17449立方米24428.65吨；填石7605立方米13610吨。整个工程操作量达147226.6吨，相当于装卸50艘3000吨级船舶的操作量。驳运量共有驳船2904艘次，出勤总人数共46756人次，其中汕头港职工25298人次（包括待工人数），家属工16393人次，退休工人5065人次，整个工程比原计划节约3万元，比汕头建筑部门承建可节约近20万元。

新填起的港东堆场经过修整，铺设道路，挖排水沟和安装供电照明，于1973年开始正式投产使用，为扩大港口通过能力创造了有利条件，也为1973年建设港东（3号码头）3000吨级泊位码头打下了基础。

此外，地处港东与港西中间的原避风塘（东起8号仓，西至海关围墙，南至7号仓前，北至港务局办公楼墙脚）占地面积近19950平方米，以前很长时间一直是木驳船、民船和交通船避风停泊区，自从有了港西、港东堆场之后，该地逐渐淤积，1973年以后，汕头港务局对原避风塘进行填积，至1979年基本填平，形成堆场。1980年至1981年先后在这里建成露天剧场、篮球场和一座总面积为3780平方米的仓库。与此同时，又在原避风塘出口港东与港西之间空档的海地进行填建，至1985年后基本将该空档水域填为平地，新增堆场面积20000平方米，1988年建5000吨级粮杂泊位时该地改建为仓库。

为扩大港口吞吐能力，克服压船、压港现象，1993年初，汕头港务局在1、2号码头和6号码头内档水域，分别建设2个水上平台货场。工程委托汕头公路局负责勘探、设计、施工，分别于1994年8月18日和9月4日完成施工任务，10月24日通过正式验收。

新建成的水上平台货场总面积11352平方米（东平台7597平方米，西平台3755平方米），总投资3500万元，平台货场周边均与码头面、码头引桥和岸边石堤相连。平台货场建成，货物装卸作业比在陆上货场作业效率提高1倍以上，为港口年增堆存能力50万吨以上。

汕头解放后，汕头航运总公司和汕头交通局也先后在汕头港的西堤岸线填筑货场堆场共7706平方米，其中市航运总公司西堤港务所经营管理的堆场3596平方米，交通局西堤水上运输公社经营管理的堆场4110平方米。

三、船舶机械

中华人民共和国成立前，汕头港的生产形式落后，轮船货物装卸靠人工搬运和木驳船驳运，没有装卸作业机械。解放后，港口机械逐渐发展，1958年，从哈尔滨调进一部5吨汽车起重机给汕头港，从此港口开始有装卸作业机械。经过30多年的建设发展，到1987年，汕头港务局拥有各种机动船舶92艘，装卸作业机械133辆（台），另外设有外轮航修站、船舶维修场、港机修理厂、机械维修厂、工具修理厂和工程修建队，担负船舶、机械、工具的维修保养和港区设施的修建任务。

（一）船舶

中华人民共和国成立前，汕头港有木驳船130多艘，其中“大五肚”90多艘，每艘载重量30～40吨；驳艇10多艘，每艘载重量7～8吨，电船6艘，其中航政局引水船1艘，招商局“飞鮀”拖船1艘，太古交通船1艘，检疫所1艘，海关2艘。这些船舶一部分属官僚财产，一部分属资本家财产，一部分属私人合股经营。解放后，按国家政策，分别进行没收或接管、改造，成立汕头市搬运公司，驳船工人成立工会。1954年，汕头港务局接收搬运公司驳船工人577名，驳船129艘，可载重量4889吨，并成立港务局船队。1956年公私合营，私人驳船由港务局付还财产股份利息，至“文化大革命”期间，股息被取消。1955年开始，汕头港务局根据港口生产需要，一方面加强对原有木驳船、电船的维修保养，一方面建造新船，对旧船进行更新换代。1955年委托汕头船舶修造厂建造拖船1艘（汕港拖4号），总吨位3399吨，马力120匹（柴油机）。此后新建的拖船、工作船、交通船逐渐增多。鉴于木驳船技术状态比较落后，吨位小，成本高，载量少等缺点，1963年开始建造铁驳船，以铁代木，港口铁驳船逐渐增多。第一艘铁驳船载重吨位60吨，由港务局自行设计，广州文冲船厂制造，1963年投入营运，编号列港驳101。1970年因供水需要，101铁驳船改作供水船，可载70吨水（该船于1980年报废后在航修站作临时交通趸船）。此后，铁驳船不断增加，吨位加大，计有70吨、200吨、500吨等各类型铁驳。随着港口生产的发展，港口各类船舶逐渐增多，至1987年，汕头港务局拥有各种船舶92艘。其中：港作拖船12艘，港作驳船55艘（铁驳43艘，木驳12艘）、引水船3艘、联检船4艘、供水船3艘、供油船2艘、交通船5艘，系缆船、清洁船、航标船等8艘。

随着抵港轮船吨位增大，超出进港航道水深，港口购进500～800吨级大铁驳到引水锚地减载。1986年后，老港区3、4号泊位和礐石煤码头先后建成投产，码头装卸能力大大提高，加上驳船的大型化，驳船艘数开始逐年减少。到1993年，港作船舶减至61艘，其中木驳船34艘。其后，随着珠池港区、马山港区先后建成投产，木驳船大幅减少，至2000年，港作船舶仅剩23艘，其中木驳船4艘。随着码头设施增多，至20世纪90年代中后期，锚地作业基本消除。

（二）机械

旧中国汕头港装卸工具简单、落后，“苦力”工人干活带一支竹槌两根索，货物装卸全靠人力手抬肩扛，劳动强度非常大。解放初期，增加了人力大板车、虎头车，生产条件有所改善。

1958年，汕头港务局从哈尔滨调进1部5吨汽车式起重机，该起重机是杂牌组合而成，主机是美国制造，车身底盘是苏联制造，巴杆转盘是上海制造。1960年，黄埔港赠送汕头港一部戈斯达货车，用上海巴杆转盘改装为5吨汽车式起重机。1964年在大连港调进铲车2部，同年在湛江港调进铲车4部及58米输送带。到1965年，汕头港务局成立机械队，机械总台数为30台（其中输送机18台），输送带为240米。1965年下半年开始，在港西建造3吨电动起重机，至1973年，建造3至5吨电动起重机13台。随着港口生产的发展，港口装卸机械、起重机械、输送机械也同步发展，到1987年，汕头港务局港口装卸作业机械达134台（辆）。计起重机械50台（辆），其中：固定式起重机6台，流动式起重机44辆；输送机械4台（移动式胶带输送机）；装卸搬运机械76台（辆），其中：叉式装卸车48辆，单斗车8辆，牵引车16辆，搬运车4辆，专用机械3辆。另有非生产性起重机械3台，装卸搬运机械3台，以上各种装卸作业机械的配套使用，港口装卸作业实现机械化和半机械化。1988年后，由于集装箱作业发展的需要和新建粮食及煤炭专用码头，港口机械从1988年的150多台发展到1992年达到180多台，主要增加水平运输机械。

第二节　珠池港区

一、珠池港区一期工程

（一）珠池港区选址及立项

汕头港于1860年正式开港，从开港初期至20世纪初，世界各地来往汕头港的船舶都是吃水浅，载量少的中小轮船，大多数是1000～2000吨级货轮。以致汕头开港后的几十年，外航道水深都能适应轮船通航要求。随着世界科技的进步，轮船越造越大，加上韩江泥沙不断下溢，以及汕头港湾围海造田，使外航道拦门沙面积越来越大，航道水深越来越浅，轮船进出港越来越困难，严重影响了汕头港的建设发展。

国家“五五计划”（1976年至1980年）期间，汕头市政府会同汕头港务局着手规划建设深水港。在新港址的选择问题上，时任汕头市城建局副局长的王逸之提出在汕头市区大华路口至石炮台以东450米处建设新港区的方案。该方案规划岸线总长1137米，陆域纵深320米，总面积36700平方米，建4个万吨级泊位和一个5000吨级客运码头。由于各方意见不统一，这一方案未能实施，国家在汕头投资4000万元建深水港的经费也由此搁浅。20世纪80年代，在交通部及省、市各级领导的重视关怀下，在各科研单位和专家学者的共同努力下，建设深水港问题终于逐渐实现。

1983年，交通部决定汕头港深水港区选址问题由交通部第四航务工程勘察设计院承担，设计院对汕头市达濠企望湾广澳港、饶平拓林湾三百门港和汕头港珠池三个地方进行全面调查研究。经过三年努力，取得了宝贵资料和科研成果（南京水利科学研究院关于汕头港外航道建外导流防沙堤模型实验成功），交通部遂于1986年6月19日至23日在汕头市召开汕头深水港区选址可行性研究审查会议。到会领导以及专家、学者对上述三处港址进行全面论证。会后交通部四航设计院、南京水科院，对选址报告中的珠池肚、广澳两个港址建设方案进一步进行充实、完善，按同一建设规模，同等工作深度，和国家计委有关规定编报了第一期工程项目建议书。1986年12月13日至14日，汕头市副市长彭启安主持召开了“汕头港深水港第一期工程项目建议书意见征询会”，与会者就两个港址各有的优缺点进行衡量，从不同角度反复进行讨论，并将意见整理上报交通部，交通部呈报国家计委研究审核。

1987年4月国家计委以〔87〕578号文批复，同意汕头港深水港区选址珠池肚，并对深水港区的建设进行立项。交通部四航设计院于同年11月向交通部上报《汕头港深水港区第一期工程设计计划任务书》，1988年1月交通部和广东省联合向国家计委上报了《汕头港深水港区第一期工程设计计划任务书》。同年3月，中国国际工程咨询公司对工程进行了评估，并于4月向国家计委报送了《汕头港深水港区第一期工程评估报告》。1990年1月国家计委发文批准了设计计划任务书。同年5月，国家交通投资公司在汕头市召开了初步设计审查会议，并发文批复了初步设计审查意见。1990年8月6日，经国务院同意，国家计委发文批准汕头港兴建深水港区。这样，汕头人民盼望已久的汕头港深水港区终于正式动工兴建。

汕头深水港区第一期工程建设项目是：在珠池南岸建设一座3.5万吨级泊位的煤炭专用码头（供应汕头大火力发电厂用煤），配套一个1000吨级重件（驳船）码头。在珠池北岸建1座2万吨级泊位的多用途码头和1座1.5万吨级泊位的杂货码头，并配套建设2个1000吨级、3个500吨级驳船码头。另外，在妈屿北侧新津河口起延伸至汕头湾出海口处，建筑一条长7.95公里的外导流防沙堤。整个一期工程总投资额计划3.05亿元（因工程建设周期长物价上涨因素，最后结算总投资6.62亿元），建成后年吞吐能力将达530万吨。

为加强对深水港建设的管理，1988年9月汕头市政府决定由市有关单位和部门主管领导组成汕头市港口建设领导小组，领导小组下设指挥部。1988年11月12日汕头市港口建设指挥部正式成立，在市政府和市领导小组的直接领导下开展工作。1999年，汕头市政府决定改革港口管理体制，撤消汕头市港口建设指挥部，其原行使的港口行政管理职能移交汕头港务局。

（二）珠池南岸3.5万吨级煤炭泊位码头

汕头深水港一期工程的3.5万吨级煤炭泊位工程位于汕头港珠池南岸澳头马山海滨。该码头属高桩梁板式结构，码头长235米×宽22米，引桥长81米×宽

12米，并附属重件码头和驳船码头各1座（相连接）共长135.9米。煤码头设计年吞吐能力410万吨，其中卸煤能力320万吨（200万吨专供汕头华能电厂）装船能力90万吨。

码头水工工程开工之前，必须做好前期准备工作，主要是进行护岸工程的建设。该工程自1988年12月开工，至1991年4月完工，由汕头市达濠建安总公司承建，共建成东、北护岸长813.92米，形成陆域面积14.64万平方米。

1990年12月，汕头市港口建设指挥部邀请交通部二航局南方公司、三航局六公司、四航局二公司，参加汕头港3.5万吨级泊位煤炭专业码头工程建设招标，交通部四航局二公司以1718万元的造价中标。工程于1991年5月正式开工。打桩工程至1993年7月完工，同年10月23日通过码头主体土建工程单项验收。

港区堆场分煤堆场、重件堆场和前方停车场两大部分。煤堆场97736平方米，于1993年6月开工，1994年7月完工；重件堆场和前方停车场面积7127平方米，于1993年2月开工，9月完工。

港区道路共23380平方米，采用沥青柔性面层，1993年7月开工，1994年12月完工。

配套的其他生产生活设施有：皮带机栈桥9条1075米；皮带机房12座，框架结构，总面积1883平方米；综合办公楼；食堂浴室；中央控制室；维修站；候工楼及工具材料库；流动机械库；后方变电所；消防楼；加油站；供水加压站及水池等，于1993年3月开工，1994年12月全部完成。

码头3台16吨带斗门机，由上海港口机械厂以1795.8万元中标制造；500吨／小时转船机的设计、制造、运输、安装、试调和司机人员培训任务由哈尔滨重型机器厂以94.97万元中标承担；13台胶带运输机由沈阳重型机械厂以553.35万元中标承担制造；2台堆料取料机的设计、制造、运输、安装、试调及操作人员培训工作，由哈尔滨重型机器厂以632.58万元中标承担。整个配套设施于1994年底完成安装并转入调试。

交通部于1995年11月18日在汕头市主持召开了汕头港深水港区一期煤码头工程竣工验收会议，同意工程竣工验收，即日交付汕头港务局使用，11月19日，汕头港务局在煤码头举行隆重的投产剪彩庆典。

（三）珠池北岸的二个2万吨级泊位工程

珠池北岸的二个2万吨级泊位工程于1992年7月11日通过国家计委批准开工，工程概算为16253.38万元。

围堰筑堤吹填造地工程由汕头市达濠建安总公司承建，1992年1月开工，

1993年12月完工。围堰总长度1635.80米，吹填工程量104万立方米，形成陆域面积22万平方米，为码头工程打好基础。

1993年7月，汕头市建港指挥部邀请交通部二航局一公司、交通部三航局六公司和交通部四航局二公司来汕参加两个万吨级泊位水工工程投标，交通部第二航务局一公司中标承建。工程造价4180.1万元，承包期从1993年10月至1995年3月31日（由于种种原因工程无法按期完成）。1993年12月29日，主体水工工程开始打桩，同时进行地面土建配套设施及机械设备安装，1995年12月竣工投产。该工程2个万吨级以上深水泊位，码头总长440米；另有1000吨级驳船泊位1个和500吨级驳船泊位3个，码头长262米，年吞吐能力120万吨。

港区路场和土建工程主要有：集装箱堆场18849平方米；钢材、石板材堆场6475平方米；8层综合楼，建筑面积3813平方米；食堂、浴室951平方米；日杂仓库3236平方米，以及流动机械库、工具材料库、维修车间等11项配套辅助设施，总建筑面积近6000平方米，于1995年1月起陆续施工，当年12月相继完工。

其他配套工程主要有：40吨多用途门机1台及16吨门机2台。前、后方变电所各1座，分别于1995年9月和6月配置、建成。

1995年年12月29日，多用途、杂货码头竣工。港区消防、环保、劳动安全、卫生等项目与主体工程建设同时完工。港区绿化面积达5000平方米。1996年6月7日，工程通过交通部竣工验收，即日交付汕头港务局使用。

疏港铁路的建设：疏港铁路自汕头客站北端起，至珠池港区多用途、杂货码头止，全长6.3公里，投资总额1.07亿元。疏港铁路于1995年7月兴建，1997年11月7日全线铺轨完成，11月18日正式通车。

多用途、杂货码头建成后，为适应生产的需要，汕头港务局自筹资金，在一期工程建成的日杂仓库西北侧再建3座仓库，总面积为16236平方米，再建堆场面积10万平方米，购置10吨门机2台，于1996年8月安装调试完成投入生产。

1996年6月7日，汕头港深水港区一期多用途、杂货泊位工程通过国家验收。1996年6月14日，交通部行文公布汕头外航道水深为-9.5米，深水港煤码头水深为-10.8米，珠池港区多用途、杂货泊位水深为-10.5米。

二、珠池港区二期工程

（一）先行开工的两个万吨级泊位

汕头深水港区二期工程位于珠池北岸龙湖沟东侧、深水港区一期工程与国际集装箱码头中间。为加快二期工程建设，港务局决定由企业自筹资金，组织先行开工建设3A号、3号两个深水泊位。委托交通部一航设计院按国家批准的建设规模进行设计。1997年5月23日汕头经济特区计委批复同意3A号、3号码头工程可行性研究报告。随后，市建委审查批准了工程开工设计。9月11日，广东省计委发放了投资许可证，批准工程开工建设。两个泊位规模为：码头总长356.38米、宽36米，码头面高程4.4米，前沿水深-11.7米，港区调头区-9.5米；靠泊等级：3A码头为1万吨级，3号码头为1.5万吨级，两个泊位年吞吐能力75万吨，总投资7087万元。1997年9月，汕头港务局对两个码头水工工程施工进行招标，交通部一航局以4553.68万元中标承包两个码头的施工任务。工程从1997年10月开始建设，至1999年9月中旬，码头主体工程竣工并投产。

（二）续建三个万吨级深水泊位

汕头深水港二期工程4号、5号、6号三个深水泊位分别是：1.5万吨级件杂泊位，2万吨级钢铁泊位，2万吨级多用途泊位，吞吐能力共165万吨，码头主体二期投资1.5亿元，该工程于1998年完成招标，中港工程局二公司中标。1999年5月下旬开工建设，2000年春节前完成4号泊位码头面混凝土的现浇，同时抓紧码头后档墙工程的施工和3号泊位构件的安装。2000年5月完成5号泊位码头面混凝土现浇，7月份完成6号泊位构件安装，9月份完成码头面混凝土现浇，10月份完成护轮槛、钢轨、橡胶护垫等收尾工作，2000年11月28日竣工验收。

（三）吹填造地和软基处理工程

在加紧码头主体建设的同时，汕头港务局根据码头建设进度和港口生产需要，适时组织吹填造地和软基处理工程。从1998年8月1日开始，陆续组织完成陆域吹填工程和排洪沟2、3号桥以南填方共139.42万立方米。从1999年2月5日开始，又先后组织了码头后方软基处理工程6.21万平方米、堆场软基处理工程2.31万平方米；1号路、2号路回填方、软基处理工程等17.74万平方米。以上工程分别由省第二建筑工程公司、市路桥建设工程公司和东港储运公司承担，至1999年1月30日全部工程竣工，造地约70万平方米。配套完成的其他项目有：1500亩海上和陆上征地；软基处理50.8万平方米；堆场道路32万平方米；仓库3.4万平方米；生产生活辅助建筑4.43万平方米；港区绿化；港区给排水和供电、照明、通信管道；码头泊位港池挖泥。购置门机6台、桥吊1台，造船和其他机械设备逐渐购建。

珠池港区二期工程至2003年总体工程已基本完工，2004年10月投产。2007年11月28日，汕头港珠池港区二期工程顺利通过交通部竣工验收。

三、汕头国际集装箱码头

汕头国际集装箱码头位于汕头港深水港区，东侧与汕头深水港二期工程港区接壤，西侧面临龙湖沟出口处，北靠中山东路。码头长度460米，前沿水深-10.5米。陆域面积42.5万平方米，其中堆场道路面积33万平方米。码头前沿配置3台负荷41吨的集装箱桥吊，技术设计年吞吐量为40万个标准箱（TEU）。工程于1994年4月25日开工至1998年底竣工。

（一）前期准备工程

1993年6月下旬，中共汕头市委决定在汕头港建设国际集装箱码头，时任汕头市委书记许德立，市长周日方邀请香港长江实业集团董事局主席潮籍企业家李嘉诚先生属下公司来汕投资建码头，李先生表示同意。

1993年11月1日，汕头市政府与李嘉诚先生属下的香港国际货柜码头有限公司（简称HIT）签订了合资建设汕头国际集装箱码头的协议书。双方协商决定：由HIT出资70%，汕头港务局出资30%，共投资9000万美元合资建码头。随后，汕头市政府上报码头项目立项工作。1994年2月19日，广东省计划委员会以粤（1994）02号文批准该工程立项。1994年4月19日，举行合资兴建汕头国际集装箱码头的合同签字仪式，1994年4月25日，汕头国际集装箱码头工程举行开工典礼。随后合作公司（汕头国际集装箱码头有限公司）通过议标，委托交通部一航设计院承担工程的勘察设计，同时完成形成陆域工程的施工图设计。

汕头市建港指挥部通过议标，汕头市港口工程公司、汕头市航务工程公司、汕头市达诚南港工程公司三个施工单位分别承担西护岸720米、东围堰766米、南围堰506米的施工任务。1994年5月，护岸和围堰工程先后开工，共完成基床挖泥13.6万立方米，打沙桩12900根，抛填沙69万立方米，抛砌石6.1万立方米。护岸、围堰工程于1995年5月16日通过竣工验收。

1995年1月，市建港指挥部组织了陆域吹填工程施工招标，天津航道局中标承包陆域吹填工程。4月4日开始施工，经过199天的日夜奋战，完成吹填179万立方米，填海造陆面积达到39.63万平方米。

1995年2月，交通部一航设计院完成整个工程的初步设计。3月21至23日，广东省交通厅主持了汕头国际集装箱码头工程初步设计审查会。会议审定建设规模为2.5万吨级集装箱泊位2个，年吞吐能力为40万标箱。一期工程概算人民币7.90685亿元，（全部建成概算人民币10.402327亿元）。

1995年6月合资公司同市建港指挥部签订合同，委托市建港指挥部为业主代表，对本工程进行全过程的管理。负责工程质量、进度、财务、现场施工协调等工作，对施工单位、监理机构行使业主职能。

（二）码头主体工程

1995年5月，汕头市建港指挥部发出码头水工工程设计方案的施工招标，1995年6月28日，交通部三航局六公司与交通部三航设计院联合中标，以9688万元的总造价承包2个泊位的设计与施工。1995年10月12日，码头主体工程正式开工。经过半年多紧张施工，完成了码头基槽挖泥52万立方米，抛沙47万多立方米，打沙井5824个，打直径750毫米沙桩（国内首次采用）12300根。1995年7月1日，码头开始打桩，至1997年3月，298根混凝土大管桩和9根钢管桩全部施打完成。在有关科研、检测和施工单位的共同配合下，实现了15个月完成码头100米供桥吊安装使用，18个月完成150米满足试生产要求，22个月完成460米的分阶段目标和总工期的要求。其中8号泊位（码头西侧泊位）于1997年7月18日竣工投产；7号泊位于1997年11月18日竣工投产；18个水工、土建单项工程至1998年6月竣工验收。

（三）后续配套工程

（1）堆场道路工程。汕头市建港指挥部把总面积33万平方米的路场工程分为6个施工区域，组合成一标区、二标区两个标区，于1995年12月进行招标，交通部一航局、交通部四航局分别中标。1996年3月开工，至1998年6月底，路场堆载预压全部完成。

（2）房建工程。1996年7月通过招标，汕头市建筑工程总公司和达诚南港工程公司分别中标承建A标区和B标区共15座建筑物，总面积达17000平方米；工程造价1937万元。1996年12月20日开始施工，1998年6月底竣工验收。

（3）港池疏浚。包括码头前沿及调头区，总工程量达260万立方米，由上海航道局中标施工。工程分两个阶段进行。第一阶段于1996年11月28日开工，至1997年1月31日竣工，挖泥量为58.4万立方米，挖至-7米，达到码头靠泊运载集装箱桥吊专用船舶的要求；第二阶段的疏浚于 1997年6月开工，11月完成，港池竣深至-11.7米。

（4）机械设备。包括集装箱装卸桥3台、轮胎龙门吊9台、叉车10台、拖卡40台、汽车吊、堆高机等共70多台。1995年9月，由合资公司在香港进行集装箱桥吊和轮胎龙门吊的国际招标，最后由中国上海振华港口机械有限公司以1609.9741万美元中标承造3台集装箱桥吊，由日本三井造船株式会社以1098.95万美元中标承造9台轮胎龙门吊。此后，合资公司继续在香港通过国际招标确定了其他设备的制造厂家和造价。1997年10月，上海振华公司制造的3台起重能力41吨的桥吊运抵汕头港；在此期间，日本三井造船株式会社日制造的9台41吨轮胎龙门吊也运抵汕头港；其他50多台设备也先后制造完成并运抵汕头港。

汕头国际集装箱码头工程于1998年底竣工，于1999年12月16日通过工程竣工验收，实际总投资为6.5亿元。主要设备和能力有：2个2.5万吨级全集装箱泊位，吞吐能力40万个标箱，堆场20万平方米，日堆存量可达2万标箱。同时可提供危险品箱和300个标准冷藏的堆存服务。交接仓库1座4000平方米，可供12个车位同时作业。桥吊3台，起重能力41吨，每台每小时可处理25个集装箱。轮胎龙门吊6台，起重能力41吨，用于堆场装卸车作业。

四、汕头石油分公司澳头油码头

该码头位于澳头乡马山海滨，由广东省石油公司汕头分公司承建。1977年11月动工，1978年竣工投产，工程投资110万元。油库码头5000吨级泊位，码头前沿长136米，码头主体长60米，宽8米。引桥长137米，宽4米，前沿水深-5至-8米，前沿海底设计高程6米。1989年6月澳头油码头搬迁至马山港区一期煤码头东侧。1993年6月，1万吨级的油码头工程经议标确定由三航局六公司承包施工， 1994年9月竣工，通过验收交付安装输油管道。

新建成的油码头长180米、宽16.5米，前沿水深-9.5米；配500吨级装油码头1座，长95米，宽15米，引桥全长282.7米。年通过能力174万吨。码头建成后，石油公司在码头后方新建4个容量为5000立方米的油罐，加上油库区原有6个油罐，总储油能力达5万立方米，成为汕头市规模最大的成品油码头。1997年10月17日靠泊进港最大油轮韩国“固永”轮，卸油2.12万吨。

五、华能汕头电厂重件码头

华能汕头电厂在建设过程中需要接卸该厂进口大型设备。为此，华能国际电力开发公司决定建设万吨级重件码头。该码头委托交通部四航设计院设计，由广州海洋工程公司施工。码头长90米，宽22米，前沿水深-9.8米；引桥长111米、宽12米与陆域连接，上面安装起重能力达80吨的重件吊机，并利用引桥纵深，临时安装1台起重能力380吨的桅吊，以起卸电厂设备中的超重件。工程与1994年2月建成。码头投产后，顺利完成了电厂设备的起卸任务。

六、汕头海洋汉山化油码头

1989年，汕头海洋集团和汉山石油公司，先后决定在珠池北岸汕头油料公司码头东面建5000吨级化工码头和成品油码头各1座。码头由交通部四航设计院设计，广州海洋工程公司承建。工程于1990年6月施工，1991年8月建成投产。海洋集团化工码头长145米，工作平台宽15米，码头面高程+4.0米，前沿水深-5.8米，引桥长150米，宽5米，年吞吐能力30万吨；后方建储油气灌9个，容量1.5万立方米。汉汕石油码头位于海洋化工码头和市油料公司码头中间，码头长120米，平台宽15米，顶高程4米，前沿水深-8米，引桥长360米，宽5米。年吞吐能力25万吨；后方配储油灌6个，总容量1.8万立方米。

第三节 广澳港区

汕头广澳港位于汕头市达濠区南端的广澳湾内，泥沙淤积轻微，湾口开阔，是粤东地区的天然良港。

一、广澳港区起步工程

（一）起步工程立项

1984年起，中国广澳开发总公司从就对广澳港区建设进行前期工作，积极筹建码头泊位。1992年1月原广澳建港指挥部委托交通部一航设计院所做的工程可行性研究报告通过专家评审。1992年9月，交通部一航院成了《广澳港区起步工程初步设计》。1993年2月2日，广东省计委以粤计交〔1993〕65号文批准起步工程的立项及可行性报告。1994年7月，广东省建委批准广澳起步工程初设计方案。工程建设规模为2万吨级多用途泊位和1000吨级驳船码头各1个，防波堤106米及护岸、堆场、道路等配套设施，设计年吞吐能力57万吨。

为加快兴建广澳港区起步工程，1994年5月，汕头市政府办公室发出汕府办〔1994〕60号文件，决定成立汕头港广澳港区建设指挥部。1994年8月下旬，广澳港区起步工程水工工程招标，交通部四航局以6015万元中标。

（二）起步工程建设

1994年8月18日，广澳港区建设指挥部隆重举行广澳港区奠基仪式暨起步工程开工典礼。中央、省市有关领导及海外侨胞共200多人出席。

广澳港区起步工程的建设规模为：长271.3米的2万吨级码头1座（其中过渡段31.3米），码头面高程4.5米，前沿水深按可停靠3.5万吨集装箱船设计为-13米，小沉箱重力式结构；防波堤106米（内侧兼作千吨级驳船码头），堤顶高8.5米，1000吨级驳船码头长100米，前沿水深-5米，王字块重力式结构；南护岸长242米，顶高程7.5米至8.5米，采用抛石斜坡堤结构，上部浆砌块石挡浪墙，并用4吨扭王字块护面。港池调头水域直径350米，水深-10.7米；以及道路、堆场和其他配套设施。设计年吞吐能力57万吨，工程概算为2.39亿元。

1994年10月12日水工工程正式开工，1995年12月27日完成了水工工程（比合同工期提前2个月）。

（三）完善配套设施

1996年初，广澳建港指挥部就抓紧港区配套生产设施的完善：①土方工程。工程于1994年6月开始施工，至1996年底共完成土石方106万立方米，为码头后方堆场、道路的施工创造了条件。②堆场工程。起步工程陆域纵深400米，堆场面积11万平方米，采用了强夯进行基础处理，用高强度水泥联锁块作面层，工程于1996年6月完工。③疏港公路。全长1169米，宽35米（其中混凝土路面宽15米），由上海市政工程设计院设计，达濠建筑工程公司承建。工程于1994年11月开工，至1995年7月竣工交付使用。④港口机械。2万吨级多用途泊位配40吨门机1台、16吨门机2台；1000吨级驳船码头配35吨低门架吊机1台；后方配备集装箱正面吊1台、挂运车3台及叉车、拖头等装卸设备。1995年6月26日，港区起步工程水工建筑物通过验收并交付使用，1996年7月1日码头投入生产。

二、广澳港区一期工程

广澳港区一期工程是交通部列入“十五”国家交通重点建设计划的项目，也是汕头市交通基础设施的重点项目。交通部分别于2001年3月、12月和2002年7月批准了项目的立项、可行性研究报告和初步设计。

工程位于广澳湾广澳港区起步工程1号泊位的北向延长线上，共建设2个2万吨级多用途泊位（结构按5万吨级设计）。码头为重力式沉箱结构，沉箱外形为11.26米×10.5米×14.3米，单个沉箱重883吨。码头前沿水深为-15.0米，码头岸线长435米，预留段长147米，码头水工结构可停靠5万吨级集装箱船。陆域和造地总面积310亩，配套2台岸边集装箱起重机等机械设备和仓库、道路、水电和生产、生活辅助建筑及港池等，项目总投资为3.6亿元，年通过能力96万吨。工程由汕头港务集团有限公司按项目法人负责组织建设。经交通部批准，工程于2002年11月18日开工建设，计划于2005年完工，因工程涉及当地渔船避风塘选址问题，导致工程无法按期完工。1号泊位仍在建设中，2号泊位于2007年7月27日投产，2009年8月22日通过竣工验收。

一期工程5万吨级码头泊位，迄今是汕头港和粤东地区吃水最深、吨位最大的公用码头泊位。

三、加德士海洋燃气码头

加德士海洋燃气码头位于广澳深水港起步工程东南面，是中外合资大型石化储运经营项目汕头LPG码头罐区的主体工程。国家计委于1994年12月24日批准立项，建设规模为：5万吨级接卸码头1座（3号泊位），长350米，前沿水深14米，年接卸能力140万吨；2.4万吨和7000吨装船码头各1座（1、2号泊位），总长417米，前沿水深-9米，年装运能力100万吨。

1995年9月，合资公司筹建机构对码码头罐区建设进行国标招标，由韩国LG工程技术株式会社中标总承包工程的设计、采购、施工。其中水工工程部分分包交通部四航局（由四航院设计），地下罐工程分包给铁道部隧道局，道路及地面土建工程分包给汕头市对外建设总公司。1998年1月，码头和防波堤工程正式开工。至2000年4月24日全面完成，5月26日工程竣工验收（东防波堤建成后，其掩护岸线可建设11个深水泊位）。

四、广澳港区规划

广澳港区是汕头市今后发展的重点港区，规划定位是把广澳港区建成一个为汕头市发展临港工业的深水港区和物流园区，成为以接纳大型船舶为主、承担货物中转任务的大型多功能、综合性、区港联运、外向型、现代化沿海重要港区。2003年交通部和省政府批准的《汕头港总体规划》颁布实施后，针对国际运输船舶大型化的趋势，考虑港口开发与临港工业和产业的结合，汕头市在已批准的汕头港总体规划的基础上进行调整。目前，港区规划水域面积约4.77平方公里，近中期规划陆域面积约13.6平方公里，远期规划陆域面积23.6平方公里，港区陆域东西长约5500米，南北纵深约2300米。规划充分利用广澳湾10公里深水岸线规划了39个泊位，远期规划共75个泊位，规划有10万吨级集装箱码头和成品油码头、15万吨级散货码头、30万吨级原油码头等大型泊位，形成以5万吨级泊位为主的港区泊位格局。

第四节　海门港区

一、海门老港区

中华人民共和国成立后，海门港建设有所发展，1956年建有港务站码头和水产码头各1座，最大靠泊能力500吨。1983年，汕头航运局于投资23万元在海门港建1座长32米，靠泊能力500吨的货运码头。1991年潮阳市政府委决定在海门湾东南面约2公里处的澳内湾建设新港区。港区起步工程建设1个5000吨级多用途泊位，码头长140米，前沿水深-7米；1个500吨级件杂泊位，长85米，前沿水深-3.4米。工程由四航设计院设计，汕头建安公司十六处承建，1992年开工，1996年11月竣工投产。码头安装40吨和35吨多用途六座起重机各1部，配有堆场3.2万平方米，仓库2座4000平方米及其他机械设备19台，形成年32万吨的吞吐能力。至2000年，海门港港区有码头3座，最大靠泊能力5000吨；仓库8

座，348平方米；堆场2座，990平方米；1.5吨起重机1台。年均吞吐量约50万吨，其中，渔货装卸量8万吨。

1996年8月26日，国务院同意潮阳海门港对外国籍船舶开放。

二、华能海门电厂码头

华能海门电厂位于汕头市潮阳区海门镇洪洞村东南海滨，面向南海，距离汕头市中心区23公里，是国家“十一五”重点工程。

华能海门电厂1号、2号机组海域工程建设内容包括5万吨级（结构为15万吨级）煤码头泊位一个、3千吨级综合码头泊位1个、南北防波堤和厂区护岸、港池和航道疏浚、联检大楼、灯浮标、前后标等工程。

5万吨级煤码头工程。码头长度345.22米（包括预留段），码头平台长305米，码头前沿作业地带宽45米。码头采用连片方沉箱结构形式。码头沉箱尺寸为：长19.1米×宽（不包括趾）14.4米×高20.1米，前趾1.2米，底板厚0.55米，前壁厚度0.4米，后壁厚度0.35米。工程于2006年12月开工，2009年竣工。

3000吨级综合码头工程。综合码头前沿线与煤码头垂直，西端点与陆域护岸距离100米，码头长度152.4米。综合码头采用连片方沉箱结构形式。沉箱尺寸为：长11.0米×宽（不包括趾）7.6米×高9.5米，前趾1.0米，底板厚0.50米，前壁垒森严厚度035米，后壁厚度0.30米。码头以残积土、全风化岩或中风化岩作为基础持力层，沉箱下设抛石基床，基床厚度为0.9至4.5米。沉箱内回填砂，沉箱后基床上设倒滤层，后方回填开山石。工程于2006年12月开工，2009年竣工。

防波堤及厂区护岸工程。防波堤工程分为南防波堤和东北防波堤，东北防波总长度为1646.4米，南防波堤总长为820米。防波堤采用有胸墙的斜坡堤型式：堤心抛填1～1000公斤块石，为增加密实性，东北防波堤北段400米堤心抛填1～500公斤块石。港外护面根据分区采用10～18吨扭王块，港内护面选用栅栏板。堤心石与护面块体间设块石垫层，内侧坡脚设400～500公斤的水下抛石棱体，斜坡堤外侧堤脚设100～200公斤的护底块石，上为600～800公斤块石棱体，护底长度为10米。护岸按掩护的程度分成港池内护岸和港池外护岸两部分，港内护岸分成煤码头以北段护岸和煤码头以南段护岸两段，港池外护岸也分成东北护岸和西南护岸两段。港池内煤码头以北段护岸长322米，煤码头以南段护岸长327米，港池外东北护岸长413米，港池外西南护岸长908米，以上护岸总长1970米。另外，煤码头及综合码头内侧需填筑一段堤心石及反滤层，总长约593米。工程于2006年12月开工，2009年竣工。

第五节　莱芜港

1981年5月，省口岸办公室批准莱芜为“鲜活商品起运点”，当月即在原渔业码头的基础上开始续建，1982年11月，工程项目全部竣工并交付使用，总投资161.2万元。码头为浆砌条石直立式码头，前沿长度70米，装负荷3吨固定吊机1台，泊位2个；港池水深为高潮位4.4米，一般潮位3.8米，低潮位2.2米，可供100吨至150吨船靠泊。港口还建有配套仓库1座，面积740平方米，容量1000吨，堆场6000平方米。

1988年10月经省计划委员会、经贸委员会、交通厅决定立项，在原渔业码头的左侧新建客货运码头。1988年11月动工，1992年12月28日竣工。工程规模计有防波堤，长150米、宽8米；护岸长110米；港池面积5300平方米；堆场1.1万平方米；客运站1座，757平方米，以及电房、附属工程577平方米。码头前沿，长127.1米、泊位2个（客、货船泊各1个），最大靠泊能力500吨级泊位。配有客车渡轮1艘（可载货车22部、客位120人）航行于莱芜至南澳航线。与此同时，修建了长300米、宽12米的进港公路1条。工程总投资1143.7万元。

1999年6月，澄海莱芜星海港务有限公司续建1个500吨级货运泊位，1999年12月完工。工程总投资270万元，使新老码头前沿岸线连成一体，提高码头靠泊能力。

至2000年，莱芜港拥有码头泊位4个，码头前沿长197.1米、堆场1.7万平方米、仓库740平方米、客运站1座757平方米。

第六节　南澳县港口

南澳县是广东省唯一的海岛县，主岛岸线长77公里。独特的地理位置，使南澳历来为兵家必争之地。1949年解放后，在海峡两岸关系紧张时期，南澳是粤东海防前哨。1979年改革开放后，才开始发展建设。1986年前，南澳县只有西阁、羊屿、刹鸡澳三座码头，均属军用小型码头，1986年后才逐步建设和发展。

1986年至2000年，南澳县港口共建成码头8座，泊位11个，最大靠泊能力

5000吨级，最小300吨级。港口吞吐量从几千吨到十几万吨，最高年度达30万吨，客流量达60万人次。

一、前江湾码头

前江湾地处北纬23°24′，东经117°00′，在南澳岛南。溺谷湾，湾口朝南，口宽8.1公里，纵深1.1公里，弧长12公里，面积4.5平方公里。海湾呈半月形，水深3米至8米，底部较平坦，底质为灰黑色土，含少量贝壳，湾顶有1.3公里长沙滩，余为岩岸，多石滩，有2条小溪注入，属不正规半日潮。涨潮时为西南流，流速0.5节；退潮时为东北流，流速0.8节。前江湾是南澳渔船以及台湾、香港、福建等地渔船停泊的主要海湾，湾内可停泊7000吨级船，每年暑季，日泊渔船1000多艘。1990年在湾顶筑了长1200米海堤和3000吨级码头，为南澳往汕头市的客运码头。东岸有公路经过，北岸后宅为南澳县人民政府驻地。前江湾码头有：

（一）前江码头

该码头位于前江湾。码头由南澳县政府组织筹建，汕头港务局设计室设计。1986年开工，1990年10月完工，建成重力式实堤码头1座，有1000吨级杂货泊位一个，500吨级客货两用泊位一个。码头总长210米，宽12～16米，外档水深-4.8米，内档水深-4.4米，设计年吞吐能力10万吨，投资资金为477万元。码头建成后作为综合性码头使用，配套供油、供水等设施。

（二）前江扩建码头

1994年12月由广东省计划委员会批准立项，交通部第四航务工程勘察设计院设计，广东省航务工程公司承建，建设规模为5000吨级的重力式件杂货通用码头1座，码头长155米，防波堤长354米，堆场面积为7625平方米，仓库面积1440平方米，设计年吞吐能力20万吨，投资资金为4500万元。1997年12月竣工并交付使用。该码头被国家列为二级口岸，实行海关监管。

（三）鹿仔坑码头

该码头位于前江湾东侧鹿仔坑。码头为引桥重力式油类专用码头，由广州救捞勘察设计室设计，交通部广州救捞局汕头工程处承建，深圳中建实业有限公司与南澳县燃油物资有限公司合资兴建。码头于1993年11月开工，1996年2月竣工。码头前沿长150米，水深-6.5米，有 5000吨泊位1个、3000吨泊位1个，设计年吞吐能力为32万吨。后方配套储油罐3个，总容量6000立方米。

二、云澳湾外青山码头

云澳湾地处北纬23°24′，东经117°04′。在南澳岛南部，距后宅镇3.8公里。

溺谷湾，呈半月形，口向南，口宽5公里，纵深1.5公里，弧长8.6公里，面积5.8公里，水深-5～-9米。1976年在云澳避风港口至云澳车站南侧筑1条长约500米的防浪堤。

外青山码头位于云澳镇外青山。码头由县石油公司筹建，1989年12月开工，1992年4月竣工，码头长80米，宽4米，石砌混合式结构，靠泊能力300吨级，用途是油类专用。码头投资150万元，用地面积4200平方米，总投资820万元。

三、长山湾车渡码头

长山湾地处北纬23°26′，东经116°56′。在南澳岛西侧。湾口朝西，口宽0.18公里，纵深0.1公里，弧长0.35公里，面积0.02平方公里。海湾呈弧形，水深3.8米，沙泥底。沿岸、磊石滩相间。属不正规半日潮。长山湾有2处车渡码头：

（一）长山尾车渡码头

该码头系交通部“八五”期间陆岛交通建设项目，于1991年8月由南澳县政府组织建设。码头规模为1000吨级高、中、低泊位车渡码头各1个，投资资金550万元，1992年12月竣工投产。年运载车辆约4万辆次，客运量约60万人次。

（二）长山尾货运码头

该码头由汕头市地方公路管理站与南澳县交通局合资兴建，于1996建成重力式500吨级货运码头1座，长80米，前沿水深-4米。

四、后江湾码头

后江湾地处北纬23°26′～23°28′东经116°58′～117°03′。在南澳岛北侧，为南澳县最大海湾。湾口朝北，呈喇叭状，口宽8.3公里，纵深3.6公里，弧长10公里，面积12.87平方公里。

湾顶后江港为南澳县主要港口，可泊100吨级船搏。1986年以前，后江湾东北有羊屿码头，西北有鸡澳码头、西阁码头，码头长300米，年货物吞吐量10万吨。20世纪90年代中后期新增码头有：

（一）巨赢水泥厂码头

该码头位于南澳县北面后江湾北侧上田安。该码头由交通部第四航务工程勘察设计院设计，江苏巨龙水泥集团有限公司与汕头特区发展公司保税贸易公司合资兴建，汕头航务工程总公司承建，1995年10月开工，1999年8月竣工，建成2个5000吨高桩梁板式结构泊位的杂货码头1座。设计年吞吐能力为32吨，码头长320米，堆场面积12000平方米，仓库面积5000平方米，总投资为8000万元。

（二）猴鼻尖码头

该码头位于后江湾北侧下田安，是广东金东海集团有限公司南澳对台经济综合开发区投资的项目，由交通部第四航务工程勘察设计院设计，汕头市航务工程公司承建。该项目分期投资完成，首期规划填海造地300亩，同时建成5000吨泊位3个，计划投资8000万元，于1998年6月开工至2000年竣工，建成1个5000吨高桩梁板式结构的件杂通用泊位1个。码头长100米，后方回填堆场面积40000平方米。

第七节　其他码头

一、特区码头

该码头位于汕头港东部北岸。1984年5月由汕头经济特区航运公司和香港华润仓储有限公司合资的龙湖企业有限公司投资兴建。1985年3月竣工，同年8月27日投入使用，码头及配套设施占地面积2.8万平方米，总投资为人民币1400万元，为3000吨级泊位T型码头，集装箱和散装两用。码头长105米，宽20米，引桥长110米，前沿水深-5.9米，泊位4个，可停泊1艘3000吨级或3艘400～500吨级货轮，设计年吞吐量25至30万吨，配套设施有仓库6000平方米，堆场5000平方米，办公用房6000平方米，各种机械44台（辆）。

二、汕头市粮食局东区粮食码头

该码头位于现汕头港东部华侨公园西侧，由汕头市粮油储运贸易总公司投资兴建，于1989年2月建成投产。码头长125米，前沿水深为-6米，最大靠泊能力3000吨级。配套仓库12285平方米，堆场3500平方米，年通过能力为25万吨。

三、　粤长液化油气码头

1992年，汕头市粤长燃气实业公司在达濠区塔头山下，汕头湾转入濠江口的“达濠嘴”建设1座5000吨级液化石油气专用码头。码头长60米（加系缆墩为100米）、宽7.1米，前沿水深－5米，引桥长750米、宽4米，为高桩梁板式结构。年吞吐能力15万吨。由汕头市建筑设计院特区分院设计，汕头市建安集团公司承建，1995年8月竣工投产。后方配储油、气、液化化工原料罐10个，总容量1.9万立方米。

四、汕头大洋海通货柜码头

1993年5月，江南船厂与香港丰渡（有限）公司合资成立了汕头经济特区海通货柜有限公司，投入资金将原渔轮修造厂码头进行扩建。工程由中国船舶工业总公司第九设计院设计，汕头市航务工程公司施工，1995年5月竣工。码头扩建后长146米，宽30米，前沿水深-4.5米，为2个泊位。码头西段90米，配有

35吨集装箱吊机1台，为海通货柜公司3000吨级集装箱泊位；东段56米，既是修船专用码头，又作杂货装卸泊位。码头后方配置仓库1座1270平方米，堆场8770平方米，形成年40万吨的吞吐能力。

五、汕头水泥粉磨厂专用码头

该码头由汕头市建材集团与香港中国水泥（汕头）有限公司合资成立的汕头水泥有限公司投资建设，码头位于汕头港德州水道南侧，长110米，宽25米，前沿水深-9.5米，重力式结构，靠泊能力为2.5万吨级，年吞吐能力60万吨。主要为其后方的水泥厂装卸熟料、石膏和水泥产品。工程由中美建筑设计（汕头）有限公司设计，交通部二航局一公司中标建设。于1996年7月开工，1998年7月竣工。配套上海港机厂生产的600吨／小时卸船机1台及皮带输送机和其他装卸机械6台。整个项目于1998年10月投产。

六、汕头海关码头

该码头于1991年2月建成。码头位于航标区码头西面，长68米、宽10米，前沿水深-4米，靠泊能力为500吨级。

七、汕头航标区码头

该码头于1993年6月建成。码头位于救助码头西面，长40米、宽9.6米，前沿水深-4米，可靠泊1000吨级货轮。平时利用码头进行装卸生产，配套装卸机械2台，年吞吐能力10万吨。

八、广州救捞局汕头救助码头

该码头于1995年5月建成。码头位于特区龙华码头西面，长100米、宽20米，前沿水深-5米，可靠泊3000吨级货船。平常利用码头开展进行装卸生产，配套仓库800平方米，堆场4000平方米，装卸机械5台，年吞吐能力为10万吨。

九、汕头海监局公务码头

该码头于1995年12月建成。码头东距海通货柜码头约400米，西距大洋储运码头300米。码头长55米，宽20米，前沿水深-4米，靠泊能力为500吨级。

十、妈屿岛潮水站码头

1954年，汕头港务局在妈屿设立潮水记录站，同时建设一个简易小码头供工作人员记录潮水用，1983年12月在改建扩建潮水站的同时，扩建潮水站码头，扩建后的码头长7米，码头面高程3.50米，靠泊能力100吨。

十一、龟屿油码头

1960年，汕头港务局在龟屿设立油库，同时建设1个小码头供装卸油用。1984年12月，对原有小码头进行扩建，扩建后的油码头长25米，码头面高程

3.20米，靠泊能力200吨。

十二、德州岛（鹿屿）交通码头

1983年10月，汕头港务局在鹿屿建设1个小码头，供交通用，码头长12米，码头面高程3.50米，靠泊能力100吨。

十三、德州岛（鹿屿）垃圾码头

1985年12月，汕头港务局在鹿屿建设1个小码头，码头长2.1米，码头高程3.50米，靠泊能力100吨。

十四、大华水产码头

该码头位于汕头市海滨路，1972年工程动工，1973年竣工，工程总投资19万元。码头长12米，宽6米，引桥长12米，码头前沿水深-3米。码头拥有100吨级泊位1个。

十五、升平水产码头

该码头位于市区升平路尾海旁。1966年7月动工，1967年底竣工，工程总投资22.4万元。码头前沿长110米。

十六、西堤轮渡码头

1972年将木质码头改建成钢筋混凝土结构码头，工程投资9.4万元，码头长36米，泊位2个，汕头市公共交通公司投资经营。

十七、广场轮渡码头

该码头建于1963年，工程总投资12.8万元。码头长36米，宽7米，引桥长12米，宽4米。1984年再投资19万元，改建成钢筋混凝土结构斜坡式码头，码头长21米，宽15米，码头泊位3个，汕头市公共交通公司投资经营。

十八、礐石轮渡码头

该码头于1960年动工，1962年8月竣工交付使用。工程总投资13.75万元。码头长35.7米，宽7.05米。引桥长78米，宽3.6米。1980年8月，码头扩建为长91.5米，宽7.05米，总投资14万元。1982年又投资16万元，建成第二条引桥，桥长78米，宽4米。1986年3月，再次投资44.5万元，建成三级斜坡码头1座，1987年建成300吨级泊位3个，汕头市公共交通公司投资经营。

第八节　港口主要公用基础设施

一、港口航道

汕头港现有航道7条，分别是汕头港主航道、广澳港区航道、海门港区航道、濠江航道、榕江航道、棉城河航道和梅溪航道。

（一）汕头港主航道

1.形成与变化

汕头港主航道分内外两段，外航道从赤礁屿至德州岛，长9.45公里；内航道从德州岛到港内老作业区，长9.1公里，合计长18.55公里。航道宽度：赤礁屿到德州岛段的距离945米，德州岛段水道为184米，妈屿岛至原5号浮筒段水道为305米。航道水深：外航道水深-11米，德州岛至妈屿岛段水深12米以上，港内航道一般深槽水深6米至10米，最深11米至13米，根据1979年测算，10米深槽面积为9.98 ×10.5平方米。其中港内各段是：南岸有龟屿及牛母礁，北岸梅溪口有水下浅滩，从牛母礁到梅溪口浅滩水深零线点距离是900米，中间深槽自然水深-13米；老港区至广场一段，南北岸距离大约1000米，扩大到2000米，中间深槽自然水深-10米至-11米；从广场到石炮台段，南北岸距离1000米，中间深槽自然水深从-10米逐渐减少到-8米；从石炮台到妈屿岛一段，南北距离大约4000米，则中间深槽自然水深只剩下-8米至-5米，港口由于妈屿岛，德州岛阻隔，水流分成两段，过水断面大大减少，德州岛水道水深-16米至-23米，港口外面随着水流的扩散，越往外越浅。

汕头港外航道拦门沙浅滩位于外航道尖石礁至赤礁屿之间，呈东北—西南走向，长约3公里，1994年末建成防沙堤之前，水深只有-4.7米。拦门沙浅滩为韩江支流新津河、外砂河等出海泥沙淤积所成。1937年至1946年之间，浅滩升高0.6米。1938年以前浅滩的深度在海图基准平面下尚有4.57米，吃水6.68米的轮船在最高潮位时可以进港。1947年至1950年经多次探测，浅滩水深只有-3.9米。经过几次开挖，1987年该处实测水深-4.7米。妈屿岛东面航道由于逐年淤积，至今轮船不能通行。德州岛西面的西航道水深流急，尚无淤积，吃水在5米以下的轮船可以顺潮通过，1994年以前未建防沙堤之前4000千吨轮船进港后均能行使自如，5000吨以上必须减载后候涨潮才能进港。

1969年开始，汕头市分别请南京大学、中山大学、中国科学院海洋研究所（青岛）等单位对外拦沙滩进行研究，分别于1969年、1975年、1982年写出了3个调查研究报告。

根据中国科学院海洋研究所的报告论述，外拦门沙航道淤泥沙的来源主要是沿岸输沙。因外航道处于狎金浅滩的沙咀，附近水深较浅，受波浪作用，浅滩的沙被波浪推入航道。其次的沙源是河流悬浮输沙，即榕江、韩江的悬浮输沙。在输沙高峰期，当潮小的时候，悬浮的河流沙在外航道浅滩沉积下来。计算结果表明，1907年至1979年72年间全浅区共淤积了4040.64万立方米，年平均淤积556.12万立方米，平均淤厚为0.018米，内坡年平均淤0.011米，而拦门沙的顶部却很少淤积。但由于内外斜坡的加积，外拦门沙的顶部不断扩大，在1907年至1972年间，-5米线之间加宽1500米，年平均23米左右，其最浅点逐渐外移共925米，年平均外移14米左右。等深线来在1907年至1979年这前后72年间，-5米线共扩大面积达1379.9万平方米，年平均扩大面积19.2万平方米。-5米到-7米之间面积相应缩小，72年间共缩小面积是1178.9万平方米，年平均为16.4万平方米。-7米线以下的变化不大，可以说泥沙主要淤积在一7米以内的地区。以-4米的有冲刷，深于-4米的有淤积，即淤积在-4～-7米深线间，深于-7米的基本稳定。待狎金浅滩及外拦门沙的演变史见表19：

待狎金浅滩及外拦门沙的演变史一览表 表19

项目＼年代	1907年	1919年	1933年	1959年	1977年	1979年	备注
浅滩水深-米以内的面积	—	6平方公里	—	11.23平方公里	—	—	—
浅滩水深4米、5米、7米内的面积变化	在浅滩处划出3501平方对比区，计算各等深线间的面积，对比其变化以说明泥沙淤积的情况，在前后72年间-0.5米线共扩大面积1379.9平方米，年平均19.2万平方米。72年间-5.0米到-7.0米线之间面积相应缩小，共缩小面积1178.9万平方米，年平均为16.4万平方米。-7.0米线以深的变化不大，可以说明泥沙主要淤积在-7.0米以内的地区，以-4.0米为界，浅于-4.0米的有冲刷，深于-4.0米的有淤泥，淤积在一4.0米到-7.0线米的基本稳定						—
尾伸延的方向角	—	115	—	145	—	—	—
滩尾对于北航道的影响	—	滩尾（水深2～4米）横旦北航道上形成（北航道上的）拦门沙	滩尾封闭了北航道	—	—	—	—
滩尾对于南航道的影响	—	影响不显著	滩尾扩及南航道拦门沙	滩尾已遍及拦门沙北部	—	—	—
拦门沙的长度	—	785米	—	2250米	3080米	—	—
拦门沙的水深	—	—	—	-0.5米	-4.7米	—	—
拦门沙的演变	外航道拦门沙历年一直在淤积，主要表现在内外斜坡的加积，由1907年到1972年外坡年平均淤厚为0.018米，内坡年平均淤积0.011米，而拦门沙的顶部却很少淤积。但 于内外坡的加积，使拦门沙的顶部不断扩大。在六十五年间 -0.5米线之间加宽1500米，年平均23米左右，年平均外移14米左右						—

2.回淤与开挖

汕头港从开港初期至本世纪初年，世界各地来往汕头港的船舶都是吃水浅、载量少的中小轮船，大多数是1000～2000吨级货轮，以致汕头开港后的几十年，外航道水深都能适应轮船通航要求。随着轮船吨位加大，韩江泥沙不断下溢，以及汕头内湾围海造田，使拦门沙面积越来越大，航道水深越来越浅，轮船进出港越来越困难，严重影响了汕头港的建设发展。

辛亥革命后，孙中山先生在《建国方略》一书中谈及“汕头通海之路、只须少加范围浚渫之功，易成为一地方良港也。”这说明孙中山先生对整治汕头港拦门沙十分重视。民国时期，国民党政府也曾经设想整治外航道拦门沙，都因政府腐败而成泡影。

中华人民共和国成立后，汕头港务局及其重视汕头港外航道的整治。

1977年9月，汕头港协同交通部第一次对汕头港航道外拦门沙滩进行开挖，挖槽长3080米，宽80米，浚深至-5.5米。1979年、1980年、1981年又相继进行浚掘（附挖掘情况表）。四次挖掘的实践说明，汕头港外航道拦门沙滩水深处于-4.7米时，沙滩正处于泥沙运动动态平衡，即无论挖与不挖都稳定在这一水深的现象。为了适应船泊进出港需要，此后每年都得对航道进行疏浚。外拦门沙滩挖掘情况见表20：

外拦门沙滩挖掘情况表　　表20

年　度	槽（长　宽）	浚深度	回淤时间	回淤高度
1977年9月	3080　80（米）	-5.5米	1978年6月	-4.7米
1979年5月	—	-5.5米	1979年9月	-4.95米
—	—	—	1980年3月	-4.7米
1980年	—	-5.5米	1981年	-4.7米
1981年	—	-5.5米	1981年底	-4.7米

（二）汕头港广澳港区航道

广澳港区原有航道为2万吨级单向航道，航道底高程为9米，有效宽度为100米，长度约为2公里。该航道于1996年6月与广澳港区起步工程同时竣工并投入使用。

广澳港区航道一期工程。广澳港区航道一期工程为5万吨级集装箱船单向航道（包括航道的导助航设施）。航道宽度为165米，长度为4.8公里（含拐弯段），设计底高程为13.8米，投资约14032万元。工程于2009年2月开工建设，2010年第四季度完工。

广澳港区近期主航道方位为0°00′00″～180°00′00″，远期随着西部港区的开发建设和泊位的大型化，主航道将向东偏转，方位为310°00′00″～130°00′00″，规划设计宽度为250米，设计底高程为19.0米，航道总长度约8公里，可满载通航10万吨级油品船舶、15万吨级集装箱船或15万吨级散货船舶。

（三）汕头港海门港区航道

规划建设3条航道，分别为西区航道、东区航道和丰盛电厂航道。

西区航道服务于海门港区西部作业区，根据泊位规划情况，按照10万吨级LNG泊位控制航道等级，航道设计宽度为300米，设计底高程为14.0米，方位为0°00′00″～180°00′00″，航道长度约5公里。

东区航道服务于东部作业区泊位和海门电厂，拟分阶段建设，第一阶段为7万吨级散货航道，远期为15万吨级散货航道。航道设计宽度为250米，设计底高程为19.0米，方位为00°00′00″～180°00′00″，航道长度约8公里。

丰盛电厂航道服务于龙头山作业区的丰盛电厂泊位，按照5万吨级散货泊位控制，该航道已由汕头市“上大压小、改煤压油”燃煤电站配套码头工程设计完成。

二、港口导航、通信

汕头港开港至今，建设各种导航、通信设施，有灯塔、浮标、导标、信号杆、信号台、潮水站、无线电台、电话总机、卫星地面站、调度专用电台等设备。

（一）导航设施

1.灯塔

德州岛（鹿屿）灯塔：清光绪六年（1880年），潮海关在汕头港口德州岛东端建一灯塔，位于北纬23°19′39″，东经116°45′23″，塔高22英尺，发光源设在圆形的红色塔上，灯光中心离海高潮水平面200英尺，灯光性质为红白二色照变光，灯之光源为煤油灯，发光自日落起至日出止，每隔30秒换光1次（即在每30秒之白光中闪红光一次），视距8海里。该灯塔原属潮海关管理，解放后归属汕头海军管理。1958年移交港务监督管理，自接管以来，汕头港务局派工人驻守灯塔，保证灯塔发光。1979年将德州岛数座灯塔及灯标由煤油灯改为发电机组发电，提高灯光的射程和发光正常率。

随着时间的推移和改革开放的推进，原有的灯塔从高程、塔高、灯光射程已远远不能适应现代化港口城市的发展和航海助航的需要。1996年9月经交通部批准，汕头航标区重建灯塔，并于1997年1月完工投入使用。重建后的灯塔位于北纬23°19′35.8″，东经116°43′22.4″，呈六面宽基型混凝土白色大型灯塔，安装西班牙巴仑西亚公司旋转透镜六面灯器。现高程21.5米，灯高76.7米，灯质5秒单闪白光，灯光射程为18海里，满足了航海助航安全的需要。

表角灯塔：座落在市区达濠岛最东南端，位于北纬23°14′19.3″，东经116°48′24″。清光绪六年（公元1880年）建，第二次世界大战时灯塔部分被炸毁，民国36年（1947年）修复。发光灯装于白色圆形塔上，塔高22英尺，灯光中心距离高潮水平面171英尺。光源的类别为白色环照闪光灯，用电力发光，自日落至日出止，每隔2秒半闪白光一次（即闪光半秒，暗2秒），灯光视距18海里。该灯塔解放后属汕头海军管理，1981年由汕头航标区管理。

表角灯塔是进出汕头港的转向灯塔，与鹿屿灯塔历史上互称为姐妹塔，两灯塔建造时间、造型一致。表角灯塔于1991年经申报交通部批准拨款，1992年5月重建，1993年6月投入使用。重建后的表角灯塔位于北纬23°14′17.4″，东经116°48′22.4″，为混凝土白色圆形塔，安装国际第二大灯器PRB-24型进口灯器。现高程为15.6米，灯高为61.8米，灯质8秒单闪白光，灯光射程为24海里，并配备雷达应答器、电雾号等先进设备。

此外，还有赤屿小灯桩、尖石小灯桩和龟屿小灯桩。

2.浮标11个

原有浮标：娘礁浮标、宫鞋礁浮标、虎口礁浮标、新亚浮标。1994年与深水港一期工程配套的还有浮标7个，1995年6月在航道上安放就位，分别设在珠池海面、马岛、外海桁、红澳桁等处。

3.导标

1号导标（2支），德州岛导标对妈屿岛导标。2号导标（2支），旧飞机场导标对塭堤导标。3号导标（2支），人民广场导标对鮀江旅社导标。危险导标（2支），设于德州岛上。根据汕头港深水港一期工程初步设计，汕头港1号导标改造工程，于1994年7月开工，由省二建公司承包施工，1995年7月建成通过验收。新建的前导灯塔高16.52米；后导灯塔高40.7米；均为钢筋混凝土框架墙砌体结构。

4.灯桩

灯桩4座分别设在福贵、鹿屿码头、赤屿、尖石。

5.信号杆

汕头沦陷前，潮海关在该关钟楼前建立信号旗杆，作用是悬挂各种色旗及风球，以示船舶进出港情况及台风信号。同时，在澳头山建信号旗杆与港内信号旗杆互相对应。1951年5月5月，汕头航政局（即港务局前身）接办了海关港务股，随后在关港口设施也划归港务局管理使用（1952年航政局改为港务局）。1953年，汕头港务局在港东建信号台的同时，将信号杆移建在信号台西侧，与信号台配套使用，该信号杆高35米，位于东经116°40′21″，北纬23°21′14″，由于它的位置有其代表性，所以，汕头港的地理坐标以此经纬度为标准点。

6.信号台

解放前汕头港没有设信号台，船舶进出港都由汕头市电信局无线电台联系和潮海关信号旗杆挂色旗表示。1953年汕头港务局在港东建信号台和信号杆，便于与船舶通信联络，信号杆用于悬挂风球（夜间以色灯为号），以示汕头港附近海面风力，代替解放前由潮海关设置于海关钟楼前的旧信号杆。1957年11月起，开展对船舶昼夜通信及与妈屿潮水站通信，及时掌握潮水情况。同年在澳头山建示潮站（将原有旗杆和房屋修建），以专作示潮情况，供船舶安全通航之用（信号台及信号杆在20世纪70年代拆除及改造）。

7.潮水站

解放前汕头港尚未有测验潮水记录水文的潮水站，只是在海关左侧避风塘口刻有水尺4处，只能简略记录高低潮情况。为了准确测知潮位，使潮水适应船舶安全进出港的需要，1953年，汕头港务局在妈屿岛建设潮水记录站，并派员守站，专职记录潮汐涨落情况。从此以后，本港历年潮汐详细情况，始有可考。

（二）通信设施

1.无线电台

1938年，汕头电报局在小公园设立海岸无线电台，与海上船舶通信联系。1952年6月，汕头港务局也在商平路18号设立无线电台，其设备只有1部150瓦短波发信机和1部收信机，3名电信人员，仅开放高频电路1条，与国内船舶通信联系，开通时间为早上6时至次日凌晨2时。

1954年10月，经交通部、邮电部门商定，将汕头电报局海岸电台与汕头港电台合并为汕头海岸电台，归汕头港务局领导和管理，台址迁至招商横路后。合并后的汕头海岸电台更新通信设施，有收发信设备3部，报务员10人，机务人员1人，设中、高频船舶电路2条及陆上专用电路1条，电台24小时开通。国内船舶电报分明码、密码，国际船舶使用明码，分中文明语和英文明语2种，成为我国开放国际通信业务的海岸电台之一。担负着国内外船舶的水上通信业务，维护船舶航行安全。1978年，取消国内密码电报。汕头海岸电台经过多年发展，到1998年通信设备有收发信设备10多部，主要设备有2部美国产中频发射机，功率为200瓦；2部国产高频发射机，功率分别为50瓦和150瓦；3部英国产收信机和2部国产收信机。主要工作频率是中频500kHz、482kHz，高频8MHz（日）、4MHz（夜），开放国际、国内公众船舶电报和航务电报业务，为粤东地区海上船舶航行安全、抢险救助、运输生产和港口生产调度指挥提供通信服务。

收发信台同一地点，位于南海横路后8号。人员编制和日常业务由广州海运局通信站管理。1984年汕头港务局直属交通部管理后，岸台直接由港务局管理。从20世纪60年代起设备逐步更新，至1969年发信机全部是国产电子管发信机，发射功率中频增至1000瓦，高频增至500瓦和1000瓦。

1988年成立汕头海上安全监督局，汕头海岸电台划归汕头海监局管理。

2.无线电话台

为适应汕头港口生产业务需要，1975年10月，汕头港务局建立无线电话台，当时仅开放中频2182kHz无线电话通信，24小时工作，担负港内港外近距离船舶水上无线电话通信业务。随着到港船舶日益增多，1976年引进国外先进设备通信，又增开VHF甚高频无线电通信业务，使用16频道、14频道、11频道和9频道通信，使国内国外船舶能及时与汕头港取得通信联系和适应汕头港务局调度部门指挥生产调度的需要。1987年，无线电台有各种收发电信设备30多台，经过专门培训的无线电话员10人。

3.电话总机

1975年，汕头港务局安装100门共电式电话小总机，组成港口电话通信网。1978年改装为300门共电式电话总机，1987年12月改装600门纵横自动交换机，1993年，汕头港务局将内部有线通信改装为800门数字程控交换机，内部电话号码由原3位升为4位（10月25日开通）。电话总机有话务员11人，机修22人。

1986年汕头港务局成立通信站，统管无线电台，无线电话台电话总机，加强对港务局通信工作的管理。1999年，港区撤消内部有线通信，并入市话系统，采用内部虚拟网。

4.调度专用电台

为满足汕头港生产调度指挥和整顿港口无线电通信秩序的需要，1999年3月

12日交通部无线电管理领导小组办公室批准设立汕头港VHF生产调度专用电台，工程由交通部通信中心兴兴技术公司承担。

汕头港生产调度专用电台经过近一年的建设，于2000年1月竣工，经交通部通信中心、交通部无委办、广东省无委办汕头市管理处测试合格，2000年1月10日领取了《国家电台执照》。2000年4月12日交通部无线电管理领导小组办公室，批复“汕头港务局生产调度专用电台承担汕头港生产调度专用通信业务”、“汕头港务局生产调度专用电台台名为‘汕头港话台’，英文名称为：‘SHANTOU POPT PADIO’”，5月1日，汕头港话台正式启用。

5.卫星地面站

为适应全国交通系统卫星通信专用网需要，由交通部统一规划的汕头港卫星地面站于1995年在老港区建成，该站有提供话音、数据、图像、电话会议、电视会议、计算机通信等6个功能。自1995年6月建成以来，已与全国72家交通系统单位实行话音通信，其他功能正在逐渐规划建设使用中。

1999年8月12日，经汕头市机构编制委员会批准，设立汕头港通信导航站，正科级建制，为汕头港务局直属事业机构，行使汕头港口通信导航管理职责。

2009年11月3日，经汕头市机构编制委员会批复：“汕头港通信导航站”更名为“汕头港通信导航中心”，保留正科级建制，事业编制15人。

（三）通信信息规划

1.通信信息规划原则

根据港口总体规划（2010年）布局，各港区将发展为以集装箱运输、物流配送为主，杂货运输为辅的综合性现代物流企业。通信信息作为保障系统，一方面要为客户提供系列、周到的增值服务，一方面要紧密结合集装箱、物流配送调度生产的特点，为前方生产作业和后方管理提供全方位的服务。通信信息系统组网应当体现高效、灵活、统一协调。

2.港口现状

广澳港区、海门港区目前没有系统的通信信息设施。随着港区规划的逐步实施，有必要按照港口工程规范、国际海事组织（IMO）对港口建设的要求，新建和完善港区通信信息系统。

3.规划设计内容

（1）自动电话

根据港口规划，测算未来各港区程控交换机容量见表21：

各港区交换机容量预测表 表21

港区名称	现状（起步）	2015年	2020年	2030年
广澳港区	2000	3000	5000	8000
海门港区	—	600	1000	5000

根据预测程控交换机规模，港区自动电话宜一般自动（BID＋DOD2）方式汇介入公众运营商程控交换网络。

随着港口程控交换设备的建设和港口业务发展的需要，在提供语音通话的同时，考虑为港口及用户提供各项增值服务，如：会议电话、综合数字传输（ISDN）、多媒体应用、局域网互联、Internet接入等，为港口现代化管理提供良好的通信环境。

（2）无线通信

①海岸电台

港区在规划期内应当建设与港区规模配套的VHF海岸电台。开通A1海区VHF70频道数选和VHF话路。新建海岸电台应当考虑技术先进、功能完善，达到国际海事组织全球海上遇险和安全系统（GMDSS）的要求，满足使用要求的设备。

②VHF海岸电台规模可考虑4～6信道。

集群无线调度通信系统

规划期内，流动机械、移动作业人员、安防保卫对无线调度通信的需求也会同步增长，建设无线集群调度通信系统是很有必要的。无线集群调度通信系统也可分期建设，初期规模按5信道，200～500移动用户考虑，终期可扩展为10信道1500用户规模。

③有线生产调度通信

集装箱作业对管理和自动化程度要求越来越高，因此，有必要设置港区独立的集装箱专用调度通信系统，以利于作业指令的及时下达和生产动态信息反馈，加强设备及人员调配管理，适应生产作业和现场管理的需求。

规划期内，还可以建设集装箱卫星定位（GPS）系统及集装箱无线自动寻呼系统，并与计算机管理网络汇接，做到箱位、货品、装卸作业全自动化管理，实现与国际先进水平接轨。

另外，港区生产作业将以公司调度室（指挥中心）为核心进行，调度室主要负责制定作业计划、人员、机械调配。宜在调度室设置专用生产有线调度指令通信系统，确保调度指令通信的下达、上传及时畅通。

④计算机网络和宽带接入

根据港区生产作业和管理需要，应当建设内部完整的计算机局域网，作为整个港口计算机网络的子系统汇接入全局计算机网络，实现权限管理下的数据互通和信息共享。

港区中心服务器设置在中心计算机房，采用局域网专用服务器。网络结构为千兆以太网。

港区局域网宽带互联网（Internet）接入方式可以采用单独接入，也可以采用通过港务局网络接入方式。

⑤港区安防

根据SOLARS（索罗斯）条约，以及海关监管、港区保安要求，建立港区边界防范、内部视频监控、消防控制、指挥调度系统，形成较为完善的港区保安防卫体系。

⑥信息传输

各港区可根据地形条件不同，采用数字光纤或数字微波接入方式与港口通信中心网络汇接，形成环型主干信息传输通道。为港口程控交换机、局域网、多媒体、会议电视等系统提供综合信息传输平台。港区主干信息传输通道以光纤接入方式汇接入汕头市电信网络，实现信息网络与信息高速公路互联。

各港区也可根据港区自身特点和未来的发展，建设港区以通信电缆和光缆相结合的传输网络。

⑦港口导航设施及交管系统

港区航道复杂，进出港的船舶多，因此，有必要在完善普通导标、浮标、灯塔等导航设施外，建设卫星定位自动导航系统（GPS），实现精确船舶定位和电子导航。

在完善常规导航设施的同时，应当结合汕头海事局船舶交通管理（VTS）规划，建设船舶雷达交管站或GPS、AIS等船舶交通管理设施，形成了覆盖港区全水域的三级水平交管系统，满足规划期内的使用要求。

三、港口锚地

汕头全港共有锚地13处，分别是：汕头湾外锚地区、防台锚地区、内港锚地区、广澳港区油轮锚地区、广澳港区一般锚地区、海门外港2号锚地区、海门外港1号锚地区、潮阳引航锚地区、莱芜锚地区、南澳港第一引航锚地区、南澳港第二引航锚地区、南澳港区锚地区、南澳国际避风锚地区，共用海面积

8735.2万平方米。

根据港口总体规划（2010年），港口锚地规划方案如下：

（一）汕头湾

汕头湾锚地基本维持现状。

汕头湾外锚地设在好望角东北，进港航道北侧，面积为13平方公里，水深-12～-18米。规划中的汕头湾外锚地见表22：

汕头湾规划外锚地一览表　　表22

名　称	水深（米）	面积（平方公里）	可泊船数	底质	用途
汕头湾外锚地	-12～-18	13	万吨级以上30艘	泥质	引航、联检、待泊

规划中的汕头外锚地的坐标见表23：

汕头湾规划外锚地坐标表　　表23

名　称	编　号	座标值	
		北　纬	东　经
汕头湾外锚地	A	23°15′30″	116°49′25″
	B	23°16′44″	116°51′01″
	C	23°15′10″	116°52′24″
	D	23°13′56″	116°50′46″

注：牛田洋水域有防台锚地5个，内港锚地11个，总面积3.55平方公里。

（二）广澳港区

对广澳港区现有锚地规模进行扩建，具体规划如下：

广澳港区规划锚地3处，分别设置在主航道东西两侧水域，水深由-10米～-25米，总面积约28.28平方公里。规划中的汕头港广澳港区锚地见表24：

广澳港区规划锚地一览表　　表24

名　称	水深（米）	面积（平方公里）	可泊船数	底质	用　途
广澳港区1号锚地	－10～－21	7.88	万吨级以上 18艘	泥质	引航、联检、待泊
广澳港区2号锚地	－11～－18	3.94	万吨级以上 6艘	泥质	引航、联检、待泊
广澳港区3号锚地	－18～－25	16.5	万吨级以上 30艘	泥质	引航、联检、待泊

规划中的汕头港广澳港区锚地坐标见表25：

广澳港区规划锚地坐标表　　表25

名　称	编号	坐标值	
		北　纬	东　经
广澳港区1号锚地	E	23° 11′ 30″	116° 44′ 57″
	F	23° 09′ 25″	116° 47′ 38″
	G	23° 08′ 52″	116° 47′ 09″
	H	23° 10′ 57″	116° 44′ 27″
广澳港区2号锚地	I	23° 12′ 08″	116° 46′ 36″
	J	23° 11′ 05″	116° 47′ 57″
	K	23° 10′ 28″	116° 47′ 23″
	L	23° 10′ 57″	116° 46′ 46″
	M	23° 10′ 49″	116° 46′ 19″
广澳港区3号锚地	N	23° 12′ 51″	116° 50′ 19″
	O	23° 12′ 09″	116° 52′ 32″
	P	23° 09′ 51″	116° 51′ 09″
	Q	23° 11′ 12″	116° 49′ 20″

注：随着远景港区的发展，将进一步扩建锚地规模。

（三）海门港区

根据港区布置情况，新规划3个锚地，具体情况如下：

1号锚地为LNG（液化天然气）专用锚地，位于丰盛电厂航道东南侧水域，面积约1.2平方公里，水深约-18米，可锚泊10万吨级船舶1艘；2号锚地为油轮专用锚地，位于尖山航道西侧水域，面积约9平方公里，水深-11～-13.6米，可锚泊万吨级船舶7艘；3号锚地为通用锚地，位于1号锚地南侧水域，面积约30平方公里，水深-17～-26米，可锚泊5万～15万吨级船舶15艘。规划中的汕头港海门港区锚地见表26：

海门港区规划锚地一览表　　表26

名　称	水深（米）	面积（平方公里）	可泊船数	底质	用　途
1号锚地	-8	1.2	10万吨级1艘	泥质	引航、联检、待泊
2号锚地	-11～-13.6	9	万吨级以上30艘	泥质	引航、联检、待泊
3号锚地	-17～-26	30	10万吨级15艘	泥质	引航、联检、待泊

规划中的海门港区锚地坐标见表27：

海门港区规划锚地坐标表　　表27

名称	编号	坐标值	
		东经	北纬
1号锚地	M1	116°38′41″	23°04′48″
2号锚地	M2	116°35′08″	23°08′38″
	M3	116°36′53″	23°08′38″
	M4	116°36′53″	23°07′02″
	M5	116°35′08″	23°07′02″
3号锚地	M6	116°35′54″	23°03′37″
	M7	116°39′25″	23°03′37″
	M8	116°39′25″	23°00′54″
	M9	116°35′54″	23°00′54″

四、港口防波堤

（一）广澳港区东防波堤

该防波堤位于汕头市达濠区南段的前江湾，东枕马耳角海岬，西接企望湾，南部面向南海，全长826米，其中近岸段551米，由加德士海洋燃气能源有限公司委托交通部四航局于1996年1月开工建设，至1998年6月竣工。继建的深水防波堤275米，由汕头市人民政府投资建设，汕头港务局负责项目实施和建设管理，交通部第四航务工程设计院设计，交通部第四航务工程局二公司施工，工程设计概算5528万元，1999年3月31日开工至2000年4月23日完成，5月26日竣工验收。东防波堤建成后，其掩护岸线水域可建设11个深水泊位。

（二）广澳港区防波堤（规划建设）

根据2010年《汕头港口总体规划（修订）》，在濠江口东侧规划建设东、西两条深水防波堤环抱，形成港池；规划新建东外防波堤长度1470米，西防波堤长度约6280米。口门位于广澳湾口天然水深约-10.0米处，口门宽度约700米（按15万吨级集装箱船控制）。港内布置了三个港池和三个突堤，第一突堤宽度800米，第二突堤宽度为318米（为石化作业区），第三突堤位于濠江口东侧，宽度750米。一、二突堤之间为一港池，也是目前建设中的港池；二突堤与东外防波堤之间为二港池，规划为石化作业区；一突堤与三突堤之间为三港池，主要为集装箱作业区。另外，在马耳角至南牙角外侧布置有5万～30万吨级油品泊位3个。

五、外导流防沙堤

（一）外导流防沙堤一期工程

汕头港外航道拦门沙位于尖石灯至赤屿一带，长约3公里，长期水深只有-4.7米，5000吨级轮船只能在水位处于最高潮时才能进港，5000吨以上轮船必须减载后候涨潮时顺流入港。在未有外导流防沙堤之前，超过5000吨以上轮船都必须在港外或黄埔、厦门、三百门等港口减载中转来汕，这样既拖延了运输时间又增加了运费。

汕头港长期以来没有深水码头，外航道拦门沙是拦路虎。因此建设外导流防沙堤是汕头港的重点工程。

1.科学试验

1983年汕头深水港列入国家“六五”计划的279项重点前期工程项目之一。1984年交通部决定将汕头港外航道问题列入汕头港深水港区选址的调查项目，并将调查研究任务落实水利部、交通部、南京水利科学研究院承担。南科院经过一年多的现场观测和室内模拟试验，于1985年5月写出了《汕头港拦门沙整治模拟试验报告》，认为通过整治与浚疏相结合；纳潮束水攻沙，拦沙导流相结合的方法，可以整治外航道拦门沙。具体方案是：在汕头港口门外的妈屿东北侧韩江支流新津河口西南侧至港湾出海口，建一条长7.95公里的防沙堤（即5.2公里出水堤，2.75公里潜水堤）。此方案能起到冲沙、防沙和束水的效果。

1986年4月16日至19日，汕头港务局在南京召开汕头港拦门沙模拟成果意见征询会，一致认为南科院提出的方案可行。

2.整治方案

汕头港外导流防沙堤设计要求：堤长7.95公里，分为三段：第一段长3.1公里为抛石结构；第二段2.1公里和第三段2.75公里均为混合结构，即基床抛石，上部为预制混凝土块。

汕头港务局于1988年8月9日至12日，在北京召开汕头港外导流防沙堤工程设计方案评选会。会议通过各种程序并以无记名投票方式，评出了优秀方案2个，良好方案8个，鼓励方案11个。最后评议确定交通部四航设计院的设计方案中选。该院的方案是全堤分为三段，其中AB段3100米，为斜坡式抛石堤，堤顶高程2～2.4米；BC段2100米，为抛石基床，削角王字块压顶的混合堤，堤顶高程2.2米；CD段2750米，为抛石基床安放扭王字块护面的潜堤，堤顶高程-0.8～-2.1米。另外在AB段堤外侧又修筑四条小丁坝，以防止台风汛期新津河水对堤体的直接冲刷。此外，在堤的C、D点两处设灯塔和靠船墩各两座。

3.承建招标

1989年1月12日，汕头市港口建设指挥部发出招标通告，邀请交通部二航局、三航局六公司、中国海洋工程公司广州分公司和广东省航道局航务工程公司、汕头市建安总公司、中国水产联合总公司广州建港工程公司（与达濠区市政工程公司联合）等6个施工单位参加投标。1989年3月24日，汕头市港口建设领导小组举行评标会议，交通部三航六公司以4188万元的造价为中标单位。

4.施工建设

1989年12月24日，外导流防沙堤一期工程动工。至1992年2月，完成工程量的三分之一；至1993年7月完成AB段（3100米）及4条丁字坝群的大部分施工任务。1993年10月27日，防沙堤AB段工程通过交通部及汕头市验收。

1993年12月17日，“华宝”轮吃水6.6米，载运7000吨钢材，在引航员的精心引领下，安全驶入港内，从此结束了汕头港只能进5000吨级货轮的历史。

1994年是汕头港外导流防沙堤工程加紧施工，5月份抛石量突破2万立方米，BC段扭王字块安放推进至6620米。与外导流防沙堤工程配套的外航道挖泥疏浚工程也进入紧张施工。工程于1994年10月全部竣工。整个工程历时5年。

1994年10月21日，吃水7.4米的巴拿马籍“恒来”轮载运5000吨棕油，顺利进入港内。继之，10月31日希腊籍“伊菲索”轮，吃水6.95米，载运钢材17063吨，安全驶进汕头港。以上两轮，刷新了汕头港进港轮船吃水最深，载货量最多的最高记录。

1994年11月9日，外导流防沙堤一期工程全部竣工并通过验收。

（二）外导流防沙堤二期工程

根据南京水利科学研究院河港所1997年关于汕头港外拦门沙整治的研究成果，外导流防沙堤二期工程由交通部四航院进行设计，交通部三航局六公司和天津航道局施工，完善整治一期工程，并进行二期工程建设，以达到通行3至5万吨级船舶的目标，更好地开发利用老港区。项目批复总概算1.92亿元。项目建设内容包括两部分：一是加高加固6100米的外导流拦沙堤，工程于2002年8月份开工至2004年12月完工通过验收；二是将原有底宽120米、水深-9.5米的2万吨级航道浚深至-11.0米，拓宽至底宽150米，建成3万吨级航道。该航道工程于2004年10月开工至2005年11月10日顺利竣工，3万吨级船舶可满载乘潮进出汕头港。

航道整治二期工程建成后，提高了航道通航等级，改善了港口条件，使汕头湾内13个万吨级深水泊位的能力可以得到充分发挥。

第九节　港口能源供应及水陆交通配套设施

一、历史及现状

（一）水船（即港内供水船，本地称为水船）

1949年解放前，汕头港有木质水船2艘（私人经营），总载水量73吨（42吨和31吨），每艘配有3千瓦抽水机1部，专门装运自来水卖给在港的船舶。1949年解放初期，水船仍由私人经营。1956年，公私合营之后，水船以租赁形式出租给汕头港务局经营。1960年，水船财产和工人归属汕头港务局管理。1972年，汕头港务局建造1艘100吨级钢质供水船，1975年4月2日建成。钢质供水船总吨位114.54吨，总载重吨100吨，柴油机功率99千瓦。1979年1月又委托香洲船舶修造厂建造270吨钢质供水船1艘，总吨位225.32吨，总载重量为270吨，柴油机功率为2×99千瓦。1985年委托汕头造船厂承建钢质水船1艘，柴油机功率199千瓦，载水量270吨，1987年1月建成投产。同年，原有木质水船全部被淘汰，3艘水船的主要任务是担负在港国内外船舶（锚地）及汕头港务局港作船舶的淡水供应，以及港内港务局驻岛屿职工的食用淡水供应。

（二）水塔

汕头港老港区处于汕头市城区之西南端，水压低，长期没法利用城区自来水在码头直接给船舶，只能依靠水船载水供给在港船舶用水，1982年汕头港务局为解决供水不足问题，在港中（原避风塘内）建设容量为200吨的水池和容量为100吨的水塔，同时对港区输水管道进行修理改装，铺设新水管道2000米，经过改造更新，水池每月进水可达1.50万吨。水塔设2条出水管，可同时向港东3000吨级泊位码头供水达45吨／小时，向港西2个5000吨级泊位码头供水达30吨／小时，并保证码头输水，高程管输水升高至6米，改变了过去船舶靠码头由水船供水的落后面貌。1981年船舶淡水供水量每月平均为8907吨，1987年月平均8622吨。

（三）油库

1958年，汕头港务局开始有装卸机械。随着港口机械化程度的不断发展，燃油供应也需要同步发展，1960年汕头港务局在龟屿建设1座油库，面积120平方米。1965年又在龟屿建设1号油库，面积43.31平方米，2号油库面积88平方米，危险品仓库面积197平方米。1972年在龟屿建油库仓库1间，面积为75.60平方米。1983年修建港西加油站，油库面积143.84平方米。1985年在港西加油站建油罐车库，面积160.9平方米。

（四）输变电设施

1965年，汕头港务局在老港区港西堆场前沿建造3吨级电动起重机，以改变散装货物（煤炭、矿石）由人力操作的落后生产形式。为解决电吊装卸作业耗电大的问题，1966年在港务局调度室旁建成1间输变电房，供应电动起重机用电及港区照明。随着港口机械设备的增加，原有输变电设备已经不适应生产的要求。1982年汕头港务局再次对输变电房进行更新，新建变电所1个，安装224千瓦发电机组1个，并配套一批供电设备。1987年改扩建3000吨的客货码头（原3号码头），同时建设安装配套工程项目有：配电所1座，建筑面积86平方米，装变电器2台400kV·A（千伏安）。1993年8月30日，“海港”专线供电工程和港西电房高压配电改造工程竣工，当日14时50分开通，结束老港区没有专线供电的历史。

二、规划及布局

（一）集疏运规划

目前，汕头港集疏运主要方式是公路和水运。随着广梅汕铁路建成通车，铁路运量稳步增长。各种集疏运方式规划如下：

1.公路规划

汕头市境内的公路网由国道（含国道主干线）、省道、县道和乡道组成，其中国道3条，分别是G010（同三国道主干线）、G206和G324线，国道里程166公里；省道9条，分别为S231、S232、S233、S234、S235、S237、S335、S336和S337线，省道里程296.7公里；县道和乡道里程未详计。

汕头市主要对外公路通道有G010、G206、G324线以及省道S231、S233、S234、S235、S237和S337线。斜贯汕头市的沿海大通道G010线（同三国道主干线）汕头路段已于2001年11月全线建成通车，为四车道高速公路；通往揭阳、梅州方向的国道G206线汕头段已改造为一级公路；横贯汕头市的国道G324线汕头段89.8公里中有67.6公里已改造为四至六车道一级公路，其余22.2公里为二级公路也正在按一级公路进行改造，跨越汕头海湾的汕头礐石大桥于1999年建成通车；通往潮州市区省道S233线（潮汕线）已改造为一级公路；通往揭阳市区的省道S234线（揭海线）以二级公路为主，兼有三、四级公路；通往惠来的省道S235线（司神线）以三级公路为主，兼有二级公路。

公路建设规划：汕头市干线公路网以“两纵三环八射”为骨架的网格状形态布局，其中高速公路为“一纵一环两射”布局，具体路线走向如下：

“一纵”为同三国道主干线汕头路段，由汕汾高速公路、汕头海湾大桥和深汕高速公路汕头路段组成；第二纵为国道G324线汕头路段。

“一环”为汕头特区环线，由省道S336澄海路段、汕梅高速公路金洲—月浦路段、S233汕头路段、金凤大桥—西港高架桥部分路段、礐石大桥、S337磊口至河浦路段和广澳疏港路（深汕高速公路河浦立交至广澳）组成；第二环结合潮州及揭阳的干线公路规划，由省道S231、S237等组成；第三环利用正在建设的潮揭高速及揭阳干线公路规划中的南环，新建惠来—潮阳—揭阳高速公路形成。

“一射”为金鸿公路；第二射为汕头—潮安—潮州（省道S233线）；第三射为梅汕高速公路；第四射为国道G206线；第五射为海门—潮阳；第六射为河浦—棉城—铜盂—贵屿；第七射结合练江整治，利用江堤建设沿江公路；第八射为陈沙公路。

除以上骨架公路外，其他重要公路干线还有S336（南澳环岛线）S231、S232、S235等。到2010年，干线公路建设的重点是建设高速公路网络，提高干线公路的技术等级，打通干线公路的断头路段和瓶颈路段；到2020年，重点将是完善干线公路网络，进一步提高干线公路的技术等级和通行能力。

汕头至普宁的高速公路已列入广东省2008年重点建设前期预备项目，其至广澳港区的连接线由港区西部进入，长10.09公里，正在建设中。

2.水运

（1）内河运输

内河运输主要河流有榕江、韩江和练江，近几年由于公路和铁路建设的飞速发展，内河运输有所萎缩，各级政府重视河流的水利、灌溉作用。特别是韩江和练江，在河口段以上，兴修多座水闸，限制了通航船舶的吨级。

韩江长470公里，航道长180公里，在汕头市出海，汕头至潮州段仅能通航几十吨级驳船，潮州至梅州可以通航百吨级驳船。运输的大宗货物是煤炭、水泥、矿石和建筑材料。

练江在汕头市南部，普宁、潮阳境内，长72公里，在潮阳市海门出海，下游建有海门闸，扼练江出海，船闸净宽8米，只能通行小吨级驳船。

榕江长175公里，最具通航意义，下游在汕头港出海，自上游至汕头147公里河段可通航。榕江河宽水深，河床稳定，3000吨级船舶乘潮可达揭阳北河曲溪。“九五”期间完成榕江航道整治，提高疏运能力，使其通航3000吨级船舶，乘潮通航5000吨级海轮。

（2）海运

汕头港国内航线主要是香港、沿海各港和长江中下游港口，国外航线开通东亚、新加坡、菲律宾、日本、韩国等，未来将发展欧洲航线，太平洋航线。

3.铁路

（1）铁路现状

1995年广梅汕铁路建成通车，全长474公里，客货运量逐渐增加，2000年汕头站发出运量24万吨，到达运量115.4万吨。广梅汕铁路西行至龙川与京九铁路连接，进而与京广、广深、三茂铁路相连，扩大了汕头港的货物中转腹地。

一期铁路工程修建了自广梅汕铁路汕头北站为接轨点的港口专用线。该专用线设港湾站一个，有效长度为450米，并直接与珠池港区铁路装卸线衔接，同时预留了通往堤内港区的条件。

（2）铁路规划

重点建设广梅汕铁路的配套项目，梅州至福建永定县坎市143公里，铁路1997年4月8日开工，现已建成，该线是闽粤两省与华东、华中、中南地区的重要运输通道，形成梅州市交通的良性循环。

厦深沿海铁路连接厦门、汕头、深圳3个经济特区，按照一级铁路设计，正线为电气化双线，设计时速200公里以上。广东段已于2008年1月6日正式动工建设。

疏港铁路包括广澳港区和海门港区疏港铁路。3疏港铁路有两个方案。其一为潮阳站东端接轨方案。线路全长57公里（其中连接潮阳港区支线13公里），线路走向从厦深沿海铁路潮阳站东端引出，跨濠江后引入广澳港区。其二为过海隧道方案。线路全长35公里，线路走向从广梅汕铁路汕头站北站引出，跨汕头湾引入广澳港区。潮阳港区支线从广澳站引出，接入潮阳港区。

（二）供电规划

1.设计范围

港区的供电系统规划应遵循本规划的基本要求和港口目前的供电系统规划和现状进行。

老港区、珠池港区、马山港区已经基本建设完成，堤内港区、南澳港区、田心港区和榕江港区为远期预留港口资源。故本次规划重点对广澳港区和海门港区进行配套设施规划。

设计范围为广澳港区、海门港区前方的煤炭作业区、集装箱区、多用途泊位（集装箱、散杂货）、LNG泊位及港区后方的集装箱堆存区、仓储区、LNG

库、港口管理区、生活服务区等。

2. 电力负荷规划

（1）广澳港区

广澳港区主要用电设备为门座式起重机、集装箱装卸桥、装船机、卸船机、堆场照明及附属生产及生活建筑物等的用电。工程总装机容量约为123000kW，计算负荷约为36900kW，负荷等级按二级考虑。

（2）海门港区

根据本规划，海门港区主要用电设备为门座式起重机、集装箱装卸桥、装船机、卸船机、皮带机、仓储区、堆场照明及附属生产及生活建筑物等的用电。工程总装机容量约为40500kW，计算负荷约为20550kW，负荷等级按二级考虑。

（三）变电站规划及电源的配置

1. 规划区内电力变电站规划

根据港区供电负荷分布情况，拟在广澳港区、海门港区各规划建设1座110kV变电站。

同时，根据港区各码头及堆场的供电负荷分布情况在码头及堆场和辅建区建设多座10kV／0.38kV变电站，以满足港区供电照明负荷的需要。所有10kV／0.38kV变电站所需的10kV电源皆引自上述规划建设的110kV变电站（在堆场和辅建区各设1座10kV／0.38kV变电站）。

2. 电源及主接线的配置

上述港区新建的110kV变电站变压器变比为110kV／10kV，每座110kV变电站内装设2台110kV／10kV主变压器，主变压器的容量广澳港区为4万千伏安、海门港区为2.5万千伏安。

110kV变电站的110kV进线电源皆为双回路电源。引自附近的发电厂或电力部门的变电站。

110kV变电站其110kV侧及10kV侧均为单母线分段结构，以便为港区内新建的码头10kV变电站提供可靠的10kV电源。

港内新建的数座10kV变电站或10kV变电站，其10kV侧均为单母线分段结构，均采用双回10kV电缆线路进线，其双回10kV电缆线路分别从港口规划建设的110kV变电站的10kV侧单母线的不同的10kV母线段上引入。

其中建在辅建区1座10kV／0.38kV变电站，　其双回10kV电缆线路分别从港外电力部门10kV变电站的10kV侧不同的10kV母线段上引入。并为设在堆场的

10kV / 0.38kV变电站提供双回10kV电缆线路进线。

3.电压

考虑到电业部门所能提供的外部电源的一般情况，本工程电压拟采用如下配置：

本工程高压进线电源电压暂定为：三相交流110kV，中性点不接地系统。

高压馈电电压为三相交流10kV，中性点经小电阻接地系统。

低压配电电压为（380V / 220V），中性点直接接地系统。

（四）港内配电线路和敷设

港内所有供电线路都采用电缆供电。其中，在港内除油码头、LNG码头及堆场区设备的电缆线路采用阻燃型交联聚乙烯绝缘和聚乙烯护套铜芯电力电缆外，其他部分的电缆线路都采用交联聚乙烯绝缘，聚乙烯护套铜芯电力电缆。

电缆敷设方式按电缆路经不同，分别采用电缆桥架、电缆沟及穿钢管等方式敷设。

三、给排水规划

（一）给水

结合汕头市总体规划，港区用水水源均接自市政自来水管网。

港区最大日用水量约为29400～31400立方米 / 天，主要用水项目包括船舶上水、生产用水、生活用水、环保绿化用水等。港区接管要求接管点不少于2处，且由市政环状供水管网的不同管段接入，接管点供水压力不小于0.4MPa，供水水质符合国家饮用水卫生标准。若上述接管要求不能达到时，则各港区需自建供水调节站。港区内的给水主干管线均以环状布置，采用船舶上水、生产、生活、消防合并的给水系统。管网上设置必要的阀门井、消火栓井等构筑物。在港区内对水质、水压有特殊要求的建筑单体内，采用局部处理措施加以解决。

规划港区的LNG码头和油码头采用独立的消防给水系统，在其后方设置消防水池及泵站、泡沫站，以满足其消防要求。

（二）排水

港区排水采取雨、污分流制。

1.污水

港区各建筑单体产生的生活（及普通生产）污水由暗管收集，排入辅建区集中设置的污水处理场，统一处理、排放。设有集装箱冲洗场的港区，还需要设置集装箱污水处理场，对洗箱污水单独处理，达标后排放。

2.雨水

港区内雨水以就近排海为原则，结合总平面的布局，将整个港区分为若干个雨水排放系统，各区域产生的雨水均由雨水口或明沟收集后就近排放入海。

（三）消防

1.消防给水

广澳港区、海门港区的规划总面积均超过了100公顷，故各港区同一时间内的火灾次数均假定为2次，分别以消防用水量最大的堆场和建筑单体为消防控制对象。

规划港区的LNG码头采用独立的消防给水系统，在其后方设置消防水池及泵站、泡沫站等，消防供水采用临时高压给水系统。根据货种性质分别设置泡沫灭火、干粉灭火和水冷却系统，以满足不同码头的消防要求。

其他区域采用船舶上水、生产、生活、消防合并的给水系统，低压制供水，管网以环状布置，设置室外消火栓。港区各建筑单体根据规模和性质配备必要的消防给水设施和固定灭火装置。同时根据规范要求在堆场、码头和建筑物内还应配置灭火器。

2.消防站

港区消防可分别依托附近消防站，由市政规划统一考虑，要求消防队接警后五分钟内到达港区最远点。

但规划港区的LNG码头后方各需单独设立一座陆域一级消防站；水域设置一座甲级消防站，配备大、中型消防船（或消拖两用船）各一艘，保证接警后十五分钟内到达港区任一泊位。同时水、陆域消防站还配备必要的有线和无线通信设备。

第三章　港口航运

第一节　航线与船舶

明代，汕头的港埠在厦岭港，如今市区的大片土地当年还是一片汪洋。到清嘉庆年间（1796年～1820年），沿海各港来此贸易的船只已络绎不绝。1937年鸦片战争爆发前，汕头已具商埠雏形，每年有不少船到这里停泊，所以被称为“沙汕头港”。当时海运交通工具是木帆船，有红头八卦、大八桨、大乌底、大圆尾、大青头、大斗头、大拖艇、大虎绘、白腹龟。每艘载重量多则三四千担，少则一千担左右。在沿海，木帆船遇六七级的强风，还能安全航行。在这些木帆船中，红头船较为突出。红头船长约20米，宽、高约五六米，有五至七个船舱，船头以朱砂油饰，两侧画上黑色小圆圈，像鸡眼一样，广州人叫“鸡目船”，潮汕人则称为“红头船”。红头船是一种标志。当时朝廷规定各省船只都要漆上颜色以便分别其所属地域。广东省的船只被规定船头要漆上红色。其时，汕头港的各种帆船经常出现于闽、粤港口，航行区域十分广阔，北至江苏、浙江、福建一带，东至台湾，南至东南亚各国。行驶汕头至南洋航线的船舶乘季风而行，每年秋冬，出航安南（越南）、暹罗（泰国）、爪哇、星州（新加坡）等地，春夏之间返航。行驶国内沿海航线也视信风而行。就国外贸易货物的种类而言，出口运往南洋线的货物有药材、丝绸、陶瓷、茶叶、蔗糖等；进口的则有大米、犀角等特产。从国内各沿海港口运入者多为豆饼、木材、兽皮；由汕头输出的有蔬菜、纸类、陶瓷。

1860年，汕头开港后，外国轮船、帆船纷至沓来。清同治元年（1862年），英国轮船首次公开抵汕，随后，德、美、法、俄等12个国家的远洋轮不断进出汕头港。虽然当时木帆船在潮汕沿海各口岸还大量使用，但随着汕头对外开放和科学进步，外国汽船（轮船）发展迅速，逐渐取代了木帆船。据饶宗颐《潮州志》载：“当全盛时每年为数不下数百和上千艘（包括外国航汕的船只），同治五年（1866年），外国船舶航汕达525艘次，其中英国的汽船227艘次，帆船132艘次，其余还有法、美、荷等国，同治六年以后，帆船渐少。光绪三年（1877年）航行汕头沿海的外国帆船接近绝迹。”

清同治六年（1867年），英国渣甸汽船公司和德忌利士汽船公司来汕头设立分支机构，并以香港为基地，开辟汕头、厦门、福州等地的航线。光绪十四年至三十三年（1888年～1907年），先后在汕头设立航运机构的有日本的大阪商船会社、英国的印度支那航业公司（怡和）、英国的中国航业公司（太古）、德国的雷特公司、还有本国的轮船招商局汕头分局。在汕头设立的外国航运机构，以他们先进的技术和雄厚的运力，大力排斥本地的远洋航运业，操纵汕头港的远洋运输。宣统三年（1911年）进入汕头港的汽船已达2618艘，总吨位303．66万吨。第一次世界大战期间，德国轮船停止来汕，英国、法国等轮船也大量减少。至民国七年（1918年），进出汕头港的汽船总数1686艘，总吨位185．66万吨。第一次世界大战结束后，国外航运业卷土重来。日本的山下汽船会社、日清汽船会社也乘虚而入，垄断汕头港的远洋航运业。据统计，民国九年进出汕头港的汽船共2496艘，总吨位292.15万吨，其中英国占七成居第一位，日本居第二位，国内排第三位，其余的是暹逻（泰国）、美国、葡萄牙、挪威、俄国等。民国十年（1921年）新安人刘树德购进德国1艘旧炮舰，改造成客货轮，取名“潮州号”，行驶汕头至香港航线。这是本地航运业经营的第一艘汽轮，其速率超过其他轮船，一时营业兴旺。民国十七年汕头港的航线有：基隆香港线，基隆—厦门—汕头—香港—海防；高雄广州线，高雄—厦门—汕头—香港—广州；上海广州线，上海—汕头—香港—广州；厦门西贡线，厦门—汕头—西贡；汕头暹逻（泰国）线，汕头—曼谷；汕头新加坡线，汕头—新加坡；香港福州线，福州—厦门—汕头—香港；汕头香港线，汕头—香港；汕头槟城线，汕头—新加坡—庇能。

据民国二十年（1931年）以前有史可查的资料，航行汕头港的远洋轮船属于本国地方经营者只有8艘，属于外国经营者的有34艘。虽然本国招商局的轮船“伊敦”号已于同治十一年十月三十（1872年11月29日）开始航汕，但本国的轮船数量很少，只有我国招商局一家轮船公司（七八艘）经营，所以汕头至北洋线、南洋线和台湾线的航运几乎全部操纵在外国人手里。航行于上海及北方沿海的船舶，除少数招商局的船舶外，其余都是英国的中国航业公司（太古）、英国印度支那航业公司（怡和）及日本晴汽船会社的船舶。英国德忌利士公司的船舶专门航行于香港、汕头、厦门和福州之间。日本大阪商船会社和山下汽船会社的船舶行驶于台湾至汕头之间。

根据《潮海关史料汇编》“1860～1949年汕头口岸进出口船舶艘次及吨位统计表”（一）、（二）的数字，1949年之前汕头港90年的航运情况分为4个时期：清朝末期，咸丰九年至宣统三年（1860～1911年）是航运发展期；民国初期，民国元年至民国二十七年（1912～1938年）是航运高峰期；日占时期，民国二十八年至民国三十三年（1939～1944年）是航运萧条期；抗战胜利后，民国三十四年至三十八年（1945～1949年）是航运恢复期。

据该统计表数字，1866年进出港船舶1052艘次、425008吨位（按船舶核定的载重吨登记统计，不是货物实际吨数。下同。）。其中（注以国籍分不包括内港）英国716艘次、德国218艘次、丹麦、暹罗各19艘次，法国15艘次。到1885年进出港船舶1436艘次、1279885吨位，其中英国1187艘次、德国152艘次、美国56艘次、中国36艘次、荷兰、丹麦各2艘次、德国481艘次、日本422艘次、挪威161艘次、中国52艘次、荷兰40艘次。而到1930年进出港船舶高达134532艘次、88035245吨位，比1911年翻了一倍多。其中英国2399艘次、日本692艘次，中国360艘次、挪威299艘次、荷兰157艘次、法国50艘次、丹麦31艘次。汕头沦陷前一年的1938年进出港船舶只有2210艘次、3621623吨位，明显受到战争影响。据表（二）中备注："1932～1937年往来外洋船舶艘次及吨位数均占当年全国第三位。"另据汕头市档案馆资料统计，抗战前在汕头市设立的本地船务公司（行）共19家。

1931年"九一八"事变后，中日关系恶化，日本在汕的轮船业衰落，招商局派其"海元"号、"海亨"号、"海贞"号轮船航行汕头、广州、香港、厦门、上海和汉口、青岛一带，取代日本航运业的地位。

"七七事变"后，1937年8月13日，日军进犯上海。8月25日日本第三舰队司令长谷川和外相联合发表"声明"，宣布对中国吴淞至汕头的中南部海岸实行军事封锁。同年8月13日上午8时，日军用飞机2架入侵汕头、澄海、潮安上空侦察。10月15日，日本军舰炮击汕头港表角灯塔。1938年13日，日机轰炸潮汕铁路和汕头港，港内仓库和码头大部分遭到破坏。此后，汕头无日不受到日军飞机和军舰的威胁，市民疏散，人口内迁，经济萧条。

民国二十八年农历五月初五（1939年6月21日），日军入侵汕头，随即封锁港口，对外航运全部停止。自该年7月18日起，日军只允许来自香港、南洋的轮船（主要是英旗轮船）载运邮包进港，但不准装载客货。至1941年以后，日军当局才批准英国旗的商轮每周一艘进出汕头港一次，仅可载运邮件、旅客和日用食品而已。与此同时，汕头港进出货物，只许日籍轮船载运。1941年12月香港沦陷后，日伪随即接管潮海关，行驶汕头港的其他外国轮终于绝迹。据《潮海关史料汇编》中表（二）列：1939年进出港船舶已锐减为1443艘次、1671487吨位。而1940～1945年的6年中仅1942年有统计数字，进出港船舶只有

90艘次、132648吨位。汕头港几乎成为“死港”。

1945年抗战胜利后，汕头港航运发生重大变化，国内沿海各线，几乎全为国轮控制，这是前所未有的。本地商人先以机帆船往返于汕头、香港、台湾等地。接着，先后办起了福利、丰华、四维、粤侨、和平、五福、捷利、泰生、建运、永大生、信德、泰成、元华等10多家船务行。其中除和平、五福等极少数几家自置船舶经营外，其余均属代理性质。

在此期间，香港当局将英商的昌兴、太古、怡和3家轮船公司组成远东联航局。开始时，他们借口以军用船运粮食为由，取得当地政府同意，由永生轮、贵阳轮、怡生轮来往于汕头，以后各国纷纷效法，逐步渗入，又重新占有以前在汕头港的航运权。由于处在战争期间，水路多被日军布放水雷，故初时大吨位的轮船尚未恢复行使，只有小型轮船来往汕头、香港和厦门之间。直至美国扫雷艇清扫汕头至香港及华南一带沿海水雷后，太古、怡和、渣华等外国航业公司，还有我国招商局（1948年改为轮船公司），以及民生实业公司先后在汕头港设立机构，开展业务。其他未设机构的国内外轮船公司，则由汕头港的代理行代办业务。当英国太古、怡和公司恢复健全之后，香港远东联航局于1946年3月宣布结业，将轮船分别交还太古、怡和公司自理。1947年，汕头港已有大小船务行44家，其中较大的有维记、汉宁、太古南记、和丰、元华、五福等。至此，汕头港形成一股恢复航运的热潮。南洋线被外国航业公司控制，招商局只控制国内南北各港来往货运。1948年9月，招商局将汕头分局改为“招商局轮船股份有限公司汕头分公司”，他们接收了沦陷期间日军建造的东亚码头，加上自己原有4大座20间完整的仓库（抗战时太古、怡和两家公司的码头、仓库被战火烧坏了很多，招商局汕头分局的码头、仓库受破坏较小），在航运业上可与太古、怡和公司两家公司相匹敌。1949年初，汕头港通往东南亚及国内沿海航线26条。主要是汕头至福建、大连、新加坡、越南、日本、菲律宾。由于政局的急剧变化和军事影响，1949年，中小轮船公司和船务行纷纷停业，有的轮船中断来汕，港口仅有汕头轮船股份有限公司、太古公司、怡和公司3家轮船公司维持航业，港口经济活动十分萧条。

1949年10月24日汕头解放。此后，当地人民政府逐步接管和没收了外国资本和国内官僚资本在汕经营的航运机构。

1949年10月，汕头市军管会公用事业接管部交通处接管广州航政局汕头办事处和招商局轮船股份有限公司汕头分公司，分别成立汕头航政局和潮汕运输公司，管理汕头港的航政业务和航运业务。解放初期，新成立的汕头航政局和潮汕运输公司立即着手抓好海河运输生产。首先是恢复汕头港的内河和近海各线的航运，继而开通香港、北洋（注，指北方沿海）、南洋等航线的海上交通。1949年11月13日，英籍“成兴”轮由香港抵汕，是解放后“汕—香”航线首次复航。同年12月5日，巴拿马籍的“新利年”轮，由汕头开往华北，打通了华南与华北的海上运输。1950年1月20日，英籍“大宝山”轮由汕头开往南洋，恢复了汕头至南洋的客货运输。9月19日，国轮“举振”号由广州开往汕头，为解放后首航的“汕—穗”航线。此后，“教仁”、“北京”、“伟南”等轮船相继而来，至1951年，“汕—穗”航线全面通航。

1949年，汕头解放伊始，台湾国民党在港口外航道施布水雷，企图封锁汕头港。1950年5月24日至6月16日，先后炸沉和炸伤英籍“新亚”、“安徽”、“汉阳”等轮，以及国内轮船“长平”号和1艘渔船，旅客和船员死亡36人，伤13人，货物损失800余吨。由于航道被布下水雷，使港口交通为之窒息。在汕头市政府和驻汕部队的重视支持下，成立扫雷指挥部和扫雷队。从1950年7月1日开始，至12日，扫雷队共扫获水雷7个，加上风浪冲击断缆自动浮起，共收获水雷13个（包括炸沉轮船水雷4个在内）。扫清水雷之后，各远洋航线相继复航。据统计，1950年至1952年，汕头港自解放之后，首次通航的外国轮船有英国、巴拿马、菲律宾、荷兰、洪都拉斯、挪威、丹麦、瑞典等国家。1958年2月，日本轮船“日伸丸”号首航汕头。联邦德国轮船“哈特权”号也于1959年12月21日首次抵汕。华南区海运管理局南海船队的客轮和货轮也开通汕头至广州，汕头至华南各港的航线，汕头港的航运业逐渐好转。1957年，西堤沿海船队成立，该船队有10多艘小货轮，主要航行于汕头至广州以及华南各港。1980年1月24日，“鼎湖”号客轮重新开辟汕头至香港航线，使中断了20多年的汕头至香港的国内客轮航线得到恢复。改革开放以来，汕头港走上了加速发展的快车道，港口规模和货源腹地不断扩大，港口基础设施不断完善，港口综合实力不断增强。从而解决了货主在贸易上确定船期难，货物需要中转、经营成本高等问题，吸引更多船公司来汕头港开辟航线，改变了汕头直达航线少的被动局面，形成一定航线航班规模。至2010年，汕头港与68个国家和地区的289个港口有贸易往来。国际港口航线主要有：汕头至欧州、美州、澳洲、中东、地中海、南非、西非等远洋航线；汕头至韩国、日本、朝鲜、泰国、印度尼西亚，菲律宾、越南等近洋航线。国内港口航线主要有：汕头至厦门、福州、上海、青岛、烟台、天津、秦皇岛、大连、连云港、营口、香港、黄埔、广州、湛江、海口、北海、高雄—台中等25条；2009年1月18日，成功开通了汕头至台湾高雄、台中航线，成为广东省首家与台湾的港口直航线，结束了“汕—台”海运中断60年的历史。

第二节　货物运输

汕头在明代海上贸易运输集结点不是在今汕头港，主要是在南澳、饶平、澄海、惠来等县沿海港口。到清康熙初年，汕头船舶来往停泊渐多，商人来此贸易也逐渐增多，促进了贸易运输的发展。到了鸦片战争爆发前，汕头已具商埠雏形。此时，汕头港已有船舶与沿海各港通航及贸易往来，而且经济相当繁荣。由于汕头港湾地理位置重要，自然条件优越，早已被外国人所关注，第二次鸦片战争前夕，荷兰、英国、美国的帆船，纷纷到这里进行贩运人口和倾销鸦片，进行掠夺。

1860年汕头开埠后，汕头港成为进出口货物集散地，由于国内外航运业的发达，促使汕头港贸易运输的兴盛，经济活动频繁。清同治元年至光绪三十年的40余年，汕头港口贸易运输初盛。据饶宗颐的《潮州志》载：“同治三年（1864年）海关之输入统计，由国外输入总额为3899542元，内鸦片为大宗，占2910938元，棉花次之，占543826元，矿产物又次之，占125453元，剩余的其他物品。输入地以英国及其属地占大部分，最多为香港，次为新加坡。此外，则暹逻、安南等国，由国内各港移入者为4587514元，移入地以上海、芝罘、牛庄、天津之豆粑（即豆饼），福州、厦门之药材、陶瓷、竹纸等类。对国外输出额为168173元。对国内各港移出额为764806元。输出地最多为新加坡，次为香港、西贡。移出地上海占大部分，厦门、福州、宁波、牛庄、芝罘、天津则其次，输移出口物品大宗为糖，次则烟叶、麻布、扇子、陶器、纸、鞋等物。全年出入口贸易总数仅为9420535元。迨后虽除去输入额最大宗之鸦片，而出入口总数字仍逐年增加。”同治十年港口贸易额已达到1400余万两白银，至光绪二十九年贸易额高达4300余万两（白银），比同治十年增加2倍以上。

从光绪三十一年至民国二十六年，这32年是汕头港贸易运输的极盛时期。主要原因：一是港口生产设施初具规模，至1933年汕头港建有码头6座，油库2处（每年煤油入口达到857万加仑），仓库货栈200多处（包括乌桥北海旁仓库），系船浮筒25个，轮船公司、船务行10多家。1933年，轮船进出港达4478艘次，吨位6324468吨（以船舶吨位计，不以货物量计）。可见当年港口生产的繁忙景象。二是这段时间潮汕地区先后建了铁路、公路，有潮汕铁路、汕樟轻便车路以及饶钱、安黄、安风、潮揭、揭普、潮普等公路，潮汕地区形成了水陆交通运输网，内外交通发达，汕头港成为粤东、赣南、闽西、闽南以及海陆丰的交通运输枢纽。三是商业发展快，为港口贸易运输提供了充足的货源，20世纪初年，汕头仅出口商就有4大家，分为南商、暹商、南郊、和益等4个公所。正如《潮州志》载："商业之盛居全国第七位，仅次于上海、天津、大连、汉口、胶州、广州。"在这32年的港口贸易额逐年增加。从20世纪初至抗日战争前夕，是汕头港贸易运输鼎盛时期。

民国二十七年至民国三十六年，是汕头港贸易运输的衰落时期。1939年6月21日，日军侵占汕头市。由于日军飞机的轰炸，使汕头以及其他公路、铁路受到严重破坏，汕头"商民星散，人口内迁"，商业向内地发展。在日军占领下的汕头港，外轮不敢进港，除日军运输外，贸易运输一蹶不振。在汕头沦陷前，汕头港的太古、怡和、招商局之货物堆积如山；沦陷后，货栈货物逐渐减少。据饶宗颐《潮州志》载："民国二十二年间，汕头有太古洋行堆栈（连元亨栈）八十九处，怡和洋行堆栈五十三处，商人自行盖建功立业于北海旁之大安栈、潮安栈、宏瑞栈、东丰栈等栈房共六十七处，皆货物山积，今悉毁弃无余，而市内店肆栈房陈设货品较前也差逊甚远。"

1945年抗日战争胜利后，港口航运逐步恢复，各轮船公司和船务行相继成立和健全，贸易运输逐渐好转，但码头仓库被战火破坏了很多，元气大损，生产设施一时难以恢复，交通运输受到很大影响，贸易运输额远远不如30年代。这时汕头港同全国沿海各港口一样，贸易运输处于低谷。正如饶宗颐《潮州志·实业志·商业》载："运输方面，据中央社发表（民国三十四年十一月二十四日）英属马来亚政府统计报告，由三十一年一月起至九月止，共由中国输入货件9925万元，五月尚有1650万元，九月竟不满600万元，此戋戋数字，在前期几为汕头一隅之数额，今则为全国所合，运输出入贸易之冷落可见矣。"

抗日战争胜利后，汕头港的生产曾有一个短暂的恢复时期。内河电船迅速复航，将逃难的市民载回汕头。澄海和南洋线，由于战时航道多被日军布下水雷，故大吨位轮船当时不能复航，只有小型机动帆船来往于汕头、香港、厦门之间。后由英国扫雷艇清扫汕头至香港及华南一带沿海水域后，各轮船公司相继复航。1946年进出港船舶2677艘次、884708吨位；1947年进出港船舶4748艘次、2037436吨位；1948年进出港船舶4490艘次、2077062吨位；1949年进出港船舶仅有563艘次、986377吨位。1946～1949年各年货物吞吐量分别为173842吨、381917吨、408300吨和236544吨（录自《汕头港志》表4）。

旧中国汕头港进出口货物主要品种，据《潮海关史料汇编》资料，进口主要是鸦片、各色棉布、棉纱、棉线、棉花、大米、煤油、豆饼；出口主要是赤白糖、陶瓷器、币和神币、夏布、茶叶、生柑等。1865年至1930年汕头口岸进出口货物的主要品种见表28：

汕头口岸进出口货物主要品种5个年份统计 表28

进出口	主要货种	1865 年	1885 年	1905 年	1925 年	1930 年
进口	鸦片（司马担）	4050	3888	4129	—	—
	各色棉布（匹）	64240	528365	420988	250645	348440
	棉纱、棉线、棉花 （司马担）	62653	157078	157734	43416	1185
	大米（司马担）	644621	30033	8521	6578	1397872
	煤油（加仑）	6649（司马担）	81704（加仑）	6112500（加仑）	4362793（加仑）	5020060（加仑）
	豆饼（司马担）	896619	13255	—	—	—
出口	赤白糖（司马担）	529487	171116	884398	455082	105192
	陶瓷器（司马担）	13905	54667	119314	236892	135432
	币、神币（司马担）	14921	16745	180733	85442	188813
	夏布（司马担）	1767	985	7451	13993	3985
	生柑（司马担）	—	89312	89843	237469	235469
	茶叶（司马担）	7920	9888	4056	3969	2021

1949年新中国成立后，人民政府掌握了港口贸易运输权。但是解放初期，港口处在新老交替过程，还未得到统一管理，贸易运输受到影响。另一方面，帝国主义对华封锁禁运，台湾国民党经常派飞机袭击轰炸等诸多因素，使汕头港在建国初期贸易运输未能得到迅速发展，港口吞吐量与解放前几年不相上下。1950年为24.7万吨，1951年为38.5万吨，1952年为35.2万吨。随着港口的

改造，航运和贸易逐渐得到统一管理。1951年取消私营轮船公司和船务行，外轮进港业务由汕头海运分局统一代理，1953年汕头港务分局与汕头海运分局合并，设立商务货运科，港口贸易运输由商务科招揽和组织货源，港口经济活动纳入国家计划。至此，港口贸易运输得到迅速发展，港口吞吐量由1953年58.7万吨上升到1957年的130.3万吨。

1953年，汕头港务分局开始经营中转联运业务，其中福建东山食盐是中转联运的大宗货类。东山食盐运往汕头港，再由汕头港中转运往广州港、黄埔港。至1966年前，东山盐来汕中转联运大大减少，每年只有一二万吨。1967年至1968年曾一度中断东山盐的中转联运业务。造成原盐调运流向出现迂回倒转的不合理现象。1977年，汕头港贯彻国家计委“关于发展合理运输工作”文件精神之后，东山盐来汕中转联运有了好转。1997年至1980年，每年东山盐来汕中转保持六七万吨。1980年以后，东山航运部门由于运盐来汕时间长，运价低，经济效益差，以致东山航运运盐来汕中转数量减少，每年只有二三万吨。1986年和1987年改为每月集中一次，广州海运局1000吨以下小轮运1至2个航次。

1978年，汕头港学习申（上海）—连（大连）东北三省（简称三六九线）百杂货“一条龙”运输，采取定运力、定泊位、定机械、定仓库、定装卸时间、定作业人员。一条龙运输服务单位有汕头市百货、五金、纺织、药材、医药等5个公司。一条龙运输的开展，扭转了商品流通保证百杂货均衡到港，克服以前“平时松，年底大集中”的恶性循环，同时节约运输费用和降低货物在运输过程的损耗，取得较好的社会效益和经济效益。

1978年的中共十一届三中全会后，为适应“对外开放，对内搞活经济”的形势需要，汕头港务局开展横向经济联系，1983年成立汕头港货运公司，并与梅县航运局联合成立“汕梅海河货运联营公司”，同时派员深入全国各地，与货主建立关系，签订合同，加强“港、船、货”三者的联系。1984年，汕头港在粮食、化肥、水泥、食盐四大货类的运输计划比1983年减少48万吨，外贸物资减少100万吨的情况下，港口吞吐量仍完成176.7万吨，为年度计划101%，完成利润188.2万元，比1983年增加13.1万元。

1984年5月28日，汕头港开辟了国际集装箱运输业务，由香港明华船务有限公司“华胜”轮首次试航“香港—汕头”集装箱运输获得成功。汕头港与明华公司就此签订自首航起的6个月作为营业试航阶段的协议。双方共同努力，顺利完成了1984年的试航任务。1985年1月，签订了正式通航协议。1985的2月，汕头港务局正式成立了汕头港集装箱公司，专门经营集装箱装卸储运业务。该公司成立后，集装箱吞吐量逐年增长，职工队伍不断壮大，机械设备不断增加完善。至2008年，拥有6个专用集装箱作业泊位，前沿水深-11米，可停靠2万吨级集装箱船作业，各类港作机械设备140多台，其中41吨桥吊2台，堆场面积1.6万TEU以上。公司自1994年至2008年共完成集装箱进出口1613765个国际标准箱（TEU）

改革开放吸引了外商来汕合作合资经营港口运输贸易。1992年，汕头港务局与香港首邦船务有限公司达成合作经营香港至汕头集装箱运输意向。9月20日，汕头港务局向汕头市人民政府上报关于汕港合作经营集装箱运输的报告。9月23日，市投资委员会批准立项，9月26日批准合同书。10月20日，合作双方在汕举行合同签字仪式，11月7日完成工商税务等有关手续，领取营业执照。1993年3月13日新成立的“汕头经济特区华港集装箱有限公司”挂牌营业。1993年12月1日开始全面投产。双方本着互利、互惠、互补原则合作经营，港务局提供码头泊位、库场、劳力、机械设备和陆上运输，香港首邦船务公司负责招揽货源。至2005年公司拥有专用集装箱泊位长220米，前沿水深-7.5米，门机3台，另有正面吊堆高机及其他装卸、运输机械设备一批。该公司营运后，集装箱吞吐量逐年增长，经济效益可观。1994年4月，由汕头港务局与香港和记黄埔集团国际货柜码头有限公司合资（和记黄埔集团70%，港务局30%）兴建两个2．5万吨级泊位集装箱码头，并配套集装箱桥吊3台，负荷41吨轮胎吊6台，50吨汽车吊1台，8吨空箱堆高机2台，3吨叉车10台，场内拖卡40台。第8号泊位于1997年7月18日投产，第7号泊位于同年11月18日投产。

改革开放，促进了汕头港贸易运输生产的发展。30年间，港口生产不断刷新记录，1982年货物吞吐量突破200万吨大关；1993年突破1000万吨大关。2006年突破2000万吨大关。2007年完成货物吞吐量2301万吨，其中集装箱59.4万标箱。2008年完成货物吞吐量2806.5万吨，其中集装箱719266标箱。2009年，完成货物吞吐量3101.8万吨，其中集装箱吞吐量82.06万标箱，两项增长速度高于全国港口的平均水平。

第三节　旅客运输

汕头港是我国东南沿海一个对外开放贸易港口，也是粤东、闽西南华侨、港澳台同胞及国内旅客出入境的一个重要口岸。在历史上曾经以输送劳动力

（劳工苦力）出口而“知名于世”。1949年之前，汕头港的客运一般都由远洋货运轮船兼载，主要客源是粤东、闽西南和赣南地区的移民、商人和劳工。那时，汕头港的客运设施设备很差，没有专门客站，潮梅（指潮州梅州）一带人民出洋谋生，先落脚到“客头行”（旅馆），由“客头行”与各家轮船公司或船务行联系购买船票，并带领旅客到海关前乘搭驳艇，驳运到停泊在海中的客轮上船。华侨回乡探亲，客轮至汕头，则由“客头行”（旅馆）到船上或在海关前包揽接送旅客和行李。

19世纪中叶，西方殖民主义者在海外的殖民地迅速扩大，从经济上加速对这些殖民地的掠夺，急需大批劳动力。国内由于封建剥削的加重和资本主义商品倾销，造成大批农民和手工业者破产，这样，“猪仔贸易”（人口贩运）便在沿海各地兴起，取代了自由移民。汕头与厦门、香港、澳门、海口等地都曾经是“猪仔贸易”的主要口岸。第二次鸦片战争前夕，荷兰、英国的帆船纷纷到汕头进行人口贩运和倾销鸦片。清咸丰二年（1852年）十一月，一个英国船长同英属圭亚那贩运苦力工的投机商订约，从这里掠贩了1000名苦力，运往地麦拉拉（Demerara），其中大部分是男童。当时贩运人口是由帆船驳运到妈屿岛或南澳岛，再转轮船运走。厦门事件以后，改为在汕头港直接客运。西方苦力贩子、投机商，随着苦力船纷纷窜到这里，仅1855年就有12艘外国船（共12773吨位），共掠去6388人。其中5艘美国船的总吨位和运出苦力的人数都占总数的一半以上。1858年英国的使臣额尔金曾窜到汕头，据他说：“1857年有120艘外国船舶（其中多数是苦力船）在这里装卸货物，与1855年相比，相隔不过两年，从这里开出的外国苦力船几乎增加了十倍”。据统计，从1852年至1858年这6年中，从汕头港掠运出洋的苦力，总数高达4万人。

1860年，汕头正式确定为通商口岸。自汕头开埠后，在合法化招工的幌子下，西方殖民国家先后在这里设立招工公所，招去了大批契约华工。同治八年（1869年），汕头港的客源有所变化，除原有的漂洋过海，谋求生路的人外，海外的华侨陆陆续续回乡探亲，这一年汕头输送到曼谷，西贡、新加坡等地的旅客有20824人。同治九年（1870年）为22282人，同治十年（1871年）为21142人，同治十一年（1872年）为37013人。至光绪二十一年（1895年），年出口人数增至91100人，其中大部分是到新加坡等东南亚国家或地区。民国初期，汕头港每年出口旅客多则十四五万人，少则十余万人，通过香港转运至汕头回国探亲和做生意的潮人，年均六七万至十余万人之间。民国12年（1923年），汕头港的客运业竞争激烈，各船务行纷纷以降低票价和改善服务招揽旅客。当时，汕头至香港的三等船票每张由4元降低至1元，而且还包膳食费用，国内的轮船行因经济底子单薄，敌不过外国船行，多数不得不停止客运。当时只有刘树德经营的“潮州号”轮船以其速度快，周期短，香港有固定户而坚持每周2次往返汕头至香港之间。在清末至民国初这段时期，汕头港出口的移民及贩卖劳工人数还有所增加。1867～1898年，从汕头运往海峡殖民地的“旅客”就有796284人，运往暹罗（泰国）的194908人。从1888年起，荷兰殖民者在苏门答腊德里地区种植烟叶，专门从汕头掠运华工到德里烟叶种植园劳动，到1898年为止的10年中，一共掠去华工56025人。追溯1876～1898年这22年中，汕头港共运往东南亚各地的华工共有1512020人。

19世纪末，罪恶的“猪仔贸易”制度受到全国人民的强烈反对而有所收敛，但潮汕地区饱受天灾人祸之苦，被迫出国者仍然有增无减。《中国贸易》记载：“自1931年至1937年的7年中，汕头往泰国的华侨即达176413人”。1936年汕头《侨务报》五、六月份合刊曾说汕头出国人数在国内各口岸中列第一位。自光绪三十年至民国二十四年（1904～1935年），由汕头进出侨民约298万人，其中归侨147万多人，出超为151万多人，占当时潮梅人口三分之一。

1939年6月，汕头沦陷。在日军占领下的汕头港客运不景气。抗战胜利后，客运恢复，潮梅人民往南洋谋生为数极多，来来往往，川流不息。据饶宗颐《潮州志》载：“1948年汕头港出口旅客139779人，进口旅客167175人”。

1949年解放初期，汕头港的客运航线只有2条，即“汕—香”线（汕头至香港），“汕—叻—槟”线（汕头至新加坡、马来亚）。1950年和1951年，汕头港海年出入境的旅客，比例上发生了变化，由原来出境多，变为入境多。1950年进出口旅客37150，其中进口23479人，出口13671人。1951年进口20438人，出口14103人。由于帝国主义的封锁，台湾国民党当局经常派飞机轰炸汕头港和袭击沿海航行轮船，汕头港的“汕—香”线于1952年曾一度中断，行使“汕—叻—槟”线的英籍客轮“金安”号来往也不正常。1952年至1955年，出入汕头港的旅客共有51805人，平均每年进出口旅客12951人。

1956年以后，空防力量增强，台湾当局不敢派飞机轰炸汕头港和袭击沿海航行轮船，穿梭于东南亚航线的客轮恢复正常通航。当年，交通部和广东省侨委合资，在汕头港港东仓库修建华侨休息室和行李检查场，当年进出口旅客29815人，1957年旅客进出汕头港人数30884人次，1960年开辟“汕—穗”（汕头—广州）客运航线，由南海184轮（后改为剑兰轮）担负常班客轮，这一年港口旅客进出口人数50307人次。1961年3月，开始接办华侨行李服务工作。

1961～1962年，每年旅客进出口人数达到60000多人次。1964年汕头至广州客运航线停航（因我国跃进轮海难事件影响）。1965年旅客进出口人数下降到5180人次，是汕头解放后客运量最少的一年。

1966～1976年的“文化大革命”期间，港口客运不景气。1966～1968年平均每年客运量不足10000人次，1967年只有6021人次。1969年，汕头港务局根据运送知识青年上山下乡需要，新开辟“汕—琼”线（汕头至海口）客运航线，由广州海运局客轮船队担负旅客运输，当年客运量32759人次。1970年以后，每年客运量保持40000～50000人次。1978年的中共十一届三中全会后，由于落实华侨政策，华侨和港澳同胞多回乡探亲访友，旅客观光，洽谈生意，港口进出口旅客日益增多。1979年7月1日，又恢复“汕—穗”线。1980年1月24日，国轮“鼎湖号”首航汕头港，恢复汕头至香港航线的客运，这一年旅客进出口人数突增265663人次。随着我国对外开放的深入，国内“汕头—海口”，“汕头—广州”2条客运航线逐渐形成高潮，春节前至元宵后，每天客轮进出港平均达到5～6艘次，高峰期多达10艘次左右。1984年7月6日，往返汕头至新加坡航线，因客源太少而停航。1984年8月23日，11月14日，又有“潼湖号”和“龙湖号”投入汕头至香港客运航线。1980～1985年，汕头港每年客运量保持在20万人次以上。1987年，汕头港客运量220696人次，比1987年增长3倍，比1950年增长5倍。

此外，港口客运服务设施逐年有所改善。自1949年解放后，汕头港客运站四易其址，解放初期将港东元亨栈改为客运站和旅客出入境行李检查场，办理进出港国外客运业务。1956年对该处进行装修，增设了旅客休息室，膳厅和浴室等服务设施。1960年，汕头港开辟“汕—穗”客运航线时，港务局把港西1座仓库改建成为国内航线客运站。1963年11月该航线停航，客运站也停止使用。“文化大革命”后期，为了接送到海南岛上山下乡的潮汕知识青年回家乡探亲，汕头港开辟了“汕—琼”客运航线，并在商平路3号原港务局工会借了1间办公室作为售票处，将工会会议厅当作临时候船室。1978年中共十一届全会后，汕头港客运有了新的发展，自从恢复“汕—穗”，“汕—港”客运航线之后。红卫、鼎湖、潼湖、龙湖等客轮，相继往来于这两条航线。随着客运事业发展的需要，1980年将原港务局职工食堂（商平路1号）及毗邻仓库改建成为客运站。客运站设有售票处、候船室和行李寄放处，使用面积共2000多平方米。1983～1985年末，汕头港建设1座5000吨级泊位客运码头和1座建筑面积8929平方米的客运站大楼，客运站坐落在汕头市人民广场西侧，占地面积10000平方米，其中水上平台6768平方米，内部配套有行李检查场、候船厅和其他服务设施。

1979年以前，汕头港有“汕头—新加坡”客货班轮和“汕头—海南”、“汕头—广州”春节临时客运航班，1979年的旅客接送量为12.46万人次。1979年后，汕头港先后复航“汕头—广州”、“汕头—香港”定期客运班轮。1980～1985年间，年旅客接送量达20多万人次。1986年汕头港客运站建成并投入使用后，从1987～1992年，旅客接送量逐年大幅攀升，1992年接送量达47万人次。1993年后，随着汕头民航的发展和“深—汕”高速公路及“广梅汕”铁路先后建成通车，水路客运优势丧失，客运量逐年萎缩，至2000年，全年旅客接送量仅为0.12万人次。在汕头至香港客运严重亏损情况下，汕头港客运于2000年末宣告歇业。1950～2001年汕头港进出港旅客见表29：

1950～2001年汕头港旅客进出口情况表　　表29

年份	总计	进口	出口	年份	总计	进口	出口
1950年	37150	23479	13671	1976年	50731	20127	30604
1951年	34541	20438	14103	1977年	57739	27653	30086
1952年	9813	6798	3015	1978年	54569	24902	29757
1953年	14098	7430	6668	1979年	124626	61610	63026
1954年	10914	3950	6964	1980年	265663	138739	126924
1955年	16980	7212	9768	1981年	241958	133384	108574
1956年	29815	11100	18715	1982年	204486	106093	98393
1957年	30884	12779	18105	1983年	259288	129712	129576
1958年	12665	3070	9595	1984年	201564	107005	94559
1959年	22255	1140	21115	1985年	212325	109909	102416
1960年	50307	27006	23301	1986年	161052	86967	74085
1961年	63325	33859	29466	1987年	220696	118660	102036
1962年	69528	35652	33876	1988年	236286	—	—
1963年	32050	16124	15926	1989年	284623	—	—
1964年	6125	3622	2503	1990年	331425	—	—
1965年	5180	2932	2248	1991年	363315	—	—
1966年	7770	4661	3109	1992年	469795	—	—
1967年	6021	3422	2599	1993年	264114	—	—
1968年	10147	5777	4370	1994年	203284	—	—
1969年	32759	4357	28402	1995年	127750	—	—
1970年	67602	4490	58112	1996年	73473	—	—
1971年	38771	7582	31189	1997年	20685	—	—
1972年	58800	24992	33808	1998年	4425	—	—
1973年	61547	28994	32553	1999年	2535	—	—
1974年	42665	20908	21757	2000年	1212	—	—
1975年	48658	22471	26187	2001年	停业	—	—

第四节　港口引航

汕头港自清咸丰九年（1860年）正式开港至1945年抗战胜利的80多年间，港口引航权长期为外国人所攫取和霸占。抗战胜利后，1947年3月20日开始由国人行使引航权。汕头解放，港口获得了新生，引航权真正掌握在新中国人民手中，1953年11月开始，全面实行对外轮强制引航。自汕头解放至20世纪70年代末，港口引航人员少，引航设备简陋。改革开放后，引航事业才得到蓬勃发展。

一、历史沿革

汕头港于1860年被迫辟为通商口岸后，西方列强纷纷涌入汕头进行经济掠夺和政治、文化侵略。海关、海务、港务、航运均由洋人操纵，领海权完全丧失，引航权被洋人所攫取。与此同时，由于国际航线的开通，促进了汕头航运事业和地方民族工商业的发展，使汕头港在30年代曾经有过短暂的繁荣时期。但“七七事变”后，日机轰炸潮汕铁路和汕头港，水陆交通受到破坏，在日本侵略者统治的6年中，对港口实行军事管理，禁止其他国家来汕海运贸易，使汕头港航运权益被日本独占。

汕头开港之始，汕头港与本国沿海各港及南洋群岛等地的水上交通仍依赖帆船。同治元年（1862年），英国汽船首次进入汕头港内。随后，外国人纷纷涌入汕头，设洋行、设领事馆、建教堂，进行经济掠夺和政治文化侵略。英国人为了达到垄断汕头航海事业的目的，同治四年（1865年），英国船长汉密尔顿等人首次对汕头港进行测量，并于同年11月8日在伦敦出版了《中国东海岸韩江入口处汕头港》图，这是洋人测绘的汕头港第一张海图。并在礐石的宫鞋石东侧徒壁上刻有水准标志（B·M）一处（1969年被毁）。

1891年10月23日，潮海关税务司英国人辛盛呈总税务司赫德，关于汕头口岸引水员减少为两人的报告中称：“由于威廉斯船长之死，汕头港引水员人数由原来的3人减少为2人。经条约国之领事与港长磋商，决定不予填补缺额，而将当地引水人数由3人改为2人。”自1910年始至日本侵略军侵占汕头止，将近30年时间，汕头港引水权一直被一个英国人和一个美国人所占据。英国人伍德，自1910年9月至1939年6月汕头被日军侵占，在汕头港当引水员长达30年。美国人史多格，自1917年5月至1937年11月离汕回国，在汕头当引水员长达20余年。他们各自执业引水，又兼验船师，长期攫取了汕头港引水和验船两大权利。为了共同的利益，互相勾结，狼狈为奸。他们在石炮台和妈屿建有小型码头、避风塘和修船排；各有3艘机动艇，雇用五六名船员。当时引水非强制性，船舶到港需要引水由当地代理通知引水员或船方直接电报通知引水员，船方则使用国际明码信号旗“PT”或“S”。

1939年汕头沦陷后，进出港船舶全由日本的所谓“水先人”（引水员）引领。而其时进出汕头港的船舶主要是日轮。如航行广州、汕头、大连等沿海口岸的客货轮有“越前丸”、“衡山丸”和货轮“嵩山丸”、“唐山丸”、“庐山丸”、“华山丸”，均载重2500吨。此外，还有“日本丸”、“第二云海丸”等几艘大货轮，从华北沿海不定期行使汕头等广东口岸。据汕头海关资料统计，仅1942年进出汕头港的日轮共有132648吨位。

1945年8月15日，日本投降。9月初，民国政府接管了汕头市，至1949年10月汕头解放，其统治共4年时间。为了收回引水权，在此期间，民国政府公布了《引水法》，成立全国引水管理委员会，划分引水管理区域。当时汕头港属粤桂区引水办事处管理。该办事处于1946年冬派员到汕筹建汕头港引水分处，翌年3月20日正式成立。其后，汕头港引水机构几次易名，领导关系变更。引水员由起初3名增至4名，一直到1949年汕头解放。引水费率执行粤桂区统一规费。没有执行强制性引水的规定。由于引水人员多有丰富航海经验，且能细心引领，因而实现了安全引航。在汕头市临解放时，设法保存引航设备和人员，迎接解放。

1949年10月24日，汕头解放，中国人民解放军汕头市军事管制委员会派员接管了汕头港，建立了新的引水机构，开始行使港口引水权。国民经济发展计划“一五”时期，汕头港务局修复了受战争破坏的码头、仓库，整顿港湾航道秩序，建设助航设施，建立健全各种管理制度，港口生产得到发展，引水工作步上正轨。

解放前夕败退到台湾的国民党反动派不甘心于失败，继续与人民为敌，自1949年11月14日起，开始派遣飞机轰炸汕头港；1950年5月下旬又在汕头港外航道施放水雷，妄图封锁汕头港。汕头港引水员与广大军民一道，积极投入反轰炸、反封锁的战斗中，为人民立下了汗马功劳。

从1958年至1978年的21年间，我国经历了“大跃进”、“经济调整”、“文化大革命”以及“拨乱反正”的历史过程。由于历史原因，汕头港生产建设滞后。这期间，港口吞吐量每年只在120万～180万吨之间徘徊，港口引航事业的发展也相应缓慢，21年共完成引航8619艘次，平均每年只有410多艘次。1966～1976年的“文化大革命”，使港口生产建设遭受挫折和损失，同时引航事业也受到冲击，在极端困难时期，两名引航员忠于职守，坚守岗位战胜困难，完成引航任务。

1979～2009年是我国改革开放的30年，也是汕头港兴旺发达的时期。在这期间，汕头港大力改造老港区，兴建深水港区，改善生产条件，提高通过能力，货物吞吐量大幅度上升。与此同时，引航事业蓬勃发展。引航机构从港务监督中的一个组，发展成为在港务局直接领导下的引航站（公司），副处级建制；人员从两三个引水员发展到有87人的职工队伍；引航设备逐步配套齐全，具有一定先进水平；引航数量从每年三四百艘次增加到三四千艘次。汕头港引航站（公司）不仅出色完成引航任务，总结了多年安全引航的经验，而且在港口抗击台风和海事救助中做出了无私的奉献，多次受到上级的表彰和奖励。

二、机构队伍

1945年抗日战争胜利后，民国政府于1945年9月公布实施了《引水法》。其中规定："管理引水的职权属于交通部"。当时的交通部于1946年5月1日成立了全国引水管理委员会。其主要职责是：①划分全国引水管理区域（初步分为东北区、冀鲁区、淞沪区、淞汉区、汉宜湘区、宜渝区、闽浙区和粤桂区），设立各区引水办事处（凡正式成立航政局的改由航政局兼管）管理引水事务；②关于引水员的学习，引水资历的检验、培训、考试、登记、给照、奖惩；③厘订各区引水费率，规定各级引水员待遇的标准及其执业与退休的年龄；④培训并提高各级引水员的驾驶操船技术，加强各区引水员的团体组织并兴办各项福利事业等。

在全国引水管理委员会成立后，粤桂区成立了引水办事处。1946年冬，该办事处委派霍远昌负责筹建汕头港引水分处事宜，并于1947年3月20日正式成立"汕头港引水分处"，主任霍远昌，隶属于"交通部全国引水管理委员会粤桂区办事处"领导。1948年1月1日，汕头港引水分处归并"广州航政局汕头办事处"管理。同年5月起，引水的行政事务由航政机构管理，引水业务则由引水人员另设引水业务所，全称为"广州区引水辅导委员会汕头引水业务所"，直至解放后由军管会接管。此外，1948年4月20日，成立汕头港引水费率咨询委员会，以汕头航政办事处有关人员及引水员黄文田、林木屏组成。于同年4月24日和5月10日，就调整费率一事开过两次会议。

汕头港引水机构成立后，粤桂区引水办事处从粤港两地招聘具有航海理论基础、实践经验和一定英语水平的梁文华、黎培根、沈饶生3人，经广州航政局考试合格发证，于1947年3月到汕头港任引水员，这是国人第一批在汕头港执业引水的人员。其后，1947年11月和1948年1月，曾任“神农”轮船长的林木屏和曾任“光华”舰、“海瑞”舰舰长的黄文田先后来到汕头港任引水员。除梁文华于1947年11月辞职回穗外，其余4人均任职至解放后。汕头港引水分处筹办时，得到粤桂区引水办事处拨给开办费，在香港购置一艘现成的出海快速游艇，长度12米，主机马力80匹，经香港铜锣湾船厂改修后于1947年3月投入使用。船上配有驾驶、轮机和水手共5人。

1949年10月24日汕头解放，同月27日，汕头市军管会属下的公共事业接管部交通处，在处长林西园的率领下，接管了原“交通部广州航政局汕头办事处”和原“广州区引水辅导委员会汕头引水业务所”，成立了“汕头军管会公用事业接管部交通处航政局”。引水业务归航政局管理，原引水业务所人员，除引水员黎培根自动离职外，全部予以留用。并成立了引水组，组长沈饶生，引水员林木屏、黄文田，另有船员3人。有引水船一艘。

1951年5月5日，汕头海关港务股划归汕头航政局。并与引水组合并为港务组。1952年6月汕头航政局改称“广州区港务管理局汕头分局”，原港务组改称“引水股”为该局海港监督科管理。

1954年毕业于大连海运学院航海系的刘炳辉、余世鹏两人，于1956年2月从广州港调到汕头港务局任见习引水员，1957年4月升为三等引水员。他们是新中国培养的汕头港第一批引水员。

1957年引水股又改称为“引水组”，组长林木屏（任职至1968年12月），引水员有黄文田、林木屏、刘炳辉、余世鹏等4人。

解放后长达30多年，汕头港引航隶属于汕头港务局的港务监督室领导，没有明确建制。20世纪80年代初，经过“拨乱反正”之后，企业开始全面整顿。在这种情况下，汕头港务局为了适应企业管理的需要和加强对港务监督室的领导，于1982年2月10日，对港务监督的机构设置作出调整，以汕港字22号文明确为：中华人民共和国汕头港务监督，对内属港务局一个科级单位，下设三个组，即监督组、引航组、验船组（均为股级建制）。同时余世鹏被任命为引航组组长。办公地址，在汕头市外马路8号楼汕头港务监督室内。同年，引航员刘炳辉被提升为汕头港务监督副监督长。1987年12月6日，汕头港管理体制实行改革，交通部与汕头市人民政府签订了《关于改变汕头港管理体制的交接协议书》，汕头港务监督与汕头港务局分离，引航直接由汕头港务局领导，成为港务局一个基层单位。随着改革的深化，引航事业的发展，人员的增加，1988年3月3日，引航组改名为引航站，并升为副处级建制。1992年11月，引航站改名为引航公司，属营业性单位。

根据企业实行全员劳动合同制和干部改用聘任（聘用）制，1995年9月1日，汕头港务局党委以汕港党字〔1995〕46号文的通知，林闻水被聘任为汕头港务局引航站站长（对外仍称公司），钟礼智、罗炳湖被聘任为副站长，孙汉国被聘任为引航站办公室主任（兼引航船队队长）。聘任（用）期均为3年。

经过“文化大革命”，至改革开放前，汕头港引航人员不仅没有增加，反而减少，只有2名引航员。1978年、1980年钟礼智、林闻水、陈新流经党组织的挑选和培养，在实际工作中通过2年见习，经考试合格，正式成为引航员，充实了引航事业的力量。时隔十多年，到1985年8月才从武汉河专、广州海校分配来2名大中专生学习引航工作。自1987年12月6日，引航站由港务局直接领导后，随着港口生产和建设的发展，引航队伍不断壮大。1993年末，引航站共有职工72名，其中引航员9名，计一级2名、二级2名、三级3名、助理2名。1995年末，全站职工87名，其中引航员10名，计一级2名、二级3名、三级5名，另有见习引航员10名。1999年4月，汕头港务局实行政企分设，原引航公司更名为汕头港引航站划归汕头港务局管理（2005年3月后由汕头市港口管理局管理），副处级建制的直属单位，负责汕头港引航业务。

汕头港引航站的职能，由港口生产企业转化为专门组织实施汕头港引航工作，不再经营拖船业务，原管辖的三艘拖轮“汕港引1”、“汕港引2”、“汕港引5”划归汕头港务集团航供公司，交通船“汕港引3”、“汕港引4”、“汕港引6”及玻璃钢小快艇仍留在引航站，大部分船员随船调动。

政企分设后的汕头港引航站共有干部职工52人，其中持证引航员17人；钢质交通船3艘，玻璃钢小艇1条。

2005年3月28日，汕头市港口管理局揭牌，标志着汕头港口管理体制改革顺利完成。

2007年初，汕头市委组织部和汕头市港口管理局党组按组织原则、组织程序对副处级事业单位的汕头港引航站的领导班子重新进行选拔、调研和考察。

2007年8月5日，汕头市港口管理局蔡伟杰局长在引航站职工大会上宣读汕人任〔2007〕88号文，林璜为汕头港引航站站长；宣读汕组干〔2007〕341号文，同意赖在生任汕头港引航站副站长。这标志着汕头港引航站新领导班子正式成立。

三、规章制度

为了调整外国轮船企业在华利益关系，并使列强掠夺中国港口引水权合法化。同治七年（1868年），由总税务公司赫德（英国人）制订《中国引水总章》共10款，其中第一款规定："订各口分章宜定拟也。凡各口应定分章及定明引水之界限，并应用引水者若干名，其引水各费一切事宜，均应由理船厅准情酌理，约与各国领事馆并通商总局，妥为拟定；引水界限，各口应将本口界限自行注明；口外引费（各口应将本口引费自行注明）"。可见此引水总章丧权辱国之实质。继之，潮海关理船厅撇开商会代表，单独与条约国领事共同审定公布了《汕头港地方引水规则》（也称汕头口引水分章）。

《汕头口引水分章》共17条。其中①细则及地方规则；②汕头港引水员6名（后改为2名）；③汕头港引水区域从齐水（赤屿）岛至礐石嘴；④进出各类船只引水费为每英尺＄5元。以后经过1913年和1915年对汕头港引水章程进行修改；1914年修订汕头港引水费新规及拟停用旧规；1923年又出台汕头港引水补充规则。以上几次修改补充，主要是对引水费率的修改补充。如各类船舶进出口引水费由原按吃水每英尺以墨西哥币5元增至5.5元；另增补1200净吨以上每吨1墨西哥分，夜间引水费加50%，在沙洲（浅滩）接船的引水员每天或半天补助墨西哥币25元。

1913年8月13日，由潮海关公布了《汕头港务章程》。此章程共五章二十九条（附续议告白），第一章为停泊规则，第二章为军火规则，第三章为矿油等类规则，第四章为防疫规则，第五章为杂款规则。

民国政府于1933年颁布了《引水管理暂行章程》，共六章四十六条。章程规定："沿海及沿江各口设立引水管理委员会实施管理。沿海沿江商口引水管理委员会由财政部代表两人，参谋本部、海军部、交通部、本国商会代表各一人组成"。同时废除1868年颁布的《中国引水总章》。但由于英美法意等列强以《五口通商章程》中对引水权有约定为由，加以反对。国内则因军阀混战和封建保守势力的阻挠，致使《引水管理暂行章程》公布后成为一纸空文。汕头港由于当时引水员不足其规定的人数（10人以上），既未成立引水管理委员会，也未成立引水协会等组织。同年，广东省港务局虽然接收了潮海关的部分事权，如船舶丈量、检验、发证事权，但航道管理、指泊、引水等事权仍属理船厅。

引水费率执行"粤桂区广州、汕头及广州湾三港单程引水费率暂行规则"，具体如下：

汕头港及广州湾港

（1）由表角至汕头费率计算当依该船最深吃水深度从（第一表）得其吃水数值再依该船登记长度从（第二表）得其船长数值两数之总和即为该船之引水费。以船舶吃水计算引水费率，见表30：

船舶吃水计算引水费率表 表30

9 英尺以下：$61600 元	18～19 英尺：$179400 元
9～10 英尺：$72000 元	19～20 英尺：$196000 元
10～11 英尺：$84000 元	20～21 英尺：$218400 元
11～12 英尺：$95000 元	21～22 英尺：$240300 元
12～13 英尺：$106400 元	22～23 英尺：$263200 元
13～14 英尺：$117600 元	23～24 英尺：$291200 元
14～15 英尺：$123800 元	24～25 英尺：$319200 元
15～16 英尺：$140000 元	25～26 英尺：$347200 元
16～17 英尺：$151200 元	26～27 英尺：$375200 元
17～18 英尺：$162400 元	

注：未满一英尺者亦作一英尺计算。

以船舶长度计算引水费率，见表31：

船舶长度计算引水费率表 表31

150 英尺以下	56000 元
150 英尺以上	每 10 英尺加 5600 元　　不满 10 英尺者亦作 10 英尺计算

（2）凡船舶进口停泊后如欲移泊其他地点应另付移泊费28000元。

（3）凡船舶进口后如欲留用原引水人引领出口时应每日另付留用费56000元，不足一日者亦作一日计算。

（4）每艘每组引水人数为贰名但本处于必要时得酌量增减。

（5）引水人于受雇期间其伙食应由雇主供给。

（6）凡申请雇用单程引水之船舶须填具申请书连同应付之引水费先期交纳本处经核准后即指派引水人赴船引领。

（7）本处于必要时得将该船之原派引水人调回另派其他引水人接充。

（8）引水人在受雇期内除经本处规定及核准之费用外不得另索他费。

（9）凡属军运船舶其引水费均照八折计算。

（10）本规则如有未规定者得适用本区引水管理规则及其他有关法令之规定。

（11）本规则于必要时得由本处呈请交通部全国引水管理委员会修正之。

（12）本规则呈请交通部全国引水管理委员会核准转呈交通部备案施行。

引水费总收入中提取6%上缴汕头航政分处作为管理费，余下的60%由各引水员平均分配，40%作为引水业务所办公费。

汕头刚解放时，由于市场物价波动，故在1949年12月12日开始，实行临时的引水费率：①轮船自赤屿至港内检疫锚地，按吃水每英尺收白米50市斤；②除适应一项收费外，并照船舶的总吨每吨收白米0.25市斤；③船舶吃水至少按9英尺计算，不满9英尺者仍按9英尺收费，未满1英尺之奇零数目按1英尺进整计算；④船舶在港内移泊，每英尺按该船的引水费三分之一收费；⑤领港依照船公司申请时间等候工作，逾时每天收留用费白米300市斤。以上各项按当日贸易公司公布的米价折合人民币收费，每月引水费全部由航政局收入，取消原来在引水费中提取管理费。引水员的每月工资收入依照市军管会的规定，每人按糙米1400市斤折价。

随着汕头解放，港口引水权回到人民手中，然而由于工具、人手的不足及其他原因，并没有完全实施对外轮的强制引水，仍有一些经常来汕头，熟悉汕头航道的外籍船舶，由船长指挥自行进出港，尽管他们在进港后或出港前按章交纳引水费，但不符合政府的要求，引水任务完成得不够理想。据汕头航政局工作总结称：1950年，实际的引领数仅占应引领数的30%；1953年引领240艘次，533022吨，占应领数的57.78%，完成情况不够理想。为了维护国家主权的尊严，保障港口生产和船舶航行安全，汕头港于1953年11月1日起，开始全面实行对外轮的强制引水。同年12月5日，交通部颁布了《海港引水暂行通则》，《通则》以法律的形式规定："引水员必须为中华人民共和国公民"；规定"所有外国籍船舶必须由中国引水员登轮指挥，方可进出中国港口和在港内移泊"。真正维护了国家主权的尊严。如1954年2月19日，挪威籍"海后"轮船长，在该轮进港时，瞒骗了吃水深度。1954年4月12日，英籍"济南"轮未经批准擅自进港。以上两轮违反了我国《通则》规定，我港口当局分别给予罚款和警告处理。

1949年解放后，汕头港对外轮的引水工作程序是：外轮到达港外赤屿锚地后，引水员根据船舶的吃水和潮汐的实际情况，确定出海登轮时间，按时前往引领。对外轮实施监护的边防检查站人员随同前往。登轮后即查封电台、武器、弹药等有关港内禁用物品。外轮在引水员的指挥下进港后，先在检疫锚地抛锚，检疫人员登轮检疫，检疫完毕后降下Q旗，同时港监、海关等涉外部门参加联合检查，简称“联检”。外轮出港，则由联检各部门对船员点名验证，然后由引水员引领出港，边防检查人员随船监护至赤屿附近，才与引水员同时离船。这种监护方式一直沿用至20世纪70年代。

港湾管理方面，在新的法规出台前，曾暂时沿用解放前潮海关制定的港务管理规则，直至1951年5月汕头航政局制订了《汕头港务暂行章程》，呈报广州区港务管理局，上报中央交通部批准，并于同年9月公布实施。根据当时港湾航道秩序比较混乱，每天有二、三百艘渔船在鹿屿水道捕鱼，在港内水域挂网捕捞的桁桩妨碍船舶航行等问题，汕头港务监督在粤东行署交通处的支持下，在汕头召开了整顿港口交通秩序会议，作出了渔船、虫习船一律不得在鹿屿水道作业的规定。在市政府的支持下，拔去了碍航桁桩，撤除了部分利用率低却又妨碍大船调头的系船浮筒。又鉴于当时进出口船舶增多，大量的木帆船与机动船共用鹿屿南航道，造成拥挤不堪等问题，为了使船舶进出港航行安全，经广州区港务管理局批准，1954年5月21日，开放了汕头港鹿屿北航道，供民船、帆船使用，大大地改善了港湾秩序，为引水工作安全提供了良好的环境。

1959年公布的《汕头港港章》明确规定了:本港引水区域以北纬23°17′，东经116°48′为进港起点和出港终点。1976年11月12日交通部发布了《中华人民共和国交通部引航工作规定的通知》，同时，废止了1959年12月9日部颁布的《关于海港引水工作的规定》。交通部的规定和汕头港港章，充分体现了国家和港口对引航工作的管理和监督，是轮船进出港安全和引航事业发展的根本保证。

1980年4月25日，交通部颁布了《海港引航工作条例》（试行），同年10月27日，又颁布了《海港引航员安全操作守则》，《对现有引航员技术培训、考核、定级和发证办法》。汕头港引航组遵照交通部颁布的《海港引航条例》（试行），结合汕头港的实际情况，1982年4月16日制订了《汕头港引航工作实施细则》（试行），并于同年5月1日起施行，使引航工作规范化、制度化。

2000年4月29日，交通部发文《关于加强引航管理的通知》（交水发〔2000〕226号）。《通知》要求：未经交通部批准，任何单位不得擅自设置引航机构、提供引航服务；沿海双重领导港口的引航由双重领导港务局引航站承担；任何码头公司不得擅自聘请引航员继续引领活动；各港口行政主管部门加强监督、管理，对以擅自成立的引航机构应立即取缔；引航单位加强对引航工作的管理。

2002年8月19日，交通部发文《关于认真做好引航安全管理工作的紧急通知》（交水发〔2002〕375号）。《通知》要求：加强对引航安全工作的领导、完善安全管理制度、重视引航员业务培训、对现有引航机构的资质进行一次全面认证。

2004年11月10日，交通部发文《关于进一步落实引航机构安全管理责任的通知》（交海发〔2004〕613号）。《通知》要求：引航机构必须建立安全管理体系、海事部门要对引航机构的引航安全进行监督、港口行政管理部门要对引航机构的责任追究。

交通部通过规范引航机构的运作、加强引航安全管理以及落实引航的安全监督、行政管理和引航机构内部管理责任，不断推进引航体制改革。全面落实《船舶引航管理规定》。按《船舶引航管理规定》理顺汕头港引航管理，明确汕头市港口管理局对引航工作的行政管理责职，汕头海事局对引航工作的安全监督管理责职。同时，根据《船舶引航管理规定》理顺船舶引航申请程序，船舶的引航申请由船方或其代理直接传真向引航站提出。引航站调度根据船舶尺度、天气潮汐和通航条件按有关规定作出引航调度计划，并通知船方或其代理。如需使用汕头港务集团的拖轮，由引航站调度通知港务集团业务部派出；如使用其他单位的拖轮，则由船方或其代理、码头业主安排租用。

实现“一港一引航”。2005年，“政企分开”的港口体制改革完成后，为进一步落实《关于深化中央直属和双重领导港口管理体制改革的意见》（国办发〔2001〕91号）中有关引航管理体制改革的精神，继续推进以“引航作为港口行政管理部门管理下的事业单位，在海事管理机构安全监督管理下，为港口提供公共服务”的引航体制改革。2005年10月13日，经汕头市港口管理局与汕头市交通局和汕头海事局协商达成一致，《关于船舶引航机构移交问题的复函》（汕府办函〔2005〕144号）将原汕头港务监督引航站和汕头粤东引航公司的业务归并到汕头港引航站。11月，汕头粤东引航公司原有的4名工作人员（没有引航员）调入汕头港引航站工作，原汕头港务监督引航站和汕头粤东引航公司一并注销。至此，汕头市统一了引航机构。汕头港引航站正式成为汕头市行政辖区内唯一合法的引航机构。

2007年4月13日，交通部发文《关于加强我国港口引航管理的通知》（交水发〔2007〕174号）。《通知》要求：各港口行政管理部门和海事管理机构按照各自的职责加强引航管理和监督；严把准入关，加强引航资质管理，要求于

2007年6月30日前向交通部提出引航机构资质审查或行政许可申请，还要严把引航员准入关；全面提升引航服务质量和引航队伍建设；切实加强引航安全管理工作；严格监管，规范引航行为。

至2007年底，全国沿海港口引航机构基本上从港口企业或海事机构分离出来，并向交通部提出引航机构资质审查或行政许可申请，引航体制改革基本完成。

汕头港引航站通过交通部的引航资质许可。根据《关于加强我国港口引航管理的通知》（交水发〔2007〕174号），汕头市港口管理局商汕头海事局后报广东省交通厅，由广东省交通厅以《关于设立汕头港引航站的请示》（粤交港〔2007〕785号）上报交通部。

2008年4月24日，交通运输部（原交通部）下发《关于汕头港引航站引航资质许可的批复》（交水发〔2008〕49号）：

（1）同意设立汕头港引航站，从事引航活动。

（2）机构类型：事业法人。

（3）上级主管部门：汕头市港口管理局。

（4）引航具体范围：进出汕头港港口区域和汕头市辖区的船舶引航服务，受委托为揭阳港、汕尾港提供引航服务。

（5）汕头港引航站应认真履行职责，严格按照《船舶引航管理规定》的要求，在核定的引航范围内从事船舶引航服务。

四、导航设施

1874年11月1日和1878年10月13日，英籍三桅船赛里号和德籍二桅船波丽号先后在石碑山附近海域失事。潮海关为了列强自身的利益，于1880年5月28日、29日，分别在港外的表角和鹿屿（德州岛）上建设灯塔。同年12月8日，在石碑山（赤澳）也建了灯塔。从此，汕头港开始有了导航设施。

1905年6月，英国兵舰“窝塔维治”号驶进汕头、铜山等处进行测量海道，英国总领事馆照会清朝大吏，要饬令各地方官妥为保护。1931年“海宁”轮夜间出港，在妈屿岛西端渔栅内侧搁浅。同年在鹿屿半山腰设置白色定光灯两盏，前后灯成直线，真方位127°～307°，称危险界标。

汕头解放初期，港口助航设施由驻汕海军管理，1958年港务局接管了驻汕海军的助航设施。计有灯塔1座（设于鹿屿），浮标3座（分别设于娘礁、宫鞋礁、虎口礁），新亚灯浮1座，导标1对（旧飞机场对塭堤），危险界标一对（鹿屿）。1958年后港务局陆续新建和改造了助航设施，增添了浮标4座（1

号、2号、3号、4号浮标），分别设在珠池海面、马岛、外海桁、红澳桁；灯桩4座，分别设在福贵、鹿屿码头、赤屿灯桩、尖石灯桩，以及先后多次对2号导标更新改造加高加大。1978年建设2个5000吨级泊位杂货码头配套项目中，又增设了1号导标（鹿屿对妈屿）、3号导标（海滨广场对鮀江旅社）。1979年将鹿屿灯塔由原来煤油灯改为电机发光（包括鹿屿小码头灯标）。港口助航设施的接管、新增设和更新改造，为港口引航、轮船进出港创造了良好环境。

长期以来，汕头港引航设施简单落后，除了有一两艘小型机动船舶作为引航员交通使用，兼作监督船用，没有其他引航设备。引航员克服了设备条件差的困难，靠基本功安全引领中外船舶进出港。有时进出港轮船多，引航任务紧，还需向兄弟单位借船用。改革开放以来，引航设施在港口建设中，才相应得到较大的发展。在1978年建成投产的汕港引1号（980匹马力）和汕港引2号（428匹马力）两艘船之后，1983年和1988年先后在揭阳和潮州船厂建造2艘主机马力均为250匹（187.5千瓦）的船舶，正式作为引航船，编为汕港引3号、汕港引4号。1993年在镇江船厂造了一艘全回转消拖两用船，主机马力3400匹（2500千瓦），编为汕港引5号，主要用于引航时顶、拖轮船靠离码头。至1995年末，汕头港引航站（公司）拥有引航船5艘，共有5308匹马力。1999年汕头港务局政企分设后，拖轮设备划归汕头港务集团航供公司，引航站只保留3艘交通船。长时间汕头港引航员工作时只配带望远镜。自1984年4月起，引航员才配用手提式无线电甚高频对讲机。1988年引航站新购置了六分仪和回声测深仪等设备。此后，每季度引航员用这些仪器测量航道水深变化情况时，提高工作效率，减轻劳动强度。1993年6月起在办公室和引航船配备了台式无线电甚高频对讲机，至1995年末，全站共有台式无线电甚高频对讲机6部。

为适应新形势下港口发展以及抵港船舶日趋大型化所需要，汕头港引航站针对汕头港及其附近水域通航条件的特点，积极探索和收集各种资料，加大引航科技投入，使引航新技术、新设备应用到引航生产中。

（1）引航员利用船上GPS定位系统和APAR雷达信息，组合使用，设置导航线、避险线，判断风流压差及船速变化，正确掌握被引船的船位。

（2）引航员利用船载DGPS、电子海图、AIS导航系统进行导航。

（3）2005年，引航站投入2万多元为交通船“汕港引4”安装雷达一台，为雾航安全提供有力保障，提高引航海上交通接送能力，服务港口生产。

（4）2006年，引航站总共投入30万元购买三台大连贝斯特DGPS引航导航系统，分期付款，分三批交付使用。在条件许可的情况下，引航站还规划继续配套GPS基站建设和引航电子管理系统建设。

五、技术经验

1949年解放前，汕头港航标和引航设备简陋。港外主航道中的一段浅滩，大潮低潮时水深只有13．5英尺，而且是硬砂底质，吃水在15英尺以上的船只都要等候涨潮时进出港。没有夜航灯标设施，遇有吃水较深的船舶必须争取夜间高潮时过浅滩，只在航道重要转向处用小木船预先点灯作临时灯标。港内航道任由渔船下网捕鱼，无人管理，引水船经常要兼做清道工作。这些都增大了引航的难度，尽管如此，在引水员们的认真负责，细心谨慎操作下，自1947年3月至1949年10月的两年多，从未发生过大小事故，做到安全引航。据汕头市档案馆保存的资料记录，这个时期进出汕头港的机动船舶共有9766艘次；吃水最深的是招商局的“海天”轮，为6.09米，总吨位7233吨；最大的是渣华轮船公司的“芝巴德”轮，总吨位为7803吨。

1968年8月，港务监督室成了港口作业区生产组中的一个小组，原监督室有监督员、引航员、验船师等16人，除下放“五七”干校、或到驳船当水手接受再教育外，只剩下4名干部负责全面工作。引航员只留下刘炳辉、余世鹏两人。他们以国家利益为重，坚守岗位，克服困难，完成引航任务。为了生产需要，他们采取下午出海，提早登轮，乘夜潮引船进港，赴白天装卸作业。

1969年至1972年，潮汕地区大约有20多万知识青年下乡海南岛，汕头港至海口秀英港的客运任务十分繁重，除了广州海运局的3000吨级客船无需引航外，临时投入客运的万吨级货轮、广州远洋运输公司的“光华”、“建华”、“中华”等大吨位客轮均申请引航。两位引航员在完成货轮引航的同时，兼顾客轮的引航任务。如1975年2月2日，万吨货轮“红旗127”号，运载下乡海南知青回汕过春节，由于在海上连日遇雾，航行缓慢，到了汕头港外又为浓雾所阻，无法进港，船上旅客干粮已尽，形势十分严峻。汕头市及港务局两级领导十分重视，应船长要求，派引航员余世鹏前往引领，他在浓雾中克服困难将船安全引进港内，解除了船方和旅客的困境，受到多方的赞扬。

从1949年到1978年的改革开放前，汕头港引航设施落后，近30年间，只有一艘小马力引航船，每年东北风季节和台风来临之前，经常要冒着超出它抗风等级1至2级，有时甚至是2至3级的大风大浪，加上没有拖轮协助等困难条件，汕头港引航人员练就了一套真功夫、硬本领。他们优质的服务得到中外船长的好评，有口皆碑，实现了18年安全引航无事故的好成绩。汕头港引水组总结的“三不”、“五要”、“四注意”、“四摸清”的经验，于1975年3月20日在广州召开的全国第一次引航经验交流会上发言介绍，得到与会同仁及交通部港监局领导的赞赏。其主要内容是："三不"：不违反客观规律蛮干、冒险；不因条件顺利而掉以轻心；不被困难所吓倒；要冷静、沉着地运用自己所掌握的操作技术去克服困难。"五要"：引航时态度要严肃；精神要抖擞；表情要愉快；举止要大方；口令要清晰。"四注意"：注意听口命；注意车钟及舵角的指示动向；注意及时校对船舶的实际动向是否符合口令的意图，偶有不符，立即纠正，不能含糊，以免出现危局；注意船员的精神状态和技术水平。"四摸清"：一是摸清被引领船舶的吃水、性能，对车、舵效应等船舶性能，除听船方介绍外，要经过自己在起锚、开航或掉头操作时，试用一些车、舵加以校对核实，做到心中有数；二是摸清风向、风力、流向、流速、水位以及航道、锚地、泊位等情况，做到思想上有个领航方案；三是摸清岸边物标，核对预算水位，做到适时开航；四是摸清有无其他船寄泊，舷梯及缆绳是否收清，与周围船舶的相对方位、距离，做到有备无患。

1979年改革开放后，国家重视知识，重视人才，恢复和健全技术评级晋升制度，激发了引航人员的进取心，促进了技术水平的提高。汕头港引航员一方面通过多种途径努力学习业务、技术知识，不断增长才干，提高技术水平。另一方面勇于实践，不断探索引航新领域，提高技术水平。先后新开辟三百门港至汕头港航线，并实现一潮进出两个港；汕头港至榕江黄岐山油码头航线，实现货轮江海直达；汕头港至广州港、海口港、厦门港航线。这些航线引航难度大、时间长，使引航员得到锻炼提高，步步晋升。从事引航工作多年的刘炳辉、余世鹏，经交通部港务监督局核准，于1982年12月从三级（等）引航员晋升为二级引航员，1985年8月，由二级引航员晋升为一级引航员，并发给证书。刘炳辉、余世鹏是新中国培养的第一代引航员中首批晋升为一级引航员的。1988年12月和1990年5月，余世鹏经交通部船舶高级技术职称评审委员会先后评审确认为高级引航员和成绩优异的高级引航员。汕头港引航员钟礼智、林闻水，分别于1978年和1980年正式担任引航工作，都先后于1991年和1992年经交通部统一考试合格，晋升为一级引航员。

汕头港的引航事业随着港口生产、建设的发展而迅速发展，引航数量成倍增长。汕头解放的1949年至1978年的29年中，每年引航只有三四百艘次。改革开放后，引航艘次逐年大幅度增长，特别是进入"八五"期间，每年增加近千艘次。1991年达到1368艘次，1992年2199艘次，1993年3982艘次，1994年4668艘次，是有史以来的最高年份。据引航公司资料统计，1979年至1995年

17年中，共引领中外船舶24725艘次，年平均为1454艘次，是1949年至1978年（29年共引航11574艘次）年平均引航399艘次的3.64倍。

改革开放之年，汕头港引航成绩卓著，引航站多次受到汕头市和交通部的表彰，多名引航员获殊荣。引航员刘炳辉1985年被评为广东省劳动模范。引航员余世鹏1986年被评为广东省先进工作者；1988年、1989年分别荣获省劳动模范、交通部劳动模范和全国劳动模范称号，并于1989年国庆节登上天安门观礼；1991年被评为全国“十佳引航员”。引航员钟礼智先后于1991年和1994年被评为全国优秀引航员。

随着港口生产的发展，引航技术的提高和引航设备、引航员的增加，汕头港引航站引航数量大幅增长，1988年引航仅有747艘次，1991年首次突破1000艘次，达到1386艘次，1997年达到4682艘次，创历史最高记录。1988～2000年共引领中外船舶35838艘次。

2005年汕头港完成港口管理体制和引航管理体制改革后，随着汕头市委市政府“以港兴市”发展战略的推进，引航站朝着汕头市港口管理局要求的“引航安全，优质服务，引航收入每年递增10%”目标，以解放思想、攻坚克难、创新引航的思路走上新的发展征程，汕头港引航事业稳步发展。2005年的引航艘次和收入快速增长，共引航1673艘次，收入317万元，引航收入自政企分设以来首次突破300万元。2006年引航收入达到434．2万元，突破400万元。2008年根据汕头市委、市政府提出的把汕头港打造成我国为东南沿海亿吨深水大港目标，站领导主持、协调、策划、参与多次研讨会，形成了提出要求有关单位改善通航环境及确保安全通航的建议，促使汕头港如期开通了地中海和中东两条航线和中海一条内贸航线，当年共有253艘次内外贸集装箱班轮在汕头港引航站的引领下安全进出广澳港区，成为引航站的新的增长点。2008全年共引航2098艘次，引航收入达到608万元，突破600万元。2009年，面临国际金融危机的冲击，国内外港航业受到严重影响，引航站以积极学习实践科学发展观为契机，全站干部职工团结一致，以科学发展的态度，务实工作，取得安全高效的业绩，全年引航2645艘次，引航收入达到1008．8万元，突破1000万元，比2007年翻一番。1949～2009年汕头港引航船舶艘次见表32。

汕头港历年引航情况表

表32

年份	艘次	年份	艘次
1949年11月～1957年11月	2955	1984年	565
1958年	488	1985年	568
1959年	379	1986年	730
1960年	373	1987年	799
1961年	402	1988年	747
1962年	351	1989年	848
1963年	376	1990年	923
1964年	513	1991年	1368
1965年	713	1992年	2199
1966年	633	1993年	3982
1967年	518	1994年	4668
1968年	323	1995年	3987
1969年	252	1996年	4670
1970年	319	1997年	4682
1971年	187	1998年	3763
1972年	265	1999年	2084
1973年	285	2000年	1917
1974年	338	2001年	1742
1975年	333	2002年	1331
1976年	378	2003年	1179
1977年	548	2004年	1220
1978年	645	2005年	1673
1979年	518	2006年	1463
1980年	647	2007年	1968
1981年	662	2008年	2098
1982年	789	2009年	2645
1983年	725		

1947～2009年，汕头港引航机构见表33：

1947～2009年汕头港引航机构及负责人一览 表33

机构名称	起止时间	负责人姓名	职务	任职时间
汕头引水分处	1947.3～1948.1	霍远昌	主任	1947.3～1948.1
	1948.1～1948.5	詹德钦	主任	1948.1～1948.5
汕头引水业务所	1948.5～1948.秋			1948.5～1948.秋
	1948.秋～1949.中	沈饶生（兼）	主任	1948.秋～1949.中
	1949.中～1949.10	潘煊	主任	1949.中～1949.10
	1949.10～1950.2	沈饶生	主任	1949.10～1950.2
引水组	1950.2～1951.5		组长	1950.2～1951.5
港务组	1951.5～1952.2			1951.5～1952.2
	1952.2～1952.6	林木屏	负责人	1952.2～1952.6
引水股	1952.6～1953.1			1952.6～1953.1
引水组	1953.1～1956.6			1953.1～1956.6
引水股	1956.6～1959.3			1956.6～1959.3
引水组	1959.3～1961.10			1959.3～1961.10
	1961.10～1963.1			1961.10～1963.1
	1963.1～1968.8			1963.1～1968.5
	1968.5～1968.8			1968.5～1968.8
港监小组	1968.8～1968.12	汕头港务局革命委员会生产组		
	1968.12～1969.3	刘炳辉	负责人	1968.12～1969.3
	1969.3～1972.6			1969.3～1972.6
引水组	1972.6～1976.12		组长	1972.6～1976.12
引航组	1976.12～1982.2	余世鹏	负责人	1976.12～1982.2
	1982.2～1984.1		组长	1982.2～1984.1
	1984.1～1985.6			1984.1～1985.6
	1985.6～1987.12			1985.6～1987.12
	1987.12～1988.3			1987.12～1988.3
引航站	1988.3～1992.11	余世鹏（副处级）	站长	1988.3～1992.11
引航公司	1992.11～1993.3		经理	1992.11～1993.3.1（退休）
	1993.3～1995.9	林闻水（副处级）	经理	1993.3～1995.9
汕头港务局引航站（对外称汕头引航公司）	1995.9～1999.5		站长（经理）	1995.9～1999.5
汕头港引航站	1999.5～2000.10		站长	1999.5～2000.10
	2000.10～2005.3	林璜（副处级）	负责人（书记、副站长）	2000.10～2005.3
	2005.3～2007.8			2005.3～2007.8
	2007.8～		站长、书记	2007.8～

注：“文革”期间，自1968年5月～1972年6月，汕头港务局撤消机关科室，成立四大组，港监引水属生产组领导。

第四章 港口生产

第一节 劳力组织

一、旧中国时期

汕头港自1860年开港至1949年共和国成立的89年中，港口生产经营权由西方列强所操纵，生产资料多为洋商占有，港口工人成为洋人和中国官僚资产阶级和封建把头共同压迫剥削的对象。

开港初期，洋行或买办（外商代理人）通过招雇城市无业者和近郊华坞、金砂，潮阳的梅花、深浦等农村的雇农和破产农民，以及部分商家固定的搬运工，临时组成码头的装卸队伍。装卸生产的工具极其原始落后，装卸工人靠着一支竹槌、两条绳索，几百斤货物都靠人扛肩挑，劳动强度很大。他们是社会底层的群体，被洋人称为“臭咕哩（苦力）”。

装卸作业点（区）及生产设施。1860年汕头开埠后，英商太古、怡和及轮船公司，以及中国轮船招商局汕头分局先后在港湾北岸（今老港区广州街尾、至平路尾）建设6个木栈桥趸船码头和200多间栈房（仓库）。英商在礐石建大油池3个（可装油46万加仑）。亚细亚火油公司和美孚火油公司在崎碌（今市委迎宾馆大院内），各建1个石砌的油码头。在港池中设系泊浮筒18个（至抗战前期废弃），以及一些助航设施在广州街尾海滨建设。多数为洋行占有，这为港口航运、装卸作业提供了生产条件。11939年日本侵略军占领汕头，为了军事需要，建了一座3000吨级的钢根混凝土结构的“东亚码头”。

随着到港货运量不断增加，装卸作业点（区）扩大，装卸工人相应增多，逐步形成为一支支较为固定的队伍。因为有利可图和“僧多粥少”之故，地方封建把头与官僚买办相勾结，以地方姓氏为群体，争占作业地盘，画地为牢，各踞一方。如日伪澄海县秘书长、金砂的李姓家族自治会头目李仰唐，就是太古、怡和、招商局码头的包工头。潮阳县梅花、金浦的郑氏封建头目郑俊三等人，占踞西堤公共码头一带至安平路尾。潮阳县平湖村封建堡垒的核心人物林海龙、林洽基、林惠初、林丁林等人，则是四码头一带的包工头。抗日战争期间，廻澜桥（俗称新桥）至八角亭一带，是潮阳河浦郑童的地盘。抗日战争胜利后，时任国民党汕头市党部书记长，鮀浦人陈伟烈，其势力占踞杉排街口，成立“驳载部”。这些封建把头为了争权夺利，经常挑起宗派族群械斗，致使工人自相残杀。

随着汕头商埠的扩大和航运业的发展，资本家和封建把头，在今西堤路沿岸建了木质和石砌客货运码头、水产码头，以及韩堤一带的小码头，形成了点多面广的货物装卸点和客运站点。这是旧中国汕头港生产设施的概貌。后经战争破坏加上台风摧毁，至汕头解放时，汕头港内只留下一个残缺不全的木栈桥趸船码头。

1949年前的旧中国，汕头港驳船主要有“五肚船、四肚船和青波船”三类，均为木质性船舶。“五肚船”每艘配备船员三人，可载货四五十吨；“四肚船”每艘配备船员两三人，大的可载货三四十吨，小的载货一二十吨；“青波船”每艘配船员五六人，可载货六十吨。这些驳船均由船员划桨撑竿行驶，“五肚船”和“青波船”均挑选一名技术经验较好的船员当舵手。港口驳船作业主要是从岸边（码头）把货物运到系泊在港池中的轮船由吊机将货物吊上货轮，或从货轮接卸货物运到岸边（码头），也有将货物运往内河起驳点的。在货轮压港，库场紧缺情况下，驳船能起到临时货场的作用。

1949年前的旧中国，汕头港的驳船多数为资本家和地主阶级所拥有，雇用船员行驶；少数由船民或农村富裕农民合股购置，合资者自己当船员（他们在解放初民改时被评为船民）。随着港口生产的发展，运输量的增加，驳船和船员随之增多，具体数量没有资料可考，略知至汕头解放前夕约有驳船150艘，船员六七百人。

1949年前的旧中国，汕头港驳船生产的停泊区域比较分散，开埠之初，主要的生产停泊区在海关前的港池。随着商埠扩大范围，停泊区向西伸延到镇邦路尾、安平路尾、永泰路尾和杉排路街口（后称西堤码头、二码头、三码头、四码头和水产码头），以及商平路尾、乌桥北海旁、韩堤八角亭旁和西港等处。

二、1949年新中国成立后

1950年4月20日，汕头市搬运工会成立（5月1日汕头市总工会成立），下属有23个搬运单位，会员4751人。涉及港口装卸、驳运作业的有一分会（轮船起卸），二分会（原招商局码头装卸）、三分会（海关行李检查场）、四分会（英商太古、怡和码头装卸）、五分会（至平路尾至安平路尾内河及港口货物装卸）、六分会（安平路至永平路尾一带，包括三四码头及四永一升平搬运装卸）、八分会（八角亭装卸）、九分会（廻澜桥柴炭起卸）、十分会（五肚船驳运）。同年7月，根据国家政务院指示，宣布废除封建把持制度，成立汕头市搬运公司，编成19个服务站（按各个分会排列对口命名）。

随着社会主义改造的深入进行，为有利港口生产统一管理，汕头港务局从1954年1月至1956年8月，分三批接收汕头市搬运公司装卸工和驳船工，共1442人为港务职工，并成立装卸队、驳船队。

（一）装卸队

1954年至1956年，先后三批移交给港务局为固定装卸工人有1442人，成立装卸队并编成若干个中队和工班。移交时间、人数和作业范围是：第一批1954年9月，人数415人，移接作业范围是500载重吨以上轮船装卸作业；第二批1955年1月，人数450人，移接作业范围是原招商局仓库、元亨栈一带的起落水及出入仓作业；第三批1956年8月15日，人数577人，移接作业范围500吨以下轮船装卸，包括梅溪河出海口海面过船作业，以及港西原太古、怡和仓库一带的起落水、出入仓、过栈作业。移接后劳力过剩，上调部分装卸工人支援兄弟港。1959年，上调装卸工人287名，支援黄埔港；1957年下半年，又临时借调装卸工人100名支援黄埔港（六个月）；1956年，上调干部46名支援黄埔港和湛江港。1969年在安平区服务队吸收100名服务工转为港务局装卸工。到1966年的“文化大革命”前，装卸队职工发展到600多人。“文化大革命”军管期间实行军队编制，装卸队建制改为连队，全队改设4个连队及若干个工班。1972年又恢复为装卸大队，下设7个中队和若干个工班。从1970年至1974年，先后招收高中毕业生和社会青年，使职工人数增至886人。1975年初至1976年7月，7个中队改为4个中队。1976年8月至1984年底再改为8个中队（其中一个辅助中队）。从1975年至1985年，先后有一批批老工人退休，一批批新工人顶职，使工人队伍由原来的老工人多，新工人少，转变为老工人少，新工人多的状况。到1985年，装卸工人666人，35岁以下青年工人占95%，大部分文化水平达到初中以上。1979年改革开放后，随着市场经济需要，1985年汕头港务局机构调整，装卸大队改为装卸公司，下属设四个装卸作业队。1986年汕头港务局管理体制改革，实行二级管理，三级核算，局成立第一港务公司，原装卸公司4个装卸作业队改为两个装卸作业队。从1991年起，由于港区扩大，生产发展，装卸工人队伍又一次发展壮大，1992年至1994年达到1200人左右。1995年后，进出港货物大宗化、集装箱化，装卸工人逐年减少，至2000年以后，只有700人左右。

（二）船队

1949年解放初期，汕头驳船工人属市搬运公司领导，称“搬运十分会”。1954年3月，为使港口生产得到统一管理，统一调度指挥，在汕头市委、市政府的支持下，港务局与汕头市搬运公司协商，将搬运公司所属的129艘木驳船移归港务局经营（驳船工人暂时仍属搬运公司领导），经营形式采取港务、搬运和私营轮驳组三个部门分账。1954年9月至1954年末，可生产驳船只剩下87艘，3287载重吨。此后逐年淘汰报废旧船。港务局接收该公司驳船工人577名为本局固定职工，同时成立船队，分设三个驳船中队。1956年公私合营，对私营轮驳组以分账形式，保持至1955年底才改为港务局包租形式，港务局每月支付利息。至1966年后“文化大革命”期间，被认为是剥削而被取消。1955年至1956年，在对私改造中，私营驳船的资方人员主动申请把自己的驳船与国营企业合营（公私合营），因而成立了公私合营潮梅轮船公司和公私合营汕头港轮驳公司。以上两个公司至1958年才全部归入国营企业。

1956年，船队机构调整，分为三个中队，二个驳船中队和一个电船中队。“文化大革命”军管期间，船队建制改为连队，设驳船一连、驳船二连和电船连。1972年恢复了“文化大革命”前的建制。分为驳船一中队、驳船二中队和电船中队。随着港口生产的发展和劳力更新换代，驳船工人和电船船员由20世纪70年代以前老工人多，青年工人少，逐渐转变为青年工人多，老工人少的状态。到1985年，船舶大队职工总数567人（包括修船场职工26人），35岁以下的青年工人占95%左右。1984年港务局机构调整，驳船大队改为驳运公司，分设驳船一中队、驳船二中队和电船中队。至1963年末，驳船只剩54艘，2095载重吨。20世纪60年代后期至80年代初期共购建200吨铁驳船19艘。1986年至1987年共购建500吨铁驳6艘。至1995年木驳船全部淘汰。

汕头港20世纪70年代初才开始兴建码头，到1979年，已有3000和5000吨级泊位3个，大多数轮船装卸作业仍需在锚地进行。1979年至1981年间，汕头港拥有港作船舶70艘左右，其中驳船四五十艘，除有数艘六七十吨和200吨级的铁驳船外，其余均为三四十吨木驳船。1983年，港作船舶发展达到最高峰，共92艘，其间，随着汕头外贸运输的发展，抵港轮船增多，大多船舶需减载后才能进港，为此，港务局购进一批500～800吨级大铁驳船到引水锚地作为减载工具。1986年后，老港区3号、4号泊位和礐石煤码头先后建成投产，码头接卸能力大大提高，加上驳船的大型化，驳船艘数开始逐年减少。到1993年，港作船舶减至61艘，其中驳船34艘。随着珠池港区和马山港区先后建成投产，驳船大幅度减少， 2000年，港口作业船舶仅剩23艘，其中驳船4艘，锚地作业基本消除。随着码头泊位的增加，至2002年以后，港口作业轮船全部可以直靠码头，驳船驳运作业退出历史舞台。

（三）机械队

1949年解放初期，汕头港没有装卸机械，货物装卸全靠人扛肩挑和大板车、虎头车载运。1958年7月，交通部从哈尔滨调给汕头港一部5吨汽车吊运抵广州黄埔港，由汕头港职工李细平开回汕头港。为使李细平学会开车技术，汕头港务局还专门从黄埔港请来一位师傅给他传授技艺。1960年黄埔港赠给汕头港一部斯戈达货车，不久改为5吨汽车吊。1964年又从大连、湛江调进铲车6部，同年成立机械队，约有修理工和司机30多人，1965年成立机械队（属装卸队的一个中队）。“文化大革命”军管期间，港务局体制改变，机械中队与港机修理厂合并为港机连，修理工和司机约有100多人（不包括港机厂职工）。1969年队、厂分开，恢复机械中队归属装卸队领导。1971年成立机械大队，按机种编成铲车中队、吊拖中队、电吊中队和修理中队，职工有300多人。1984年底为适应港口体制改革需要，原装卸大队与机械大队合并，组建装卸公司，原机械大队四个中队归属装卸公司领导，实行四班三轮转的劳动班制。至1985年司机和修理工发展到335人。1986年7月，港务局管理体制改革，实行二级管理，三级核算，成立第一港务公司，将该队编为机械一队、机械二队、机械三队、机械四队（三个作业队和一个保修队），直属港务一公司领导。随着港口生产建设的发展，各种装卸作业机械同步发展，1979至1987年间，汕头港已拥有各种装卸机械130多台，其中起重机械40多台，其余为搬运类机械。1988年以后，由于集装箱作业发展的需要和新建粮食煤炭专用码头，港务局机械队从1988年的150多台，到1992年发展到180多台，主要增加运输机械。1993年至1996年，主要增加运输机械，珠池港区、马山港区先后投产，机械增至220台左右，其中起重机械60多台。1997年后，随着珠池港区配套设施的不断完善和广澳码头的并入港务局，港口机械增至300多台，其中起重机械近90台。至2000年，汕头港务集团公司拥有机械总量364台，分布在各个作业区。1994年为适应港区扩大，生产范围分散的新形势，将机械及人员分配到各港区（公司），各自组成机械队和维修班。

（四）服务公司

根据交通部〔79〕港字1311号文“关于成立外轮服务公司的通知”，汕头港务局于1980年4月1日以〔80〕汕港字29号文发出“关于汕头港务局外轮服务公司机构设置的通知”，正式成立“汕头港外轮服务公司”。该公司行政编制属科级单位，直属局领导，公司设三个组一个站，即业务组、行政组、财务组、港区劳动服务站，全公司干部职工420人，其中国营职工70人，集体职工

350人。根据工作需要，设置招待所1个，供水船2艘，清舱船1艘。劳务站集体工350人，大部分是港务局职工家属及子女，分成若干个作业班。公司业务范围：轮船供水、轮船收舱、扫舱、洗舱，轮船废品收集处理，轮船垃圾清理以及港区辅助作业等劳务工作和其他服务项目。1983年在企业整顿中，根据上级指示，原编制在外轮服务公司的部分国营职工离开外轮服务公司，重新回港务局安排工作，供水船、清舱船划归港务局船队管理，使外轮服务公司纯属集体所有制单位。1984年10月，原从港务局派去的干部撤回重新安排工作。与此同时，外轮服务公司与港务局工程修建队（集体编制）合并，合并后机构名称仍为："汕头港外轮服务公司"。合并后的劳务和修建两部分仍分开经营，经济仍独立核算各负盈亏。1985年外轮服务公司机构设置办公室、招待所、印刷厂、驻汕头港客运站行李服务班、港区装卸班、收舱杂作业班。外轮服务公司自成立至2000年，为进港外轮供水、收舱、洗舱、清除垃圾，以及为华侨、港澳同胞、国内旅客服务和港口生产辅助作业做出了贡献。2000年以后，随着港口货物大宗化（钢材、合板、塑料、油、汽和集装箱不需要收舱），加上客运站歇业，服务公司没有更多服务作业可以安排，除保留小印刷厂及门市部外，其他服务工安排港务集团公司各个职工宿舍小区当保安员。

第二节　生产方式

一、人力操作

1949年之前旧中国的汕头港，港口生产设施落后，只有6座木栈桥趸船码头和200多间栈房（仓库）约50000平方米，轮船货物装卸大部在锚地作业，用木驳船，即本地俗称的"五肚船"、"四肚船"、"青波船"这三大类驳船进行水上驳运，货物驳运至岸边，由装卸工人用人力手抬肩扛和大板车，虎头车搬运，劳动强度大，生产作业简单落后，效率低。

解放初期，汕头港生产设施只有1个残缺不全的小木码头，几十间倒塌破漏的旧仓库（抗战时期码头仓库遭受严重破坏）。生产工具只有百余艘木驳船和板车、竹槌、绳索、煤筐。轮船货物装卸还保持驳船驳运的古老形式，没有装卸起重机械，工人们搬运货物使用木头做的三轮板车和两轮虎头车人力拉运。卸煤用大竹筐（每筐装煤约150公斤）两人肩扛。装卸散装货（盐、稻谷、矿石等）则用竹槌、竹箕进行肩挑，包头箱货物的装卸用肩抬。包头或箱头货物在库场的上堆，则用木跳板加高，用人力抬、挑上堆；马口铁一件需8名工人抬。

这些作业形式都是重体力劳动，工人干活劳动强度大、生产效率低。

二、工艺改革

1949年解放之后，汕头港地处国防前哨，台湾国民党当局经常派飞机袭击沿海航行轮船和港口，加上外航道有浅滩，所以进出港的船舶经常遭受袭扰和潮水的限制。因此，轮船的装卸作业必须适应这些特殊情况。根据交通部海运总局指示，汕头港从1954年11月开始，与广州海运局的南海货轮签订《在港停泊时间协议书》。与此同时，港务局制订了“昼夜装卸标准”（未制订昼夜装卸标准之前，汕头港夜间不安排装卸作业）作为落实协议书的一项措施。为完成生产任务，工人们发扬敢想敢干创新的革命精神，创出许多有利于提高劳动生产率，缩短船舶停港时间的新工艺新技术，如轮船“双边装卸法”、“平衡积载法”、“四小时交班制”、“重点舱替换吃饭”等方法，同时改革装卸工具，如抬吊生柑的“木板帕”、卸水泥的“牛皮帕”、装腌制品的“钩仔架”、装卸杂货的“保险钩”、卸化肥的“活动绳钩”以及装卸牛的“吊牛络”等。以上新工艺新技术中，“轮船双边装卸法”起主导作用。在未实施这一新工艺之前，轮船停泊锚地或系泊浮筒装卸货物时，轮船每个舱口虽设有两支吊杆，但实际作业时只单边作业（即使用单吊杆作业）。开展“双边装卸法”之后，同时使用两支吊杆起吊货物，使船上吊杆和装卸劳动力得到充分利用，减少工人待工时间，从而提高劳动生产率（双边装卸比单边装卸舱时量提高70%），并缩短轮船在港停泊时间。1955年船舶在港停泊时间提前率达到3.6%～3.8%；1956年标准重新修改，提前率为9.20%；1957年提前率为14.53%。

三、技术革新

1958年，到港物资日益增多，特别是煤炭、钢材、木材、水泥等物资大批进港，港口生产任务激增，出现了运输任务与港口通过能力不相适应的状况。劳动力、驳力、库场、工具严重不足，要完成国家下达的生产计划困难很大。根据当时港口生产条件，唯一出路是大搞技术革新，改进工具，改进操作方法，大搞协作，提高大宗货物装卸效率。通过发动群众提合理化建议，创新建造工具157项，改进操作方法113项，改革业务54项。发动工人自制网络，其中获得显著效果的有“带络先装”的先进操作法，使出口包装货，散装货效率迅速提高，几宗大批货物突破历史最高纪录。又如试制“活动开关斗车”运煤效率比原来提高226%。实行“岸上分段卸货”、“驳船横靠”办法，减少岸上作业流动现象，缩短操作距离，提高了岸上人力操作的效率。这一年，港口吞吐量和上缴利润提前两个月超额完成国家下达计划。船舶装卸标准提高1079艘时，比1957年增加99.01%。

1965年，汕头港务局开展技术革新群众运动，港务局成立技术革新办公室，这一年先后组织五批“三结合”（即领导干部、技术人员、工人）小组到上海、厦门以及华南各港参观学习，吸取各港先进经验，结合汕头港实际，抓住重点，集中人力、物力、财力大搞技术革新。全局干部职工投入革新运动，从装卸机械到食堂炉灶，从工具设备到驳船舵手，从财务会计到打字员打字。全局有50项经过改革取得成功，其中工艺改革6项，装卸工具26项，工厂设备及其他机具改革18项。同时配套2条机械化作业生产线，一条是“轮—驳—岸”的卸煤作业；一条是“仓—驳—轮”的件货成组、包头货带络或成组托盘装船作业。在未实现机械化作业之前，装卸煤炭用人力肩挑，每筐煤炭重一、二百公斤，由两名工人挑到岸上煤堆，路程二、三十公尺，要上二层跳板（3～4米高）。特别是夏季炎热、煤场灼烫，工人把起卸煤炭这项作业称为“上火焰山”，许多工人连脚筋都拐断变为残疾人。自从有了电吊、抓斗、漏斗和皮带输送机配套成型之后，装卸煤炭实现机械化，既提高效率，又节约劳力。煤炭从驳船起岸至煤场，用机械作业比人力肩挑可节约劳动力31%，平均工班效率提高45.5%。用煤斗车装煤至民船，平均工班效率提高60%。件货（箱头）用成组托盘机械化作业比原先用板车人力操作，平均工班效率提高85.7%。驳船成组托盘装上轮船，平均舱时量提高20%以上，食盐从堆场至岸下驳采用成组带络，比原先用板车作业平均工班效率提高88%。驳船装轮船成组带络比过去临时打码舱时量和工班效率提高了20%以上。到1965年港口装卸作业机械化程度达到60%。

1966年后的“文化大革命”期间，由于极左路线干扰，装卸工艺技术没有人去研究，基本保持原有那一套，至1975年技术工艺才逐渐恢复新生，这一年全局成立技术革新“三结合小组”（领导干部、技术人员、工人）15个，共70人，全年完成革新项目66项。通过革新装卸工具，改进装卸工艺，提高装卸效率，减轻工人劳动强度，试制成功并大量投入使用的有成组运输装卸工具“钢材钢丝扣”，提高工效2.5倍；“10吨散煤胶丝大网络”，提高工效3倍。另外，采用“双用铁货板”、“水泥木货板”装卸件杂货或水泥效果也很好。1976年至1978年贯彻“革新、改造、挖潜”的方针，依靠群众，土法上马，大胆改革装卸工具和更新设备，制作负荷2吨的大钢丝网络160个，钢丝扣2500个，棕麻矿络200个，尼龙网络3000个以及一批货板，如“广—汕”航线集装箱运输，港内托盘成组运输和装锰矿机械化一条龙作业，提供了良好的工艺技术，从而提高装卸效率，节约劳力，减轻工人劳动强度。

四、机械化

汕头港从1860年开港至1958年以前，装卸机械空白，货物装卸全部靠人力搬运。1958年，第一部机械诞生了，这一年的7月，从哈尔滨调进一部5吨汽车吊。1960年，黄埔港赠送一部戈斯达货车，后改为5吨汽车吊。1964年，从大连调进铲车4部，湛江港调进铲车2部。至1965年，汕头港拥有各种装卸起重机械30部，输送带240米，因此成立机械队，使港口装卸作业逐渐由机械代替人力。1965年下半年开始，在港西建造3吨电吊，至1973年建造3～5吨电吊13台。随着港口生产发展，港口机械也同步发展，至1985年港口机械达133台（辆），计有：起重机械42台（辆），其中固定式起重机12台，流动式起重机26辆。输送机械27台（移动式胶带输送机）。装卸搬运机械61台（辆），其中：叉式装卸车40辆，单车5辆，牵引车12辆，搬运车4辆，专用机械3辆，另有非生产性起重机械3台，装卸搬运机械6台。以上各种装卸作业机械的配套使用，大大地减轻装卸工人的劳动强度，提高劳动生产率，实现港口装卸作业机械化和半机械化。汕头港务局至1979年，只有4台5吨门机，6台16吨轮胎式起重机，5台5吨固定式电吊，20台5吨叉车和Q20拖头。至1991年，港务局先后新增第二港务公司煤炭生产线和4台10吨门机，使码头作业机械设备与设计吞吐能力相适应。2000年以后，港口码头轮船装卸机械化达到90％以上。

五、电气化

20世纪80年代至21世纪初，汕头港装卸作业机械化出现突破性发展，采用大型化、专业化的装卸机械5吨、10吨、40吨门机吊、集装箱吊，装卸效率提高几倍。20世纪90年代初，汕头港装卸作业采用更先进的装卸设备，其中，汕头港务局第四港务公司有3部专用卸煤机，每部16吨带斗门机；汕头国际集装箱码头有限公司有3部集装箱装卸桥吊，每部负荷可吊41吨，技术达到国际现代化水平。不论是带斗门机还是集装箱装卸桥吊，这些装卸机械的控制系统均采用当时世界先进的可编程序控制器（PLC），采用高新技术的梯形图、逻辑电路，大大减少控制线路和连接线，减少了大量的继电器、接触器。普通10吨门机的起升、变幅等四大机构三档正反控制，从驾驶室的联动台要引出七八十根，甚至一百多根控制线路及连接线，几百个交流接触器、继电器。这么多线、继电器、接触器只要一个故障，全机无法正常运行，可靠性很低。而先进的PLC电路，只要几根线，就能在驾驶室把各条指令通过编程器、存储器、微处理器后，输入各对应信号去控制四大机构的各个动作，这使装卸机械的可靠性大大提高，故障率大大减少，提高了生产效率，16吨带门机每小时卸煤炭500吨。2000年以后，汕头港装卸机械电器化程度大大提高。

第三节　生产管理

汕头港行政管理体制不断变化，但港口生产单位和生产管理部门经常保持的有：调度室、指导班、仓库、装卸队、船队、机械队、外轮服务公司。其中：调度室、指导班、仓库是管理部门；装卸队、船队、机械队、外轮服务公司是生产单位。以上管理部门和生产单位，构成港口生产作业的有机整体。调度室，是港务局组织、指挥生产的职能部门。指导班是调度室的附属部门，指导员是现场生产指挥者，对轮船、码头装卸作业进行具体指导、检查、督促。装卸队是装卸货物作业单位，担负对轮船、码头的货物装卸搬运。船队分为驳船队和电船队，驳船队担负岸至轮、轮至岸的货物驳运；电船队担负拖带驳船由“岸至轮”、“轮至岸”的作业任务。机械队担负货物的装卸起重运输，仓库担负对港口货物收、发、保管工作。外轮服务公司担负中外轮的收舱扫舱和装卸辅助作业。

一、调度指导

调度室是港口生产指挥中心。1953年2月，汕头港务分局与汕头海运分局合并后，港口生产作业得到统一，在此基础上，同年6月成立调度室，地址在港东原航政局办公楼，同时建立调度会议制度。但是，在未接收汕头市搬运公司的装卸工人、驳船工人之前，调度室的职能仅限于通信联系，以及一般小作业的布置，到1954年和1956年接收汕头市搬运公司驳船装卸工人之后，调度室才开始成为港口生产的指挥机构。1955年，接管英商太古轮船公司的港口设施后，调度室迁址至原太古公司办公楼（怡安街口），1966年改建为调度大楼。几十年中，调度室成为港务局港区作业指挥中心和生产管理机构，配备有调度员、计划员、配载员和派工派驳等管理干部。1986年港务局管理体制改革，实行二级管理，三级核算，局行政机构设置总调度室，第一港务公司设置调度室。

指导班是调度室的附属单位，于1956年建立，配有现场指导员，跟随工人三班制作业，在轮船、码头现场指导各条作业线生产作业，掌握生产进度，检查、督促安全质量。

随着港区作业范围扩大，汕头港务局机构精简改革，1992年下半年调度室撤销，其职能并入新成立的港务局业务处（改制后为“运输业务部”）。此后撤销指导班，其职能由带班生产的装卸中队长兼任。同时实行港务局（集团公司）和基层公司两级生产调度，以基层为主的生产组织和调度指挥体系。1999年4月港务局政企分开后，业务处设在港务集团公司，其职能不变，是集团公司各作业区的生产指挥中心。

二、仓库管理

1952年9月，汕头港务局接管汕头海运分局（原招商局汕头分局）仓库20间（4座），共4769平方米，成立仓库管理机构，属局商务科领导，配有仓库长和仓库管理员20人（原招商局仓库人员继续留用），担负港口货物的收、发、保管和轮船理货任务。1956年接管英国太古、怡和公司仓库之后，仓库管理人员增加到40多人。1961年成立理货公司，仓库和理货业务分开。1966年后的“文化大革命”期间，仓库、理货和指导班合并为仓库连。1970年恢复仓库的原来建制。1984年，汕头港务局仓库改为仓管公司。1986年7月，汕头港务局管理体制改革，成立第一港务公司，仓库属第一港务公司领导。经过30多年的改建、扩建和新建，到1985年，库场使用面积共4.3万平方米。其中，仓库2.1万平方米，堆场2.2万平方米。仓库专用机械9部（台），其中铲车3部、水车2部、铲斗车、翻斗车、垃圾车各1部、地磅1台（最大负荷30吨）。

20世纪80年代，汕头港务局先后在港东和避风塘填海兴建库场。港务二公司煤炭堆场也建成投产，到1989年，港口库场面积达8.15万平方米，容量9.33万吨。进入20世纪90年代后，汕头港先后兴建了第三、四作业区，随后再增加广澳港区，港口库场得到大规模的发展，到2009年，汕头港库场面积达到37.23万平方米，容量60.2万吨。1950年至2010年汕头港货物吞吐量情况见表34：

1950～2010年汕头港货物吞吐量情况表 表34

年份	1950	1951	1952	1953	1954	1955	1956	1987	1958	1959	1960	1961	1962
数量	24.7	38.5	35.2	58.7	65.9	77.1	97.8	130.3	187.8	350.7	241.8	154.7	159.5
年份	1963	1964	1965	1966	1967	1968	1969	1970	1971	1972	1973	1974	1975
数量	121	138	180.9	162.6	142.5	120.8	160.6	182.1	155.2	157.6	164.3	159.3	177.1
年份	1976	1977	1978	1979	1980	1981	1982	1983	1984	1985	1986	1987	1988
数量	150.6	141.1	152.8	175.3	175.9	180.2	206.2	210.2	176.7	201.1	231.2	250.9	286.0
年份	1989	1990	1991	1992	1993	1994	1995	1996	1997	1998	1999	2000	2001
数量	282.1	279.1	354.8	459.8	1008	1059	1000	1200	1360	1290	1191	1283.7	1309.3
年份	2002	2003	2004	2005	2006	2007	2008	2009	2010	—	—	—	—
数量	1379.7	1469.8	1576.3	1735.9	2014.6	2301	2806	3101.8	3500	—	—	—	—

1986～2010年汕头港集装箱吞吐量情况见表35：

1986～2010年汕头港集装箱吞吐量情况表　　表35

年份	1986	1987	1988	1989	1990	1991	1992	1993	1994	1995	1996	1997	1998
数量	0.1999	0.2221	0.3292	0.2121	0.5259	1.5707	2.8092	7.86	10.22	13.57	24.1	36.6	27.7
年份	1999	2000	2001	2002	2003	2004	2005	2006	2007	2008	2009	2010	
数量	11.5	11.4	15.8	20.6	22.3	28.5	36.8	44.3	59.4	72.0	82.06	90	

第四节　生产设备维修

一、船舶修理

（一）港务局外轮航修站

汕头港务局外轮航修站位于礐石蜈田虎头山下，1979年12月建成。外轮航修站原设计要求是承担到港5000吨级轮船和本局港作船舶修理任务的一座修船厂。

汕头港外轮航修站由交通部广州海运局于1974年4月17日以〔74〕穗海计字第33号《关于汕头港外轮航修站设计任务书的批复》批准建设，设计年产值78万元。1974年9月6日广州海运局建港指挥部以〔74〕广海指字第100号《关于汕头港外轮航修站扩初设计审批的文》批准投资概算250万元。因该站是港务局自行设计，在编报概算时经验不足，有些项目漏报，有些增加了工程量，再加上材料涨价（当时估计不足），港务局曾二次提交报告，要求增加投资概算，广州海运局建港指挥部于1977年2月8日以广海指字第013号《关于汕头港外轮航修站设计概算的批复》，批准投资概算为450万元；1979年7月6日又以〔79〕广海指字第068号《批复汕头港外轮航修站工程修改概算的函》批准投资概算为590万元。

该工程由汕头港自己组织施工，1974年底开始征地（礐石蜈田海滨），填土，以及建设临时设施，先后有广东省第二建筑工程公司、汕头市珠浦工程队玉石挖泥队及汕头市打捞队协助工程建设。至1979年底基本建成投产，建设周期五年。

该工程的建设规模为：

外轮航修站范围总面积84220平方米，站内计有：

（1）船台滑道，主滑首113.3米，横移坑一座134米×58.35米，500吨级船台一座87米，绞车房219.25平方米及船排设备19台。

（2）木工车间：543.6平方米及锯棚80平方米，安装设备9台。

（3）机电船体车间：1330.74平方米安装设备26台。

（4）职工食堂及厨房：食堂550.3平方米，厨房178平方米。

（8）仓库：888.2平方米。

（6）给排水工程：100吨水塔一座，150立方米蓄水池一个，泵房51.75平方米及水井一眼。

（7）护岸：517.3米，高程＋4.6米。

（8）照明工程：变电所231平方米，发电机房63.24平方米，灯塔二座，电缆沟200米及输电照明线路。

（9）填土21.6万立方米。

（10）围墙765米，大门一座，以及值班房28.35平方米。

（11）道路：水泥贝灰沙混合路面2240平方米及步道。

外轮航道站的各个建设项目从工艺设计，初步设计及施工图设计均由汕头港自行设计及组织施工，总的情况来说是符合要求的。1980年2月，经过广东省建港领导小组办公室、交通部广州海运建港指挥部正式验收交付使用。但是，由于在这恶劣的变化复杂的地质条件下，在刚围海填土不久的烂泥滩上建造承受荷重较大的船排及厂房，设计经验不足，考虑不周，加上施工中技术水平有限，施工工艺复杂，因此，出现了某些建筑物产生裂缝和不均匀下沉。以后采取了一些补救措施，才得以控制。另外，由于投资有限，还不大配套，加上投产后工人的技术操作水平未能很好跟上，所以按原设计要求，开展对外经营比较困难。然而，从1980年初投产以后，先后解决了部分到港外轮和广州海运局船舶的航次修理，同时基本上解决了汕头港港作船舶的维修保养。

汕头港外轮航修站，于1979年建成，至1994年已届15年，到了正常大修期限。汕头港务局决定对该站船排区的设备进行大修，工程1994年9月15日开工，1995年2月28日竣工，3月9日通过验收。施工单位为汕头特区航业建设总公司，工程包括船排主滑道施工挖泥，钢轨更换，夹板加工及安装，横移区钢轨更换，横移区水平段地基处理，现浇轨道板，地牛位置调整及外露铁件防锈处理船台修理等。

1995年12月，外轮航修站并入港务局二公司，公司设修船科，对外仍称“汕头港务局外轮航修站”，职工人数145人。至1999年公司修船科改为修船业务部，对外称外轮航修站不变。自1995年并入二公司后，根据生产需要和修船任务，人员逐渐压缩，修船数量减少。2009年，职工数70人，修船35艘（450吨以下小船）。

（二）港务局驳船修理场

主要任务是担负本港木驳船的维修保养，小修小补，也有个别中修大修。

该场位于本市乌桥北海旁直路127号。分主场和副场，相距不到一百米。副场原是广利、华利二家私人修船商，解放后自动放弃，由当时的搬运公司十分会（驳船）修整为自己的修船场，该修船场一直担负本局木驳船的修理任务。主场原是一片空地，解放后搬运公司十分会驳船工人填为球场，1955年改为修船场，原来是蓬棚结构，1967年改建扩建为土木结构。

1983年以前，修船场以修理木驳船为主，1983年以后以修铁驳船为主，铁木兼修。几十年中，该场为本局木驳船、铁驳船的维修保养，为港口生产服务贡献了力量。自20世纪90年代以后，由于港口码头泊位逐渐增多，轮船可以直靠码头作业，驳船逐渐减少，修船场就不起作用了。

二、机械、工具修理

（一）港务局港机修理厂

汕头港务局机修理厂，创建于1958年下半年，地址在今商平路3号（原港务破仓库内），开始是工具组的一部分，只有十几名工人，一个简陋的打铁炉，一部土制小车床和一台手摇钻床。任务是：锻造加工铁耙、杉搭、船钉，板车轴承和轴承座。1960年后才有所发展，人员及设备逐渐增加，到1962年工人人数发展到三、四十人，增加几部小车床和二部电焊机，以及其他修理工具，并分为打铁组、电焊组、车钳组、机修组等五个组。生产能力从原来只能锻造加工工具发展到能够修理机械，正式成立工具修造厂。随着港口机械逐渐增加，工具修造厂同步发展壮大。1966年10月31日，将工具修造厂改为港机修理厂，并增加人员及设备，在完成港口装卸机械、车辆修理任务的同时，1965年下半年开始在港西堆场前沿建造3～5吨的电吊机，至1973年整个港口堆场前沿先后建造电吊机13台，为改变汕头港散货装卸依靠人力搬运落后生产面貌贡献了力量。1972年港机厂设置了金工、机修、锻造3个车间，有车床、主机、锻造等10个班组。至1974年，港机厂发展到一百多人，机械设备六十多台（套），不但能完成港口机械修理任务，同时有能力搞技术革新。至1988年，先后完成革新项目一百多项，有3～5吨电吊机、160吨磨擦压力机、2.5瓦电动机、剪板机、空气压缩机等。20世纪80年代中后期，全厂拥有机械设备80多台（套），职工人数320多人，每月大修车辆5～6部，中修3～4部，小修10多部，为增添本厂机械设备、服务港口生产，支援兄弟港口做出了贡献。

1988年，由于至平路拓宽和港口生产发展的需要，原机械大队港西停车场改建为港机厂新厂房，总建筑面积3155.8平方米，主楼四层，兼厂部办公室和职工文化活动场所，规模相当可观。1994年4月11日，港机修理厂撤消，在汕头内湾南北岸各港区设立两个维修中心，实行使用与修理合一的体制。2000年以后，撤消两个维修中心，机修设备及修理工分配到各个作业区，各公司各自成立修理机构。

（二）港务局机械保修队

港务局机械保修队，原是机械大队属下一个中队。随着港口机械的逐渐增多，为加强机械维修保养，1978年8月机械大队把抢修班和机械保养班合并组成一个机械保修中队，任务是担负港口起动机械、装卸机械，搬运机械的维修保养、小修小补和突击抢修。机械保修队成立后，为提高机械完好率、机械利用率，服务港口生产发挥了应有作用。20世纪90年代以后，随着港区范围扩大，机械保修队不适应生产需要，机械及维修人员分散到各个作业区。

（三）港务局工具厂

主要任务是担负装卸工具的收发保管，维修和制造。1954年港务局接收市搬运公司装卸工人，根据港口生产需要，在装卸队抽调6名装卸工人成立工具组，地址在港东7号仓，负责收发保管竹槌、绳索、铁勾、煤筐、铁铲、跳板虎头车、三轮车等装卸工具。

1964年，工具组改为工具厂，正式列入港务局行政编制，并分为管理和维修两个班。随着工具厂逐渐发展扩大，设置有管理班（三班制）、维修班、汽灯班（三班制）、成组工具管理班，职工一百多人，担负港口各种装卸工具的收发保管和维修制造。

工具厂从开始只有十几种工具，发展到近百种工具，约几千件。在做好工具收发保管的同时，学习兄弟港的经验，自力更生，制造工具，自制工具十多种一万多件，有成组带络、钢丝扣、煤索帕等。对改革装卸工艺、减轻工人劳动强度，提高劳动生产率和保证货运质量贡献力量。2000年以后。工具厂成为汕头港务集团下属一个生产单位。

三、港口维修及疏竣

（一）港务局建筑工程队

1973年，港务局在建设港东3号码头时，成立一支建港队，除少数本局职工外，大部分是职工子女家属和社会青年。这支建港队逐渐发展壮大，从开始只有50多人到1975年达到200多人，先后参加了港东3号码头和港西1、2号码头的建设，为港口建设做出了贡献。码头建成之后，考虑到这批民工的就业问题，1979年经交通部、广州海运局和汕头市劳动局批准备案，把建港队改为港务局工程队，归属港务局基建科管理。1983年，在企业整顿中，为解决国营工与集体工混岗问题，把工程队分开为港务局维修组和港务局工程队（集体编制）。1984年机构调整，工程队划归外轮服务公司管理，并改为工程修建队。

工程修建队的任务主要是担负本局港口设施和职工宿舍的维修保养，同时对外营业，承包外单位修建工程。

工程修建队自创建后，先后完成了港西1、2号码头、外轮航修站、港西1号、2号、6号等仓库和万安街62、63号港务宿舍、职工食堂等工程的打桩任务。另外，还先后承包汕头汽车修理厂、海军招待所、公路局、农科所、汕头造船厂等外单位工程打桩任务，质量优良，受到各承建单位的好评。

工程修建队经过几年的发展，人员和机械设备逐渐增加，职工近200多人，拥有铁工、泥工、电工、木工、机械工、油刷工等工种，有打桩机、电焊机、搅拌机、以及车床、钻床等机械设备。能承担修建四类企业的各种工程。

1992年11月港务局机构调整，原隶属于外轮服务公司的工程修建队分开，由港务局直接管理。

1996年4月15日，汕头港务局将原工程修建队改称为“汕头港务局建筑工程队”，整组后并入汕头外轮服务公司管理。

（二）港务集团疏浚工程公司

疏浚工程分公司（汕头市港口工程公司）是从事疏浚作业的服务企业，承担港口中小型基建项目及配套工程建设任务，具备国家建设部、广东省建设厅审批的“航道工程专业承包二级、港口与海岸工程专业承包三级”资质。

汕头港属于河口型海港，航道回淤较为严重。外航道整治一期工程建成后，虽然年回淤量明显减少，但港口疏浚工程量仍然繁重，由于本港没有大型疏浚船舶，航道疏浚工作由外单位承担，港务局只能完成自身港池疏浚。20世纪90年代初，汕头港务局仅有1艘250平方米自航自卸抓斗式挖泥船，不能满足老港区疏浚挖泥需要，部分疏浚工程尚需由外单位协作完成。深水港一期工程竣工投产后，港口规模扩大，港池疏浚任务加重。1995年，汕头港务局疏浚工程公司成立，职工30人，添置200立方米自航自卸运泥驳船2艘，自身疏浚能力有所提高，挖泥量逐年增加。1998年6月，港务局投资3848万元，由广东新中国造船厂建造全国第一艘喷水式推进组合体1500立方米自航耙吸式挖泥船，该船于1999年5月竣工移交正式投产，使疏浚公司的疏浚能力大大增强。2000年，公司拥有挖泥船2艘（其中耙吸式1500立方米1艘）；运泥船3艘，疏浚公司职工数110多人，当年该公司中标承担汕头港主航道疏浚工程，挖泥量达3028979吨，相当于该公司1997年至1999年疏浚挖泥量的总和。至2005年，疏浚公司拥有1500立方米喷水推进耙吸式挖泥2艘，500立方米、250立方米等各种类型的抓斗式挖泥船，运泥船5艘，交通、测量等配套报务船2艘，以及其他工程专用设备等，专业技术队伍实力雄厚，职工170多人，能承担沿海、内河各类港口码头、港池、航道、岸线等疏浚工程、港口中小型路基工程建设或提供疏浚船舶租赁服务，是粤东地区唯一最具规模的疏浚专业服务企业。2008年5月，中交广州航道局有限公司与汕头港务集团疏浚工程分公司共同出资，组建“广东大长青工程建设有限公司”，取代原汕头港务集团疏浚工程分公司。

第五章　港口企业

第一节　汕头开埠后的港口企业

一、太古轮船公司

第二次鸦片战争失败，汕头于1860年被迫开辟为通商口岸。汕头开埠后，英、美、德、法、日等国先后来汕头设立领事馆（署）、洋行、教会等机构。在洋行中，势力最大的是英国的太古洋行所属的伦敦中国航业公司汕头分公司，俗称太古轮船公司。

太古洋行最早叫丁·卢斯洋行（JONAIHANROOE＆CO），为英商物利浦所经营。十九世纪初，约翰·斯维尔（JohnSwlre）以股分加入该行。清道光元年（1821年）该行改为约翰·斯维尔洋行。清道光二十七年（1847年），约翰·斯维尔死后，他的儿子约翰·萨姆尔（JohnSawvel）和威廉·哈德（WilliamHvdson）继续经营该行。同治五年（1866年），决定在上海创办太古洋行。同治九年该行把总行改设于香港。

太古洋行以经营船舶运输为主。19世纪外商在中国的航业以英商为主，而英商之中又以太古为首. 该行不但经营伦敦中国航业公司，而且还经营太古兴记轮船公司、太古造船所、天津驳船公司、永光油漆公司、太古制糖公司，业务甚广，分店颇多。它所经营的伦敦中国航业公司的轮船为蓝烟囱，这些轮船多以中国的口岸命名，如“广州”号、“福州”号、“南京”号、“武昌”号、“重庆”号、“张家口”号和“汕头”号等等。

太古洋行创办时，主要经销英国商品和中国丝绸、茶叶的出口，同时充当海洋轮船公司的代理。因海洋轮船公司的远洋轮吃水太深，不大适合在中国沿海的某些口岸停泊，便于同治十一年（1872年）在伦敦成立了一家以太古洋行为代理，专行中国沿海口岸的中国航业公司，创办人施怀雅是该公司的最大股东，开办时资本达36万英镑。该公司成立以后的20年间（1874～1894年），船只吨位，从6艘1861吨，增至29艘3454吨（未包括失事的9艘近10000吨）。该公司在华的轮船曾一度发展至79艘165792吨，定期航线20条，还有一些临时航线。在定期航线中，以广州为起迄点的有4条：广州至上海、广州至青岛、广州至牛庄（营口）、广州至天津。

汕头太古轮船公司。伦敦中国航业公司成立后，先在英国建造轮船一艘，航行于中国沿海。该公司首先经营的是从东北口岸装运豆饼、大豆到汕头，再从汕头载糖北运。接着又于同治十三年（1874年）新增“福州”号和“汕头”号两艘轮船，专做牛庄、汕头间的出租船只，即照船只的载运量按航次计价包租给汕头或北方的华商。这样的出租生意做得很顺利，几乎全年都能维持定期的航行。至光绪三年（1877年），在“牛庄—上海—汕头”航线上已有4艘太古的轮船，两年后增至6艘。光绪七至八年，又投资建造5艘轮船，主要用于牛庄至汕头的航运。此时太古洋行便在汕头设立轮船分公司。太古轮船公司由它的轮船揽载汕头至牛庄的货物外，并通过买办在汕头开设行栈，广为招徕客商，其中包括被贩卖的“猪仔”，连人带货交由该公司的轮船，运往南洋各地。

汕头太古轮船公司办公地址在汕头原海乾内街64号，它的代理商行（俗称买办）太古南记有两处地址，一处在至平路26号（今汕头市总工会劳动服务公司职工招待所），另一处在商平路2号（原汕头国际海员俱乐部招待所）。1945年抗日战争胜利后，太古轮船公司经理为陈成章（代理），太古南记的买办是林月波和李恩渠。李家买办主要经营北洋航线，即汕头至牛庄沿海各港；林家买办主要经营南洋航线，即汕头至香港及东南亚诸国。北洋航线进口货物主要是豆饼、大豆、麦、面粉、棉纱等；出口货物主要是糖、生柑、烟叶、麻布及其他本地土特产；南洋航线进口货物主要是粮食、布匹、棉纱、煤油等，出口货物主要是抽纱、土糖、陶瓷、生柑、蔬果、及其他土特产。

汕头太古轮船公司于光绪二十六年至民国七年（1900～1918年）先后在汕头港北岸（老港区）建造木栈桥趸船码头3座，仓库货栈89处约2．5万平方米，码头和仓库数量面积居于汕头港各家轮船公司的首位。抗日战争时期，该公司的码头、仓库遭受战火严重破坏，加上多年失修，至1949年汕头解放前夕，仅存1个残缺不全的木栈桥趸船码头和50多处货栈。

1949年新中国成立后，中国政府收回了港口主权和航运权益。从1951年10月起，进出汕头港外轮的业务，统一由华南区海运管理局汕头分局代理，太古轮船公司的业务往来被中断，只靠出租仓库维持营业。

1954年，经中国政府与该总公司协商，由中国外轮代理公司接管该公司在中国的全部资产。同年12月26日，由广州区港务管理局汕头分局，以外轮代理公司的名义（当时汕头尚未有正式外轮代理机构）接管了太古轮船公司的码头、仓库及部分职员，由该局统一管理。

二、怡和轮船公司

同治十一年（1872年），英国组成一个在怡和洋行控制下的华海（即东海）轮船公司，由设在上海的怡和洋行总代理，共有轮船7艘，航行于上海、烟台、天津、牛庄、福州、厦门、汕头各地。在汕头则由福源洋行代理，这是怡和洋行在中国扩大经营轮运的开始。

光绪七年（1881年），怡和洋行将它自己和由它控制的两家轮船公司的轮船全部收买过来，成立印度中国航业公司，亦称怡和轮船公司，作为该行的附属公司，在业务上由怡和洋行作为它的总代理。

怡和轮船公司开创时的资本约45万英镑，总公司设在伦敦，当时有轮船13艘，12570吨。至光绪十二年（1886年）已有香港、上海、广州、汕头等12家分公司。汕头怡和公司办公地址在汕头市原海乾内街62号（原市粮食储运公司粮油门市部），在汕头港建有木栈桥趸船码头1座，仓库栈房53间，面积8000平方米。该公司从诞生之日起，就与太古、招商局在长江、华北、华南三大航线上进行着激烈的竞争，彼此之间经过协议，怡和往来华北、汕头、广州航线的轮船数定为7艘。光绪十九年，怡和轮船公司的船只已增至21艘，23953吨，在中国的外资航运企业中，实力地位仅次于太古。

怡和洋行除它自己的轮船公司有航行远洋的轮船外，还代理英印轮船、亚洲轮船这两个远洋轮船公司的业务。它代理的远洋轮船与太古代理的远洋轮船有时也进行竞争，如光绪二十九年（1903年），在汕头到暹罗的航线上，两家的轮船都不收旅客的船费，以此来招揽生意，排挤对方。尽管它们之间有着激烈的竞争，但在排挤华商方面，却能迅速联合。怡和洋行在广东沿海的势力，主要在汕头、广州两口岸。

1949年中华人民共和国建立后，当年10月下旬，怡和公司中断业务往来。1952年，由广州区港务管理局汕头分局接管怡和公司在汕头的仓库、码头、浮筒，由该局统一管理。

三、中国轮船招商汕头分局

中国轮船招商局汕头分局，是旧中国汕头港第一家国营轮船公司。

清同治十一年（1872年），李鸿章在上海创办中国轮船招商局，这是我国近代第一家官督商办的新式资本主义企业，也是清政府“洋务运动”的重心由军事工业转向民用工业所办的第一个企业，共招商股73万余两，拨借官款近200万两。

同治十一年十月三十日（1872年11月29日），招商局“伊敦”号轮船在上海揽载旅客货物，首航汕头港。翌年，招商局在汕头设立办事处。1874年，招商局又增加“富有”号轮船行驶汕头港。至1875年，招商局又相继在我国沿海设立12个办事处。至1877年，招商局拥有轮船33艘。

光绪八年（1882年），招商局拟在汕头建码头，因英国人操纵的潮海关从中作梗未能施行。1888年4月，两广总督张之洞支持招商局，指令“设轮船码头于汕头”，中间又经挫折，至1892年才建成。码头结构形式为木栈桥外加趸船，趸船长140英尺（折合42.67米），造价1万元。早在1884年，招商局在汕头成立仁和保险公司，并建立仓库。自轮船码头建成后，促进海运贸易的发展。招商局先后于1890年、1893年、1899年、1901年在汕添造4大座栈房，专作该局轮船的货物仓储。

光绪二十四年（1898年），招商局汕头办事处改为国营招商局汕头分局，主要经营南港、北港各航线的海上运输。南港线包括香港、广州、及南洋新加坡、越南、泰国；北港线包括厦门、福州、上海、镇江、汉口、青岛、烟台、天津、营口、大连等港口。在光绪年间，由于汕头港远洋航线被国外轮船公司垄断，致使招商局汕头分局远洋海运贸易不景气。

第一次世界大战期间，欧洲各轮船公司顾不得太平洋海运，汕头招商分局乘机扩展海运贸易业务。一战结束后，欧洲各轮船公司又卷土重来，恢复战前在汕头的海运贸易业务，致使招商局又陷入困境。

1939年6月汕头沦陷后，日军控制汕头港进出口权，汕头招商分局被迫停止营业。1945年抗战胜利后，汕头招商分局复业，办公地址在原怀安街56号（因危房，后迁入港区招商分局仓库内）。机构设置有会计股、业务股、船务股和海岸电台。固定资产计有木栈桥趸船码头1座，仓库5大座22间；地产约有61．7亩（约40668.7平方米）。

1948年9月，招商局汕头分局改组为招商局轮船股份有限公司汕头分公司。1949年，招商局行驶汕头至我国沿海及南洋航线的轮船有36艘。同年10月24日汕头解放，27日汕头军管会公用事业接管部派军代表接管该公司。1950年2月改称为潮汕运输公司，机构设置船务部和车务部。1951年底船务部由华南区海运管理局接管后成为该局汕头分局。1953年1月，华南区海运管理局汕头分局与广州区港务管理局汕头分局合并后改称汕头港务管理局。

四、太古南记代理公司

19世纪中后期，澄海人林月波在汕头创办“太古南记”公司，专门为太古轮船公司代理客货运输，为汕头的经济发展作出较大贡献。在当时而言，可以算是汕头市最大的一家私营企业，其知名度远及海内外。

1860年汕头开埠后，外国列强纷纷涌进，英、美、法、德、日等国家先后来汕开设领事馆、洋行、教会，以及航运机构。其中，英国在汕头创办的“太古轮船公司”，是汕头港一家资本雄厚、历史最长的航运机构。该公司的轮船客货运输分北洋线和南洋线，其中南洋线包括华南沿海各地以及越南、泰国、新加坡、印尼、马来西亚等东南亚诸国。客观上，太古轮船公司为汕头对外贸易作出了贡献。

正在太古轮船公司兴旺发达的鼎盛时期，澄海人林月波抓住这一机遇，在汕头创办了太古南记，作为太古轮船公司的代理商，俗称买办。太古南记公司的创立时间大约在1890年，公司的宗旨及业务范围主要是为太古轮船公司代理南洋线的客货运业务，故取名为“太古南记”。

太古南记创办后，就与太古轮船公司签定合同，收取佣金，分为货运佣金5%，客运佣金10%。由于太古南记善于经营，并与太古轮船配合默契，所以该公司创业后业务发展迅速，生意做得红红火火，企业规模越来越大，先后在汕头市的至平路、商平路建设楼宇以供办公、业务和住宅之用。

19世纪末期至20世纪初期，太古南记公司的第二、三代经理均由林月波的子孙继承，至1941年12月太平洋战争爆发。1942年以后太古南记因太古轮船公司的轮船中断了来汕的业务而停业。1945年抗战胜利后，太古轮船公司的轮船复航来汕，因而太古南记也同时恢复了代理业务。

汕头解放前夕的1949年，太古南记的第四代经理由林月波的曾孙林传雅继承，代理业务至1952年土改运动结束。

五、华暹轮船公司驻汕头办事处

1860年汕头开埠后，港口主权和航运权被帝国主义列强所垄断和操纵，但中暹贸易关系仍保持着。光绪二十七年（1901年），泰国往来汕头的船队，在竞争中被迫卖给德国轮船公司，泰国船被吞并后，德船陡增运价，引起泰国商人的不满。泰国潮籍（潮安人）侨领郑智勇，不甘忍受外国列强操纵汕头港的航运，于光绪三十年（1905年）组织“暹罗华侨通商轮船股份公司”（简称华暹轮船公司）集资300万铢，轮船8艘，分别航行于泰国至马来西亚、新加坡、印度尼西亚、越南、柬埔寨、香港、汕头、厦门、上海、横滨、长崎等地。其中有4艘轮船专门航行于泰国首府曼谷至汕头，并在汕头设立“华暹轮船公司驻汕头办事处”。华暹轮船公司开业只有二、三年，因运力不及西方列强，加上列强操纵汕头港的航运，导致汕头至曼谷航线宣告歇业。至光绪三十三年

（1907年），侨居暹罗多年的粤人张建三，邀请闽、粤两帮潮人开暹罗官绅会议，合设“华暹轮船公司”，力争夺回汕头至曼谷的航运权。

宣统元年（1909年）四月，合设“华暹轮船公司”重新挂牌，继续营业汕泰航运贸易。第一艘复航来汕轮船“肖河”号，一来便与德国邮船公司的轮船驰骋海上，争持航权。第二年华暹公司有两艘轮船专门航行于汕头至曼谷之间。华暹公司轮船复航汕头，得到汕头商人的大力支持，当时汕头商界有一家出口商称为“南商公所”，专门采办潮汕土特产及国内各地土特产运往泰国以及其他东南亚各地，由于汕头商人把汕头运往泰国的货物一律交付华暹公司承运，使得华暹公司在列强轮船竞争中保持不败。

第一次世界大战后，华暹轮船公司因世界经济不景气、业务纠纷官司败诉而歇业。

第二节 中华人民共和国成立后的港口企业

一、中国汕头外轮代理有限公司

中国汕头外轮代理有限公司（简称汕头外代）是为进出汕头港的国际航行船舶办理船舶代理、货运代理、集装箱代理、国际多式联运等业务的国际运输代理企业。隶属中国外轮代理总公司领导，授权中国广州外轮代理公司对汕头外代实行区域管理，属下有货运公司、服务公司、潮州外代、南澳外代、揭阳办事处。

1951年10月，华南区海运管理局汕头分局规定：来港外轮统一由汕头海运分局代理。这是新中国成立后，汕头外轮代理业务的开始。

1953年，汕头港务分局与汕头海运分局合并，成立汕头港务管理局。同年2月，汕头港务分局商务科成立中国外轮代理公司汕头办事处，负责外轮代理业务。1954年，接上级通知：经与英商太古总公司协商，将该公司在中国的全部财产由中国外轮代理公司接收。同年12月16日，汕头港务分局对外以中国外轮代理公司汕头办事处的名义，接收了汕头太古的全部财产和人员（经理除外）。1956年6月1日，汕头港务分局改称汕头港务局。1956年，广州外轮代理公司派员来汕头，与汕头港务局洽谈成立中国外轮代理公司汕头分公司事宜，并于1957年1月1日正式挂牌成立中国外轮代理公司汕头分公司，郭易义任副经理。

中国外轮代理公司汕头分公司为中国外轮代理总公司的直属企业，人事业务和财务直属总公司领导，党政隶属汕头港务局领导。

从建国初到1957年正式成立中国外轮代理公司汕头分公司，是新中国汕头船舶代理的初建阶段。这一时期的船舶代理业务范围，不仅包含船舶代理、货运代理（组织货源、揽货配载）、客运代理等各项业务，而且还包了船舶物资供应的业务，也就是后来划分给外轮供应公司和外运公司的业务。从1950年5月31日到1956年底，共代理了各类外轮1431艘次，其中大部分为英籍船舶，其次是挪威、巴拿马及其他国籍的船舶。

汕头外轮代理公司从1957年1月1日正式挂牌成立到1966年，国际航行船舶的代理业务艰难地向前发展。外轮以英国船为最多，其他为挪威籍、丹麦籍、瑞典籍的北欧船舶，还有一些巴拿马籍等方便旗挂的船舶。航线主要为“汕—香”线及“汕—新马”线。营运代理的船公司主要为香港、新加坡的侨资公司和我国的期租船，如顺昌公司、捷顺公司、五福公司、侨利公司、祺福公司及源源公司等。中国远洋运输公司于1961年成立后，也加入了承运汕头外贸进出运输和旅客运输的行列。这一时期该公司船舶代理业务，几乎承担了来汕外国籍船舶的各种在港业务和服务项目，包括组织货源、订舱配载中转联运、客运代理、单证制作、提单缮制签发、运费计收、伙食物料供应、船员交通、船员就医遣返等。此外，还承担协助港口管理部门对外轮实行管理的职能。年度代理船舶艘次从1957年的269艘次，发展到1966年的803艘次，代理货运量也从12.7万吨增加到近40万吨。

为了加强对汕头外轮代理业务的领导，外轮代理总公司于1959年派薛药来汕头公司任经理，同时增派了部分熟悉业务的干部来汕头。自1961年起，新中国自己培养的新一代水运专业的大学生和培训生陆续分配来汕头，增强了该公司干部队伍的实力，结束了成立初期主要由旧职留用人员办理业务的局面。

由于港口业务的发展，汕头于1959年成立了外轮供应公司，属市商业局领导，把原由外代公司承担的外轮物资供应、船员交通、就医任务划归外轮供应公司。1964年，根据交通部和外贸部《关于海运出口货物的订舱配载工作改由外贸部门统一办理的联合通知》，汕头外代把原来负责的订舱配载工作，移交给汕头了外运公司。

1969年初，汕头外代被合并到汕头水运公司，在其属下的港口作业区生产组的领导之下。到最困难的1970年，公司工作人员只剩下4个人，军管代表又临时从其他部门抽调3个人到外代公司工作。1970年代理船舶艘次下降至389艘次；1971年代理货运量降至235538吨。

这一时期代理船舶的特点是：①中国远洋运输公司的船队加入了汕头的外贸运输，先后开辟“汕头—新加坡—欧洲”线、“汕头—波斯湾”线、“汕头—日本”线；中国远洋运输公司的期租船和外运租船，还承担了北油南运、北煤南运的任务。②国内沿海地方小轮，如汕头航运局、福建地方航运局、省航运厅和广西航运部门的船舶，加入了“汕头—香港”线的运输。③新、马线仍由侨资客货班轮，如“海皇”轮、“金华”轮、“金安”轮、“长城”轮承担。④日本籍船舶较多地运载进口货物（主要为化肥）抵汕头。⑤新加坡源源船务公司、太平船务公司等船公司和希腊籍的租船也较多地挂靠汕头港，承运汕头出口的生柑、松香、松节油、草席、罐头、瓷器、土特产等货物。

1979年改革开放后，汕头对外经济贸易前所未有地高速发展，船舶代理业务，也相应发展。

1983年，进行企业整顿，建立健全了一整套规章制度，落实岗位责任制，使企业的整体素质有了明显的提高。

1984年，国务院对国际海运管理体制进行重大的改革，颁发了《国务院关于改革我国国际海洋运输管理工作的通知》，首次打破1964年确定的外代专营船舶代理，外运专营货运代理的局面，允许外代和外运经营船代和货代中实行“一定程度的交叉”，即外代可以承揽部分货物和少量租船，与货主建立直接的承托运关系，外运可以经营部分船队和少量船舶代理业务（即65条自营船和合营船的代理业务）。

1985年，汕头外代公司成立集体所有制的汕头外代劳动服务部（后改为综合服务部，1993年改为汕头外轮代理服务公司），开展对代理船舶的配套服务；开始办理“汕头—香港”陆运集装箱的拖运代理服务，扩大了中转联运的货源。1986年先后设立了汕头外代特区办事处和汕头外代三百门办事处，分别开展货运代理、多式联运和进口减载船舶的代理业务。

1987年，汕头外代公司代理船舶艘次增至1075艘次，代理货运量增至821660吨，创历史最高水平。

从1988年至1992年，企业实行经理负责制及承包经营责任制。1992年各项业务指标又刷新历史记录：代理船舶艘次达1892艘次，代理货运量达1285851吨。

1994年南澳外代和潮州外代相继成立、注册。

1997年，潮州外代挂牌营业，以潮州市为依托，辐射揭阳、饶平等地，开展船货代理业务，汕头外代在潮汕地区的货运网络更加成熟。这一年，公司与新加坡联发（私人）有限公司达成协议，该司经营航行于汕头至新加坡的“中山”轮从外运转由外代代理，开创汕头外代为外资班轮揽货的新局面。

1999年，汕头外代公司加强与船公司的联系，积极寻求与各家船公司的合作，先后与韩国泛洋公司、福建轮船公司、东南船务、鹭丰船务等公司订立了长期代理协议、改变了该司集装箱船代理的占有率低于外运的局面。

2001年，汕头外代与潮州外代投资成立了“汕头外代国际货运有限公司”，汕头外代实现了船货代理分开。

2002年下半年，开始恢复对三百门港的业务开拓，随着华丰集团在三百门港的5万吨级液化石油气码头的完工投入使用，汕头外代在三百门港开拓了新的发展空间。

2003年，根据中远（集团）公司及物流总部资产重组的精神，“中国汕头外轮代理公司”进行了有限责任公司改制和股权变更，由原外代总公司全额投资变更为广州中远物流和外代总公司分别投资80%和20%，并于12月工商登记变更为“中国汕头外轮代理有限公司”。

2005年3月28日，明达航运公司投入“天荣”轮从汕头开往马尼拉，开始了汕头开埠以来集装箱班轮首次直航马尼拉，有效缩短货物流转时间，节约运输成本，促进了汕、马两地的物资交流。这一年，还代理了利高船务的盐田内支线和烟台海运的日本直航航线。

2006年，汕头港外贸集装箱总量有较大的增长，实现了集装箱货运量和收入的持续增长。

2007年3月设立融资物流中心，物流业务开始逐步发展起来。

2008年6月，通过物流服务为客户提供融资解决方案，初步形成“海陆仓”监管模式。

2008年12月28日，汕头外代正式启用“汕头中远物流有限公司”名称。

二、汕头市航运总公司西堤港务公司

汕头市航运总公司西堤港务公司，位于广东省汕头市镇邦路91号，1987年成立。在汕头港内从事货物装卸、驳运、仓储经营；港口机械、设施、设备租赁经营，从业人数273人，使用陆域土地面积25000平方米，使用水域面积76311平方米，使用自然岸线长度200米。

该公司的前身是1952年7月成立的潮梅联合运输社西南站。1953年西南站合并到珠江轮船公司，称广东省内河航运管理局潮梅办事处西堤港务组。当时，汕头市财政属下的汕揭轮船公司负责国营船舶的管理工作，而国营船舶的调度配载、组织货源及收取运费工作由西堤港务组负责。1954年7月，西堤港务组改

称西堤港务站（股级单位，办公地址汕头市安平路210号，1955年迁至升平路217号）。是年，由于国营船舶货运实行“统一货源、统一票据、统一运价、统一调度”的四统一管理，沿海国营船舶的配货及装卸由汕头港务局负责；沿海木帆船以二、四码头为装卸点，装卸工作由市搬运公司负责。

1956年4月，在社会主义改造高潮中公私合营潮梅轮船公司成立，西堤港务站也相应成立了公私合营船队，参加公私合营的资（私）方船舶共有21艘。

1957年1月，公私合营船舶并入汕头航运分局。从此，西堤港务站成为一个港、航合一的生产和管理单位。该站除了港口装卸生产外，还有沿海货运生产、榕江和练江的客货运输生产和南澳线的客运业务。

1961年12月，西堤港务站升格为科级建制并改称西堤港务管理所。20世纪60年代，公司办公地址迁至汕头市镇邦路91号。

1963年2月，交通部就汕头港、航关系问题，派员到汕头召开会议，确定在汕头汽车渡以西50米至龟屿划为西堤港作业区，并将沿海船舶的装卸配货划归西堤港务所负责。

1974年7月，沿海运输船舶划出，成立汕头航运局沿海船队。船队的生产调度由航运局直接统一调配，装卸点仍在西堤港。1975年1月，西堤港务所的内河货拖船队、内河客运船队分出并入沿海船队，同时沿海船队改称为汕头船队。1980年9月，内河货拖队、客船队分出归西堤港务所管理经营。

1987年1月，西堤港务管理所和韩堤港务管理所合并成立西堤港口公司。该司下设韩堤作业区、西港作业区、西堤作业区、驳运公司（即货拖船队）、客运公司（辖客船队、西堤客运站、达濠客运站）。1988年3月，西堤港口公司更名为西堤港务公司。

1991年1月，西堤港务公司分为四个独立单位：西堤港务公司、韩堤港务公司、西港港务公司和西堤客运公司。分立后的西堤港务公司专门管理货运码头和内河货拖船队（该船队于1995年停业）。1992年10月7日，四码头作业区从西堤港务公司分出，与货运服务公司合并成立粤东货运发展公司。1994年西堤码头吞吐量达到88．73万吨，创历史最高记录。该公司有码头泊位6个、总长189米，最大靠泊能力1000吨；仓库总面积3087平方米，堆场总面积8012平方米；装卸机械31台。是年吞吐量9．97万吨。

三、中国外轮理货总公司汕头分公司

中国外轮理货总公司汕头分公司于1961年9月1日成立。在这之前，汕头港

外轮理货工作属港务局商务科下属仓库的其中一项业务，设理货班，配备理货员若干人。该公司成立后，编制属港务局商务科管理，股级建制，有理货员22人。1967年，受“文化大革命”的冲击影响，理货公司机构撤销，理货、现场指导班和仓库3个单位合并为仓库连。1971年交通部发文，恢复中国外轮理货公司的对外办事机构。1979年理货公司升格为科级单位。1986年又升格为副处级单位，经交通部批准，理货公司工作人员为干部编制。到1986年12月，职工总数105人，其中男职工84人，女职工21人。公司机构设置了办公室，现场人员分为四个单船组，各个单船组分为三个作业班，每班次工作时间8小时，随工人三班制作业时间转班。

外轮理货公司是为航行国际航线的船舶和国外进出口货物服务的理货机构。业务范围是：船舶装卸货件、集装箱以及船方负责集装箱内货物的装拆箱，由理货公司代表船方办理理货业务；船方可委托理货公司办理其他理货业务；收发货人或国内外各单位可委托本公司办理各项理货业务。另外，理货公司可以经营国外进出口货物在各地的理货业务和集装箱在各地的装拆理货业务。

1991年后，汕头市行政区域划分为三个地级市，中理汕头分公司原在揭阳、饶平、南澳的理货业务也相应划为所属县市。公司业务范围只在汕头市辖区内的码头泊位，各装卸点的国际、国内航线货物和集装箱的理货业务、集装箱拆箱理货业务。1999年7月1日，按照港口码头布局的变化和生产需要，汕头港务集团公司成立“汕头外轮理货公司”，经营码头船舶理货业务。

随着我国经济体制改革的深入发展，我国沿海各港外轮理货行业体制也进行改革。2003年，原中国外轮理货总公司汕头分公司改称为“汕头市中理外轮理货有限公司”，当年5月1日正式运作，开展业务。

汕头中理公司通过中国外轮理货公司及其属下的80多个分支机构，建立了覆盖全国沿海和内河各主要港口的业务服务网络。同时，与各码头、船公司、代理机构、货主及有关客户建立了直接的业务联系，与香港恒德公正保持互为委托的业务联系，并与国际知名检验机构开展业务合作，使公司的服务从国内向东南亚和世界其他国家延伸。

汕头中理公司下属的汕头泰利公正行成立于1993年4月，是经广东省汕头市工商行政管理局注册登记的全民所有制服务企业。

四、汕头港外轮供应公司

1956年汕头国际海员俱乐部成立后，为了满足国际海员上岸休息娱乐，海员俱乐部与汕头市安达公司合办小卖部。由安达公司派出两名员工在俱乐部楼下办小卖部，为国际海员提供烟茶酒及其他小商品。1959年，汕头外轮供应公司成立，隶属于汕头市商业局，地址在汕头市至平路海员俱乐部隔壁二楼，与俱乐部隔墙开一个门可以相通。公司成立后，经营范围扩大，有酒吧、餐饮、烟茶酒及小商品。同时为外轮代购鱼、肉、菜等副食品及其他日用品，由专人专车送上船，还为国际海员解决就医、交通等问题，公司员工20多人。1975年12月，根据全国总工会文件，汕头国际海员俱乐部移交汕头市总工会，汕头外轮供应公司地址迁至南海横路1～2号，经营范围限制在为外轮代购食品及日用品。1979年改革开放，外轮供应公司与汕头友谊合并，业务范围扩大，除了外轮物资供应外，在汕头市南海横路西段开办宾馆、餐厅、娱乐场、免税商店，公司拥有商铺6间，面积200多平方米，经营服装、单车、电脑、家电、鞋类等商品。1982年公司办公地址迁至汕头市金砂路，建有“汕头国际友谊商厦”大楼一座，建筑面积近10000平方米，公司员工发展到150人，经营范围除原有外，另有大宗建材等商业贸易。1997年发生亚洲金融危机后，公司业务逐渐萎缩，企业经济困难，友谊商厦大楼部分出卖，部分出租，公司员工有的下岗，有的另谋职业。

第三节　1979年改革开放后的港口企业

1978年，党的十一届三中全会制定的改革开放，发展经济方针政策，促进了港口企业的蓬勃发展。短短30多年，至2010年，汕头港有港口企业（包括航运机构）50余家。

一、汕头港务集团有限公司

该公司位于汕头市韩江路31号。2009年企业人数2886人。

汕头港务集团有限公司成立于1999年4月，由原汕头港务局在政企分开后，将经营部分划出组建而成，是国家大型一类企业，由10个主要生产经营单位组成。

1998年，汕头市委、市政府决定，汕头港务局实施“政企分开”的体制改革，将生产经营的部分从该局分离出来，与广澳港务公司合并，组建汕头港务集团有限公司。该公司的机构设置为：办公室、运输业务处、计划财务处、劳动人事处、技术安全处、企业管理处、审计室、基建处、组织处、宣传处、监察室等处室及工会、团委、武装部、公安局、计费结算中心、职工培训中心、工程建设监理所和驻香港、北京、赣州、梅州、龙岩5个办事处。1999年1月，汕头市政府作出了《关于组建汕头港务集团有关问题的批复》，同意该集团公司作为国有独资企业办理工商、财务、税务等注册登记手续；同意授权该集团公司经营管理汕头市历年来投入港口经营性设施建设资金所形成的国有资产；同意该集团的母公司、子公司实行统一核算，自负盈亏的管理体制，财务管理上由母公司（集团公司）一个口对市有关部门。同年3月市委常委任免公司领导班子成员，温锡通任集团公司董事长（兼）。4月26日公司挂牌运作。

2005年10月，公司机构进一步改革，原来的机关处改为部，分别为：行政办公室、运输业务部、财务部、人力资源部、技术安全部、工程部、审计室、纪委、工会、党委工作部、武装部等。

集团公司经营业务主要为：集装箱、散杂货、石油化工等的装卸，以及仓储、中转、理货、船舶代理、货物代理、航修航供服务、疏浚等。集团辖下珠池、广澳、马山、礐石、老港区五大港区，陆域面积142万平方米，拥有生产性泊位18个，万吨级以上泊位10个，最大靠泊能力5万吨级，码头前沿设计水深最深达-13.8米。码头拥有电子信息平台和港航EDI系统、大型装卸机械、港作船舶等生产设备及完备的配套服务设施，能为客户提供装卸、运输、仓储、代理、信息等物流服务。当年，已开通中东、地中海、西非、日本、韩国以及东南亚等国际直航航线，内贸集装箱航线已覆盖全国沿海主要港口。

20世纪90年代以来，随着珠池港区一、二期工程5个万吨级泊位和马山港区3.5万吨级煤炭泊位、广澳港区2个万吨级泊位相继建成投产，集团公司码头吞吐能力大幅度提高，年实际通过能力达3000万吨。目前，广澳港区1个5万吨级的石化码头和2个10万吨级的集装箱码头即将开工建设。

集团公司坚持以科学发展观统领全局，紧紧围绕“突出主业、抓好效益、强化管理、加快发展”的经营思路，坚持“抓生产促增长、抓建设提能力、抓管理创效益、抓改革增活力”四条主线，做大做强核心业务，拓宽企业发展空间，生产经营持续稳步发展。2000年、2007年吞吐量相继进入千万吨和两千万吨级行列，吞吐量由1999年951.7万吨增长到2009年2308万吨，集装箱吞吐量由1999年4.4万TEU增长到2009年73.12万TEU。

二、汕头国际集装箱码头有限公司

该公司由汕头港务局与香港和记黄埔有限公司所属的国际货柜码头有限公司合资成立，公司办公地址为汕头市中山东路珠池港区7号至8号。1994年4月29日，广东省对外经济贸易委员会批准有关成立合资公司的合同、章程，

1994年6月9日完成工商登记，注册资金8800万美元，折合人民币74861万元。总投资9000万美元，汕头港务局出资30%，国际货柜码头有限公司出资70%，实际总投资为人民币62285万元。主要设备和能力有：2个2．5万吨级全集装箱泊位，设计年吞吐能力50万标箱（在机械未完全配套之前，实际吞吐能力30万标箱）；堆场20万平方米，日堆存量可达2万标箱；交接仓库4000平方米，可供24个车位同时作业：桥吊3台、预留岸线可装桥吊1台、轮胎龙门吊6台。合资企业的经营实行董事会领导下总经理负责制。

三、汕头市东海港务有限公司

该公司成立于1995年，属民营企业。办公地址汕头市华山路8号金东海大厦。公司内设办公室、调度室、商务科、财务科、安技科。注册资金2800万元，固定资产2．4亿元。公司自筹资金在汕头港老港区南岸建4个5000吨级和1个1000吨级码头泊位。港区占地面积20万平方米，仓库6座，面积10800平方米，堆场约16万平方米。港区内通信导航设备齐全。1996年7月，经市政府批准，经营内外贸货物装卸业务。2000年6月公司通过IS09002体系国际国内双认证。

四、汕头港航修供应服务公司

该公司位于广东省汕头市海滨路2号，1993年成立。公司经营范围为：港口拖轮经营；船舶港口服务业务经营；港口机械、设施、设备租赁经营。企业员工人数83人，使用水域面积2462平方米，使用自然岸线长度30米。

1984年以前，进港外轮小修小补由汕头港外轮航修站业务处负责处理。随着改革开放，进港外轮日益增多，为满足外轮航修需要，1984年12月汕头港务局成立航修供应公司，职工人数30多人。1988年以前，汕头港航修供应的业务量少，只承担汕头港内的生产设备小修小补工程，管理落后，同港口发展不相配套。1993年3月1日，成立汕头港航修供应服务公司，公司设办公室、业务科、技安科、航修部、供水部、供电部及船队，职工人数60多人，承担汕头港供油、供水、航修和港内外交通等业务。

汕头港航修供应公司根据形势发展的需要，从小修小补发展到大型船用机械维修；供水业务由汕头港发展到揭阳、南澳、三百门港口区域，使航供的业务大幅度增长。公司成立第一年完成产值300万元，完成利润近百万元。1995年，公司开展海上0#柴油供应。次年投资购买两艘载重120吨重油船，经自行更新改造，投入运营。同时，为充分发挥龟屿油库的功能，投资自建300立方米油罐2个，使供油业务由单一的0号柴油供应发展成重油、柴油及汽油供应和仓储等供油业务。1998年，公司年产值突破了2000万元。1999年，港务局政企分开后，引航站的拖轮划归该公司，由该公司承担进出港船舶的拖带业务。2009年，公司拥有各种船舶16艘，固定资产4500万元，员工100多人。

五、汕头特区龙华企业有限公司

公司地址在汕头市濠江区赤港红桥综合楼第五层。公司在港内从事货物装卸、仓储经营、以及港口机械、设施、设备的租赁经营。从业人数160人，使用水域面积25000平方米，使用自然岸线长度130米。

龙华企业有限公司由汕头经济特区联合航运有限公司与中国对外贸易运输总公司在国外的子公司——美国纽约华运公司以及香港华润运输仓储有限公司三方组成的中外合资企业。投资总额1400万元，主要经营范围为：特区港口码头业务、船舶业务、汕头至香港海运业务、集装箱业务、大型起重机械租赁等。

龙华企业有限公司成立于1984年6月20日，7月1日开业。公司成立后，立即在特区联合航运公司原已完成前期工作的基础上，加紧进行特区码头和配套设施的建设，1985年3月，3000吨级集装箱、杂货两用码头竣工，8月27日经批准试产，1986年元旦正式投产。与此同时，船队的建设也同步进行，至1988年底止，公司船队已拥有“能山”号、“汕头”号、“能华一号”、“能华二号”四艘货轮，总吨位为1867吨，载重量为2268吨，其中集装箱船2艘。经过四年半的建设，至1988年底，龙华公司已发展成为一个码头、装卸、仓储、理货、船队配套成龙，拥有1600万元固定资产的海运企业。

龙华公司实行董事会领导下的总经理负责制。

六、汕头市永泰港务公司

该公司地址在汕头市永泰路94号，1983年成立。从业人数140人，使用陆域土地面积97000平方米，使用水域面积50874平方米，使用自然岸线长度208米。

公司（永泰码头）位于汕头市区西南端，地处韩江和榕江汇合出海口，东南毗邻汕头港，西为牛田洋，建有1000吨级泊位1个，500吨级泊位3个。1987年4月，经广东省人民政府口岸办公室批准，设立汕头市永泰进口货物装卸点。港口设备基本配套，设计年吞吐能力散货25万吨及3万个集装箱标准箱，日吞吐量超千吨。

汕头海关对码头实行巡回监管查验方式，商检、卫检、动植检进驻现场办公。

公司进出口货物有粤、闽、赣的土产杂货，以及“三来一补”、“三资”

企业的自用物资和原料、产品。出口货物主要有土特产、农副产品、矿石、抽纱、陶瓷、日用百货；进口物资有机械、钢材、水泥、塑料、化工原料、润滑油、装饰材料、食用油等。

按照汕头市政府招商统一部署，积极引进外资，公司1993年与香港新港船务有限公司合资成立汕特永泰新港集装箱货运有限公司。双方各投资人民币2500万元，建成集装箱码头并购进各种机械设备，1996年完成进出口集装标准箱2．2万个，并成立集装箱运输车队，开展集装箱陆上运输业务。

七、汕头海洋第一聚苯树脂有限公司

该公司地址在汕头市珠池黄金厝围海湾桥头，1985年成立。在港内从事货物装卸、仓储经营，从业人数270人，使用陆域土地面积62167平方米，使用水域面积41294平方米，使用自然岸线长度145米。

汕头海洋第一聚苯树脂有限公司是一家中外合资公司，专门生产聚苯乙烯树脂，经过多次扩容改造，至2000年6月，公司的年生产能力达到15万吨，员工300多人，生产原料全部进口。自筹资金，建成5000吨级化工专用码头（汕头海洋汉汕化油码头）。

公司主要承接日本、南韩及新加坡等地液体化工专用船舶，委托汕头港务局第一公司卸油队进行船舶驳接陆上管道作业，采用专用化工泵送到原料储罐储存，运输效率为每小时150～300吨（储罐液位高低对泵送速度有影响），采用船舶用管道直接泵送到原料储罐储存技术，全密封作业，确保装卸安全、物料安全性和质量一致性，2000年苯乙烯单体、乙二醇和LPG液化气承接装卸量为30万吨。

汕头海洋第一聚苯树脂有限公司，经过多年来的技术改造和扩容，生产规模达到15吨／年的经济规模，巩固并提高了公司成为国内最大的聚苯乙烯生产厂家之一的地位，随着公司生产和经营规模不断壮大，液体化工专用码头运输量也不断增大，发展成为国内最大苯乙烯单体供应市场和集散地。2006年11月，该公司由韩国SK公司收购。

八、汕头经济特区海通货柜码头有限公司

该公司地址在汕头市海滨路59号，1993年成立。在港内从事货物装卸、仓储经营，从业人数80人，使用陆域土地面积20000平方米，使用水域面积38359平方米，使用自然岸线长度90米。

公司的集装箱码头由广州救捞局建筑设计所设计，汕头市航务工程公司负责施工，于1993年12月开工，1994年9月竣工，1995年5月投产。码头为高桩式

结构，一个3000吨级泊位，设计年吞吐能力5万标箱。

公司主要经营集装箱装卸、堆存及配套拖卡服务，注册资金2500万港元，面积12597平方米，其中码头一座2357平方米，仓库两座1270平方米，堆场8770平方米，主要为港澳航线船舶提供装卸服务。

公司配备各种装卸运输工具，包括固定岸吊机、集装箱正面吊机、大、小叉车以及拖头车、拖卡等。

九、加德士海洋燃气能源有限公司（雪佛龙海洋燃能源有限公司）

公司地址在汕头市濠江区广澳湾，1996年成立。在港内从事货物装卸、驳运、仓储经营，从业人数28人，使用陆域土地面积171751平方米，使用水域面积956330平方米，使用自然岸线长度1795米。

该公司是《财富》杂志公布的全球500强企业雪佛龙德士古集团成员之一，也是其在华最大的投资项目。雪佛龙德士古集团从事各种能源产品的勘探、开采、生产、储运和销售，业务遍及180多个国家和地区。

加德士海洋燃气能源有限公司是中国第一个采用世界最先进的地下岩洞储存液化石油技术的公司，在汕头特区广澳半岛投资一亿多美元兴建两座容量分别为10万立方米的大型液化石油气地下储库和3个不同吨位的装卸码头及其配套工程。其中最大的码头为全国第一个全开放式码头，也是汕头市唯一的5万吨级液化石油气专用码头。

1.加德士LPG工程1号、2号泊位

1997年11月开始建设，1999年10月竣工，2000年2月投产，为高桩墩式结构，1号泊位前沿设计水深-5.7米，靠泊能力5000吨级； 2号泊位前沿设计水深-9.6米，靠泊能力20000吨级。资金来源为个人资金。建设单位：加德士海洋燃气能源有限公司，设计单位：中交第四航务工程勘察设计院。

2.加德士LPG工程3号泊位

1999年11月开始建设，2001年4月竣工，2001年5月投产，为开敞式高桩墩式结构，前沿设计水深-14.0米，靠泊能力64000吨级，资金来源为外商资金。建设单位：加德士海洋燃气能源有限公司，设计单位：中交第四航务工程勘察设计院。

（1）丙烷地下储库，10万立平米，2000年2月建成投产。

（2）丁烷地下储库，10万立方米，2000年2月建成投产。

投产后的加德士液化石油气码头罐区工程年接卸、加工和销售液化石油气的能力超过150万吨以上，为粤东及周边地区提供高品质、清洁环保的液化石油气。

2007年8月，该公司改名为雪佛龙海洋燃气能源有限公司。

十、汕头市航运公司及所属汕头造船厂

1949年新中国成立后，汕头市航运总公司从无到有，从小到大，几十年来虽然企业名称，隶属关系多次变化，但干部职工艰苦奋斗，奋发图强的精神始终没有变。特别是从1979年改革开放开始，至20世纪90年代，总公司利用经济特区优惠政策，航运主业，特别是来往香港的客货运输迅速发展。总公司属下汕头造船厂成立于1951年，面积近4万平方米，厂房面积7429平方米，拥有3000T级、8000T级船台各1座，万吨级半坞式船台1座。

汕头造船厂建厂于1957年来，设计、建造各类船舶3143艘，有我国首艘09锰铌低合金钢客货轮、获奖产品36M打桩船、粤东首艘入CCS船级的1100M3开体泥驳等船舶，还承造了国内外各种钢结构工程。近年来，汕头造船厂经过调整布局和更新改造，造船能力从原来只有千吨级以下提升到了万吨级。汕头造船厂具备广东省船舶设计甲级资格证及钢结构施工三级资质，通过国防科工委船舶建造二类三级资质的评审，荣获2003～2007年度广东省最佳成长型百强中小工业企业称号。

汕头造船厂自行设计建造的船舶于1982年进入港澳市场，1998年进入台湾市场。2004年，汕头造船厂造船工人走出国门，到孟加拉国、阿联酋国建造船舶及承建钢结构工程。

十一、汕头中外运有限公司

该公司设立于1962年10月，隶属于国内最大的国际货运代理企业和第三大船东中国外运（集团）总公司。是首批获得国家审核认证的国际货运代理企业；也是粤东地区最具综合实力的国际货运和国际船舶代理企业。

经过40多年的历练，汕头中外运公司从单一的汽车运输企业发展成为集运输、代理、仓储于一体，海、陆、空运输代理，多式联运，快件运输，订舱配载，报关报检及进口接交、分拨等准物流综合服务商。

汕头中外运公司得益于总公司“现代化、国际化、综合性大型物流企业”的战略定位，得益于全系统“标准化软件系统、物流应用系统”的推广应用，公司的整体素质、服务能力和组织执行力得到全面提升。公司业务网络遍及世界各地，与国际知名船东建立了较为密切的业务联系。

十二、汕头市帝远海运有限公司

该公司成立于1997年6月，主要从事国内海上干散货运输，单船运力最小为1.5万吨，整体规模在民营海运企业中位居前列。公司先后与安徽海螺集团、鞍钢集团、江苏沙钢、江苏能源、五矿国际、秦皇岛港、天津港、南通港、张家港等十多家大型企业建立战略合作关系。船舶货运周转率、装载率均达99%以上。

十三、汕头市通成船务有限公司

该公司成立于1998年，公司地址在汕头市中山路130号协华大厦21层，办公设施配套齐全，建立有协同办公系统，实行信息化管理。内设机构有：ISM体系办公室、行政部、人事部、海务部、机务部、业务部、发展部、财务部等。

通成船务公司是一家从事国际远洋、国内沿海杂货船、集装箱船、散货船和液化气船等船舶运输的航运企业，自有船舶6艘，总载重量超80000吨，代管船舶5艘，是汕头市较大的民营海运企业。

公司2002年开始实施ISM管理，经中国海事局审核中心审核通过，是粤东地区首家取得“国际安全管理符合证书”（ISMDOC），也是全国为数不多的一家同时取得国际、国内营运和管理资质的航运企业。

十四、鸿泰船务（物流）公司

鸿泰船务（又称鸿泰物流）公司，成立于1997年，在潮汕地区属较大型的船务代理公司，是交通部批准的甲级船舶代理企业，也是汕头市最早获得国家批准的一级国际货运代理企业之一。公司连续六年被评为“重信用、守合同”企业。

鸿泰船务公司经营中外国际船舶代理，以及与船舶运输有关的各种业务，承接全球性货运服务。公司是中国十佳船公司“新海丰集装箱运输有限公司”在粤东地区的唯一代理，联手打造日本、韩国等直航航线，同时也是万海航运WHL、宏海箱运RCL、德翔航运TSL、正利航业CNC LINE等多家专业物流企业、航务公司在汕头的指定代理。

公司代理“汕头—香港”集装箱航线，每周约600标箱的固定班轮。公司还分别在潮州、汕尾设立分公司，承接国际船务、物流代理业务。

十五、华能汕头电厂

该厂地址在汕头市濠江区澳头，1995成立。从事电力经营，从业人数152人，使用陆域土地面积4934平方米，使用水域面积77310平方米，使用自然岸长度320米。

十六、华能海门电厂

该厂地址在汕头市潮阳区海门镇洪洞村的东南海滨，面向南海，距离汕头市中心区23公里，是国家“十一五”重点工程。华能海门电厂规划装机容量为6台百万千瓦、超临界燃煤发电机组，其中一期4台，二期2台，“十一五”期间先建设一期1号与2号机组。华能海门电厂一期1号、2号机组项目于2006年9月获国家发改委核准，由华能国际电力股份有限公司全资建设，2006年12月30日开工，1号机组于2009年6月30日投产发电，2号机组于2009年9月27日投产发电。华能海门电厂1号、2号机组配套的海域工程，与电厂主体工程同步建设。

华能海门电厂1号、2号机组海域工程包括5万吨级（结构为15万吨级）煤码头泊位1个、3千吨级综合码头泊位1个、南北防波堤和厂区护岸、港池和航道疏浚、联检大楼、灯浮标、前后标等项目。

十七、汕头大洋（集团）储运公司

该公司地址在汕头市海滨路35号，1993年成立。在港内从事货物装卸、仓储经营，从业人数123人，使用陆域土地面积4322平方米，使用水域面积14696平方米，使用自然岸线长度80米。

十八、汕头经济特区江南船舶修造厂

该公司地址在汕头市海滨路59号，1993年成立。在港内从事货物装卸、仓储经营，从业人数12人，使用陆域土地面积83003平方米，使用水域面积24601平方米，使用自然岸线长度56米。

十九、中国石油化工股份有限公司广东粤东石油分公司

该公司地址在汕头市丹阳庄东区9栋，1991年成立。在港内从事货物装卸、仓储经营，从业人数36人。珠池港区：使用陆域土地面积26640平方米，使用水域面积65744平方米，使用自然岸线长度220米。马山港区：使用陆域土地面积333000平方米使用水域面积108936平方米使用自然岸线长度350米。

二十、汕头市油料总公司

该公司地址在汕头市芙蓉园30栋，1979年成立。在港内从事货物装卸、仓储经营。从业人数125人，使用陆域土地面积121875平方米，使用水域面积65744平方米，使用自然岸线长度155米。

二十一、汕头市粤长燃气实业公司

该公司地址在汕头市濠江区石海旁路塔头山西北测海边，1991年成立。从业人数20人，使用陆域土地面积25477平方米，使用水域面积43495平方米，使用自然岸线长度200米。

二十二、汕头市珠池港务有限公司

该公司地址在位汕头市中山东路黄厝围，1996年成立，在港内从事货物装卸、仓储经营，从业人数26人使用陆域土地面积48493平方米，使用水域面积67563平方米，使用自然岸线长度316米。

二十三、华南蓝天航空油料有限公司

该公司地址在汕头市中山东路黄厝围，2003年成立。在港内从事货物装卸、仓储经营，从业人数34人，使用陆域土地面积20861平方米。

二十四、汕头水泥有限公司

该公司地址在汕头市濠江区澳头沙澳湾，1994年成立。在港内从事货物装卸、仓储经营。从业人数24人，使用陆域土地面积36000平方米，使用水域面积75799平方米，使用自然岸线长度150米。

二十五、汕头市广泰发经贸有限公司

该公司地址在汕头市中山东路珠池港区，2006年成立。在港内从事货物装卸、仓储经营。从业人数9人，使用陆域土地面积5080平方米。

二十六、汕头市正和海上拖带救助有限公司

该公司地址在汕头市衡山路64号安华大厦8楼。2006年成立，从事港口拖轮经营业务，从业人员25人。

二十七、汕头市东区粮食港口公司

该公司地址在汕头市海滨路中段华侨公园对面，1984年成立。在港内从事货物装卸、仓储经营，从业人数146人，使用陆域土地面积2700平方米，使用水域面积40625平方米，使用自然岸线长度125米。

二十八、广州海威海上救助技术服务中心

该公司地址在汕头市渔港西路7号，1995年成立。在港内从事货物装卸、仓储经营，从业人数10人，使用陆域土地面积4528平方米，使用水域面积48816平方米，使用自然岸线长度120米。

二十九、汕头市红光港务有限公司

该公司地址在汕头市濠江区红光村，2006年成立。在港内从事货物装卸、仓储经营，从业人数52人，使用陆域土地面积27000平方米，使用水域面积63847平方米，使用自然岸线长度230米。

三十、汕头港务集团有限公司客运服务分公司

该公司地址在汕头市海滨路2号，1999年成立。经营港口旅客运输服务，从业人数53人。使用陆域土地面积8945平方米，使用水域面积37000平方米，使用

自然岸线长度240米。

三十一、汕头港务集团有限公司集装箱服务分公司

该公司位地址在汕头市中山路珠池深水港区，1999年成立。在港内从事货物装卸、驳运、仓储经营，从业人数436人，使用陆域土地面积743883平方米，使用水域面积208400平方米，使用自然岸线长度521米。

三十二、汕头港务集团有限公司广澳港分公司

该公司地址在汕头市广澳港区，公司办公地址为前洋小区住宅楼6幢，2002年成立。在港内从事货物装卸、驳运、仓储经营，从业人数74人，使用陆域土地面积113800平方米，使用水域面积96000平方米，使用自然岸线长度240米。

三十三、汕头经济特区华港集装箱有限公司

该公司地址在汕头市濠江区广澳深水港区，1992年成立。在港内从事货物装卸、驳运、仓储经营；港口机械、设施、设备租赁经营。从业人数309人，使用陆域土地面积65000平方米，使用水域面积270000平方米，使用自然岸线长度252米。

三十四、汕头港务集团有限公司第二分公司

该公司地址在汕头市濠江区礐石蜈田港区。1999年成立，在港内从事货物装卸、驳运、仓储经营；船舶港口服务业务经营。使用陆域土地面积101561平方米，使用水域面积86000平方米，使用自然岸线长度400米。

三十五、汕头港务集团有限公司第三分公司

该公司地址在汕头市中山东路珠池港区内，1999年成立。在港内从事货物装卸、驳运、仓储经营，从业人数484人，使用陆域土地面积302877平方米，使用水域面积352400平方米，使用自然岸线长度952米。

三十六、汕头港务集团有限公司第四分公司

该公司地址在汕头市达濠区马山港区，1999年成立。在港内从事货物装卸、驳运、仓储经营。从业人数441人，使用陆域土地面积150000平方米，使用水域面积126514平方米，使用自然岸线长度1040米。

三十七、汕头港物流中心有限公司

该公司地址在汕头市中山路珠池港区物流中心大楼3楼，2002年成立。在港内从事货物装卸、驳运、仓储经营。从业人数52人，使用陆域土地面积12000平方米。

三十八、汕头市四码头港务有限公司

该公司地址在汕头市通津海旁29号，1982年成立。在港内从事货物装卸、仓储经营，从业人数15人，使用陆域土地面积3800平方米，使用水域面积48000平方米，使用自然岸线长度100米。

三十九、汕头市航运总公司西港港务公司

该公司地址在汕头市西港路13-15号，1991年成立。在港区内从事货物装卸、仓储经营，从业人数95人，使用陆域土地面积48492平方米，使用水域面积34200平方米，使用自然岸线长度285米。

四十、汕头交通石油有限公司

该公司地址在汕头市中山东路191号水电综合楼4楼，1993年成立。在港内从事货物装卸、仓储经营。从业人数10人，使用陆域土地面积30000平方米，使用水域面积41294平方米，使用自然岸线长度130米。

四十一、汕头市交通物资进出口有限公司

该公司地址在汕头市长江路绿茵庄华信花园1栋，1982年成立。在港内从事货物装卸、仓储经营，从业人数28人，使用陆域土地面积10208平方米，使用水域面积15879平方米，使用自然岸线长度12米。

四十二、汕头市粤东航运物质发展公司

该公司地址在汕头市西堤路6号，1982年成立。在港内从事货物装卸、驳运、仓储经营。从业人数6人，使用陆域土地面积7060平方米。

四十三、汕头市航运总公司西堤港务公司

该公司地址在汕头市镇邦路91号，成立于1987年，从业人员273人，使用陆域面积25000平方米，水域面积76311平方米，从事货物装卸、仓储经营业务。

四十四、汕头市公路局材料机械供应站

该公司地址在汕头市大学路10号。成立于2005年，从业人员10人，从事货物装卸、仓储经营业务。

四十五、中国石油天然气股份有限公司华南销售分公司

该公司地址在汕头市潮阳区关埠镇片美村，1997年成立。在港内从事货物装卸、驳运、仓储经营，从业人数30人，使用陆域土地面积22244平方米，使用水域面积56966平方米，使用自然岸线长度130米。

四十六、汕头市潮阳区石油化工公司

该公司地址在汕头市潮阳区关埠镇，1994年成立。在港内从事货物装卸、驳运、仓储经营，从业人数10人，使用陆域土地面积5000平方米，使用水域面

积15879平方米，使用自然岸线长度20米。

四十七、汕头市亚联石化有限公司

该公司地址在汕头市潮阳区关埠镇东湖村，2002年成立。在港内从事货物装卸、驳运、仓储经营，从业人数30人，使用陆域土地面积25000平方米，使用水域面积34200平方米，使用自然岸线长度100米。

四十八、汕头市潮阳区海特石化有限公司

该公司地址在汕头市潮阳区海门北下环海路白土岭。成立于2003年，从业人员25人，使用陆域面积19363平凡米，从事货物装卸、仓储经营业务。

四十九、汕头市莱芜港务有限公司

该公司地址在汕头市澄海区莱芜岛，1994年成立。从业人数22人，使用陆域土地面积16000平方米，使用水域面积80000平方米，使用自然岸线长度129米。

五十、中国石油化工股份有限公司广东汕头南澳顺航加油站

该公司地址在汕头市南澳县前江码头，2002年成立。在港内从事货物装卸、驳运、仓储经营，从业人数6人，使用陆域土地面积952平方米。

五十一、南澳县前江港务公司

该公司地址在汕头市南澳县后宅镇前江，1998年成立。在港内从事货物装卸、驳运、仓储经营、港口机械、设施、设备租赁经营。从业人数12人，使用陆域土地面积1838平方米，使用水域面积4562平方米，使用自然岸线长度70米。

五十二、广东金东海集团南澳田安港务有限公司

该公司地址在汕头市南澳县田安猴鼻尖，1999年成立。在港口内从事货物装卸、驳运、倉储经营，港口机械、设施、设备租赁经营，从业人数25人，使用陆域土地面积90000平方米，使用水域面积75700平方米，使用自然岸线长度757米。

五十三、南澳县潮盛港务有限公司

该公司地址在汕头市南澳县后宅镇前江码头，1997年成立。在港内从事货物装卸、驳运、仓储经营；港口机械、设施、设备租赁经营。从业人数12人，使用陆域土地面积46900平方米，使用水域面积41794平方米，使用自然岸线长度200米。

五十四、南澳上田安港务有限责任公司

该公司地址在汕头市南澳县田安猴鼻尖，1999年成立。在港口内从事货物

装卸、驳运、仓储经营，港口机械、设施、设备租赁经营，从业人数25人，使用陆域土地面积90000平方米，使用水域面积75700平方米，使用自然岸线长度757米。

五十五、南澳县金盟渔业材料有限公司

该公司地址在汕头市南澳县云澳镇澳前村，2002年成立。在港内从事货物装卸、驳运、仓储经营。从业人数45人，使用陆域土地面积5672平方米，使用水域面积14184平方米，使用自然岸线长度80米。

第六章　港口职工

第一节　职工队伍

1949年解放后，为了保障工人利益，纯洁和巩固工人队伍，1950年5月汕头市召开第一次工人代表大会，组织成立工会。包工头利用我们情况生疏，工作没有经验的弱点，伪装进步，积极有组织地大批混入工会，企图篡夺工会领导权。同年7月，遵照政务院指示，宣布废除封建把持制度，成立搬运工会和搬运公司，单车、人力车除外，编成19个服务站，共有工人7544人。在此过程中，举办了一期训练班，发动群众，向包工头作斗争。这段时间，开除93人，扣押12人，枪毙1人，畏罪逃跑5人，自动退出工会组织174人，取消剥削，参加劳动161人，初步摧毁了封建把持制度。

1951年初，抗美援朝运动中暴露了搬运工人队伍敌情严重的问题。因此，同年3月，再次整顿队伍，纯洁组织。同年10月，开始系统进行民主改革运动，在运动中扣押和管制了462人，由于整个运动的方针、政策不够明确，同年11月至1952年4月再次进行民主补课。通过这次运动，结合调整劳资，降低运价，调整机构，将原有19个服务站合并为服务队，以后又合并成7个服务队，处理了剩余劳动力。这段时间，斗争扣押了109名坏人，运动中培养提拔了39名干部，吸收党员64人，共青团员165人。

1954年以前，港口生产作业的装卸工人、驳船船员及木驳船均属汕头市搬运公司管理。随着社会主义改造的深入进行，为统一港口管理，港务局与搬运公司协商，报请汕头市委批准，于1954年3月，市搬运公司木驳船移交给港务局，私营木驳船也移归港务局统一调度，总共移接驳船129艘，4889吨位。船工人暂时仍属搬运公司领导，经营形式采用港务、搬运和私营轮驳组三个部门分账。1954年9月，驳船工人577人移归港务局为固定工人，而与私营轮驳组的分账形式，则保持至1955年年底才改为港务局包租形式。1955年至1956年，在公私合营改造中，私营驳船的资方人员主动申请把自己的驳船与国营企业合营（公私合营），因而成立了公私合营潮梅轮船公司和公私合营汕头港轮船公司。两个公司至1958年全部归入港务局国营企业。

装卸工人在汕头市搬运公司劳力过剩，当地无法安排的情况下，不考虑作业实际需要，而是按港口装卸作业范围，采用分批移接，逐步扩充作业范围。移接后劳力过剩，外调部分装卸工人支援兄弟港口。1955年，外调装卸工人287名，支援黄埔港；1957年下半年又临时借调装卸工人100名支援黄埔港（六个月），1956年，外调干部46名支援黄埔港和湛江港。

1954年至1956年，先后三批移交给港务局为固定装卸工人的情况是：第一批1954年9月，人数415人，移接作业范围是500载重吨以上轮船装卸作业；第二批1955年1月，人数450人，移接作业范围是原招商局仓库及元亨栈一带的起落水及出入仓作业；第三批1956年8月15日，人数577人，移接作业范围500吨以下轮船装卸，包括韩江口海面过船作业，以及港西原太古、怡和仓库一带的起落水、出入仓、过栈作业，三批共1442人。

到了第一个五年计划（1953年至1957年）期末，汕头港务局职工人数发展到1722人。

第二个五年计划和三年经济调整时期（1958年至1965年）全局职工人数从1958年1722人增至1965年2069人，增加347人。“二五”期间，平均每年增长16.8%，到1962年末全局职工人数1904人，其中装卸工人778人，比1957年增长24.48%。1962年贯彻经济调整方针，从黄埔港调回装卸工255人。这个时期职工人数增加不快的主要原因：一是机械代替人力，1958年汕头港开始有装卸机械，发展到1965年拥有各种装卸机械30台；二是贯彻经济调整方针，压缩部分进城工作的农村人员；三是部分老工人退休，到1962年末，在778名装卸工人中，长期病17人，年老体弱53人，不能担负一线作业的工人逐渐增加，占装卸工全员人数30%左右。因而，在三年经济调整时期，港口劳力更新换代越来越明显，新工人越来越多。

“文化大革命”时期（1966年至1976年），职工人数从1966年2160人增至1976年3235人，增加1075人，增加人员比较大批的有1966年由汕头市安平区劳动服务队工人转为港务装卸工100名，1966年由汕头市郊海蜇社社员转为驳船工80名，1966年至1976年先后接收分配退伍兵406名，1966年至1976年分批接收分配大中专生109名，1966年征用土地（建职工宿舍），接收农民转为职工23名。

进入社会主义建设新时期以后，职工人数以1977年3305人增至1985年3522人，增加217人，增加人员比较大批的有1970年至1977年吸收上山下乡知识青年为港务局职工共432名，1980年至1987年4批考试招工550名，其他是大中专生毕业分配，退伍兵分配等。这段时间职工人数变动情况：一是1973年至1976年先后建成3000吨级泊位一个，5000吨级泊位两个，之后加上配套了前方仓库和机械，装卸作业机械化程度大大提高（到1985年各种装卸起重机械有133台），机械代替了人力；二是港口吞吐量到1982年以后基本稳定在200万吨左右；三是新老职工交替较突出，解放初期在港当装卸工、船员，绝大部分已逐渐退休。到1984年，35岁以下的青年工人有2659人，占职工总数的67%。

1979年至1985年，汕头港有装卸工八、九百人。到1991年，装卸工已达1100人。1995年后，随着港口机械化程度的不断提高，装卸工开始逐步减少。2000年后，汕头港务集团有限公司装卸工700人左右。

第二节　职工培训

1949年汕头解放后，港务局结合生产工作需要，在各个时期开办各种技术业务短训班，这些培训都是临时需要才进行培训，有组织，有计划的培训是在1981年后开始的。

1981年在贯彻中共中央国务院《关于加强职工教育工作的决定》，港务局开办职工学校，加强对职工文化教育的同时，全局各基层根据生产工作需要，办各种技术业务培训班19期，学员549人。1982年局职工学校开办文化补习班11个，技术业务培训班5期，各基层办技术业务短训班45期，学习人数全局总共2115人。至此，干部职工学文化、学技术、学业务蔚然成风。

1983年以后，开始有计划、有步骤、有系统地进行全员培训，制订全局各工种培训质量标准。根据港口生产需要和培训对象，坚持突出重点、专业定向，对口培训的原则，设置专业和班次，快速提高干部职工文化技术素质和工作能力。1982年至1985年，开办包括机床、装卸机械司机、修理工、轮机、船舶驾驶、电工、电气焊工等技术工种在内的21期脱产培训班，有485有参加培训学习，每学期学习时间100～400学时。同时坚持岗位职务培训，对准备从事技术业务的新工、学徒工有目的，有计划、有组织地进行技术培训。几年间岗前培训的工种有仓库管理员、理货员、船舶驾驶员、电工、机械司机等。1985年以后，根据新建码头配套需要，对新招的64名学徒开办“港口装卸机械司机岗前培训班”，采用自编易懂易记的教材组织脱产学习4个月，系统地学习了《制图》、《钳工》、《装卸机械司机》等八门课程，经全面考试后，才上班顶岗。1982年至1984年，港务局自编教材18类，67.7万字，3800册，广泛应用于港务局的技术培训中。

1984年10月，在企业整顿验收中，港务局职工教育一项评分得满分，受到交通部验收团的表扬。

1982年至1985年，开办各种不同内容，不同形式的技术业务培训班共79个（期），学员1223人，其中青壮年技术补课学员525人，考试合格人数514人，占应补课525人（1981年制订五年教育规划的数字）的合格率的98%。

1985年2月，港务局职工业余学校改为职工中等文化技术学校，使文化教育与技术业务培训融为一体。同年6月，党中央作出《关于教育体制改革的决定》，7月份局创办电视中等专业学校（交通部电视中专汕港分校），学员经全国交通系统统一考试，按规定分数线，招收首期学员46名，设水运管理和水运财会各个专业班，加快港务局干部职工培训步伐。1985年还接受汕头市劳动局委托代办市区初级电工培训共3期，学员139人，定期考核，发给结业证书。

1985年底，港务局教育科健全教育机构，下设三个教育组，即文化技术基础教育组、综合教育组和计算机教育组，配齐专职干部十人，同时送三名专职人员到华南师范大学学习计算机技术。1986年4月购买电子计算机6台，价值人民币7.3万元，逐步在港务局开发计算机应用技术。

1985年通过内部挖潜，外部聘请，形成一支以大学毕业生为主体的专兼职老师队伍近50名，其中助理工程师11名，工程师5名，讲师以上5名，30年以上教龄7名；每年教育经费纳入财务预算计划，从1982年至1985年教育经费共22万元，每年平均5.5万元。1985年教室10间，560平方米（包括专用教室和办公室），比1982年增加5间，250平方米。1985年教学仪器有电子计算机6台，投影机1台，录音机1台，电视录相机1套，实验室1间，并配备供电专线，成为可以实施电视、广播、投影等电化教学多功能、长年性的名副其实的培训基地。教育基地文化班设有：扫盲、高小、初中、高中和升大、财会、英语、电视中专、计算机大专函授班。技术班有：机手、内燃机司机、港口机械修理、机床、轮机电工、门机司机、电焊工、计算机、机械制图、船舶驾驶、外轮理货、仓库管理等。

1984年7月16日，经广东省教育厅批准，成立汕头港务局职工业余中学。1985年7月，经交通部电视中等专业学校批准，成立了交通部电视中等专业学校汕头分校。2002年4月，分校业务划归广东广播电视大学管理，更名为广东广播电视中等专业学校汕头港分校。

1992年以后，汕头港务局紧密结合港口特点和需要，有计划、有步骤地开展办学，至2004年底共开办了“港口装卸机械”、“港口电气设备”、“水运经济”、“水运财会”、“机电设备安装与维修”、“汽车运用与维修”等6个专业16个班次，有467名学员中专毕业，其中，1992年以后办了9个班次、298名学员中专毕业。同时，以学校作为岗位培训基地。自1992年以后，开办中期技术岗位培训班5个班次、207名学员毕业，上述两项有505名学员毕业并取得上岗资格证，既解决了职工子女的就业问题，又为港口输送了大批急实用型的技术工人。此外，还每年对在职职工进行短期岗位轮训，13年中，累计培训职工11981人次。1992年12月，被交通部教育司评为合格学校，1997年度和1998年度分别被汕头市劳动局评为“职业技能培训先进单位”。

港务局以加强干部职工队伍的岗位培训为重点，多层次、多渠道、多形式地开展教育培训工作，每年都对400多名股级以上干部进行一次培训，学理论、学党规、学法律、学业务，提高干部队伍的综合素质，并作为考核和任用的依据，根据工作业务的需要，适时选送干部参加交通部、广东省、汕头市组织的干部培训班，提高干部队伍的思想水平和管理能力。有目的地举办专题辅导报告，聘请有关专家和教授为干部授课，使各级干部接受新的思想理念，提高开拓能力。在深入细致开展企业思想政治教育的同时，不断加强职工素质教育和技能培训，本着学用结合，按需施教，干什么工作就学好什么技术技能，生产岗位缺什么就补什么样人才的原则，每年举办不同类型的专题培训班、业务技术讲座，组织岗位技能操作竞赛，开展技术等级考核，岗位资格认定等活动。1992年至2004年底参加各种培训和活动的职工累计达到55594人次，实现了“全员培训、全面教育、全体提高”的目标。

港务局高度重视专业技术人才的培养工作，每年对专业技术人员进行一次全面考核，并与职务晋升、聘任聘用工作结合起来，大力鼓励各类专业技术人员加强继续教育，积极晋升更高一级专业技术职务资格。至2004年，港务集团公司拥有高级职称人员17人，中级职称人员198人，技术工种岗位人员958人（其中高级工280人，中级工425人），各特种岗位人员全部持证上岗，港口生产建设和经营管理充满生机活力。在加大培养各类技术人才的同时，不拘一格地引进各类专业人才，1992年至2004年底根据港口生产建设的需要，招聘大专以上毕业生186人，引进EDI系统、货运业务、财务管理、水运管理、港口机械制造设计等专业科技人才58人，中高级船员52人，使港口人才结构更趋合理，重点岗位特殊工种、关键部门人才紧缺的难题迎刃而解。

多年来，港务局和集团公司致力于培养一支有理想、有道德、有文化、有纪律的干部职工队伍，高度重视教育培训工作，把教育培训作为“立港之本，兴港之策”，坚持“内培、外修、引进”三管齐下，努力实施“港口人才工程”，为港口的生产建设培养输送了实用型专业技术人才。1994年9月，港务局被汕头市政府评为“汕头市尊师重教先进集体”。

第三节 职工劳资

汕头港务局装卸、驳船工人在1956年以前，工资制度实行分级别定工资制，统一分三个级别：一级工资70元，二级工资65元，三级工资60元。

在港口社会主义改造基本完成之后，于1956年12月，开始实行计件工资制，使工人劳动报酬逐渐增加。但是，由于“大跃进”左倾思想错误的影响，计件工资制度执行到1960年9月被取消，代之实行计时工资加综合奖，结果影响了工人的劳动情绪和生产积极性，造成一度（1960年9月至1961年5月）生产效率低，劳动力紧张，任务完成不好的被动局面。1961年第四季度，贯彻党的调整经济方针，落实按劳分配政策，同年12月下半月，恢复装卸工人计件工资制，驳船工人实行三包单项奖（包产量、包安全、包出勤），鼓励了工人生产积极性。12月份下半月，完成工班生产定额的班组占出勤班组88%，比上半月提高6%，平均工班效率14.70吨，比上月提高9.70%，工时利用率68%，提高21.56%，驳船周转率比上半月提高20.91%；事故比上半月降低29%。这就说明，实行计件工资制后，起到立竿见影的效果。第二年（1962年）实行计件工资继续生效，工人出勤率比1961年提高3.26%，工时利用率提高6.29%，驳船周转率提高29.98%，拖运量提高24.1%，全局职工平均月工资为80.26元（其中：装卸工人月平均工资为92.71元，驳船工人月平均工资为80.01元），比1961年提高7.03%。

汕头港务局工人恢复计件工资制，一直延续到“文化革命”初期。在极左路线干扰下，计件工资和奖励制度被批判，1967年取消工人计件工资和职工奖励制度，代之实行计时工资加附加工资，驳船船员工资也按华南港作业船的工资制度同时予以改革，装卸工人的标准工资为40～85元，分为9个等级。驳船工人的标准工资最高顶点为71.50元，最低为36元，分为13个等级，每个船工每月附加伙食费13.50元。随着工资制度的改革，同时取消了职工奖励制度，把奖励基金改为职工附加工资，随同职工工资同时发放，即工人每人每月附加工资4.50元，干部每人每月附加工资3.50元。同时还规定了下列人员不能享受附加工资：一是领导干部和高级知识分子（包括行政17级以上，企业12顺号以上，医务10级以上，引水员7顺号以上）；二是实习期未满的大中专生、技工学校的实习生和工作未满一年的学徒；三是试用期未满的新工人；四是领取劳保工资人员。

计时工资制度一直延续十年之久到“文化大革命”结束，1978年7月，开始恢复装卸工人计件工资制度。

1979年，在总结装卸工人恢复计件工资制度经验的基础上，2月份机械大队和船舶大队实行底薪计件工资制度。

1981年，为进一步完善计件工资制度，局工资科对90个偏高偏低的装卸定额进行修改补充，5月份开始在装卸工人中实行工时考核加发工资办法，做到有奖有罚，进一步完善计件工资制度，并在装卸大队实行浮动工资制度。

在恢复计件工资制度的同时，恢复职工奖励制度。1980年汕头港务局开始恢复月度奖、年终奖、速遣奖、安全质量奖和技术革新奖，1981年又把速遣奖改为季度奖。1982年1月起汕头港务局用3年时间，对企业进行全面整顿，建立健全以岗位责任制为中心的规章30项245条、建立完善各种定额6435个，建立成各基层单位的数据库，全局形成数据管理系统和反馈体系。1984年12月，经交通部验收合格。

1983年根据交通部〔82〕交劳字2001号文的精神，汕头港务局对计件工资制度进行改革，改革的重点放在提高安全货运质量和装卸效率，修改和提高装卸劳动定额水平方面，主要内容有：①制订了装卸工人机械司机人机混合装卸定额，统一了工时计算和分配方法，有效地促进了装卸工人和机械司机之间的协作配合，减少了工时损失，提高了工班效率；②变原机械司机考核到机组然后进行平均分配为直接考核到单机单人，更好地体现“按劳分配”的原则，提高了司机的生产积极性；③实行安全货运质量班制加发和月度加减法计件工资的新规定，促进了安全货运质量；④在装卸工人和机械司机中实行了按月下达月度定额工时任务考核，以及工时单价实行浮动的规定，对于提高工人出勤率、工时利用率、工日产量等都起了很好的促进作用；⑤对装卸水泥、煤炭、散庄化肥等货种的人力操作过程，采用单价加法，鼓励工人愿意去干比较脏、累、重的货种；⑥待时工资率改为两个单价，分全天待时工资率和工作中待时工资率。改革后的计件工资制度自1984年1月1日开始试行。由于货源严重不足，影响了装卸工人和机械司机的工资收入，据上半年统计装卸计件工资的平均收入83.67元，仅为部批测算水平105元的80%左右，机械计件机械工人计件工资的平均收入为59.69元，仅为交通部批准测算水平84元的71%。

在现场管理人员中试行浮动工资制度，根据交通部〔82〕交海字86号文的批示精神，为了确保在装卸工人，机械司机改革计件工资制度，提高计件的测算水平后货运质量有所提高，做好现场生产的监督、检查、验收工作，落实现场管理人员的岗位经济责任制，汕头港务局于1984年1月1日在外轮理货公司、仓库、调度员和装卸指导员试行了浮动工资制度，以二级考核的办法，记分计奖。试行以后，收到良好效果。主要表现在：①提高管理人员的出勤率。例如：理货公司试行后出勤率提高到99.2%；②落实了岗位责任制；③提高了生产效率。例如：调度室单船计划完成率比上年同期提高了15%，仓库一季度提前17天超额18%，完成了货物出仓量计划；④提高了安全货运质量。例如：一月份“红旗152”轮和“红旗150”轮装潮州柑到上海港卸货均达到100%准确。理货公司还受到了交通部海洋局、中国外轮理货总公司通报表扬。1984年上半年，全港实现了无货差事故；⑤加强了各种生产原始记录的签证工作。

逐步推广和试行多种形式的经济承包合同制。1983年底，开始在船舶大队挖泥船试行包干计件工资制度；随后在装卸大队试行装卸汽车杂作业承包合同制在机械大队试行煤场作业包干计件制；在外轮航修业务处试行供水业务收入包干经济合同制；在服务公司试行华侨行李装卸比例分成办法；在服务公司工程队、招待所也采取了经济承包办法。

汕头港务局在全局职工中实行经济责任制考核办法，过去奖金的分配进行多次的修改变革，归根结底还是在标准较低平均水平上做文章。1984年12月贯彻中共中央十二届三中全会《关于城市经济体制改革的决定》，结合汕头港实际情况，实行了按岗位责任制定经济责任制，按岗位经济责任制定承包指标、对承保指标进行二级考核，按考核成绩核发奖金的制度。

汕头港务局奖金来源于税后留利和速遣费，除国家规定的单项性奖外，其余奖金一概纳入经济责任制的考核范围。局根据交通部各类人员分类意见结合汕头港实际，确定一、二、三线人员划分，作为局计算各单位奖金系数的标准。各单位计奖人数一律按局定员核定和数计算，实行奖金系数封闭。超过编制人数一律不加奖金，低于编制人数也不减奖金，局对各单位的包、保考核是计奖的主要依据，各单位再根据下达的各项指标层层分解，具体落实到车间（班组）和个人，并制订具体的考核办法。

月度生产奖：奖金来源于税后留利，全局考核指标以国家下达生产计划为基数，核完后下达各基层单位。有经济指标考核的单位，以局核定的奖金分配系数和指标考核实绩，加减比例，核发奖金。利润包干单位，按本单位经济效益情况核发奖金，实行计件工资制的工人不发月度奖。

季度速遣奖：奖金来源于外轮速遣费。局按各单位奖金分配系数之和所占全局系数总和的比例，计发各单位季度速遣奖。如当季没有完成国家下达利润计划指标的单位，扣减该单位当季可得奖金。

1992年下半年开始，汕头港务局对生产指挥、按劳分配、港机维修等进行大幅度改革。主要体现在两方面：一是理顺内部关系，发挥企业的整体优势。一方面取消了局二级单位承包，改两级管理多头核算为两级管理一级核算，局为统一法人代表，结束了承包只包赢不包亏，只经营不投入，各自为政，各行其是，上下左右协调难的混乱局面，保证了全局对生产经营的统一指挥，统一部署，统一协调，实现了全局一盘棋。另一方面，针对企业机构臃肿，冗员严重的情况，按照“精简机构、统一、高效”的原则，从上到下，定员、定编、定责，大刀阔斧精简机构，压缩二、三线人员，充实一线人员。局机关24个处室精简为13个，局二级单位原则上精简为4科一室，局二级单位机关人员从571人减少为315人，建立了高效精简的管理机构，明显改变了“一线紧、二线松、三线肿”的状况。同时，根据生产需要，通过充实调整，将全局原8个经济实体增加到18个，大大扩大了生产经营能力。二是优化生产结构，激化企业发展潜力。1992年11月，把调度、商务、货运3个处室合并为运输业务处，形成调度和生产组织中枢。组织货运公司，统一全局货运业务，实行一个窗口对外，一票到家，减少生产环节，提高运转效率。根据主要货种在港口装卸中使用码头、锚地和船机、港机的实际情况，加权平均，测算出统一的综合港口包干费用，并上墙公布。简化了船方货主计费手续，增加计费透明度，方便货主成本的预测算。健全了分配制度，改革第一线生产工人和管理人员的分配制度，实行“吨单价”计酬，把一线人员的个人收入和当月生产实绩挂上钩。这种分配形式，把劳动者的个人劳动报酬引入竞争机制，打破平均主义，真正实现多劳多得，合理拉开差距，并使内部分配向一线职工倾斜，极大地调动了职工的积极性，提高了劳动生产率。同时，改革全局奖金发放办法，使奖金分配更具有激励作用。在深化改革的同时，港务局把管理作为改革和发展的基石，逐步建立了与集约化、规模化经营相适应的管理体系。

第四节 职工劳保

解放前，港口装卸、驳船工人在劳动条件恶劣，工资低微，物价上涨的压力下，每天都在饥饿、死亡线上挣扎。食不饱、穿不暖，职业无保障，遇到生育、年老、疾病、死亡、受伤残废时就更加悲惨。女工怀孕生育就丧失了工作的权利，职工年老体弱不能为资本家卖命时被开除，病了无钱医治，死了无法殡葬，因工伤亡，资本家也可置之不理。

解放后，党和人民政府关心职工生活疾苦，从1951年至1956年，政务院和中华全国总工会先后颁布了一系列劳动保障条例和制度。1956年汕头港按照中华人民共和国总工会〔56〕会险通字第87号文通知，贯彻执行中华人民共和国劳动保险条例的各项细则，实施劳保细则后，职工疾病、年老、伤、残、亡都有得到保障，比如：劳保条例规定，职工患病或非因工伤停止工作医疗期间，要求给病伤假期工资和病伤救济费；因工残废完全丧失劳动能力的可以享受退休待遇；因工负伤停止工作医疗期间工资照发，对于因工残废部分丧失劳动能力的，在可能情况下还给安置力所能及的工作，除给予应给的劳动报酬外，还给予适当的补助等。不仅如此，国家还对职工实施了免费医疗，举办各种集体劳动保险事业，以保护和增进职工的身体健康。总之，实行劳动保险制度之后，职工在病、老、生、死、伤、残、丧失劳动能力的各种情况下，都能获得国家劳动保险的待遇。

汕头港务局从1956年以来，设置劳动保险机构，配备专职人员办理劳动保险工作。

（1）慰问病伤职工，对患重症的职工和离退人员以及工伤人员，局领导及劳动人事干部登门慰问，家在农村的，派专车到其家乡慰问，并积极组织职工疗养，恢复健康。仅1986年1月至11月，工会劳保部门看望住院伤病员261人次，1986年春节发放慰问离退休干部、工伤住院职工、长期驻岛工作职工、在家休养伤病员慰问金额达10000多元。

（2）协助处理兄弟港船员发生意外事故后的殡葬事务。1984年11月间发生“秦浚一号”沉没事故，局立即组成专门小组，协助处理，办理善后宜，受到秦皇岛港务局的赞扬，赠送锦旗，感谢港务局大方帮助、处理，受难亲属深为感谢。

（3）对职工发生天灾人祸给予关怀照顾，如，1985年职工蔡巧涛一家三人都患精神病，有一儿子放火成灾，房屋烧毁，局及时拨给木材、水泥帮助重建新屋，使其一家三口在春节前迁入新宅，当地群众同声称赞，没有共产党，没有港务局，就没有蔡巧涛这个新家。

（4）加强对职工的劳动保护。汕头港务局在党和人民政府的重视关怀下，自解以来，坚持做好职工劳动保护工作，如工作服、工作鞋、雨衣等。1973年在原有发放标准的基础上进行调整，重新制订防护用品的发放管理办法。1974年6月28日，又颁布了《有关防护用品丢失赔偿补充规定》，加强了管理，节约了开支，使广大职工树立了爱护防护用品，重视使用防护用品的思想。1975年局健全安技建制，供应科负责防护用品按制度供应，从原则上明确分工。1979年在管理上加强了账卡管理制度。1978年党的十一届三中全会后，随着生产发展，局根据省劳动局劳护〔81〕163号文，和交通部广州海运局〔81〕穗海人字第127号文通知精神，重新修订《汕头港务局职工个人防护用品发放标准》。这个标准于1982年4月1日执行，其主要内容：①为提高职工在港口装卸作业中御寒能力发放棉衣2000件（因首次发放棉衣，发放范围没有很好控制，造成发放数额较大）并解决了棉衣的使用管理办法。②重点缩短装卸、驳船、机械司机等工种的工作服使用年限，增强了防护能力、按装卸大队的防护用品消耗准计，调整后提高3.9％。通过各方面的努力，保证了汕头港4000名职工（包括集体）在防护用品、防暑降温物资、防尘解毒、保健食品的及时供应，把党和国家对职工的关怀温暖，及时送到职工中去，对保护职工生产安全，促进生产发展起到了积极作用。

第五节　职工住房

到1986年10月，港务局共有职工宿舍80座，建筑面积74445.80平方米，使用面积57070.87平方米。全局职工人数3545人（不包括集体编制职工），住局宿舍1757人（户），占职工工人数的49.56％；住公私产房1788人（户），占职工人数的50.44％。

各时期房屋情况：解放前遗留下来的旧房有15座，建筑面积5179.36平方米；解放后港务局新建房屋65座，建筑面积69266.44平方米。

三年经济恢复和第一个五年计划时期（1950～1957年）基本没有建房。

第二个五年计划和三年经济调整时期（1953～1965年）建房10座，建筑面积4106.18平方米。

“文化大革命”时期（1966～1976年），建房25座，建筑面积15929平方米。

社会主义新时期（1977～2005年）新建、改建和购买商品房共54座，总建筑面积107376.26平方米。

历年职工住房发展情况：解放初期，港务局在商平路、至平路、招商路、招商横路后等处，没收、接管和赎买一批旧房（房地产大部分属原招商局）作为职工宿舍及办公之用。50年代，由于国家底子薄，经济困难因此上级基本没有拨款基建职工宿舍。从60年代开始，职工宿舍纳入基建计划。1965年在外马路海关围墙内（外马路13号南、北座）建成职工宿舍两座，建筑面积1260.92平方米。1966年至1970年在红领巾路北侧建成职工宿舍13座建筑面积9667.2平方米。1967年与汕头边防检查站和汕头军分区购买旧房7座（外马路5号、8号、20号育善后街22号、29号、至平路57号、64号）建筑面积1967.62平方米。1973年在至平路南段（至平路86号）建成一座候工室，后改为职工宿舍，建筑面积1662.20平方米。1977年在万安街尾建成职工宿舍两座（万安街62号、63号），建筑面积4040.41平方米。1980年至1981年在外马路8号和招商横路（24号、25号、26号）改建扩建成职工宿舍两座，建筑面积4070.95平方米，1981年至1983年在平原新村和华侨新村购买商品房9座，建筑面积20782.06平方米。1984年在商平路头（商平路3号1、2座）建成职工宿舍两座，建筑面积3245.16平方米。1984年至1985年在礐石蜈田港务局航修站建成职工宿舍4座，建筑面积4773.41平方米。1985年在杏花村购买商品房4座，建筑面积10354.05平方米。1985年在南海横路改建职工宿舍1座，建筑面积1024平方米。1987年至1992年先后在商平路3号、4号和16号，至平路88号、92号、93号、94号、97号，荣隆街海旁27～33号，南海路25号，南海横路30号、31号等地新建和改建职工宿舍11座，总建筑面积28145平方米。1993年至2004年港务局（港务集团公司）共调整安排职工住房2556户，同时在金泰庄、韩江路等地新建职工宿舍13座，总建筑面积3万多平方米。截至2005年汕头港务集团公司（原汕头港务局）拥有职工宿舍共87座（房改61座，自管26座），总建筑面积185559.51平方米。

第六节　职工医疗

汕头港职工医疗设施，设有港务局卫生所，该所创建于1952年初，当时称港务局卫生室，配备护士3名，小药箱1个，只能处理职工作业时工伤敷药及感冒、头痛等一般小病。

1959年港务局与航务局机构合并，改称“汕头专署航务局卫生所”。人员编制30多人，并设立西药房、注射室、外科敷药室、开展门诊就医，对外科小手术能实施治疗。后来随着医护专业人员增加（大中专毕业生11人，占总人数

30%），成立中药房及中医科，伤科、化验室，方便职工就医。

1961年下半年，港航分家，改称“汕头港务局卫生所”，人员虽然比原来少了一半，但医疗项目保持合并期间那一套。

1969年，港、航第二次合并为汕头专区水运公司、卫生所改为“汕头专区水运公司卫生所”，管理体制，医疗项目，服务对象与第一次合并期间相同，只是人员及设备有所增加。

1972年港航又一次分家，分家后10多年，卫生所的医务人员、医疗项目、医疗设备有很大的发展。到1985年底职工总人数48人，计：医生23人，护士13人，药剂员3人，化验员1人，其他人员8人，其中大专中毕业生23人。专业人员占全所职工人数80%以上。医疗项目有：中医科、西医科、五官科、妇科、心电图室、放射科、超声波室、化验室、中药房、注射室、外科治疗室、财务室以及挂号室。医疗设备有：心电图机1台，超声波机1台，X光机1台，五官科普通检查器械1套，妇科门诊断器械1套，医用显微镜1台。1980年以来，先后在礐石航修站、金砂乡港务局宿舍区分别设立卫生室，配备医生、药房方便职工及家属就医。

新中国成立后的几十年中，港务局干部、职工、退休人员及干部职工家属的保健、卫生防疫工作由卫生所担负，医疗费开支按职工工资总额5%提取。另外，在各个时期汕头港特约汕头市有关医院、诊所，方便职工家属随近就诊或急诊住院。医药费符合报销制度条件的，职工百分之百，家属百分之五十给予报销。职工直系供养亲属可享受医药费开支。自1998年后，随着全国性的医疗制度改革，港务局干部职工医疗费改为“医保”制度，卫生所业务萎缩，医疗人员分散到各个作业区。

第七节　职工教育

1952年汕头市搬运公司第四分会（装卸）和第十分会（驳船）分别在怀安街和乌桥石篱尾（均是分会所在地）开办职工业余学校，聘请汕头市职工学校教师任教，共有教师11名（第四分会5名，第10分会6名），教室14间（各7间），学员是装卸工人及驳船工人，教学课程从普一至普六（称谓“扫盲”），除个别老工人身体不好外，绝大多数装卸、驳船工都应接受扫盲，两个学校每学期学员有三、四百人。

1954年汕头港务局接收市搬运公司装卸、驳船工人，两个分会的职工业余学校作为分校，同时并入汕头海员工会总校。校址在至平路海员俱乐部（海员工会办公地址），分校教室分别设在海员俱乐部（至平路中段）和怀安街尾。

1955年海员工会职工学校分开成立港务局职工学校，校址设在招商横路后（港务幼儿园隔壁）。副局长陈培志兼任校长，教导主任罗碧华、黄赞育，教师有郭祚煊、宋瑞芝、陈望头、方素贞、张望；群众教师有江忠、陈江为等20多名。教室10多间，分设于怡安街、招商横路等处。有脱产班和业余班，有日班也有夜班。每学期有二、三百名学员。许多原来文化水平很低或文盲的装卸、驳船工人如蔡永富、黄亚帕、陈新荣、李广兴等，通过扫盲文化学习，逐渐提高文化水平，在党的教育培养下，由一名普通工人提升为干部。

1957年为扫除文盲，提高职工文化水平，全局动员了1223名职工参加港务局职工文化学校学习，保送162名职工参加汕头市机关干部业余文化学校及汕头市职工学校学习。1958年业余教育经费5153元。

1958年后，由于政治运动频繁，职工教育事业受到影响，职工学校规模越来越小，读书人数越来越少。1964年职工业余学校改为职工子弟小学，后来又受“文化大革命”的影响，造成职工子弟学校停办。

1978年党的十一届三中全会后，党中央拨乱反正，职工教育恢复了生机。1981年2月20日，中共中央国务院发出《关于加强职工教育工作的决定》（简称8号文），根据8号文精神，局成立职工教育培训领导小组，由局长和党委书记任领导小组正副组长，各基层有专职干部兼管本单位的职工教育工作。7月份局机构增设教育科，制订职工教育五年规划和年度教育计划，同时开办职工业余学校。这一年设有初中、高中等文化教学班6个，同时开展技术工人技术培训工作，并着手编写初级技工培训教材。

1982年以后，职工学校坚持以文化补习为主，开办各种不同内容、不同对象的各类文化班，全面提高干部职工文化水平。从1982年至1985年，共办扫盲、小学至高中文化班44班期，学员1556人，其中青壮年职工业余和脱产初中文化补习29班期，学员1040人，获得初中文化补习合格证书951人，占应补习人数1119人的85%（超过1981年制订的局职工教育五年规划数字），达到8号文的要求（在1985年以前，使现有文化程度不到初中毕业水平职工60%到80%达到初中毕业水平）。

1982年至1985年，共输送14名干部脱产到交通部部属大专院校深造学习，鼓励帮助78名干部工人报读汕头市党校函授班、汕头市职工大学、业余大学、电视大学和其他大专函授班，批准15名专业人员到外地各类对口中专学校进修，选派95名管理人员到外地接受中高级技术培训。1985年港务局升大补习班有23人考上大专院校，占报考人数85.4%。交通部电视中专全国统考港务局考生平均成绩名列前茅，录取率百分之百。由于教育工作取得一定成绩，港务局分别于1983年、1985年被评为汕头市职工教育先进单位。

第八节　职工文艺

一、秧歌队、锣鼓班、潮州大锣鼓队

1950年为庆祝新中国建国1周年和汕头市搬运工会成立，轮船装卸工人成立秧歌队，参加游行庆祝。1954年为庆祝建国5周年，汕头市搬运工会一分会（轮船装卸工人）在秧歌队基础上发展为锣鼓班，队伍100多人，配套有潮州大锣鼓队，戏剧表演队，器乐合奏队和彩旗队，队伍庞大，内容丰富，形式多样，声色俱丽，是潮汕人民喜爱的传统文艺项目。20世纪50年代，汕头港锣鼓班在参加全市游行队伍中占有重要位置，充分显示了码头工人当家作主的主人翁气概。潮州大锣鼓队在整个锣鼓班中是主要组成部分，分开来可以单独开展活动，参加节日庆祝游行或上台表演。1956、1957年在参加粤东区、华南区和全国文艺汇演中，演奏的“庆丰收”节目获一等奖，1974年、1976年、1978年先后参加市总工会举办的文艺汇演都获奖。秧歌队和锣鼓班至20世纪50年代后期停办，而潮州大锣鼓队经历次更新换代，流传至80年代初，还经常参加汕头市历年大节日庆祝游行和汕头港大事喜庆活动。

二、潮剧团

1950年汕头市搬运公司一分会在锣鼓班的基础上，创建潮剧团，团长李长发兼导演，剧团人员从开始20多人发展到1954年有80多人，大部分是装卸工人及职工家属子女。潮剧团开始编排演出现代小潮剧《金砂惨史》、《拖车人家》、《胜利重逢》等节目，配合土改，在市区和市郊农村宣传演出。

1954年汕头搬运公司一分会的装卸工人转为港务局固定工人，剧团同时移交给港务局。剧团被接管后，人员设备逐渐增加，发展壮大，编排演出剧目比过去大型。有古装潮剧《秦香莲》、《樊梨花》、《打花鼓》、《杏花和番》等。剧团在20世纪50年代后期至60年代初，在海员俱乐部剧场坚持每周为汕头港职工和船员演出2场（周末和周日晚），同时还多次到市各单位和农村演出，受到群众的好评，在汕头地区颇有名气。1956年5月参加粤东职工群众文艺演出；1956年11月参加华南区海运系统工人文艺汇报演出；1957年1月参加全国海

运系统文艺汇演，潮剧《打花鼓》获一等奖。团长兼导演李长发获创作奖、导演奖、个人优秀奖。“文化大革命”期间，潮剧被批判，剧团散火。“文化大革命”结束后，1977年剧团恢复，继续编排潮剧节目，为汕头港职工演出。1979年参加广州海运局和广东省航运厅联合举办的海运系统文艺汇演。1977年由局领导带队赴福建东山与货主单位联欢慰问演出，受到货主单位和当地群众的好评。由于多种原因影响，潮剧团于1980年停办。

三、国际海员俱乐部

1954年华南区海员工会国际部派谢冠雄来汕筹办国际海员俱乐部，地址在至平路26号（港务局前身航政局办公楼）。1955年“五一”国际劳动节，海员俱乐部正式开业。同年10月1日，华南区海员工会国际部派林潮文任汕头俱乐部第一任主任。俱乐部筹办费用40多万元，配备10多名工作人员，设有图书阅览室、剧场、舞场、乒乓球室、康乐球室。附设海员招待所（至平路75号），并与汕头安达公司合作酒吧间、小卖部。俱乐部坚持为国际海员和本国船员及其家属服务。俱乐部除了接待海员及其家属外，节假日还开展文娱晚会，有交谊舞、潮剧、歌剧，还邀请市潮剧团、市歌舞团、市曲艺团来俱乐部演出。20世纪50年代后期至60年代初期，海员俱乐部办得很有名气，规模之大，内容之多，在汕头还是少见的，它是一家难得的多功能综合性的文娱场所。1975年12月，根据国务院文件精神，海员俱乐部包括财产、人员、业务等全部移交汕头市总工会接管，俱乐部于1985年5月迁于利安路尾，建成颇具现代化设备的新的海员俱乐部。

四、歌舞团

1962年贯彻党的经济调整方针，恢复发展国民经济的新时期，港口职工精神面貌发生了变化，职工文艺活动又活跃起来。这一年成立歌舞团，团长洪子坚。歌舞团有30多人，大部分是汕头港职工和社会上业余爱好者。歌舞团形式多种多样，节目短小精悍，有歌舞、音乐、曲艺、相声、快板、小歌剧，每逢节假日在海员俱乐部为海员及汕头港职工演出，同时音乐组又是俱乐部舞会责无旁贷的伴奏队。“文化大革命”期间，歌舞团停办。

五、毛泽东思想宣传队、文艺宣传队

1970年汕头专区水运公司（港务、航务合并机构名称）建立毛泽东思想宣传队，同时以港口作业区港务机构名称为主体建立大锣鼓队。1972年港、航分管，港务局自己成立文艺宣传队，队员30多人。活动形式多样，节目短小精悍，性质与歌舞大同小异。1977年汕头港文艺宣传队参加汕头市工人文艺汇演表演唱“三八班在前进”，舞蹈“装卸工”、“大锣鼓”、“喜庆丰收”等节目分别获演出一等奖、优秀奖和创作奖。1979年汕头总工会举办的职工业余文艺汇演，汕头港文艺宣传队演奏的“汕港新貌”，舞蹈“抢运忙”，表演唱“汕港好人好事多”，小潮剧“上班之前”等节目分别获演出一等奖、优秀奖、创作奖、个人表演奖。1984年参加汕头市春节文艺游行，获表演一等奖。

六、图书馆

1966年局工会建立图书馆，藏书几千册，配有图书管理员1名。“文化大革命”期间，很多书成为“封、资、修的毒草”，致使图书馆停办。“文化大革命”结束，1978年工会图书馆恢复，至1986年共藏书8350册。仅1986年购买新书610册，连环画120册，香港原版武侠小说17套，共82册，购书款金额1381.16。借书人数每月平均600人次，个别职工每月借书数达20余册。为满足汕头港的妈屿、龟屿、德州岛住岛职工方便借书，图书馆给每个岛定期借书5至20册。据统计，1986年3个岛屿职工借书240册。

七、电影放映组

1976年汕头港务局购买电影机，建立电影放映组，配有电影放映员3人，坚持周末和节假日为职工放映电影，还经常深入基层生产单位及家属区放映电影，深受职工及家属欢迎。电影放映组1984年以后活动较少，遂停办。

八、文艺活动兴趣小组

1983年在精神文明建设中，局工会、团委联合建立职工文艺活动兴趣小组，坚持周末和节假日开展小型多样的各种文艺活动。兴趣小组有文艺组、曲艺演唱组，轻音乐队、歌舞队、灯谜组、摄影组、美术组、书法组和大锣鼓队。兴趣组至20世纪90年代初停办。

九、交谊舞会

20世纪50年代至60年代初期，交谊舞会是海员俱乐部的一项文娱内容。“文化大革命”时期，交谊舞被批判，舞会停办。至1985年1月中断了20多年的交谊舞会得到恢复，由港务局工会、团委联合举办，开始舞场设在局办公楼四楼会议厅，坚持节假日活动。1986年汕头港客运站建成，交谊舞以营业性质进入客运站二楼候船厅开设的“海上乐园”，深受广大交谊舞爱好者的欢迎。

十、汕头港报

1980年4月，汕头港务局党委创办《汕头港报》，至1986年12月共出版194期。1986年7月局机构调整改革时，增设港报编辑室，配备专职人员4名，附属宣传处领导和管理。港报自创办以后，主办部门积极开展采访、写稿、编辑、送印、核对、发送等工作。各机关处室及基层生产单位的干部、职工积极写稿投稿，使港报越办越好，受到上级的好评。港报及时宣传党的方针政策，报道汕头港生产建设信息、新闻人物和好人好事，为港口生产建设发挥了积极的作用。汕头港报至2000年停办。

十一、广播室

1966年港务局工会建立广播室、配有广播员1名，“文化大革命”期间一度时间广播室被群众组织封闭。1969年广播复办。广播室配有广播员（包括电器维修）2名，广播器材1套，收音机1个，喇叭11个。广播室自复办以后及时宣传党的方针政策，表扬好人好事，为港口生产建设服务起了积极宣传作用。广播室至1998年停办。

第七章　港口管理

第一节　管理体制

一、粤海关管理

明代以前，潮汕地区基本没有比较固定的水路运政管理机构及业务。到了明代，东陇、柘林一带沿海为潮汕地区主要出海古港口，因而东陇（樟林）港有“通洋总汇”之称誉。明洪武十四年（1381年）在东陇设立河泊所，对进口船舶进行管理。清康熙八年（1669年），该所迁至樟林城内。雍正八年（1730年）裁撤东陇河泊所，改设樟林镇巡检。

清顺治十五年（1658年），清政府在潮阳县设立河泊所，至雍正六年（1728年）后才裁撤。

康熙二十年（1681年），清朝收复了台湾，康熙皇帝顺乎时势，于康熙二十三年（1684年）正式停止海禁，开海贸易。史称“今海内一统，寰宇宁谧，满汉人民相同一体，今出洋贸易，以彰富庶之治。乃旨开海贸易。”康熙二十四年（1685年）清廷宣布广东的广州、江苏的松江、浙江的宁波、福建的泉州为对外贸易港口。同时设立粤海关、江海关、浙海关及闽海关等4个海关，负责管理海外贸易事宜。粤海关设立后，在广东省内设立6个总口：广州、乌坎、庵埠（潮州府）、梅县、海安和海口。

乾隆十五年（1750年）六月，粤海关监督派员驻管潮海关总口（庵埠），潮汕各地陆续设立关口征收关税。潮汕地区沿海在乾隆年间共有6个正税口、9个分口及2个挂号口。分别是：潮安庵埠（府馆）正税口，辖溪东，沙汕头，双溪三个分口；潮阳城内正税口，辖达濠，海门，后溪三个分口；揭阳北炮台正税口；惠来神泉正税口，辖靖海挂号口；饶平黄岗正税口，辖乌塘分口；澄海南关、东陇正税口，辖南洋、樟林两个分口及卡路挂号。这一时期的关税关口，掌握在清政府手里，由中国官吏行使管理职能，关税主权完整。当时的关税征收主要有货税和船钞两部分，货税以价计征，进口税率4%，出口税率1.6%；船钞则按船舶的梁头大小征税。乾隆二十一年（1756年），清政府在放鸡山（今称妈屿）设立常关，由两广总督派员在此征收南北商运的常关税，常关又在沙汕头（今汕头老市区）设收税站。

咸丰三年（1853年）潮州与香港之间的贸易发展很快，粤海关在汕头妈屿岛上设立海关，称潮州新关，原庵埠总口改为分口，以及其所辖各口均归潮州海关管辖。

二、潮海关管理

咸丰八年（1858年），第二次鸦片战争失败，同年6月，清政府被迫先后与俄、美、英、法签订了《天津条约》。条约中规定，在《天津条约》中除《南京条约》已经同意开放广州、厦门、福州、宁波、上海五处为通商口岸外，新增开潮州、琼州、台南等十处为通商口岸。并约定一年后双方互换批准书，条约才能生效。到了1959年6月，英法两国仗势欺人，不按规定的时间地点交换批准书，故意滋生事端，因而战事又起，打到北京，强迫清政府答应更多权益，拖慢了互换批准书的时间。1859年8月16日，美国公使与清政府官员互换批准书。同年11月15日，清政府批准美国在汕头先行开市。双方议定于咸丰九年十二月初九（1860年1月1日），在汕头妈屿岛设关开埠，即“潮海关”。美国人华为士被总税务司任命为潮海关第一任税务司，广东陵水县知县（同知衔）俞思益被清政府户部任命为第一任海关监督。至此，潮汕地区并存两个海关：一是外国人操办的潮海关，也称洋关；一是中国人管理，设于妈屿岛上的潮州新关，也称常关。自此，潮汕海关始有洋关、常关之分。当时条约虽然称海关是“邀请英人邦税务”，实则是关权旁落，关税的主权落入洋人手里。凡由轮船运输出入口的货物，由洋关征税；凡由中国旧式船舶运输的货物，由常关征税，称为常关税。

同治二年（1863年），潮州新关迁入汕头市区（今老妈宫对面的新关街）。同治三年（1864年），根据全国海关总税务司通令，潮海关关区海岸线以香港至南澎岛为界。同治四年（1865年），潮海关迁入今汕头市居平路口。同年由英国船长汉密尔顿等人首次对汕头港进行测量，并于同年11月8日在伦敦出版了《中国东海岸韩江入口处汕头港》图。同年3月，潮海关拟定了《海关章程》，确定汕头港的范围。同治十三年（1874年），潮海关在汕头港设置助航浮标2个。光绪六年（1880年），潮海关在惠来石碑山，潮阳表角和汕头口的鹿屿岛三处建设3座航标灯塔。光绪九年（1883年），潮海关辖区岸线调整为以大鹏角至南澎岛为界。光绪十四年（1888年）澄海县府划现外马路以南约140亩海滩给海关建办公楼、验货场、宿舍等。至此潮海关办公地址、助航设施、规章制度、辖区范围已基本齐全稳定。

旧中国的海关是半封建半殖民地性质的海关，帝国主义列强通过一系列不平等条约，夺取了中国的关税自主权、海关管理权和税款收支权。光绪二十六年（1901年）十月初一，按照《辛丑条约》规定“以关税、盐税作为赔款的担保”的条款精神，奉清政府户部和海关总税务司署令，潮海关接管距汕头50里内的各常关卡口。使洋人霸占的潮海关全面夺取了潮汕地区关税自主权、海关管理权和税款收支权，至此清政府设立的潮汕常关（新关）主权丧失殆尽。当时潮汕海关关口共有12个，即：潮海关（大关）设于汕头，另有东陇、黄岗口合为东黄总口（常关）；潮州总口（常关）辖：庵埠、潮阳（后溪）、达濠、炮台、澄海、水井、夏岭、府馆和靖海共9个分口。

潮海关根据财政部和总税务司的命令，于民国三年（1914年）一月一日接管了50里内常关分卡11个，同年11月，又接管了炮台分卡。此后，潮汕地区的常关，存在着由海关监督管辖下的常关分卡有：东陇、黄岗、靖海、神泉、甲子、碣石、乌坎、汕尾、平海；常关支所有：府馆、西河、东河、柘林、湖东、大德、田乾、遮浪、捷胜、长沙、马鬃、鲘门、墩头、淡水、稔山港口等。

中国人民为收回海关主权进行了长期斗争，民国十四年（1925年）8月，抗议帝国主义“五卅”暴行的风潮席卷全国，汕头人民发出了“收回海关”的怒吼。1926年，南京国民政府在全国人民强烈要求独立自主的压力下，不得不着手实行“关税自主”。1926年1月8月，东征革命军同意潮海关监督马文车的报告：“鉴于不平等的辛丑条约，亦仅指通商口岸之常关归税务司管理，并无50里内各口都归税务司管理之规定，建议将50里内各常关卡口从洋人管辖的潮海关手中收回”。于是，马文车于同月19日，把50里内的各常关卡口，收归海关监督公署管理。1927年9月24日，南昌“八一”起义军抵汕头，郭沫若奉“中国国民党革命委员会”第145和146号令，任潮海关监督兼交涉员。25日郭沫若到任视事。28日，郭沫若由翻译一名随行，分别会见潮海关税务司古禄编（J·KLubien，英籍）及各国驻汕领事。

经国民党财政部批准，民国十九年（1930年）1月1日成立潮海关妈屿常关分卡。1930年12月，接国民党财政部关务署令：各省50里外常关应于1931年1月1日裁撤，但粤闽浙等省设在边界、海口50里外的常关，有征收出口税的，撤消后，若需改设海关分关者，由附近海关税务司派员了解确定，并上报核准。3月4日，广州国民政府正式下令撤换潮海关监督，免去马文车潮海关监督的职务，任命刘灏为潮海关监督，并下令于3月22日将50里内的常关仍交给潮海关管理。

潮海关于1931年3月接管了50里外15个常关分卡。5月，经报总税务司批准，裁撤柘林、靖海、湖东、鲘门等4个常关分卡，将汫州、神泉、甲子、碣石、乌坎、汕尾、马鬃、港口、墩头、稔山、遮浪等11个常关分卡改为海关分卡。5月，又接总税务转达的政府命令，6月1日起撤消所有50里内常关。据此，潮海关于6月1日撤消了汕头火车站、庵埠、炮台、潮后、梅溪、澄海等分卡，并经总税务司批准，将潮海关妈屿常关分卡转为“潮海关妈屿分卡”，将海门、水井两个常关分卡同时转为潮海关分卡，对外称“潮海关海门分关”和“潮海关水井分关”。至1938年，分布在潮汕沿海及内河的海关分卡基本撤消或改设。

1939年6月21日，汕头沦陷，同年11月1日，日本人控制的伪汕头专税代替潮海关对外办公。1942年6月伪潮海关成立，9月10日正式对外办公。1945年8月，抗日战争胜利。1946年5月黄志骞奉命接管潮海关。潮关大权虽然回到中国人民手中，但当时国民党政府腐败，以税务司黄志骞为首等人与吴活集团互相勾结，进行大量走私活动。

三、航政、商检、检疫、引水

民国二年（1913年），广东省地方交通管理处在全省设立16个航政分局，潮汕地区航政分局有汕头、汕尾两处。当时航政分局的事权由潮海关理船厅代管，航政分局同年奉命裁撤。1916年又设潮梅航政分局。1927年12月改称为潮梅航政局。1933年，汕头设立潮汕港务管理分局，原潮梅航政局并入汕头设办理处，潮汕港务管理分局改为潮汕船务管理所。抗战期间，汕头航政办事处迁至河源改称河源办事处，专管东江、韩江航政事务。1939年日军侵占汕头、潮汕各地相继沦陷，航运业一派凋零，广州航政局汕头办事处随后撤消，潮汕船务管理所也于当年9月裁为分所。1941年伪南京政府交通部在广州设立广州航政局。1944年伪汕头港务分局成立。伪广东省政府致函伪潮海关，令将量船、验船等项业务移交该局。1945年8月抗战胜利，9月珠江区航政局从广西搬回广州，恢复管理两广航政，又在汕头重设办事处，该办事处是当时潮汕地区唯一的航政机构。

汕头港卫生检疫工作开始于清光绪八年（1882年），初期属潮海关税务司管理。根据饶宗颐《潮州志》所记载：“汕头海港检疫权，向操外人之手，数十年来由英国医生连亨利检查收费，民国二十年（1931年）4月30日汕头海港检疫所正式成立，才由当时检疫所所长徐希仁提出收回检疫权，当时英国领事曾出面反对，后经力争始获实行。”

汕头港的引水业务，自1860年开港以后，长期为外国人所专利，由海关负责考核引水员资格并核发给执照，费率也由海关规定，引水费收入则归引水员所有。在抗日战争前的二三十年间，汕头的引水员有英国人，也有美国人，最为汕头人所熟悉的有英籍引水伍德船长（CAPTWOOD），美籍引水史多格船长（CAPTDTOCK）等。他们各备有电船，在妈屿设引水站，建避风坞，以及修船船排。抗战胜利后，国家才收回汕头港的引水权。至民国三十六年（1947年）3月22日，汕头引水办事处成立，由民国政府交通部粤桂区引水辅导，开始由中国人执行引水。1948年11月引水辅导委员会撤消，改称汕头引水业务所（私营）。

四、军管会接管

1949年10月24日汕头解放，27日汕头军管会公用事业接管部交通处派员到汕头港接管了广州航政局汕头办事处，改为“汕头军管会航政局”（1949年12月，将汕头港引水业务所并入汕头航政局），同时接管潮海关、汕头海港检疫所、水上警察厅和招商局轮船股份有限公司汕头分公司。接管后，招商局汕头分公司改名为潮汕运输公司，公司分设船务部和汽车运输部。潮海关改名为汕头海关。汕头海港检疫所改名为汕头检疫所。1950年，根据海关部署批示，汕头海关海务、港务、航务业务及人员、器材移交给汕头航政局。当时，汕头军管会航政局作为潮汕水路运政的管理机关。1950年10月4日，根据中央人民政府交通部广州区港务局〔50〕3101号文“关于接管港务、海务（包括江务）的命令”，在潮州设立韩江分驻所；1951年3月接管汕尾航政机构，设汕尾办事处；1951年5月5日接管汕头海关港务股，与航政局引水组合并为港务组。当时，汕头航政局主要职权是：办理船舶检验、船舶进出口签证、航民考核、航道管理、海事处理和外轮引水等业务。1951年底，潮汕运输公司船务部分开成立华南区海运管理局汕头分局，直属华南区海运管理局领导，职权范围是办理国轮业务兼代理外轮业务。1951年10月取消私营轮船行后，外轮业务统一由汕头海运分局代理。1952年6月18日航政局改称广州区港务管理局汕头分局，管理体制由原属政府机关改为生产企业。分局机关机构设置秘书室、海港监督科等4个科室及汕尾办事处，其中海港监督科设船员、引水、港工、港务4个股，海港监督科的取权范围不变。随着形势发展和工作需要，为了将航运管理与海运管理分开，1952年8月20日，将原航政局韩江分站新机构及干部移交给内河局管理，改名为广东省交通厅内河航运管理局潮梅分驻所。汕尾办事处至1954年6月1日才移交潮梅办事处管理。

1953年1月，广州区港务管理局汕头分局与华南区海运管理局汕头分局合并，成立“华南区港务管理局汕头分局”。原广州区港务管理局汕头分局的海港监督科，仍由广州区港务管理局领导，改称港务监督室，对外称为中华人民共和国汕头港务监督，负责港口行政管理工作。同年，原汕头港务分局业务科改称为中国外轮代理公司汕头办事处，负责代理外轮业务。

五、港航合管与分管

1959年2月，根据中央和省人民委员会关于体制下放及水运工作采取统一领导，分级管理的批示精神，汕头港务局与汕头专署航运局合并成立汕头专署航务局，统一了海运机构，密切了业务衔接，使整个专区的水运交通形成一个有机整体，统一海河运输的调度和管理。1961年贯彻党中央“调整、巩固、充实、提高”的方针，港口管理体制改为由交通部广州海运局领导，同年10月1日，港务、航务分管。1962年汕头航务局成立“广东省汕头专区港航监督”。为了明确港务监督与港航监督业务分管，1963年交通部领导来汕头，商讨制定了港航分管联合通知。联合通知对港界划分、船舶船员、海事处理、打捞沉船，船舶进出口签证等业务作了明确的分管决定。

1969年3月，汕头专区革委会批示，又将汕头港务管理局和汕头专区航务局合并，成立广东省汕头专区水运公司，水运公司下设港口作业区，党政由地委领导，业务由广东省港务管理局管理。1970年9月19日，汕头专区水运公司改称汕头地区水运公司。1972年6月14日汕头地委批示，撤消汕头地区水运公司，成立汕头地区港务局和汕头地区航运局，21日宣布港航分管。7月5日汕头地区港务局改称汕头港务管理局，党政由地委领导，业务上恢复由交通部广州海运管理局管理。

1973年1月10日，广东省革命委员会工交办公室发文，撤消广东省港务局，汕头港务局由原汕头地委领导划归广州海运局领导（生产、调度、工资、计划），其余政工、计生、宣传、纪检由汕头地委领导。3月9日广东省革委员会发文关于调整广州海运局管理体制的通知，汕头港务局业务及干部归广州海运局管理，党、政、工以所在地（汕头地区）党委领导为主。

1965年根据上级批示，中共汕头地委决定成立“汕头港口涉外党组”，同时设立“涉外办公室”。“文化大革命”期间，办公室一度处于瘫痪状态。1973年涉外办公室改为汕头口岸办公室。

1974年，汕头地区革委会根据上级批示，成立“汕头地区海上安全指挥部”。1975年5月5日开始，汕头港务管理局党政工作下放由汕头市归口管理，业务仍由交通部广州海运局领导。1975年9月，中共汕头市委根据上级批示，决定成立市委边防口岸工作领导小组。1982年2月，汕头港务局对港务监督机构设置作出调整决定：中华人民共和国汕头港务监督对内属港务局一个科级单位，下设三个组；即引航组、监督组、验船组（均为股级单位）。

1982年，根据上级批示精神，港务监督验船组于同年10月1日起移交给广州船检处管理，称“汕头验船站”。1982年广东省汕头地区行政公署鉴于自1974年成立汕头地区海上安全指挥部以来人员变动的情况，于9月14日以〔82〕汕署89号文发出《关于调整汕头地区海上安全指挥部办事机构的通知》，港务局党委书记、局长、外轮代理公司经理、港务监督主任列入指挥部成员。

1982年7月1日，广东省汕头港航监督从汕头航运局分出独立，成立“广东省航政局汕头分局”，隶属广东省航政局领导。从1984年7月1日起，各县港务监督站和港务所分出，成立航政所、站，隶属汕头航政分局管理，有关船舶签证业务由航政分局负责派人办理。

从1984年1月1日起，汕头港务局改为交通部直属一级企业。1985年交通部批准汕头港务管理局升格为地市级（副厅级）单位。1987年11月28日，根据国务院《港口体制改革座谈会记要》精神，汕头港务监督从港务局分出，组建交通部汕头海上安全监督局。1991年，原广东省航政局汕头分局更名为“广东省汕头港务监督局”，改称后仍与汕头市航务管理局合署办公，是广东省汕头市水上交通行业管理和所辖水域的交通安全及船舶检验等实行统一监督管理的主管机关。另外，汕头港及潮汕沿海水域的安全监督职权范围，归属交通部汕头海上安全监督局（对外称中华人民共和国汕头港务监督）。

六、港口管理体制改革

1986年10月1日，根据交通部〔85〕计交字第454号文“关于汕头港柘林湾万吨级海轮过驳锚地设计任务书的批复”精神，原汕头航运公司辖属的柘林湾三百门港务管理局从1986年10月1日起移交给汕头港务管理局领导，并同时启用新印章，称“交通部汕头港务管理局三百门港务公司”。

根据国务院港口管理体制改革的决定，1987年12月6日交通部同汕头市人民政府签订的关于改变汕头港管理体制的交接协议书。1988年1月，交通部汕头港务管理局改称汕头港务局，实行汕头市人民政府、交通部双重领导，以市为主的管理体制。汕头港管理体制改变后，汕头市人民政府把港务局作为直属机构，实行直接管理和领导。汕头港务局行使所辖港区的港口管理当局职责，领导港口的生产和建设。

遵照国务院《港口体制改革座谈会议纪要》的有关精神，交通部与汕头市人民政府在汕头市办理了汕头港管理体制改革的交接工作。交通部副部长林祖乙和汕头市市长陈燕发分别代表交通部和汕头市人民政府在《关于改变汕头港管理体制的交接协议书》上签字。《协议书》明确本次港口体制改革范围是：①汕头港务管理局，将汕头港务监督划出（引水和岸线管理留给港务局），改称汕头港务局，实行汕头市人民政府和交通部双重领导，以汕头市为主的管理体制；②以汕头港务监督为基础，加上汕头海岸电台，组建交通部汕头海上安全监督局（对外仍称中华人民共和国汕头港务监督），实行交通部和汕头市人民政府双重领导，以交通部为主的管理体制；③中国外轮理货总公司汕头分公司随汕头港管理体制改变，实行汕头港务局和外理总公司双重领导，以港务局为主的管理体制；④汕头港公安局随汕头港务局体制改变，管理体制以汕头港务局领导为主，公安业务实行汕头市公安局和交通部公安局双重领导，以汕头市公安局领导为主。汕头港公安局原管理范围不变。

接协议就交通部与汕头市人民政府的职责作了分工。《协议书》还对有关几个问题作了原则规定，主要是：①汕头港原则上实行以收抵支、财务包干的财务管理制度；②国家批准征收的港口建设费，原由汕头港务局征收的港口建设费，仍由汕头港务局征收，除按规定留成外，其余全部上缴交通部；③汕头港务局自创的非贸易外汇，百分之五十留给港口，百分之五十上缴国家；④留给汕头港务局的利润和外汇，按规定范围使用；⑤汕头港管理体制改变后，原则上中央下放给港口，以扩大港口的自主权；⑥汕头市人民政府把港务局作为直属机构，实行直接管理和领导。汕头港务局行使辖区港口的管理当局职责，领导港口的生产和建设。

国务院决定改革港口管理体制具有重要意义。汕头港管理体制改变后，汕头市进一步搞好港口工作，加速港口的开发建设，更好地为外贸服务，为广东省及华南地区各省、市服务，为全国服务，交通部对汕头港务局实行行业管理，对生产建设等各项工作，继续给予积极支持和帮助。

交通部同汕头市人民政府对汕头港管理体制改革，在交接过程中还就计划、财务、劳动人事、生产业务、物资及公安管理等6个方面的问题，进行了充分的协商，取得了一致的意见，并作了交接记录，作为本《协议书》的附件。

港口管理体制改革后，汕头港务局行使所辖区内的港口行政管理职能，负责港口的生产和建设。主要职能有：贯彻执行国家关于海港工作的政策、法规；负责编制汕头港总体规划；核准港区岸线的分配、使用和各项用地以及相关水、陆域建设项目；统一调度船舶和其他水上活动装置在港区内的生产活动；代征货物港务费、港口建设费规费；负责港区的公安保卫、消防和交通管理以及港区环境保护等。

1993年3月，根据交通部文件精神和汕头人民政府与潮州市人民政府就三百门港交接有关事项所达成的协议，原由汕头港务局管理的三百门港的人、财、物全建制移交给潮州市管理。协议书规定，属汕头外轮理货公司的理货业务等不列入本次移交范围，在国家理货体制改革变化或调整前仍保持现状不变。

1998年11月，港口管理体制实行“政企分开”的改革，将港务局中的企业经营职能剥离出来，组建汕头港务集团有限公司。政企分开后，汕头港务局继续实行汕头市政府和交通部双重领导，以汕头市为主的管理体制；作为市政府管理全市港口行政工作的职能部门，行使港口管理当局的职责，负责港口规划、建设、管理等组织协调工作，领导港口的生产和建设；市交通委、航务管理处原行使的部分港口行政管理职能移交给汕头港务局；撤消市港口建设指挥部和广澳港区建设指挥部及其办公室，其职能移交汕头港务局。1999年4月26日，汕头港务局正式实行政企分设。局机关内设一室四处。

1999年8月，汕头市机构编制委员会批准汕头港务局5个直属事业单位的机构编制：①原汕头港务局引航站更名为汕头港引航站，副处级事业单位，担负汕头港引航工作；②汕头港港口工程质量监督站，正科级事业单位，负责对水运工程质量和建设行为进行监督管理；③汕头港交通卫生监督所，副科级事业单位，行使汕头港区交通卫生监督职责；④原汕头港务局通信站更名为汕头港通信导航站，正科级事业单位，行使汕头港口通信导航管理职责；⑤原汕头港务局防沙堤管理处更名为汕头港港口设施管理站，正科级事业单位，负责港区设施的维护管理。

1999年11月19日，由汕头商检局、汕头动植物检疫局、汕头卫生检疫局合并组建成立“汕头出入境检验检疫局”。2000年7月，原交通部汕头海上安全监督局改称为“中华人民共和国汕头海事局”。以上涉外单位体制的改革，改善了汕头港的通关环境，加强了汕头港的安全管理。

2000年11月，根据国务院、广东省事业单位登记管理的规定，汕头市机构编制委员会批准汕头港务局事业单位登记，明确汕头港务局作为全市港口事业主管部门依法实施港口行业管理的法人主体地位。行使全市港口管理职能，实行“一城一港一政”的管理体制。潮阳市、澄海市、南澳县的港口管理，在汕头港务局的指导下负责其辖属范围内的港口事业行业管理。同年12月，汕头港务局直属的汕头港引航站、汕头港港口工程质量监督站、汕头港交通卫生监督所、汕头港通信导航站、汕头港港口设施管理站等5个单位，也完成事业单位登记工作。

2005年3月28日，汕头港务局改称为“汕头市港口管理局”，由原来交通部和汕头市政府双重领导，改为由汕头市政府直接领导。

第二节　港湾管理

一、旧中国汕头港湾的管理

（一）潮海关理船厅与港章、港界

咸丰九年十二月初九（1860年1月1日），由外国人掌握控制的潮海关在汕头港口门的妈屿岛上设立，美国人华为士为第一任潮海关税务司。1864年，当时的潮海关内部机构分为关税、海事两部分。1868年，根据总税务司署的指示，设立了海务部，负责管理船舶进出港口及港内外的灯塔、浮筒等助航设备，以后该部还兼管气象测录，码头仓库和船只检疫。1901年，海务部改称为理船厅。理船厅主任一职由关税部外勤总巡（洋员）兼任。潮海关理船厅当时主要掌管港内船舶停泊，测验与管理引水人员，签发引水执照，系泊设备的行政及技术管理，规定船舶的有关信号，监督船舶运载危险品，丈量、检验船舶，核发船舶证书，代领和代发船舶国籍牌照，处理海事纠纷等。潮海关理船厅设立后，汕头港口及整个粤东地区的航政管理事权，从此就基本上由帝国主义控制的潮海关所掌握了。

同治四年（1865年），潮海关拟定的《海关章程》确定汕头港的范围是，“包括一条从塔岛经过鹿屿的南端至南岸的尖顶礁，从东北北（正北以东22°30′）至西南南（正南以西22°30′）的线内，以及另一条在距离汕头炮台西部一英里半的以北至南的线内的这一部分韩江（或称汕头河）”。

潮海关还制订公布了有关港务章程。同治年间，潮海关制定《汕头口停泊轮船章程》。1913年8月13日，潮海关公布了《汕头港务章程》，该章程共五章二十条（附续议告白），其中第一章“停泊规则”内容按进港船舶所载不同货类割分四个停泊区。

英国人为了垄断汕头港航运事业，清同治四年（1865年），英国船长汉密尔顿等人首次对汕头港进行测量，并于同年11月8日在伦敦出版了《中国东海岸韩江入口处汕头港图》，这是汕头港第一张海图。同时，在礐石的宫鞋石东侧陡壁上刻有水准标志（B•M）一处（1969年被毁）。

1934年8月15日潮海关制订汕头港建设的计划草图，并提出港口岸边未经海关同意，不准个人或单位乱建码头。

（二）引水权和指泊权

潮海关理船厅所掌管的航政（或称船政）权甚为广泛，其中最重要的是引水权和指泊权。

咸丰五年（1855年）十二月，他们草拟出第一个引水条例，规定“任何一国家的居民”都可以充任引水员。然后又借口中国引水员技术差，教育程度低，语言不通而加以排斥。实际上连外国人也不能不承认，中国引水员对引水技术和港口水文情况相当熟悉，能够给轮船提供所需的情况。

咸丰九年，英、美、法又共同制定新的引水条例，进一步把引水工作“只交给缔约列强的欧洲公民”。这就是说，中国公民没有资格在自己国家的港口充当引水员，而且中国政府也无权过问引水事务。中国引水主权落入了外国领事们的手中。汕头港的轮船引水，自开港以后一直为外国人所专利，抗战胜利后才收回引水权。

同治七年（1867年），由全国海关总税务司赫德（英国人）订出《各海口引水总章》十条，并由各口理船厅与各国领事馆在总章的基础上按本口具体情况定出分章，在各口照分章实行。于是，中国丧失的引水权被订入海关的管理章程，予以制度化。

当时广东的粤海关、潮海关都订有引水分章。粤海关的分章规定，“凡华民及有条约各国之民有欲充引水者，均准其一体充当”，由理船厅招募，但中国人充当引水员受到诸多限制，潮海关则尤为过之，因汕头港轮船引水时间和难度比不上广州黄埔港。引水人员由外国人充任，实际上就是将中国的海防、江防的秘密泄露给外国，中国主权丧失在外国人手里。船舶进入口界之后，必须靠岸或近岸停泊，才能上下客货，有时候还要停靠较久的时日。这个临时停泊的处所由港口制定，叫做港口指泊权。潮海关新成立之前，汕头港贸易并无指泊的规章可寻。理船厅成立后，掌握指泊权，也有了章程。同治年间所定《汕头口停泊轮船章程》竟明文规定：“凡由香港以上各口至福州常行往来之轮船，进口时可直抵浮桩停泊”，而无须海关指泊。当时专驶香港、福州航线的唯有英商德忌利士公司的轮船。此条文之目的显而易见，是为外国列强尤其是英国轮船利益服务而提供方便。

二、1949年中华人民共和国成立后汕头港湾的管理

（一）强制引水

1949年解放初期，出入汕头港的轮船可自行进出港口，但须依章缴纳引水费。为了维护国家主权的尊严，保障港口生产和船舶航行安全，汕头港于1953年11月1日起，全面实行对外轮强制引水。同年12月5日，国家交通部颁布《海港引水暂行通则》，规定“所有外国籍船舶必须由中国引水员登轮指挥，方可进出中国港口和在港内移泊”，执行强制引水之后，一切外轮进出汕头港，必须由我引水员上船引水，才允许进港。1949年汕头解放初期，第一次接受引水的外轮船名，见表36：

汕头解放初第一次接受引水的外轮船名表　　表36

船　名	国　籍	到港日期
成兴	英国	1949. 11. 13
保利	巴拿马	1949. 11. 17
新利源	菲律宾	1950. 2. 5
万福士 VAN HOJTL	荷兰	1950. 7. 25
广盛	洪都拉斯	1950. 12. 26
新伟建 SAI VDVIKEIV	挪威	1950. 9. 29
美上美 HETNRI CHBDEN	丹麦	1951. 9. 15
南卑利士 SUNNANBRIS	瑞典	1952. 12. 13
日伸丸 NISSHIN WARO	日本	1958. 2. 25
哈特权 HILDE NORN	联邦德国	1959. 12. 21

1949年建国初期，汕头引水员有黄文田、林木屏、沈饶生。1954年，大连海运学院培养的第一批新中国引航员刘炳辉、余世鹏分配到汕头港。以后随着港口生产的发展，到港轮船日益增多，引航员逐渐增加。

汕头港气象多变，港外风大流急，夜航任务多，渔船占用航道捕渔，小船夜航不习惯点灯，这些客观情况给引航工作带来不少困难。汕头港引航员通过实践，摸索经验，提高引航技术，适应各种不同环境，确保轮船安全引领进出港，多次受到中外船舶的好评。

（二）航道交通安全管理

汕头港航道交通安全工作，建国前由汕头海关管理，建国后由汕头港务监督管理。其职权是整顿航道交通秩序，确保轮船进出港航行安全。

1949年建国初期，港湾航秩序混乱，在鹿屿南航道，每天有二三百艘农船在此捞蜇、捕鱼。该处航道狭小，水流湍急，严重妨碍船舶的安全航行。1954年6月5日，汕头港务监督在粤东行署交通处支持下，召集澄海、潮阳、揭阳及市郊各地的蜇民、渔民代表和区乡干部，在汕头市开会，解决港口航道交通安全秩序和渔民、蜇民的生产问题。会上决定，为保证航行安全，渔船、蜇船一律不得在鹿屿航道上作业。蜇船可在马头岛附近的靠岸海面作业，渔船应在航道两边靠岸处生产，不得妨碍运输船舶的正常航行。并由港务监督放置马头岛第一号浮标及规定其界限。执行上述决定之后，港内航行秩序大为改善。

1953年后，港口货运量增多，来往船只增加，但在港口鹿屿水道处，航道拥挤，避让困难。为了保证航行安全，汕头港务监督在市人民政府支持下，将妈屿北航道之沟边桁拨除部分，并报经广州区港务管理局批准，自1954年5月21日零时起，开放汕头港北航道，并规定北航道为专供民帆船进出航道。鹿屿航道为专供机动船进出航道，并在妈屿礁的西面放置圆锥形黑浮标一个，作为民帆船进出检查锚地标志，这样执行后，航道秩序良好。

汕头港向来有渔民在水中设立木桩，挂网捕鱼的习惯，这些木排桩叫做“桁”。建国前港内渔桁甚多，对船只航行甚为妨碍，事故发生频繁。建国后，经说服渔民自动拨掉一部分外，对不妨碍航行安全的渔桁也分别实行夜间点燃红灯，作为航行标志。1958年以后大部分渔民有的向外海发展渔业，有的转入工厂当工人，在港内设桁捕鱼逐渐减少，同时由于军事上需要，将港内红澳桁、外海桁、沟边桁、石炮台桁拆除。拆除后，船只来往甚为方便。

在整顿航道秩序的同时，一方面对航道进行清理，悬挂危险标志，使轮船航行安全。1950年5月24日，“新亚”轮在港口外航道触水雷沉没，其后桅及烟囱露出水面，1951年4月已全部被风浪冲走，致无从辨认，为了使船舶进出港安全，在该沉船位置上设立绿色木桩一支，挂上绿色圆珠一个，作为危险标志。1955年打捞沉在港区前方海底2艘趸船。1956年测量十几年来没有进行复测的汕头港水文、地质，通过测量，摸清了港外航道浅滩的底子，增加轮船进港吃水半尺，同时拆除了一些使用率极低、影响轮船调头的双数浮筒，并炸除了一些碍航的礁石，使航道疏通，确保船舶安全通行。

1966年到1976年的“文化大革命”期间，港湾航道一度秩序混乱，一些船舶不按规章规定航行或停泊，严重影响轮船安全和港区生产作业，汕头港务监督根据各个时期港口作业情况和船舶停泊区不断变化情况，及时制订各种管理规定，以维护港湾秩序，保障港口生产和轮船航行安全。1971年，为了解决港区岸线各类船舶停泊混乱，影响港口作业，妨碍水上交通安全等问题，以〔71〕汕港监字003号文发出《关于港口作业区岸线装卸及停泊点的划分》。1982年为了维护港口装卸作业水域驳岸安全秩序，保障船舶停泊安全和作业顺利进行，避免混乱拥挤，又以〔82〕汕港监012号文发出《关于加强汕头港装卸作业水域驳岸管理几项规定》。汕头经济特区及地方交通运输部门等单位自1980年以后，先后在港区岸线建设码头，汕头港务监督根据港章原则对各个码头的位置、长度、安全、设施等进行认真审查，在不影响船舶航行安全的前提下才准建设。

（三）联合检查

汕头港自开港至抗战期间，海关、航政管理机构掌握在外国人手里，抗战胜利后才逐渐收回海关、航政、检疫、引水等主权。至建国前，船舶进港，港口各个管理部门有权检查。建国后，随着海上交通运输的恢复，港口各个新的管理部门开始对进出口船舶进行监督和检查。但由于解放不久，检查工作尚未走上正轨，检查工作各搞一套，出现重复检查现象，致拖延检查时间，每次检查一般在5个小时以上。这不仅影响生产和船舶周转，而且手续麻烦，造成不良影响。其次检查制度不健全，上船人员没有严格控制，漏洞也很多。

1950年1月，汕头海关、水上公安、航政局、检疫所等单位召开会议，决定各单位以联检方式进行对船舶的检查，初步克服了重复检查、手续麻烦等落后现象。

1951年1月遵照政务院公布的“进出口船舶船员旅客行李检查暂行规则”的精神，由港务、海关、检疫、公安（先由公安水上分局和公安外事科，至1951年5月由边防检查站接管）组成联合检查组。由港务局统一领导，于1月16日开始执行汕头港船舶联检制度。

通过检查整顿，每艘轮船的进口检查由过去的5小时逐渐减为2～3小时。联检做法是：轮船进港驶至赤屿，引水员上船，边防监护人员登记，轮船查封电台、武器、弹药，然后轮船继续开进港内，在检疫锚地抛锚进行检疫，检疫完毕后，降下Q旗，其他部门才上轮船进行联合检查。轮船出口仍由联检单位集中船员验证检查完毕，由引水员引领出港，边防监护人员随船至赤屿启封电台，与引水员同时离船。

1953年6月起取消航行国内的国轮联检和海关监管工作。1955年9月1日，根据中央政府颁布联合检查五项办法，汕头市成立了联合检查委员会，并制订《汕头港联检实施细则》。

汕头港联检秘书长期没有专职，联检翻译也没有固定人员，至1953年12月派定联检秘书，1956年3月指派专职联检翻译。

1957年3月根据当地党委指示，撤消了联检委员会，由港务、海关、检疫、侨务等单位领导组成联检党组，由市边防部具体领导党组工作。同年3月，中央公布“外轮进出口管理办法”，3月5日，边防检查站将查封港内禁用物品工作移交港务监督执行。同时交通部还制定了全国统一使用的进出口报表格式，使外轮到我国任何港口时报表手续一致。

汕头港对轮船进出口联合检查工作，自1956年至1987年一直由港务监督牵头，通知汕头海关，汕头边防检查站，汕头检疫所等有关单位派员登上轮船，按各部门职权范围统一同一个时间联合检查，形成一个习以为常，年年如此的制度。

（四）港章法规

自1860年汕头开埠，至1949年汕头解放之前，汕头港湾管理法规都由潮海关自行制订。

建国初期，由于汕头港航务、港务工作未归统一，因此，港湾管理仍执行旧汕头海关制订的港务规则。为了确保港湾秩序和船舶航行安全，1951年，港务分局开始着手进行修订“汕头港港务暂行章程”，呈报广州区港务管理局上报中央交通部批准。1951年8月2日，广州区港务管理局以海港〔51〕422号文批复汕头港务分局，于同年9月1日开始执行“汕头港港务暂行章程”。

1956年，交通部海测大队对汕头港附近的水深、底质、岸线、地形、地貌等进行了全面的测量。1958年，新中国的海军航保部出版发行了《汕头港及其附近海图》，该图的水深基准面是“略最低低潮面”，即在妈屿验潮站水尺零下0.134米的水平面。新海图的出版，为进出港船舶和港口建设提供了资料依据。

1958年4月，汕头港务监督根据港口发展情况，在原有管理章程基础上加以修改补充为《汕头港港章》，报经汕头市人民委员会批准后，报中华人民共和国交通部，于1958年9月8日审核同意，1959年1月20日公布施行。

1959年至1962年，在港务、航务两局合并期间，港湾管理工作有些变化。1962年港、航分管后，根据新形势发展的需要，1963年4月港务监督又对《汕头港章》作了一次修订。

1958年针对汕头港民帆船及渔船在港内作业多，阻塞航道、妨碍轮船航行安全等问题，汕头港务监督拟订了《汕头港外机动船艇交通管理暂时规则》报经汕头市人民委员会批准。于1958年7月26日公布试行，1959年1月20日公布施行。

1984年1月1日开始执行《中华人民共和国海上交通安全法》以来，对于船舶航行、危险品货物运输、海难求助、海事处理等方面的工作起了积极的管理监督作用，使国家财产和人民生命安全得到保障。

为促进港口行政执法队伍建设，1998年2月，根据中华人民共和国交通部16号部长令，汕头港务局成立港政管理处，汕头港《交通行政执法证》的颁发和管理工作由该处负责。1999年1月12日，为加强汕头港口管理，规范港口经营市场，促进港口事业的发展，根据有关法律、行政法规的基本原则，结合汕头港实际，汕头市人民政府颁布实施《汕头经济特区港口管理暂行规定》。规定共46条，包括港口规划、建设、生产、经营以及港口的其他活动等。

第三节　管理机构

一、汕头航政局

（一）1911年至1949年10月1日之前民国期间的航政管理机构

民国二年（1913年）二月，汕头设立航政分局，隶属于广东省地方交通管理处所辖。汕头航政分局这个机构，是汕头地区在民国时期最早设立的航政机构。同年七月间（另有史说为九月），汕头航政分局奉令裁撤，原来由其负责的船税征解工作改由各县署代办。

民国五年（1916年），因各县署代征船税的工作没有成绩，又归复汕头航政分局，并改称潮梅航政分局，隶属于当时的广东省航政总局，分局地址仍设于汕头。

民国十八年十二月，省建设厅改组省航政总局为省河航政局，并将各地十一个航政分局一律删去“分”字，冠以地名而改称××航政局。原潮梅航政分局即随之改称为潮梅航政局，是建设厅直辖。据史料记载，该局还在潮安、潮阳、澄海三县逐步形成县设分卡三个，其“工作较省航政局为简，较其他各属航政局为繁”。在各属十一个航政局中为唯一的“一等局”（其他各个航政局分别列为二、三、四等），其经费预算每年27000多大元，较其他航政局多1～4倍不等。当时配有局长、技士、总务专员、会计员各1名，征收员8名，事务员3名，稽查员2名，录事2名、分卡专员1名，分卡书记1名，分卡稽查2名，另外航政局和各分卡配有巡兵水手若干名，配备的人员较其他各地航政局为多。

民国二十年（1931年），广东省为筹备接管各海关代理的船舶事权，经省政府核准成立广东省港务管理局，秉承航政局办理航政事务。潮汕港务管理分局在民国二十年三月（1931年3月）奉准成立，，隶属于广东省港务管理局，原潮梅航政局同时奉令裁并于潮汕港务管理局分局，由港务管理分局兼理潮梅全属航政。

民国二十五年七月（1936年7月），国民党政府交通部在广州设立航政局，该航政局在汕头设立办事处，原潮汕港务管理分局也于当时改为潮汕船务管理所。民国二十八年六月二十一日（1939年6月21日），日军侵占汕头，潮汕各地相继沦陷，因行业凋零，业务大为减少，广州航政局汕头办事处随后撤销，潮汕船务管理所也于当年九月裁为分所。

1945年抗战胜利后，广州航政局从广西迁回广州，又在汕头重设办事处，负责汕头港及汕梅地区的航政业务（当时人们仍习惯称该办事处为航政局），该办事处还在潮安设立一个办事站。广州航政局汕头办事处，这个当时潮汕地区唯一的航政机构，一直存在至汕头解放为止。

（二）1949年中华人民共和国成立后的航政管理机构

1. 地方航政机构的成立

1949年10月27日，汕头军管会公用事业接管部交通处派员接管了广州航政局汕头办事处，改称汕头航政局。航政局职权范围：船舶进出口签证、船员考核、航道管理、海事处理。1949年12月，将汕头引水业务所并入航政局，成立引水组，增加了一项业务。1950年10月航政局在潮州市设立分驻所，1951年3月在汕尾镇办事处，同年5月接管海关港务股，与引水组合并成立港务组，使汕头沿海港口及内河航政管理得到统一。

1951年7月26日，中央交通部广州区港务管理局根据中央航务工作的决定和政务院关于统一航务管理的指示精神，发文通知汕头市人民政府，将汕头航政局改为汕头港务分局，隶属该局领导，经市人民政府批准，1952年6月17日，汕头航政局正式改为港务局，局机构编制：秘书室、总务科、业务科、海港监督科、汕尾办事处并附设三门派出所。

2. 地方航政机构的沿革

1950年10月4日，汕头航政局为加强对韩江全线船舶的管理，以策航行安全，委派朱光汉、王晓晖、谢德祖3人到潮安设立韩江分驻所，执行航政业务。次年3月14日委令卓小敏为所长，全所工作人员有11名，下设的航政组和技术组专门从事航政工作。

1951年3月19日，汕头航政局又将原汕尾军管会船舶管理处改组为该局汕尾办事处。1951年11月17日，为实行港（海）河分工管理，汕头航政局发文将韩江分驻所移交给省内河航运管理局接管，同年12月20日正式办理移交后，于当月23日该所改称为“广东省人民政府交通厅内河航运管理局潮梅分驻所”，所长仍由卓小敏担任。1952年5月份，该所下设有秘书、航政、民船、运输四个股和一个外勤组，其中的航政和民船股是内河航政管理的主要业务部门，两个股共有工作人员12人，当时的潮梅分驻所是汕梅地区内河航运行政管理单位。

1952年6月18日，汕头航政局根据指示，正式改称为广州区港务管理局汕头分局（在此之前，该局工作虽然逐步转向港务管理，但单位名称及归属尚未遵照上级指示进行改动），同年8月，该局内设海港监督科，执行港务监督工作。1952年8月20日，汕头港务分局和潮梅分驻所发出联合通告，将原汕头航政局所管的潮梅区内河航务工作移交内河局潮梅分驻所管理。从那个时候起，汕头港务分局的工作重点就主要放在港务管理方面。一个地区有中央和地方两个监督机构，也就在那个时间开始产生了。

1952年12月起，潮梅分驻所奉上级指示，开始接管潮梅区内公营船舶，业务增加，机构扩大，于次年5月25日奉准改组为“广东省交通厅内河航运管理局潮梅办事处”，成为政企合一的单位，其内部设立的航管股和民船股为航政管理业务部门。1953年11月3日至12月24日，潮梅办事处将潮梅民船联运社归并后，在原各县的民船支社的基础上将其改组为航运管理站，作为县一级航运管理单位，直属潮梅办事处领导，计设立有韩堤、西堤、潮安、榕江、梅江、棉湖、练江、澄海、高陂、大埔、兴宁、五华、蕉岭、饶平、惠来、海丰等航管站，1954年6月1日又接收了汕头港务局汕尾办事处，将其改组为航管站，6月18日和27日分别成立甲子、陆丰航管组。当时各地的航管站除经营航运业务外，也有分工干航政工作。

1954年底，潮梅办事处改隶珠江航运管理局。1955年3月，改称为“珠江航运管理局汕头分局”，内设航监科，负责管理汕梅地区沿海和内河小港及航运企业的港航监督业务。当时，船舶的检测丈量工作，则分别由私管科和机务科负责。

1956年4月，珠江航运管理局汕头分局改称为“广东省交通厅航运局汕头分局”。1957年8月21日，又改称为“广东省交通厅航运局汕头航运管理局”，其内部所设的航监科不变，职责也不变，这段时间，船舶检测丈量又划归该科负责。

1955年3月至1957年，在各县先后成立港务所、站。计有潮安、埔丰、松口梅县、榕江、东里、饶平、练江、汕尾、陆丰、神泉、西堤、韩堤等十三个港务所、站。各港务所、站内设航监组，负责所辖区内的港航监督工作，其业务受汕头分局航监科领导。

1958年6月4日，汕头航运管理局与汕头专员分署交通邮电处、省交通厅运输局汕头总站、省交通厅公路局汕头养路段及汕头监理所等单位合并，成立“广东省汕头专员公署交通局”，局内设监管科（由航监科和监理所组成），为全区水陆交通安全监督管理之业务部门。这段期间，在主要港口仍设立港务所，计有潮安、高陂、松口、东里、榕江、西堤、汕尾等8个。其余港务所撤销，航管工作改由当地县交通科负责。上述的8个港务所内仍设置航监组，其业务照原不变。

1959年2月，根据省人委的指示和汕头地委的决定，将汕头港务局与汕头专署交通局的航运部分合并，另成立“汕头专署航务局”，并于3月13日启用印鉴。原专署交通局监管科的航监部分又随之与汕头港务局的港务监督组成航务局港航监督室（对外仍挂“中华人民共和国汕头港务监督”牌子），当时的港航监督室负责全专区沿海、内河安全的行政管理和技术监督工作。基层方面，除西堤港务所撤销后合并海港作业区外，其余没有变动。

1960年11月18日，又成立“汕头专署航务局韩江运输分局”，分局内设置航监科（业务受港航监督室领导），负责韩江线的港航监督工作。

1962年10月1日，汕头港务监督又随港务局从专署航务局分出。1962年11月11日，经广东省航运厅和汕头地委交通部批复同意，汕头专署航务局对外成立“广东省汕头专区港航监督”，负责汕头专区沿海（汕头港除外）、内河的港务和航务监督的领导和监督。广东省汕头专区港航监督在当时对外另挂牌子，可以独立行使港航监督职权，但在汕头专署航务局的内部编制中，则为该局机关一个科室。同年11月21日，汕头专署航务局以汕航监字第601号文，通知所属各港对外另设立港务监督，至次年11月止，下属已成立了西堤、韩堤、潮安、高陂、松口、梅县、东里、榕江、练江、神泉、陆丰、饶平、汕尾等13个港务监督。到此，汕头专区沿海、内河的地方港航监督机构体系始以建立。

1965年9月21日，为适应水运形式的发展和汕头梅县行政区域的调整，将原广东省汕头专区港航监督所属的西堤、韩堤、潮安、东里、饶平、练江、榕江、陆丰、汕尾等10个港务监督分别改称为“广东省汕头专区港航监督××监督站”，但汕尾站对外仍称“中华人民共和国汕尾港务监督”。另外撤销梅县、松口、高陂3个港务监督，成立“梅县港务监督站”和梅城、松口、高陂、田隍、水口、水寨、新铺等7个监督分站，7个监督分站隶属于梅县港务监督站，而梅县港务监督站则是汕头专区港航监督的派出单位。

1969年3月28日，经原广东省汕头专区革命委员会批准，将原汕头港务管理局和原广东省航运厅汕头航运局合并成立“广东省汕头地区水运公司革命委员会”。广东省汕头专区港航监督和汕头港务监督又随之合并办公，并于1970年改称为“广东省汕头地区水运公司革命委员会港航监督”。因汕头港属于涉外港口，所以“中华人民共和国汕头港务监督”的名称仍保留，汕尾港务监督亦同。1970年10月间，除了汕尾外，原广东省汕头专区港航监督下属9个监督站则分别称为“广东省汕头地区水运公司革命委员会港航监督××监督站”。原梅县港务监督站及所属分站则在1971年1月间因行政区域变动而从汕头地区划出。

1971年11月20日，汕头地区水运公司革命委员会港航监督改称为“广东省汕头地区港务监督”，并于1972年4月20日，在原所属的监督站的基础上于潮安、澄海、揭阳、潮州、饶平、陆丰、惠来、南澳、普宁、揭西等10个县和西堤、韩堤设立了港务监督站。1972年6月14日，汕头港务监督随着水运公司革命委员会撤销和港务管理局、航运管理局的分设又分出，汕头地区港务监督及下属12个港务监督站则保持不变。

1975年11月20日，广东省汕头地区港务监督改称为“广东省汕头港航监督”，下属各个港务监督站仍照原。

3.地方航政机构的改革

1982年7月1日，因体制改革，实行政企分管。广东省汕头港航监督从汕头航政局编制中分出，成立“广东省航政局汕头分局”，隶属广东省航政局编制和领导，下属各港务监督站于1984年7月起，从各港务所的编制中分出，分别成立航政所、站，隶属于汕头航政分局的编制和领导，1984年7月1日撤销普宁、揭西站，分别并入潮阳、揭阳改称为练江航政站、榕江航政所。1983年11月1日，根据交通部和省有关统一地方船舶检验的文件指示，汕头航政分局及其下属航政所、站内，分别设置了“广东省船舶检验处汕头检验所”和××县“船舶检验站”九站。分局机关仍设船舶检验科，实行统一机构，对外两块牌子。

1984年3月，随着行政区域的调整，海丰和陆丰县划属惠阳地区，原属汕头航政分局领导和编制的陆丰航政站及汕尾港务监督也随之划归东江船航政分局。

1988年9月1日，为适应对外开放需要，经省航务管理局批准，广东省航政局汕头分局下属各航政所航政站名称分别改为：潮州港务监督；揭阳港务监督；饶平港务监督站；澄海港务监督站；潮阳港务监督站；南澳港务监督站；惠来港务监督站；并同时增设潮阳港务监督站海门分站、澄海港务监督站莱芜分站。原西堤港务监督的名称则保持不变。各所、站易名后，原级别、职能和管辖范围不变。

1990年12月18日，根据汕头市人民政府办公室汕府办复〔1989〕1号文件及汕头市交通办公室汕交办〔90〕124号文件精神，广东省航政局汕头分局与汕头市交通局水路运输管理科合并，成立汕头市航务管理局，对外仍挂广东省航政局汕头分局牌子，由省航务管理局与汕头市交通办公室双重领导，以市交通办公室领导为主。汕头航政分局所属的西堤港务监督同时挂汕头市区航务管理所牌子，归属市航务管理局领导；原下属各港务监督机构（潮州市除外）也与所在县交通局水运股、航管所（站）合并，成立航务管理所，同时挂港务监督（站）牌子，实行市航务管理局与县交通局双重领导，以市为主的领导体制。至1991年3月止，下属各县航务管理所均陆续成立（揭西、南澳未成立）。1991年4月1日，为理顺普宁、揭西两县的水上交通安全监督和船舶检验工作，根据省航务管理局粤港监〔1991〕007文批复设立普宁、揭西港务监督站及船舶检验站，分别与普宁、揭西航务管理所合署，但因揭西县水运不报及人员问题至1991年底仍未完成恢复设立工作。原榕江、练江船舶检验站于同年3月22日分别改称为广东省船舶检验处揭阳检验站和港澳船舶检验处潮阳检验站。

至1991年6月底止，汕头航政分局机关设立办公室、监督科、船员管理科、船舶检验科和水运管理科，机关人员共25名。下辖西堤港务监督（人员共25名）、潮州港航监督（人员15名）、揭阳港务监督（人员18名）等三个科级单位和饶平港务监督站（人员15名）、澄海港务监督站（人员12名）、潮阳港务监督站（人员7名）、惠来港务监督站（人员4名）、南澳港务监督站（人员3名）、普宁港务监督站（人员3名）等6个股级单位。全局现职人员共127名，按技术职称分：有高级工程师2人，工程师9人，助理工程师18人，技术员22人；按文化程度分：其中大学12人，大专、中专34人，高中32人，初中46人，小学3人。

1991年8月30日，因行政区域变动，潮州港航监督从汕头航政分局的编制中分出，移交潮州市领导，业务工作由省航务管理局和省港务监督局管理。同年12月1日，潮州港航监督经上级批准，改称为广东省潮州港航监督局。

1991年11月1日，广东省航政局汕头分局根据省编委粤编〔1991〕98号文通知为使管理机构名称与法规一致，易名为广东省汕头港务监督局，仍与汕头市航务管理局合署办公。2000年7月，根据交通部文件精神，以上两局并入汕头海事局。

二、汕头港务局

（一）汕头航政局改为汕头港务分局

1949年10月27日，汕头军管会公用事业接管部交通处派员接管了广州航政局汕头办事处，改称汕头航政局。航政局职权范围：船舶进出口签证、船员考核、航道管理、海事处理。1949年12月，将汕头引水业务所并入航政局，成立引水组，增加了一项业务。1950年10月航政局在潮州市设立分驻所。1951年3月在汕尾镇设立办事处，同年5月接管海关港务股，与引水组合并成立港务组，使汕头沿海港口及内河航政管理得到统一。

1951年7月26日，中央交通部广州区港务管理局根据中央港务工作的决定和政务院关于统一航务管理的指示精神，发文通知汕头市人民政府，将汕头航政局改为广州区港务管理局汕头港务分局，隶属该局领导，经市人民政府批准，1952年6月18日，汕头航政局正式改为港务分局，局机构编制：秘书室（人事股、计划股、行政管理股），总务科（供应股、会计股），业务股（营业股、调度股、货运股），海港监督科（船员股、引水股、港工股、港务股），汕尾办事处（总务股、业务股、海港监督股）并附设三门派出所。分局人员：局长2人，秘书2人，科长8人，股长16人，股员130人，合共148人，加上船员和勤杂人员57人，全局总共215人。

（二）港务分局和海运分局合并

汕头解放，军管会在接管广州航政局汕头办事处的同时，还接管汕头海关、汕头海港检疫所和招商局汕头分局，接管后进行一系列的改革，招商局汕头分局改为潮汕运输公司（设船务部和汽车运输部），属潮汕专署领导。1951年9月13日，汕头专署根据上级指示，决定将潮汕运输公司船务部分开成立华南区海运管理局汕头分局，分局职权是办国轮业务兼代理外轮业务。

1953年1月1日，根据交通部指示，以汕头港务分局为主体，与汕头海运分局合并，成立华南区港务管理局汕头分局，局长杨堃珊，分局机构设置政治处、组织科、宣传科、工会、监察室、经保科、港建科、调度室、秘书科、工资科、供应科、商务科、财务科、计划科。并将原港务分局业务科改为中国外轮代理公司汕头办事处，负责代理外轮业务；将海港监督科改为港务监督室，对外称中华人民共和国汕头港务监督，负责港湾行政管理。

1956年6月1日，接上级通知，原华南区港务管理局汕头分局改称汕头港务管理局。

（三）汕头港务局与汕头航运合并

1959年3月10日，汕头港务局与汕头专署交通局航运部分合并（航运局1958年6月与公路、运输、邮电合并为汕头专员公署交通局），成立广东省汕头专员公署航务局，统管汕头港和潮汕内河航运，同年3月17日，成立中共汕头专署航务委员会。合并后的航务局机构设置：局长4人，秘书科13人，工资科6人，经保科7人，财务科11人，调度室5人，商务科8人，技术供应科12人，航道科5人，修建科4人，港建科5人，民运科4人，港监室18人，电台12人，全局干部工作人员121人。港、航合并后，原港务方面成立海港作业区和海港船队，属于航务局领导。为加强韩江运输的领导和管理，1960年11月4日，成立汕头专署航务局韩江运输分局。

（四）港务局、航务局分管

1961年10月1日，根据中共汕头地委决定，汕头专员公署航务局分开成立汕头专署航务局和汕头港务局。

港航分管后，港务局成立党委，汕头地委经委副主任张毓新兼任港务局党委书记，局机构设置：组织部、宣传部、监委、团总支、工会、秘书科、港务监督室、经保科、财务科、计划科、工资科、供应科、港建科、电台、机要组、卫生所、食堂、守护队、海员俱乐部、商务科、调度室、外轮理货公司、外轮代理公司、客运站、指导班、货运中转站、行李检查场、交通船、装卸大队、船舶大队、仓库。

1963年1月10日，广东省人委会决定调整沿海四个港口的管理体制，汕头港务局于1963年3月划归广州海运管理局领导。

1964年4月20日，广东省委组织部任命宋修义为汕头港务管理局党委副书记代理书记。同年4月9日省委组织部任命郭日凤为汕头港务局第一副局长代理局长，傅宝德为副局长。同年5月23日，广州海运局转省委组织部任命赵连清为党委副书记。局党委下设组织部、宣传部和监委并设立机关科室和装卸队、船队、工具厂，作业区等五个支部，全局有经保科、计划科、调度室、商务科、财务科、工资科、基建科、供应科、港监室、行政办公室、电台、装卸队、船队、工具厂等14个科室和基层生产单位，配有科级干部7人，副科级干部8人，加上组织、宣传、监委、工会、全局副科级以上干部24人。

1965年2月，在广州海运局工作组指导帮助下，基层单位又进行了一次调整，撤销装卸、驳船两个大队，成立九个中队，业务集中到局，局一竿插到底，服务到班组，中队职责是抓好职工的思想教育，管理好生产设备，组织现场生产，确保生产计划的完成。

（五）港务局、航务局再次合并

1966年下半年“文化大革命”开始，1967年1月23日晚，港务局发生“1·23”夺权事件，局党政大权被群众组织夺走，局领导机构瘫痪。同年3月6日，汕头市全面实行军事管制，港务局进驻军管小组和“支左”部队，军管小组代替局权力机构。1968年5月，港务局成立“革命委员会”。1968年8月局属各科室合并为四大组：政工组、保卫组、生产组、后勤组，局属各基层单位成立“革命领导小组”，同年12月局成立“三结合生产指挥部”。

1969年3月，汕头地区革命委员会决定将汕头港务局与汕头航务局合并，成立汕头专区水运公司，同年10月9日成立港口作业区革命委员会（科级），公司和作业区两级机构设立五大组：办事组、政工组、保卫组、生产组、后勤组。作业区基层设连队，连以下设排、班。1970年9月19日，汕头专区水运公司改为汕头地区水运公司。

（六）港务局、航务局再次分管

1972年6月14日，中共汕头地委决定撤销汕头地区水运公司，分别成立汕头地区港务局，汕头地区航务局，6月21日正式宣布分管。港、航分管后，港务局机构恢复1966年“文化大革命”之前的建制，原机关五大组改为科室，基层连队改为队、厂、库、司。7月初汕头地区港务局改称为汕头港务管理局。7月5日中共汕头地委任命港务局16名科级干部。局组织机构设置：港务公安分局、政工办公室、秘书科、财务科、机械科、港建科、供应科、计划科、工资科、调度室、港务监督室、外轮代理公司、海员俱乐部（1975年12月根据国务院指示精神，海员俱乐部划归汕头市总工会主管）。基层单位有：装卸大队，下分七个中队，一个直属中队和一个机械中队；船舶大队，分为两个驳船中队和一个电船中队。另有港机厂、工具厂、修船场、仓库、外轮理货公司。7月23日开始至10月23日，先后恢复19个党支部（机关3个，基层16个），党组织恢复正常生活。1973年11月3日，中共汕头地委组织部通知港务局成立党委会。

（七）港务局机构改革

1984年1月1日，汕头港务管理局改为交通部直属一级企业。由原来属广州海运局管理转为交通部直接管理。同年10月以后，根据中共中央十二届三中全会《关于城市经济体制改革的决定》的精神，汕头港务局就组织结构、干部制度和奖金制度进行全面改革。全局组建7个专业公司：装卸公司、驳运公司、仓管公司、客运服务公司、航修供应公司、集装箱公司、物资供应公司。上述7个公司至1985年1月份组建完毕，并挂牌启用印鉴，以新机构名称开展经营服务。同时，全局聘用科级干部63名，股级干部57名。

1985年经交通部批准，汕头港务管理局由原来正处级单位升格为地市级单位（副厅级）。

1986年7月，根据交通部〔85〕交劳字2061号文《关于对汕头港机构设置问题的批复》，经港务局党委研究，对港务局机构进行调整改革，为二级管理、三级核算。改革后的组织机构，局机关处级单位19个，科级单位2个，即：党委办公室、组织处、宣传处、团委（均为副处级）；局纪律检查委员会、局公安局、局工会、港务监督（均为正处级）；局办公室、调度室、计划统计处、商务货运处、人事工资处、基建处、技术处、行政处、审计处、物资供应处、教育培训处（均为副处级）；局武装部、通信站（均为正科级）。局属二级单位8个，即：第一港务公司、第二港务公司、驳运公司、外轮理货公司、港机修厂、外轮航修站、客运站、三百门港务公司（均为副处级）。

1986年10月1日，根据交通部〔85〕交计字第454号文《关于汕头港柘林湾万吨级海轮过驳锚地设计任务书的批复》精神，原汕头航运公司所属三百门港务管理局从1986年10月1日起移交给汕头港务局管理，并于10月1日开始用新印章及挂牌办公，称为“交通部汕头港务管理局三百门港务公司”。

（八）港务局政、企分开

1987年根据国务院《港口体制改革座谈会纪要》和国务院办公厅转发《关于港口管理体制改革的会议纪要的通知》精神，原交通部汕头港务管理局改称“汕头港务局”，实行交通部和汕头市双重领导以汕头为主的管理体制，并于1988年元旦挂牌，启用新印鉴。与此同时，为实行政企分开，原汕头港务局属下的汕头港务监督从港务局划出，与原港务局海岸电台组建为“交通部汕头海上安全监督局”，1987年11月28日在汕头市政府招待所举行成立大会，1988年元旦挂牌启用新印鉴。1988年11月12日港务局成立建港指挥部。

根据党中央制定的《全民所有制工业企业转换经营机制工作条例》，从1992年11月开始汕头港务局深入进行企业改革，转换了企业经营机制，让企业走向市场，使原来企业由生产型变为生产经营型，对企业管理机构和管理制度进行大刀阔斧的改革。1992年底，将原局机关24个处室通过撤、并、转减为13个，机关各类人员由286人精简为108人，全局调整干部400多人。局机关新的机构为：党委办公室、纪检会（包括监察室）、组织处、宣传处、工会、武装部、办公室、运输业务处、计财处、劳动人事处、技术处、建设管理处、审计处。二级单位13个：第一港务公司、第二港务公司、第四港务公司、船务公司、港机修理厂、客运服务公司、外轮理货公司、集装箱公司、华港集装箱公司、货运公司、引航公司、招商公司、三百门港务公司，另有两个集体所有制单位：外轮服务公司、工程修建队。随着港口生产发展和工作需要，企业机构经常变动和新设置机构。1994年11月撤销汕头港务局港机修理厂建制。1995年2月成立汕头港务局航供服务公司。同年8月7日成立汕头港务局疏浚工程公司、汕头港务局驻香港办事处、梅州办事处、赣州办事处。同年9月15日汕头港务局各二级单位（公司）加称作业区和站，为某某作业区、某某站。同年10月30日成立汕头港务局第三作业区。11月2日成立汕头港务局驻北京办事处。12月25日汕头港务局外轮航修站并入该局第二作业区。1996年3月14日，成立汕头港务局驻深圳盐田办事处，由该局驻香港办事处统一管理。同年4月15日，该局辖属的建筑工程队并入外轮服务公司（集体所有制）。同年10月16日，港务局成立“汕头港建设安全监督站”（正科级）。同年10月15日，港务局成立“汕头港华兴工程建设监理站”（正科级）。1997年6月17日，汕头港务局成立企业管理处（副处级）。同年6月原港务局二级单位的水上作业区缩编，由副处级改为正科级，精简机构、压缩人员，将富余职工分流到其他作业区。1998年10月30日撤销水上作业区建制。

1998年底，汕头港口管理体制改革进一步深化，市委、市政府决定汕头港务局实行政企分开。1998年11月，汕头市人民政府市长办公会议决定，汕头港务局实行政企分开，将港务局中的企业经营职能剥离出来，组建汕头港务集团公司。政企分开后，汕头港务局继续实行汕头市政府和交通部双重领导，以汕头市为主的管理体制，作为市政府管理全市港口行政工作的职能部门，行使港口管理当局的职责，负责港口规划、建设、管理等组织协调工作，领导港口的生产和建设。市交通委、航务管理处原行使的部分港口行政管理职能移交给汕头港务局；撤销市港口建设指挥部和广澳港区建设指挥部及其办公室，其原行使的港口行政管理职能移交汕头港务局。

1998年12月28日，市政府常务会议批准《汕头港务局机构编制方案》。汕头港务局作为市政府一个职能部门，对全市港口行使港务管理职责。汕头港务局机关内设机构一室四处：办公室、港口管理处、计划财务处、规划建设处、安全技术处。1999年4月26日，汕头港务局正式实行政企分设。2000年11月，根据国务院、广东省事业单位登记管理的规定，汕头市机构编制委员会批准汕头港务局事业单位登记，明确汕头港务局作为全市港口事业主管部门依法实施港口行业管理法人主体地位。同年12月，港务局的5个直属单位也完成事业单位登记工作。5个单位是：①原汕头港务局引航站为汕头港引航站，副处级事业单位；②汕头港港口工程质量监督站，科级事业单位；③汕头港交通卫生监督所，副科级事业单位；④原汕头港务局通信站更名为汕头港通信导航站，科级事业单位；⑤原汕头港务局防沙堤管理处更名为汕头港公共设施管理站，正科级事业单位。2003年5月，根据汕府〔03〕66号文精神，撤销汕头港交通卫生监督所，其卫生监督职能划归卫生部门统一管理。

三、汕头市港口管理局

2003年5月，汕头市第85次市政府常务会议和5月9日市委常委、副市长联席会议讨论通过作出《汕头港口管理体制改革方案》，方案主要内容：①汕头港务局改称为“汕头市港口管理局”，保持独立的机构设置和人员编制，赋予全市港口行政管理职能，归口市交通局；②保留汕头港引航站，汕头港港口工程质量监督站，汕头港通信导航站，汕头港公共设施管理站，均为事业单位；撤消汕头港交通卫生监督站，其卫生监督职能归市卫生部门统一管理。③港务集团公司实施授权经营，由市财政局，港务局港务集团按2000年财务决算数确认后，将港口财产划归市国有资产管理部门管理，公共设施、港政管理的资产授权汕头市港口管理局管理，经营性资产授权港务集团经营。④改革理货管理体制。第一家理货公司已完成改制的有关工作，2003年上半年挂牌运作；第二家理货公司的组建工作有待交通部组建方案出台后再结合汕头市的实际组建。⑤理顺港口公安局的管理体制，港口公安局行政由汕头港务集团公司负责领导，经费由港务集团公司负责拨给。港口公安局为副处级建制，下设刑事警察大队，6个港区派出所，1个拘留所和4个消防大队，全局编制定员108人。

根据汕头市人民政府办公室文件汕府办〔2003〕66号文印发《汕头市港口管理体制改革方案的通知》，2004年9月7日，汕头市机构编制委员会发文《关于印发汕头市港口管理局职能配置、内设机构和人员编制的通知》《汕机编〔2004〕32号》。通知主要内容：根据汕头市机构编制委员会2004年7月16日编委会议记要精神，汕头港务局改称“汕头市港口管理局”，为市人民政府直属正处级的事业单位，赋予全市港口（不含渔港，军港）行政管理职能，由交通局实行行业管理。汕头市港口管理局的主要职责是：①贯彻上级有关法律、法规，制订本市港口章程和管理规定；②编制港口发展规划；编制上报港口设施规划建设和季度计划；③负责港口公用设施维护和管理，审理全市港口建设项目；④负责对全市港口工程项目建设管理和质量监督；⑤负责对港口市场的管理监督，规范港口市场经营行为，对港口经营实施许可；⑥负责港口引航业务的收费和监督管理、港口通信导航管理；协调国家重点物资、军事及抢险救灾物资的运输；⑦负责征收、代征港口行政性规费；负责港口公用基础设施建设维护资金和专项资金使用的管理和监督；⑧负责依法制定港口自然灾害抢险预案，危险品装卸运输预案，负责港口安全生产监督管理；⑨负责港口从业人员的技术业务培训，考核和发证的管理工作；⑩负责指导港口科技进步和信息化建设；负责与国内外港口际间的合作和交流；负责港口统计、信息汇总上报和对外发布工作；⑪管理下属各事业单位；⑫承办市政府和上级有关部门交办的其他事项。根据上述职能，汕头市港口管理局设置5个职能科（室）即：办公室（与纪检、监督室合署）、规划建设科、港务管理科、安全监督科、计划财务科。全局机关事业编制29名，局长1名、副局长3名，总工程师1名、正副科长（主任）10名，经费由汕头市财政核发。在完成局事业法人登记及印章起用等工作后，于2005年3月28日，举行“汕头市港口管理局”正式成立揭牌仪式。根据汕组干〔2005〕66号文精神，2005年12月，局设纪检组长一名。

局直属单位：

汕头港港口工程质量监督站、汕头港通信导航站（2009年11月，根据汕机编办〔2009〕44号文精神，更名为汕头港通信调度中心）、汕头港公共设施管理站、汕头港引航站。

2006年1月，增设汕头市港口规费征收站（汕机编〔2006〕24号）。

汕头市港口管理局机构设置如下图所示：

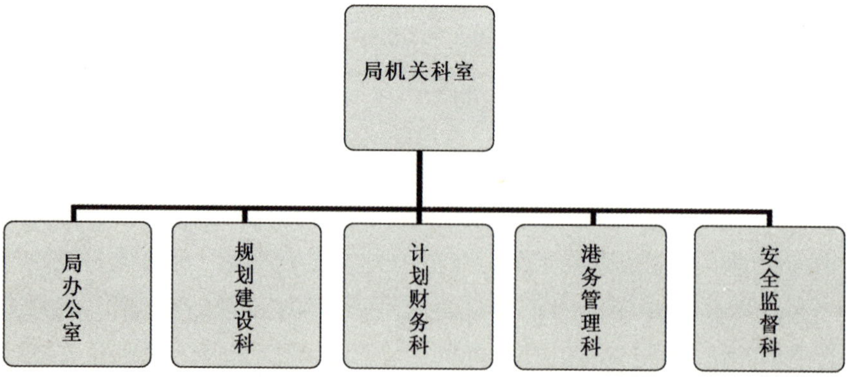

四、中华人民共和国汕头海事局

汕头海事局是经过中华人民共和国汕头港务监督（对内称港务监督室）、交通部汕头海上安全监督局沿革而成。

（一）港务监督室

1951年5月5日，航政局移接汕头海关港务股，与港务局引水组合并成立港务局，开始办理港务业务。1952年6月，航政局改为港务分局之后，取消了南区港务管理局汕头分局、原港务分局海港监督科改为港务监督室，对外称中华人民共和国汕头港务监督。其职权是：办理船舶检验，船员考核，船舶进出口签证，航道管理，海事处理和外轮引水等业务工作。

港口经过社会主义改造，到1953年港务监督机构已建立健全起来，并开展正常工作。1959年3月，港务局与航务局合并为“汕头专署航务局”。期间，汕头港务监督照旧执行原来职权不变。1961年10月1日港航分管，1962年航务局依据广东省航运厅〔62〕省航监字173号批文成立“广东省汕头专区港航监督”。由于在一个港口存在两个监督机构，业务工作上经常发生矛盾。因此，为了明确两者关系和管理范围的划分，1963年交通部领导来汕，召集有关部门，商讨解决制定了港务监督和港航监督业务分管联合通知，即〔63〕汕港监字97号、〔63〕汕专督字005号通知，规定在不改变汕头港港界的情况下，划定自水警角（现礐石西堤渡口码头）东角直线向外延伸海面60米，向西引一直线至韩江口第一号浮标为外港，界线以北为内港。外港为港务监督管理，内港为港航监督管理，联合通知同时还对船舶船员、海事处理、打捞沉船、船舶进出口签证等问题作出了明确的分管决定。

1982年为适应港口企业管理的需要和加强对港务监督室的领导，港务局于同年2月10日以〔82〕汕港字22号文通知对港务监督的机构设置作出调整决定，中华人民共和国汕头港务监督，对内属港务局一个科级单位，下设三个组，即引航组、监督组、验船组（股级单位）。

1982年根据广州海参运局〔82〕穗海人字33号文《关于港口验船工作移交船检广州办事处领导的通知》，港务局监督验船组于同年10月1日起移交广州船检处领导，称为汕头验船站，隶属关系除党组织属港务局领导外，其他业务属交通部船检局广州办事处领导和管理。

（二）交通部汕头海上安全监督局

根据国务院《港口体制改革座谈会议纪要》精神和1987年12月6日交通部同汕头市人民政府签订的《关于改变汕头港管理体制的交接协议书》，汕头港务监督从汕头港务管理局划出（引水和岸线管理留给港务局），组建交通部汕头海上安全监督局。交通部汕头港务管理局改称汕头港务局，为政企合一单位。汕头港务局于1987年11月28日，在汕头市政府招待所举行汕头海上安全监督局成立大会，至1987年底组建完毕，1988年元旦挂牌启用印鉴。

（三）中华人民共和国汕头海事局

中华人民共和国汕头海事局，是根据2000年7月12日，交通部海事局《关于组建中华人民共和国汕头海事局有关问题的通知》，由“交通部汕头海上安全监督局和广东省汕头港务监督局合并组成”。

交通部汕头海上安全监督局（简称汕头海监局），是国家海上安全监督管理的行政机构。1987年前，是汕头港务管理局的一个内设处室，称港务监督室，对外挂“中华人民共和国汕头港务监督”牌子。1987年12月6日，根据交通部同汕头市政府签订《关于改变汕头港管理体制的交接协议书》，从汕头港务管理局划出并与汕头海岸电台组建而成。长期设在该室的引航机构及业务划归港务管理局。1989年1月1日至1994年12月31日，汕头航标区归汕头海监局领导。

汕头海事局为交通部副厅级直属单位。主要职责是：负责辖区内水上安全管理、水上通信管理、防止船舶污染及其他有关管理工作；按照授权，管理船舶和海上设施工作；负责船舶登记、船舶法定配备的操作性手册与文书审批、船舶所有人安全管理体系审核与监督和船员培训、考试、发证、船员证书管理工作；负责辖区内水上搜寻救助、污染事故应急处理和重大水上交通事故的调查处理工作；承办中华人民共和国海事局交办的其他工作。其所管辖范围为汕尾市以东至福建东山岛以西海域，总面积28.5万平方公里。港口有汕头港、潮阳港、南澳港和澄海莱芜港。内河管辖韩江、榕江、练江，汕头市行政区划内水域的濠江及西港，通航里程732公里，另有关埠、东里等多个内河港口。

汕头海事局内设12个处室和后勤服务中心、船队和通信处3个附属单位。下属单位有榕江、汕头港区、潮阳、南澳、澄海和广澳6个海事处。2000年，在职人员325人，其中局机关68人；有船舶6艘，用于海上救护拖带、清道护航、监巡交通。

第四节　其他港口管理机构

一、潮阳港务局

根据中共潮阳市委潮市发〔1996〕34号文，潮阳港务局成立于1996年10月

9日。1997年4月16日，潮阳市机构编制委员会以潮机编〔1997〕29号文批准潮阳港务局设置4个科：人事秘书科、财务科、规划建设科、港口管理科，定事业编制42名，领导职数3名，其中局长1名，副局长2名，正副科长12名。

潮阳港务局机构沿革：潮阳市港务局（1996年10月至2003年4月），汕头市潮阳区港务局（2003年5月至2005年6月），2005年7月以后改为汕头市潮阳区港口管理局。

潮阳港务局根据潮机编〔1997〕29号文规定，主管本行政区域内的港口行业，贯彻执行有关法律、法规、规章，根据有关港口的法律、法规、规章，结合本行政区的实际情况制定港口管理的有关规定并负责监督实施，负责港口资金、港口建设、港口保护、港务管理、港口理货、港口经营等的管理工作。做好港埠企业设立的审核或审批、港埠企业和港口收费的管理、港口集疏运、港口安全生产的监督检查等工作。

二、澄海县港务管理所

1953年6月，澄海县开始设立广东省人民政府交通厅内河航运管理局潮梅办事处澄海航运管理站，设站长1名，接管原潮梅运输分社澄海县支社的工作，站址设在东里港。下设东陇、苏南、外砂三个调配组，负责管理专业运输船及农副业船，职工人数17人。并设有客运售票组，经营东陇至南澳海渡。

1955年3月，澄海航运管理站改称为珠江航运管理局汕头分局东陇航运管理站，属汕头分局领导，下设调度、财务、商务、行政4个组，职工人数18人。实行水上运输“四统”管理（统一计划、统一调度、统一货源、统一运价），对进出港船舶实行技术监督和行政、业务管理。

1957年6月，东陇航运管理站改称为广东省航运厅汕头航运管理局东陇港务站。设行政、商务、调度、航监4个组及南澳客运组。饶平港务站撤销后，又增设黄冈、钱东、海山三个营业组。

1957年秋，韩江主支流运输分管。东陇沿海、内河2个木帆船运输社，由东陇港务站管理；苏南、外砂、坝头、新溪4个木帆船运输社划归县交通科管理。同时，撤销苏南、外砂两个调配组，其人员4人并入县交通科。

1958年4月，东陇港务站改为广东省汕头专署交通局东陇港务站。

1959年2月，实行港、航分管。东陇港务站又改称汕头专署航运局东陇港务所。同年4月，东陇沿海、内河两个木船社原东陇搬运站划入汕头市苏隆交通运输中队管理，由集体所有制转为地方国营的全民所有制，东陇港务所与苏隆交通运输中队实行联合办公。

1959年6月底，木帆船社体制改革，苏隆交通运输中队撤销。同年7月1日起，东陇沿海、内河两个木船队重新划归东陇港务所管理。

1969年，东陇港务所改称为汕头航运局东陇港务所革命领导小组，业务性质不变。

1971年11月20日，东陇港务所航监组分出，建立澄海县港务监督站，与东陇港务所革命领导小组合署办公。

1973年2月，东陇港务所革命领导小组改称为汕头航运局东里港务所。

1984年7月，东里港务所与澄海县港务监督站分开办公。改设行政、业务两个组。领导和管理莱芜港务站、东里客运站、东里港旅社，职工人数17人。

1985年1月，东里港务所划归三百门港务局管理，改称为三百门港务局东里港务所，业务性质不变。

1986年9月，东里港务所从三百门港务局划出，重新改称汕头航运局东里港务所，继续由汕头航运局领导，并受县交通局的行政业务管理。

1989年7月，东里港务所下放澄海县交通局管辖。同年9月，东里港务所改称为澄海县港务管理所。1992年接管莱芜港新老码头，同时，原县口岸办公室莱芜管理服务公司撤销。

1993年，业务范围扩大，设行政组、货运服务部、东里港务站、莱芜港务站，设副所长1人，职工增至28人。

1993年以后，随着对外开放，为了拓展莱芜港的运输优势，县交通局作为主管部门管理港口，并委派县港务管理所负责日常管理工作。

1996年8月，经省口岸办粤口函〔1996〕95号文批准，莱芜港为往来港澳船舶出入境查验手续口岸，港监、海关、边检、卫检在莱芜港设点办公。

三、南澳县港务局

南澳县港务局成立于1997年12月9日，为正科级事业单位，内设人秘股、规划建设股和业务管理股。核定事业编制人员8名，其中局长1名、副局长1名、正副股长3名。2003年4月21日，南机编〔2002〕30号文对港务局人员编制重新核定为机关事业编制人员11名。其中局长1名，副局长2名，正副股长3名。

南澳县港务局主要职责是对港埠企业实行行业管理，编制港口总体规划，征收港口规费，编报港口建设、生产情况。港务局的成立，切实加强了港口资源的规划建设和港埠企业行业管理，促进港口经济的发展。

港口管理机构历届领导人名单

（1）1949年10月27日～1952年7月23日，汕头航政局主任林西园。

（2）1951年9月～1952年5月，华南区海运管理局汕头分局局长蔡少成。

（3）1952年6月～1957年，广州区港务管理局汕头港务分局局党委书记杨堃珊、港务监督长杨堃珊。

（4）1958年，汕头港务管理局局党委书记张毓新、局长张毓新、港务监督长陈涛（副监督长）。

（5）1959年～1961年，广东省汕头专员公署航务局局党委书记张毓新、局长牛金玉、港务监督长陈涛。

（6）1963年，汕头港务管理局局党委书记郭心安（代理书记）、局长郭心安、港务监督长陈涛。

（7）1964年～1967年，汕头港务管理局局党委书记宋修义（代理书记）、局长郭日凤（代理局长）、港务监督长陈涛。

（8）1968年5月～1969年3月，汕头港务局革命委员会军管会代表张凌云、革委会主任王东海。

（9）1969年3月～1972年6月，港务局与航务局合并，成立汕头地区水运公司，公司革委会主任先后由毛有泉（军代表）、马一夫（军代表）担任。

（10）1972年6月～1973年5月，汕头港务管理局局革命委员会主任姜隆阁。

（11）1973年5月～1980年5月，汕头港务管理局局党委书记郭日凤、局长郭日凤、港务监督长郭日凤。

（12）1980年9月～1985年7月，汕头港务管理局局党委书记李贵良、局长姚克、港务监督长姚克。

（13）1985年7月～1992年6月，汕头港务管理局（1987年12月后改为汕头港务局）局党委书记林祖安、局长林德高、港务监督长（暂设负责人陈新流）。

（14）1992年6月～2000年3月，汕头港务局局党委书记温锡通、法人代表温锡通。

（15）1995年1月～2005年3月汕头港务局局党委书记温锡通、局长温锡通。

（16）2005年2月，汕头市港口管理局党组书记蔡伟杰；同年3月，汕头市港口管理局局长蔡伟杰。

副编

第一章　沿海其他港口

第一节　三百门港

一、地理位置与自然环境

三百门港位于柘林湾。柘林湾是广东省海岸线东端的一个海湾，居闽粤交界处，在饶平县境内，北纬23°34′至39°5′，东经116°58′至117°5′。湾内周围陆域，东及东南为柘林镇；东北为东界区；北为凤洲区；西北为井洲镇；西及西南为海山区等的陆地和岛屿环抱。湾内海岸线（不含岛岸线）长约50公里，水域东西长16公里，宽5公里。湾内港口东有柘林港；西北有井洲港；西南有三百门港；湾外相距14公里的南澳岛，成为柘林湾的天然屏障，南澳岛与柘林湾之间的海峡，是闽南地区与潮汕地区的海上交通咽喉。从湾口的青屿，进入大金门至湾底西北部的三百门，中心航道水深低潮在-5米以上，最深达-9.6米，是一个自然条件优良的海湾。

三百门港由于地理位置适中，港口水陆交通方便，物资集散容易。

从三百门港区至汕头56公里，至潮州45公里，至澄海32公里，至诏安县城36公里。每天都有从汕头、澄海、黄岗客运班车进入港区。与往南澳岛的客轮衔接。内河航线13公里到黄岗，12公里到柘林，26公里到东里，并可直达韩江沿线各港；沿海航线可直达全国沿海各港口、以及长江中下游、珠江三角洲、以及港澳台等港口，货物直达运输或中转联运均较便利。

气温：柘林湾属于季风型亚热带气候，年平均温度21.1℃，年极端最高温度34.1℃，年极端最低温度3.5℃。

雨量：年平均降雨量为1460毫米，降雨期集中在4～10月。

风力：整年常风向为东南偏东，频率19.3%，最大风速19.3米／秒。每年受台风和强冷空气影响，风力大于8级平均仅有3天。

雾：雾主要出现在每年的1～4月受强冷空气影响的日子，一般在早晨5～7时发雾，中午始散，偶尔持续2～3天，雾最浓时，能见度仅50米。

潮汐：为不规则半日潮型，湾内一般大潮升3.1米，小潮升2.3米，平均潮差1.74米。

二、港口设施

为了缓和汕头港运输问题，广东省、地有关领导曾先后多次对柘林湾进行调查研究，选址建设码头。1975年秋，广东省计委、汕头地区计委及县革委会的领导亲临现场，进行考察研究，确定港口建设规模为年吞吐能力15万吨。项目由广东省计委列入计划，广东省航运厅拨款，工程分两期，第一期填筑进港道路，建设千吨级实堤式码头，岸线50米，填整港区场地。第二期港区的生产及生活配套设施建设。指定由汕头市航运局和饶平县负责项目实施。由地、县有关领导组成建港领导小组。下设办公室。

1975年9月，对规划的港区及项目进行全面测量、定点、钻探，取得基础资料，进行工程设计和概算，具体研究施工方案。几个月后完成设计图纸及工程概算的报审，并同时做好施工准备。工程所需的沙、土、石及填方由海山公社承担，采用“民工建勤”办法。1975年12月16日破土动工，海山公社按工程要求时间组织民工上工地，民工人数最多时达500多人，出动运输船舶50多艘。

修筑进港道路：因码头选建在“大王山”下，连接海山公社的地段是一片海滩，涨潮时，被海水淹没，行人无法通过。工程采用海滩外侧浆砌石护垟，内侧挖山回填，路面以土面整修，达到载重汽车通过的标准，道路全长600米，路面宽8米。

码头建设：码头设计为突堤型，结构为重力式，正面岸线长50米，西侧岸线长70米，前沿水深-4米。码头是从“大王山”下的山坡向海延伸，朝北向，连接港区全长180米。

第一期工程投放各种石料15000立方米，回填沙、土54000立方米，港区造地面积为20000平方米，工程总投资428324元。于1977年1月1日简易投产。

码头交付使用后，由饶平港务所组建管理机构进行生产和经营管理。同时，对港口生产的配套工程进行设计和施工。报经汕头航运局列入年度基建计划安排，从1977年开始逐年进行建设配套。至1985年底，港口共有仓库1座1128平方米；客运候船室140平方米，办公楼、宿舍、招待所、职工食堂、发电房、门卫房、厕所等建筑物1850平方米，堆场5000平方米，简易仓棚500平方米；码头安装1.5吨固定吊机1台，1吨流动吊机1台；架设了引用汤溪水电的高压线路700米，配备了备用发电机组2部，以及港口给水、排水、通信、消防等设施。第二期工程共投资478950元，使全部资产达907284元。码头正面泊位，最大靠泊能力1000吨；西侧泊位，最大靠泊能力400吨。

饶平县农资公司于1979年在进港道路南侧，建设了肥料专用仓库4座，共

2500平方米；露天货场占地总面积达20000多平方米；在北面海滩上建设了长70米、宽10米的实堤式专用码头1座长15米，前沿水深-0.5米，载重50吨内船舶可乘潮靠泊卸货。饶平县新丰陶瓷收购站于1980年在靠近港区南侧，建设瓷器仓库1座680平方米，以及办公住宿楼房等占地面积3333.33平方米，后因瓷器销路关系，瓷器运输线路改变，将其临时出租给粮食部门转运粮食。

柘林湾万吨轮过驳锚地建设：1984年9月中旬，交通部子刚副部长在汕头地区视察港口建设时，了解到汕头港尚无深水码头，万吨轮进不了汕头港的问题，根据汕头地区现有条件，决定在饶平县柘林湾建设2个万吨级锚地泊位。

根据子刚副部长指示，汕头港务局编制上报建设计划任务书，1985年3月1日，经交通部批复同意，1986年3月31日下达建设计划，规模为2个1.6万吨级的单浮筒式锚地，并相应改扩建三百门港站及其他配套设施，设计年过驳能力为45万吨。随后，汕头港务局与广州航道局签订了水工工程的设计和施工合同。其配套项目由港务局基建科和技术设备科进行设计和组织施工。

三百门港务局原属汕头航运公司管辖，为理顺过驳锚地投资和管理的关系，汕头市政府决定将三百门港务局划归汕头港务局领导和管理。1985年5月22日，市政府发出《关于三百门港务局划归汕头港务局领导和管理的通知》，决定将三百门港务局所属人员、财产、业务和职权划归汕头港务局，并由汕头港务局分期偿还汕头航运公司固定资产75万元。1986年9月13日，汕头港务局同汕头航运公司签订了移交协议书。

按批准初步设计，锚地泊位工程总投资1647万元。包括疏浚航道4.95公里，按底宽80米、底高程-0.8米开挖；锚地面积按长840米、宽420米、底高程-10.0米开挖，以及锚泊系统、助航设施等水工工程。工程由广州航道局承建，从1986年9月开工，1987年5月9日完工。

港区改扩建工程，由汕头港务局自行组织设计，采用招标选择施工队伍。工程包括建设1000吨级、500吨级泊位各1个，码头全长124.5米；新建仓库1座1180平方米，候工楼、联检楼等辅助设施1411平方米，以及堆场、进港公路、供水、供电、通信等配套项目。全部工程于1987年5月竣工。配套建造、购置的12艘港作船舶也陆续完成投入使用。同年6月17日，“庆丰”3号轮从赤湾港载运7000吨尿素，由引航员余世鹏引领，首次系泊1号浮筒卸货。

1987年9月11日，交通部批复同意汕头港扩大港区范围，三百门港区作为汕头港的组成部分，划定了水域范围，并经国务院口岸办同意，准许外轮进出。

1991年，国务院批准汕头行政区划进行调整，分设汕头市、潮州市、揭阳市三市。三百门港属于潮州市的地域范围，经交通部批准，三百门港划归潮州市管辖。

三、生产经营

货运：三百门码头建成投产后，成为一个河海和水陆转运的货物集散港，在港口建设期间，于1976年5月港务所将高山转运点转移三百门，实行河海转运。

1985年，三百门港已组织直达的国内航线沿海北线有：天津、大连、青岛、上海、宁波、海门、福州、厦门等8条；长江线有：南通、芜湖、镇江、九江等4条；沿海南线有：黄埔、广州、湛江、北海、海口等5条；珠江三角洲线有：珠海、番禺、顺德、江门等4条；近海线有：南澳、东山、莱芜、海门、汕头、揭阳等6条；内河航线有：海山、柘林、黄岗、东里、潮州、高坡、茶阳等7条。此外，还有行驶香港的外贸运输航线和去台湾的间接运输航线，总计达36条货运航线。

1976年三百门的码头建成投产后，装卸条件进一步改善，货运量逐年增加，1977年货运量最高达7220吨。随着物资供销关系改变，指令性计划调拨物资减少，从三百门运往广州的货物逐年减少，1985年只有1204吨。1982年以后，减载接运量逐年增加，年达10000吨左右。广东省口岸办公室于1981年4月3日，批复同意三百门港为进出口货物装卸点后，港口积极做好货源组织，货运量不断增加，月最高航次达14次，货运量2418吨。1982年又从办理运输港销货进而通过香港转口机构，办理香港转口各国货物运输，1983年全年运量达16761吨。1984年下半年以后，货源逐渐减少，1985年全年运输量只有2683吨。汕头市“广东省友和公司汕头分公司”开展对台湾的间接贸易，组织巴拿马籍货轮从台湾运载工业产品直接进入三百门港卸货，同时运载小量农副产品到台湾。从1984年2月10日开始至4月15日止，先后有“三和丸”轮、“捷胜”轮、“兴国”轮、“兰花”轮等共5个航次，运载货物（大部分为轻泡货，按港口换算计费吨）2193吨。广东省政府于1985年5月发出《关于开展对台贸易的通知》，其中第四点：装卸口岸南澳县前江港、饶平县三百门港，大中型船舶可进黄埔、广州港。以后，经常有台湾船籍的小型船舶进入港口，装运水产品往台湾。改革开放后，港口吞吐量大大增加。

客运：1949年新中国建国以后，为改善南澳岛人民的交通条件，由汕头航运部门建造木质沿海客轮，从南澳岛的西阁码头航行至东里港，后由于东里进港的内河航道淤浅，客轮改为分段由小客轮接运。

在广东省、汕头市两级政府重视下，经过汕头市有关运输部门的积极协调，1984年6月，南澳交通大陆的客运航线从航行东里改为航行三百门港，南澳客运码头从“西阁”改为“羊屿”。从1984年8月20日客运航线改变后，因两港均不受潮汐影响，客轮全程只需1小时20分钟，方便了旅客。

第二节　汕尾港

一、地理位置与自然条件

汕尾港位于广东省东南部的红海湾内，地处珠江至汕头港沿海航线之中部。港区位置在汕尾的西南面海边，港区朝向西面的海边，为敞开式。港区水域面积180万平方米。港口距离广汕公路27公里。海运航线至汕头119海里，至广州179海里，至香港81海里。内河经马宫口通海丰黄江河系。

气温：年平均气温22.2℃，7月份平均气温28.2℃，1月份平均气温14.2℃，最高气温37.3℃，最低气温1.6℃。

风力：2～5月多东风及东南风，6～9月多西南风，10月至翌年1月多东北风。

台风：多发生于每年5～10月间，年平均台风2次。常风向东北风，频频14.6%。瞬间极大风速45米／秒，风向东风。

雨量：年平均降雨量为1880.8毫米，5～9月为雨季。

雾：2～4月为雾季，一般清晨3时起雾，10时左右散雾。年平均雾日为7天，对港区作业影响不大。

潮汐：潮汐属不正规日潮混合潮，每天出现4次以上高低潮的现象较多。

汕尾港对面沙堤于1979年8月被3号台风冲垮后，至1983年因缺口逐年冲洗扩张，故涨退潮时有部分潮水从凤飞山脚直接进出，因此，影响港内潮流变化，最高潮潮位2.39米，平均高潮位0.72米，平均低潮位0.54米（黄海基准面）。涨潮流速1.35米／秒，平均涨潮历时7.33小时；退潮流速1.2米／秒，平均退潮历时5.46小时。

二、港站设施

汕尾港于1975年6月动工兴建，1982年12月建成码头1座，泊位3个，长215米，最大靠泊能力1000吨级货轮。仓库3座，总面积6366平方米，堆场8200平方米；办公楼1座，1541平方米，食堂528平方米，宿舍1048平方米，车库336平方米，工具房282平方米，材料库282平方米，还有供水、供电配套设施、机械设备等。总投资517.7万元（拨款和自筹分别是484.6万元和33.1万元）。1983年，集体企业和物资部门共有码头泊位6个，总长114米，最大靠泊能力1500吨级。

1983年末，该港有职工132人。全年货物吞吐量22.05万吨，排前6位的货物依次是：煤炭4.51万吨，非金属矿石3.38万吨，水泥3.40万吨。石油3.09万吨、化肥及农药2.45万吨、盐2.29万吨。

至2007年，汕尾港分设汕尾港区，汕尾新港区（红海湾）、海丰港和陆丰港区，有5000吨级以上泊位8个，其中万吨级1个；5000吨级以下11个。码头长2350米，年通过能力590万吨。2007年完成货物吞吐量128.6万吨，集装箱20950TEU。

第三节　沿海小港口

一、柘林港

柘林港位于饶平县东南端的柘林镇，位于柘林湾的东部。西南面是西澳岛，与南澳岛相隔8公里，东接福建诏安湾。年平均气温21.1℃，年平均降雨量为1464mm，潮汐以不规则半日潮为主，也有规则半日潮。内河可达黄岗、东陇、潮州等地，陆地有公路连接汕汾公路。

据史料记载，宋代就有往返南洋等地的商船在柘林港停泊。到明朝初期，柘林港的对外贸易已相当兴盛。明中叶以后，柘林港的海外贸易已非常旺盛。明末清初“海禁”期间，柘林港贸易中断。清康熙二十三年（1684年）“海禁”解除，柘林港遂成为潮汕地区的主要贸易港口之一。其时，不少外地商人移居柘林镇，开办船务行和商行，柘林镇迅速发展成为繁华商埠。清咸丰十年（1860年），汕头开埠后，柘林港逐年衰退。1945年后，柘林港逐年淤浅，船舶须候潮进出港，加之码头失修，商贸冷清，港口吞吐量大幅度减少。

新中国建国后，随着柘林镇经济的发展，20世纪70年代港口货物吞吐量开始回升，平均年吞吐量2.5万吨。1980年以后，由于陆上汽车运输的快速发展，港口吞吐量再度下降。1981年，经广东省人民政府口岸办公室批准，柘林港定为活海鲜起运点，与香港、台湾进行贸易，港口吞吐量又有所回升。

二、海山港

海山港位于饶平县海山区西南端。港区面积：陆域9800平方米，水域100平方米。年平均气温21.5℃，年最大风力10级，年平均降雨量1476.1mm，最高潮位4.8米，最低潮位0.4米（黄海基准面），港区有码头2座、泊位1个、客运码头1座、货运仓库1座（面积400平方米）、堆货场600平方米。进港主要货物有石油、化肥、农药、粮食等，出港主要货物有海蜇、海盐等。港口陆路可直通黄岗镇，水路通韩江、榕江、以及全国沿海港口。

1949年之前，海山港只有少数40吨以内的木帆船进出，吞吐量甚少。1949年新中国建立后，饶平县人民政府在海山设立海蜇生产管理机构和销售部门，开办货物中转联运业务。先后有广西“桂海”、广州“穗航”等轮船运载化肥、水泥等货物到该港中转。1972年12月，有千吨级货轮“红旗095”从湛江运磷肥975吨进港中转，海山港一派兴旺。1977年三百门港投产后，外港船大宗货物中转业务归三百门港办理，海山港吞吐量逐年下降。

三、靖海港

靖海港位于惠来县东南方，靖海镇东侧。港区水域面积43.8万平方米，属半日潮，最高潮位2.8米。靖海港经庵泉公路连通惠来县城，港口东南1.6公里处有北炮台灯桩、西南4.6桩、港门有堤头灯标，可作避风港。

明清时期就有香港、浙江、福建等地商船进出靖海港，进行通商贸易。民国时期，由于对外贸易兴隆，港口设立了海关。新中国建国后的1952年至1954年，因先后建设了狮石湖水闸、关门山水库及围海造田等工程，致使港池面积减少三分之二，港口潮水进退冲刷无力，港区航道逐年淤浅，通航能力下降，至1976年已成“死港”。1978年中国共产党十一届三中全会后，惠来县委、县政府于1981年8月，对靖海港进行了综合整治，历时三年，新辟港门净宽66米，港门最低潮水位4米，普通水位5.3米，300多吨货船可进港停泊，并新建码头1座长45米，安装吊机2台3.5吨，100至500吨船可靠泊。年吞吐量达7万吨，1984年经广东省政府批准为进出口物资装卸点。

四、神泉港

神泉港位于惠来县神泉镇，东经116°18′，北纬22°58′。港区水域面积：29.5万平方米，陆域面积15.6万平方米。属不规则半日潮，平均潮位0.212米，最高潮位0.012米（珠基），常年平均降水量1827.6mm，常年平均气温21.8℃，年最大风力12级以上。港口有公路与葵（潭）至和（平）公路相接。小吨位船舶可通过江河、惠城河、雷城河、雷岭河。港外有澳角锚地，水深-6米～-15米，2000吨以下货轮可自由锚泊。

据考证，神泉港古时是个小岛，隋唐时期就有船只来往。唐玄宗开元十年（公元722年）后，闽、粤、浙、沪商船往来已十分频繁。当时进口的货物主要是珍珠、玛瑙、煤油及人参；出口货物主要是油、豆、菜脯、青果等土特产。清嘉庆年间（公元1796～1820年），神泉港的海运贸易已达到全盛时期。1938年至1945年的抗日战争时期，因汕头港经常遭受日军飞机的轰炸，香港、广州等地货物大部分转在神泉港进出。其时该港年吞吐量高达20多万吨。1949年新中国建国后至1977年前，年吞吐量仍达4万～5万吨。1977年后，由于龙江河改道和水利建设的影响，港口沙嘴伸长、变窄、航道淤浅，低潮水深仅有0.5米左右，70吨位以下船只需要候潮进港，70吨以上的船需要在港外过驳作业。港口吞吐量逐年减少至万吨以下。

神泉港于1971年由汕头航运局投资3万元兴建靠泊能力为80吨的钢筋混凝码头1座，仓库2座，堆场1座。十一届三中全会后，为开发神泉港，1982年，广东省政府决定对神泉港进行整治，并委托交通部第四航务设计院研究综合治港方案，该方案分三期实施。第一期工程是开挖新航道长1220米，宽度130米，深4.2米。1985年3月28日动工至1986年2月完工，广东省、汕头市、惠来县三级政府共投资750万元；1987年6月第二期续建工程动工，主要项目是筑港区北面护堤900米，延伸防浪堤360米，投资440万元。如今500吨级船舶可自由进出港，千吨以上货轮可在澳角锚地接驳。1986年广东省计委、广东省航运总公司和惠来县政府还投资330万元在港内烟墩西面，建钢筋混凝土码头1座，长83米，泊位2个，最大靠泊能力500吨，新建仓库1座，面积1080平方米，容量1000吨，堆场1座，面积5934平方米，容量4000吨。

经过开发整治，到1987年神泉港已有码头2座，泊位3个，最大靠泊能力500吨，仓库4座1574平方米，堆场2座，6182平方米。港口吞吐量回升到20000多吨。进港主要货物有化肥、农药、粮食、建材、日用百货等，出港主要货物有农副产品、盐、水果、日用工业品等。1995年，该港计划投资1.5亿元建设2个5000吨级多用途泊位和1个500吨级工作船泊码头，年吞吐能力达62万吨。

五、资深港

资深港位于惠来县靖海港海湾南端，距惠来县城26.4公里。港池水深3～5米，平均潮位1.4米，水域面积40000平方米，可供200至300艘船舶停泊。

资深港古时称石碑澳，明清时期闽、粤、浙船只经常在此停泊。以前避风条件差，1956年至1957年，惠来县人民政府投资43.7万元（筹30000元），筑港口东南两道防浪堤、港池周围培土砌石，西北面植树造林，避风条件十分优越，可抗11级强台风，外港与本地船只经常进港停泊。资深港是个渔港，盛产鱿鱼、紫菜、鱼胶、鲍鱼，驰名国内外，是惠来县重要港口之一。

第二章　内河港口

潮汕地区（汕头、潮州、揭阳、汕尾四市）境内拥有韩江、榕江、练江、龙江、黄岗河5大水系64条支流，通航里程1590公里。在这些河流上，分布有主要港口6个，内河小港16个，另有废弃的河港19个。

第一节　韩堤港（西港）

一、地理位置

韩堤港位于汕头市区西北部，韩江梅溪河下游，港口范围广阔，点多分散，沿江绵延达6公里。本港主要分杏花、西港二个作业区，杏花作业区位于韩江支流梅溪东岸。西港作业区位于韩江支流鮀济河与红莲池河汇合处的东岸。

二、自然条件

（1）气温：年平均气温为21.3℃，7月份平均气温为28.3℃，历史最高气温38.6℃，1月份平均气温13.1℃，最低气温0.4℃。

（2）风：年最大风速为52.1米／秒，常风向为东北至东，东北风频率17%。春季多为东北东风，平均风速3米／秒，最大风速24.1米／秒。夏天多为东南风或西南风，平均风速2.5米／秒，最大风速52.1米／秒。秋天多为东北东风，平均风速2.7米／秒。最大风速40米／秒。冬天也多是东北东风，平均风速2.9米／秒，极大风速20米／秒。

台风季节为每年的7～9月份，平均每年出现11天。平均风速为28.69米／秒，极大风速达25.1米／秒，风向东北东，延时2～3小时，风力达八级以上时，对港口及锚地作业影响较大，船舶需进入避风港避风，停止作业。

（3）雨：年平均降雨量1554.8毫米，经常出现在每年3～9月份。年平均降雨日约为131天，其中雷暴雨日数约为80天。

（4）雾：春多夏少，年平均雾日为33天，延续时间3～5小时，最多10～15小时，对港口作业影响不大。

（5）水文、潮汐：本港属河口港，韩江洪水期间，杏花作业区受洪水影响。西港作业区和杏花作业区在韩江枯水期则受潮汐影响，潮型属不规则半日潮，最高潮位4.53米，平均高潮位2.024米，最低潮位0.4米。平均低潮1.189米，平均潮差1.015米（汕头基准面）。

三、交通

汕头市有汕（头）漳（州）公路、汕（头）潮（州）公路、广（州）汕（头）公路，可直达省内各地及福建、江西二省。水路可由韩江、榕江、练江至揭阳、潮州、梅县等各市、县、还可出海至省内、外沿海各地，交通方便。

进出港航道：杏花作业区进港航道有两条，一是从梅溪桥闸至港内，通航船舶65吨；二是以光华桥至港内6.5公里，通航船舶75吨。西港作业区与各县内河航道相通，也与沿海各地通航。鹿屿至西港航道约11公里，水位良好，乘潮可通航300吨船舶。

四、经济腹地

主要经济腹地有汕头市、梅州地区、韩江流域部分县市以及闽赣部分地区。主要产品有粮食、糖蔗，工业主要产品有日用玻璃、原盐、罐头等。进出港主要货类有煤炭、水泥、木材、粮食、化肥等。

五、历史沿革

自1860年汕头开辟商埠后，汕头市内梅溪河沿岸一带，分布有许多零散的货物装卸作业点和简易码头。解放后，1953年成立韩堤港务站，1959年搬运归口后，韩堤港下辖有两个装卸队与西堤合并成立西堤港务公司。1991年1月西堤港口公司分为四个分公司，西港成为独立核算单位。

六、港口建设

1965年在八角亭码头（该码头于1984年拆除）安装第一部吊机。

1968至1972年，在西港作业区新楼前建堆场1250平方米，在木材仓库码头右旁建堆场600平方米。1970至1973年，在西港建石堤200米，建设仓库、办公楼，形成作业区。1977至1980年，在西港作业区建设小型仓库2座，面积570平方米。

1974年1月27日，广东省革命委员会发文，同意汕头航运局韩堤港务所征用郊区金砂大队、新石大队土地46.8亩（实为48.5亩，金砂大队35.5亩，新石大队13亩），作为扩建堆场作业区之用。工程于1974年10月开工，1980年12月完工。建成重力式码头1座，泊位9个，长215米，最大靠泊能力75吨级内河货船；仓库3座总面积4070平方米，堆场总面积53757平方米，办公楼1000平方米，工具室736平方米，车库329平方米，候工室274平方米，以及供水、供电等配套设施。工程总投资319.10万元。

七、生产经营

1979年，全港货物吞吐量122.21万吨，为历史最高水平。1983年，该港管辖的码头泊位87个，总长966.3米，最大靠泊能力75吨；仓库117座，总面积9.57万平方米，容量9.01万吨；堆场17座，总面积8.7万平方米，容量8.92万吨；装卸机械63台。是年全港吞吐量55.61万吨，其中韩堤所40.61万吨。1993年，韩堤港务公司港口吞吐量8万吨。

2000年，韩堤港务公司有码头泊位9个，总长200米，最大靠泊能力750吨，仓库总面积7028平方米、容量6970吨；堆场总面积4293平方米，容量3900吨；装卸机械9台。2000年，西港港务码头泊位4个，总长292米，最大靠泊能力500吨；仓库总面积885平方米，容量790吨；堆场总面积50599平方米，容量5700吨；装卸机械8台。是年吞吐量1.76万吨。

第二节　潮州港

一、地理位置

潮州港位于韩江下游，潮州市中心城区东西两边沿岸。本港是韩江干流的主要港口之一，也是韩江吞吐量最大的内河港口。

二、自然条件

（1）气温：年平均气温21.4℃，7～8月份平均气温29.3℃，最高气温39.6℃，1月份平均气温13.2℃，最低气温-0.5℃。

（2）风：年最大风力7级，常风风向东南，最大风力6级，春夏秋季多东南风，风力3～4级，冬季多偏北风，风力4～5级，港区水面最大阵风风力7级，风向东北。

台风：发生于每年5～11月间，多集中于7～10月（占83.8%），风力5～7级，大于等于8级几率占31%，最大一次是1969年7月28日，风力9～10级，阵风11级，台风风向为东北或西南，延时2～3小时，最大2天。对本港有影响的台风为平均每年一次。

（3）雨：年平均降雨量1663.3毫米，集中季节为4～9月份，平均年降雨日数141天。

（4）雾：多发生于冬春两季，集中在1～3月份，多发生在凌晨至翌天上午，平均年发生雾日11天。

（5）水文：历史最高洪水位16.95米，平均高水位14.55米，中水位9.72

米，平均低水位8.56米，最低枯水位7.95米（汕头基准面）。

三、交通

潮州港的水陆交通便利。水路，溯韩江而上可达兴（宁）梅（县），顺韩江而下可抵汕头等地；陆路，公路可达黄岗转福建漳州、厦门等地；可往饶平转福建上杭等地，亦可通汕头、丰顺、揭阳。有广梅汕铁路可通汕头、梅州、广州沿途各地。

四、经济腹地

本港经济腹地主要有兴（宁）梅（县）地区、福建西部，江西南部和韩江下游汕头市各县区。工农业产品有粮食、甘蔗、花生、木茨、水果、水泥、日用工业品、陶瓷等，主要矿藏有瓷土地矿，年开采量3.5万吨，兴梅地区有煤矿，年开采量150万吨。

进港主要货物有煤、水泥、矿建材料、非金属矿石、木材、柴炭、粮食、石油、化肥、农药等，其中煤炭占进口量的70%。出港的主要货物为煤、盐、日用工业品、农副产品等。

五、历史沿革

潮州港历来是韩江客货运输枢纽。宋代以前是潮梅地区最重要的商贸港口。清代，清政府曾在潮州开设东关税厂（相当于现在的海关），收取关税。当时，韩江上游的下运物资，大部分运抵该港后再转运汕头、广州、上海、北方等地。从下游运进的物资经该港中转到闽赣、兴梅一带。潮州港成为繁忙中转港。1949年解放前，潮州港只有一些石阶式码头。1953年，成立内河局潮梅办事处分驻所。1955年，成立潮安港务所。此后，港口建设有计划进行，并促进港口生产的发展。1949年解放初期，货物吞吐量只有十几万吨，旅客出口量不足十万人。1978年货物吞吐量达149.93万吨，1979年旅客出口量达25.8万人。在运输市场实行放开搞活政策以后，公路运输发展快，水路客货源逐渐减少。1991年11月移交潮州市政府管理。

六、港口建设

1955年6月，投资兴建潮州客运站，站址设于原港务所旁，即潮州市环城东路92号。1956年，重建候船室1座，面积170平方米。同年扩建为二层楼房客运站，总面积300平方米，底层为售票处和候船室，面积183平方米，第二层为客运物品仓库及职工宿舍。总投资2万多元。为使码头船站配套，1964年投资2.3万元在该站候船室对面建2座客运专用石砌码头，长132米。1977年分别在归湖建1座面积为40平方米的候船室；在峙溪站建1座长22米、宽3米的石码头，共投资6700元。为适应枯水期客班轮靠泊需要，先后在金山脚建简便的客运码头和候船室各1座，码头建于1978年。1984年，经广东省航运总公司批准，改建该港客运站及潮州航运分公司职工宿舍，合建六层楼房。该工程于1987年初竣工交付使用。二至六楼为职工宿舍，底层面积200平方米，为客运站候船室。投资40.5万元。

1974年建成涸溪码头，长223米，自筹投资35.8万元。

1979年12月建成鸡笼山煤炭堆场，面积5940平方米，自筹投资9.5万元。

七、进港主要货物

煤、水泥、矿建材、柴炭、粮食、石油、农药等，其中煤炭占70%；出港主要货物是煤、盐、日用工业品、农副产品等。

1990年，潮州航运公司所属的码头泊位10个，总长306米，最大靠泊能力65吨；油库容积479立方米，容量400吨；堆场总面积9400平方米，容量41971吨（其中煤场总面积9200平方米，容量41800吨）；港口作业船1艘，72千瓦。是年，货物吞吐量28.5万吨，旅客出口量10.7万人。

第三节　榕城港

一、地理位置

榕城港位于揭阳榕城西北侧，榕江南北河汇合处，属二类口岸，34个泊位，仓库103座，堆场14座，机械103部。

二、自然条件

（1）气温：年平均气温21.4℃；7月份平均气温28.4℃；最高气温38.3℃；1月份平均气温13.2℃；最低气温-2.7℃。

（2）风：年最大风力10级（28米／秒），瞬间阵风可达12级（34米／秒），3～10月多东南东风。

（3）雨：年平均降雨量1723.3毫米，集中于4～9月份，年平均降雨日数141天。

（4）雾：发生季节为11月至翌年1月，年平均雾日22天，最多37天，最少12天。出现时间多在凌晨，持续时间2～4小时。浓雾发生时影响船舶航行，装卸作业一般不受影响。

（5）水文：本港地处平原，受洪水和潮汐双重影响，历史最高水位：2.38米（1969年7月28日），历史最低水位-1.64米（1980年6月18日）。潮汐影响时，潮型属不规则半日潮，平均高潮位0.64米，平均低潮位-0.68米，平均潮

位-0.02米，平均潮差1.32米。（珠江基准面）

三、港口交通

榕城水陆交通方便。公路直通汕头及邻近各县，还可达广州、兴（宁）梅（县）、江西、福建等地。水路1983年固定直达航线有：榕城—广州（货运）；榕城—汕头（容货运）；榕城（南河）—香港（外贸货运）三条。

四、经济腹地

本港经济腹地广阔。1982年揭阳至香港正式通航后，成为揭阳、揭西、普宁、丰顺、五华、兴宁、梅县等地及江西省部分地区内外贸货物的重要集散点。各县均在南北两河沿岸建有货物中转仓库、堆场。本港出口货物主要工业产品有机电、蔗糖、水泥、氮肥、味精等。进口货类主要是化肥、农药、矿建材料、煤炭、钢材等。

五、历史沿革

榕城港自南宋以来已成为毗邻各地的商品集散地。1949年之前，客货运输均为私营，港口只有零散简易码头。1949年解放后，1953年成立了航管站；管理客货运输，1956年改为“汕头航运局榕江港务管理所”。1957年，支流木帆船划归当地交通局领导（后成为水运联社），本港管理国营船舶及港口运输业务。1959年、1973年先后更名为“榕江港务所”和“揭阳港务所”，管理客货运输。1984年9月榕江港务所升格为榕城港务局，1989年归揭阳县交通局管理。

六、港口建设

1949年解放前，榕城沿岸没有货物装卸专用码头，进出港船舶装卸货物需在河边架上木质跳板，用人力肩挑办法进行货物装卸。解放后，在党和人民政府重视下，榕城沿岸筑起了一座座货物运输专用码头，适应了榕江货运发展的需要。1964年前后，逐步安装岸边起重机，增添机动车。至1983年已安装吊机22台，拥有搬运机动车106辆，手推车约700辆。

随着1979年改革开放和市场经济的发展，榕城水路运输更加繁忙，来自全国各港口的货物抵达榕江港口，曾经一度出现压港现象，有时几十艘货船待卸。榕城设区之后，加快了拓展港口、扩建码头、优化水运基础设施建设的步伐，至1997年，区境共有码头14座，泊位16个，计客运码头1座、泊位1个。货运码头13座、泊位15个，其中150吨级以内码头1座、泊位1个；200吨级码头1座、泊位1个；500吨级码头1座、泊位1个；1000吨级码头2座、泊位4个；3000吨级的码头2座、泊位2个。

仙窖码头口岸货运码头。位于榕城榕江南河北岸，岸线长2000米，河面宽

40米，可直接停靠500～1300吨级的货轮，直航上海、广州、湛江、厦门、大连、香港、澳门等地港口，1973年投入使用。1986年，成为进出口货物装卸点，港区面积5.9万平方米，设有理货服务公司、水陆物资调运中转站、机动车运输队、装卸作业队等机构。公路省道池（尾）樟（林）线从港区西侧经过，为揭西县和普宁县水运必经口岸。梅州、汕头、惠来、普宁、揭阳等市（县）30多个单位的货物在本港装卸中转。1996年9月，南河榕江大桥通车后，由于大桥净高制约海轮的通航，直接影响上游港务码头和仙窖码头的发展。1999年揭阳港务局在大桥下游5公里处选择新港址，并先后建成主要为钢材、煤炭、瓷泥等装卸的码头。

第四节　棉城港

一、地理位置

棉城港位于潮阳区棉城镇，南通练江下游，北通榕江口，港区水域面积6.5平方公里，50吨以下船舶可进港。棉城河是一条沟通榕、练二江的人工运河，全长12公里。

二、自然条件

（1）气温：本港历年平均气温21.6℃，7月份平均气温31.5℃，最高气温38℃，1月份平均气温10.3℃，最低气温2.6℃。

（2）风：年最大风力10级。常风为东北风，最大风力9～10级；年平均风速3.3米／秒。季节风：11月至翌年3月，多东北风6～8月多偏南风。4～5月及8～10多偏东风。港区最大风力9级，阵风风向东北。台风发生于每年5～10月，7～8月为台风集中季节，风力7～8级，最大11级，本港有良好避风条件，不易受台风影响。

（3）雨：年平均降雨量1698.18毫米，年最高降雨量2716.3毫米（1973年），年最小降雨量812.6毫米（1963年），降雨集中季节为3月至10月；年平均降雨129天。

（4）雾：发生于冬春两季，其中3月份最多，一般发生于早晨，年平均雾日15.6天，装卸作业无大影响。

（5）水文：港内河水受水闸控制，最高洪水位3.9米、历年平均高水位0.70米，最低枯水位-0.70米，历年平均低水位-0.14米，中水位0.15米。闸外受潮影响，潮汐属不正规半日潮。最高潮位2.02米，平均高沓位2.23米，最低潮位-1.60米，平均低潮位-0.5米，平均潮差0.73米（珠江基准面）。

三、港区交通

广（州）汕（头）公路经过本港，区里各镇均有公路与棉城镇相通。水路，经练江西可达普宁，南可达海门镇出海，北通榕江可至榕城，经汕头转韩江至潮安、梅县、兴宁等地，水陆交通方便。

四、经济腹地

主要腹地是潮阳、普宁、惠来三县。农业产品主要有粮食、蕃茨、水果、生柑、甘蔗等为主。工业主要产品是针织、食品、塑料、建材、农机、玻璃等。

五、港口建设

明朝弘治六年（1493年）棉城河凿通后，棉城河开始建设多个简易码头，供船舶停靠，初成港口。由于棉城河历史上时有淤塞，港口时兴时衰。凡淤塞年代，北从榕江、韩江进入棉城的客货运输船舶，只能停泊于后溪码头，南从练江而下的客货运输船舶，只能停泊在隆津码头（俗称龙井港）；凡是棉城河疏通年代，客货运输船舶通过棉城河沿岸码头装卸货物或集散，棉城港的运营甚是繁忙活跃。

民国14年（1925年），国民政府对棉城河进行了较大规模的综合整治疏浚，港口曾一度兴旺。1938年抗日战争前夕，因久无疏浚出现淤浅，不能正常通航。抗日战争爆发后，棉城河断航，港口作业仅存后溪码头和隆津码头。船舶要住汕头港，需从隆津港出发，经海门湾出海，再经河渡门入濠江后才能抵达。有不少船民在海上因遇强风大浪而翻船身亡。至潮汕1949年解放后，船民灾难的历史才有所改变。

第五节　东里港

一、地理位置及自然条件

东里港位于澄海东里镇南面，韩江下游支流东里河，港区上至盐灶，与南、北溪口相接，下至南砂，水域面积60万平方米，陆域面积3800平方米。

东里港临近南海，属海洋性气候，年平均气温21.2℃、年最大风力9级、历史最大风力12级、年平均降雨量1453.1mm、历史最高洪水位6.93米，最高潮位3.6米（汕基）。

二、港口交通

内河北通潮州、松口、茶阳、丙村、西行汕头、揭阳等处；东经义丰溪，可出海至饶平、南澳、汕头、福建等地；陆路有汕汾公路干线经过。

三、历史沿革

清乾隆四十一年（1776年），东陇建埠。据清乾隆《潮州府志》载：“东陇，在樟林港西畔，北达郡城，商船停泊之地，为海船出入要隘，木筏盐船货物总汇之地。”其时，在海运上虽次于樟林港，但在内贸方面却占较大优势。1911年后的民国初期，南来北往船只川流不息。民国8年至民国9年（公元1919年至1920年），军阀混战，海匪劫掠，船民分散逃生，水上交通断绝，东里港随之萧条。1939年6月21日，汕头沦陷后，沿海被日军封锁，内地物资缺乏，其时，澄海县迁往东里，大陆与港澳往来货物均在东里港吞吐。1943年，东里港被淹，商人外逃，港口再无船只往来。1945年，抗日战争胜利，潮汕经济有所恢复，东里港开始复苏，但不久又发生内战，官迫匪扰、民不聊生，港口又少有船只往来。民国时期，港区两岸有招商埠、柴行、水产、开盛、宫前等十数个装卸点，船舶依靠天然河岸靠泊，货物装卸与搬运全靠肩挑、背抬。

四、港口建设

新中国建国后，1955年9月，经澄海县人委会批准，由航运部门接管东里码头，港口设施才逐步完善。1956年投资2400元修建东澳轮渡码头和水产码头；1959年至1960年间，在修建东里桥和桥闸上游堤围的同时，修建了桥闸上游沿岸码头，1977年7月东里港务所在原基础上又续建了客运码头，还有各物资部门所建的仓库、堆场。现东里港有码头5座、泊位12个、仓库13座、堆场3座、装卸机械3部、客运码头一座。1983年港区码头泊位12个，总长239米，最大靠泊能力50吨；仓库13座，总面积4480平方米，堆场3个，面积23600平方米。

五、生产经营

新中国建国后，港口生产逐渐恢复正常，1952年正式开港，1954年4月，由珠江航运管理局汕头分局调国营轮船开办了东里至南澳轮渡，1956年，港口货运吞吐量3.52万吨，同年还开辟了东里至海山轮渡，两处轮渡旅客出口量2.67万人。1960年由于建桥和其他水利工程建设，当年港口货物吞吐量上升至24.5万吨，为1956年的7倍。码头装卸有人力板车65辆。1963年以后，由于大规模的水利建设工程减降等原因，至1969年吞吐量仅存8.6万吨。同时旅客出口量也下降38.5%。20世纪70年代初大搞联合运输，生产有所回升，整个70年代，吞吐量一直徘徊在11万～16万吨之间。

1980年10月，扩大二运企业（即集体运输企业）自主权以后，调度、配载业务由集体企业自理，港务所业务减少，港口吞吐量再次下降。1981年至1993年，年均港口吞吐量9.6万吨，旅客出口量2万人次。进港主要货物有：粮、煤、水泥、化肥、大米、矿建材料；出港的主要货物有：糖、食油、花生及其他农副产品。

第六节　关埠港

一、地理位置及自然条件

关埠港位于榕江下游潮阳县关埠镇，港区水域面积5万平方米，水深达13米，水路距汕头市区、揭阳市区各30公里。港区水域宽阔，江心水深达13米。年平均气温21.6℃，年最大风力10级，年平均降雨量1698㎜，最高潮位2.7米（珠基）。

二、港口交通

有公路连接广汕公路，水路可通往汕头港，上游可通榕城、揭西、丰顺等地。

三、历史沿革

关埠港因地处关埠镇而得名。关埠昔称门辟村，设门辟关，称关前埠，后称关埠。明代，该处即有港口，称通济港。据明隆庆《潮阳县志》载："通济港即门辟村康济桥大港，港通大海。"又载："门辟关在县北六十里，前临大江，是潮揭之界，旧设巡栓，以讥察非，亦有巡检司在焉"。该港昔时誉称"状元港"。

清光绪十六年（1890年），潮阳人肖鸣琴，购置电轮（潮汕地区对机动船舶的俗称）航行于汕头至揭阳航线时，始在关埠设码头供客轮停靠，关埠港遂成客货运港口。1911年后的民国初期，潮阳人陈坚夫等人又集资修建加固客运码头。1939年，日寇侵占潮汕，码头被拆毁，关埠港客运停业。1945年抗日战争胜利后，码头重修，客运恢复。

四、港口生产建设

1949年新中国成立后，关埠港有了很大发展。1958年，汕头航运局在关埠玉一村建设木栈桥趸船石油码头一座，可靠泊500吨级油船，后方配备砌砖储油罐。这是汕头地区解放后建设的首座卸油码头。1969年"7.28"，强台风袭击汕头市，关埠码头被摧毁，1970年改建为钢筋混凝土码头，当年港口吞吐量为2.3万吨，1983年为1.61万吨，年旅客发出量22.56万人次。堆场一座，起重机一台。进出港主要货物：化肥、煤炭、水泥、木材、日用百货、矿建材料等，出港主要货物：粮食、砖瓦、床席、食粮、生柑、大米等。1991年，经广东省计委批准，决定在关埠码头建设1000吨级货运码头。该码头于1992年2月开工，1996年2月竣工。码头长50米、宽14米，前沿水深-7米，高桩梁板结构。码头配套仓库1000平方米，堆场9000平方米。年吞吐能力16万吨。码头由广东省航运工程设计院设计，广州海洋工程公司施工，由关埠港务有限公司经营。1997年8月与外商合作将该码头改造成可装卸集装箱的多用途3000吨级泊位码头。码头配套项目：堆场10500平方米，仓库600平方米，1370吨级趸船一艘，起重能力45吨浮吊1艘，后方配集装箱机械5台以及其他机械设备一批设计年吞吐能力32万吨。在此期间，还建成食品油罐6座，总容量7800立方米，经营食品油接卸、仓储业务。码头扩建工程于1998年4月竣工投产。

20世纪90年代以后，关埠港区还先后建成500～5000吨级油码头和燃油仓库一批，具体为：①汕头航运总公司在油码头后方陆域扩建金属储油罐，加上原有油罐共达17座；②1995年3月汕头经济特区利达石化总公司建成3000吨级码头1座，长60米，前沿水深-7米，高桩梁板结构，配套储油罐11个，总容量2.6万立方米，年吞吐能力约为1万吨；③汕头交通石油有限公司于1995年10月建成5000吨级油码头1座，长120米，前沿水深-10.5米，高桩梁板式结构。配套储油罐10个，总容量3万立方米，吞吐能力20万吨；④潮阳市石油燃料发展公司于1995年11月建成500吨级油码头1座，长18米，前沿水深-4.6米。配储油罐6个，总容量1.2万立方米，年吞吐能力5万吨；⑤中石油华南石油运输有限公司汕头分公司于1996年建成3000吨级泊位油码头1座，长130米，前沿水深-9米。配套储油罐5个，总容量1.5万立方米，年吞吐能力10万吨；⑥汕头市交通物资进出口公司利用航运油码头的卸油能力，在航运油库区东南面建成油库1座，配储油罐7个，总容量1.2万立方米。年吞吐能力8万吨。另外，润丰油库码头在关埠港附近，位于地都镇青屿村，该码头属“三资”企业，1991年建成投产，生产用的码头泊位1个，码头总延长150米，最大靠泊能力5000吨级，年通过能力20万吨，主要用于装卸石油天然气及其制品。1997年8月关埠港务有限公司与外商合作将经营中的1000吨级货运码头改造成可装卸集装箱的多用途码头。码头前沿配置起重能力45吨浮吊1艘，后方配套集装箱装卸机械5台，还建成食品油罐6座，总容量7800立方米。经营食品油接卸、仓储业务。码头改造于1998年4月竣工投产。

1998年2月28日，经广东省人民政府口岸办公室批准，关埠港进出口货物装卸点正式启用。

1999年7月1日关埠至汕头西堤的水上客轮停航歇业。

第七节　内河小港口

一、榕江水系

榕江为潮汕地区第二大河，流域面积4721平方公里，全水系由南、北两河及大小支流21条汇合而成，分布在揭阳、揭西、普宁、潮安、丰顺、潮阳等县。榕江一年四季水源充沛，航道稳定，通航里程401公里。因此，在榕江沿河两岸分布着很多港口。榕江水系小港口有曲溪港、炮台港、渔湖港、地都港、棉湖港、塔脚港、石马港、仙窖港、长美港、凤岗港、钟堂港等。

（一）曲溪港

曲溪港位于揭阳县的曲溪镇，榕江北河下游。港区水域面积按传统习惯，应自本区码头前至原揭阳糖厂前，一般河面宽约250米，长约500米，共12，500平方米。潮型为不规则半日潮混合潮，一般水深4.5米以上，气候温暖，雾天少，常年1000吨级货轮可至江心作业。水陆交通方便，陆运可通揭阳、汕头、潮安各线中途站，距潮安25公里，汕头46公里，揭阳9公里。水运，上至榕城港可达上游各站点，下游直通汕头港出海口，邻近有枫溪河可通潮安、长美。距榕城港8公里，炮台港12公里，关埠港22公里，汕头港52公里。

曲溪港，在1949年解放前没有货运码头，解放后3个货运码头是曲溪装卸运输公司所建。第一个货运码头建于1956年，码头长度60米；第二个货运码头建于1977年，码头长度1000米；第三个货运码头建于1985年，码头长度70米，都是顺岸式浆砌石结构，码头前满潮时水深2.2米，共有8～10个泊位，库场总面积共1300平方米。仓库可堆存货物8千多吨。码头满潮时间能靠100吨船舶作业，低潮时无法靠泊作业。100吨以上船舶需在江心过驳作业。

1972年以前，该港主要是以内河货运及蔗运为主。1972年以后，定为广—汕头地区“七港分运”的港口之一，因此，海轮装卸作业迅猛发展起来，常年在此作业的有广东、广西、福建、浙江等省的海轮。最高峰日在港400吨以上海轮达13～14艘，成为榕江一个重要的货物集散地。

曲溪港是榕城至汕头和榕城至潮州的客货运中途点。1949年解放前，该港客运码头是私营木质码头。1952年成立曲溪港务站代理客货业务，1978年建成曲溪客运站和码头。1987年该港已拥有码头3座，泊位5个，仓库4座，堆场2

座，装卸机械15部，年货物吞吐量14万吨，旅客发出量7.85万人次。曲溪港在20世纪80年代是粤东地区的化肥集散地，周边（包括梅州地区）的化肥主要从曲溪港发往各地，随着广梅汕铁路开通，大部分货源改由铁路转运。1990年底曲溪港批准为二类口岸码头。1991年揭阳建市后，码头建设发展迅速，有码头12座，其中货运码头9座、危险品码头3座，可停靠2000吨级的海船。

（二）炮台港

炮台港位于揭阳县炮台镇，榕江中下游地段，距离榕江南北二河汇合处约4公里。水陆交通方便，可与潮安、潮阳接壤。陆运是揭汕公路的中途站，距揭阳19公里，汕头36公里。水运，上至曲溪、榕城港及支流各站点，下直通汕头出海；距离榕城港20公里，曲溪港12公里，关埠港10公里，汕头港40公里。

炮台港在1949年之前没有货运码头，进出港船舶在沿河自然坡岸装卸作业。炮台货运码头于1978年建成投产。该码头是顺岸式浆砌石结构，面积1400平方米，安装有二台起重1吨的吊机，泊位2个，满潮时可靠100吨左右的船舶，一般潮汐可靠30～40吨的船舶，低潮时无法装卸作业。100吨以上船舶需在江心过驳作业，该码头无仓库和堆场。

炮台港外围无大中型企业，港区水域按传统习惯统计范围自本区码头前至三洒丰，一船河宽400米，长约600米，水域面积约24000平方米。一船水位-5.0米以上，气候温暖，雾天少，航道稳定，常年可通航1500吨级货轮，3000吨级海轮可进港在江心过驳作业。

炮台港主要以客运为主，货运主要是内河驳船进港卸货，1982年年底以前，海轮极少在炮台装卸，1982年11月份，第一艘1500吨级以上的海轮在该港作业，使该港海轮作业逐步发展起来，现已成为海河直达运输的一个重要的装卸点。

炮台是揭阳至汕头公路干线中途站，水路可通汕头、榕城等地。1979年建成新的客运码头及客运站。1987年该港有客、货运站各1座，最大靠泊能力100吨，有泊位3个，装卸机械8部，堆场2座，年货物吞吐量3.10万吨，旅客发出量15万人次。1997年货运码头扩建，可停靠1000吨级海船。2002年底新建3000吨级货运码头1座，年货物吞吐能力30万吨。客运码头因客船停航已停止使用。

（三）渔湖港

渔湖港位于揭阳经济开发试验区，榕江南河下游，港区水域面积33.80万平方米，现有货运码头5座、油码头2座、均建造于20世纪90年代后期。渔湖港最大靠泊能力5000吨，是揭阳市周边地区粮食、水泥、钢材的装卸点，年吞吐量40万吨；油料为汽油、柴油，年吞吐能力约10万吨。

（四）地都港

地都港位于榕江下游揭东县地都镇，港区水域面积36万平方米，最大靠泊能力5000吨。该港水深条件好，河宽水深，是粤东地区燃料油、化工及液化气的重点装卸点。1974年只有汕头市油料公司在地都港建成地都油库码头1座，改革开放后已建成液化汽专用码头3座，有液化气罐8个，储量1万立方米；油码头3座、油库4座，储量1万立方米；油码头3座、油库4座，储量11.22万立方米，每年进港油、气近70万吨。1995年6月8日，粤东气库码头验收，第一艘液化气船“青龙”号进靠码头。

（五）棉湖港

棉湖港位于榕江南河中揭西县棉湖镇游。港区水域面积7.2万平方米，年平均洪水位7.49米（珠基）。

港口码头泊位11个，仓库11座，总面积2750平方米，堆场4座，装卸机械3部。

棉湖港有公路通汕头、广州等地，水路由榕江南河而下可达榕城至汕头。

进港主要货物有煤炭、水泥、化肥、粮食、甘蔗，出港主要货物有食糖、竹器、农副产品、日用工业等。1973～1983年，平均年吞吐量为10万吨以上。

（六）塔脚港

塔脚港位于普宁县洪阳镇乌犁塔下，港区水域面积2万平方米，最高潮位2.38米（珠基）。陆路有流沙至榕城公路干线，马白公路自南而北穿越港区。内河船舶由塔脚港直达揭阳、汕头、潮州、潮阳等县市，是一个交通方便的内河港口。后因河道淤塞，自1960年开始，船舶下移至塔脚锚泊，普宁县商业物资部门相继于塔脚建有稍具规模的柑厂和煤炭、肥料、水泥等仓库和堆场。有码头4座，最大靠泊能力20吨，仓库和堆场各一座、装卸机械一部。进港主要货物有建材、煤、粮食、出港主要货物有生柑、轻工产品。普宁水运公司设有船队于此。1977年严重春旱时，榕练两江上游断流，普宁县内进港物资全部由船运至塔脚港上水。1976年至1983年，年平均吞吐量6万吨以上。常年运输旺季，因港区狭窄，泊位少，作业过于集中，时有船舶停港待卸（待装）情况。1984年后，由于运输市场开放，大宗货物转由汽车运输，港口逐渐冷落。

（七）石马港

石马港位于揭阳县梅云石马山下，建于榕江南河南岸。港区面积20000平方米，历史最高洪水位2.38米（珠基），码头前河面较窄，宽仅50米，且受潮汐影响，一般水深1.2米左右。

石马港陆路交通不便，往榕城需绕道仙桥，水路由榕江南河东可达榕城港，西河往揭西棉湖等地。

港口码头泊位2个，总长100米，最大靠泊能力80吨，仓库2座，堆场2座，装卸机械3部（均属揭阳氮肥厂专用码头，建于1965年）。揭阳港务所在该港设有调度组，主要为该厂货物进出口调度业务。该港进港主要货物有煤及其他工业用品年约9万吨，出港主要货物有化肥。1976年至1983年平均年吞吐量10万吨左右。

（八）长美港

长美港位于潮安县枫溪区长美乡的西溪长美桥之下游两岸，各有斜坡式和直立式码头，长60米（1978年由枫溪运输公司修建）。码头前沿水深0.8米，宽60米，溪底沙质，泊位6个，靠泊能力10吨，有3吨吊机2台。港区配有照明设备，可日夜作业。码头建有仓库及堆场各一座。面积750平方米，容量10万吨，年吞吐量9万吨左右。主要进出口货物有陶瓷、粮食、化肥，以及陶瓷工业原料等物资。

（九）凤岗港

凤岗港位于潮安县凤塘区下岗乡的西溪凤岗桥之北面。1978年潮安县凤塘运输站修建直立式码头一座，码头前沿水深1.2米，宽70米，长70米，泊位1个，靠泊能力25吨，有3吨吊机1台，配有照明设备，可日夜作业，有露天堆场1座面积900平方米，容量20万吨。进出口货物主要有化肥，粮食等物资。年吞吐量3万吨左右。

（十）钟堂港

钟堂港位于普宁县南溪镇钟堂圩，有雨堂至钟堂公路与马白公路连接。港口地势低、泊位与码头平称，载重2.5吨以内的内河轮驳船常年通航，可直达揭阳、汕头、潮州等县、市。年吞吐量约1万吨左右。普宁水运公司在该港设有船队、装卸搬运队。有小电船1艘往返于钟堂至揭阳，钟堂是普宁县的主要经济作物区之一，生柑、蒜头，出口量曾占全县第一位。

二、练江水系

练江水系内河小港口主要有3个：流沙港、洋尾港和贵屿港。

（一）流沙港

流沙港位于普宁县流沙镇，是练江上游终航点。港区水域面积7500平方米，年平均气温21.2℃，年最大风力7级，年平均降雨量2113.2mm，历史最高洪水位4.44米，陆路有广汕公路（广州—汕头）经流沙镇，另有公路通揭阳、揭西、惠来等地。水路可经练江入棉城河直达汕头港。

1957年之前，流沙至晖含段，河道弯窄，不能通航，流沙镇没有港口，从潮阳等地来流沙的水运货物须在桥柱港驳小船至晖含上水，再由陆路转流沙镇。

1958年冬，普宁县人民政府在练江开挖流沙新河，兴建练江（洋尾山）桥闸和玉溪水闸，形成梯级分段通航，7吨以内船舶可直达流沙镇，至此流沙港形成。

1972年，普宁县大规模整治练江后，为适应水上运输需要，县、市航道部门投资改建了玉溪、定厝寮、兴文三座碍航低矮狭窄的跨河桥梁，提高了通航能力，使练江水闸上溯至流沙段可通行载重20吨船舶，流沙港吞吐量开始增加，为提高装卸能力，加速到港船舶周转，普宁县民运总站两次投资8万多元，修建简易码头，有泊位二个，并安装1吨起重吊机1台，物资部门修建码头总长50米，最大靠泊能力8吨，流沙港开始兴旺。

1977年11月，普宁县水利部门为排洪防涝，拆除了玉溪水闸，另建湖六水闸，虽能保持流沙新河正常通航，但因水源不足，通航能力明显降低，船舶周转慢，加上陆运发展快，货物多数由水运转陆运。因此，自1981年后练江水闸至流沙段商业性运输完全停顿，流沙港吞吐量下降。1974年至1980年平均年吞吐量为1.2万吨，进港主要货物有：建材、煤、化肥、农药、粮食、盐等，出港主要货物有：食品、轻工产品、水果等。

（二）洋尾山港（又称练江港）

洋尾山港位于普宁市占陇镇洋尾山，港区水域面积30万平方米，南距广汕公路2.5公里，1954年开港，是普宁县境内练江上游的主要港口。陆路有公路与广汕公路衔接，水路经练江、棉域河与汕头、韩江、榕江相通。

洋尾山港是1958年冬全面整治练江兴建练江（洋尾山）桥闸后，船舶由桥柱东畔湾，不断移泊到此逐渐发展起来的。占麒公路从练江桥闸上穿越，闸下两岸商业物资部门建有煤炭、水泥、肥料、木材、石油等仓库和堆场，12吨泊位5个，普宁县水运公司练江船队也设于此，集体装卸企业建有码头一处，长15米，泊位1个，简易起重机1台。普宁县港务、航道部门设有派出机构协调船舶进出港的管理。

洋尾山港航道水位适宜四季通航。据普宁县港务所记载，1977年严重春旱时，自3月18日至5月28日河水干枯曾有停航70天外，常年载重20吨的内河船舶可进港。枯水期港口舶位水面距河岸3～6米，进出港货物大部分靠人力装卸。洋尾山港有集体和物资部门码头6座、仓库7座、堆场5座、吊机2部。1974年至1985年，年平均吞吐量为12万吨，1983年达到13万吨。进港主要货物有建材、煤炭、化肥、粮食、海盐等，出港主要货物有农副产品、轻工、食品等。

（三）贵屿港

贵屿港（前称贵屿渡）位于练江中游，宋大观元年（公元1107年）始有码头，用大石砌成石阶。1911年民国初期至1949年新中国建国前，已有内河客班轮往返于隆津至贵屿港，客货运输中转繁忙，是练江内河重要港口之一。自广汕公路通车后，客货运部分弃水从陆。1956年，因建铜盂水闸，隆津至铜盂、贵屿水路客运线停航，现存部门货运。1987年该港有码头6座，中转仓库7座，堆场5座，泊位5个，年货物吞吐量13万吨。1977年严重春旱，自3月18日至5月28日因河水干枯曾停航70天。1990年断航。

三、黄岗河水系

黄岗水系内河港口主要是黄岗港。

黄岗港位于饶平县黄岗镇，地处黄岗河下游南岸的大澳运河上段。港区水域面积23500平方米，历史最高洪水位5.69米（黄海基准面）。黄岗港为饶平县交通中心，港口水陆交通方便，陆路有闽粤两省公路干线（汕汾线）经过黄岗港，水路内河可达东里、潮州、汕头至韩江各港口；沿海可抵汕头地区近海各港和福建省绍安、东山等港。

1949年新中国建国前，黄岗港便是饶平县物资运输的中转港，全县山区、沿海，以及与外县、外地的物资交流都依靠黄岗港中转。但由于港口没有管理机构，船舶自行招揽货源，自行收费，所以港口经常发生船舶争货殴斗现象。建国后，县人民政府对港口运输船舶组织联营，港口装卸也从原来各占地段组织统一机构。1952年港口成立统一管理机构，开始统一货源，统一调度。1956年后，饶平县政府对黄岗河进行整治，在上游建汤溪水库，截断下游的西溪航道，建霞饶出海口的桥闸，控制和调节下游的水位，同时在黄岗河南岸，以南北向挖了一条长2.2公里，宽20米的人工运河（称大澳运河），在运河出海口建“大澳船闸”划运河上段为作业区，饶平县的一些主要工厂及物资部门在港区附近建有仓库、堆场。港口吞吐量不断增加。货物运出量最高是1975年达64894吨，运进量最高是1979年达162882吨，吞吐能力最高为1979年达208349吨。1980年，饶平县氮肥厂转产，加上三百门港建成投产，黄岗港的货物吞吐量开始逐年下降。1984年，撤消港口管理机构后，运输船舶又自由揽货源，到19856年港口吞吐量不足6万吨。

据广东省交通厅1983年出版的《广东港口》记载，黄岗港码头系由一条长约1公里的航道形成的顺岸式码头，常用码头约30米，可停靠40吨以下船舶。现有集体码头一座，集体和物资部门仓库5座，堆场2座，装卸机械（岸吊）3部，港务站没有装卸堆场业务。进港主要货物有煤、水泥、化肥、盐、农副产品。出口主要货物有：食糖、日用工业品等。

四、韩江水系

韩江水系在潮汕区域内小港是赤凤港。

赤凤港位于韩江中游潮州市赤凤区。港区水域面积25000平方米，距潮州市23公里，松口120公里。陆路有公路通往潮州，水路由韩江南下可达潮州、汕头、东里，北上可达高陂、松口及梅县。历史最高洪水位16.95米，年平均洪水位7.95米（汕基）。

赤凤港于1975年建港，现有赤凤水泥厂专用码头3座、7个泊位、靠泊能力65吨，仓库3座、装卸机械5部，货物装卸属水泥厂搬运组，出港主要货物地水泥，进港主要货物有煤炭、石灰石、生石膏、铁粉。1983～1987年年均货物吞吐量6.9万吨。

五、濠江水系

达濠港位于汕头市达濠区达濠镇。港区范围自西堆码头至青州盐场码头，水域面积125万平方米，年平均气温21.6℃，年最大风力10级，年平均降雨量1698mm，最高潮位2.93米（珠基）。陆路有磊（口）—广（澳）公路与广（州）—汕（头）公路相连，水路有濠江往西北可通牛田洋至汕头港与榕江、韩江、棉城河沟通，东南出河渡门通南海。港区现有客运码头一座，货运码头6座，泊位7个，总长86米，最大靠泊能力50吨；仓库2座，总面积120平方米；堆场2座，总面积2200平方米，容量2100吨。出港主要货物：盐、水产、渔需品、塑料制品，进港主要货物：煤、粮、日用轻工业品等。

据史料记载，晋隆安元年（公元397年）就有“胥家船”渡海来达濠港定居，以渔为生。明清两代，达濠已有二大盐场（一是“河东场”在达濠埠，二是“河西场”在马窖乡）。其时，达濠港的盐运已十分繁忙，仅运往潮阳的官盐一项，清乾隆19年（公元1754年）前每年就达10.7万包，乾隆19年后每年增至11.5万包。清康熙年间（公元1662～1722年），来达濠港进行通商贸易的闽、浙、穗、琼等南北各地商船已络绎不绝。嘉庆年间（公元1796～1820年）

达濠港的海运贸易已达到全盛时期。到宣统2年（公元1910年），达濠港已开始有木帆船载客往汕头、潮阳、揭阳、潮州等地，但无设上落客码头。民国13年（公元1924年），潮阳县人陈坚夫、陈毅夫兄弟创办“潮汕电船公司”后，始有小型客货电船进出达濠港，并建有简陋木质码头。建国后1956年，达濠港设立港务站，客货运输甚盛。年货物吞吐量稳定在8万～10万吨以上，1977年高达32.3万吨；旅客出口量由1972年的14.35万人增至1976年22.31万人。1979年后，运输市场开放，车船成倍增加，特别是公路运输的迅速发展，客、货大部分弃水从陆，港口年货物吞吐量下降至2万多吨，1984年达濠建区后，才回升到5万～6万吨，但旅客出口量急剧下降，到1987年仅剩3.43万人。2000年货物吞吐量仅有4812吨，旅客进出量1559人次。

第三章　废弃港

潮汕地区随着历史演革，港口变迁，自古至今，已有废弃港19个。

一、凤岭港

位于澄海程洋岗乡外，是宋代潮州地区船的对外贸易港口。《澄海县志》载："艨艟幅辏"，"负山阻海"、"为潮郡之襟喉"。

凤岭港诞生于"兴国丁丑年"，即宋太宗太平兴国二年（公元977年）。当时经过开发建设，港埠拥有永兴街、新兴街、下市、店铺头、源兴街、沙尾营盘市等建筑物和建成区，形成"之"字形的街头网络。市西有官厝、营盘；港东侧有"建炎大道"，直通小江驿、来贤驿，沟通与闽西南的关系。港背还有程洋瓷窑群以及北宋时开挖的运河沙尾溪。在凤北与南峙山坳处有绳缆工场，以供应远洋船航海之用。上述有"永兴街、兴国丁丑立"碑文为证。

程洋岗的凤岭港，作为潮汕古老的对外贸易口岸，当时出口外贸主要是陶瓷产品。唐代后期，潮州的陶瓷工业已经相当发达，当时唐朝实行对外开放政策。我国沿海的胶州、扬州、泉州和广州列为四大贸易口岸，有"海上丝绸之路"之称。潮州贸易口岸是凤岭港，潮州笔架山上有百窑村生产的大量陶瓷产品，用小船经过韩江运抵凤岭港集中，然后用大船或远洋船运往上海、广州以及东南亚等地销售。从史志中发现，程洋岗及附近的前埔周围，有很多瓷窑，至今已发现宋代窑群17座，其窑砖经鉴定为六朝年代产品。程洋岗附近河里，发现大量陶瓷碎片，从20世纪50年代至70年代，先后几次在韩江防洪固堤时，从该处挖掘出了碎瓷片数千担作为填堤之用，并多次发掘出瓷碗、船桅、锚链等物。

随着凤岭港的发展，带动了其他事业的发达和经济的繁荣。凤岭山上建了凤岭宫、天后庙等供古代航海者祈拜的庙宇。宋哲宗元符二年（公元1099年），盐运官李前在凤岭山同向凿通了韩江东溪与北溪之间的运河，称为南溪，并题诗刻石云："筑堤开井易通津、神宇盐亭又鼎新，力小尚能支五事，增光更俟后来人。"从石刻诗看，当时李前发起开拓运河，应是为了凤岭港盐运需要。随着韩江三角洲的发育和扩展，海岸线不断向东南延伸，到了南宋以后，韩江下游失去近海优势，凤岭港逐渐被其他临海港口所取代。

二、辟望港

位于韩江东溪（外砂溪）和西溪（莲阳溪）夹抱地带，汉唐以前这里还是大海。由于韩江从上游带来的泥沙长期冲积，到了宋代已逐渐成陆。闽南一带人民相继到来垦殖、定居建村，日渐繁盛。尤其是东溪口地处水陆要冲，商船、渔船云集，为当时潮州的重要港口。随着南宋时全国政治经济中心南移，外贸中心也逐渐向东南沿海迁徙。广州和泉州均成为当时的重要外贸海港，广、泉之间海运必经韩江海域。辟望是潮州的水路门户，自然而然地成为韩江的一个重要海运口岸，成为南北船舶来往必经之停泊点。故明洪武己酉年（1369年），明廷特于下外莆都之辟望芒尾村设置巡检司，专派水军防守，盘诘奸伪，率徭役弓兵警备之职。

澄海建制以后，海疆逐渐平靖，尤其是清廷正式批准商人到暹罗买米以后，海运日盛，辟望港更为繁荣。据《澄海县志》有关辟望的记载："出南门西面是税馆街至南岭，东面是盐亭，南面是南坛天后宫直至河边是衙前"。"在南门外城濠右边的叫南关市，两市（包括县前郭厝市）商贩云集，什么货物都有。货物有从北面的樟林运来，有的自南面的庵埠等地运来……南洋樟林二市……都远不及县城的两市。"当时的辟望港、衙前、南桥、南岭、芒美、南关、关部街、打铁街、鞋街、寺后街等地的杉排、竹排、盐、海味、鱼鲜、山珍、土货、洋货及为航运服务而派生出来打铁、打索、搬运等各行各业，样样具备，日夜喧闹，盛极一时。

辟望港全盛之时，衙前溪、南桥溪的红头船云集、潮属各县货物进出大都由此集散，也有很多贫苦人发经此离乡背井到东南亚等地谋生。随着韩江三角洲向南扩展，到了清代后期，辟望港的航道不断淤积，最终成为陆地，辟望港也随之消亡。

三、东陇港

位于韩江北溪下游，北达潮州郡城，南通澄海南门。北溪是东陇港商船通向潮州腹地的航道。《潮州府志》载："东陇在樟林之西，北达郡城，商船停泊之处，为海船出入要隘，木筏、盐船货物总汇之地，水自韩江发源而来，往来客舟多泊于此。"

在宋代，东陇是小江盐场司的驻地，运盐艚船沿北溪上达潮州。宋哲宗时，因北溪河床狭窄，河道流量少，盐运官李前"始凿程洋岗北畔为溪，由韩江东行十里至神山前，会水寨溪入海"，山尾溪的凿通，改良了北溪航道供水不足的情况，这是东陇港兴起的一个重要条件。到明嘉靖三十五年樟林寨创建，天启三年樟林建商埠，港址移于樟林。康熙二十三年开海禁后，粤海关税馆在澄海有5个，即东陇、南关、卡路、南洋和樟林。其中唯东陇、南关系正税口。据《粤海关志》记载，清代东陇港征税的进口商货船有：江南货船、高州薯苓船、福州杉木寿枋船、福州竹船、福建荔枝船、樟林小贩货船。征税的出口商货船有：往福建单桅船、往惠商船、、往江南糖船、往黄冈平底杂货船、往黄冈炭船、往樟林杂木船、往南澳杂货船。清代前中期，东陇港十分兴盛，每年一到秋季风信运输旺季，在东陇港与溪东、南关、沙汕头之间，"扬帆捆载而来者不下千百计。"到了清代中后期，随着韩江三角洲不断向东南方向扩展，港口外移，并逐渐被樟林港所取代。

四、庵埠港

在韩江支流西溪下游，这里古称龙溪都，北宋时还是滨海地方。徽宗（赵佶）大观四年（公元1110年）郭姓来此定居，创立郭陇乡，随后杨、陈、王等诸姓也来此定居。到了南宋淳熙年间，已经创立了不少乡寨，那时这里尚属海滨，海水可一直延伸到桑浦山脚，在浮聚成陆的地方，高处为埠，低处为陇，周围各乡多以定居者代族为名，称薛陇、刘陇、庄陇等等，后来经济发展了，各乡集中在黄陇集市，该处有一白云古庵，故名为庵埠。那时已有海船在此停泊，从湖头至水吼桥一带，均是泊船的处所，有咸鱼踏头、盐踏头等古代码头旧迹，但集市却在庵埠。在湖头附近低洼的地里，曾发掘埋在泥里的古船、古钱和茶叶的残渣。《潮州府志》说："庵埠集百货之舟，如蜂屯蚁聚"。到了宋代末年，庵埠以南的海滩已经成陆，成为盐场。南宋宁宗（赵扩）嘉定十四年（1221年），潮州水军设于庵埠"以扼海道"，就是控制进出庵埠的海船航道。直至明代，庵埠湖头乡附近还有造船厂，为府宪建造兵船。

康熙二十二年（1683年）统一台湾。康熙二十四年（1685年）宣布广东的广州、江苏的松江、浙江的宁波、福建的泉州为对外贸易港口，同时在粤、江、浙、闽等设立四个海关。粤海关成立后，在广东沿海设了6个总口，潮州府属的海关总口设在庵埠，至今庵埠仍保存着雍正八年（1730年）"庵埠海关地界"石碑。

《潮州府志》载："庵埠在郡城（潮州）南六十里，地当海、澄交界，实海、揭、潮、澄四县之通市，商贾辐辏，水陆交通。"有梅溪直通沙汕头而出外海，乾隆年间这里成为一大港市。"海（阳）、潮（阳）、揭（阳）、澄（海）四邑商贾辐辏，海船云集，逐曰市。"当时潮州、樟林、东陇等处货物均"来在梅溪"，汕头及别埠货物米谷也"兼时来庵"。港内各乡驳船、挑夫云集，船载肩挑，分运“内洋乡村。”庵埠港到了清代前期，在庵埠港内停泊并征税的商货船有：往上海黄白糖船，往潮阳木排，往琼州铁锅船，往达濠、蓬州、鱼它浦装零星木头的货船，还有出口和进口装豆麦各货的福建东都船。此外还往潮阳各地渡船，如往潮揭小货船、纲桩船等。可见庵埠港是颇具规模的。然而，从道光末年始，庵埠所处的韩江下游双溪口一带，淤积日渐严重。经多次疏浚，屡浚屡塞。庵埠的地理优势，逐渐丧失，位于20余里外的沙汕头（今汕头）便代之而起。

五、浮浔港

位于饶平海山岛北倚岛上的大尖峰、落山虎为屏障，南由走马山、望下山拱卫，形成一个半月形的辽阔海湾港区。港区北与东里和三百门港、柘林港相连，再向北可达东海各口岸；西与相隔数十里的韩江北溪（东陇港）相接，沿江可直通内陆潮州等地；南经高沙前深海连接南澳岛，可通往南海、外海各口岸。浮浔港因而成为古代粤东沿海的交通枢纽，也是粤东沿海边防要地。

浮浔港分村北、高沙、望下三个泊位。村北港口的栈桥，由巨大的条形石块砌成，长100多米，从陆上向深海伸延，成为来往船只停泊装卸、转运货物的码头。高沙港洋阔水深，平日海不扬波，即使到八、九月刮起凛冽的东北信风，海浪高度也仅1米左右。望下港有东屏望下山，为天然避风良港。由于古代海山“打断港”尚未浚通，南北往返船舶均须经高沙港及笠港到望下港停泊、装卸、避风、补给，然后绕过高沙港面转航外海。

南宋以后，浮浔港逐渐在粤东沿海的交通方面起重要作用。

康熙二十三年（1684年）二月，兵部题准广东海口除夹带违禁货物外，商民有愿出洋贸易者，呈明地方官，准其出入贸易。以清政府解除海禁为契机，浮浔港迎来繁荣昌盛的历史时期。当时，浮浔港艚船巨舶，樯橹栉比，富商巨贾，纷至沓来；南货北运，北货南来，喧闹连渚，港口一派繁忙景象。从浮浔港转运出口的货物主要有药材、丝绸、陶瓷、茶叶、生柑、蔗糖、薯粉、海盐等；南下可达我国的神泉、香港、澳门、雷琼及境外的安南、暹罗、新加坡等地。进口的物资有象牙、香料、犀角、暹米、金玉器、丝织品、木材等；北上可达厦门、泉州、上海、宁波、青岛、天津等地。在周边短短的商贸活动中，从浮浔港运往潮阳、揭阳；经东陇港沿韩江运往潮州、茶阳等地的货物主要有海盐和水产品等。内地运至浮浔港的货物主要是大米、陶瓷、茶叶、药材、棉布、竹木、藤货、排篾、筐篮等。

交通的发达，港口贸易的蓬勃发展，促成港区周边地区商业的繁荣。使弹丸之地的浮浔村，建起了盐行、干果铺、日用品铺、瓷货店、餐饮服务行业，还有中药铺、中医西医诊所……

由于长期以来地理的变迁和人工围垦，航道日益淤浅，至20世纪60年代，还经常有来自汕头港的轮船到浮浔港停泊装卸货物。因航道淤浅，大货船不能靠岸，只得由小船往返驳运装卸。到了20世纪70年代，一度风光的浮浔港，终于完全丧失航海港口的功能。

六、南港（南关港）

在澄海城东南，是辟望港的外迁，一向为海防重地，又为“商渔船只出入咽喉”。明清时期南关是重要的中转港口，粤海关在此设关收税，称南关口，又称澄海正税口。而在南关停泊的船有上海船、江南船、福建船和高州船等；装卸的货物有上海江南来的金针菜、苎麻、高州来的薯苓、福建来的寿板枋，以及往江南的黄白糖、往上海或省内各地的明瓦等。南港原为渔港，康熙后期开海禁后，因东、西港埠头废弃，往来商船多在南港停泊，造成南港在短时间内迅速繁荣。在澄海城东南十里，南港内白砂地方，“建铺千百，竟聚为埠”，后因经康熙五十年前后几个知县勒令禁止，并将铺屋强行拆除，白沙埠很快零落。南港的衰落，除此原因之外，沿海滨线的外移也是重要原因。南港前有小莱芜山，其北有大莱芜山，俱在大海中，为南港屏障。但两山也阻住韩江输出的泥沙，波浪顶托作用又将泥沙拦在江口，使江口形成清浅滩。乾隆二十六年《潮州府志》称：“近南港口淤塞，重船艰于出入，多泊大莱芜”，可知到清嘉庆年间，这些淤积的沙滩已妨碍了南港的通航。道光年间，南港日见淤泥严重，船舶渐渐不能通航，其经济地位逐渐被樟林港和汕头港所取代。

七、厦岭港

位于汕头市区光华埠原来的厦岭村。明代初期，这里属揭阳县延德乡。《揭阳县志》记载：“太祖洪武二年，改潮州路为潮州府，领海阳、潮阳、揭阳、程乡四县，揭三乡十三都。是年，置蓬州守御千户所于厦岭村”。《潮阳县志》记载：“英宗天顺七年，剿平厦岭贼，以潮阳知县陈瑄为潮州知府”。李羚送陈瑄书序云：“揭有沿海而村曰厦岭者，以渔为业。”从上述志书记载，可以得知明代初期已有厦岭村了。当时的厦岭是一个渔村，“扼商彝出入之冲”。在今汕头老市区未成陆之前，厦岭村濒临大海，海船从妈屿口进来后，在厦岭、西港至溪东一带水面停泊，就是后来《澄海县志》所指的东港埠、西港埠和溪东埠了。

明嘉靖四十二年（1563年）设置澄海县，厦岭归属澄海，那时，厦岭已成为商船停泊、货物集散的繁忙港埠了。《澄海县志》载：“邑之为埠有三：曰西港埠，曰溪东埠，曰东港埠，为水陆要冲，商贾舟航所聚，舆贩所集，其初盖云漫星繁矣。”这东港埠就是厦岭。明代中后期，商贾舟航从厦岭至溪东一带四、五华里的水面停泊，其繁荣状况有如“云漫星繁”。

清代初期，郑成功抗击清武装力量活动于闽粤沿海，清政府对东南沿海实施严格海禁。康熙元年（1662年）、三年（1664年）先后两次实施“斥地迁界”，沿海居民内迁30里，厦岭遭受浩劫，房屋及船只被烧毁，溪港堵塞，居民被赶走，从此厦岭荒废了三四十年。

康熙二十三年（1684年），清政府平定了台湾，解除了海禁，厦岭和其他沿海港一样，恢复了航运，很快发展成为一个繁荣的商贸港埠。《澄海县志》载：“邑自展复以来，海不扬波，富商巨贾，卒操胜赢，舆贩他省，上溯津门，下通台厦，象犀金玉，与夫锦绣皮币之属，千船万舶，悉由澄分达诸郡，其自海南诸郡转输米石者，尤为全潮所仰给。每当春秋风信，东、西两港，以及溪东、南关、沙汕头，东陇港之间，扬帆捆载而来者，不下千百计。”此时的厦岭（东港）已经是一个镇了。《澄海县志》载：“全郡要镇有五，澄居其三：大场、厦岭、新港。”厦岭的天妃宫，潮人称为“妈祖宫”，她是厦岭港繁荣的象征，直至民国年间，“厦岭妈”在潮汕各地很有名气。

明末清初，厦岭以南海底沙脊冲积地逐渐聚积成陆地，原来的东港、西港、溪东等处，也逐渐淤浅，海船停泊地也就逐渐移到新浮积起来的沙汕头（汕头市区前称）。雍正八年，原在厦岭妈宫设立的税站，已经被称为“汕头口”了。“汕头”地名逐渐取代了厦岭，古厦岭港逐渐成为汕头港的一个内河停泊区。

八、樟林港

位于澄城东北15公里，居韩江支流出海口，北邻盐鸿，西接东里。明、清时代，系深阔港湾，溯江北上达潮州府、兴梅客区；由南社港经头冲溪于水仙宫前出海。是清代潮州主要出海口。《澄海县志》说是“通洋总汇之地”。

宋代，樟林是几个滨海小渔村，沿着河渠散布。明嘉靖三十五年，居住在樟林山边，寨仔、大巷的十五姓居民，因不堪海水冲击和盗贼劫掠，移汇在南涯宫埔，成为今之樟林乡。嘉靖四十四年，抗倭名将戚继光、俞大猷统大军到南澳征剿海寇吴平，平败，逃入饶平凤凰寨，后又到樟林掠舟出海潜逃。那时，樟林已是一个“海产丰饶，鲜鱼盈利市”的地方了。

清初，顺治十三年实施海禁，康熙元年又实行迁界，樟林得降清的军阀许龙的庇护，得以缓迁。到了康熙三年四月，奉旨全迁。沿海民居，限日拆毁。樟林先他乡而徙，屋宇，树木，悉被毁殆尽。至康熙八年复界时，樟林已是“村余废井，茂草辛夷”了。但由于它水陆交通位置优越，复界的次年，就将东陇河泊所移于樟林。

康熙二十三年（1684年），清廷诏开海禁，准商民人等出外贸易，樟林港的海运业始兴。由于樟林港地处海河交汇之地，闽粤官道又经此直达潮州，故经康、雍时期（1662～1735年）的恢复和发展，到乾隆年间已发展成为名噪中外的港口埠市了。

乾隆二十二年（1757年），清政府下令关闭宁波、厦门，对外贸易货物仅限广州一口之后，闽南一带对外贸易货物必经樟林，故闽商浙客常集在樟林。其时樟林港“红头船”北至沪、津、台、厦，南达南洋诸岛，转运货物分达潮郡诸邑。从康熙至咸丰近200年间，樟林港不仅是潮汕地区对外贸易的主要港口，而且也是潮梅二州人民出海谋生的“过番”港口。现旅居泰国等东南亚各地的澄籍华侨，其祖先绝大多数是从樟林港乘红头船出海到国外的。

樟林全盛时拥有八街六社（八街：长发、仙桥、广盛、顺兴、洽兴、仙园、永兴、古新。六社：东、南、西、北四社及塘西、新陇二社），货运栈房集中于仙桥街、堆脚一带。由于海运业的不断发展，嘉庆七年（1802年）又于南社港南面增建新兴街栈房，全长187.3米，建两层，共有货栈54间，每间宽5米多，深约16米。东面石坊外，有观海楼（永定楼），街的中部稍向北面弯出，设有码头一座，码头上街处有石门水闸，涨潮或洪水泛滥时可以治水。

嘉庆末年，樟林港的进港航道已逐渐淤塞，吨位较大的福建“青头船”已不能直接进港，货物只得用贩艚小船从柘林驳运。咸丰十年（1860年），汕头被辟为通商口岸，远洋航运为外国公司所垄断，故以对外贸易为主的樟林港被取代而逐渐衰落。同治年间（1862～1874年），樟林港东面沿海已外淤成沙田，港口离出海处已达5公里，今樟林已成内陆乡镇，仅留下古港的陈迹。

九、钱东港（峙头港）

位于饶平县东区小东乡“南兴”港口，属内河小港。1957年因围垦“青山埭”港口荒废，货物进出迁至峙山，并在峙山建有货运码头。1977年“澄饶联围”建成后，港口逐渐淤浅，同时随着三百门港的建成，峙头港吞吐量逐渐减少。1984年峙头港基本废弃。

十、浮山港

位于黄冈河上游东岸浮山区，设有专用码头，利用自然堤岸和河滩靠泊原是饶平山区货物集散港。1957年后由于整治黄冈河，先后建汤溪水库、灯塔桥、高堂水闸，港口随之废弃。

十一、洲港

位于柘林湾西北部，原来设有货运码头及简易装卸设备。1952年9月设港口管理机构。1957年后，汫洲的陆路交通十分方便。1972年围垦“澄饶联围”港口移至高山和三百门堤外，故货物装卸不便，后港口逐渐废弃。

十二、龙须港

位于饶平上浮乡与紫云交界处。明、清时代，龙须港水运发达，运出港有农副产品，运进港有食盐、棉花、日用品等。自1957年围海造田后水路不通，港口废弃。

十三、澳角港仔

位于惠来县神泉港西南面澳角乡“老虎栅”山下“长吊椅”的礁石边。明代以前是一个天然避风港，“舟楫往来，商贾云集”后由于港口逐渐淤塞，今已成一片平原沃土。

十四、羊角林港

古港，位于惠来县神泉镇北鳌头村西南坡，北接羊角林村，西接后溪洋、东连三长寺，是雷岭河、盐岭河汇合口。宋、明时波浪滔天，连接神泉港口，是闽、粤、浙船只入港和货运集散之地，铺户林立，商贾云集，至清代湮没。

十五、里湖港

位于普宁县里湖镇北侧，历史上曾经是榕江南河上游的重要港口。1952～1953年，曾有人集资购电船搞水路运输，当时该港曾一段时间很活跃。1956年在引榕江水口拦河坝以及在下游建三洲拦河坝后，航道流量减少，加上开山造田，水土流失，泥沙淤积，至1977年后，港口逐渐废弃。

十六、桥柱港

位于普宁县桥柱，是练江水系普宁县的中转港。1956年修建田心至桥柱3公里公路，使桥柱港与广汕公路相接。1958年冬练江进行全面整治，修建练江（羊尾山）桥闸后，练江干流改造，桥柱港遂成河湾。从1958年起，逐渐被羊尾山港取代。

十七、隆津港（龙井港）

俗称龙井渡头，位于棉城南面练江畔。古为官渡和商旅汇集之地。清光绪年间，港口逐渐淤浅外移。民国初期至1965年货客运甚为兴旺。1968年水域外移，港岸变迁，港口自然消亡。

十八、后溪港

位于潮阳县城镇北面。民国时有很多家电船公司在港内建码头、泊位多处，解放初期，后溪设有客运站。1960年，棉城河航道整治，客运站迁至万福桥边。1973年后溪闸建成后，客运站又迁往闸外，后溪港自然消亡。

十九、河婆港

位于揭西县河婆镇榕江南河上游，原有石阶梯客货码头五处。1929年河婆镇建济襄桥后，桥下游西岸一向是船舶停靠的自然码头。新中国建国后，河婆供销合作社在该桥西岸建仓库，并联合有关单位建护岸码头。1985年，由于货物转陆路，加之航道淤浅断航，该港遂弃。

专　记

一、汕头港的扫雷反封锁

1950年，正当全市人民医治战争创伤，恢复生产建设之时，败退到台湾的国民党当局不甘失败，派遣军舰到汕头的港外航道施布水雷，妄图封锁港口，扰乱治安，颠覆新诞生的人民政权。在汕头市委、市政府领导下，全市军民团结战斗，扫除航道水雷，粉碎了国民党台湾当局的阴谋，恢复了汕头港的通航。

1950年5月24日，英籍“新亚轮”由汕头港开往天津，上午7：25分，在港口外航道触雷爆炸，船头进水下沉搁浅，6人死亡，5人受伤。5月27日，汕头海巡队的一艘木质小货轮载着武装战士在“新亚轮”沉船周围巡逻保护，也触雷爆炸，被炸成两段沉没，战士及船员死伤29人。5月28日，一艘渔船被炸毁，死4人。6月16日，英籍“安徽轮”从香港抵汕，驶至赤屿对开航道中触雷爆炸，迅速下沉，幸得当地水浅，主甲板露出水面，旅客死3人，船员伤4人，其余旅客830人和全部船员得救。以上4艘被炸船舶，共死亡23人，伤24人，货物损失800多吨。6月16日，汕头市政府决定暂时封闭汕头港，开通达壕企望湾和潮阳海门湾为临时停泊区。由于港口封航，轮船不能进出港，造成汕头市物价上涨，工人失业，谣言四起，一时间市民人心惶惶。

汕头港是闽粤赣交通枢纽，潮汕地区货物进出口的咽喉，如港口不能通航，后果难以设想。及时扫除水雷，确保港口通航，成为当时党政军各级领导的当务之急，但港口水域水雷的施布情况如何，需要调查研究，而且，用什么办法和工具扫除水雷，也需要设计方案。

“新亚轮”触雷爆炸当天下午，在汕头市委召开的紧急会上，与会者大多数人认为可能是有人搞破坏，但汕头航政局引航员黄文田（原国民党粤桂江防少将司令，抗战胜利后辞职回汕头，任汕头港引航业务所引航员），凭着他多年的航海知识，以及抗日期间与日本海军打交道的经验，认为“新亚轮”爆炸可能是触雷爆炸。当天晚上，在派往“新亚轮”沉船现场调查人员回来汇报情况之后，他当即判定“新亚轮”是触雷沉没。翌日，汕头海巡队“长平轮”触雷，炸成两段沉没，船长欧蟹幸得生还，据欧陈述的该船爆炸情形，进一步证实黄文田的判断完全正确。黄文田根据4艘船舶触雷爆炸情况，判断水雷是用敷雷舰乘黑夜在航道上以“之”字形走势，旋泊在低潮水面下，是日本制造的“触发式”水雷。他的判断在后来的实际扫雷中得到了证实。

水雷施布情况弄清楚之后，面对的问题是如何扫雷。当时负责港口管理重任的汕头航政局主任林西园更是心急如焚。根据汕头市委、市政府的指示精神，他积极做好航政局干部的思想动员，特别是做好几位有经验有技术的引航员的思想工作，动员他们出主意想办法。引航员沈饶生日夜苦思中，偶然想起他祖籍饶平海山岛渔村的渔民，用两条竹排中间拖带一张上浮下沉的张口袋网在浅海捕鱼的办法，似可用于扫雷。经黄文田研究，认为在没有专门扫雷艇的情况下，这一土法扫雷的设想可取。经集思广益，最后决定扫雷办法是用两艘发动机船，拖动一条用白棕绳、钢丝绳、竹排、浮子、沉锤及钩刀等组成的扫雷绳，使其保持一定高度，在海底的泥面上拖扫，扫得水雷后用机械刀拉断其雷链，或由潜水员下水剪断雷链使其浮起，或拖至浅滩使其搁浅引其爆炸。

1950年6月21日，汕头市委召开有关部门领导参加的紧急会议，通报汕头航政局提出的扫雷方案，并宣布当日成立汕头港扫雷委员会，成员有汕头市军管会主任、市人民政府正副市长、121师师长及政委、军分区参谋长和汕头航政局主任，由市长谢育才任主委。同时，由汕头市政府7人，部队43人，船员49人，潜水员8人组成扫雷队，汕头市政府干部3人，部队参谋及副营长各1人组成扫雷指挥部。另外，还动员有航海经验自愿参加扫雷的群众57人加入扫雷队。

1950年6月26日，扫雷队大小船只22艘和全体扫雷人员160多人在西堤码头告别亲人，向妈屿岛驶去，并在岛上安营扎寨。与此同时，标定港外航道扫雷区域也在进行。引航员在海图上划出与鹿屿灯塔真方位319度为轴线，与赤屿垂直线的交点为中心坐标的宽1海里，长3海里的一段主航道为界，在这个界限范围内定下8个点，每个点的相对陆标的方位线和平面角也在海图上划定。黄文田、林木屏两位引航员不辞劳苦，一直干到6月30日上午才把8个红绿色界标定下来，为扫雷工作做好了准备。

1950年7月1日，天刚破晓，港口扫雷反封锁战斗正式开始。扫雷队由指挥船领先，后面跟着扫雷艇8艘、工具补给船2艘、救护船1艘、潜水员船1艘、交通艇1艘、保护艇1艘，共14艘船艇，井然有序地向外航道雷区驶去。到达雷区的起扫线，随即将3对艇组布成“品”字形，保持一定速度拖扫。大约过了30分钟，第一组扫雷艇突然拖不动，指挥船判断拖扫到了水雷，立即指挥两头船艇开足马力，试图将水雷链线锯断，但反复多次均未成功。第二组扫雷艇也遇到同样情况，指挥船宣布停止前进，等指挥船带领两艘扫雷艇同时开足马力，将水雷连同雷座一起拖至东湖浅滩。当水雷拖至露出水面时，扫雷队员欣喜若狂，庆祝扫雷成功。经过潜水员下水剪断雷链之后，水雷被拖上沙滩，由部队工兵安全拆卸。前线指挥员和船队安全返回基地后，立即派快艇回汕头向上级领导报喜。

1950年7月1日至12日，扫雷队共扫获水雷7枚。在扫雷中，每次都遭到国民党台湾当局战机的扫射袭击，但扫雷队员发扬不怕牺牲的革命精神，与敌机展开生死战斗，出色完成扫雷反封锁的任务。1950年7月12日，交通部正式向中外宣告汕头港恢复通航。1950年7月14日，汕头市召开扫雷反封锁庆功大会，市政府给每个参战人员颁发一枚扫雷纪念章。

二、汕头港的反轰炸战斗

1949年10月24日，汕头市解放，汕头港的历史翻开了新的一页。

解放伊始，正当党和政府领导人民克服重重困难，恢复生产建设的时候，败退到台湾的国民党当局不甘失败，不断派遣飞机骚扰、轰炸沿海船舶和城市，妄图扰乱社会治安，破坏经济建设，颠覆新的人民政权。汕头港地处国防前哨，广大干部职工及引航员与汕头军民一道，在汕头市委、市政府的领导下，团结战斗，不怕牺牲，取得了反轰炸的胜利。

1949年11月14日，美制蒋机首次袭击汕头港，当时停泊在港内的英籍“成兴”轮、“和乐”轮，均遭轰炸、扫射，“成兴”轮救生艇汽油箱起火，“和乐”轮死2人、伤数人，元亨浮趸船被炸沉没。

为了反封炸，自“和乐”轮、“成兴”轮被炸事件发生之后，轮船便改为夜间装卸，白天移泊珠池肚或牛母礁对开海面防空，船员全部上岸。后来“峨嵋夫人”轮等在下游防空锚地被袭击，便改为外轮晚上进港作业，白天开出公海，在空袭威胁下，港口仍继续保持生产。自调整轮船装卸作业时间后，有效达到了防空保生产的目的。

1954年12月2日，美蒋签订了《共同防御条约》之后，敌机几乎天天空袭汕头市和汕头港。1955年1月19日，从上午6时13分开始，敌机4批30架次轰炸了汕头市，投弹28枚，炸死12人，伤30人。中午12时50分，敌机4批28架次轰炸港口，系泊在港内5号浮筒的英籍“正伟健”轮中弹，三舱进水。港务局领导大力组织抢救，用拖轮将船拖往牛田洋搁浅，途至韩江口下沉。系泊7号浮筒的国轮“南海163”轮，船员被炸死2人，重伤1人。轮边的驳船，也中弹致死2人，伤1人。在敌机空袭时，“南海163”轮用高射机枪配合陆上驻汕防空部队进行猛烈还击，击落击伤敌机各4架。

1955年9月27日13时30分，挪威籍“海后”轮载运归国华侨160名和369吨货物，由新加坡来汕，航至港外赤屿附近海面时，遭到敌机2批4架次的俯冲扫射，全船中弹410多处，船上电台、罗经、雷达等均被击毁，船舱漏水，归侨及船员各1人死亡，5名华侨和4名船员受伤。引航员林木屏和引航船船员冒着生命危险，迅速靠拢该船，将该船引进港内，得到岸上防空部队的掩护，保护了船舶安全，减少了人员伤亡。

1955年9月30日，英籍“德高”轮由香港来汕，在引航员林木屏的引领下航行至尖石灯桩附近时，遭4架敌机的俯冲扫射，全船中弹七八十处，英籍轮船长麦加利和中籍船员张荣汉两人受伤，林木屏等人迅速将该船引进港内，避免了船货和人员的更大损失和伤亡。引航员木林屏奋不顾身的精神令中外船员深受感动和佩服。据统计，自1949年11月至1955年10月，国民党台湾当局派遣飞机多次轰炸、袭击航行于汕头沿海的轮船和在港的船舶，炸沉、炸伤中外船舶7艘，并造成了重大的人员伤亡。1955年至1957年3月31日，国民党台湾当局先后派遣飞机轰炸汕头港及沿海航行船舶共311批1096架次，对人民犯下了滔天罪行。

1949年1月至1957年，是汕头军民和汕头港职工进行反轰炸、反封锁战斗的年代。这期间，汕头港引航员和引航船船员在战斗中作出了重大贡献。当敌机疯狂空袭汕头港时，先是采取船舶白天港内防空，夜间装卸作业；后是采取早上将船开出公海，傍晚将船引进港内，夜间装卸作业。在没有导航灯标的情况下，引航员克服困难完成引航任务，充分体现了汕头港引航人员对新中国的热爱，高度的组织纪律性和责任感，以及高尚的人道主义精神，他们的特殊贡献将载入史册，教育后人。

三、汕头港抗击7·28台风

1969年7月28日，太平洋第3号台风，中心风力12级以上，于当天上午10时左右袭击汕头地区。台风登陆时，正好遇到港湾天文大潮，强台风、大海潮和大暴雨铺天盖地，港湾水域高潮位达到4.97米，港区陆地进水1米多，许多仓库浸水，物资受浸。这次强台风大海潮来势凶猛，危害极大，损失严重。在港英籍“金井”轮被台风刮到港区对面的宫鞋石触礁，损失32万元；英籍“金华”轮在港区斜对面苏埃湾搁浅，损失46万元；日轮“襟裳丸”勾断港池礐石海底电缆4条，损失4.6万元。港口仓库部分货物和机械设备被海潮浸湿。据统计，汕头港遭受台风影响共损失23.9万元，3艘外轮损失计82.6万元。

在台风袭击汕头港时，港口从领导到职工，团结战斗，英勇抗击自然灾害，积极抢救国家财产和人民生命安全，夺得了抗灾抢险的胜利。港机修理厂的工人战狂风，斗恶浪，把港区前沿两艘趸船分别转移和下沉，避免让海潮冲走而造成破坏仓库的危险；装卸工人奋力抢装抢卸，完成物资疏运任务；5号港作船冲破惊涛骇浪，抢救遇难船民。全港职工全力以赴，同自然灾害进行了一场紧张的搏斗，为汕头港谱写了一支抗灾抢险的赞歌。

台风过后，港口职工投入抢修设备、恢复生产的紧张战斗，港机修理厂在完成机械设备修理的同时，协助驻牛田洋的部队抢修汽车、拖拉机等22部（台）；机电和基建部门迅速抓紧港口生产设备的修理；仓库及时抢救受湿物资3000吨，并清除堆场垃圾、杂物和清洗仓库泥浆，使库场迅速恢复生产，为支援救灾物资提供有利条件。在全港各部门的配合下，至8月21日，港口生产全面恢复正常。

港口恢复生产之后，全港职工争时间抢速度，决心把台风造成的损失夺回来。装卸队、工具厂、食堂等生产单位，台风过后两天内便恢复正常生产。据统计，至8月22日，装卸工人出勤率平均比台风前增加5．5%；机械出勤率增加25%；驳船营运率增加3%。

为表彰奖励抗灾抢险的英雄模范人物和先进事迹，港航合并的汕头专区水运公司于8月25日至31日召开了抗灾抢险表彰授奖大会，总结全公司抗灾抢险的战绩，奖励抗灾抢险的有功人员。港务局经上级批准，授予集体三等功5个单位，个人二等功1名，个人三等功35名。

《汕头市港口志》参考文献资料

[1]《汕头港口志》（汕头港务局港志编写组1961年内部打印稿）

[2]《汕头港史》（汕头港务局港史编写组1982年内部打印稿）

[3]《汕头港志》（汕头港务局港史编写组1987年内部打印稿）

[4]《汕头港引航史》（余世鹏、陈树烈、陆集源合作的1997年印刷稿）

[5]《汕头港建设史》（曾广存主编1998年内部出版）

[6]《汕头交通志》（汕头市交通局交通志编写组2009年内部打印稿）

[7]《汕头航运志》（汕头市航运总公司航运志编写组1987年内部打印稿）

[8]《柘林湾志》（饶平县水运史编写办公室1987年内部打印稿）

[9]《澄海市交通志》（广东人民出版社1995年5月出版）

[10]《潮学研究》（1）（《潮汕古代商贸港口研究》黄挺、杜经国合作，潮汕历史文化研究中心、汕头大学潮汕文化研究中心1993年内部出版）

[11]《广东航运史》（古、近代两部分）（人民交通出版社1989年6月出版）

[12]《潮州志•交通志•商业志》（饶宗颐总纂1949年线装本）

[13]《汕头海关志》（汕头海关编志办公室1988年内部出版）

[14]《潮海关史料汇编》（市地方志办公室、汕头海关合作1988年出版）

[15]《澄海县志》（广东人民出版社1992年5月出版）

[16]《揭阳县志》（广东人民出版社1993年12月出版）

[17]《潮州市志》（广东人民出版社1995年6月出版）

[18]《潮阳县志》（广东人民出版社1997年10月出版）

[19]《南澳县志》（中华书局2000年10月出版）

[20]《明清实录潮州事》（陈历明编校，艺苑出版社1998年8月出版）

[21]《汕头档案》1996年（1）总第12期（汕头档案局、汕头档案学会合编）

[22] 汕头图书馆潮汕历史文化特藏部有关书籍

[23] 汕头港务局、汕头市港口管理局有关档案资料

大事记

一、明清时期

明嘉靖九年（1530）

今汕头老市区的西南部，原海底的几条沙脊渐渐露出水面，渔民在这里设栅捕鱼，称其为“沙汕”。

万历三年（1575）

今汕头老市区的西南部，原淤积起来的几条沙脊连结成一片，称为“沙汕坪”。

至清代初期，“沙汕坪”逐渐扩展成一片陆地，高处出现小沙丘，称为“沙汕头”。

康熙二十三年（1684）

粤海关成立，庵埠为粤海关辖下五大总口之一的潮州总口。

康熙五十六年（1717）

清政府在今老市区外马路与升平路的东北转角处，建烟墩、筑炮台，作为防守营汛，派兵把守，时称“沙汕头汛炮台”，由此开始出现“沙汕头”的称谓。

乾隆元年（1736）

樟林港从渔港变为商港，红头船于此出洋，是年盐埕头一带为盐田，清政府设站收税，商称“汕头”，汕头的名称由此起始。

乾隆十二年（1747）

清政府允许出洋外贸，樟林港大盛，成为了粤东闽西进出口贸易中心。

乾隆二十年（1755）

清政府于妈屿岛设常关，两广总督派员收南北商运常关税，常关又于沙汕头设站收税，为汕头最早之海关。

嘉庆十四年（1809）

嘉庆年间，随着渔业、盐业生产的发展，过往船只日见增多，在今老市区小公园南侧至外马路一带的浅海域形成一个港埠，汕头港口已基本形成贸易口岸，汕头埠成为各地商航停泊地。

嘉庆十八年（1813）

沙汕头形成雏形市集，有行街、顺昌街等。

道光二十年（1840）

英国怡和公司在汕头开设分支机构，经营船务、保险、机器、杂货等业务。

咸丰三年（1853）

粤海关在汕头港口门的妈屿岛上设关，称潮州新关，庵埠海关总口改小口，与原来所辖各口均归新关管辖，汕头地位凸显。

咸丰四年（1854）

英国德记洋行在汕头设有限公司，经营抽纱原料、布匹、机器、啤酒等业务；福建商人和潮州商人在今安平路东端建立“漳潮会馆”，开设船务、米粮、药材、火柴和汇兑5个行檔，这是汕头首个联营性质的商业机构。

咸丰六年（1856）

第二次鸦片战争爆发。1858年5月，英法联军攻陷天津大沽。6月13日、18日和27日，清政府先后分别与俄国、美国、英国和法国签订《天津条约》。《天津条约》规定：增开汉口、九江、南京、镇江、牛庄、登州、台南、淡水、潮州（后为汕头）、琼州十处为对外通商口岸。6月18日，美国公使以战争调停人的身份，强迫清政府签订《中美天津条约》。《中美天津条约》称：“大合众国人嗣后均准挈眷赴广东的广州、潮州，福建之厦门、台湾，浙江之宁波，江苏之上海，并嗣后与大合众国或他国定立条约，准开各港口市镇，在彼居住贸易，任其船只装载货物，于以上所立各港互相往来。”《中美天津条约》约定，自签约之日起一年后，双方政府互换条约批准书才能生效。

咸丰九年（1859～1860）

8月16日，美国公使华若翰与清政府官员在天津北塘互换《中美天津条约》批准书。清政府认为汕头与西方国家通商已既成事实，加上美国公使的多次要求，被迫无奈，于11月15日批准美国在汕头先行开市。批文重点称：“所有潮州、台湾两口，准美国先行开市，并照新章完纳船只吨钞……。”经双方协商，定于咸丰九年十一月十九日（1860年1月1日）在潮州（汕头）设关开市。

咸丰九年（1860）

是年1月1日（农历咸丰九年十一月十九日），中国海关总税务司在汕头港口门妈屿岛上设立“潮海关”，总税务司李泰国任命美籍华为士（美国公使华若翰之弟）为潮海关第一任税务司。潮海关的成立，标志着汕头已经开港。

英法联军为了获取《天津条约》以外的更多权益，恣意挑起事端，不按规定的时间、地址互换双方政府的《天津条约》批准书，激起清政府的不满，因此战火再次燃烧。英法联军从天津一直打到北京，至当年10月中旬第二次鸦片战争才结束。10月24日、25日，英法联军强迫清政府签订中英、中法《北京条约》并互换《天津条约》批准书。《北京条约》进一步扩大英法更多侵华权益。

是年，英国在汕头设立领事馆，领事馆地址开始在今礐石海旁路，后迁入市区。至二十世纪初，在汕设领事馆的还有：德国、日本、法国、挪威、丹麦、美国、荷兰、俄国等9个国家。

是年，英国在汕设立德记洋行、怡和洋行。

咸丰十一年（1861）

清政府改沙汕头为商埠，亦称汕头埠。此举是清政府正式将汕头视为一行政单位入册。

是年，法国在汕设立鲁彝洋行。

同治元年（1862）

英国汽船第一次公开抵汕。

同治三年（1864）

潮州新关迁入汕头市区（地址在今之天后宫对面的新关街）。

同治四年（1865）

潮海关关址从妈屿移入汕头市区（地址在今居平路头）。

是年，英国船长汉米尔顿等人对汕头港进行测量，同年11月8日在伦敦出版了《中国东海岸韩江入口处汕头港》。

同治五年（1866）

外国帆船、汽船驶进汕头港达525艘，总运量211800吨，洋货输入额达388.9万多关平两（白银）。

同治六年（1867）

英国渣甸汽船公司、法忌利士汽船公司在汕设立航运机构，开辟汕头、香港、福州航线。

海阳、澄海、潮阳、普宁、揭阳、饶平等六县商人在汕头创办六邑会馆，作为商业活动场所。

同治十二年（1873）

中国轮船招商局于1月17日宣布正式对外营业，同年12月19日在汕头设立招商局汕头分局。在招商局宣布开业前夕的1872年11月30日，招商局“伊敦”号轮在上海载货开往汕头，这是中国轮船招商局的轮船首次行驶南海航线。

同治十三年（1874）

英国伦敦中国航业公司在汕设立分机构“太古轮船公司”。

潮海关在南澎岛上建航标灯塔主塔及附塔两处。

光绪五年（1879）

因海防需要，清政府批准潮州府在汕头港北岸建石炮台。该炮台的建设由潮州总兵方耀提议。

光绪六年（1880）

潮海关在鹿屿及表角两地建航标灯塔。

光绪九年（1883）

法商鲁莽洋行发生争地案，后该行改为元兴洋行。

光绪十二年（1886）

英国印度中国航业公司（怡和）在汕设立轮船公司，即怡和轮船公司。

光绪十四年（1888）

4月，招商局在汕头建趸船码头。

光绪十六年（1890）

潮阳人肖鸣琴集资5万元在汕设轮船公司，小轮船航行于汕头、潮阳、揭阳之间。

光绪十八年（1892）

招商局轮船开始定期航行汕头港。

光绪十九年（1893）

澄海人林月波在汕创办太古南记。是汕头首家轮船代理机构。

光绪二十年（1894）

英商在礐石建油池可装油40万加仑，接着又在市区碕碌建油池可装油875万加仑。

光绪二十四年（1898）

日本、法国及我国招商局轮船开始航行华南沿海各港。

光绪二十五年（1899）

日本大阪商船会社在汕设立分机构，这一年日轮进汕头港99艘次，运量8.52万吨。

光绪三十年（1904）

9月28日潮汕铁路开工建筑，至1906年11月25日建成通车。该铁路从汕头至潮州全长42公里。

光绪三十一年（1905）

泰国华暹轮船公司的轮船开始定期航行于汕头至曼谷之间，运货载客，随后在汕头设立华暹轮船公司驻汕办事处。

二、民国时期

民国六年（1917）

7月10日，孙中山率“应瑞”、“海深”两军舰自上海抵汕南下护法。

民国八年（1919）

是年进出汕头港的汽船2496艘次，2921531吨位。

民国十年（1921）

是年新安人刘树德购一艘法国旧舰艇，改造为货轮“潮州”号，航行于汕头至香港之间，速度超越他船。

民国十一年（1922）

3月，汕头成立海员工会。

8月2日，12级以上强台风袭击潮汕地区，汕头港潮涨丈余，英轮“山东”号搁浅于哈屿附近。

民国二十年（1931）

4月5日，国民政府令税务司通告上海、汉口、潮海关等各税务司，50里内常关自文到之日停止征税，所有赔款担保部分候出口新税公布后一律转于出口税。

5月，日本人租商业街海滩地抢建码头，引起全市人民义愤前往交涉。9月10日市政府下令，沿海私有海堤一律暂停建筑。

9月，由汕头检疫所所长徐希仁向英国人连亨利收回海港检疫权，英国领事出面反对，经检疫所据理力争才获实现。

民国二十一年（1932）

2月，日舰因汕头报纸登载涉及把日本天皇称为伪皇一事大举交涉，并派军舰驶入汕头港示威。

民国二十六年（1937）

是年汕头港外货收入额高达35398247元，本国货收入额57131000元，土货出口额55619012元，贸易总额为148048259元，是汕头港开港以来贸易运输的极盛时期。

民国二十八年（1939）

1月14日，南洋华侨270余人乘英轮出国，在汕头口外遭日舰艇2艘拦截，乘客200余人被杀害，仅20余人生还。

6月5日，日舰10余艘泊于港外，时局紧张，中共潮汕中心县委召开“岭东青年救亡同志总会”，“汕头青年救亡同志会”在汕党员大会，分析国内外形势，要求抓紧时间做好反抗日军进攻汕头的一切准备。

6月21日凌晨，日军集中万余兵力，在20多架飞机掩护下，40多艘舰艇兵分三路占领汕头港，汕头沦陷。

民国三十年（1941）

12月8日，日军偷袭珍珠港，太平洋战争爆发，驻汕头日军封闭英美洋行，捕其领事、侨民，妈屿口日本兵舰云集。

民国三十二年（1943）

9月1日，日轮“白银丸”在汕头港妈屿岛附近被4架盟机炸沉，当时港口装卸工人受伤10多人，死者数人。

民国三十三年（1944）

7月26日，中美混合机队飞机轰炸在汕头港海面的日运输舰2艘，1沉1搁浅。

民国三十四年（1945）

1月17日，盟机轰炸日军舰2艘，1沉1搁浅。

8月15日，日本宣布无条件投降，汕头光复。

10月，汕头至香港客运航线复航，10月23日、26日，祯祥轮、祥发轮先后从汕头开往香港，在香港附近海面因机器发生故障和违章滥载，导致两轮沉没，乘客死亡失踪共300多人。

12月10日，美军扫雷舰5艘，由沪来汕扫除妈屿口战时所施放的水雷。

民国三十五年（1946）

2月11日，闽粤边区纵队司令部奉令成立“汕头港运输司令部”，即日查点集中营日俘日侨准备将其输送回国。23日起，东京美军总司令部陆续派舰到汕，先后6批共遣送日俘日侨5000多人。

5月18日，招商局“海闽”轮由沪来汕，在鹿屿外误触水雷，船体穿洞进水搁浅。5月23日由英国救护船拖回港内修理。

7月16日，英轮“大宝山”在港外红螺线搁浅，十多天后脱浅。

民国三十六年（1947）

10月起，国民党胡琏兵团经汕头败走，撤退时，在汕头抓了很多青壮年运往台湾，港内一些机动船也被劫走。

民国三十七年（1948）

8月，国民党政府决定将招商局改组为股份有限公司，原招商局汕头分局改为招商局股份有限公司汕头分公司，任命黄星淇为分公司经理。

三、中华人民共和国成立以后

1949年

10月24日，汕头市解放。

10月27日，中国人民解放军汕头军事管制委员会公用事业接管部交通处，到汕头港接管伪广州航政局汕头办事处等港口各个管理机构，同时成立汕头航政局。

11月13日，英籍“成兴”轮由香港抵汕，是解放后第一艘外轮进汕头港。

11月14日，台湾国民党首次派遣军用飞机轰炸汕头港，在港的英籍“和乐”轮、“成兴”轮、“峨嵋夫人”轮都遭到不同程度轰炸受伤。

12月5日，巴拿马籍“新利年”轮由汕头港开往华北，恢复华南与华北的海运。

1950年

1月20日，英籍“大宝山”轮由汕头开往南洋，恢复汕头与南洋的海运。

2月，菲律宾籍“新利源”轮首次来汕。

2月23日，中国人民解放军解放南澳岛，航政局动员在港小机船、民船的船员及本局干部支援前线。很多船员自备运输工具参加这次战斗。

4月16日，英籍“安徽”轮由新加坡载运归国华侨来汕，船进入赤屿航道触及台湾国民党军舰施放的水雷，机舱进水下沉，旅客死一人，其他得救。

5月24日，英籍“新亚”轮由汕头开往天津，船到港外赤屿附近航道，触及水雷，船头舱底穿洞沉没，乘客七人死亡。

5月27日、28日国轮“长平”号和一艘渔船触及水雷被炸沉，死伤多人。从5月24日～28日，先后有四艘船舶触及水雷被炸，共死亡36人，伤13人；货物损失800多吨。

6月，成立汕头港扫雷委员会和扫雷指挥部，并组成一支有解放军指战员、市委干部和航政局干部、工人、引水员（现称引航员）参加的扫雷队，于7月1日至12日，共扫获水雷七个，连同被风浪冲击漂起的水雷，共收获水雷十三个。

9月19日，国轮“举振”号由广州开往汕头，是解放后首次开辟汕头至广州的海运航线。

是年航政局派出一批干部到韩江、榕江、练江，动员民船联营，成立联运社和民船工会。到1952年三江一海的民船都组织起来，成为新中国的工人队伍，同时对汕头市29家造船业也组织联营，成立汕头市造船工程处。

1951年

1月，根据政务院的“进出口船舶、船员、旅客、行李检查暂行规则”，由航政、海关、检疫、公安等单位组成联合检查会议，同月16日开始执行联检制度。

5月，航政局移接海关港务股，与本局引水组合并为港务组。

5月，航政局开始修订《汕头港港务暂行章程》，经批准9月1日开始试行。

7月26日，广州区港务管理局以〔51〕4049号文，通知汕头航政局改为广州区港务管理局汕头分局，经汕头市委批准同意，并任命杨堃珊为分局局长。

9月13日，潮汕专署以汕秘字第937号文，通知潮汕运输公司将该司船务部（原招商局汕头分局）分开成立华南海运管理局汕头分局，任命蔡少成为分局代理局长。同年10月取消私营轮船行后，外轮业务统一由汕头海运分局代理。

12月，广东省人民政府交通厅内河航运管理局发文，经汕头市委批准同意，将航政局韩江分驻所移交给内河局，改名为广东省交通厅内河航运管理局潮梅分驻所（汕尾办事处至1954年5月1日才移交给潮梅办事处）。

1952年

10月汕头港务分局派“飞鮀”号小机船运载干部10多人支援前线解放南澎岛。

11月1日，汕头港务分局接管英商太古轮船公司第8号和第9号浮筒；11月26日接管英商怡和轮船公司第10号浮筒；11月29日接管港西太古公司轮船木码头和系在该码头的怡和公司小趸船。

1953年

1月1日，以汕头港务分局为主体与汕头海运分局合并，改名为华南区港务管理局汕头分局（以下简称汕头分局）。

9月，汕头分局移接海关码头，改名为港务第一码头，该码头系日本侵略汕头时，于1940年建成的高桩梁板式3000吨级军用码头。后由汕头海军长期借用。

11月1日，汕头分局对外轮开始强制引水。

是年，汕头分局移接海关信号杆建于港东堆场。

1954年

3月，汕头分局移接市搬运公司的木驳船129艘，由汕头分局统一调度指挥。

9月，汕头分局移接市搬运公司驳船船员577人为港务局固定工人。

到1956年，汕头分局先后三批移接市搬运公司搬运工人1442人，成为了汕头分局的工人。

11月，汕头分局接管市邮电局海岸电台。

11月份起，遵照交通部海运总局指示，汕头分局开始试行“昼夜装卸标准”，与南海货轮签订“在港停泊协议书”。

1955年

1月19日上午7：30时，台湾国民党派遣飞机分二批共12架轰炸汕头港。在港的英籍“正伟健”轮受伤较重，终于沉没。在敌机轰炸过程中，驻汕部队及“南海163”轮，用高射机枪回击，击落击伤敌机8架。汕头分局积极抢救伤员、打捞落海货物以及抢修受伤轮船，空警情持续至当天下午15：22时解除。

1956年

华南区港务管理局汕头分局改为汕头港务管理局。

打捞沉在海底的2艘趸船，修复后安置在港西调度室前，当作浮码头使用，至1977年报废。

是年，交通部和广东省侨委合资给汕头港务管理局改建港东仓库为华侨旅客候船厅，面积1241平方米。接着又将后面仓库改建为行李场，面积2307平方米，与候船厅配套使用。

1957年

改建外马路两座旧仓库为职工食堂和职工候工室，面积1500平方米。

1958年

在港西至平路口至海墘内街一带围海筑堤填堆场，干部职工涌跃参加劳动，挑沙运土，这一年填起堆场面积1663平方米。以后逐年续建扩建。

在哈尔滨调进一部起重五吨的汽车式吊机。至此，港务管理局开始有第一部装卸机械，以后逐年增加发展。

精简机构，下放干部，将17个科室合并为10个，415名科室机关干部工作人员精简了33.25%，先后分三批91人下放到市郊澳头劳动。

9月10日澄海县牛田洋围垦工程竣工。工程于当年4月开工，海堤长7公里，围地9000多亩。

1959年

3月10日，汕头港务管理局与汕头专署交通局将航运部分合并为汕头专署航务局。至1961年10月1日分家。

1960年

3月开辟汕—穗客运航线，由“南海134”轮（后改为“剑兰”轮）担任常班客轮，至1963年11月，因我国“跃进”轮海难事故发生，为整顿客运秩序，汕穗客运航线停航。

1961年

3月开始接办华侨行李服务工作。

9月29日，太平洋第25号台风在广东省东部沿海登陆，中心风力12级以上，台风登陆时正值港湾涨潮，汕头港遭受这次台风袭击，损坏码头3处，损坏仓库6处，损坏船舶17艘。

1962年

11月11日，广东省汕头专区港航监督成立。

1963年

4月15日，汕头港务监督和汕头专区港航监督联合发出有关汕头港内港航监督业务分工的通知。

10月5日，汕头港务管理局10号交通船发生火灾，直接经济损失6500元，原因是，上午8时，船到龟屿油库加油，船员不慎将汽油溅落在主机汽缸大火塞，引起汽油着火，酿成火灾。

1964年

4月9日，任命郭日凤为汕头港务管理局第一副局长代理局长，傅宝德为副局长。

4月20日，广东省委组织部任命宋修义为汕头港务管理局党委副书记代理书记。5月23日，又任命赵连清为汕头港务管理局党委副书记。

1965年

2月在广州海运局工作组指导帮助下，对汕头港务管理局组织机构进行一次调整，撤销装卸、驳船两个大队，成立9个中队，由局直接领导。

交通部和广州海运局“三五”规划工作组，先后于2月、8月两次到汕头港召开座谈会，听取老港区扩建和新港区选址的意见。经过讨论研究，拟订了《汕头港“三五”扩建方案初步意见》。后来由于“文化大革命”影响和其他原因，故方案未能实现。

1966年

6月开始，汕头港与全国各地一样，开展“文化大革命”运动。

9月20日，经港务局党委研究决定，成立汕头港公安分局，同时撤销港务局经保科。

广州海运局批复汕头港装卸工人计件工资改为计时工资，分9个等级，40～85元。驳船船员按华南港作业船工资标准同时改革。经过一段时间测算，到了1967年3月3日，制订装卸工人和驳船船员计时固定工资制度。四季度将奖励制度改为附加工资，工人每人每月4.50元，干部3.50元。

1967年

3月，汕头市全面实行军事管制，港口进驻军管小组和“支左”部队，港务局成立“文化大革命领导小组”。

8月制订装卸、驳船计时工资制度（计件改为计时）。

1968年

6月30日，汕头市发生“6.30”群众组织武斗事件，港口生产半瘫痪，日轮“晴河丸”运载进口化肥4139吨，停泊时间长达23.6天。

7月，中共中央先后发出“7.3”、“7.24”布告，各群众组织实行大联合，港务局成立革命委员会，各基层成立革命领导小组，武斗停止，派性逐渐消除，港口生产逐渐好转。

1969年

3月，汕头专区革命委员会决定将汕头港务管理局与汕头专署航务局合并，成立汕头专区水运公司革命委员会。同年10月9日，原港务管理局部分的机构成立港口作业区革命委员会（科级建制），原机关各科室改为5大组：政工、保卫、办事、生产、后勤，基层成立连队。到1972年5月港航分家，分家后的汕头港务管理局恢复原来科室建制。

7月28日，汕头地区发生了历史罕见的太平洋第3号台风（俗称“7.28”台风）。中心风力12级以上，于当天上午10：00时左右在汕头地区沿海登陆。台风登陆正值港湾涨潮，港内高潮位值4.97米，港区进水一米多，仓库入水，货物受浸，许多生产设施被破坏，在港的“金华”、“金井”、“襟裳丸”三艘外轮被袭击。据灾后统计，港口损失23.9万元，三艘外轮损失84.4万元。

1972年

6月14日，中共汕头地委决定成立汕头地区港务局，同年7月5日港务局恢复16名科级干部的职务。

7月10日，原汕头地区港务局改称为“汕头港务管理局”，同时启用新印鉴。

9月份，开始动工兴建港东3000吨级客货兼用泊位码头，到1973年12月13日竣工投产。码头长度100米，宽22.6米，完成投资262.09万元，其中码头主体130万元。

1973年

1月10日，广东省革委会交通办公室发文，撤销广东省港务局，汕头港务局由原汕头专区领导划归广州海运局领导（除生产、调度、工资、计划，其他业务仍由专区领导）。

3月9日，广东省革委会发文关于调整广州海运局管理体制通知，汕头港务局业务及干部归广州海运局管理，党政工以所在地党委领导为主。

1974年

5月，港务局开工兴建外轮航修站，到1979年12月竣工，完成投资578.90万元。1980年初验收投产。

1975年

2月3日，港务局开工兴建港西二个5千吨级泊位码头，到1976年6月底竣工，“七一”投产。码头长250米，宽度24.9米，包括仓库、机械、供电等配套工程。总投资计划1629万元，实际完成1628.65万元。其中码头主体工程计划投资348.10万元，实际完成352.21万元。

1977年

港务局根据全国“工业学大庆”会议精神，进行恢复性企业整顿，把“文革”前26项全局性规章制度恢复起来。

1978年

7月，港务局恢复被“文化大革命”冲击中断十年之久的装卸工人计件工资制度。1979年2月又在机械大队和船舶大队实行底薪计件工资制度，1980年恢复全局月度奖、速遣奖、年终奖、安全质量奖和技术革新奖。1981年5月，装卸工人实行浮动工资。同时把全局性速遣奖改为季度奖。

1979年

7月1日，汕头港恢复汕头至广州海上客运航线（该航线于1963年11月停航）。

9月，成立汕头港客运站。

交通部批准汕头港兴建5000吨级泊位客运码头和客运站大楼。码头长140

米，客运站大楼面积8929平方，设计年客运通过量39.68万人次。该工程于1984年年底开始兴建，1985年年底全部竣工，1986年元旦投产使用。结束了汕头港没有客运站的历史。

1980年

1月24日，汕头港恢复汕头至香港的国内客轮航线（该航线国内客轮于1952年土改时停航）。同年将两座旧仓库为旅客候船厅，面积2500平方。这一年，港口的客运量高达265.663人次，创造建国30年来汕头港客运量最高记录。

4月，成立外轮服务公司（集体编制）。

4月，创办《汕头港报》。

4月，创办职工业余学校，制订职工教育五年规划。

1982年

5月，交通部邀请有关领导及技术经济专家对《汕头港三个5000吨级泊位可行性研究报告》进行了审查。12月港务局上报设计计划任务书。1983年3月交通部转发国家计委335号文批准三个泊位的设计计划任务书。三个泊位是：5000吨级煤炭泊位和两个5000吨级粮食、杂货兼集装箱泊位。其中煤炭泊位1984年12月开始打桩建设，1986年底竣工。粮食、杂货泊位1985年9月开始打桩建设，1987年竣工。

1983年

汕头港务局建设安装30吨级地中衡（电子秤）一台。

1984年

1月1日，汕头港务管理局的管理体制进行改革，由原广州海运局管理转变为交通部直接管理，成为交通部直属一级企业，名称改为交通部汕头港务管理局。

5月28日，汕头港务局与香港“明华”公司签订运输经济合同，开辟汕头至香港的国际集装箱运输支线，担负集装箱运输任务的“华胜”轮开始试航，11月该支线正式开通。

1985年

6月7日，经交通部批准，交通部汕头港务管理局的行政级别由正处级提升为副厅级。

1986年

元月1日，汕头港客运码头客运站建成投产。上午在客运站举行庆典仪式，港务局局长林德高主持庆典，交通部、汕头市各级领导及有关单位代表和港务局干部职工三百多人参加庆典。

10月1日，根据交通部〔85〕计交字第454号文“关于汕头港柘林湾万吨级海轮过驳锚地设计任务书的批复”，原汕头航运公司所属三百门港务管理局从1986年10月1日起，移交给汕头港务局领导和管理，同时启用“交通部汕头港务管理局三百门港务公司”印章。

1987年

12月，汕头港改革为交通部与汕头市“双重领导，以市为主”的管理体制，原交通部汕头港务管理局改称为“汕头港务局”。同时，将交通部汕头港务管理局属下的汕头港务监督划出，与港务局海岸电台合并组建为“交通部汕头海上安全监督局”，1988年元旦，港务局与海监局同时挂牌启用新印鉴。

三百门港被列为汕头港务局第三作业区，开始进入外轮过驳和装卸的历史。

1988年

1月，广东省政府和交通部联合向国家计委报告《汕头港深水港区一期工程设计计划任务书》；3月，中国国际工程咨询公司进行评估，4月，向国家计委报送了《汕头港深水港区第一期工程评估报告》。

11月12日，汕头港务局成立“汕头市建港指挥部”。

1989年

10月6日至7日，由汕头市政府委托汕头市建港指挥部主持召开的汕头港总体规划审查会，经市领导、专家、工程技术人员的讨论，审查通过汕头港的总体规划。

12月29日至30日，对原3000吨级客货泊位改扩建为二个中级泊位（一个5000吨级和一个3000吨级）工程竣工通过验收。

1990年

1月，国家计委发文批准汕头深水港区第一期工程设计计划任务书。同年5月，国家交通投资公司在汕头市召开初步设计审查会，并发文批复了初步设计审查意见。

8月6日，经国务院批准同意国家计委发文批复汕头港深水港区第一期工程正式开工。一期工程建设项目是3.5万吨级煤炭泊位、2万吨级多用途泊位、1.5万吨级杂货泊位各1个，配套项目有7.95公里外导流防沙堤和一个1000吨级重件泊位及500吨级泊位4个，年通过能力530万吨。

1991年

3月18日至19日，在广州召开的津汕货班轮会议上，决定4月份开辟天津至汕头不定期货班轮，并签订了联合运输协议书。首航3000吨级红旗轮满载钢材和树脂及饲料于4月29日从天津开赴汕头港。

1992年

6月30日，根据粤组干〔1992〕317号文和汕组干〔1992〕137号文，温锡通同志被任命为汕头港务局党委书记，法人代表，负责党政全面工作。

7月11日，国家计委发文批准汕头港深水港区一期工程中的多用途、杂货两个深水泊位工程开工。

7月23日，成立“汕头经济特区招商进出口总公司”，为港务局直属二级单位，副处级建制。

8月24日，汕头港深水港区一期多、杂泊位工程投标评标，交通部第二航务工程局中标。

9月8日，成立“汕头港第四港务公司筹备处”。

10月20日，“汕头经济特区华港集装箱有限公司”合同签字。

12月30日，省人事局粤人任（92）208号文件，免去林德高汕头港务局局长职务。

是年，潮州升格扩大区域，三百门港划为潮州市管辖，更名为潮州港。

1993年

3月13日，汕头港务局首家中外合作企业“汕头经济特区华港集装箱有限公司”正式挂牌营业。

3月23日，汕头港务局三百门港务公司的人财物成建制移交给潮州市人民政府。

7月29日，汕头港深水港区一期工程3.5万吨级煤码头配套的1000吨级驳船码头和重件码头通过单项工程验收，交付使用。

1994年

4月19日，在汕头金海湾大酒店举行中港双方合资兴建汕头国际集装箱码头合同签字仪式。

10月上旬，2×1250千瓦全回转消拖两用船“引航5号”正式投入生产。这是汕头港有史以来最大的拖轮。

10月24日，扩建的汕头港老港区前沿堆场工程竣工验收。堆场总面积11352平方米，设计年堆存能力50万吨。

11月8日至9日，汕头港深水港区一期工程外导流防沙堤工程竣工验收。

11月10日，中共中央政治局常委、书记处书记胡锦涛一行在中共中央政治局委员、省委书记谢非和汕头市领导陪同下视察汕头港。

1995年

1月16日，粤人任〔1995〕6号文件、汕组干〔1995〕9号，任命温锡通同志为汕头港务局局长。

2月17日，成立“汕头港航修供应服务公司”，为港务局直属二级单位，正科级建制。

9月1日，汕头港深水港区一期煤码头工程竣工验收。

9月8日，经过改扩建的汕头港客运站旅客候船联检大厅正式启用。

11月27日至29日，“汕头深水港珠池港区五个万吨级泊位工程可行性研究报告审查会”在汕召开。

12月28日，中共中央总书记江泽民视察汕头港广澳港区。

1996年

1月，汕头港深水港区（珠池港区）一期工程2万吨级多用途泊位和1.5万吨级杂货泊位试投产。

6月7日，汕头港深水港区一期工程多用途、杂货泊位工程通过国家验收。

6月14日，交通部行文公布汕头港外航道水深为-9.5米，深水港煤码头水深为-10.8米，珠池港区多用途、杂货泊位水深为-10.5米。

7月19日，第一个梅州集装箱运抵汕头港，开创了梅州集装箱在汕头港出口的历史。

1997年

2月13日，港务局举办“汕头港务局ISO9000普及教育培训”，局机关干部及二级单位班子成员、四科一室领导、质量管理骨干共243人参加。局全面贯彻GB／T19000－ISO9002标准质量认证工作拉开帷幕。

5月28日，汕头港务局同加拿大新不伦瑞克省圣约翰市圣约翰港建立友好港口关系。

6月4日，汕头深水港珠池港区二期工程3号A、3号码头初步设计通过审查。

1998年

1月6日，由汕头市达濠市政工程总公司承包施工的珠池港区排洪沟工程竣工验收。

1月13日，汕头港务局首次获得中国方圆认证委员会质量认证中心颁发的GB／T19002：94－ISO9002：94标准质量体系认证证书。

1月16日，15时10分，首趟货运列车4节车厢装载江西赣州的256吨荧石矿抵达汕头港珠池港区。

2月18日，汕头港务局获得德国西南联技术监督机构（TÜV）颁发的GB/T19002：94－ISO9002：94标准质量体系认证证书。全局一次整体通过ISO9002标准质量体系国内国际双认证。

4月16日，广梅汕铁路疏港铁路建成开通营运。该路由汕头站北端接轨到汕头港珠池港区，全长6.28公里，营运里程9.43公里，年设计运量290万吨，总投资1.1亿元，工程于1997年3月18日开工至同年10月18日铺通。

11月6日，汕头市市长办公会议研究汕头港口体制改革问题，作出了政企分开、组建汕头港务集团等6项决定。

11月30日，汕头港务局订购的1500立方米喷水推进耙吸式挖泥船"汕港浚8"号，由广东新中国造船厂有限公司建成下水。

12月22日，汕头市政府十届六次常务会议通过了《汕头港务局机构编制方案》和《汕头经济特区港口管理暂行规定》。

1999年

1月7日，汕头市政府批复汕头港务集团组建方案。

3月31日，汕头港广澳港区东防波堤续建工程开工。

4月6日，根据汕头港务集团有限公司《章程》，董事会研究决定，原广澳海湾发展公司更名为汕头港广澳港务公司。

4月26日，在韩江路31号新落成的办公楼，举行了汕头港务局迁址暨汕头港务集团有限公司成立挂牌仪式。汕头港务集团有限公司副董事长、总经理陈一海主持仪式。汕头市委书记庄礼祥为汕头港务集团、汕头港务集团有限公司揭牌；市委常委、常务副市长黄荣汉和汕头港务局局长、汕头港务集团有限公司董事长温锡通分别讲话。

6月22日，汕头市第十届人大常委会第六次会议通过了《关于要求禁止在汕头港围海造地的决议》。

8月27日，汕头港务集团公司1500立方米喷水推进耙吸式挖泥船"汕港浚8"号船正式投产。该船由中国船舶工业总公司上海708研究所设计，广东新中国造船厂有限公司承建。

2000年

3月13日，汕头—香港客运航线停航（因客运市场竞争激烈，水运缺乏优势）。

4月5日，6万吨级“泰昌”号外轮顺利停泊汕头珠池港区，装卸41000吨出口货物，创造汕头港有史以来的两个突破——进港最大的一艘货轮，批量最大的一宗出口货物。

2000年，汕头港务集团公司完成货物吞吐量1018万吨（首次突破1000万吨大关），比上年增长7%；完成集装箱吞吐量6.76万标准箱，比上年增长53.0%。

2001年

1月9日，汕头港广澳港区专用道路新建工程竣工通过验收。专用道路全长约576米，宽8米，水泥混凝土路面，双车道，国家二级公路标准，工程自2000年7月5日开工，至2000年12月15日完工。

1月16日，交通部在汕主持召开汕头港珠池港区二期工程4号～6号泊位码头工程竣工验收会，通过该项目验收，工程质量等级评为优良。汕头港珠池港区二期工程4号～6号泊位码头工程，包括1.5万吨级件杂货泊位一个，2万吨级钢铁泊位一个，2万吨级多用途泊位一个，全长543.62米，承台宽度36米，年设计通过能力165万吨。工程由汕头港务局投资7189万元兴建。参加建设的单位有：中港第四航务工程局第二工程公司、汕头港华兴工程建设监理所、汕头港港口工程质量监督站。工程自1999年1月1日开工，2000年11月28日完工。

2月10日，汕头港广澳港务公司码头被海关总署批准为汕头保税区专用码头。

4月，南澳县对台经济开发区第一个码头泊位建成（于1998年6月12日动工）。已建成的泊位水深8.3米，可停万吨级船舶，年吞吐能力80万吨。

5月12日，汕头LPG码头罐区项目3号泊位工程竣工验收。该泊位位于汕头市达濠区广澳湾，为2.4万吨～6.4万吨级专用液化石油气开敞式码头，结构类型为高桩墩式，码头面高程+12.0m，前沿设计水深-14.0m。水工工程分码头和引桥两个单位工程。工程自1999年11月10日开工，至2001年4月20日完工。

5月18日，加德士海洋燃气能源公司汕头LPG工程3号泊位（5万吨级）通过综合验收并投入试产。标志着总投资1.44亿美元的加德士汕头LPG码头罐区工程及配套工程全面完成。

5月31日至6月1日，交通部会同广东省人民政府在汕头市召开了汕头港总体布局规划审批工作协调会议。中国交通部第一航务工程勘察设计院汇报了《汕头港总体布局规划》，与会代表和专家对《规划》进行了审议，由汕头港务局组织修改并报汕头市政府审查后，上报交通部和广东省人民政府审批。

9月6日，交通部以交水发〔2001〕490号文批复汕头港珠池港区二期工程初步设计。同意汕头港珠池港区二期工程建设5个万吨级以上多用途泊位，码头合计长900米，设计年吞吐能力240万吨，核定工程总概算为103741万元。

10月19日，载重量60767吨的金昌轮抵达汕头港珠池港区，装载40137吨荧石粉出口，创造了汕头港单船货物出口装载量新纪录。

12月9日，交通部令10号《船舶引航管理规定》颁布，自2002年1月1日起施行。

12月14日，交通部以交规划发〔2001〕742号文正式批复汕头港广澳港区一期工程可行性研究报告。该项目建设2万吨级多用途和通用泊位各一个（码头水工结构按5万吨级设计），新增年通过能力96万吨，其中集装箱通过能力3万TEU。工程总投资估算控制在25000万元以内，其中项目资本金8750万元，国家安排港口建设费2190万元，其余部分由企业自筹。

2002年

1月25日，汕头港务局召开外导流拦沙堤AB、BC段加高工程竣工验收会，外导流拦沙堤AB段1230米浆砌块石加高至＋2.4米，BC段2100米现浇混凝土加高至＋2.4米，合同造价589万元。工程于2001年5月22日开工，2001年12月26日竣工。

1月29日，泰国总理执政顾问披匿、泰国进出口商协会秘书长玛律，泰国远泰船务有限公司董事长、总经理黄喜源等泰国客人莅港考察访问。

3月8日，长254.2米的“河北进步”轮在汕头港引航站引航员的引领下安全靠泊珠池港区1～2号泊位。至此该轮为汕头港引航站引领长度最大的船舶。

6月7日，经交通部厅水字〔2002〕233号槛批复，汕头港正式加入交通部运输EDI信息网络项目。

6月19日，交通部正式批复汕头港航道及外拦门沙整治二期工程初步设计。同意航道按3万吨级散货船和2.5万吨级集装箱船乘潮水位1.49米的单向航道设计，航道全长13298米（其中开挖段长10272米），航道有效宽度150米，底面高程-11.0米。工程总概算19252万元，其中国家安排港口建设费5600万元。工程总工期3年。

6月25日，汕头港务集团广澳港务公司接卸从美国装载大豆38500吨的“明业”轮，至此是汕头港进口卸货量最大的船舶。该轮吃水10.7米，是汕头港引航站至此引领吃水最深的船舶。

7月10日，交通部以交水发〔2002〕289号文正式批复汕头港广澳港区一期工程初步设计。批复同意码头水工结构按停靠5万吨级集装箱船设计；码头长

435米，顶面高程4.5米，码头前沿底面高程-15.0米，港池最小宽度268米，底面高程-10.7米，辅建区布置在1号、2号泊位陆域的后方，供水调节站布置在2号港区大门的北侧；2号通用泊位采用门座起重机装卸工艺方案，3号多用途泊位采用堆场重箱作业、集装箱正面吊运机方案，并利用港务集团公司现有的装卸机械配置设计；采用吹填和回填相结合的陆域形成方案；辅助建筑物总面积7624.3平方米；工程总概算24993.52万元，其中国家安排港口建设费2190万元。工程总工期2.5年。

8月9日，交通部批准汕头港务局申报的汕头港航道及外拦门沙整治二期工程开工报告。完成了项目报建手续。开工日期2002年8月6日，计划竣工日期2004年8月6日。

9月26日，经交通部水运司批准，汕头港务局对汕头港广澳港区一期工程——码头水工结构及护岸工程进行招标。并于10月18日至11月4日在汕头市组织工程开标、评标。经评标，中标单位为中港第三航务工程局（现称中交第三航务工程局有限公司），中标总价为7635万元。

11月8日，广澳港一期工程举行开工典礼。海峡两岸航运交流协会理事长胡汉湘、汕头市市长李春洪等领导和省、市各有关部门负责人及企业各代表出席。

11月9日，汕头港物流中心举行开业庆典，标志着汕头港现代化物流业开始进入全面运作。

11月11日，汕头港务集团公司第二艘1500立方米挖泥船“汕港浚9号”正式投入使用，这是国内第一艘喷水推进耙吸式挖泥船，总长73.8米，型宽14米，型深5.1米，满载吃水4.2米，总吨位1718吨，主机功率970千瓦x2台，最大挖深12米，满载船速11节，总投资3400多万元。

12月26日，汕头港务局接到广东省人民政府办公厅12月19日印发的《广东省双重领导港口下放实施方案》（12月12日签发）。

2003年

1月13日，根据国办发〔2002〕91号文《关于港口管理体制改革的意见》和财政部有关文件，交通部批复同意原中国外轮理货总公司汕头分公司从汕头港务集团公司中分离出来，组建具有独立法人资格的汕头市中理外轮理货有限责任公司。

1月29日，汕头港珠池港区二期工程——排洪沟工程（电排站设备二期配套工程）设备及安装通过竣工验收。该工程为汕头市排洪沟工程的配套机电设备工程，由汕头港务局投资兴建。该工程设备安装调试合格，同意验收，移交城市管理部门管理。

3月26日，以韩国平泽市市长金善基为团长的平泽市代表团一行莅港访问，与汕头港务局领导就今后开展合作进行了交流。

4月24日，汕头市中理外轮理货有限责任公司揭牌。

5月7日，省计委以粤计基〔2003〕425号文批准汕头港广澳港区滚装码头工程可行性研究报告。利用广澳港区一期工程3号泊位码头岸线建设10000吨级滚装码头一座，滚装泊位长度183米，与3号泊位同步建设并综合利用港口配套工程设施。

8月28日，《汕头港广澳港区一期工程初步设计（贯彻国防要求）》通过广东省交通厅审核。至此，广澳港区一期工程完成项目前期工作。

10月1日，南澳县前江湾战备码头建设项目正式动工。该项目经广东省计委粤计基〔2003〕378号文批准立项。

11月1日，汕头港务集团公司举办“现代港口经营高级研习班”，邀请德国汉堡港口培训学院安德武院长、普雷特教授前来讲课，集团公司领导，各处室、公司主要领导近50人参加了研习班。这是汕头港有史以来首次邀请外国专家来港讲课。

2004年

3月28日，上午11时20分由香港亚洲邮轮公司和汕头海之杰船务代理公司共同经营的香港—汕头“澳玛Ⅲ”号国际邮轮准时驶抵汕头港客运站码头，汕头市长黄志光在码头迎接首航客人。该轮是由香港亚洲邮轮公司耗资3亿元购买的，邮轮长171米、宽24米，共有9层，客房255间，总载客量600人，船员306人。

9月7日，根据汕头市机构编制委员会汕机编〔2004〕32号文“关于印发汕头市港口管理局职能配置、内设机构和人员编制规定的通知”，原汕头港务局改称为“汕头市港口管理局”。

10月20日上午，汕头港务集团公司举行汕头港珠池港区二期工程试投产暨汕头港航道开挖工程开工仪式。

12月1日上午，汕头港开通由中远集装箱运输有限公司和上海泛亚航运有限公司合作的内贸南北航线，该航线内贸干线“滨城”轮首航到达汕头港珠池港区集装箱专用码头。

2005年

2月21日，根据汕头市市委组织部组干〔2005〕66号文《关于成立港口管理局党组、纪检组和蔡伟杰等同志职务任免的通知》，撤销原汕头港务局党委、纪委，同时任命蔡伟杰同志为汕头市港口管理局党组书记。

3月10日，汕头市人事局〔2005〕22号文《关于蔡伟杰等同志职务任免的通知》，任命蔡伟杰同志为汕头市港口管理局局长。

3月28日，汕头市港口管理局举行成立揭牌仪式。

4月5日、4月6日，汕头市港口管理局两次向市委市政府领导汇报港口情况，提出了港口发展思路。

5月10日，汕头市港口管理局列入依照国家公务员管理。

9月14日，广东省发展和改革委员会批准汕头港广澳航道一期工程。工程按满足5万吨级集装箱船舶单向乘潮航行标准建设。

9月15日，汕头市政协主席赖益成带队到珠池港区、马山港区和广澳港区视察。

9月17日，汕头市政府批准汕头港广澳港区总体规划。

9月22日，市委书记林木声带队到汕头市港口管理局进行调研，蔡伟杰局长向其汇报工作。

11月，汕头港航道及外拦门沙整治二期工程（航道工程）竣工验收。工程于2004年10月20日开工至2005年11月15日竣工，总造价5453.546万元。工程建成后，外航道水深达到-11.0米，满足30000吨级货轮进出港的吃水量。

2006年

1月，汕头市港口管理局网站正式开通。

2月22日，泰国交通部副部长布拉帕.琳巴潘参观珠池港区。市港口管理局副局长曾仕娟接待并介绍港口情况，汕头港务集团公司副董事长张庆春参加接待。

4月10日，广东省人大财经委员会调研组到汕头市港口管理局，就制定《广东省港口管理条例》进行调研，蔡伟杰局长作了汇报。

5月23日，台湾国民党副主席江丙坤一行8人到港口参观。汕头市港口管理局副局长曾仕娟向江丙坤副主席一行介绍了港口情况。

7月6日上午，广东省钟阳胜副省长一行莅汕，视察加德士燃气公司深水港、南山湾工业区、华能海门电厂项目厂址。

10月14日，国家发改委副主任张晓强、广东省发改委副主任张军一行到加德士、广澳、珠池港区视察，黄志光市长做陪，汕头市港口管理局蔡伟杰局长介绍了港口情况。

12月30日，华能汕头海门电厂工程在潮阳区海门湾举行隆重开工典礼。广东省省长黄华华等领导参加开工典礼。汕头市港口管理局局长蔡伟杰介绍有关海门港区规划建设情况。

2007年

1月27日，广东省副省长佟星、广东省经贸委副主任刘晓捷、广东省交通厅副厅长徐欣、广东省安全监管局副局长冯寿宗一行，在汕头市领导黄志光、蔡宗泽、陈奕威等陪同下，到广澳港区、华能海门电厂工地调研，汕头市港口管理局局长蔡伟杰向他们介绍了汕头港规划建设情况。

2月25日，黄志光、邓大荣、谢泽生等汕头市领导及有关部门领导，就加快交通、港口、能源、工业等重点基础设施建设进行调研。汕头市港口管理局局长蔡伟杰汇报了汕头港口的有关情况。

4月9日，广东省委常委、常务副省长黄龙云在汕头市领导黄志光、蔡宗泽等的陪同下，到广澳深水港码头、华能汕头海门电厂、中海油LNG选址地等汕头重点项目进行调研，汕头市港口管理局副局长陈晓峰介绍港口有关情况。

4月19日，《汕头港三区一县港区总体规划》经过调整，于4月12日至4月19日在汕头市政府门户网站进行公示，该规划的彩图在汕头市规划局展厅展示，供公众参观、提意见。

6月4日，中华人民共和国国务院下发国函〔2007〕54号《国务院关于同意广东汕头港口岸广澳港区对外开放的批复》，同意广澳港区正式对外国籍船舶开放。

6月15日，交通部水运司组织2007年水运工程建设项目检查工作组，对汕头市港口管理局负责的在建重点项目——华能海门发电厂一期港口工程和汕头港广澳港区一期工程进行检查。汕头市港口管理局副局长陈晓峰向检查组介绍有关情况。

6月20日，汕头市港口管理局局长蔡伟杰、副局长庄松均带队到交通部综合规划司，就汕头市《汕头港三区一县港区总体规划》编制、进展情况作汇报。

7月20日，“汕港管1”号公务艇首航，实现汕头港公共设施管理海上巡查。

8月9日至10日，《汕头港三区一县港区总体规划》专家咨询会召开。交通部总工程师、广东省交通厅领导以及若干知名港口高级专家齐聚汕头，为汕头市拓展港口发展空间，加快港口建设提出宝贵意见。

10月26日，汕头市行政服务中心举行揭牌仪式，汕头市港口管理局派员进驻，负责港口方面的行政审批工作。

10月，汕头港与加拿大贝鲁特王子港达成缔结“友好港口”的意向。

11月7日，汕头市人大常委会副主任钟展南、汕头市人大法工委主任吴小云一行9人到汕头港口管理局调研，了解我市港口立法的前期准备工作，并到珠池港区、广澳港区考察我市港口建设及岸线使用情况。

11月14日，中共中央政治局委员、广东省省委书记张德江在汕头市市委书记黄志光、市长蔡宗泽和市港口管理局局长蔡伟杰等的陪同下视察广澳港区。张德江指出，汕头的港口条件得天独厚，最大的优势是大力发展港口工业。什么时候汕头港的货物吞吐量达到亿吨，集装箱吞吐量达到300万标箱，汕头就会好起来。

11月24日至28日，汕头市港口管理局召开汕头港珠池港区二期工程竣工验收会，交通部水运司副司长肖大选等有关负责人和专家学者参加了竣工验收会议。汕头港珠池港区二期工程顺利通过交通部竣工验收。

12月27日，根据广东省人事厅批复（粤人函〔2007〕2408号文），汕头市港口管理局列入参照公务员管理。

12月27日，中海集装箱运输股份有限公司旗下的“新锦州”集装箱轮（船长216米，船宽32米，吃水9.8米）成功靠泊广澳港区3号泊位，这是该泊位首次靠泊大型集装箱班轮。

2008年

1月7日，中共中央政治局委员、广东省省委书记汪洋在汕头市市委书记黄志光、市长蔡宗泽等领导的陪同下，视察了汕头港广澳港区。

1月31日，汕头口岸大通关2007年度工作会议在汕头市港口管理局召开。会议总结了2007年全市大通关的工作，并提出了2008年大通关的工作安排。

3月6日，为贯彻落实市委、市政府和黄志光书记关于抓紧广澳港区西防波堤项目的前期工作，汕头市港口管理局成立了以蔡伟杰为组长、陈晓峰副局长为副组长的推进广澳港区西防波堤项目前期工作领导小组。

3月7日，“汕头港—地中海国际集装箱班轮首航仪式”在广澳港区隆重举行。汕头市市委书记黄志光、副市长苏耀光、汕头海关关长臧玉健、汕头市港口管理局局长蔡伟杰、达飞轮船（中国）有限公司华南区总经理张永平等领导，以及其他相关部门负责人出席了首航庆典仪式。

3月29日，法国达飞轮船有限公司的集装箱班轮 “希德伯格”号安全靠汕头港广澳港区集装箱码头。该轮长258米，宽32.2米，进港吃水10米，总吨位5.3万吨，载箱量2700TEU，是迄今为止进入汕头港长度最长、吨位最大的集装箱班轮。

4月24至25日，汕头市港口管理局召开了汕头港广澳港区西防波堤预可行性报告评审会，对广澳港区西防波堤预可行性报告进行评审并通过了预可行性报告。

5月8日，全国政协原副主席、致公党中央原主席罗豪才率“海峡西岸区域经济发展”调研团莅汕调研，到广澳港区考察并听取情况介绍。

7月25日，广东海事局在汕头市召开《汕头港广澳港区航道一期工程通航安全评估报告》评审会。汕头海事局、汕头市港口管理局等单位代表及专家参加了会议。

8月5日，在汕头市迎宾馆召开《汕头港总体规划补充报告》汇报会。市委、市政府领导及有关部门参加了汇报会。会议听取了汕头市港口管理局及中交第一航务工程勘察设计院有限公司对该《报告》编制和修编情况的汇报。

8月19日，广东省发改委发出《关于汕头港广澳港区西防波堤工程项目建议书的批复》，使该项目完成了立项工作，为争取列入国家“十一五”规划和国家的资金补助支持，广东省发改委在批复中明确了项目的建设内容及规模。根据批复，汕头港广澳港区西防波堤工程项目总长7925米，由西防波堤和外东防波堤两部分组成，其中西防波堤长度6317米，外东防波堤长度1608米。项目总投资初步估算为14.5亿。

10月12日，国家交通运输部环保办在帝豪酒店组织召开《汕头港总体规划补充报告环境影响报告书》审查会，对《汕头港总体规划补充报告环境影响报告书》进行审查并通过了该报告。

12月16至17日，国家交通运输部与省有关部门在帝豪酒店组织召开《汕头港总体规划补充报告》审查会，对《汕头港总体规划补充报告》进行审查并原则上通过了该报告。

12月19日，汕头市港口管理局在汕头港珠池港区成功组织汕头港危险货物事故Ⅱ级应急演练。

2009年

1月18日，汕头港实现对台海上直航，这是广东省第一个对台直航的港口，结束了汕—台海运中断60年的历史。直航班轮航线首航仪式在汕头国际集装箱码头隆重举行。

1月18日，汕头市港口管理局蔡伟杰局长与中联航运有限公司总经理陈洪辉分别代表双方举行战略合作协议签字仪式，正式建立全方位、深层次的战略合作关系。

2月4日，汕头市副市长苏耀光来汕头市港口管理局指导调研。之后，带领汕头市港口管理局、汕头港务集团、汕头海事局、汕头市交通局、汕头市海洋与渔业局、汕头市环保局以及濠江区政府等单位的领导，到广澳港区召开港口建设工作现场会，研究部署加快广澳港区的建设和发展。

2月4日，全国中小企业协会会长、国家发改委原副主任李子彬在汕头市委书记黄志光等市领导的陪同下视察广澳港区，汕头市港口管理局局长蔡伟杰介绍了汕头港发展与规划情况。

2月22上午，汕头港广澳港区航道一期工程正式开工建设。汕头市市委书记黄志光宣布开工令，汕头市市长蔡宗泽、广东省港航管理局局长邓立文、汕头市人大常委会副主任陈友烈，汕头市副市长苏耀光，汕头市政协副主席林依民，汕头市纪委副书记、监察局长许景峰及相关单位领导出席开工仪式。

2月23日，汕头市港口管理局、汕头市国土资源局、汕头市财政局联合发出《关于实施港口岸线有偿使用制度的意见（试行）》（汕港管〔2009〕20号）。文件确定："凡在汕头市行政区域内新建码头及其他港口设施使用岸线（包括沿海岸线和内河岸线）和改、扩建码头新增使用岸线的，均应缴纳港口岸线有偿使用金。"

5月6日，汕头对台直航包船邮轮"亚洲之星"号乘载350名游客扬帆起航。这是大陆继上海、厦门之后国家交通运输部批准的第三宗海上包船直航台湾特案，汕头市也成为广东省首个实现对台包船客运直航城市。

5月19日，汕头市市委书记黄志光带队到汕头市港口管理局调研，研究加快推进港口建设，做强做大港口经济的思路、办法和举措。黄志光强调，各级各有关部门要用科学发展观来统揽工作，进一步增强紧迫感和责任感，大思路、大气魄、大手笔，高起点、高标准、高效能，以广澳港区建设为重点推动新一轮港口大发展。参加本次调研的还有邓大荣、谢泽生、苏耀光等汕头市领导及相关部门负责人。

6月10日，华能海门电厂码头正式启用。华能海门电厂一期1、2号机组海域工程是华能海门电厂配套的港区工程，包括：煤码头与相邻护岸工程、综合码头与相邻护岸工程、航道及港池疏浚工程、防浪堤及厂区护岸工程。其中煤码头岸线长345米，航道底宽165米，水深-15.7米，港池回转半径460米，底高程-14.8米。2009年3月4日，汕头市港口、海事、海关、边防等单位组织对煤码头及相邻护岸工程进行了交工验收。

6月29日至7月13日，由市政府主要领导带队赴广西钦州市、防城港市和重庆市学习考察，汕头市港口管理局局长蔡伟杰参加本次考察活动。

7月26，汕头市市委书记黄志光带队到广澳港区实地调研工程建设情况，检查各项工作落实情况。汕头市领导邓大荣、罗仰鹏、谢泽生、苏耀光参加调研。

8月22日，汕头港广澳港区一期工程2号泊位竣工初步验收会议在汕头市龙湖宾馆召开。会议通过了《竣工初步验收意见书》。

8月28日，汕头港广澳港区防波堤工程可行性研究报告在广州市通过省交通厅组织召开的专家评审会评审。广东省发改委、省海洋与渔业局、广东海事局和汕头市有关部门参加了会议。广东省交通厅张健副总工程师、汕头市苏耀光副市长出席会议。

10月29日，广东省环境技术中心在汕召开《汕头港广澳港区2万吨级石油化工品码头及库区配套工程》环境影响报告书，专家评审会，会议通过了对《报告》的评审。

11月11至12日，广东省海洋与渔业局在汕头市召开了《汕头港广澳港区防波堤工程海洋环境影响报告书》专家评审会。参加会议的有：广东海事局，南海舰队广州保障基地，汕头市海洋与渔业局、汕头市港口管理局（建设单位），国家海洋局南海海洋工程勘察与环境研究院（评价单位）等单位的代表以及特邀专家。会议形成了评审意见。

11月11至12日，广东省海洋与渔业局在汕头市召开了《汕头港广澳港区防波堤工程海域使用论证报告》（以下简称《报告》）专家评审会。参加会议的有：国家海洋局南海分局，中国海监广东省总队，中国海监汕头支队，广东省海域使用动态监管中心，汕头海事局，汕头市政府、规划局、海洋与渔业局、海域使用动态监管中心、汕头市港口管理局，汕头市濠江区政府，濠江区海洋与渔业局等单位的代表，特邀专家以及《报告》编制单位国家海洋局南海海洋工程勘察与环境研究院等。会议形成了评审意见。

11月26日，广东省交通厅组织有关单位和专家对汕头港广澳港区防波堤工程初步设计进行了审查；12月4日，广东省交通厅以《关于汕头港广澳港区防波堤工程初步设计的批复》（粤交基〔2009〕1279号），批复了该工程初步设计。

11月，广东省发改委以“粤改交〔2009〕1210号文”批复汕头港广澳港区防波堤项目工程可行性研究报告，工程估算投资15.18亿元。2009年12月，国家交通运输部以“交函规划〔2009〕364号文同意该项目列入2010年固定资产投资计划，补助金额45880万元。

12月15至16日，汕头市港口管理局在汕头市帝豪酒店召开了《汕头港广澳港区4号A、4号B 2个10万吨级集装箱码头工程工程可行性研究报告》初审会。参加会议的单位有：汕头海事局，汕头市的发改局、交通局、规划局、国土资源局、海洋与渔业局、环保局、港口管理局，汕头市濠江区政府，汕头港务集团有限公司等；会议形成了《汕头港广澳港区4号A、4号B 2个10万吨级集装箱码头工程工程可行性研究报告初审意见》。

2010年

6月11日，汕头市市委书记李锋主持召开交通重点项目工作汇报会，提出“做强做大融资平台，盘活珠池港区。引进战略性合作伙伴，加快广澳港区建设”的工作思路。

6月23日，汕头市市委书记李锋到广澳港区调研港口建设和发展情况，听取市港口规划建设情况汇报。李锋书记指出：“要整合零零散散的小码头，形成合力，集中精力、集中力量、集中财力搞好广澳港区的建设。要进一步扩大港口规模，优化港口结构，提升港口等级。要充分利用广澳港区优良的天然条件，加快港口泊位、集疏港通道等各项基础设施建设，加快形成港口经济的规模集聚效应。要进一步用活、用足、用透、用尽有关优惠政策，通过区港联动增强保税区辐射功能，带动港口城市经济发展。与此同时，要大力引进战略投资者和合作伙伴，引进有经验、有实力的国际航运公司，开拓更多的国际国内航线，扩大港口经济腹地，加快港口建设和发展。”

7月

华能汕头电厂重件码头改造工程项目的工可研报告已通过广东省交通运输厅的审查。工程年设计能力150万吨，投资估算为6934万元。

7月16日，汕头港广澳港区对外开放顺利通过了国家验收。港区的正式对外开放待报海关总署（国家口岸办）批准后，由交通运输部对外公布。

7月26日，汕头市市委书记李锋在市委九届九次全会上的讲话中指出：“港口是汕头的优势资源，加快推进以港兴市发展战略，就必须整合珠池港区等现有的小港口资源，引进战略合作伙伴，集中力量建设广澳港区，把广澳港区做强做大，早日实现亿吨大港的目标。而置换出来的珠池港区等，又可以通过整体规划，调整功能，通过投融资平台，筹集到大笔资金，迅速解决我市当前财政困难的问题，而且能够优化中心城区布局，加快建设拥有纵深内海湾的生态型海滨城市，一举多得。”

编后记

“盛世修志，志载盛世”。在汕头开港150年之际，潮汕地区首部全面性、系统性的专业志——《汕头港口志》，终于付梓问世了。

古人云：“治天下者以史为鉴，治郡国者以志为鉴”。我国从古至今，历代都有编史修志的传统。潮汕地区也不例外，一千多年来，先后编纂了《潮州府志》、《潮州志》、《汕头市志》及各县县志等。新中国成立后，党和政府重视编史修志工作，各类史书、志书呈五彩缤纷之势。港口是水陆交通的集结点和枢纽，是联系内陆腹地和海洋运输的一个天然界面，在世界海运贸易中具有无可替代的作用。因此，港口修志也就顺理成章成为全国编史修志的重要内容。

汕头港修志始于20世纪60年代初。当时，全国普遍开展编修地方志和专业志工作，汕头港务局于1961年编写了《汕头港志》，但由于处在三年经济困难时期，致使该志没有成书出版。

1979年，改革开放的东风推动了编史修志工作。1982年，在国家交通部统一领导下，全国港口行业掀起编写港史热潮。汕头港务局成立了港史办公室，组织力量，开展编写《汕头港史》工作。1985年1月10日，汕头市成立了市地方志编纂委员会，下设地方志编写办公室。同年8月23日，地方志编写办公室发文，要求各行业编写行业志，作为《汕头市志》中的专业志。经过一年多时间工作，完成了《汕头港志》初稿（约13万字），上报市志办，编入《汕头市志》。《汕头市志》于1999年12月由新华出版社出版。汕头市航运总公司水运史编写组、饶平县港史编写组，也各自完成了《汕头水运史》、《柘林湾志》的编写任务。

1999年10月，根据广东省政府要求，汕头市地方志编纂办公室又一次要求全市各单位各部门各行业参与编写《汕头市志·续志》（1988年～2000年）。原汕头港务局主编的《汕头港志·续志》列为该《续志》卷十四的“港口篇”，后来由于《汕头市志·续志》纲目内容设计篇幅较大，致十四卷“港口篇”纲目被取消，内容被列入调整后的《汕头市志·续志》的交通篇。后因《汕头市志·续志》全书纲目过多，致十四卷“港口篇”纲目被取消，内容则被该《续志》列入调整后的“交通篇”。

基于上述原因，以上文稿都没有形成一部完整的港口志单独成书出版。

为了弘扬港口文化，传承港口历史，2007年，汕头市港口管理局组织力量对《汕头港口志》进行系统的编纂。汕头市港口管理局局长蔡伟杰提出以时间为主线，以港口各个时期历史变迁为主题的编纂方针，并对编纂工作做了全面部署；在编纂过程中，他多次听取编纂人员的汇报，就港口志的结构布局、内容补充、文字修改提出了具体意见。在各方面的支持配合下，倾注几代编纂人员心血的《汕头港口志》的编纂工作已经顺利完成，向潮汕人民交出了一份专业性鲜明的答卷。

《汕头港口志》追溯历史久远，时间跨度大，其编纂工作又是在几个不同时期进行的，每一时期的编纂人员在收集和核对历史资料，编写文字等方面都做了大量卓有成效的工作。可惜他们当时都是以集体的名义开展编纂工作，除了参加前期编纂工作的陆集源先生继续参加此次编纂工作之外，其他人员已经很难找到他们的姓名。在此，我们只能对为《汕头港口志》付出辛勤劳动的前贤表示深切怀念和敬意。对被征用入编《汕头港口志》资料的所有单位，对为《汕头港口志》提供资料或参与早期编纂工作的汕头大学杜经国教授，广东省韩江师范学院黄挺教授，原汕头港务局退休干部余世鹏、陈树烈等表示衷心感谢。

特别要感谢的是，在编纂《汕头港口志》的后期，我们得到了交通运输部水运局原副巡视员、海峡两岸交流协会副理事长、教授级专家张钧雷先生的帮助和支持，他不仅对《汕头港口志》的成书提出了许多建设性的意见，还对全书进行了全面系统的审核，并逐章逐字进行修改润色，付出了非同寻常的劳动。

在《汕头港口志》编纂过程中，我们与市港口管理局各位领导、局属各科室、各站同志携手合作，得到了大家的鼎立相助，但作为港口同仁，就不再一一致谢。由于编纂者专业知识、业务水平有限，资料掌握不够全面完整等原因，书中不足之处在所难免，敬请广大读者及行家批评指正。

编　者

二〇一〇年十一月二十日

汕头开港150周年纪念丛书编辑委员会成员合影（马卡 摄）

第一排（左起）：陆集源　黄华生　周江泉　曾仕娟　张钧雷　蔡伟杰　陈晓峰　洪理智　庄松均　林　璜
第二排（左起）：雷继锋　罗伟璇　许崇馥　吴志明　连逸翔　林伟生　邱子芳　邱文广　张创新　杨　冰
第三排（左起）：刘　伟　张义英　陈洁芹　陈卫东　江岱汕　王少宏　何志强　赖在生　许建生

汕头港引航史

1860~2010

汕头开港150周年纪念丛书

汕头市港口管理局　编

纪念汕头开港150周年

人民交通出版社
China Communications Press

图书在版编目（CIP）数据

汕头港引航史 / 汕头市港口管理局编. — 北京：人民交通出版社, 2010.11
（汕头开港150周年纪念丛书）
ISBN 978-7-114-08774-5

Ⅰ. ①汕… Ⅱ. ①汕… Ⅲ. ①港口—交通运输史—汕头市 Ⅳ. ①F552.9

中国版本图书馆CIP数据核字（2010）第221835号

汕头开港150周年纪念丛书
书　　名：汕头港引航史
著 作 者：汕头市港口管理局
责任编辑：乔文平
出版发行：人民交通出版社
地　　址：（100011）北京市朝阳区安定门外外馆斜街3号
网　　址：http://www.ccpress.com.cn
销售电话：（010）59757969，59757973
总 经 销：人民交通出版社发行部
经　　销：各地新华书店
印　　刷：北京盛通印刷股份有限公司
开　　本：787×1092　1/16
印　　张：14.75
字　　数：239千
版　　次：2010年11月　第1版
印　　次：2010年11月　第1次印刷
书　　号：ISBN 978-7-114-08774-5
全套定价：460.00元

奋发有力
再创輝煌

陈正华
写于庚寅年十月

陈正华

中国引航协会会长、上海港引航站站长陈正华题词

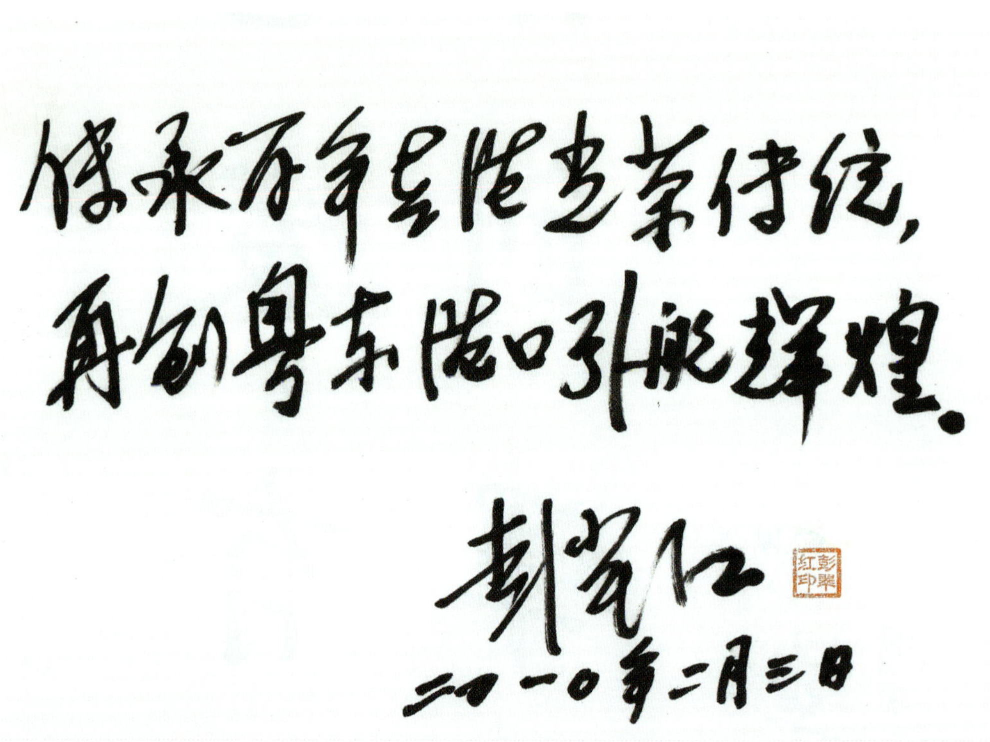

原交通部水运司副司长、现任中国引航协会常务副会长彭翠红题词

原广东省交通厅厅长张远贻题词

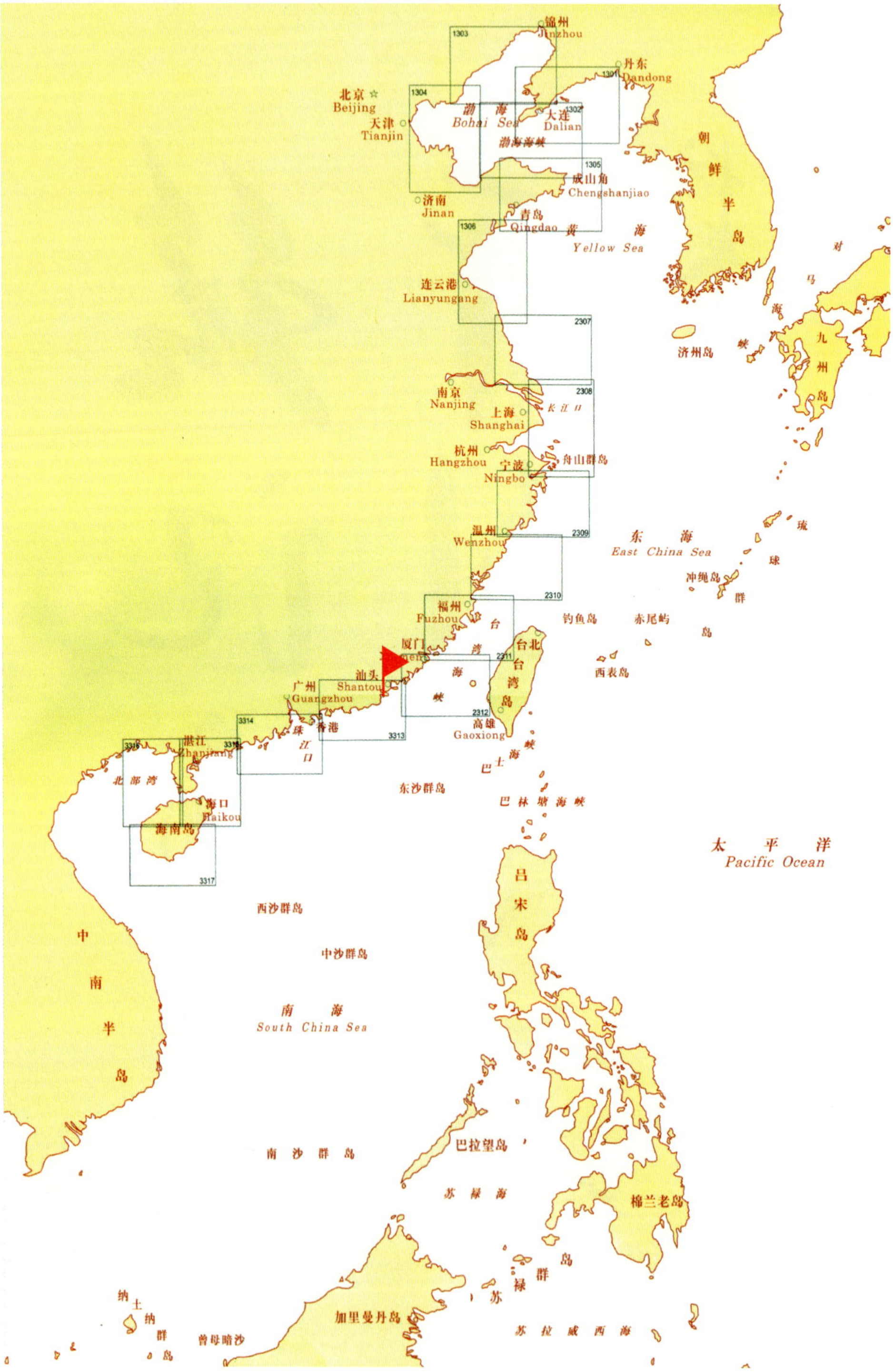

中国海区图（摘自《南海海区航行图书目录》）

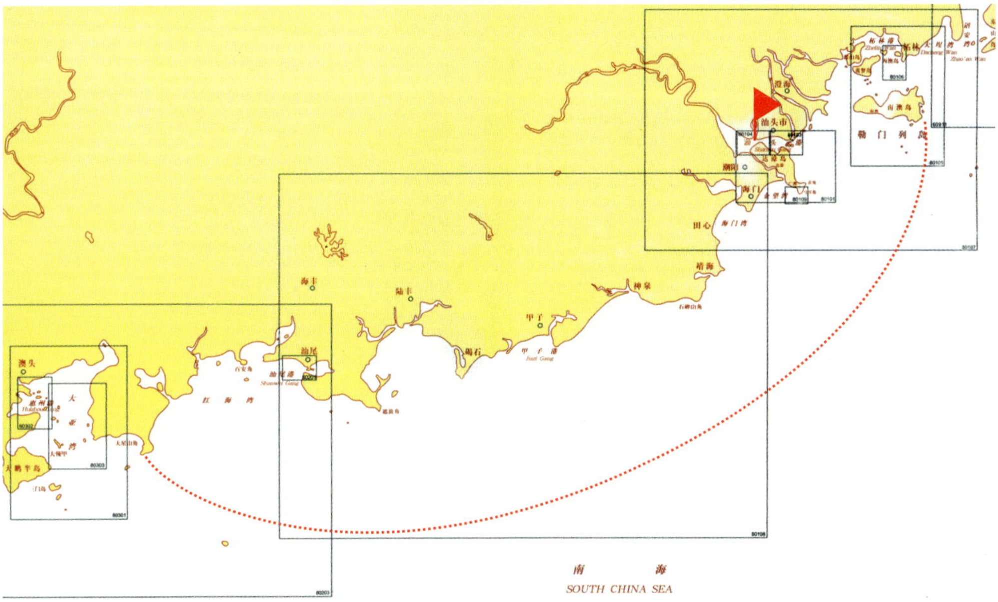

汕头港引航站引航区域示意图（摘自《南海海区航行图书目录》）

汕头港港区布局图（摘自汕头港规划纲要/2009年1月）

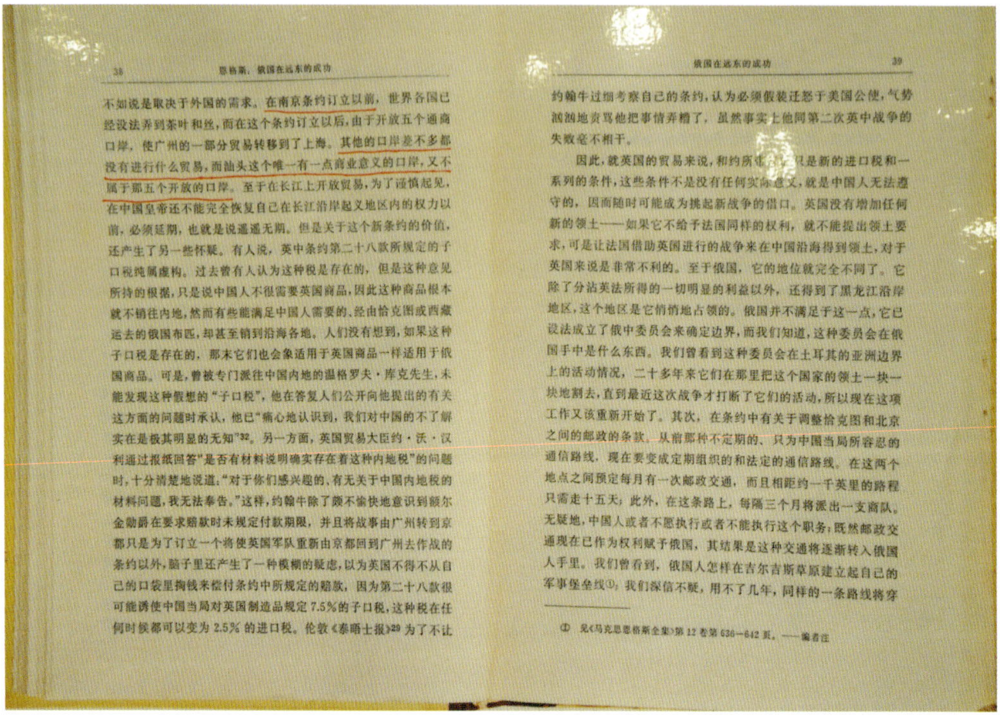

38　恩格斯：俄国在远东的成功

不如说是取决于外国的需求。在南京条约订立以前，世界各国已经设法弄到茶叶和丝，而在这个条约订立以后，由于开放五个通商口岸，使广州的一部分贸易转移到了上海。其他的口岸差不多都没有进行什么贸易，而汕头这个唯一有一点商业意义的口岸，又不属于那五个开放的口岸。至于在长江上开放贸易，为了谨慎起见，在中国皇帝还不能完全恢复自己在长江沿岸起义地区内的权力以前，必须延期，也就是说遥遥无期。但是关于这个新条约的价值，还产生了另一些怀疑。有人说，英中条约第二十八款所规定的子口税纯属虚构。过去曾有人认为这种税是存在的，但是这种意见所持的根据，只是说中国人不很需要英国商品，因此这种商品根本就不销往内地，然而有些能满足中国人需要的、经由恰克图或西藏运去的俄国布匹，却甚至销到沿海各地。人们没有想到，如果这种子口税是存在的，那末它们也会象适用于英国商品一样适用于俄国商品。可是，曾被专门派往中国内地的温格罗夫·库克先生，未能发现这种假想的“子口税”，他在答复人们公开向他提出的有关这方面的问题时承认，他已“痛心地认识到，我们对中国的不了解实在是极其明显的无知”[32]。另一方面，英国贸易大臣约·沃·汉利通过报纸回答“是否有材料说明确实存在着这种内地税”的问题时，十分清楚地说道：“对于你们感兴趣的、有无关于中国内地税的材料问题，我无法奉告。”这样，约翰牛除了颇不愉快地意识到额尔金勋爵在要求赔款时未规定付款期限，并且将战事由广州转到京都只是为了订立一个将使英国军队重新由京都回到广州去作战的条约以外，脑子里还产生了一种模糊的疑虑，以为英国不得不从自己的口袋里掏钱来偿付条约中所规定的赔款，因为第二十八款很可能诱使中国当局对英国制造品规定7.5%的子口税，这种税在任何时候都可以变为2.5%的进口税。伦敦《泰晤士报》[29]为了不让

俄国在远东的成功　39

约翰牛过细考察自己的条约，认为必须假装迁怒于美国公使，气势汹汹地责骂他把事情弄糟了，虽然事实上他同第二次英中战争的失败毫不相干。

因此，就英国的贸易来说，和约所[illegible]只是新的进口税和一系列的条件，这些条件不是没有任何实际意义，就是中国人无法遵守的，因而随时可能成为挑起新战争的借口。英国没有增加任何新的领土——如果它不给予法国同样的权利，就不能提出领土要求，可是让法国借助英国进行的战争来在中国沿海得到领土，对于英国来说是非常不利的。至于俄国，它的地位就完全不同了。它除了分沾英法所得的一切明显的利益以外，还得到了黑龙江沿岸地区，这个地区是它悄悄地占领的。俄国并不满足于这一点，它已设法成立了俄中委员会来确定边界，而我们知道，这种委员会在俄国手中是什么东西。我们曾看到这种委员会在土耳其的亚洲边界上的活动情况，二十多年来它们在那里把这个国家的领土一块一块地割去，直到最近这次战争才打断了它们的活动，所以现在这项工作又该重新开始了。其次，在条约中有关于调整恰克图和北京之间的邮政的条款。从前那种不定期的、只为中国当局所容忍的通信路线，现在要变成定期组织的和法定的通信路线。在这两个地点之间预定每月有一次邮政交通，而且相距约一千英里的路程只需走十五天；此外，在这条路上，每隔三个月将派出一支商队。无疑地，中国人或者不愿执行或者不能执行这个职务；既然邮政交通现在已作为权利赋予俄国，其结果是这种交通将逐渐转入俄国人手里。我们曾看到，俄国人怎样在吉尔吉斯草原建立起自己的军事堡垒线①；我们深信不疑，用不了几年，同样的一条路线将穿

① 见《马克思恩格斯全集》第12卷第636—642页。——编者注

恩格斯1858年提及汕头的著作《俄国在远东的成功》（刘伟 摄）

美丽的汕头湾（2009年10月）（刘伟 摄）

《汕头港引航史》编写组到广东省档案馆采集资料时留影
（左起：史晓宇、佘世鹏、陆集源、陈树烈）（1995年10月）（史晓宇 提供）

林璜站长带队走访妈屿岛村民
（左起：林璜、赖在生、江岱汕、老村民）
（2009年10月）（刘伟 摄）

林璜站长带队走访汕头海关史料馆
（左起：江岱汕、林璜、赖在生）
（2009年10月）（刘伟 摄）

《汕头开港150周年纪念丛书》编辑委员会成员合影（马卡 摄）

第一排（左起）：陆集源　黄华生　周江泉　曾仕娟　张钧雷
蔡伟杰　陈晓峰　洪理智　庄松均　林　璜
第二排（左起）：雷继锋　罗伟璇　许崇馥　吴志明　连逸翔
林伟生　邱子芳　邱文广　张创新　杨　冰
第三排（左起）：刘　伟　张义英　陈洁芹　陈卫东　江岱汕
王少宏　何志强　赖在生　许建生

汕头开港150周年纪念丛书编委会

《汕头港引航史》编委会

汕头港引航站干部、职工合影（2010年10月12日）（刘伟 摄）

目 录

总序言一

港口作为交通运输的重要枢纽,是国家对外贸易的主要门户,也是沿江沿海城市和区域经济发展的重要依托。汕头港历史上是粤东、闽西、赣南物资的重要集散地，素有“岭东之门户，华南之要冲”之称。改革开放后，汕头港作为对外开放的沿海主要港口，成为泛珠三角经济圈和海西经济带的很重要交通枢纽。

自1860年开港以来，汕头港至今已有150年历史。20世纪30年代，汕头港进出港外洋船艘次及吨位数居全国第三位。建国以来特别是改革开放30多年来，汕头港抓住机遇加快发展，走出了一条港城互动的良性发展轨道。2005年以来，汕头港货物吞吐量和集装箱吞吐量年均增长15%和25%，连续5年保持较快增长的良好态势。目前，汕头港已与世界68个国家和地区的289个港口有客货运往来，正在着力打造多功能、综合性、对外开放的东南沿海深水大港。

为纪念汕头港走过的一个半世纪的风雨历程，弘扬港口文化，传承港口历史，汕头市港口管理局精心组织编辑出版了汕头开港150周年纪念丛书。丛书共分《汕头开港150年图像编年史》、《汕头港口志》和《汕头港引航史》三册，从不同角度展现了汕头港口与城市的变迁轨迹。其中，《汕头开港150年图像编年史》以400余幅珍贵的历史照片和图像，分晚清时期、民国时期、解放后至改革开放时期、改革开放时期和规划远景五个部分，展示汕头港的变迁和发展历程；《汕头港口志》，以大量翔实的资料，记述汕头港的悠久历史、地理优势、自然环境、港口建设和人文精神状况，展示了汕头港的发展前景；《汕头港引航史》则全面记录了汕头港引航的发展过程，从一个角度反映了港口城市的演变历史。丛书的出版，为后人留下了宝贵的历史资料，也为今后港口的建设和发展提供了重要的借鉴意义。

希望汕头港以开港150周年为契机，加快实施“以港兴市”发展战略，加快构筑区域交通航运中心，为区域经济社会发展作出新的更大贡献！

二〇一〇年十月二十一日

（中华人民共和国交通运输部副部长）

总序言二

在纪念汕头港开埠150周年、迎来汕头经济特区建立30周年之际，汕头市港口管理局精心编纂的《汕头港口志》、《汕头港引航史》和《汕头开港150年图像编年史》，即汕头开港150周年纪念丛书出版，这是记述汕头港口建设、城市发展的重要文献，引人瞩目，令人喜悦。

汕头于1860年开埠，是近代中国最早对外开放的港口之一，曾被恩格斯誉为中国“唯一有一点商业意义的口岸”，有“百载商埠”的美誉，历来是粤东、赣东南、闽西南的商品集散地，素有“粤东门户，华南要冲”之称。曾有美、英、法、德、日、俄、荷、比等8个国家在汕设立领事馆。汕头港开埠150年，经历了发展—停滞—再发展的路程，既给汕头刻下了半封建半殖民地的印记，又使汕头从封闭走向开放，沟通了与全国各地乃与至世界各国之间的联系，促进近现代工商业发展，并在上个世纪30年代创造了辉煌，年往来外洋船舶艘次及吨位数均占全国港口第3位，仅次于上海、广州；商业之盛居全国第7位，仅次于上海、天津、大连、汉口、胶州、广州，呈现“海渡千帆，楼船万国”的繁荣景象。新中国成立后，汕头港在汕头历届党委、政府的重视下，在历代港口建设者的艰苦创业、顽强拼搏中，规模不断壮大，功能日趋完善，逐步发展成为多功能、综合性、现代化港口，跻身全国沿海25个主要港口行列，与世界68个国家和地区的289个港口有货物往来，并于2009年开通汕-台海上货运直航，成为广东省首个对台海上货运直航港口。改革开放30多年来，汕头得改革开放风气之先，成为全国五个经济特区、沿海开放城市之一，经济社会发展取得了令人瞩目的成就。不仅实现了从计划经济向社会主义市场经济转变，从以农业经济为主向现代工业、服务业综合发展转变，从封闭半封闭状态向开放繁荣、充满活力的滨海城市转变；而且在中西文化的激荡交融中，传承了潮汕传统优秀历史文化，形成了“开放兼容、创新争先”的文化特质和“海纳百川、自强不息”的城市精神。

150年弹指一挥间。150年的历史，在时间长河里只不过是一瞬间，但对于汕头这样一座因开埠而开放，因港口而兴旺的城市来说，却几乎是全部的岁月。汕头开港150周年纪念丛书引领人们穿越时间隧道，探寻汕头城市文化的痕迹与意蕴，以严谨的学风、完备的体例、翔实的资料、朴实的文字、珍贵的图片，全面记述了一个半世纪来汕头城市发展潮起潮落的历史，客观反映了开埠150年汕头港兴衰起伏的轨迹。本丛书不仅直观诠释了城市与港口发展的密切关系，深刻揭示了“以港兴市、港航共荣”的港口城市发展的共同规律，向人们展示了改革开放才是强国兴市之路的普遍真理，而且为所有关心、热爱汕头的人们深入了解汕头市情和发展进程提供了可靠的历史借鉴。同时，也为汕头各级各部门创新发展思路，整合港口资源，引进战略投资者，加快建设东南沿海亿吨深水大港，不断增强区域中心城市辐射服务功能，提供了科学的决策依据和参考。总之，编辑出版汕头开港150周年纪念丛书，对于汕头广大干部群众以史为鉴，继续敢闯敢试、敢为人先，擦亮特区牌子，以改革创新精神增创港口城市新优势、续写科学发展新篇章，具有特殊的现实意义与重要的历史价值。

值此汕头开港150周年纪念丛书付梓刊印之际，谨向辛勤劳动且做出卓有成效工作的全体编纂人员，表示诚挚的问候！向所有为汕头城市和港口发展作出重大贡献的一代又一代建设者，表示崇高的敬意！祝愿汕头在建设亿吨大港、推动科学发展、加快打造区域中心城市的新征程中，迎来更加辉煌的明天！

二〇一〇年十一月八日

（中共汕头市委书记）

《汕头港引航史》序言

修史难，修专业史更难。《汕头港引航史》经过全体编写人员的不懈努力，现在面世了。

汕头是一座海港城市。韩江、榕江和练江从不同方向奔流而来，与南海共同交汇牵手，形成了紧密相连、富庶丰饶的冲积平原，在河与海漫长而激越的“沧海桑田”之变化中，诞生了汕头港，进而发展了汕头市。在历经了两百多年“港为城用”、“城以港兴”的良性互促互动后，汕头港成为了粤东地区、赣南地区、闽西南地区的出海主通道，国家级沿海主枢纽港口；汕头市成为了华南要冲，粤东门户，国家级主要开放口岸。在汕头港发展进步的风雨历程里，始终都与引航息息相关。所以，一部引航史，也体现着一座港口的演变发展历史，自然也在一个特定的领域里，折射了一座城市的演变发展历史。

“引航”是航运领域内一个特殊的专业，是一种集“主权性、生产性、安全性”于一身的特殊涉外服务。我国对外贸易的百分之九十以上，通过国际远洋运输来实现，现在利用海上国际运输，每年经过港口进出口的外贸货物就高达20亿吨，来自世界一百余个国家与地区的16万多艘的外轮频繁地抵离我国港口，这些都是由引航员代表国家，按照港口的生产部署，安全地强制性引领的。所以，引航的地位特殊，作用特殊，性质特殊，贡献特殊，意义特殊。

对于汕头港而言，引航更有着意义深远的内涵。因为，自从在西方列强的坚船利炮威逼下，汕头港于1860年被迫开港后，“引航”便随之诞生了。此后，在一百五十年的时间里，港口与引航“如影随形”，跟随着风云变幻的峥嵘岁月，共同演绎了兴衰荣辱的历史。汕头港的引航，以其特有的身份，鲜明地展现着不同时期的历史轨迹和履痕，这些都在《汕头港引航史》中，通过大量翔实的史料给予了充分印证和诠释，显示了汕头市和汕头港一百多年来风云变幻的发展历史。

二十一世纪，是人类与海洋经济联系更加密切的新时代。在这新的时代，汕头市以科学发展观作统领，以蓝色海洋、绿色经济的深远眼光，实施“以港兴市”的发展战略，全力打造东南沿海亿吨大港。面对新的历史发展机遇期，编修、出版《汕头港引航史》，不失为“以史为鉴”。

是为序。

二〇一〇年十一月八日

（汕头市港口管理局局长）

凡 例

1.《汕头港引航史》的编修，以城市为依托，以港口为舞台，按照历史沿革的时间顺序，客观、简洁、尽可能详实地秉笔记述汕头港引航的演变历史。

2.全书围绕引航行业史这条主线，注意到与港口史和城市史的结合，除序言、凡例、绪论、跋之外，依据历史时序，按照“篇、章、节”的层次，分为三篇九章，铺陈记叙，遵循严谨、简洁、朴实的原则，“述而不作”，“寓褒贬于记述之中”。

3.全书记述的数据、年代、公元的年月日均采用阿拉伯数字。清代及其以前，在公元的年月日之后，加括号注明朝代及年号。

4.对不同时期的地名、政府、官职和行政区域名称等，按当时的称呼，不作更改。

5.本着详今略古，以重大事件为主的原则，用现代文语体记述，辅以表、图和照片。

6.全书的资料源于各级档案、统计等，一般不标明出处，但引用原文或注译的，则在文中每一章之后集中交待。

7.全书上限没有划一限制，以港口的形成为发端，下限一律定在2010年9月30日。

8.全书的计量单位采用国家法定的计量单位，例如米、吨等，鉴于引航行业的特色，在海上距离的长度方面，有时用海里表述。凡引用史料的，仍按当时计量单位之名称，不作换算。

绪 论

张钧雷

江河悠长，海洋浩瀚，水域面积占到地球表面积的十分之七。自古以来，滚滚江河，淼淼海洋，一直是人类生产活动的重要舞台。随着人类的文明进步与科技发展，包括河上运输、湖上运输、海上运输、洋上运输在内的各种水路运输，一直与人类的生产与生活“如影随形”，不仅为人们广泛利用，而且紧密地契合着社会的前进脚步，与日俱进，不断发展、不断创新。当然，水路运输的不断进步，也在不断地促进人类社会和经济的向前发展。值得人们关注与重视的是，在水上运输领域里，就包含着不为人们熟悉，但在国际远洋运输舞台上有着特殊地位、担当特殊角色的水上“引航”。

一、中国航运史是华夏蓝色文明史的印证与诠释

中国是一个历史悠久的文明古国，由于同时拥有辽阔广袤的陆域和浩渺无垠的海疆，在漫长曲折而又波澜壮阔的历史进程里，勤劳智慧的炎黄子孙不仅创造了辉煌的东方黄色文明，而且也创造了辉煌的东方蓝色文明。无疑，源远流长，犹如一轴绚丽画卷的华夏航运史，就是中国蓝色文明史的重要组成部分；同样，华夏航运史也为中国蓝色文明史演进的辉煌轨迹，作出了有力的印证和深度诠释。驻足回眸，人们会看到华夏航运史，不仅时间久远，而且成就卓然，透过时间隧道，能够清晰地浏览到华夏航运史的悠长、卓著、甚至怅然。

早在新石器时代，我国的先民已经在天然河道上广泛使用独木舟和排筏，浙江省河姆渡出土的七千多年前六支整块木材制成的木桨，证明我国东南沿海的渔民那时已经用“桨”作为航海工具出海捕捞了。

中国早期的文字是事物具体表象的显现，最为典型的就是象形文。在五千多年前的甲骨文中，就有多个不同象形的“舟”字，形象微妙而又客观真实地再现了夏、商、周时期我国的先民就能够制造具有适航性、抗沉性的木板船。这说明远古时期，我们的祖先就“身在江湖”，搏风击浪，勇敢地“驭水弄潮”了。

春秋时期，社会有了很大进步，水上交通已经相当普遍，除了利用天然的河湖江海之外，早在公元前486年就开凿了人工运河——邗沟，将江淮连接起

来，这是距今2500多年前，祖先为我们书写蓝色文明的珍贵结晶。

秦代，利用中央集权统一的体制优势，“大手笔”地构建了陆上驰道与江河水道相互衔接、全国一体的水陆交通网；特别是灵渠的开凿，形成了沟通珠江、湘江和长江的水运通道。

汉代，不仅有了坚固的船舶，并能使用帆和舵，凭借季风，远航日本、朝鲜、东南亚；汉武帝曾经七次“巡海”；当时，“海上丝绸之路”的对外交流与贸易方式已经出现。

隋代，在古人挖渠凿河的基础上，以洛阳为中心，经过三次开挖，完成了伟大的长达1794公里的人工河道工程，巨龙般地贯穿南北、串连起海河、黄河、淮河、长江、钱塘江五大水系。国外感佩于这条震撼世界之人造河流的智慧和魄力，将其誉称为“大运河”。“大运河”是世界上规模最大、里程最长、效益最显的人工水上交通大动脉，也是利用时间最长而且现在依然发挥着重要作用的人工运河。

唐代，造船业和航海业已相当兴盛。当时的远洋海船“木兰舟”，已经“帆若垂天之云，舵长数丈，一舟数百人”，由于“其舟大载重”，“不忧巨浪，而忧浅水”。由于造船与航海的发达，促进了海上的对外商贸交流。在南方，唐代的“广州通海夷道”已经成为通向南洋、西亚和东非的国际航线。在北方，开通了朝鲜、日本的远洋航线，呈现着“帆舟相继，络绎不绝”的盛况。当时，日本朝野的遣唐使、留学生、学问僧，纷纷搭乘中国商船，横渡大海，前来中国学习先进的文化和技术；我国的鉴真高僧，历经5次艰难挫折，在双目失明的情况下第6次东渡扶桑，壮举感人，不仅凸现了高僧鉴真的意志坚强、品格崇高、以及对日本的杰出贡献，也凸现了唐代先进的航海技术和频繁的海上活动。

宋代，指南针已应用于航海，“舟师识地理，夜则观星，昼则观日，隐晦观指南针”，这是我国古代航海技术上一项重大发明。这种新技术，后来经阿拉伯传入欧洲，对人类的文明进步产生了重大影响。1974年，泉州出土了十三世纪的宋代海船，长34米，宽11米，深4米，成为当时造船业居于世界先进行列的重要物证；船上遗存丰富，货物多达十四类、六十九项，印证了宋代与东南亚各国的海上贸易之繁盛。

明代，伟大的航海家郑和，率领两百多艘海船、两万多人组成的庞大船队，七下西洋，历访三十多个国家和地区，比之哥伦布发现新大陆的航行早了半个多世纪。后因倭患，施行禁海，闭关锁国，遂使原本站在世界前列的中国航海事业陷于停滞、衰退的境地，令人扼腕。

清代，由于西方殖民主义坚船利炮、“瓜剖豆分”的入侵掠夺，从鸦片战争起，被迫签订了一系列屈辱的不平等条约，割地、赔款，包括海关权、航运权在内的国家主权大量沦丧，导致近代中国的航海事业步履艰难，几近崩溃，令人长叹。

辛亥革命虽然覆灭了封建皇朝，但是西方列强依然把持和垄断着中国的内河航运、沿海航运和远洋航运，中国的航海业仍旧处于奄奄一息、艰难生存的悲惨境地。

虽然近代中国的航运命运多舛，发展迟缓，但并不能抹煞、或掩盖数千年来，中国人民在包括航运史在内的蓝色文明史上创造的灿烂夺目的辉煌成就。

二、中国引航史是华夏航运史不可或缺的组成部分

航运早期，由于人类社会的文明进步和生产活动处于较低水平，造船技术、驾船技能、航运经验同样也处于较低水平。因此，人们从事水上运输活动的范围相对较窄，船舶航行水域的危险性和复杂性相对较低。所以在航运早期，船舶的“驾驶”和“引领”都集于一身，无需专门的引航员，也就没有独立的引航业务。随着社会进步、经济发展、人类活动的范围越来越广，航运活动的范围也越来越广，这就导致船舶日益增大，距离日益延长，航行于陌生江海的可能性日益增多。由于各地的航道、水文、气候、地形、潮汐、港口等条件各不相同，复杂程度各异，安全风险增大，这就越来越成为跨地区、跨水域航行的隐患和障碍。为了克服这些隐患和障碍，确保人员、船舶、货物的安全，就需要雇请熟悉当地水域情况、了解水文水性、富有航行经验、熟悉驾船技术的人，来为外地船舶的安全航行提供“向导式”的专门帮助，包括如何避开浅滩暗礁，如何利用潮汐水流，如何安全进港等等。当这种“向导式”专门帮助在航运活动中逐渐被认同，被接受，乃至被主动采用时，“引航”作为一个专门的职业就逐渐产生了。可以看出，引航是航运发展的客观需要和自然结果，也与航运发展有着紧密关系，而且作为航运史不可或缺的组成部分，随着航运技术不断进步，航运范围不断扩大，引航服务的技术和手段也不断进步，在国际航运环节里的作用也越来越重要。

引航，最早产生于我国的哪个年代，由于资料欠缺，难以考证。从现有的历史记载来看，最迟在宋代，长江上游已经出现专门从事“引航业务”的行当。在历史上，我国对引航曾经有过不同称谓，宋代称为“招头”、明代称为“指浅提领”，清代称为“引水”；有时按水域的不同，在海港范围称为“领

港”、在江河航道称为“领江”。现在，我国统一规范地称为“引航”。据南宋大诗人陆游在《入蜀记》的明确记载，1170年，他由绍兴老家乘船，溯长江而上，到四川夔州担任通判之职，船近四川时，雇请了当地一个名叫王百一的人作“招头”（即当引航员），入川后又另换一个名叫陈小八的人作“招头”，如果转换为现代专业术语的表述，大诗人陆游乘坐之船，入川时先后雇请两名引航员，采用了“分段引航”。可见，当时在川江上专门从事引航的“招头”，有了一定数量，形成了市场，并存在竞争，“引航”也成为一项专门的职业。到明代，中国开始对外国船舶实行强制引航并规定，凡是驶往都城南京的外国船只，进入长江后，必须停泊于太仓的“六国码头”，由中国官员检查后，再选雇富有长江航行经验的人，一同监督、指引外国船只驶向都城南京。清代，引航已经发展成为一个具有独立身份的行业，同样实行强制引航；清乾隆年间（1744年），在澳门《防夷七条》中就明确规定：“洋船到日，海防衙门拨给引水之人，引入虎门，湾泊黄埔。”以后广州港作为清政府唯一的对外通商口岸，引航得以发展起来。但是鸦片战争之后，在西方列强坚船利炮的威逼下，通过种种不平等条约，包括海关权、航运权、引航权在内的诸多国家主权一一丧失，中国引航完全被“洋人”把持。即使辛亥革命之后，“洋人”依然盘踞着中国的引航舞台。显然，国家进步时，航运就进步，引航就随之进步；国家积弱落后时，航运就被“洋人”欺侵，引航就被“洋人”把持，这种沉痛教训，也从中国引航的历史轨迹里可以看得一清二楚。

三、中国引航的蜕变新生与跨越发展

1949年，中华人民共和国的诞生具有划时代的意义，由此开始，中国引航也翻开了崭新的一页。鉴于口岸的重要与敏感，加之引航集“安全性、涉外性和生产性”于一身，年轻的新中国对引航实行高度集中的统一管理，果断地收回了沦丧的引航权，取消了殖民色彩浓厚的“外国引水人员及自由引水制”，对外（轮）实施强制引航，坚持由本国引航员从事引航业务，留用旧社会本国籍引航员（中国第一代引航员）的同时培养了新中国第一代引航员，…… 这一系列意义深远的举措，使得中国引航在建国初期，面对国民党的空袭骚扰，美国等西方国家的封锁禁运，能够保证船舶安全航行，港口稳定生产，维护了国家主权和国防安全，对国家医治战争创伤，恢复经济发挥了独特的重要作用。到1959年的短短十年，中国引航“羽化蜕变”，获得了脱胎换骨的新发展。众所周知，上世纪六、七十年代是计划经济特征最为显著、行政介入强度最为突出的时期。在这一跌宕起伏的特殊岁月，中国引航经受了动荡磨砺，并曲折前

进。到1978年，中国引航年引领远洋船舶超过了1万艘次（船舶吨位超过6000万吨），外贸货物近7000万吨，全国引航队伍也由建国初期的八十多人发展到二百多人。长河映辉，碧海作证，历经上世纪六、七十年代的风云动荡，虽然装备落后、政治运动接连不断，中国引航仍然能在逆境中运行，而且有所发展，的确是一个了不起的奇迹。

1979年，华夏历史在这一年发生了重大转折。中国开始了史无前例的、由计划经济向市场经济转轨的新征程。根植于广大人民群众的“改革”和“开放”，使得炎黄子孙的思想观念和行为准则发生了根本性的转变，这种转变又使这场“伟大的变革”演绎得波澜壮阔，气贯长虹，形成了独一无二的“中国特色的社会主义发展之路”。改革开放30年来，港口一直处在改革开放大潮的前沿，变化之日新月异，成绩之辉煌巨大，使中国港口已经跻身于世界的先进行列，突出表现在：其一，产能规模已居全球之冠。现在，全国港口的货物年吞吐量已超过70亿吨，其中外贸货物吞吐量20亿吨，占全球的十分之一左右；外贸集装箱吞吐量8225万TEU，占到全球的六分之一以上，地位举足轻重。其二，集约化和专业化已居国际先进水平。现在，全国港口拥有万吨级以上的深水泊位1416个；其中5—10万吨级达到366个，10万吨级以上的达到142个，数量和质量都发生了天翻地覆的变化。其三，港口群的集约规模已居世界之最。现在，全国已经科学构建起贯通南北、连接东西，充分开放的环渤海湾、长三角、海峡西岸、珠三角和北部湾五大港口群。港口的腾飞，昭示着经贸的腾飞，也昭示着引航的腾飞。因为，港口是引航发展的基地，也是引航“施展拳脚”的舞台。换言之，引航既是港口运作的重要环节，又是港口平台的重要组成部分。中国引航正是乘改革开放东风，伴随着经济、外贸、港口和航运的大发展，实现了历史性的跨越发展。2009年底，中国引航员已经发展到1408人，每年引领的外轮已经超过30万艘次，吨位超过了28亿吨；其中，现代化的集装箱船11.3 万艘次，超大型“海上巨无霸”船舶5.7万艘次，展现了规模之庞大。每天引领进出港口的外贸货物达到550万吨，价值超过了65亿美元，彰显了社会效益和经济效益之巨大。今天，当人们来到港口，就会亲眼目睹各种大型船舶进进出出或在码头装卸货物，其中不乏30万吨级海上“巨无霸”，万箱级现代化的巨型集装箱船。无疑，在国际引航舞台，中国引航的能力、规模、效率和服务水平在总体上已经进入了世界先进行列。

四、“河与港、港与城”之关系的深度解读

在人类社会的发展进步中，港口与城市有着极为密切的关系，并存在两个内在的普遍规律。人们只要稍微留心一下，就会发现河流与河流交汇、或者河流与大海交汇时，往往会形成港口与城市。而且，港口与城市的大小，又与河流的大小息息相关，即大河与大河交汇、或者大河与大海交汇，会形成大港口与大城市。以长江为例，滚滚东流时，与岷江交汇，形成了宜宾港和宜宾市；与沱江交汇，形成了泸州港和泸州市；与嘉陵江交汇，形成了重庆港和重庆市；与乌江交汇，形成了涪陵港和涪陵市；与汉江交汇，形成了武汉港和武汉市；……与东海交汇，形成了上海港和上海市。显然，这是一个普遍规律。导致港城共生的内在动因是河流与海洋。由于，两河相交，相当于两条水上道路贯通相连；河与海相交，则因海上航线的可扩展性，相当于有了河流加上N条海上航路贯通相连；自古至今，便利的水上通道，一直是人们早所认知、并广泛利用的运输方式，也是最为经济、最为效益的绿色运输方式。在人类文明进步的历程中，经济的发展需要交通先行作铺垫，交通的发展需要经济基石作支撑。城市是地区的经济中心，港口是水陆交通的枢纽，依托畅通的水上运输，正好发挥“流通”和“交通”的生产力优势，自然就会“因河而港，因港而城”。人们只要稍微留心一下，还会发现港口与城市存在极其密切的互动关系，这就是社会共识的“港为城用”，“城因港兴”，同时也是对港城关系简洁直白的总结。显然，这是另一个普遍规律。对于这样的结论，远的不说，就以改革开放30多年来发生在眼前的事情，就可予以充分印证。人们可以清楚地看到，建设一个新兴港口，就能诞生一座充满活力和朝气的新兴城市。山东日照市就是“以港兴市”最为经典的现代故事之一。上世纪70年代末，应合着改革开放迈开的步伐，在山东东南的黄海边有一个名不见经传的偏僻小渔村，叫石臼所，当第一块基石被投向黄海，拉开建港帷幕之后，短短数年，一座新兴的现代化港口，就在“白纸般”的荒滩上拔地而起，随之也诞生了一座新兴城市——日照市。随着港口由小到大，由大到跻身于亿吨强港，日照市也“因港而兴”，由小渔村变为小城镇，由小城镇变为县级市，由县级市变为地级市，一跃而成为鲁东南地区新的经济中心和国家重要的开放门户，这是一部多么激越的港城互动“交响乐”。事实上，除了日照港与日照市之外，还有深圳港与深圳市、防城港与防城港市、张家港和张家港市、贵港港和贵港市……这一系列的港城互动范例，都对“由港而城，因港而兴”的普遍规律作出了毋庸置疑的诠释。其实，对于许多老港口而言，港城互动的华彩乐章同样演绎得有声有色，美轮美奂。这样的例证可谓俯拾皆是，枚不胜举。我们不妨就以人们耳熟能详的国内港口城市为对象，直接面对面地作一番简略审视。从沿海到长江，如大连、营口、天津、青岛、上海、宁波、厦门、广州、重庆、武汉、南京等港口，随着各自的大窑湾、鲅鱼圈、南北疆、前湾、浦东与洋山、北仑、海沧、南沙、寸滩、阳逻、龙潭等一片片新兴港区的开发建设，不仅港口“旧貌换新颜”，实现了脱胎换骨的变化，更为重要的是，相辅相成地催生了一片片活力四射、生机勃发的新兴城区，这些新兴城区无一例外地成为了城市新的闪光点和经济增长点。由此，人们清晰看到，当港口建设描绘出一幅又一幅壮美的蓝图时，城市也在浓墨重彩地描绘出一幅又一幅绚丽的画卷。而且，随着港口的发展壮大和地位提升，城市的地位也会随之发生新的升华和飞跃。实际上，上海市正是由于浦东新区和大小洋山现代化深水港区的开发建设，才迅速跃升为全球的国际航运中心。天津市、青岛市和大连市正是由于港口建设和临港产业的突飞猛进，三市才能迅速朝着东北亚地区的国际航运中心之目标大踏步地前进。重庆市和武汉市虽然地处内陆的西部和中部，就是因为深水岸线的科学开发，港口现代化水平的大幅度提高，可望不远的将来，两市很有可能分别摘得长江上游航运中心和中游航运中心的桂冠。

由此，从上面“河与港、港与城”演进及互动的两个普遍规律中，人们清楚地看到一个内在的核心，即港口是城市宝贵而又独特的战略性资源，当其作为水陆运输的枢纽时，在庞大的客货运输系统中，它担当着集散、转运（即吞进和吐出）的重要角色；当其作为开放的门户时，在对外贸易中，它又是国际商贸流通的制高点和主通道；当其作为基础性生产力要素时，在产业布局和结构优化的创新中，它更是城市经济可持续发展的助推器和增长极。正是港口的这些资源特质，使其不仅可以“梯度开发”，而且可以与日俱进地彰显潜能。所以，对于拥有港口资源的城市来讲，就如有了一座“取之不竭，用之不尽”的宝贵“矿山”，虽然有“富矿”、“贫矿”之差异，即港口有区位、优势、品质之差异，但是只要将港口资源的潜力充分挖掘出来，科学地利用好，就一定能够通过“港城互动”，达到“以港兴市”、“港兴城荣”的目标。

五、汕头“港城关系”演进的纵横透视

汕头素有粤东门户、华南要冲之誉称。这样的誉称，皆因于港口的地位、作用和功能。

汕头属于典型的河口海湾型港口与河口海湾型城市。汕头作为一座港口城市，是在河流与海洋交汇处，经过激越而漫长的“沧海桑田”之变化形成的。汕头港城的诞生，充分印证和体现着“河与港、港与城”演进互动的普遍规

律。今天，我们从“汕”字本身所蕴含的信息，依然能够透视与验证发生在汕头市的“河与港、港与城”之间的千丝万缕的联系。因为，在“汕”字的众多释义里面，两个最基本的含义揭示了在汕头市的“城市基因”里面，包含着“河、港、城”之间的密切关系：其一，“汕”，是指鱼儿游水的模样。据《说文·水部》的解释：“汕，鱼游水貌。” 在《太平御览》卷八百三十四引《纂文》里说得更清楚：“以鱼儿乘水上为汕。” 显然，“汕”表示鱼儿是在水很浅的地方游动。其二，“汕”是指一种捕鱼的工具。据《尔雅·释器》的解释：“罿谓之汕。” 根据《汉语大字典》关于“罿”字的解释：“罿”乃指捕鱼的小网。用现在的话来表述：“捕鱼用的小网，就叫汕”。一个城市的名称，往往与当地的自然地理有着不解的渊源。由于中国的文字是象形文，所以一个城市的名称在文字里面往往又会蕴含着历史的溯源。汕头市的名称，通过上面两个含义的探寻，单单一个“汕”字，实际上已经将汕头市由“河而港”，由“港而城”的渊源诠释得十分清晰，只是人们平时已习以为常，没有给予关注和探究罢了。

回眸历史的长河，元代及其之前，现今的汕头市区还是一片汪洋，天风海涛，碧水淼淼。由于韩江从上游携带大量泥沙而下，与榕江汇合于南海，形成了冲击平原。到元末明初，在厦岭以南出现了沙脊，时称“沙汕头”，这一名称形象精准、极富情趣。而且，这“沙汕头”三个字，各有明确的含意：“沙”，指沉积在这里的泥沙；“汕”，指鱼儿“乘水而游之貌”，由于水浅，鱼儿小，遂用小网捕鱼，古代“汕”字的两重含义在这儿都得到了准确体现；“头”，指水中沙脊的顶部。即使到了今天，我们品味“沙汕头”这一名称时，依然倍感形象贴切。到明末清初，由于泥沙的不断沉积，沙脊浮出水面形成陆地，居民们便晒盐卖盐，捕鱼卖鱼，积集而成盐市渔市。随着“沙汕头”不断“长大与扩大”，到清代中期，居民迁此捕鱼、晒盐、垦殖、市贸者日益增多，便利的水上运输，使得商贩经常用船装盐运销内地，清政府便设置了税收站，抽收盐税，曾简称为“汕头”。后来，船舶日益增多，市场日益扩大，商贸日益兴盛，海边逐步形成了街坊，并建起了天后宫和关帝庙，买卖人咸集于此地洽谈贸易，商贸港埠的雏形已经显现，到清嘉庆十四年（1809年），就被称为了“沙汕头港”。此时，汕头完成了由“水中沙脊→海边陆地→盐渔集市→商贸港埠”的羽化蜕变。“沙汕头港”在后来被迫开放时，简称为“汕头埠”，再后来人们才慢慢改称为“汕头港”，这是后话，就不赘述。

从十八世纪末期到十九世纪中期，由于水域宽广，潮差不大，又有鹿屿岛、妈屿岛和达濠岛作屏障，避风湾泊的条件优良，汕头港逐步成为了联结周边柘林、南澳、海门等17个港湾的地区性海运网络中心；溯韩江、榕江而上，水路通达潮州、揭阳，形成了河运网络；闽东南漳州一带的商船频繁来汕，而且与潮州商行联手，建起了漳潮会馆，成为了粤东闽南的联络中心；由于汕头港的日益兴起，清政府于1853年在妈屿设置了"潮州新关"，汕头崛起并发展成为粤东地区富有活力的新兴港口。与此同时，因港口兴旺带来了城镇化步伐的加快加大，到十九世纪中期，汕头已经发展成为粤东地区的经贸重镇。

从十九世纪中期到二十世纪中期，在西方列强坚船利炮的威逼下，"沙汕头"被迫于1860年开港，由此开始了殖民地色彩浓厚的畸形发展。短短的七、八十年间，西方列强侵夺霸占了汕头口岸的海关权、航运权、引航权…… 出于更多更快更方便掠夺暴敛的需要，西方列强纷纷划分势力范围，强占或"租借"土地，开办洋行，专营国际航运，开始了建设现代意义上的码头、仓库、驳运及助航等基础设施，客观上带来了港口的发展。随着英国船舶"打头阵"进入汕头埠，西方其他列强鱼贯相随，纷至沓来。开埠仅仅5年，就有英、美、法、德、俄等11个国家的一千多艘船舶进出汕头，吨位超过42万吨，航线覆盖了欧洲、美洲、澳洲和东南亚。海上贸易也出现了持续性的增长，开埠第三年进出口贸易就达到了1400多万关平两；到开埠的第四十二年，更达到4300万关平两；除对外贸易外，国内贸易也扩大到北方沿海和长江中下游。汕头埠也成为潮汕民众、华商和侨胞进出的主要通道，旅客运输呈现一派忙碌景象；据有关方估计，经汕头水路外出的海外移民多达300万人，仅1922年就有30艘客轮在汕头经营定期班轮航线，年输送出入外洋超过17万人次。二十世纪三十年代，汕头港已发展成为闽南粤东地区的海运枢纽。据潮海关史料，1933年中外资本在汕头设立的轮船公司有11家，船务公司有44家，进出港的外轮近4500艘，吨位超过了630万吨，货物吞吐量占到全国海港的8.6%，位列上海、广州之后，居全国第三位。随着港口的发展和商贸的繁荣，城市随同兴旺昌盛，生机盎然，海滩上建起了街坊、道路，市区拓展了"四永一升平"，再扩大了"四安一镇邦"，工业手工业崭露头角，商号金融一应俱全，开埠通商的80多年时间，就一跃而成为潮汕地区的经济商贸中心。由汕头埠加上崎碌和礐石，构成了今天汕头中心市区的轮廓，汕头市的地位也脱颖而出，成为广东省第二大城市，国内外瞩目。然而，抗日的战争爆发，日寇以轰炸为发端，1939年侵略霸占了汕头，毁损码头、仓栈等设施，实施全面封锁，禁绝所有外轮和华轮出入港口，断停航线，瘫痪海运，港口沦为了一座死港；由于市民大量逃难内迁，商业贸易凋敝衰败，经济一派冷清萧条，致使汕头市了无生机，元气遭受巨大损伤。抗日战争胜利后，虽然有数年的短暂恢复，但国民党军队在败走台湾时，汕头再次遭受劫掠，港口又一次陷入了瘫痪境地，城市也陷入了困难境地。

二十世纪中期到二十一世纪初期，从1949年新中国诞生到2009年六十华诞，汕头港和汕头市步入了新的历史发展时期，一个甲子的时间，港口和城市都发生了天翻地覆的变化。纵观这六十年间的变化，轨迹不同，差别迥异，又可明显地划分为两个阶段。第一个阶段为建国的头三十年，这是一个特殊的年代。建国初期，由于汕头地处祖国东南的海防前沿，时常遭受盘踞在台湾的国民党军队的干扰、轰炸和封锁。面对重重困难，汕头市和汕头港伴随着年轻共和国的前进步伐，信心坚定地开始了恢复经济，医治战争创伤的新征程。扫雷清障，疏通航道，修复毁损的码头、仓栈、通讯及助航等基础设施，经过连续数年的不懈努力，港口生产逐步恢复了正常。1958年港口开始转入了建设基础设施，发展运输生产的新时期。到1979年，汕头港建设了3-5000吨级的泊位3个，岸线长度达到350米，结束了建港一百多年来没有岸壁式现代码头的历史；筑堤填地扩建了港东、港西两处堆场，使全港仓库堆场的面积达到了5万3千多平方米；增添配置了大小装卸机械132台，其中起重机械42台，初步改变了长期依靠人力过驳的落后装卸方式。当年，抵达汕头港的外轮达到128艘，船舶吨位超过41万吨，居全国海港前11位；旅客出口人数超过了6万，居全国海港前8位；货物吞吐量达到175万吨，其中外贸吞吐量38万吨，居全国海港前13位。港口的发展带来了城市的兴旺，此时汕头已是“市和地区”的驻地，并且成为了粤东地区最重要的经济中心和开放门户。第二阶段为改革开放的三十年，这是一个变革的年代。1979年，改革开放的春风吹拂了神州大地，在坚持中国特色的前提下，实行了三十多年的高度集中的计划经济，由此向适度自由的市场经济逐步转轨，史无前例的中国式的“改革开放”从沿海地区的港口城市发轫，以后便席卷了大江南北。由于区位优势和开放优势突出，汕头与深圳、珠海、厦门四个港口城市一起，于1980年率先被国家确定为“经济特区”，允许“摸着石头过河”，在全国进行对外开放的改革试点，这为汕头的腾飞创造了历史性的机遇。在这三十年改革开放大潮的洗礼中，汕头港“旧貌换新颜”，发生了脱胎换骨的巨变，取得了令人瞩目的辉煌成就：其一，由内河走向深海，由“绿色”变成“蓝色”，成为了全国沿海20个主枢纽港口之一。现在，全港拥有老港区、珠池、马山、广澳、海门、榕江、和南澳等港区，还规划建设田心和堤内港区。全港的码头泊位已经达到86个，其中含金量很高的万吨级泊位就有18个，这是改革开放以前无法比拟的。其二，港口的现代化水平攀登上了新的高度。改革开放的三十年间，由于同步加大了软件和硬件的建设力度，煤炭、外贸、集装箱等一批科技先进的专业性码头相继投入运营，港口基本实现了规模化、专业化、机械化和集约化。其三，服务功能全方位，服务范围国内外，成为了国际性的商贸港口。现在，汕头港与世界68个国家和地区289个港口通有航线，覆盖了全球五大洲。与国内所有主枢纽海港、地方主要海港和长江中下游港口通有航线，覆盖了全国沿海地区和长江流域。其四，港口的生产能力和服务能力显著增强，成为了“岭东地区”最重要的门户和最便捷的主通道。2009年，汕头港的货物吞吐量一举突破了3102万吨，外贸货物吞吐量达到了867万吨，集装箱吞吐量接近82万标箱。现在，全港三天半的时间就达到了1949年全年的吞吐量，三周的时间就达到了1979年全年的吞吐量，创造了自建港百多年以来新的历史纪录。汕头港三十年的栉风沐雨，成绩斐然。汕头市也因港而兴，因港而荣，成为了粤东地区、闽西南地区和赣南地区的对外进出口贸易和现代物流的中心。同时，汕头市主动把港口作为生产力的基础要素，围绕着港口发展临港产业、外向型经济、现代服务业，成为了崛起在东南沿海的、一座拥有新兴产业的国际性商贸港口城市。

二百多年来，汕头发展的风云变幻，跌宕起伏，充分显示着港城互动、良性循环的依存关系。二十一世纪是海洋世纪，随着汕头港的可持续发展，汕头市必将有更辉煌的明天。

六、引航对于汕头——港口城市的特殊意义

在港城关系层面上，提升港口资源的战略价值，就能彰显城市的战略地位。最直白的道理，当港口发展成为国家重要的开放口岸和国际海运主通道时，城市也就发展成为国家重要的开放门户和连接国际航贸市场的主枢纽。港口地位重要了，城市的地位也重要了；港口知名了、城市也知名了。

引航是港口重要而又不可或缺的组成部分。但是，并不是所有港口都有引航，只有当港口发展到一定水平，对外开放时，才能产生引航。所以，引航是在开放港口、即“开放国门”的舞台上，为船舶安全、及时地进出港口、或在港口内移泊提供专门性的一种服务。世界任何国家的引航水域，由于航道曲折多变、深度与槽宽均有限止，引航区域内的船舶穿梭、密度很高，水文、潮汐与气象情况复杂，船舶类型众多，高技术、高难度、高风险就成为引航的行业特征和行业要求。所以，从某种意义上讲，引航的水平体现着一个国家的最高航海水平。为维护国家主权，保证船舶和港口安全，根据国家规定和国际惯

例，我国对外轮实施强制性引航。即，当外国籍船舶在进出我国规定的引航水域（包括港口、内河等领水）时，必须向所在地（港口或内河）的引航机构提出申请，由引航机构按规定派出合法而又具有相应技术等级的引航员，登上外轮，为其提供引领到目的地的服务。反之，外轮离开我国港口和内河时，亦按此规定程序办理。因此，外国籍船舶进入中国港口见到的第一个中国人是引航员，离港时见到的最后一个中国人也是引航员。众所周知，“一艘远洋轮船就是一块流动的国土”，引航员的服务活动实际上是在“外国流动国土上进行的”，所以，引航员的一言一语，一举一动，既关系到船舶和港口的安全，又代表着本国的形象。因而，航运界的同行们就将引航员誉称为国家的“水上国门形象第一人”。

在中国，引航更有着特别的意义。因为，以鸦片战争为标志的中国近代史，是一部充满屈辱的半殖民地半封建历史。而中国近代引航史就是西方列强通过逼迫开放通商口岸，赤裸裸地欺凌掠夺我国的一部历史。中国从来就重视“以史为镜”，所以编写一部引航史，就能从引航这一特殊领域，系统地反映这一专业变革演进的历史，也是对国家历史的一种补充。秉承这一思路，汕头市港口管理局和汕头港引航站，在原汕头港务局编写的《汕头港引航史（内部稿）》的基础上，组织力量，精心部署，认真汇总、整理、编辑、撰写了新一稿《汕头港引航史》。新稿与初稿能够相互衔接，并注意在以下三个方面下了功夫，努力使汕头港引航史更丰富，更详实。

第一，注意了按照不同历史时期，在每一篇、每一章的前面，用极其简练的笔墨，将这一时期的历史梗概，作出简单的“白描”式介绍，让读者能够首先了解当时的历史大背景，大环境，大事件，大脉络和大视界。然后，在此基础上，读者便可进一步读到在不同时期，汕头港引航的具体历史。通过先描述同时代的上述“五大”情况，再结合介绍汕头港的引航历史，就容易串连起来，一体审视。

第二，注意了将编写引航史，与介绍城市史、港口史有机地结合起来。由于城市是引航的依托，港口是引航的舞台，有了依托，有了舞台，引航才能将自己的历史演绎得有血有肉，有声有色。否则，“皮之不存，毛将焉附”？与此同时，引航与城市和港口又是相辅相成的，由于引航是城市的特色行业，港口的特种服务，引航通过本身的行业特色和特种服务，展现自身的历史轨迹时，同样又使城市史和港口史演绎得别具风格，别具含义。

第三，注意了从引航历史的沿革着手，将引航在不同时期的事件、人物、及其运作方式、管理体制等史料，客观地进行朴素的描绘，尽可能地还原引航历史本来的面貌，少加评论，甚至不予评论，目的是让读者自己去品味，去解读，去评论。这样一来，表面上看汕头港引航史的介绍收得较窄，显得相对专业，但却能够让读者相对专注地徜徉在汕头港引航的历史长河里。

综观30多年的改革开放，在中国突飞猛进的发展历程里，始终都与港口、港口城市、沿海地区有着极为密切的关系。事实上，改革开放的大潮就是由沿海港口和沿海地区掀起，然后席卷和影响了全国。很显然，中国航运、中国港口和中国引航，在中国经济、尤其是外向型经济和进出口贸易的腾飞中，作出了重要的积极的贡献。其中，中国引航员作为“水上国门形象第一人”，怀着“把世界引进中国，把中国引向世界”的历史使命感，一年三百六十五天，风吹雨打，惊涛骇浪，凭借顽强的拚搏精神，优秀的引领技术，“闲庭信步”地迎来送往数十万艘巨轮，确保了港口运输的畅通，船舶进出的安全，支持了国民经济和对外贸易的发展，可谓功不可没。就汕头市而言，港口引航更有着特殊的作用和意义。不用赘述长长的百余年间城市与引航之间的特别关系，仅以两个特殊时期为例，就能充分展现了引航的地位和作用。一个是汕头解放的初期，从1949年到1957年，由于遭到盘踞在台湾的国民党军队的封锁、轰炸和袭扰，汕头曾一度被迫封港，是引航员以科学的态度，专业的知识，精心设计了排雷装置和排雷方案，以不怕牺牲的大无畏精神，参与并成功地排除了汕头港海面的水雷；不仅如此，引航员还冒着生命危险，一年四季都勇敢地坚持引领船舶进出港口，对汕头市确保航运通畅，保障供应，恢复生产，安定民生，发展经济，作出了历史贡献。另一个是汕头改革开放的初期，面对汹涌而至的开放大潮，港口一下子就被推到了风口浪尖之上，引航紧密地配合着港口，为汕头市发展“三来一补”的外向型经济，又一次作出了历史贡献。在汕头的现代经济发展史上，如果从特定的视角上来观察，虽然汕头港的引航只有寥寥的数十人，可就是这“幕后”的数十位引航员，充当了特殊的‘向导’，他们自信、自律、自豪地“把世界‘引进’了汕头，把汕头‘引向’了世界”。所以，为这一独特的、重要的行业编纂历史，是一件有意义的事情，值得去做。更何况，编写引航史又能对城市史和港口史进行补充，同时还填补了专业史的一项空白。《汕头港引航史》一书的面世，其现实意义，亦在于此。

2009年12月9日完稿于北京

（原交通部副巡视员、教授级高级工程师）

第一篇　晚清及之前时期

第一章　晚清之前的汕头港引航

（1840年以前）

1840年之前，中国是一个封闭、独立的封建国家。自明初至清初，由于政府长期实施海禁政策，限制了中国海上航运业的发展。

1683年（清康熙二十二年），清政府平定台湾统一中国后，在政局趋于稳定，社会趋于安定的情况下，于1685年（清康熙二十四年）主动开放广东的广州、江苏的松江、浙江的宁波、福建的泉州四个对外贸易口岸，中国引航开始由自发、自由、分散转向由政府控制的状态。但是，清政府随后就收紧外贸，实施闭关锁国的政策。1757年（乾隆二十二年），清政府关闭了江苏、浙江、福建三海关，只留广州一地的口岸对外，史称“一口通商”。

由于西方列强不断向海外扩张，越来越多的欧洲商人到中国发展贸易，中国大量的茶叶、丝绸、瓷器等也出口往欧美。从十八世纪末开始，以英国为首的西方国家，通过海上走私鸦片的方式，对中国输入鸦片，从中淫掠渔利。这给中国走向百年屈辱埋下了祸端。[1]

第一节　汕头地名的由来[2]

公元819年（唐元和十四年），韩愈被贬到潮州后所写的《泷吏》云：“州（指潮州）南数十里，有海无天地。”据地方志记载，远在一千多年前，还没有汕头市这块地方，今潮州市以南还是一片汪洋。

由于韩江上游大量泥沙下溢冲积，韩江三角洲逐渐形成与扩展。

未有汕头埠，先有厦岭村。厦岭位于梅溪出海口，即现在的光华溪北岸处。

元代已有厦岭之名。明代初期，厦岭属揭阳县延德乡。《揭阳县志》记载：“太祖洪武二年（1369年），改潮州路为潮州府，领海阳（今潮安县）、潮阳、揭阳、程乡四县，揭三乡十三都。是年，置蓬州守御千户所于厦岭村。”

1530年（明嘉靖九年）前后，厦岭以南（今汕头老市区西南部）海底的几条沙脊逐渐露出水面，渔民便在这里搭棚捕鱼，人们开始称其为“沙汕”。

1575年（明万历三年），几条沙脊不断浮积，并连成一片，被称为“沙汕坪”。

明末清初，“沙汕坪”逐渐浮积成一片陆地，临海的这片地方被称为“沙汕头”。

1717年（清康熙五十六年），清政府因海防需要，在“沙汕坪”设烟墩，筑炮台，派兵驻守，作为营汛，称为“沙汕头汛”。

1730年至1795年（清雍正八年至乾隆年间），今汕头老市区盐埕头至华坞村一带成为盐田，经常有商贩到这里载盐运销内地，清政府就在厦岭妈宫设置一个税站，称为“汕头口”，专门征税和查截私盐。后来“汕头口”被简称为“汕头”。从此，“汕头”就慢慢地成为了专属的地名，它包含了“厦岭”和“沙汕头”。

第二节　汕头港的发展源流[3]

汕头港的形成源远流长。自唐末以来，韩江三角洲中部平原和榕江、练江下游平原逐步形成，人口逐步向沿海的冲积平原迁徙。北宋时，潮州的海岸线到达东陇（澄海）——程洋岗（澄海）——庵埠（潮安）一线。东陇古称北汕头，为韩江北溪出海口，出海即为现在的饶平柘林湾，前临南澳岛；程洋岗的凤岭港为韩江东溪出海口，出现于公元977年（宋太宗太平兴国二年），为潮汕地区最古老的对外贸易口岸；庵埠在韩江西溪边，海水延伸至桑浦山脚，公元1110年

重建于1965年的“光华桥”，位于韩江支流梅溪下游夏岭港出海口（原为木桥）（1977年）（洪浩摄）

（宋徽宗大观四年）开始有郭姓来此定居。

公元1220年（南宋宁宗嘉定十四年），庵埠以南的海滩已成陆地，早有鮀浦盐场，潮州水军移驻鮀浦场，“以扼海道”。随着韩江三角洲的发育，海岸线不断向东南延伸。到了元代，鮀浦东南海滨已有厦岭，明初已形成厦岭村（现在的光华埠）。

到明朝中期，厦岭已成为商船停泊、货物集散的繁忙港埠。厦岭村南边的沙脊也开始浮积，慢慢形成陆地。到明末清初，浮积的陆地的称谓，逐渐由“沙汕坪”演变为“沙汕头”，停泊于厦岭港的海船也逐渐南迁至“沙汕头港”。

潮汕地区的海运历史悠久，潮州生产的陶瓷在宋代就经水路运销东南亚。明朝开国不久，因海贼、倭寇劫掠海疆，沿海地区不断遭受骚扰。1374年（明洪武七年），明政府实行海禁，对外实行“朝贡制度”，潮汕地区在宋、元时代发展起来的海运贸易深受打击。

1460年（明英宗天顺四年），反抗海禁的沿海“顽民”魏崇辉、“海寇”许万七等聚众踞厦岭，对抗朝廷。1463年（明英宗天顺七年）九月，朝廷发兵征厦岭，“斩首数千颗，俘获三千余”，厦岭被夷为平地。事后，官府视厦岭为贼巢，不准居民。

过了约一百年，到1563年（明嘉靖四十二年）前后，厦岭又发展起来。

1661年（清顺治十八年），郑成功收复台湾，清政府为断绝沿海人民与郑成功抗清部队的联系，下令在闽、粤沿海实行海禁和迁界。闽、粤沿海30里内的居民一律内迁。1661年和1664年（清康熙元年和三年），清政府先后两次强制实施的“斥地内迁”，又使厦岭村荒废了几十年。

1684年（清康熙二十三年），清政府解除海禁。潮汕地区的海运开始恢复，庵埠和位于澄海县城东北30里的樟林，由于水陆交通方便，迅速发展成为潮州主要的贸易海港。潮州府属的海关总口就设在庵埠。著名的“红头船”就是从樟林港出发，远航至津、沪、江、浙、闽各地，以及东南亚一带。到十九世纪中期，庵埠和樟林两港，经历了一百多年的兴旺之后，由于日益淤积，其自然条件、地理优势和港口优势逐步被新发展起来的“沙汕头港”所取代。

第三节　汕头港的形成[4]

在今汕头老市区陆地未形成之前，厦岭村一带濒临大海，来往船舶便在这里停泊，慢慢地形成了厦岭港。到1563年（明嘉靖四十二年），澄海县的行政建制设立，厦岭归属于澄海县。据《澄海县志》记载："邑之为埠有三：曰东港埠，曰西港埠，曰溪东埠，为水陆要冲，商贾舟航所聚，舆贩所集，其初盖云漫星繁矣。"这东港埠就指厦岭，也是汕头的发源地。

"沙汕头"形成以后，原来的东港、西港、溪东等处都淤浅了，海船停泊地也就逐渐移到新浮积起来的"沙汕头"南边海面，厦岭港遂成汕头港的内河船舶停泊区。随着韩江的泥沙冲积与海边堤围的构筑，韩江口东侧北岸的陆地与南岸的达濠岛形成对峙，韩江延伸至此，与榕江、练江汇合成为出海口总汇。北岸有陆地岸线，南岸有达濠岛为屏障，东面有妈屿、鹿屿扼住口门，西连榕江，"沙汕头"的南面形成了自然环境优越的天然港湾—— 汕头湾。

随着渔民、盐民、驻防士兵以及来往船舶日益增多，"沙汕头"上的店铺和街道也逐渐发展起来。1809年（清嘉庆十四年），"沙汕头"逐渐形成一个港埠，被称为"沙汕头港"，慢慢地就被简称为"汕头港"。

第四节　中国引航业的开端[5]

一、引航概念

引航，旧称领港、带水、引水（汕头地区在新中国成立之前，当地俗称为"娶水"），是指在一定水域内，专门的从业人员登上某船舶（他不属该船船员），并就该船驶抵目的地的有关安全航行问题，为船长提供建议和忠告，或者在不解除船长对于全船驾驶责任的情况下，代替船长实际操纵该船舶。从事这种工作的专业人员，称为引航员，旧称带水人、领港员、引水人、引水员等（一般简称为带水、领港、引水）。

引航员必须具有丰富的船舶驾驶经验和船舶操纵技能，熟知一定水域内的航行条件及有关规章制度，并取得政府主管机关的资格认可，方可正式执业。

广义上讲，"引航"泛指引航业、引航事务、引航业务、引航机构、引航作业和引航技术等。习惯上，"引航"仍被称为"引水"，广义上的"引水"还包括引航员。

引航，是港口重要而又不可或缺的部分，具有"维护国家主权，保障水上人命财产安全，适应水上运输和港口生产的需要"的重要职能。根据国家规定和国际惯例，国家对外国籍船舶、交通部批准发布的和法律、行政法规规定的中国籍船舶实施强制性引航，规定以外的其他船舶可根据需要申请引航。

引航作业的主要内容是由引航员引领船舶在引航区内航行或者靠泊、离泊、移泊（顺岸相邻两个泊位之间的平行移动除外）以及靠离引航区外系泊点、装卸站。

二、中国引航业的开端

1685年（清康熙二十四年），广州港被辟为对外贸易港口。随着外国船只到港的增多，出现了一批人专门从事船舶引领工作，为进出港口的外国商船提供引航服务。因此，清政府感到有必要对广州的引航加以控制，1744年（乾隆九年），广州府澳门海防同知（专司管理外国人和珠江口海防事务的正五品官署）印光任制订了《防夷七条》，首次对“引水”的选、用作出规定。

《防夷七条》中对“引水”的规定：“洋船到日，海防衙门拨给引水之人，引入虎门，湾泊黄埔”，“限每船给引水二名，一上船引入，一星驰禀报县丞，申报海防衙门，据文通报，并移行虎门协及南海番禺一体稽查防范。其有私出接引者，照私渡关津律从重治罪。”

“责县丞将能充引水之人详加甄别，如果殷实良民，取具保甲、亲邻结状，县丞加结，申送查验无异，给发腰牌、执照准充，仍列册通报查考，至期出口等候。”

1834年（清道光十四年），两广总督李鸿章在《防夷七条》的基础上制定《防夷人章程》八条，其中对引航作了新的补充，加强对引航管制的措施：

1.对进出口的外国船只实行强制引航。即外国船只进出口，必须雇用中国引航员，而且须雇用清政府认可的引航员。

2.确保合格而且可靠的引航员来源。挑选对象不仅是经验和技术合格的人，而且须是“殷实良民”。

3.严格按程序挑选引航员。入选者必须提供担保书；当地政府官员审查担保书，并签字认可；最后经过澳门海防同知衙门的审查。都没问题之后，才能取得政府认可的引航资格。

4.将引航员的日常管理和业务安排交由澳门海防同知全权负责，由该机构为引航员颁发执业凭证，编制引航员值班名册，并具体分派引航任务。

出于对国家安全的考虑，是清政府开始重视引航业的根本原因，其背后的基础，是传统的“华夷秩序”观念。事实上，当时无证引航员大量存在，清政府对于引航员的控制还是比较松散的。

第五节　汕头港引航的萌芽[6]

1840年之前的汕头港，海运贸易已相当繁荣。当时运载工具是各种木帆船，有红头八卦、大鸟底、大圆尾、大拖艇等。

各种木帆船航行区域十分广泛，北至福建、浙江、江苏一带；南至东南亚各地。输出货物主要有丝绸、药材、陶瓷、茶叶、蔗糖、纸类等；输入货物有大米、豆饼、木材、兽皮、犀角等。福建漳州、铜山的来汕船只多停泊于今安平路一带海岸，该地被称为铜山路头（现在小公园百货大楼后面）。

第一次鸦片战争之前，已经有外国商船到汕头。由于当时清朝只许广州一港对外通商，外国帆船到汕头主要是进行鸦片走私活动。鸦片走私分子经常在南澳岛和汕头港口门的妈屿岛附近海面进行交易。

到汕头港的帆船如果对汕头的情况不熟悉，就雇请当地有经验的船民或渔民担任船只的引导带路工作。汕头港的引航就这样在自发、自由和分散的状态下萌芽。

参考文献及资料

[1] 参见《古今潮汕港》（中国文联出版社，2004年1月第一版）/陆集源著，《中国引航史》（人民交通出版社，2001年5月第一版），百度百科——《鸦片战争》

[2]、[3]、[4]、[6] 参见《古今潮汕港》（中国文联出版社，2004年1月第一版）/陆集源著，《汕头港引航史》（内部稿，1996年10月），《澄海县志》（广东人民出版社，1992年5月第一版）

[5]《中国引航史》（人民交通出版社，2001年5月第一版），《船舶引航管理规定》（交通部2001年第10号部长令，从2002年1月1日起实施。）

第二章　晚清时期的汕头港引航
（1840年—1911年）

从十九世纪初开始，越来越多的鸦片输入中国，流毒甚广，使清政府国库空虚，中国人民的身心健康受到严重摧残，社会生产力受到严重破坏，甚至连军队的战斗力也受到严重损害。

1838年（清道光十八年），清道光皇帝颁布禁烟令。1839年（清道光十九年）6月，钦差大臣湖广总督林则徐在虎门销烟。

1840年（清道光二十年）6月，英国军舰封锁了广州珠江口，第一次鸦片战争爆发。1842年（清道光二十二年），清政府在屡战屡败的情况下被迫求和，全面接受英方提出的苛刻要求，于8月29日，签订了中英《南京条约》，被迫将香港岛割让给英国，赔偿英国白银二千一百万两，英国还享有协议关税，领事裁判权和片面最优惠国待遇等特权。此后，清朝政府在英、法、美等国胁迫下，又先后签订了一系列丧权辱国的不平等条约，并于1843年（清道光二十三年）10月开放广州、厦门、福州、宁波、上海五处口岸。1849年（清道光二十九年），葡萄牙驱逐中国在澳门的官吏，公然强占了澳门。中国关闭自守的国门被洋枪火炮打开了。

丧权辱国的《南京条约》是清政府正式签订的第一份不平等条约，割地、赔款、给予列强在中国的特权等，严重损害中国的主权。独立自主的中国引航权也开始被侵夺了。

为了进一步打开中国市场，英、法、美等国于1854年（清咸丰四年）提出修改条约，要求中国全境开放通商，鸦片贸易合法化，外国公使进驻北京。这些无理要求遭到清政府的拒绝，因此，列强再次发动了侵华战争，1856年（清咸丰六年）10月下旬，英军突然进攻广州，爆发了第二次鸦片战争。

1858年（清咸丰八年）5月20日，英法联军进攻天津大沽口，大沽炮台在经过顽强抵抗后失陷。在英法的威吓下，清政府于6月先后分别与俄、美、英、法签订了可耻的卖国条约——《天津条约》。《天津条约》规定：外国公使驻北京；开牛庄(今营口)、登州(今烟台)、台南、淡水、潮州（后来开埠时潮州口岸设在汕头）、琼州（今海口、九江、江宁(今南京)、镇江为通商口岸；中国海关雇用外人；外国传教士入内地自由传教；外国人往内地游历通商；外国商船可在长江各口来往；中国给英国赔款银400万两，法国200万两。

《天津条约》签订场面（汕头海关关史陈列馆提供）

为了扩大侵华利益，1860年4月，英、法全权代表额尔金和葛罗率大批军队再度开到中国。10月初，英法联军进攻北京，火烧圆明园。10月下旬，清政府被迫派恭亲王奕欣与英、法代表先后交换《天津条约》批准书，又与英、法、俄订立《北京条约》。第二次鸦片战争至此结束。《北京条约》规定：增开天津为商埠；准许华工出国；割让九龙司地方给英国；发还天主教资产；对英、法赔款增加到800万两。

第二次鸦片战争中，在洋枪火炮的攻击下，汕头被辟为对外通商口岸，于1860年开港了。从此，汕头港引航也在中国引航几乎被完全侵夺的情况下，把持在西方势力手中。

1851年—1864年，爆发太平天国运动。1851年1月11日，洪秀全生日，“拜上帝会”聚众万人在金田村“恭祝万寿”起义，是为金田起义。洪秀全称天王，建立“太平天国”。1853年3月，太平军攻占南京，改名“天京”，并定都在此。1864年6月1日，洪秀全病逝，幼天王洪天贵福继位。7月天京失守，太平天国运动失败。

1889年（清光绪二十五年），清光绪皇帝任用康有为、梁启超等推行戊戌变法，维新运动遭慈禧太后镇压而失败。

1900年（清光绪二十六年）5月31日，北京东交民巷外国使馆要求加强保护。英、法、德、俄、美、日本、意大利、奥匈帝国八国联军以维护本国在华人士的权益为借口，发动新一轮侵华战争，史称“庚子事变”。后来又加上比利时、荷兰、西班牙三国。俄国除了随联军进攻北京外，另外又从南北两路派二十余万人进占中国东北。6月21日，清政府以光绪的名义，向英、美、法、德、意、日、俄、西、比、荷、奥十一国同时宣战。8月16日晚，联军占领北京城，再次火烧圆明园，使这里残存的13处皇家宫殿建筑又遭掠夺焚劫。1901年（清光绪二十七年）9月7日，清政府与十一个国家签订《辛丑条约》，赔款白银4亿5千万两(四亿五千万即当时中国总人口，以示每人一两，以达羞辱中国人之意)，分三十九年付清，被称为“庚子赔款”，各国可以在北京至山海关铁路沿线驻兵。列强各国本想武力瓜分中国，在中国人民的反抗下，没能得逞；同时，各国各有打算，互不相让，矛盾重重，因此，它们需要继续利用和维护清政府，通过清政府间接统治中国。《辛丑条约》签订后，中国完全沦为半殖民地。

20世纪初，资产阶级民主革命思潮迅猛传播，推动民主革命运动的到来。

1911年(清宣统三年)10月10日，革命党人打响武昌起义的枪声，辛亥革命爆发。起义军占领武昌城后，成立湖北军政府。武昌起义的成功，鼓舞了中国各地人民的革命斗志，中国各地革命党人纷纷起义响应。湖南、陕西、江西、山西、云南、贵州、浙江、江苏、广西、安徽、四川以及福建、广东等省先后宣布脱离清政府而独立。1911年12月29日，孙中山以16票的绝对多数当选为中华民国第一任临时大总统，清王朝走到了末日。[1]

第一节 中国引航权的丧失[2]

一、中国引航权的丧失

第一次鸦片战争失败后，清政府被迫签订了中英《南京条约》，以后又签订了有关附件。影响中国近百年的不平等条约，丧权辱国的各项规定，都源于此。这些条约中关于引航的若干规定，直接决定了此后近一百年间中国引航业的发展方向，即引航业务和引航行政管理，都落到外国人手里，被洋人操纵，导致了中国引航权的完全丧失。

1843年（清道光二十三年）10月8日，中英在虎门签订的《中英五口通商章程·海关税则》（即《虎门条约》，五口指广州、福州、厦门、宁波、上海五处口岸）规定“对引水工价若干”“由英国派出管事官秉公议定酌给。”条约中关于引航费的决议权规定，是帝国主义侵夺中国引航权的开始。

1844年（清道光二十四年）7月3日，美国援引英国先例，强迫清政府签订了《望厦条约》，进一步写明“准其自雇引水”、“所有工费若干”、“中国地方官勿庸经理”。清政府的强制引航到美国商船身上彻底变为自由引航，《望厦条约》剥夺了中国对“引水费”的决定权。

1844年（清道光二十四年）10月24日，法国提出同样的要求，清政府又签订了《黄埔条约》。该条约又进一步明确赋予了法国领事审核引航员的资格、签发引航员的执照和任用引航员的权力。

1866年（清同治五年），中意《通商条约》中规定："引水人等应遵规条，地方官会同各国领事官酌量定之。"中国引航的行政事权和有关章程的制订权最终丧失了。

按照不平等条约中规定的"一体均沾"原则，所有这些明确、清楚的关于引航的制度，同样适用于已经与中国签订不平等条约的国家。这些不平等条约的规定，完全打破了中国引航业独立自主的局面，为引航业的殖民化敞开了大门。随着外国航运势力入侵，外籍引航员不断地涌入中国执业。

至此，我国的引航权在不平等条约的侵夺下完全丧失了。

二、海关管理港口的体制建立

第一次鸦片战争以前，中国还没有出现专门负责港口管理的具体机构，港口事务由海关兼管，但海关对于港口事务的管理并没有专断权，海防同知、水师也同时在港口管理中承担一些职责。

第一次鸦片战争之后，日见繁忙的上海港港口管理日益成为一个紧迫的问题。1851年（清咸丰元年），由各国驻沪领事共同提名，迫使上海道台任命美国人贝莱士船长为上海港首任港务长。港务长是理船厅的负责人。港口引航事务管理也归于港务长。理船厅是专门负责港口管理的行政机构，隶属海关管辖，当时的海关监督（即关长）是中国人。这样，以海关管理港口引航的体制初步建立起来。

1854年（清咸丰四年），上海海关另立新关，由外籍税务司（"税务司"是官名，亦是机构名）领导一批外籍雇员，全权管理税务和外轮事宜，由此建立起一套新的海关体制。由清朝官员担任的海关监督一职渐成虚位，海关行政让位于一个日益膨胀的外籍人体系。

1859年（清咸丰九年），清政府决定用外国人代收海关税。上海海关税务司，英籍人李泰国被两江总督五口通商大臣何桂清委聘为中国海关总税务司（1861年经总理衙门正式任命），他在通商各口推广上海的新关制度。

1863年（清同治二年）赫德接任中国海关总税务司一职，任职长达48年之久，他不断扩大海关总税务司和各地海关税务司的职权，使海关机构不断完善，形成了以他为核心、基本由外国人控制的完整的海关体系，这就是"赫德体制"。1865年（清同治四年），赫德制定了通商各口募用外籍人帮办税务章程，明确规定，各关税务司和港务长的人事管理权，都由总税务司掌握，港务长要服从于本地海关税务司的领导，经费收支归总税务司收支报销。由此，海关通过控制港务长开始掌握了管理港口的各项大权，以海关管理港口的体制正式建立起来。

三、《中国引水总章》

第二次鸦片战争后，大量外籍引航员挤入中国的引航业，由于各国领事各自把持指派引航员、决定引航费率等权力，而外籍引航员却不受任何章程和制度的约束，从而引发各方面对引航权日益激烈的争夺。由各国领事分头管理引航的体制导致港口引航的混乱和失序。

1867年（清同治六年）初，清朝海关总税务司——英国人赫德从英国的利益出发，借中国政府之名着手制订一份引航规章，经再三修订后，《中国引水总章》于1868年（清同治七年）10月27日，以该年度第30号总税务司通札的形式下发各港，并于次年开始试行。

《中国引水总章》以黄色纸作封面，号称“黄皮书”，共有十款条文：

1. 由各口定分章、引水界限、引水员名额、引水各费一切事宜；
2. 引水员招募条件：华民和签约国国民都可应聘；
3. 由理船厅、各领事官和通商总局组成考选局；
4. 考选引水员程序；
5. 发给引水员执据（证书）的办法；
6. 引水学徒制度；
7. 理船厅对引水员的管理和领事官对违章违法引水员及无执据（证书）引水者的处罚；
8. 对引水船的管理规定；
9. 船只进口时悬挂的旗号；
10. 口内停泊管理规定。

赫德在制订《中国引水总章》时，以中文为原版翻译成英文版，其中的通商总局（中国政府一个部门）翻译成英文却成为“总商会”（指外国的总商会），致使《中国引水总章》完全成为外国势力操控中国引航权的依据。

《中国引水总章》是中国引航业发展史上第一份全行业性的规章，其中确定了引航管理体制的基本框架。在其指导下，各港口制定和颁行了一系列《各口引水分章和细则》，确立了一个基本从属于海关系统的全国性引航管理体制。

虽然当时说《中国引水总章》是“试行”，但它却一直“试行”到1933年被废而未止。从此，外国势力名正言顺地开始了近80年控制中国引航权的局面，把侵夺到手的引航权通过章程更加合法化和具体化。

四、中国引航员被排斥出中国引航业

自《中国引水总章》和《各口引水分章和细则》订立之后，中国引航员不断遭到排挤。1868年赫德向清政府总理衙门的报告中说：“1867年各口引水共203名，内有华人103名，英国人40名，美国人35名，希腊人10名，丹麦人6名，瑞典人6名，荷兰人2名，奥地利人1名。”到1869年，天津已没有中国引航员，到1903年，上海最后1名中国引航员也被排斥了。[3]

五、中国收回引航权的开端

1900年（清光绪二十六年）义和团运动和八国联军侵华战争，使清王朝的统治根基大为动摇。面对危急存亡的形势，清政府开始谋求革新。

1906年（清光绪三十二年）9月20日，清政府成立邮传部，下设五个司。其中，航政司负责内港外海、各江河航业和船政管理。这是中国第一个正式的航政机构。其后，邮传部开展了制定航律的工作，于1910年拟成了《航律纲目草案》，共十四篇，其中第八篇为引水律。这表明清政府对引航问题已开始重视。但清王朝不久即灭亡，这个草案也就被置之不理，海关理船厅管理港口和引航事务的体制未受任何实质性触动，外籍引航员在中国引航业中的地位也照样保持下来。

第二节　汕头开埠[4]

第二次鸦片战争时期的沙汕头港已是一个相当繁荣的港埠了。沙汕头港由于地理位置重要、自然条件优越，引起了外国人的关注。1857年，英国鸦片商人渣甸在给额尔金爵士的信中，就叙述了沙汕头港可以进口英国的大宗货物，并说沙汕头港是“一个未经条约承认的非常重要的港口。”

1858年（清咸丰八年）5月，英法联军攻打大沽，并于6月强迫清政府签订不平等的《天津条约》，增开牛庄（今营口）、登州（今烟台）、台南、淡水、潮州（后来开埠时潮州口岸设在汕头）、琼州（今海口）、汉口、九江、南京、镇江等10个沿海和沿江港口城市为通商口岸。

1859年（清咸丰九年）8月，美国使臣与清政府互换了《天津条约》的批准文书，并征得清政府准许在潮州先行开市。清政府定于1860年1月1日（清咸丰

九年十二月初九）在沙汕头设关开市，汕头港自此开港。

1860年10月初，英法联军再次进攻北京，火烧圆明园。10月下旬，清政府代表、恭亲王奕欣与英、法代表先后交换《天津条约》批准书，潮州被确认为通商口岸。

1860年（清咸丰十年），英国人到潮州勘察时，遭到当地居民强烈反对。经过几度交涉，英国人想占领潮州立足不成之后，就要求将沙汕头开放为通商口岸，后来清政府将潮州的通商口岸设在沙汕头。

1861年（清咸丰十一年），清政府正式确认沙汕头为通商口岸。原称“沙汕头”改称“汕头埠”，属澄海县鮀浦司管辖。

1861年（清咸丰十一年）6月，英国在汕头埠礐石设立领事署（馆）。后法国、挪威、美国等也相继在汕头埠设立领事署（馆）。

第三节　汕头港引航权的丧失[5]

汕头是在帝国主义用洋枪洋炮打开中国的大门之后，在一系列不平等条约的侵夺下，于1860年开港的。开港后，由于当时处在中国引航权丧失殆尽的历史大背景之下，汕头港引航权也注定难逃被侵夺的厄运。

在《中国引水总章》的框架下，潮海关理船厅撇开通商总局代表，单独与条约国领事一起，共同拟定了《汕头口引水分章》，共十条款（套用《中国引水总章》，完善第一款和第十款内容。），还制订了《地方规则》共十七条，组成汕头港地方引水章程，并将之公布实施。

《汕头口引水分章》以《中国引水总章》为蓝本，具体制订了：

1. 汕头港引航员人数为6名；[6]

2. 汕头港引航区域从齐水岛（即汕头港外的“赤屿”，又称“鸥吻岛”，英文成为“BILL　ISLET”）至礐石嘴；

3. 进出各类船只引航费为每英尺墨西哥币5元。另外，口内移泊费每次墨西哥币10元，由理船厅代收。

《地方规则》规定引航员的“执照费须交银十两”、“担保费须交银三百两”、“学徒转正期为三个月”，还有“请假规定”、“引航程序”、“报告制度”、“收费和投诉的处理”等。最后一条强调“本规则由本口理船厅与条约国领事共同审定，如情况需要可共同再修增。”

潮海关以《汕头口引水分章》和《地方规则》为依据，在汕头港建立了一套完整的引航管理体制。这套引航管理体制为外籍引航员进入汕头港执业打开方便的大门，同时对中国人参与汕头港的引航业关上大门。此后直到抗战胜利的近80年里，汕头港的引航业一直控制在外国势力的手里。

第四节　汕头港建立以海关管理引航的体制[7]

一、潮州粤海新关在汕头建立

1685年（清康熙二十四年），清政府开放广州为通商口岸，设立粤海关。

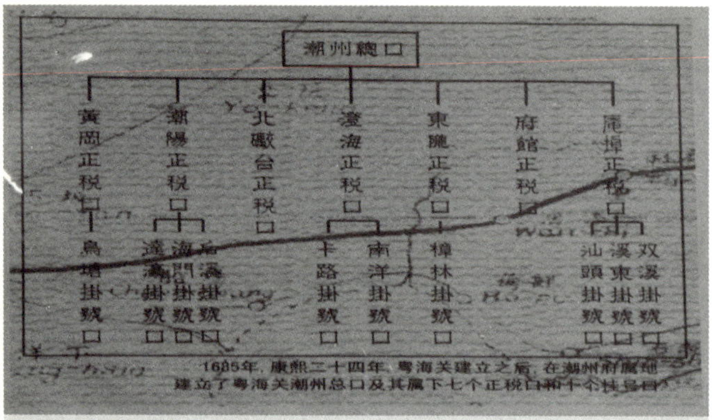

1685年粤海关潮州总口机构图（汕头海关关史陈列馆提供）

粤海关设立后，在广东沿海设立省城大关及澳门、潮州等7处总口。当时潮州府属的海关总口设在当时海阳县（今潮安县）庵埠，总口下辖七个正税口和十个挂号口。粤海关潮州总口委员由潮州府海防同知兼任。海关是集行政、防卫、关税于一体的管理机构。

1750年（清乾隆十五年）六月，粤海关监督（即关长）派员驻管潮海关总口（关址设在庵埠），潮汕各地陆续设立关口征收关税，期间共设6个征税口，9个分口及2个挂号口。

1756年（清乾隆二十一年）清政府在妈屿岛（曾称放鸡山）设立海关机构，称为常关。1853年（清咸丰三年），粤海关在妈屿岛设立潮州（粤海）新关（后称“潮海关”，又称“常关”），取代潮州总口的职能，原在庵埠的总口及所辖各口均归其管辖。

妈屿岛旧影（汕头海关关史陈列馆提供）

二、潮海关（洋关）管理汕头港口引航

1859年（清咸丰九年）11月，来粤帮办缉私的中国海关总税务司（英籍）李泰国参照上海章程，开办海关“新关”。“新关”就是任命外国人为税务司，管理“洋式船只”，并向洋式船只征税的海关（又称“洋关”）。粤海关则一分为二，除了“洋关”外，还有一个原来由中国人管理“华式木船”的海关（又称“常关”）。

1860年（清咸丰十年）1月1日，中国海关总税务司派美籍英国人华为士到沙汕头创立潮州新关（后称“潮海关”，又称“洋关”）。

1860年（清咸丰十年八月初七），潮海关于沙汕头设立，关址设在放鸡山（现在的妈屿岛，后迁礐石，再迁市内）。英国人华为士任潮海关（洋关）第一任税务司。俞思益被清政府任命为潮州（粤海）新关（常关）监督。鉴此，潮汕地区并存二个潮海关，一为中国人管理的潮海关，亦称常关；一是外籍人员操办的潮海关，亦称洋关。

汕头市新关街口（汕头海关关史陈列馆提供）

1863年（清同治二年），潮州（粤海）新关（常关）迁入汕头市区老妈宫对面的新关街办公。

1865年（清同治四年），潮海关（洋关）迁入汕头市区海坪铜山路头（即现居平路口）办公。1921年又迁至海关钟楼（始建于1919年）办公。

1865年潮海关从妈屿岛搬迁至此楼办公
（汕头海关关史陈列馆提供）

建于1919年的潮海关办公楼（钟楼）（汕头海关关史陈列馆提供）

汕头海关钟楼现改为汕头海关关史陈列馆（2009年10月）（刘伟　摄）

原潮州（粤海）新关（常关）仍管理所辖范围内的各税口，依旧守着古老的常规，除给木船发执照外，就是向内河和出海木船征税。两个海关中，洋关的权力和作用越来越大，海关的港口及航政管理诸权都由税务司交给其属下的理船厅执行。

潮海关（洋关）成立后，按新关制度实行港口属于海关的管理体制，潮海关设立理船厅作为港口行政管理机构，主管港口事务，包括引航事务。其职责是制定港口管理章程，划定港界、船舶停泊、装卸货地点、检验和丈量船舶，进行船舶登记，管理引航事务、码头建设、海道测量和疏通、航标、灯塔，发布航行通告等。其后，潮海关（洋关）按“赫德体制”建立由外籍海关税务司掌握，通过理船厅港务长管理的以海关管理港口引航的引航管理体制。

三、潮海关的变迁

1901年（光绪二十七年），八国联军侵华，中国战败并签订了《辛丑和约》。《辛丑和约》规定以关税、盐税作为赔款的担保，将通商口岸“五十里内常关”一概交归海关（洋关）代管。奉清政府户部和海关总税务司署令，潮海关（洋关）接管距汕头50里内的各常关卡口，清政府设立的潮州（粤海）新关（常关）的主权丧失殆尽。

1926年1月19日，潮海关（常关）监督马文车任职才十天，得到东征军总指挥部支持，一举强行收回50里内七处常关卡口管理权，开创了中国人收回关权的历史先河。

根据国民政府财政部关务署令，各省50里外常关应于1931年1月1日裁撤。同年3月，潮海关（常关）监督公署将属下15个50里外常关关卡全部移交给潮海关（洋关），潮海关（洋关）税务司接管潮海关（常关）监督所辖的“五外常关”，潮海关（常关）改为潮海关分关。

第五节　晚清时期的汕头港引航

汕头开港（1860年）后，外国木帆船、轮船纷至沓来，当时的汕头港没有专业的引航员，在不平等条约的支持下，外籍引航员进入汕头港执业就顺理成章了。

1868年（清同治七年）《中国引水总章》颁行后，潮海关（洋关）制订了《汕头口引水分章》，其中确定汕头港引航员的名额为6名。

据《澄海县志》记载，“1886年（光绪十二年），德国领港员的妻子将抽纱工艺传授给盐灶人林赛玉等20多名妇女，是为潮汕抽纱发展的开端。”[8]说明当时已经有外籍引航员在汕头港从事引航工作了，但具体的时间、人物、人数至今不详。

1891年（清光绪十七年）10月23日，潮海关税务司英国人辛盛向总税务司赫德报告称：“由于威廉斯船长之死，汕头港引水人数已由原来的三人减少为两人。经条约国之领事与港务长磋商，决定不填补缺员，而将当地引水人数三人改为两人。因致海上交通情况的变化，两人足以履行本港的引水服务。今年9个月进港687艘汽船中，仅有64艘使用引水服务，每月平均为7艘次。”[9]从这时起一直到1939年6月汕头沦陷的48年间，汕头港一直由两名外籍引航员担负引航工作。

1910年（清宣统二年），英国人伍德船长（CAPT. WOOD）到汕头港任引航员兼验船师。[10]

第六节　开埠后的汕头港

一、汕头港的航运[11]

汕头开港之始，我国沿海各港及南洋群岛等地的水上交通仍依赖帆船。1862年（清同治元年），轮船（英国籍）首次进入汕头港。外国轮船和洋帆船逐渐取代了潮汕的木帆船，本地航运业受到严重打击。随后，美、法、德、日等12个国家的轮船、木帆船也纷纷开进汕头港。至1866年（清同治五年），进出汕头港的英国轮船已达227艘，连同本国及其他各国帆船，总共525艘，总吨位211831吨，其中英国轮船227艘、帆船132艘。

1867年（清同治六年），英国渣甸汽船公司、德忌利士汽船公司率先以香港为基点设经汕头、福州等港航线。

1866年（清同治五年）至1907年（清光绪三十三年），外国公司先后在汕头设立航运机构，其中有英国渣甸汽船公司、德忌利士汽船公司、日本大阪商船会社、英国印度支那航业公司（怡合）、英国伦敦中国航业公司（太古）、德国雷特公司、荷兰渣华轮船公司、暹罗华暹轮船公司等。

我国招商局于1873年（清同治十二年）在汕头设分局，该局的轮船于1872年开始航行汕头，由于船少、运力小，无法与外国航运公司竞争。汕头至北洋线、南洋线和台湾线的航运业，几乎全部被外国公司所操纵，且多数由英国轮船公司所垄断。

至1911年（清宣统三年），进出汕头港的轮船共2600余艘，300余万吨。汕头港成为中国南部有数之商港。

二、汕头港确定港区范围

1865年（清同治四年）3月，潮海关拟定了《海关章程》，确定汕头港的范围是："包括一条从塔岛经过鹿屿的南端至南岸的尖顶礁，从东北北（正北以东22º30′）至西南南（正南以西20º31′）的线内，以及另一条在距离汕头炮台西部1英里半的以北至南的线内的这一部分韩江（或称汕头河）"（附注：①塔岛，即今韩江支流，外砂河南港嘴的小山，山上原建有一塔，俗称"望兄塔"，已于本世纪60年代被拆毁。②尖顶礁，今称尖石或白石，石上建有灯桩。③西南南，这个方位有误，正确的方位应是"南南东"。④汕头炮台西部1英里半。汕头炮台即今礐石海军讯号台附近的旧炮台）。并规定"船舶进入港口范围内48小时以内，船长应将船舶的单证呈交给该国在汕头的领事馆（如果该国在汕头未设领事，可交海关），或者交给其他国家在汕头的领事"。同治年间，还制定《汕头口停泊轮船章程》，其中规定："凡由香港以上各口至福州常行来往之轮船，进口时可直抵浮桩停泊"，而无须海关指泊。

三、汕头港第一张海图出版及海道测量

轮船航运业的兴起和发展，为外国航运势力在华扩张提供了更为优越的条件。为了达到垄断汕头航海事业，英国人于1865年（清同治四年），派英国船长汉密尔顿等人首次对汕头港进行测量，并于同年11月8日在伦敦出版了《中国东海岸韩江入口处汕头港》海图，这是洋人测绘的汕头港第一张海图。并在礐石宫鞋石（文革期间被炸毁，后建海军码头）东侧陡壁上刻有水准标志（B·M）一处（1969年被毁）。

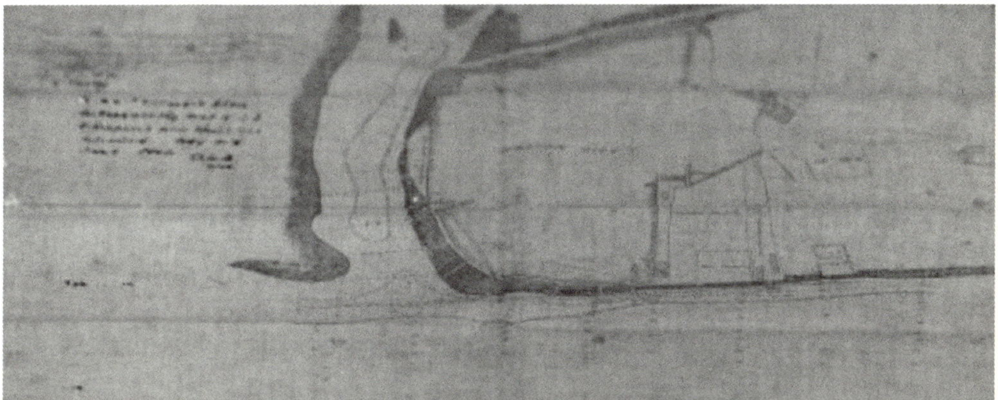

清末时期汕头港港图（汕头海关关史陈列馆提供）

1905年（清光绪三十一年）6月，英国兵舰“窝塔维治”号驶进汕头港进行海道测量，英国总领事馆照会清朝大吏，要饬令各地方官妥为保护。

四、汕头港助导航设施的建设

1868年（清同治七年）4月25日，总税务司赫德发布该年度第10号总税务司通札，正式成立了船钞部（后称为海务部），直属于海关总税务司，专门负责修建和管理沿海和各港的导助航设施，如灯塔、浮标、雾角以及港口航道清理等等。此后，沿海和各港口的导助航设施建设全面展开。

潮海关为了列强自身的利益，先后在汕头附近海域建成几座灯塔。

1874年（清同治十三年）2月18日，南澎灯塔建成投入使用。

1880年（清光绪六年）5月28日、29日，汕头港外的表角灯塔和鹿屿（德洲）灯塔分别建成投入使用。从此，汕头港开始有了人工导航设施。

1874年（清同治十三年）11月1日和1878年（清光绪四年）10月13日，英籍三桅船“赛里”号和德籍二桅船“波丽”号先后在石碑山附近海域失事。1880年（清光绪六年）12月8日，石碑山（赤澳）灯塔也建成投入使用。

以下为潮海关辖区内设立的五座灯塔：

建于1874年南澎灯塔（汕头海关关史陈列馆提供）

建于1880年鹿屿灯塔（汕头海关关史陈列馆提供）

建于1880年表角灯塔（汕头海关关史陈列馆提供）

重建于1910年的石碑山灯塔（汕头海关关史陈列馆提供）

建于1911年遮浪角灯塔（汕头海关关史陈列馆提供）

五、汕头港码头的建设

1888年（清光绪十四年）4月，两广总督张之洞指令“设轮船招商局码头于汕头”，招商局开始在汕头港建浮水码头。中间几经挫折，至1892年（光绪十八年）该码头才建成。这是汕头港最早建造的码头。

参考文献及资料

[1] 参见百度百科、维基百科——《鸦片战争》、《太平天国运动》、《义和团运动》、《八国联军》、《辛亥革命》

[2] 参见《中国引航史》（人民交通出版社，2001年5月第一版）

[3] 参见《中国航海史》（近代航海史）（人民交通出版社，1989版）

[4]、[12]、[13]、[14]、[15]参见《古今潮汕港》（中国文联出版社，2004年1月第一版）/陆集源著，《汕头港引航史》（内部稿，1996年10月），《澄海县志》（广东人民出版社，1992年5月第一版），《汕头党史与方志》（2007年第三期——汕头开埠历史与城市发展研讨会侧记/陆集源）

[5] 参见《汕头市志资料卡》笔宗号614/目号223，《汕头港引航史》（内部稿，1996年10月）

[6] 参见《中国航海史》（近代航海史）（人民交通出版社，1989版），《汕头市志资料卡》笔宗号614/目号223，其中“汕头港引水员2名”有误，1891年才改为2名

[7] 参见《古今潮汕港》（中国文联出版社，2004年1月第一版）/陆集源著，《广东航运史》（近代部分）（人民交通出版社，1989年6月），《汕头港引航史》（内部稿，1996年10月），《潮海关史料汇编》（中国海关学会汕头海关小组、汕头市地方志编纂委员会办公室合编，1988年11月），《汕头海关志》（汕头海关编志办公室编，1988年10月），汕头海关关史陈列馆提供的资料

[8] 《澄海县志》（广东人民出版社，1992年5月第一版）

[9]、[10] 参见《汕头港引航史》（内部稿，1996年10月），汕头市档案馆、广东省档案馆有关潮海关资料——1891年10月、1937年6月潮海关的《报告》

[11] 参见《澄海县志》（广东人民出版社，1992年5月第一版），《古今潮汕港》（中国文联出版社，2004年1月第一版）/陆集源著

第二篇　民国时期

第一章　民国初期的汕头港引航
（1912年—1937年）

1912年元旦，孙中山在南京宣誓就任中华民国临时大总统，宣告中华民国成立。1月3日，中华民国临时政府在南京成立，各省代表推举黎元洪为副总统。2月12日，清宣统皇帝溥仪宣告退位，清朝封建专制统治结束，中国延续2000多年的君主专制政体也随之结束。

由于帝国主义列强拒不承认南京临时政府，以及袁世凯制造外国干涉的紧张气氛。在内外交困的情况下，孙中山被迫退让。1912年3月10日，袁世凯在北京宣誓就任临时大总统。5月4日，民国临时政府迁往北京。

1913年2月，依据《临时约法》，中国举行了历史上第一次国会选举。国民党所得议席最多，按约法精神理应出任内阁总理的国民党理事长宋教仁于同年3月20日在上海遇刺身亡，全国大哗。革命元勋孙中山、黄兴等均指袁氏授意暗杀，袁世凯则予否认；7月，孙中山组织中华革命党，发动二次革命，武力讨伐袁世凯，但遭到失败。二次革命后，中国处在军阀混战之中，当时在中国比较大的军阀有六系，它们分别是：直系、皖系、奉系、桂系、滇系、晋系。

1913年10月6日，国会选举袁世凯为第一任大总统。

1915年12月12日，袁世凯发布命令，承受帝位，宣布恢复中国的君主制，建立中华帝国。

1916年1月1日，袁世凯即皇帝位，并改元洪宪。

袁世凯的称帝理所当然遭到当时有识之士的反对。1915年12月25日，蔡锷、唐继尧等在云南宣布起义，发动护国战争，讨伐袁世凯。贵州、广西相继响应。1916年3月22日，袁世凯被迫宣布取消帝制，宣布退位，恢复“中华民国”年号。袁世凯在位仅81日。1916年6月6日，袁世凯因尿毒症不治而病逝，时年57岁。

1914年第一次世界大战爆发。1919年1月18日，中国作为战胜国参加在巴黎召开的“和平会议”，北洋政府竟准备在卖国“合约”上签字，激起了中国人民的强烈反对。5月4日，北京大学等高校的3000多名学生在天安门前集会，随后举行示威游行。北京学生爱国运动的烈火迅速燃遍全国，发展成为全国性的反帝爱国运动。“五四运动”是中国革命史上划时代的事件，是中国旧民主主义革命到新民主主义革命的转折点。“五四运动”促进了马克思主义在中国的传播及其与工人运动相结合，从而在思想上和干部上为中国共产党的建立准备了条件。

1921年7月23日，中国共产党第一次全国代表大会在上海举行，宣告了中国共产党的正式成立。1938年5月，毛泽东主席在《论持久战》一文中提出：“今年七月一日，是中国共产党建立十七周年纪念日。”明确把7月1日作为党的诞生纪念日。

1924年1月，在中国共产党人的参加与帮助下，孙中山在广州召开了国民党第一次全国代表大会，重新解释了三民主义，确定了“联俄、联共、扶助农工”的三大政策，标志着第一次国共合作的建立。1925年7月1日，中国共产党和中国国民党合作组成广州国民政府，领导国民革命军于1926～1927年为推翻北洋军阀统治，进行了反帝反封建的第一次国内革命战争，即北伐战争，又称“第一次大革命”。北伐军攻克武昌后，广州国民政府迁都武汉。1927年，蒋介石在上海发动了“四·一二”政变，实行清党反共，屠杀共产党人和革命群众。4月18日，蒋介石在南京另立国民政府。为了打开局面，武汉国民政府进行了第二次北伐。由于外交孤立，经济困难，以及反共叛乱，领导武汉国民政府的汪精卫于6月19日在徐州与蒋介石达成“清党反共”协议，7月15日在武汉实行“分共”。至此，第一次国共合作最后破裂，国共两党合作进行的北伐战争夭折，第一次国内革命战争遭到失败。

面对血腥屠杀共产党人和革命群众的反革命政变，以周恩来为首的中共前敌委员会于1927年 8 月 1 日领导了南昌起义，建立中国工农红军。中国共产党领导中国人民开始了第二次国内革命战争，亦称“十年内战”或“土地革命战争”。

1931年9月18日，日本帝国主义侵占中国东北，发生“九一八”事变。

1931年11月7日，中国共产党于苏联国庆日在中央苏区创建中华苏维埃共和国（首都设在江西瑞金）。此后，蒋介石先后五次发动对苏区的“围剿”。1934年10月10日，中共中央、中央军委率红军主力五个军团及中央、军委机关和直属部队共8.6万人，分别自瑞金、鄂都地区出发，被迫退出根据地，进行二万五千里长征，实行战略大转移。

1935年，日本帝国主义入侵华北，中国的民族危机日益严重。8月1日中共中央发表《八一宣言》，号召停止内战，共同抗日。12月9日，爆发了学生爱国运动，掀起了抗日救亡运动的新高潮。

1936年10月，红军三大主力在甘肃会宁胜利会师，从而结束了具有伟大历史意义的长征，实现了北上抗日的战略转移。从此，开始了由国内革命战争向抗日民族解放战争的转变，中国革命进入了一个崭新的历史阶段。

1936年12月12日，爆发了西安事变，蒋介石被迫接受了停止内战、联共抗日的条件。这次事变最后在国民党、共产党和其他势力的协商下，得到和平解决，国共两党也达成了建立抗日民族统一战线的协定，成为日后影响抗日战争的关键因素之一。[1]

第一节　民国初期中国收回引航权的努力[2]

一、中国收回航政权（包括港务和引水事权）的尝试

1911年10月10日爆发了辛亥革命，1912年1月1日，中华民国成立，维系了两千多年的君主专制制度宣告瓦解终结。湖北、广东、福建、江苏、浙江、四川等省的军政府设立了交通司或类似的航政机构，接收了理船厅管理的航政事务，将海关理船厅的事权划为本省自行管理。

取代清王朝的北京北洋政府，为了获得列强的承认和支持，不敢支持湖北等省收回航政权的行动，仍然维持了前清的海关港航管理体制。1914年修订的《各省大小轮船注册给照章程》中给予明确规定，除了广东一省外，各省已有的地方性航政机构都被先后撤消。

这一时期，引航事务仍然处在外国人的控制之下，并未因为中国的政局变动而有多大改观。

二、修订《中国引水总章》未果

“五·四”运动的爱国热情唤起了中国人民的国家主权意识和民族自觉精神，有识之士开始研究、探求收回引航权的途径和方法。

1921年，北京北洋政府海军部会同交通部着手研究修订《中国引水总章》及《各口分章》时，遇到了《中国引水总章》中“通商总局”被译成“外商总会”的问题，若修改那时使用的任何语言，必须得到外交使团的同意，因为居住在中国的外国人在不平等条约的支持下享有治外法权。维护引航权的问题一下子变成讨回引航权的问题，遭到英国驻华公使和海关总税务司的干预。

由于北京北洋政府的动荡与软弱，加上身为中国政府雇员，掌握引航问题全部信息的海关官员维护外国势力在华特权和利益，使得1922年底在上海召开

的，由海军部、交通部及税务处代表组成的修订引航章程的讨论无果而终。北京北洋政府关于修订引航章程的计划和行动遂悄然结束。

三、中国人重新加入沿海、沿江引航业

1924年国共合作，推动了国民革命的进程，使中国出现了建立统一国家，维护国家主权，争取民族独立的可能性。

1925年成立的广东国民政府，对于引航问题相当重视，12月试图成立“引水事务特别局”，将引航员的管理和考选权从海关、领事团及外国商会手中取回来，但遭到海关及外国领事的强烈反对，最终未能付诸实施。面对当时的革命形势，海关还是作了一点让步，默认在“引水员考试委员会”中增加中国人的代表。同时，广州港的引航员定额也从20人增加到40人，所增的都是中国引航员。

1926年后，沿海各港引航员共66名，中国引航员仅占6名（青岛1名、福州5名）。

1928年，北起安东（今丹东），南至广州沿海11个主要港口中，共有引航员51名，其中的中国引航员只有14名，分别是：上海1名，青岛和宁波各2名，安东和温州各3名，福州6名。

1929年，沿海各港引航员增加到101名，中国引航员占40名，其中广州有23名，其他各港17名。

汕头港一直没有中国引航员。[3]

为尽快培养中国自己的引航员，1929年12月，南京国民政府海军部下令恢复20年代初北京北洋政府海军部海道测量局在上海设立的“引水传习所”，次年2月正式开办。到1931年初，已培养了249名引航员，他们都取得了海军部颁发的“引水员执照”。以这批毕业生为主体，1931年成立了长江下游引水公会，后奉海军部命令改称为“淞汉引水公会”，接受海军部的管理，但独立开展引航业务。

中国引航员重新加入到沿海、沿江的引航业，以及对中国籍引航员培养工作的重视，为中国收回引航权迈出了实质性的一步。

四、中国《引水管理暂行章程》颁行

中国要收回引航权，主要的途径还得从法律上入手，修改甚至取消《中国引水总章》及《各口分章》，并制订新的章程。

1929年，国民政府开始拟订新的引航章程，作为接管引航权的准备。

财政部、交通部经过努力，终于在1931年10月6日向行政院呈递了修订过的

新章程——《中华民国各口引水暂行章程》。

该章程提交上去的时候，正值“九·一八”事变爆发，日本侵略中国东北之际，国民政府的注意力都集中到对日关系上去了，暂时无暇顾及这份章程。于是，它被搁置起来。

1933年，财政部和参谋本部联合成立了扬子江标志军事设计委员会，将《中华民国各口引水暂行章程》稍作修改，新的《引水管理暂行章程》于1933年8月呈上行政院、司法院和考试院审核，很快就被批准施行。新章程共八章四十六条，颁行的同时，宣告废止1868年（同治七年）颁布的《中国引水总章》及《各口分章》。

《引水管理暂行章程》规定：以往使用的“领港”、“领港员”等称呼一律改称“引水”、“引水人”；学习引航员须为“中华民国人民”；引航主管机关为临海各港及长江下游组设的“引水管理委员会”；引航员人数在十人以上的港口应设立“引水公会”等。除上海港引水管理委员会“得暂加入外国商会代表一人”外，其它各港的外国商会无权过问引航事务。现有的外籍引航员仍可在中国执业，但须遵守中国的引航规章。

《引水管理暂行章程》试图把中国引航业导向民族化的运行和发展方向。但是，剥夺外国势力对中国引航事务的染指，以及对外籍引航员特权的限制，都牵涉到不平等条约中规定的治外法权问题。而在当时，这些条约特权还没有取消，《引水管理暂行章程》在实施过程中，就不可避免地将遇到一系列复杂的对外交涉问题，在各港的实施过程中还产生了种种矛盾。因此，《引水管理暂行章程》没有完全得到顺利实施，《中国引水总章》废而未止，中国引航权旁落的大局仍未根本改变。

第二节　民国初期的汕头港引航[4]

一、民国初期的汕头港引航员

民国初期，汕头港引航一直被两名外籍引航员把持在手里。这两名外籍引航员分别是英国人伍德和美国人史多克。在汕头港，他们是自清末一直干到最后的2名外籍引航员。这两人在汕头港各自独立执业引航，又兼任验船师，长期把持着汕头港的引航和验船两大领域。

1. 伍德

伍德出生于1880年（1937年6月的报表填57岁），1910年9月2日取得潮海关签发的引航员证书就任汕头港引航员，证书编号为“6”，引航服务水域为：汕头及附近。当年30岁。他家住汕头市崎碌路（今外马路尾）73号，另在妈屿岛上有间小屋及地皮（价值5000元），雇有厨师1名、杂工2名、保姆2名。他拥有3艘机动艇（价值25000元），雇用2名轮机员和2名甲板人员。

伍德到汕头之前的个人经历不详。

2. 史多克

史多克出生于1878年（1937年6月的报表填59岁），1917年5月26日取得潮海关签发的引航员证书就任汕头港引航员，证书编号为“7”，引航服务水域为：汕头及附近。当年39岁。他家住在妈屿岛，在岛上有两层楼房（住房17间，价值51570元），雇有4个当地侍者。他也拥有3艘机动艇（价值25000元），雇用5名船员。1921年，史多克购买的第一条引航艇是与伍德合伙的，各出一半的钱，后来由他一人买下。他还拥有小艇避风塘（价值1000元）。

1937年11月26日，《北洋日报》报道《汕头的史多克》——史多克作为一个侨民，是汕头港的一个知名人士。他从1891年起出海，在美国“Harry Morse”号轮上当过七年二副，又在美国海军服役七年，参加过美国——西班牙战争，而后加入清朝海关。1917年起成为汕头港的引航员和验船师。

伍德和史多克在石炮台和妈屿还建有小型码头、避风塘和修船排。

二、汕头港引航《地方规则》的修改和补充[5]

史多克在妈屿岛的住处旧址（小路左侧的空地）（2009年10月）（刘伟 摄）

辛亥革命后，时代的变迁和轰轰烈烈的革命大潮以及中国尝试收回引航权的行动，对控制在外国势力手中的汕头港引航并没有造成任何冲击，潮海关理船厅主管引航的体制仍旧维持，外籍

外籍引航员在妈屿岛的
修船排和码头旧址水井
（2009年10月）（刘伟　摄）

引航员在汕头港从事引航的垄断地位照样保持下来。

汕头港引航管理一直在《中国引水总章》的框架下运行，1913年至1923年，潮海关前后四次对汕头港引航《地方规则》作修改和补充，主要是引航费率方面的内容。

1、1913年7月15日的修订：将套用《中国引水总章》的《汕头口引水分章》第一款内容搬到《地方规则》，确定引航员人数为2名；引航费率适用于进出口的汽船和帆船，每英尺吃水墨西哥币5.0元；细化移泊内容，收费为一次付清墨西哥币10—15元；删去旧规第6点。

2、1914年的修订：引航费从每英尺吃水墨西哥币5.0元提高至5.5元；1200基本吨以上，每吨1墨西哥分；原由理船厅代收的口内（移泊）引航费改为引航员代收，码头移泊费一次增加到墨西哥币20元，1500吨及以上一次墨西哥币25元；在河道中移泊一次墨西哥币15元。

3.1915年1月12日的修订：引领船只往返或改变泊位于石油装置系留处间1500吨及以下，墨西哥币15元；1500吨以上，墨西哥币25元；河道中移泊，墨西哥币15元。

4.1923年的修订：引航费按吃水每半英尺2.75元，半尺后带小数作半尺计；夜间引航费按规定价格加50%；夜间是否接受引航业务由有关引航员自定；在沙洲（浅滩）接船的引航员每天或半天补助墨西哥币25元。

三、《引水管理暂行章程》在汕头港的执行情况

《引水管理暂行章程》颁布后，海关总署于1933年9月15日发函调询沿海港口引航组织的有关情况。具体的问题有：

1.属于引航员的岸上、海上资产有哪些？

2.当前实行的收费标准如何？

3.在过去12个月里，每位引航员的平均月薪是多少？

4.有哪几种费用是从这些月薪中扣除的？

5.受雇从事引航工作的手续程序如何？

6.休假和退休金条款如何？

7. 你港的引航员人数及实际需要如何？

8. 有几位船长被批准可以自己引航？

9. 根据你港的条件与状况，是否有理由实施强制引航？

10. 是否需要增加职员以应付可能增加的工作任务？

11. 是否需要增加办公用具？

12. 引航员自己雇用的职员情况？

13. 你是否愿意提出什么规则来管理引航工作和对引航员进行指导？

14. 船舶要求引航应遵从哪些规则？

15. 引航船遵从哪些规则与程序？

16. 港务长是否对引航员实施有效的管理？

当时在汕头港执业的两位外籍引航员伍德和史多克分别就上述问题给汕头港务长作了详细的书面报告，重点阐述了没有休假和退休金的艰辛和在汕头港从事（引航）这种“严峻艰难”、令人“神经紧张”工作的感受。对于涉及汕头港引航权的几个关键问题：

伍德的回答是：汕头港有两位引航员就够了，根据汕头港目前的条件尚无必要实施强制引航，很难提出汕头港引航工作管理方面的新规则，目前所采用的规则是运行正常有效的；

史多克的回答更干脆：第7点，请看海关发布的规则（原规定引航员名额是2人），第8—11点，没有必要由我回答。

1933年10月14日，汕头港务长彼德逊根据两位外籍引航员的报告内容向汕头海关专员作了简要的书面报告。

1933年11月14日，汕头海关专员喜利站在西方势力的利益立场上，在回复海关总署的信中写道：现行的当地引航规则可以说有小小的或者说没有什么变动的需要，但引航旗应由原来的横纹上黄下绿改为通常的上白下红，前者由于颜色辨别困难以及很快褪色而不宜再用了。

实际上，《引水管理暂行章程》第33条规定使用“上白下红”标识的引航旗，喜利却以颜色为由，避而不提《引水管理暂行章程》。

由于汕头港的引航权完全控制在西方势力的手上，因此，汕头港既没有按《引水管理暂行章程》的规定成立“引水管理委员会”，也因引航员人数不足10人而没有成立“引水公会”。《引水管理暂行章程》在汕头港成为一纸空文，并没有得到落实执行。汕头港的引航权依然把持在西方势力手里。

四、汕头港的引航程序

汕头港的引航和引航员都是在港务长（理船厅）的管理之下进行的，包括引航员日常的工作或病休。对引航员的投诉或由引航员提出的投诉总是通过港务长来进行。如果引航员之间发生了业务方面的争端，港务长会进行裁决。

船舶进出港申请引航，由船长或代理人用电报通知引航员，或由当地的代理直接来通知。偶尔也通过电报告知港务长为他们指定引航员。有时船舶一到赤屿外抛锚，便升挂申请引航的旗号（白天有4种，夜间有2种，随选一种便可），澳头信号台接收后将之转给港口信号台，后者于是打出同样旗号。接到这些通知或信号，引航员就按时出发到赤屿外去接船，并在浅滩上水深足够时尽快引领进港。但在港界内的靠离泊引航总是在港务长的直接指挥管辖下进行。

有执照的引航员前往执行任引航务时，引航艇在日间须悬挂引航旗。原来的引航旗为横纹的上黄色下绿色方形旗。1933年底改用上白下红方形旗。夜间与大船联络时，可连闪白光。

对于出港船，引航员会提前登轮，以便解缆并向外行驶，引航艇有时傍靠大船被拖着出港,接引航员离船，然后前往迎接来船。

五、汕头港引航员的培养

伍德和史多克这两位外籍引航员为了自己共同的利益，联手操控汕头港引航员的培养。

汕头港招雇引航员是按照汕头港引航章程的程序执行的，当有引航员从引航岗位退下来的时候，（理船厅）港务长就在中国主要的报纸上登出广告，宣布汕头港引航员有一空缺，招请报名者（必须持船长证书者，而且是性格良好，既能在各种天气条件下操纵各种船舶又能在开阔的海面上自己操纵小艇的人）。申请者通过汕头港“引水考试委员会”的竞争性考试后，取得引航员学徒资格。在将要退休的引航员指导数月（至少三个月）之后再参加考试，以取得正式“引水执照”，方能成为正式引航员。事实上，参加最后考试的只有那个学习引航员，不会有别的申请者了。这就是以前引航界“师带徒”培养引航员的做法。

1923年至1924年间，伍德和史多克曾在一段时间内同时离开汕头。此前，史多克找到一个合适的人选，把他训练成一个引航员。那个人在3个月的学习期间留宿、登轮见习，通过了相关的考试并取得了执照。史多克离汕期间，他雇用这个引航员顶替他的工作。史多克与这个引航员签有协议：在史多克离开的12个月间，这个引航员得以住进他的房子，全权使用其房子及其属具，使用他的船艇及设备，船员和侍者的工资由这个引航员支付。引航收入由史多克支配，其中800元作为这个引航员的月薪。如果每月引航收入超过800元，其超过部分两人平分；如果低于800元，由史多克支付其差额。

从1933年5月起，伍德病了8个月，这期间所有的引航工作由史多克一个人包了。

六、外籍引航员的引航和收支情况

1.有关伍德的情况

1932年平均月总收入：1285.71元

平均月净收入：1086.60元，总净收入：13039.16元

总支出：14126.76元

净收入差：-1087.6元

1928—1932年总收入：77921.33元

所有的开支：63810.73元

5年的积蓄：14110.60元

2.有关史多克的情况

1933年10月份之前的12个月

平均月总收入：3300元，年总收入：39600元

平均月开支：2600元，年总开支：31200元

这一年存下了：8400元

在1个月里，最多引62艘次，少时只有4艘次。

3.特殊的引航收费情况

从1933年起，为了得到K.P.M(即荷兰邮＆客轮公司)的支持，汕头港引航员不得不答应K.P.M的要求，不论船舶吃水及吨位，进港和出港，均采取统一收费，一律为90元。

租船人可以通过给予没有申请引航的船长一半引航费的办法不申请引航。引航员因此被迫给予这部分船长同等数额或更优惠条件以获得被雇用的机会。因此，引航艘次并不代表引航费收入的数量。

七、外籍引航员对汕头港引航工作的感受

1933年10月，伍德和史多克这两位外籍引航员给汕头港务长的报告中都提到了他们对汕头港引航的感受。一致感到引航工作承担着相当大的压力，包括体质和精神两方面的压力，引航员因而必须具有能力、经验和耐力。

汕头港引航锚地离港内8海里，距离浅滩约1海里。

伍德写到：汕头港外风大、流急，常常使得引航工作十分危险。汕头港外的附近陆岸地形，对引航快艇不能提供遮避。而港外浅滩在一年大多数的日子里，对盛行东北—东风引起的海浪是敞开的、暴露的；在西南季风的日子里，有台风袭来或在附近经过，造成巨浪扫过浅滩，使得吃水稍大的船舶进港航行特别的危险。浅滩延伸至附近的礁岸，所以引航员对浅滩上的水深应有准确的认识。否则，由于引航员的错误引起搁浅，船舶会立即处于危险的境地。汕头港的引航工作是严峻艰难、神经紧张的，都承担了相当紧张的压力，包括体力和精神两个方面。引航员的职业生涯只有在他们的神经、体能尚能保持，不受削弱的条件下才能延续。

伍德还提到：曾有两个引航员在港外浅滩落水，还有另外的引航员因心脏病死亡。

史多克写到：熟悉本港的船长承认，引领一般吃水的船舶进出本港的操作并没有特别的困难，但实际工作中，包括在开阔的海上航行、登船，都承担了相当紧张的压力，包括体力和精神两个方面。从引航员的角度看，我认为我的看法是正确的，即应承认汕头港是中国沿海多个最艰难的港口中的一个。

伍德和史多克两人都是独立执业并各自收取引航费，其收入用于支付的项目包括雇员的工资、伙食、船艇养用、租金、执照年审更换等费用和家用等，剩余的钱自己留起来。他们都抱怨收入太低，因贸易的变化而无法保证一份稳定的收入，也无法承担回国休假的费用，既没有休假工资也没有退休金。对此，他们是不满意的。尽管如此，面对高额的引航收入，他们还是愿意照样干下去，只希望能在失去工作能力之前，挣到足够的积蓄，然后退休，安度晚年。

八、潮海关税务司呈报汕头港引航情况

1937年6月18日，潮海关税务司呈报本口情况："由华籍引水员引领进口的汽船必须停在港外等外籍引水员的到来，这样的事再没出现。离港时也没再有相似的耽搁。汕头没有华籍引水员，引水不受限制，故中、外船主（指船长）完全自由地可免却本口外籍引水员的服务。"[6]

第三节　民国初期的汕头港[7]

一、汕头立市

民国初期，由于经济进一步发展，汕头埠于1914年改由澄海县直接管辖。随着汕头埠经济进一步繁荣，广东省政府于1921年3月份在汕头成立汕头市政

厅，汕头埠改称汕头市，与澄海县分治，成为省辖市。

1921年（民国10年），汕头港归属汕头市管辖。

二、汕头港的航运

第一次世界大战之后，德国在汕航运被日本替代，至1920年（民国九年），进出港轮船达2400艘，一扫第一次世界大战期间港口的萧条景象，汕头港的航运开始复苏。

据《潮海关史料汇编》记载：“1932年至1937年各年往来外洋船舶吨数均占全国第三位，仅次于上海、广州。”仅1933年，进出口船舶就达到4478艘次，总吨位632万多吨。通航以东南亚诸国和港、澳为主，出口产品主要是土特产，热门货物是潮汕抽纱。

三、《汕头港务章程》

1913年8月13日，潮海关公布了《汕头港务章程》，这是汕头港最早的港务章程。此章程共五章二十九条（附续议告白），第一章，停泊规则；第二章，军火规则；第三章，矿油等类规则；第四章，防疫规则；第五章，杂款规则。在第一章的停泊规则内有这样的内容：（一）章程内所称船只系指洋式船只而言。（二）船停泊章程分甲、乙、丙、丁四则如下：甲凡船只之不属乙、丙、丁三则内者必须停泊在指定界线之内，北至老炮台至达濠嘴为止。乙矿油，贴紧甲则界线东边，甲则界线内至蜞田西边为止。丙炸裂质品，在甲则界线东边至少须离四缆（链）地位。丁防范船内传染病症，在指定界线北面，上至美孚煤油池，下至石炮台。

四、汕头港助导航设施的建设

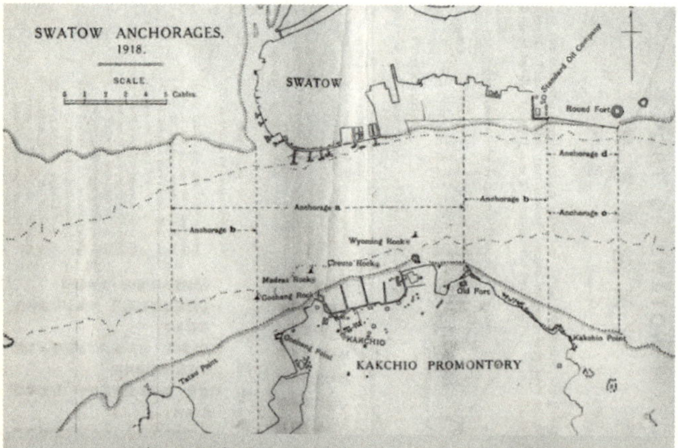

1918年汕头港锚地划分图（广东省档案馆提供）

1931年，“海宁”轮夜间出港，在妈屿岛西端鱼栅内侧搁浅。同年，在鹿屿岛半山腰设置白色定光灯两盏，前后成一直线，真方位127度/307度，称“危险界标”。

五、汕头港的库场、码头和系船浮筒

民国初期至抗战前，汕头港的地盘早已被列强抢占瓜分殆尽，全港30多公里海岸线的码头及仓库场地中四分之三为英商太古、怡和及美孚等洋行所占有。6座木栈桥趸船码头和2座木栈桥油码头中，英美等国洋行占了7个，海面13个轮船系泊浮筒中，洋行占了12个。

参考文献及资料

[1] 参见百度百科、维基百科——《军阀混战》、《五四运动》、《国内战争》、《抗日战争》、《西安事变》

[2] 参见《中国引航史》（人民交通出版社，2001年5月第一版）

[3] 参见《广东航运史》（近代部分）（人民交通出版社，1989年6月），《中国航海史》（近代航海史）（人民交通出版社，1989版）

[4] 参见汕头市档案馆、广东省档案馆有关潮海关资料——1933年10月—11月、1937年6月伍德和史多克及潮海关有关引航的《情况报告》，

[5] 参见汕头市档案馆《汕头市志》资料卡笔宗号614/223、全宗号90/206、91/206

[6] 参见汕头市档案馆《汕头市志》资料卡全总宗号108/207

[7] 参见《澄海县志》（广东人民出版社，1992年5月第一版），《古今潮汕港》（中国文联出版社，2004年1月第一版）/陆集源著

第二章 抗日战争时期的汕头港引航

（1937年—1945年）

1937年7月7日，发生“卢沟桥事变”，日本侵略者发动全面侵华战争。7月31日，蒋介石发表《告全体将士书》，抗日战争全面爆发，伟大的中华民族开始了长达八年的艰苦卓绝抗日战争。

1937年8月，中共中央在陕北洛川召开政治局扩大会议，通过了《抗日救国十大纲领》，作为领导全国人民争取抗战胜利的根本方针。在中国共产党的倡议和督促下，1937年9月，国共两党抗日民族统一战线正式宣告成立。

1937年9月，国民政府组织展开了“太原会战”。共产党派出国民革命军第十八集团军115师协助第二战区司令长官阎锡山进行防御。在平型关战役中，八路军进行了短时间小规模的伏击战，取得平型关大捷，歼敌1000人。这是全国抗战开始以来中国军队取得的第一个大胜利。

1937年11月20日，日军攻陷上海，中国军队全线崩溃，伤亡25万人。同一天，中华民国政府立即宣布将首都和所有政府机构由南京迁往陪都重庆。12月13日，日军侵占南京，持续数月残杀中国军民达35万，发生震惊中外的“南京大屠杀”。1938年2月，日军华北方面军企图南下和华中派遣军会合。中国国民革命军在以徐州为中心的地区与日军激战，史称“徐州会战”。台儿庄战役的胜利，以毙伤日军两万多人的战果，成为中国抗战以来最大的胜利。

1938年8月至10月，“武汉会战”是抗日战争中规模最大的会战。10月25日，湖北重镇武汉三镇相继陷落。中国国民政府的作战中心迁往重庆继续抵抗。

为了管理所有占领了的中国国土，日本支持中国人成立傀儡政权，用傀儡政权分化中国的士气与国际影响力。1935年11月25日，殷汝耕在通州成立了“冀东防共自治政府”；1937年12月14日，王克敏在北平成立了“中华民国临时政府”；1938年3月28日，梁鸿志在南京成立了“中华民国维新政府”。后来，德王在日占区设立“蒙疆联合自治政府”。1940年3月30日，汪精卫在日本的保护下，以“还都”的名义在南京成立“中华民国国民政府”。

1939年9月，纳粹德国军队向波兰不宣而战，引发法国、英国向德国宣战，标志着绥靖政策的破产，第二次世界大战正式爆发。欧美列国放弃了将法西斯国家力量引向苏联的企图，一反早先要求中日和谈的态度，支持中国国民政府进行抗战。1941年12月7日，日本偷袭美国珍珠港，珍珠港事件爆发。翌日，美国向日本宣战。12月9日，中华民国政府正式公开对日本宣战，中国战场也成为第二次世界大战太平洋战争的一个重要战场。不久之后，除了与日本保持中立的苏联以外，英国等同盟国也对日本宣战。从此，中国不再独立对日作战，抗日战争正式成为第二次世界大战的一部分。

1943年11月，中美英三国元首在埃及开罗开会，通过《开罗宣言》，要求战后日本归还占领中国的所有领土，包括台湾及其附属岛屿。

1945年7月26日，美、英、中三国共同发表波茨坦公告，敦促日本无条件投降，否则将予以日本“最后之打击”。8月6日，美军在日本广岛投下第一枚原子弹。3天后，又在长崎投下第二枚原子弹。苏联也在8月8日对日宣战，发动八月风暴行动，苏联红军于8月9日出兵中国东北。

1945年8月15日，日本天皇宣布无条件投降。1945年9月2日上午9时，在停泊于日本东京湾的美国战列舰“密苏里号”上，日本新任外相重光葵和日本参谋总长梅津美治郎代表日本政府在投降书上签字。第二次世界大战至此正式结束了。9月9日，侵华日军总司令冈村宁次在南京向中华民国政府陆军总司令何应钦呈交投降书。抗日战争正式结束了。日本帝国主义的对外侵略战争，以彻底失败而告终。第二次世界大战也以全世界人民的伟大胜利而结束。

1945年9月，国民政府迁返南京。[1]

第一节　抗日战争时期的中国引航[2]

在第二次世界大战中，中国成为远东地区反法西斯的主战场，国际地位得到提高，逐渐得到国际社会的承认和一定程度上的尊重，客观上为中国引航权的收回创造了有利条件。

抗战时期，日本侵略者占领了沿海及长江中下游的城市，中国引航业遭受巨大冲击，中外引航员，或被关押，或失业离职，外籍引航员在中国引航界的主导地位和享有的特殊权利被完全冲垮。

1943年初，国民政府与英、美两国签订了新的条约，正式废除了各国在华各项条约特权，包括引航权。中英新约中规定，英国“放弃关于在中国领土内各口岸雇用外籍引水人之一切现行权利。”中美新约规定，美国放弃“在中华民国领水内关于沿海贸易及内河航行之特权。”“以及中国领土内各口岸外籍引水人之雇用。”

这样，从国际法的意义上说，中国已经收回了晚清时期失落于外国势力之手的引航权。

中英、中美新约签订后，为了理顺引航管理体制，统一事权，国民政府开始着手成立独立于海关的全国性引航管理机构。

1944年3月，国民政府行政院第655次院会通过了全国引水管理委员会组织条例。

1944年4月11日，“全国引水管理委员会”正式成立，暂时隶属于财政部，由财政部、军政部、海军总司令部、交通部和社会部各派一名代表组成委员会，作为全国性的引航主管机关。该会可在各重要港口设立“引水管理办事处”。

“全国引水管理委员会”的主要职责是：

1. 划分全国引水管理区域，设立各区引水办事处管理引水事务；

2. 关于引水员的学习，引水资历的检验、培训、考试、登记、给照、奖惩；

3. 厘订各区引水费率，规定各级引水员待遇的标准及其执业与退休的年龄；

4. 培训并提高各级引水员的驾驶操船技术，加强各区引水员的团体组织并兴办各项福利事业等。

“全国引水管理委员会”的成立，标志着中国统一引航事权，加强对引航事务自主管理的真正开始，对于促进引航业进一步实现民族化，有着相当重要的意义。余下的任务，只是等待抗日战争结束，由中国政府全面接管全国的引航业。

第二节　抗日战争时期沦陷前的汕头港引航[3]

一、沦陷前的汕头港引航

1939年6月21日（日军侵占汕头）以前，汕头港引航业完全被西方势力所占据，引航事权一直属海关理船厅，引航员人数定编自1891年以来仅维持两名，并且都由外籍引航员担任，从未有过中国人担任汕头港引航员。

“七七事变”后不久的1937年8月31日上午8时，日寇2架飞机入侵汕头、澄海、潮安等地上空进行侦察，这是日军侵略潮汕之始。汕头市当局遂宣布疏散人口、物资，下令妇孺内迁，经济开始萧条。

1937年9月15日，史多克获准请假四个月，于11月携家属离开汕头回美国。之后，其休假又延长了3次，准备于1938年9月15日返回工作岗位，但由于日军侵华战火向华南蔓延，最终，他还是没有回来。他在汕头港执业长达20年。史多克在离开汕头之际最大的一个遗憾就是：如果能多呆一阵，他就能引领满4000艘船，仅差2艘就达到了。[4]

1938年之后，日机轰炸潮汕铁路和汕头港，港内仓库和码头大部分遭到破坏，汕头的贸易突然中断，仍留在汕头的英籍引航员伍德也常常临时失业。1937年9月15日到次年5月15日9个月中，伍德共引领了78艘次，其中进港45次，出港33次，引航费共墨西哥币7279.58元。引航船舶为：

荷兰K.M.P公司的邮&客轮：38 艘次
油船（S.V.O.C）：6 艘次
油船（A.P.C）：10 艘次
移民船（英国）：4 艘次
一般货船：15 艘次
美国军舰：3 艘次
意大利军舰：1 艘次
法国军舰：1 艘次

二、汕头港培养中国引航员受阻

1937年9月15日，史多克获准离汕回美国，他临走前没有提供接班人选，汕头港只有伍德一名引航员。

为了保证当船舶需要时能申请到合格引航员，给船舶提供便利，1938年4月4日，潮海关以7738号急件向在上海的海关总署报告：在“C.P.S.Partou”轮任过大副的海关关员C.J.Van Es先生已经受过引航业务培训。在史多克船长休假期间，学习引航员不能独立工作的情况下，C.J.Van Es先生跟随高级引航员伍德船长学习引航，以期在应急情况下让他担任引航员。1938年5月3日，海关总署上海办事处回复潮海关：承担引航责任是引航员而不是海关官员；如果这种方式是可取的，也应通知海务巡工司（海关属下负责海务、灯标管理的部门，是机构名称，也是官职名称）；报告史多克船长打算回来的时间和仍在休假的原因及汕头提供接替引航员的通常做法；海务巡工司对你的急件批文会作出决定。

海务巡工司的批复认为在这种情况下选派海关官员学习引航是明显不合理的，也是违反规定的，建议选派港作船的中国人去“Partou”轮学习引航。

对此，伍德于1938年5月19日给汕头港港务长报告，列举了种种理由来推辞培养中国引航员：

1. 目前还不适合开始他们（指中国船员）的学习（引航）。中国的船舶驾驶员很擅长于解决航海方面的问题，但缺乏实际的船舶操纵经验；实际操船经验对于引航员来说是必备的——对于船舶，不论大或小，重或轻载，在狭窄、拥挤而且可能是急流、大风的水域的操纵能力。进出港航道的学习并不困难，但要成为一个引航员，则必须有良好的素质——必须清楚地知道如何保持船舶处在易于操纵的最佳状态。因此，选择未来的学习引航员在船艺方面的知识比天文学方面成绩杰出者更重要。

2. 自从中日战争开始以来，他就难以维持汕头的引航工作；

3. 他乘坐的引航艇挂有巨大而且清晰的英国国旗，受到英国的保护。如果一艘日本军舰发现他的引航艇，且看见上面有一个穿着整齐的中国学习引航员，那将会有不幸的事情发生。为获得一点点操船经验而冒过于巨大的风险，他认为是不值得的；

4. 如果海务巡工司考虑现在对中国实习引航员的训练，可派他们在上游锚地和鹿屿岛之间各处测深，以便让他们获得水深、流向的第一手资料；

5. 建议利用海关所属的13号系船浮来训练学习引航员的船艺。该浮筒每天租金10元、引航费15元，是合算的，而且能够减少由于船长的偶然疏忽引起的损失；

6. 在过去的8个月中，引航费已不能维持引航所需的费用，而且前景变得越来越暗淡；

7. 除了提供学习引航员工资之外，非常乐意参与巡工司这一建议的实施工作。

1938年5月23日，潮海关再以7754号文向海关总署报告，报告中详述了史多克休假的情况、伍德不想带中国人的理由、请求允许在应急情况下推荐C. J. Van Es担任引航员。

1938年6月2日，在上海的海务巡工司办公室对潮海关7754号文作出评价：

1. 认为伍德不想带中国人学习引航是不合理的；

2. 中国人乘坐挂英国国旗的引航艇在引航区域航行是无碍的，中国人作为学习引航员乘坐引航艇不会比中国人作为引航艇船员对引航艇的危害更大。

3. 提供一个海关官员、中国人还是外国人作为学习习引航员，只有当正式引航员同时离开时才能顶替引航工作；

4.作为学习引航员身份，仅能得到维持生计而没有其他报酬，因为海关所支付的薪水不够维持两名正式引航员的生活和福利；

5.由海关决定谁作为临时引航员，不管最后结果如何，它必须是合理的。

最终，汕头港培养中国引航员的事也就不了了之。

第三节 抗日战争时期沦陷时的汕头港引航

一、沦陷时期的汕头港引航

1939年6月21日（农历五月初五端午节）清晨，日军3000人、舰艇30余艘、飞机20余架，分三路进攻汕头。一路以汽艇从澄海新港溯韩江袭庵埠，一路在新港登陆后经鸥汀、月浦包围庵埠，一路由基围进占洋边、浮陇、东墩、金砂。22日，汕头失陷。[5]

日军侵占汕头后，征用了潮海关办事处所、部分宿舍和艇只、武器，并完全撇开了海关这个机构，采取军事管理形式直接占领了汕头口岸的港口、贸易和航运。虽然在以后一段时间里，潮海关还与设在上海外国租界的海关总税务司署保持着联系，部分海关人员还留任潮海关，但潮海关实际上已失去了作用。

1939年11月1日，日本人控制的伪汕头专税处接收潮海关，对外办公。稍后，日军派日籍人员（主要是军事人员）充当海关关员，且课长、港务长等重要职务均由日籍人员担任。

1942年6月，日伪潮海关正式成立，下设总务科、秘书科、会计科、监查科、港务科。日伪政权的海关总税务司任命原潮海关三等帮办——日本人高桥明为代理关长。同时规定：海关只可派员在港内检查进出口船舶和征收税款，并必须与日军、日警协同工作；港外缉私、灯塔管理和港内港务由日军军部负责。1945年6月，由于太平洋战争战事吃紧，日伪潮海关所有的日籍人员均调离海关至军队任职。

汕头沦陷期间（1939年6月至1945年8月），日军实行封港，进出港船舶全部由日本的“水先人”（引航员）引领。汕头港引航完全被日本侵略者独占了。[6]

二、沦陷时期的汕头港引航员[7]

1939年6月，汕头沦陷后，汕头港留下的唯一引航员伍德处于失业状态，但他没有离开汕头。

1941年12月间，太平洋战争爆发后，伍德被日军拘捕送往香港集中营，不知所终。他在汕头执业长达30年。

日军全面侵华迫使史多克提前离开了汕头。太平洋战争爆发后，伍德遭日军拘捕。史多克和伍德原先希望在汕头安度晚年的愿望完全落空了，这正反映了时代趋势与个人机缘的一种复杂变奏。与此同时，西方引航员掌控汕头港引航的历史也结束了。

日军航拍的汕头鸟瞰图（1939年6月）（汕头海关关史陈列馆提供）

第四节　抗日战争时期的汕头港[8]

一、汕头港的航运

1938年10月21日，广州沦陷后，汕头一时成为广东乃至华南国民党统治区最大的对外贸易港口。当时粤北、江西、湖南以及中国中西部各省进出口货物悉以汕头为转运枢纽。

1939年6月21日（农历五月初五端午节），日军进攻汕头，22日汕头失陷。随后日军封锁港口，禁止商贸运输。同年7月18日起，日军只准许来自香港、南洋的轮船（主要为英旗轮船）载运邮包进口，但不准载运客货。稍后，日军当局特准挂英国旗的商轮每周一艘进出汕头港一次，仅得载运邮件、旅客和日用食品而已。

1941年12月，香港沦陷后，行驶汕头港的他国轮船终于绝迹。当时进出汕头港的船舶主要是日轮。如航行广州、汕头、大连等沿海口岸的客货轮有“越前丸”、“衡山丸”和货轮“嵩山丸”、“唐山丸”、“庐山丸”、“华山丸”。这些轮船均为2500载重吨。此外，还有“日本丸”、“第二云海丸”等几艘大货轮从华北沿海不定期行驶汕头等广东沿海口岸。据汕头海关资料统计，仅1942年，进出汕头港日轮的吨位共有132648吨。

太平洋战争爆发后，美国飞机不断轰炸航行于中国沿海的日本轮船，使日轮受到惩罚性打击。同时，同盟国的飞机也不时袭击汕头港内的日本船只。如1943年9月2日，同盟国的飞机炸沉日本兵舰“白银丸”号。后又将日本运输船“镇江丸”炸沉于崎碌炮台的东南水域。从1944年至1945年日本投降的1年多时间里，汕头港成为一座死港。

二、汕头港的码头

1939年下半年起，日本侵略者为了军事需要，在汕头市广州街尾的海滨建造一座三千吨级钢筋混凝土高桩梁板式结构的军用码头，日本人称“东亚码头”，汕头人称“军部码头”（即现在海滨路客运站西侧的海军码头）。该码头长80米、宽10米、双引桥，于1940年末建成使用。

参考文献及资料

[1] 参见百度百科、维基百科——《抗日战争》、《第二次世界大战》

[2] 参见《中国引航史》（人民交通出版社，2001年5月第一版）

[3] 参见《澄海县志》（广东人民出版社，1992年5月第一版），《古今潮汕港》（中国文联出版社，2004年1月第一版）/陆集源著，《汕头港引航史》（内部稿，1996年10月），汕头市档案馆、广东省档案馆有关潮海关资料——1938年4月—5月，伍德及潮海关有关引航的《情况报告》

[4] 参见《北洋日报》（1937年11月26日）——《汕头的史多克》

[5] 参见《澄海县志》（广东人民出版社，1992年5月第一版）

[6]、[8] 参见《汕头港引航史》（内部稿，1996年10月），《汕头海关志》（汕头海关编志办公室编，1988年10月），《广东航运史》（近代部分）（人民交通出版社，1989年6月），《古今潮汕港》（中国文联出版社，2004年1月第一版）/陆集源著

[7] 参见《汕头港引航史》（内部稿，1996年10月），《中国引航史》（人民交通出版社，2001年5月第一版）

第三章　解放战争时期的汕头港引航

（1946年—1949年）

1945年8月，中国已取得抗日战争的战略主动权，在日本投降前后，蒋介石接受了国民政府文官长吴鼎昌的提议，三次发电邀请毛泽东到重庆商谈“国际、国内重要问题”。8月28日，毛泽东与周恩来、王若飞在美国大使赫尔利陪同下从延安飞至重庆，代表中国共产党与中国国民党代表王世杰、张治中、邵力子展开和谈。双方就和平建国的基本方针、政治民主化、国民大会、党派合作、军队国家化、解放区地方政府等12个问题阐明了国共双方的见解。1945年10月10日，国共双方签署“政府与中共代表会谈纪要”，即《双十协定》，或称《停战协定》。国民党方面接受了共产党提出的和平建国的基本方针，承认要坚决避免内战。

1946年6月26日，停战有效期刚过，国民党军队以突然袭击手段，进攻共产党在中原地区的一个集结区，国、共两党的军队在中原地区（湖北、河南交界）爆发了大规模的武装冲突，长达三年多的第三次国内革命战争，即解放战争就此开始。

1946年6月—1947年3月，国民党依靠优势兵力对共产党解放区展开了全面进攻，解放战争进入战略防御时期。

1947年3月—1948年9月，国民党集中兵力重点进攻陕北与山东解放区。1947年10月10日，中共中央以“中国人民解放军”名义发表宣言，提出了“打倒蒋介石，解放全中国”的口号。解放战争进入战略进攻时期。

1948年9月起，中国人民解放军发动战略决战。历经辽沈战役（辽西会战）、淮海战役（徐蚌会战）和平津战役（平津会战）三大战役。国民党军队节节败退。

1949年4月21日拂晓5时许，中国人民解放军发起渡江战役，击溃长江沿江防御的国民党军。4月23日，解放南京。5月17日，解放武汉三镇。5月27日，解放全国经济中心上海。渡江战役后，各野战军立即按照中共中央军委的既定部署，分别向中南、西北、西南、东南地区进军，推翻了国民党政府在中国大陆的统治。

1949年10月1日，在首都北京天安门广场举行了开国大典，在隆隆的礼炮声中，中央人民政府毛泽东主席庄严宣布中华人民共和国成立，并亲自升起了第一面五星红旗。聚集在天安门广场的三十万军民进行了盛大的阅兵和庆祝游行。新中国的建立，实现了中华民族的独立和解放，开创了中国历史的新纪元。[1]

第一节　抗战胜利后中国重建引航业[2]

一、《引水法》公布实施

“全国引水管理委员会”自1944年4月11日成立以后，草拟《引水法》的工作就开始了。1945年初，《引水法》草案拟具，并呈交行政院讨论。

1945年8月15日，日本投降，中国人民抗击日本帝国主义的斗争取得了最后胜利。

1945年9月28日，国民政府正式公布《引水法》。《引水法》从次年4月1日起实施。

《引水法》共6章33条，其主要内容有：引航业的主管机关为交通部，引航员须为中国公民，持有主管机关所发执业证书才可以从业，沿海港口对500吨以上的商船实施强制引航。此外，还对引航员的执业、受雇及惩罚等事项作了具体的规定。

《引水法》的颁行具有重大的历史意义，这是中国历史上唯一一部经过正常立法程序制定和实施的引航专项法规。是抗战胜利后，中国人民重建引航业的基础和起点。

二、调整全国引航管理体制

1946年初，为谋求引航事权统一，行政院指令，由交通部从财政部手中接管“全国引水管理委员会”。1946年2月5日，交接工作正式完成。交通部指派航政司长高廷梓为主任委员，其余成员仍按该会组织章程由各部派出。

“全国引水管理委员会”将全国划分为11个“引水管理区”：长江上游区、汉宜湘区、淞汉区、淞沪区、闽浙区、台湾区、粤桂区、海南岛区、冀鲁区、辽东区、吉黑区。在划定“引水管理区”的基础上，交通部“全国引水管理委员会”着手选派人员，赴各地组设各区“引水管理办事处”，接管当地引航事务。各区下面，有的港口设置了分办事处，未及设立分办事处的港口，引航事务由当地航政或港务机关暂为管理。

三、重建引航队伍

在抗战后期，国民政府就为引航队伍的重建作了一些准备。1944年5月，国民政府考试院通过了战后引航员考试办法。根据该办法，引航员考试分“试验”和“检复”两种，“试验”即一般考试，“检复”即检核证件，体检和口试。所有考试由考试院委托引航主管机关分区办理。外国人不得参加考试。

为了尽快恢复引航队伍，重建引航业，1945年12月4日，行政院第723次院会上通过了《引水人员登记办法》，规定原先的引航员和高级船员可按照该办法，向引航主管机关登记为不同等级的海港或内河引航员，经审核其体质及以往的证书，合格者即发给临时执业证书，暂准执业。

“全国引水管理委员会”于1946年初转由交通部接管后，在各区开展了引航员检复工作，按照考试院的规定，检复合格者即发给相应等级的引航员执照，准许其正常执业。

抗战胜利之初，国民政府还未来得及完全接管引航事务，一些外籍引航员不甘退出中国的引航业，就重新返回中国执业。

由于沿海各港中国引航员普遍缺乏，不得不暂时留用一些外籍引航员。为了解决外籍引航员问题，1946年初由行政院第733次院会通过了《雇用外籍引水人管理办法》，该办法共有9条。根据这项办法，战前曾在各港执业的外籍持证引航员，经检复后，可暂在各港继续执业。但是，他们已不再是当年享有条约特权的引航业主人，而是中国政府出于需要，作为权宜之计而雇用的外国技术人员。

四、《引水法实施细则》的公布实施

1947年9月22日，交通部又公布实施了《引水法施行细则》。

《引水法施行细则》共6章33条，对船方申请引航、引航员的执业规程和注意事项、引航设备及引航费率的制订都作了具体规定。

至此，引航业的专业法规、管理构架和引航队伍建设基本形成了。

第二节 抗战胜利后汕头港引航的重建

一、汕头港引航机构的创建

1945年8月15日，日本投降。9月初，国民政府接管了汕头市。

1945年9月25日，海关曲江（即韶关）关代理税务司黄志骞受命接收了日伪潮海关。接收后，潮海关设总务课、验估课、缉私课、税款会计课、监察长室（原称理船厅，1947年初改为港务课）等课室。[3]

1945年10月18日，海关总税务司通令各关报告接管后的引航员人数，潮海

关报告称汕头无合格引航员。因此，潮海关并没有对汕头港引航事务进行管理。

抗战胜利后，国民政府交通部设立上海、长江、广州、天津、东北5个航政局。广州航政局设福州、厦门、汕头、江门、湛江、海口、北海、梧州、桂平9个办事处，着手恢复航政管理。1945年底，广州航政局恢复办公。[4]

1946年初，“全国引水管理委员”会由交通部航政司接管后，国家调整和重建引航管理体制。尔后“全国引水管理委员会”在广州相应成立了“粤桂区办事处”（驻广州），主任由当时的广州航政局局长卢逢泰兼任。

1946年冬，“全国引水管理委员会”粤桂区办事处委派霍远昌负责筹建汕头分处，并拨发了开办费，着手创建汕头港引航机构。

自1946年冬起，霍远昌经过多方努力，在广州和香港两地招聘了原海轮船长梁文华、黎培根和沈饶生3人到广州航政局参加引航员考试。3人均经考试合格后由交通部核发引航员证书，准备到汕头港任引航员。

粤桂区办事处在香港购置一艘现成的出海快艇。该艇长度12米，主机马力80匹。为使其能满足在中浪条件下到汕头港外引航锚地安全接送引航员的要求，经引航员们提出修改意见，对其进行改造。修建工程由香港铜锣湾船厂承包。全部工程峻工验收合格后，于1947年3月8日上午，在霍远昌的带领下，由引航员轮流驾驶，这条快艇从香港出发，中途在汕尾港停一宿之后，翌日中午安全到达汕头港内，随后即投入使用。船上配有驾驶、轮机和水手共5人。

1947年3月20日，“交通部全国引水管理委员会粤桂区办事处汕头分处”正式成立。汕头（引水）分处隶属“交通部全国引水管理委员会粤桂区办事处”领导，设主任1人，由粤桂区办事处委派霍远昌担任，下有引航员梁文华、黎培根、沈饶生3人，办事员4人，工友2人，引水船一艘，船员4人，一共14人。地址设于大中华旅社中（即汕头旅社），后搬至外马路30号（后改建为汕头港安全监督局原址，即外马路老港监）。[5]

从此，汕头港引航权回归祖国，完全由中国人自己独立自主，结束了自开港以来由外国人包办的历史，翻开了中国人行使汕头港引航权的历史新篇章。

二、汕头港第一代中国引航员[6]

汕头港引水机构成立前后，由粤桂区（引水）办事处从粤、港两地招聘具有航海理论基础、实践经验和一定英语水平的海轮船长，经广州航政局考试合格取得“引航员证书”，被派到汕头港担任引航员。

1947年3月20日，汕头港引水机构成立时，梁文华、黎培根、沈饶生3人正式就任汕头港引航员。

1947年11月和1948年1月，上级派林木屏和黄文田2人先后到汕头港任引航员。

五位引航员到汕头后，迅速掌握了汕头港的引航环境，在他们的努力下，汕头港的引航工作顺利地开展了。他们是汕头港的第一代中国引航员，他们为开创汕头港引航事业做出了重大的贡献。

1. 梁文华：1947年3月从香港到汕头港任引航员，1947年11月辞职回穗。

2. 黎培根：广东番禺人，曾任英轮“大顺康”、“大中华”二副，“赤坎”轮大副，广东实业公司“天山”轮船长。取得了（一）等“引水”证书，“引水”证书——海备字202号。1947年3月20日起任汕头港引航员，当年46岁（1950年3月16日的《引水人员资历调查表》填49岁）。

沈饶生（沈玮提供）

3. 沈饶生：广东饶平人，广东航海学校驾驶科毕业。曾任广东江防司令部舰艇驾驶员，英轮“广福祥”号二副，广东实业公司“普陀”轮大副，香港“华通”轮船长，取得（一）等“引水”证书，“引水”证书——海备字204号。1947年3月20日起任汕头港引航员，当年34岁（1950年3月16日的《引水人员资历调查表》填37岁，实际生日为1916年正月初三）。

林木屏（林文焕提供）

4. 林木屏：广东揭阳人，厦门集美高级水产航海学校毕业。曾任“安宁”、“集美”、“醒狮”、“唐山”、“通商”等轮二副，“通商”、“永亨”、“海冀”等轮大副，“神农”轮船长。取得（学习）等“引水”证书，后考取（一）等“引水”证书，1947年11月17日起任汕头港引航员，当年40岁（1950年3月16日的《引水人员资历调查表》填43岁，实际生日为1911年7月廿七）。

黄文田（黄梓才提供）

5. 黄文田：又名黄乔森，黄力耕，广东潮安县古巷镇人。1919年冬毕业于广东海军学校，1920年在南京枪炮水鱼雷学校深造，翌年毕业。1925年7月，国民政府在广州成立，他被委任“光华”舰舰长。以后历任虎门要塞威远总台台长，“海瑞”号运输舰舰长（中校）。抗战时期，历任广东省江防代司令、第七战区司令长官部参议、挺进第七纵队副司令、韶关警备司令部副司令、粤桂江防少将司令、海军军法部部长（中将）等职。他始终坚持抗日，转战粤、桂之间，打击日本侵略者。抗战胜利后，深感国民党政府的腐败没落，于1946年辞职，解甲归田，并多次谢绝有关当局及旧僚同袍对他委以要职的邀请，决意不再当官，凭自己的技术吃饭。1933年——1935年，黄文田曾任广东航海学校驾驶科主任、招商局“公平”轮教官。1947年，黄文田经其学生沈饶生推荐，考取（一）等“引水”证书，“引水”证书——港字112号，并于1948年1月被派到汕头港任引航员，当年52岁（1950年3月16日的《引水人员资历调查表》填54岁，实际出生于1897年）。1948年起，黄文田还兼任广东省立潮汕高级商船职业学校航海科教师等职。

第三节　解放战争时期的汕头港引航

一、汕头港引航机构的演变

“全国引水管理委员会”自1944年组建后，就一直沿用由政府各部联合组设的组织方式。随着引航管理渐趋一体化，交通部遂于1947年12月呈准行政院，将“全国引水管理委员会”裁撤，各区、各港段的引航管理都归并于各航政机关之下，以促成引航管理的真正一体化。于是，从1948年1月起，各地航政局下面增设引航机构，专门管理当地引航事务。[7]

1948年1月1日，汕头（引水）分处归并于广州航政局汕头办事处管理，主任霍远昌奉调回广州，另由汕头（航政）办事处派詹德钦为汕头（引水）分处主任。

1948年5月起，汕头（引水）分处奉上级命令，行政上仍属广州航政局汕头办事处管理，引航业务则由引航人员另设“引水业务所”办理。汕头（引水）分处改称为“广州区引水辅导委员会汕头引水业务所”，詹德钦任主任。该机构直至1949年10月24日汕头解放，由汕头市军管会航政局接管。

“汕头引水业务所”成立之后，引航费总收入中提取6%上缴汕头（航政）办事处作为管理费，余下的60%给引航员平均分配，另40%作为引水业务所办公费。

1948年秋，詹德钦奉调回广州任职，由沈饶生兼任主任之职。1949年临汕头解放之前几个月，广州航政局派潘煊到汕头任“引水业务所”主任。潘煊到任后，实际业务仍是沈饶生负责。临近解放时，潘煊离开汕头返回广州。[8]

二、汕头港引航费率的调整[9]

1.《引水费率暂定规则》

1947年冬，由于物价飞涨，引航员生活不敷维持，原制订的引航费率已不适用，调整《引水费率暂定规则》经“全国引水管理委员会”核准，广州港于1948年1月3日起实施，汕头港于1948年1月6日起实施。

《粤桂区广州、汕头及广州湾三港单程引水费率暂行规则》，具体如下：

汕头港及广州湾港

（1）由表角至汕头费率计算当依该船最深吃水深度从（第一表）得其吃水数值再依该船登记长度从（第二表）得其船长数值两数之总和即为该船之引水费。

（2）凡船舶进口停泊后如欲移泊其他地点应另付移泊费28,000圆。

（3）凡船舶进口后如欲留用原引水人引领出口时应每日另付留用费56,000圆，不足一日者亦作一日计算。

（4）每艘每组引水人数为贰名但本处于必要时得酌量增减。

（5）引水人于受雇期间其伙食应由雇主供给。

（6）凡申请雇用单程引水之船舶须填具申请书连同应付之引水费先期缴纳本处经核准后即指派引水人赴船引领。

（7）本处于必要时得将该船之原派引水人调回另派其他引水人接充。

（8）引水人在受雇期内除经本处规定及核准之费用外不得另索他费。

（9）凡属军运船舶其引水费均照八折计算。

（10）本规则如有未规定者得适用本区引水管理规则及其他有关法令之规定。

（12）本规则于必要时得由本处呈请交通部全国引水管理委员会修正之。

（13）本规则呈请交通部全国引水管理委员会核准转呈交通部备案施行。

第一表　船舶吃水计算引水费率表

13英尺～14英尺$ 117，600	23英尺～24英尺$ 291，200
9英尺以下$ 61，600	18英尺～19英尺$ 179，400
9英尺～10英尺$ 72，000	19英尺～20英尺$ 196，000
10英尺～11英尺$ 84，000	20英尺～21英尺$ 218，400
11英尺～12英尺$ 95，000	21英尺～22英尺$ 240，300
12英尺～13英尺$ 106，400	22英尺～23英尺$ 263，2 00

续上表

14 英尺～15 英尺 $ 123，800	24 英尺～25 英尺 $ 319，200
15 英尺～16 英尺 $ 140，000	25 英尺～26 英尺 $ 347，200
16 英尺～17 英尺 $ 151，200	26 英尺～27 英尺 $ 375，200
17 英尺～18 英尺 $ 162，400	
备注：未满一英尺者亦作一英尺计算。	

第二表　船舶长度计算引水费率表

150 英尺以下	56，000 圆
150 英尺以上	每十英尺加 5，600 圆，不满十英尺者亦作十英尺计算

2. 汕头港“引水费率咨询委员会”

到1948年4月，物价波动加剧，前奉命调整的引航费率过低，引航船燃料费用等已属无法适应。4月20日，汕头（航政）办事处奉令组织“汕头港引水费率咨询委员会”，由汕头（航政）办事处主任李公明任主席和有关人员黄显淇、谢敏道及引航员黄文田、林木屏组成。汕头（引水）分处主任詹德钦列席会议。

4月24日，“汕头港引水费率咨询委员会”召开第一次会议，提出参照本港抗战前收费标准及现时天津厦门等港收费办法重新予以厘定调整。决议案上报后，迟迟未得到核准。而物价一再波动，燃油涨势尤剧，按原引航费率收费还不够买燃油，引航业务势将停顿，无法支持。

5月10日，“汕头港引水费率咨询委员会”召开第二次会议，作出决议：“维持济急，补救办法经一致决议，在新调整引水费率未奉核准前，即日权先公布实施，以资挹注，将来奉核定办法有所变更，致所收数目不符时，则多还少补，记录在案”，为适应迫切需要起见，1948年5月12起实施，并再“备文呈请”。

新调整的引航费率如下：

（1）拟改依照汕头港抗战前引水纳费标准以生活指数乘算，惟原定吃水每呎5.5元改为6元（即吃水量乘2元加一千二百吨以上吨数乘国币贰分之和再乘生活指数）其计算方式如下：

［（吃水量×6元）+（1200以上吨数×0.02元）］×生活指数=引水费

又生活指数应照上海社会局公布之上一月海关生活指数乘算。未满一尺之余零数目应按一尺计算。

（2）船舶吃水量至少按九呎计算，不满九呎者仍按照九呎计算纳费。其未满一呎之奇零数目，应按一呎计算。

（3）船舶在本港移泊，其收费按贰拾元乘生活指数，留用费按叁拾伍元乘生活指数。

三、汕头港的引航情况[10]

日本投降后至1947年3月，汕头港引航机构未成立，又没有合格的人员充当引航员，潮海关监察长室只负责船舶指泊，不管引航，任由外轮自己进出港。个别对港口航道不熟悉的船舶需要引航时，才由船舶代理行临时雇用小轮船长去充当引航员。由于这些人只凭实践经验，又不懂外语，时有事故发生，比较突出的事故是挪威籍“夏利士”号，在港内碰坏了海关码头（即东亚码头，又名海军码头），使码头全部90支钢筋水泥桩受到不同程度的损伤，该轮船头被撞穿一个大洞。

1947年3月20日，汕头（引水）分处成立后，由于当时汕头港引航设备简单，人员不足，在某种情况下，也准许外轮自航进出港，没有按《引水法》的规定实施强制引航制度，但应当强制引航的船舶自航仍必须缴纳引航费。

当时汕头港的航标简陋，航道水深较浅，港外主航道中有一段浅滩，而且浅滩是硬沙底质，吃水在15英尺（4.55米）以上船只都要候涨潮时进出港。没有夜航灯标设施，遇有吃水较深的船舶必须争取夜间高潮过浅滩时，只在航道重要转向处用小木船预先点灯作临时灯标。港内航道任渔船下网捕鱼，无人管理，引航船经常要兼做清道工作。这些都增大了引航的难度和危险。尽管如此，自1947年3月至1949年10月的两年多里，几位引航员认真负责，谨慎操作，从未发生过大小事故，做到安全引航。

1947年3月至1950年3月，引航员的引航量分别为：黎培根：876艘次；沈饶生：919艘次；林木屏：595艘次；黄文田：486艘次；梁文华于1947年底离职，有关资料不详。[11]

第四节　解放战争时期的汕头港

一、汕头港的航运[12]

抗战胜利后，汕头港航运虽然得到恢复，但因战争创伤和其他原因，海运贸易仍处于冷落萧条状态。汕头至香港是当时的主要航线，港口只剩下招商局汕头轮船股份有限公司、太古公司和怡和公司三家轮船公司维持航业。

解放前夕，国民党运兵船频繁进出汕头港，接运溃逃部队和沿路抓来当兵的“壮丁”前往台湾。

1945年——1949年每年港口吞吐量在30—40万吨之间。据汕头市档案馆保存的资料记录，这个时期进出汕头港的机动船舶共有9766艘次。

二、汕头港的通航条件[13]

1948年的《汕头港工程计划书》记载：解放前，汕头港内航道水深经常维持25呎（7.6公尺），即七千吨以下轮船低潮时亦可自由通过。港内航槽最深处达69.2呎（22.7公尺），本可容二万吨级以上巨轮，惟限于妈屿口外之沙滩。据潮海关记录该处夏季可容吃水量6.25公尺之船舶安全进口，冬季则吃水量为6.55公尺以下船只可以驶进。在朔望大潮水退至最低点时，该处水位为3.96公尺。妈屿口内石炮台以东之沙滩为5.96公尺。历来商船进口吃水最深者为招商局之“海天”轮，吃水6.09公尺，总吨位7233吨。吨位最大者为渣华轮船公司之“芝巴德”轮，总吨位为7803吨，吃水5.45公尺。按上列统计数字，拟浚深港口及港内：沙俾在退潮时最低限度能容7千吨之船只通过。此项估计对该港最近之将来发展需求可望适应矣。

第五节　汕头港引航人员齐心协力迎接解放[14]

汕头市解放前夕，中共汕头地下党积极开展解放汕头市的策动工作。地下党组织由陈谦（解放后历任汕头市委宣传部长、市委副书记、市政协主席）转来汕头港“引水业务所”主任沈饶生的线索，郑瑁（女，解放后任汕头市副市长）通过许乔（解放后任汕头市人大办公室主任）对沈饶生进行策动工作。许乔经常到沈饶生家坐谈了解。沈饶生过去曾接触我党同志，有爱国思想，同意起义。沈饶生先将港口设施、运输情况以及海关、航政、招商分局等情况反映给我们党，并将汕头港航道图等重要资料送来。还对引航员黄文田（原国民党退役少将、粤桂江防司令）进行工作，动员他为人民做事。敌溃退时，沈饶生、黄文田设法保存港口全套引航设施和特级引航船。

1949年10月起，被我人民解放军击溃南逃的国民党胡琏兵团及在各地强掠的壮丁共5万多人陆续涌入汕头市，分批乘船逃往金门、台湾等地。败兵到处抢劫财物，掳掠老百姓充当兵员，破坏基础设施和生产设备，全市陷入一片混乱恐慌状态之中。10月12日，两名国民党军官到“引水业务所”下达命令：“不论何时，运兵船需要引水时，应立即派引水引领，如敢违抗，后果自负”。在这种情况下，“引水业务所”全体员工在沈饶生主任的领导下，一方面应付日常业务和引领运兵船，另一方面积极准备迎接解放。经多次会议商妥，决定不论情况如何险恶，也要把全部引航设备和人员保全下来，迎接解放。

从1949年10月13日至21日，每天最少有10艘次运兵船进出汕头港，引航人员都能应付渡过难关。到10月21日早晨，引航员林木屏引完一艘万吨级自由轮出港后，在回港途中，察知港内仅存尚在装兵的两艘招商局轮船，船长都是林木屏认识的，他们都能自己引航，林木屏料定这是最后的两艘出港船，不需要“引水”。基于林木屏这一正确估计，“引水业务所”主任沈饶生当机立断，下令立即将引航船驶到礐石宫鞋礁西侧预选地点，将船底凿穿一个大洞，使海水尽速入舱，让船体沉没水中。这艘当时港内最坚固、时速最快（15节）、驾机合一的机动船得以保存下来。同时，“引水业务所”内的档案、机械配件、燃料等物资也按原计划分工进行分散保管。并宣布当天中午起停止办公，所里留下2名工友看守。引航员和职员各自寻找亲友隐避，以策安全。至此，全部护产工作宣告顺利完成。

参考文献及资料

［1］参见百度百科、维基百科——《解放战争》

［2］、［4］、［7］参见《中国引航史》（人民交通出版社，2001年5月第一版）

［3］参见《汕头海关志》（汕头海关编志办公室编，1988年10月），

［5］参见《汕头港引航史》（内部稿，1996年10月），《汕头文史》第十六辑（政协汕头市委文史与学习委员会编，1998年12月）——《汕头港引航旧话》/沈饶生

［6］、［8］、［10］参见《汕头港引航史》（内部稿，1996年10月），汕头《港务局档案》第四号卷（1949 —1950年）——《引水人员资历调查表》，《汕头港引航员名人录》，《黄文田其人其事》（《汕头日报》，2001 年7月4日）/黄树煌，《黄文田先生生平及其抗日爱国事迹》/胡明、陈荆淮，原“汕头引水业务所”职工写的书面材料

［9］参见广东省档案馆有关材料

［11］参见汕头《港务局档案》第四号卷（1949—1950年）引水人员资历调

查表

[12] 参见《古今潮汕港》（中国文联出版社，2004年1月第一版）/陆集源著

[13] 参见汕头《港务局档案》1942—1948年21号卷

[14] 参见《汕头港引航史》（内部稿，1996年10月），《潮汕党史》（1984年4月，第四期）——《战斗在黎明前的地下尖兵》，《汕头文史》第十六辑（政协汕头市委文史与学习委员会编，1998年12月）——《汕头港引航旧话》/沈饶生，沈玮（沈饶生之子）访谈录

第三篇　中华人民共和国建国六十年

（1949年—2009年）

第一章　建国初期的汕头港引航

（1949年—1965年）

1949年4月，中国人民解放军，突破长江防线，向全国进军。南京国民政府对全中国的统治宣告终结。国民政府经广州、重庆、成都直至于12月7日迁往台北。解放初期，盘踞台湾的国民党政府提出“反攻大陆”的口号，对东南沿海实行封锁，并派遣空军对上海及东南沿海地区进行轰炸或突袭、炮轰福建沿海岛屿。

新中国成立初期，抗美援朝、镇压反革命运动、土地改革并称三大运动。

1950年6月至1953年7月，中国派出志愿军赴朝鲜参加抗美援朝战争。1953年7月27日，朝鲜停战协定在板门店签字。朝鲜停战后，中国人民志愿军又帮助朝鲜人民为战后的恢复和建设作了大量的工作。1958年10月，中国人民志愿军全部撤离朝鲜，返回祖国。

1950年12月至1951年10月，在全国范围内进行的清查和镇压反革命分子的政治运动。

1950年冬至1953年，全国土地改革一般经历了发动群众、划分阶级、没收和分配地主土地财产、复查总结和动员生产等步骤。除部分少数民族地区外，中国大陆普遍实行了土地改革，彻底摧毁了两千多年封建剥削的土地制度。

1953年1月1日，《人民日报》发表题为《迎接1953年的伟大任务》的社论，指出：“1953年将是我国进入大规模建设的第一年”，将“开始执行国家建设的第一个五年计划”。“一五”计划，是指我国从1953年到1957年发展国民经济的计划。

中华人民共和国建立后，中国共产党领导了对农业、手工业和资本主义工商业的社会主义三大改造，初步建立起社会主义的基本制度。

1951年12月至到1956年底，农业的社会主义改造，又叫农业合作化运动，经历了互助组、初级社、高级社三阶段后基本完成。

1953年11月至1956年底，手工业的社会主义改造，采取合作化的形式和逐步过渡的步骤，从手工业生产合作小组、手工业供销合作社，再发展为手工业生产合作社。

1954年至1956年底，资本主义工商业的社会主义改造，采取了“和平赎买”的政策。1956年初，国家对资本主义私股的赎买改行“定息制度”，资本主义工商业实现了全行业公私合营。1966年9月，定息年限期满，公私合营企业最后转变为社会主义全民所有制。

1957年 4 月27日，中共中央公布《关于整风运动的指示》，在整风运动中，极少数资产阶级右派分子乘机鼓吹所谓“大鸣”、“大放”、“大民主”，向党和社会主义制度发动进攻。6月8日后，全国陆续开展了大规模的反右派斗争，反右斗争被严重地扩大化了，一些知识分子、爱国人士和党内干部被错划为“右派分子”，造成了不幸的后果。1958年夏，反右派斗争基本结束。从1959年到1964年，党先后给大约30余万被错划为“右派分子”的人摘掉了帽子。1978年，党中央决定对尚未摘帽的错划为“右派分子”的同志全部摘帽，彻底平反。1981年底，这项工作基本完成。

1958年起，“总路线”、“大跃进”、和“人民公社”，并称为“三面红旗”。

1958年5月5日至23日，中国共产党第八次全国代表大会第二次会议正式通过了“鼓足干劲、力争上游、多快好省地建设社会主义”的总路线。

1958年至1960年间，在全国范围内开展“大跃进”运动，提出“超英赶美”的奋斗目标，全民大炼钢铁，农业战线连续放出亩产万斤粮的“卫星”等。

1958年8月，全国迅速形成了人民公社化运动的热潮，农业生产合作社改组成人民公社，讲究“一大二公”，无论干不干、干多干少都可以在公社食堂里“吃饭不要钱”，刮起了“一平二调三收款”的“共产风”，出现了急于向共产主义过渡的情况。1958年11月，毛泽东和中共中央开始逐步纠正人民公社化运动中的错误。1961年，进一步明确了人民公社实行三级所有，队为基础的制度。

1959至1961年，中国大陆发生“三年大饥荒”，经历“三年困难”的时期。大跃进和人民公社化的年代里，国家大部分的生产资料遭受毁灭性的破坏，树木砍伐，农田荒芜。后来，局部地区发生蝗虫等自然灾害，导致1959年中国粮食产量较1958年下降15%，而1960年产量又在此基础上再下降15%，中国大陆地区的粮食、棉花产量跌落到相当1951年的水平。直到大跃进结束之后的1962年，粮食产量才开始回升。

1960年12月至1961年1月，中共中央在北京先后召开了中央工作会议和八届九中全会，决定从1961年开始，对国民经济实行“调整、巩固、充实、提高”的八字方针，这表明“大跃进”运动实际上已被停止。随后，在全党调查研究的基础上，中共中央又先后制定和颁布了一系列条例和规定，这是我国开始全面建设社会主义十年中的重要转变。全国进行了国民经济的调整，较为顺利地渡过了三年困难时期。

1965年6月，中国人民解放军派部队援越抗美。[1]

第一节　新中国建立新的引航管理体制[2]

一、新中国引航业完全民族化

1949年10月1日，中华人民共和国成立。解放初，中国人民解放军的军事管制委员会立即接管了国民政府在各港口的管理机构和有关企业。各地军管会一般按部门、单位对口全面接收。

解放后，新中国人民政府不能接受外籍引航员在中国享有特殊地位的事实，因为在事关国家主权和国防安全的问题上，人民政府的态度从来就是相当明确的。国民政府时期未能全部汰除外籍引航员，留下了“历史遗憾”。旧政府应该做却没有做完的事，在新的人民政权手中完成了。

1951年3月初，军管会强行接收了上海铜沙引水公会，原有的外籍引航员一律解除职务。为了照顾部分年老的外籍引航员，上海港务局与4位继续留任的外籍引航员签订了3个月的暂时雇用合同。他们期满不再续聘，解职回国。大连港留用的3名苏籍引航员、连云港留用的1名日籍引航员也相继回国。

至此，从第一次鸦片战争之后外籍引航员进入中国引航业，到1952年最后一个外籍引航员离开中国，其间经历了一百多年，引航权终于在新中国成立后完全收回来，从而为新中国引航业的独立发展奠定了基础。中国的引航业从此走上完全民族化的独立自主发展道路。

二、新中国建立新的引航管理体制

1.港航统一

1950年3月，中央人民政府政务院颁发了《关于1950年航务工作的决定》，规定交通部下设航务总局，全国各大港口分别设区航务局。同年7月，中央人民政府政务院财政经济委员会发布《关于统一航务港务管理的指示》，实行“港航统一”，交通部航务总局及各地航务局为全国统一的航务管理机构，同时，在各重要港口设区港务局，统一管理港口事务，包括港口引航事务。

引航业正式由国家接收和统一管理后，引航成为港口（或航政）管理部门的一项直接业务。

2.港监管理引航的体制确立

解放初期及至国内形势安定下来之后，中央人民政府交通部于1952年10月召开了全国港湾海运专业会议。会上决定，在全国各港务局设立“海港监督部门”，简称港监，代表国家行使管理港口的职权，对进出港口的外籍船舶进行监督管理。港监下设监督、引水（信号）和海事三部分。

1953年初，各港务局先后成立了港监部门，引航工作归于港监引水科（或引水股、引水组）负责。港监的成立使各港引航事务有了一个直接的归属机构。以后，虽然港口管理体制几经变动，港监的隶属关系也随着变更，但港监领导引航、主管引航事务的体制，却一直保持下来，直到20世纪80年代中期港口体制大改革，才有新的变化。在长达30多年的时间里，引航事务始终由港监部门管理，这对于维护国家主权，稳定引航队伍，确保港口引航的持续发展，有着重要的意义。

1954年1月23日，中央人民政府政务院又颁布了《中华人民共和国海港管理暂行条例》，共4章25条。该《条例》明确规定，港务局是政企合一的性质，统一管理海港行政管理工作与各项业务，引航工作也归港务局负责，具体由港务局下辖的港监领导、实施。

至此，沿海港口、引航管理体制重新建立起来，引航业完全纳入了港口系列，既承担对外维护国家主权的职能，又对内服务于港口生产。

三、新中国建立新的引航规章

1.《海港引水暂行通则》

1953年11月23日，交通部颁布了《海港引水暂行通则》。这是新中国第一部专门的引航规章，共9章61条，具体规定了新中国引航员的资格要求、职责和引航员的申请与指派，引航员与被引船船长的关系、引航信号、引航费收缴、引航主管机关为交通部港监及各级港监部门；引航员必须为中华人民共和国公民，且须具有船长或资深大副的资历，并须熟悉该引航区域的航道情况。引航员必须经过考试，并须有交通部发给的证书，才可以执业。引航员必须体格健全，身心强壮，视听正常，无不良嗜好。引航员执业期间，每年应接受定期体检一次，必要时应随时检查。各港务监督负责监督配备引航员，根据本港引航作业技术情况拟订引航员等级，引航员符合条件者可定期晋级。《通则》还规定，所有外国籍船舶必须由中国引航员登轮指挥，方可进出中国港口及在港内移泊。

《通则》颁布后，随即成为引航业的基本规章。在它的基础上，各港相继制定了本地的具体管理、实施章则。

2.《海港引水工作的规定》

与国家对引航工作定位的改变相关，引航法规也被更新。1953年公布的《海港引水暂行通则》于1958年8月被废止。

1959年12月9日，交通部颁发了《中华人民共和国交通部关于海港引水工作的规定》，决定自1960年1月1日起正式施行。《规定》颁布的同时，交通部还颁布了一份关于该规定的说明，指出：制定该规定的目的是为了便于各港在今后的海港引航工作中，对于引航业务中的涉外关系有所遵循。《规定》只规定对外关系，性质单纯，条文减少为19条。

新《规定》指出：各海港管理机关应当组织引航工作；对外国籍船舶一律实施强制引航，本国籍船舶在船长认为必要的时候，可以申请派遣引航员引航。接下来规定引航员如何承担引领任务、船方如何给予配合和接待、管理机关如何组织、开展和管理引航工作，引航员职务过失如何处罚；引航员与被引船船长相互关系等。引航员如何履行职责，只是指出："除受客观影响确实不能执行船舶引航工作的情况外，引水员应当不分昼夜执行船舶引航工作"，"引水员应当按照约定的时间准时到达被引船。"

这份引航规章，内容更加简短，对于引航工作的许多方面都没有涉及。这并非疏忽，而是有意的安排，即不再把引航视为一种专门的职业，而仅仅把它看作与国家主权和航行安全有关的事务。这一转变的根本含义在于：它标志着近百年来作为一种自由职业的引航业，已经失去了其自由的性质，并完全纳入了政企合一的体制，成为该体制内部的一种具体职能。此后二十余年里，引航工作一直保持着这种"身份"。

3.《我国沿海各港口船长自行引航的暂行规定》

50年代末，在沿海港口船舶运输十分繁忙的情况下，各港引航员普遍不足，交通部开始在全国普遍推行中国籍船舶的船长自行引领。《我国沿海各港口船长自行引航的暂行规定》于1959年3月11日颁发，4月1日开始试行。

《我国沿海各港口船长自行引航的暂行规定》严格要求中国籍船舶进出沿海港口基本上应由船长自行引领，对申请引航的最多次数作出明确限制。并且要求船长自行引领时，在不妨碍工作的情况下，应该负责培养大副的引航技术。同时规定：在船长健康原因、航道变异、吃水过大、气象条件特别恶劣四种特殊的情况下才允许船长临时申请引航。

到汕头港的中国籍船舶的船长因对汕头港口情况不熟的，可申请引航6—10次，或者过去熟悉但有6个月以上未到过汕头港的，可申请引航2次。

第二节　建国初期汕头港建立新的引航管理体制[3]

一、军管会接管汕头港引航

1949年10月24日，汕头市解放，随后中国人民解放军汕头市军事管制委员会派员接管了汕头港和汕头港引航机构，开始行使汕头港引航权。汕头港引航在中国共产党的领导下重获新生，汕头港引航史也翻开了新的一页。

1949年10月27日，汕头市军管会属下的公用事业接管部交通处，在处长林西园的率领下，接管了原“交通部广州航政局汕头办事处”和原“广州区引水辅导委员会汕头港引水业务所”，成立了“汕头市军管会公用事业接管部交通处航政局。”局主任由交通处处长林西园兼任。“引水业务所”引航员沈饶生、黎培根、林木屏和黄文田共4人，另有3个业务员、2个勤杂和3个引航船船员留用，配有引航船一艘。

1950年2月，汕头港“引水业务所”正式并入汕头航政局，成立了“引水组”，在局主任的统一领导下，恢复引航业务。引航业务归汕头航政局管理。

“引水组”由引航员沈饶生任组长。

二、汕头港建立新的引航管理体制及其管理架构的演变

1949年10月新中国成立后重新建制，汕头市解放后，定为省辖地级市，市设置第一、二、三、四、五、六区公所。次年辟澄海县的金砂、岐山、大窖3乡并入汕头市郊。1950年10月设立潮汕专区，成立潮汕专员公署，辖潮安、潮阳、揭阳、饶平、南澳、普宁、惠来、澄海8个县。1951年7月，按广东省第19次委员会议决定，成立粤东办事处。

在社会主义改造的过程中，招商局汕头分局于1950年初改为潮汕运输公司，由潮汕专员公署领导。

1951年5月5日，汕头航政局接管汕头海关（1950年，潮海关改称汕头海关）港务股，并将港务股与“引水组”合并，成立港务组，开始办理港湾行政管理业务。港务组由沈饶生任组长。

1951年底，潮汕运输公司船务部从公司分离出来，成立华南区海运管理局

汕头分局。

1952年6月，汕头航政局改称“广州区港务管理局汕头分局”，这是新中国成立后汕头港第一个港口管理机构。原港务组改称为“引水股”，归汕头（港务管理）分局属下的海港监督科管理，由林木屏担任负责人。

1952年11月14日，广东省撤销粤东办事处，成立粤东行政公署，辖潮安、饶平、普宁、澄海、揭阳、惠来、梅县、丰顺、兴宁、蕉岭、紫金、龙川、陆丰、大埔、五华、平远、惠阳、河源、海丰、南澳21个县和汕头市。1955年9月23日经国务院批准，粤东行政公署治所，由潮州市迁至汕头市。

1953年1月，“广州区港务管理局汕头分局”与“华南区海运管理局汕头分局”合并，改称“华南区港务管理局汕头分局”，下设港务监督室（简称“港监”）。“港监”对外的全称为“中华人民共和国汕头港务监督”，对汕头港实施行政管理。其主要职责是负责船舶检验、船员考核、船舶进出口签证、航道管理、海事处理和引航等业务。

至1953年初，按国家有关规定，汕头港建立健全新的引航管理体制，并开展正常工作。“引水股”改称“引水组”，归港务监督室管理，林木屏任负责人。

1956年6月1日，原“华南区港务管理局汕头分局”改称为“汕头港务管理局”。“引水组”改称“引水股”，仍归港务监督室管理，林木屏任负责人。

1956年11月16日经国务院批准，撤销粤东行政公署，设立汕头专区，治所设在汕头市，汕头市为省辖市，市设“安平区”、“同平区”、“公园区”和“市郊区”，并将礐石风景区并入安平区。汕头专区辖潮安、饶平、潮阳、普宁、澄海、南澳、揭阳、惠来、梅县、丰顺、大埔、五华、兴宁、平远、蕉岭15个县和潮州市。1958年11月25日经中共广东省委批准，撤销潮州市，改设为潮安县城关人民公社，汕头市由省辖改为汕头专区管辖，同时扩大市区，将澄海的下蓬乡、鮀浦乡，潮阳的河浦乡、珠园乡和达濠镇划入汕头市，撤销汕头市郊区区公所，成立汕头市郊区办事处。同年，陆丰、海丰两县划入。1959年并县，汕头专区辖汕头市(含澄海)、潮安、饶平(含南澳)、潮阳、揭阳、普宁(含惠来)、梅县(含蕉岭)、大埔(含丰顺)、五华、兴宁(含平远)、紫金、海丰、陆丰12县、1市。

1959年3月，汕头港实施港航合并，“汕头港务管理局”与“汕头航务局”合并，改称“广东省汕头专区航务局”，港务监督室的原职能不变。“引水股”改称“引水组”，归航务局属下的港务监督室管理，林木屏任负责人。

1960年，汕头专区辖汕头市、潮安、澄海、饶平、南澳、潮阳、揭阳、普宁、梅县、大埔、五华、兴宁、紫金、海丰、陆丰14县、1市。1961年县复原，辖汕头市、潮安、澄海、饶平、南澳、潮阳、揭阳、普宁、惠来、梅县、大埔、丰顺、五华、兴宁、平远、蕉岭、紫金、海丰、陆丰18县、1市。1963年紫金县划出，归惠阳专区。

1961年10月1日，汕头港实施港航分管，分设“汕头港务局”和“汕头航运局”。港务监督室归汕头港务局管理。

1962年，汕头航运局成立汕头专区港航监督。

1963年，汕头港务局划归广州海运管理局管理。 交通部划分汕头港务监督和汕头专区港航监督的行政管理范围，规定在不改变汕头港界的情况下，划定自水警角（现汕头西堤汽车渡口码头）东侧对开向外海面延伸60米，向西行一直线至韩江口第一号浮标南面，再伸一直线至龟屿最西端北面为南北界线。界线以南为外港，界线以北为内港。外港为汕头港务监督管理，内港为汕头专区港航监督管理。同时，还对船舶船员、海事处理、沉船打捞、船舶进出口签证等问题作了明确的分管决定。

1965年7月19日，经国务院批准，以揭阳、陆丰两县各一部分地域，设置揭西县，汕头专区管辖潮安、潮阳、普宁、饶平、揭阳、陆丰、海丰、澄海、南澳、惠来、揭西11个县和汕头市。同年，梅县、大埔、丰顺、蕉岭、平远、兴宁、五华7个县划出，设立梅县专区。

三、汕头内港引航职能的设立[4]

1961年10月1日，汕头港实施港航分管之后，汕头航运局于1962年成立汕头专区港航监督。1963年起，汕头内港由其负责管理。

从50年代末期开始，就有小海轮进出榕江，到揭阳炮台、渔湖等地装卸货物。榕江航道、潮流都十分复杂，渔船、桁桩、沉钩（渔网的一种方式）特别多，而且都占用榕江自然的深水航道。榕江的水深资料也不足够，而且没有对外公布。60年代初期，300吨左右的海船经常在榕江发生搁浅、钩到渔网、碰撞渔船和桁桩等安全事故。因此，进出榕江的海船船长强烈要求有专业引航员给他们引航。于是，珠江航运公司写报告给上级，要求设立榕江引航，以保障船舶进出安全。

1963年，汕头航运局向广东省主管部门报告，挑选具有川江船舶驾驶经验的船舶女驾驶员李正容，推荐把她培养成为汕头内港引航员。广东省航运局很快做出批复，下发199号文，批准汕头航运局的报告，设立汕头内港引航职能。

汕头内港引航归属汕头航运局港航监督室管理。汕头内港引航的主要航区是汕头内港和榕江。

1964年8月份起，汕头航运局港航监督室汕头内港引航工作正式开始。

海船进出汕头内港申请引航，手续跟进出汕头港一样。引航员登离轮地点一般在韩江口至龟屿附近，个别对航道不熟悉的船长会要求引航员在汕头港珠池肚登离轮。

第三节　建国初期的汕头港引航

一、解放初汕头港引航复产

1949年10月底，在引航人员安定之后，航政局立即组织力量将凿穿船底沉没水中而保存下来的引航船打捞起来。引航船在海水中浸泡了10天，机器必须整机拆洗，电器要换上配件，船底穿洞应补固。员工们自己动手，经过日夜奋战，仅用7天就全部修复，全船内外油刷一新。引航船修复后，被驶回汕头海关避风塘内候命。

在解放前夕（10月22日），国民党军撤走时劫走了汕头港内比较好的小汽艇，特别是海关的几条很新型的缉私、交通快艇。汕头港内只有这条最快速的引航船被引航人员保存下来，而且经过修复，焕然一新。[5]

汕头港引航复产工作准备就绪，随时准备迎接到港船舶。

1950年10月24日，在新华戏院，召开庆祝汕头市解放周年纪念庆功庆模授奖大会。驻汕部队，地、市负责同志及各界代表一千多人参加，市长谢育才致辞，地委秘书长杜桐讲话，高度赞扬汕头市工人阶级在临解放时，带头保护和抢救人民财产，解放后又忘我抢修受破坏的设备，对恢复城市生产，做出显著成绩。对有功人员分甲、乙、丙三个等级给予评功、授奖。汕头港“引水业务所”主任沈饶生被授为乙等功臣。[6]

沈饶生获得的奖状（沈玮　提供）

二、解放初汕头港的引航情况[7]

1950年9月23日，汕头市军管会航政局向中央人民政府交通部航务总局上报了汕头港的引航情况，在报告中反映了以下问题：

1. 目前引航情形存在的问题：

汕头港的引水距离，约有十海里路程，其中五海里是内港，五海里是外海，每当东北季风时节，以本港仅有的三十六尺浅水引水电船一艘执业，往往不能完成引水任务，故一向都有这个困难的问题存在着。欲克服这个困难，非再添置一艘能冒大风浪出海而兼能作拖船的巨型引水船不可。

2. 关于统一管理引水人员的意见：

（1）根据过去的经验，引水需要有一个统一的管理，最好是在航务总局之下，有了引水的独立机构，统理全国引水事务。

（2）在航务机构接办了各港海关港务课的业务后，将引水事务放在各港的港务部门办理，亦属切当。

（3）要以统一的标准，依各港的引水工作情形规定各港的引水费率。

（4）要全国统一规定引水人员的待遇。

3. 汕头港是强迫引水制度，不过目前空袭时期未解除，在环境及条件不许可下，有时任其自由（进出）。

三、解放初汕头港实行临时引航费率[8]

汕头刚解放时，由于市场物价波动，故在1949年12月12日开始，实行临时的引航费率：

1. 轮船自赤屿至港内检疫锚地，按吃水每英尺收白米50市斤；

2. 除适应一项收费外，并照船舶的总吨每吨收白米0.25市斤；

3. 船舶吃水至少按9英尺计算，不满9英尺者仍按9英尺收费，未满1英尺之其零数目按1英尺进整计算；

4. 船舶在港内移泊，每英尺按该船的引航费三分之一收费；

5. 引航员依照船公司申请时间等候工作，逾时每天收留用费白米300市斤。

以上各项按当日贸易公司公布的米价折合人民币收费，每月引航费全部由航政局收入，取消原来在引航费中提取管理费。引航员的每月工资收入依照市军管会的规定，每人按糙米1400市斤折价。

四、汕头港引航逐步走上轨道[9]

随着全国解放，1950年3月，政务院在《关于1950年航务工作的决定》中，对引航工作提出了："在条件具备时，对于外轮及一定吨位的船只进出口实行强迫引水制度。” 这里提出的只是近期工作纲要，但也是为制定引航法规所做的先期准备。

然而，由于工具设备简陋、人手不足，，以及其他原因，汕头港并没有完全对外轮实施强制引航，仍有一些经常来汕头港、又熟悉航道的外籍船舶由船长指挥自行进出港，尽管他们在进港后或出港前按章缴纳引航费，但不符合政府的要求。据汕头航政局工作总结称：1950年的引领数仅占应领数的30%；1953年引领240艘次，533022总吨，占应领数的57.78%，完成情况不够理想。

1952年5月，交通部颁布了《外籍轮船进出口管理暂行办法》和《本国轮船进出口管理暂行条例》，明确规定对外轮及超过一定吨位的本国轮船实施强制引航。对本国轮船的强制引航是为了保证船只在港口水域的航行安全。对外国轮船的强制引航，则在保证航行安全与秩序的同时，更具维护国家主权和国防安全的意义。特别是对刚刚获得新生的中国来说，引航自主权是主权独立的一个具体体现。

1953年8月8日起，汕头港开展夜航。

1953年11月1日起，汕头港开始全面对外轮实施强制引航。

1954年2月19日，挪威籍“海后”轮船长在进港时，瞒骗了吃水深度；1954年4月12日，英籍“济南”轮未经批准擅自进港。以上两轮违反了我国有关规定，汕头港口当局分别给予罚款五百万元（旧币）和警告处理。

解放初期，在国家重视下，汕头港引航逐步走上轨道，1947.3—1950.3共引领2876艘次(梁文华引航艘次无统计)，1958年达到488艘次。1960年—1963年，年引航量在370艘次左右。1964年的引航量突破500艘次，达到513艘次。1965年的引航量迎来一个小高峰，达到713艘次

五、汕头内港引航情况[10]

汕头内港引航开始之初，通航海船仅为300—500吨级。但由于榕江航道没有整治，没有航标，自然深水航道被桁桩占用，三屿大排桁北边通航处水深仅2米多，乘潮只能一条船通过，蚼港航段航道中遗留一大堆蚼（海底产出的死贝壳类，可用于烧制“贝灰”，相当于白石灰。），水深只有3.5米，炮台七星礁也处于主航道边，加上关埠、炮台、渔湖几个大湾头接近90度，湾大流急，引航难度相当大。

六、汕头港对外轮的引航工作程序及“联检”[11]

1.汕头港对外轮的引航工作程序

新中国成立后，来汕头港的外轮到达港外赤屿锚地（引航锚地）后，引航

员根据船舶的吃水和潮汐的实际情况，确定出海、登轮时间，然后按时前往引领，对外轮实施监护的边防检查人员随同前往。船舶申请引航时升挂信号旗“G”（蓝白色小方格相间），申请联检时升挂信号旗“Q”（黄色）。

引航员和边防检查人员登轮后，边防检查人员即查封船上的电台、武器弹药、货币等，引航员则引领外轮进港。引航员登轮后，船上应将信号旗“G”换为“H”（上白色下红色）。

外轮先被引领到汕头港内珠池肚水域的检疫锚地抛锚，等待联检。

联检完毕，要靠码头的外轮再由引航员引领前往靠泊。

外轮出港，则由联检人员登轮“联检”。联检人员对船员点名、验证、办理船舶出港手续，然后由引航员引领出港。边防检查人员随船监护至港外赤屿锚地，才与引航员同时离船。

这种对外轮实施监护、引航、联检的方式一直沿用至二十世纪七十年代末。

2. 联检

1950年1月起，港口各管理部门开始对船舶进行监督和检查，汕头海关、水上公安局、航政局、检疫所等单位以联合的方式对船舶进行检查，简称为“联检”。

1955年9月9日起，根据政务院颁布的“联合检查五项办法”，汕头港监、海关、边防、检疫等单位成立联合检查委员会，制定联合检查实施细则，进一步健全联检制度。

1957年3月，汕头港执行中央人民政府颁布的“外轮进出口联检办法”，使用全国统一的申请报表，规范联检手续。该联检办法在汕头港一直沿用至2001年7月1日。

七、典型的抢险救助事例[12]

1. 海上救助

1962年11月23日深夜，英籍“大南山”轮在赤屿西南方触礁，船长宣布弃船。24日晨，引航员林木屏、余世鹏分乘汕渔102及201渔轮驰赴现场营救遇难船员，因难船地处礁区，水下情况复杂，海面气象恶劣，抢救难度很大，在渔轮船员奋力抢救下，难船39名船员全部脱险。

2. 协助脱浅

1965年10月10日7时30分，日籍“伸宝丸”轮在拦门沙东侧搁浅，在拍岸涌冲击下，船身向浅水不断推移，船方急电要求港方协助脱浅。9时30分，引航员余世鹏登轮，10时05分，该轮顺利脱浅。

八、汕头港建造新的引航船

1951年12月27日，广州“教仁”轮由林木屏引领出港。19时，由于该轮未备引航梯而使用舷梯，引航船靠泊轮船时，船艏与舷梯发生强烈碰撞，致小船全毁，幸无人员伤亡。

1961年，由汕头国营船厂制造的木质引航船“监2”投入使用，该船船长15米，吃水1.5米，马力120匹。

第四节　建国初期的汕头港引航员

一、汕头港第一代中国引航员的留用[13]

建国初期，国家很重视留用的老一辈中国引航员。港口接管时，这批老引航员多数转为正式的国家公职人员，定时领取薪水，享受较高的物质待遇。他们以认真负责的态度，努力做好引航工作，积极投身于新中国引航业的恢复与重建，主动参加改进和发展引航业的工作。这批老引航员的努力，有力地纠正了外国航商对中国引航员的怀疑和歧视态度，对重建中国引航业和树立中国引航员的国际形象，都起了十分重大的作用。

汕头解放后，引航员黎培根、沈饶生、林木屏和黄文田4人全部留用，国家对他们十分重视，给予很高的工资待遇。1951年定级时，他们每人每月的工资都达到人民币280元左右。

在新中国百业待兴的时期，面对这么高的待遇，老一辈引航员们高风亮节，为建设祖国而主动减薪，沈饶生、黄文田等人每月各减人民币100元。

解放初，沈饶生、黄文田兼任广东省立潮汕高级商船职业学校老师，他们都主动不领薪给。1950年1月，汕头市军管会文教接管部对他们的勤廉行为给予奖状表扬。

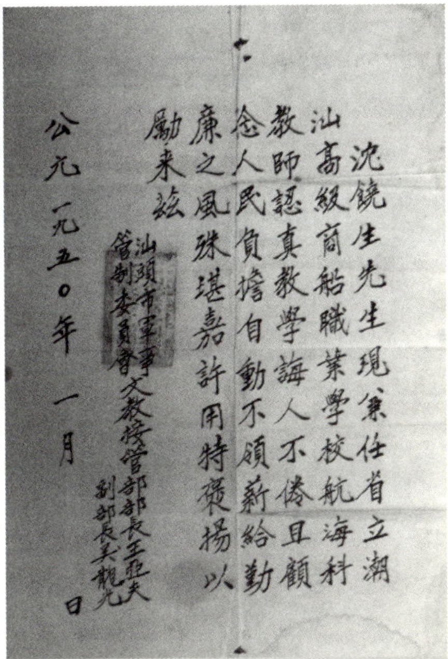
沈饒生先生現兼任省立潮汕高級商船職業學校航海科教師認真教學誨人不倦且頗念人民負擔自動不領薪給勤廉之風殊堪嘉許用特褒揚以勵來茲

汕頭市軍事管制委員會文教接管部部長王亞夫
副部長吴龍光

公元一九五〇年一月　日

沈饶生获得的奖状（沈玮 提供）

汕头港留用的第一代中国引航员有关情况：

1.黎培根

1950年初，引航员黎培根请假，全家返回广州。当年4月16日，他从原籍番禺来呈报称："因家叔病危，奉准给假返穗照料，迄未痊愈，不幸本人足部宿疾复发，不能行动，遵医嘱须长期调治，方能获痊"而辞职。[14]

2.沈饶生

1952年2月，引航员沈饶生在当时的政治形势下受到对其历史背景的审查，经原籍饶平公安部门审查核实后无罪释放，免予刑事处分，但再也没能从事引航工作。1955年，他被调回港务监督室工作。1961年，港航分家时被分配到汕头航运局，直到1981年退休。1986年，政府为沈饶生落实政策，肯定他在解放前夕和解放初为国家所作出的贡献，给予享受处级离休干部待遇。2001年10月15日，沈饶生走完了人生的旅程，溘然长逝，享年86岁。沈饶生一生心系港口建设和引航事业发展，还有那深情挚爱的大海，他生前立下遗愿，丧事从简，骨灰撒在汕头港外主航道。汕头市民政局、汕头市航运总公司、汕头西堤港务公司等有关部门对此十分重视和支持，于同年10月18日，派专人专船协同护送出海，汕头港第一代中国引航员沈饶生得偿所愿，情归大海。[15]

沈饶生在汕头港主航道旁留影（沈玮 提供）

3.林木屏和黄文田[16]

黎培根、沈饶生先后离开汕头港引航员岗位之后，汕头港仅有林木屏和黄文田两名引航员。解放后，党和政府对他们的信任和支持，激发了他们热爱新中国、热爱共产党的热情，他们对引航工作兢兢业业，并做出了较大的贡献。在对待培养引航接班人的问题上，他们无私奉献，悉心培养，积极做好"传、帮、带"，对新一代引航员的成长有着极大的促进作用。

解放后，黄文田有一次引领一艘驾驶台的船台比较高的船舶，船长看他个子不高，就拿来小凳子要给他垫脚，他把小凳子扔到海里，然后沉着地把船安全引领到目的地，他以精良的技术和严谨的作风折服了这位船长。一代将才黄文田铮铮铁骨的故事在后辈中被不断传颂。

二、新中国培养的新一代汕头港引航员[17]

建国初期，在全国经济建设和港口航运大规模发展的背景下，海港引航员人才不够，不能满足港口生产日益增长的需要，培养新一代引航员的任务显得十分紧迫。

按当时的惯例，一般都是从资深船长或大副中选拔人才培养成为正式的引航员。1953年颁布的《海港引水暂行通则》，规定对于引航员的选拔与培养也采用这种做法。但是这种做法实行起来有很大的困难，当时中国航运界的高级船员本来就比较缺乏，人手亦显得不足。航运部门对于抽调船长、大副充任港口引航员都不怎么支持。

鉴于这种情况，海运管理总局决定从两方面来着手缓解引航员人手不足的问题。

一是批准本国轮船船长发挥其技术，鼓励其自行引领。

二是尝试从大连海运学院毕业生中直接选拔人才，派往各港学习引航，并于1955年专门下发了《对于训练培养学习引水员的意见》。要求各港（大、中、小港）在1957年以前完成学习引航员的训练培养工作。

实践证明，航海院校毕业生从开始学习到开始独立引航，所用时间只有二、三年，到成为全能引航员，前后约用了10年时间。这种培养引航员方式的成功，开创了新中国引航队伍建设的新思路，为快速培养引航人才提供了宝贵的经验。这一举措形成一种制度一直被沿用下来。

1954年毕业于大连海运学院航海系的刘炳辉、余世鹏两人，于1955年1月被分配到广州黄埔港任见习引航员。1956年2月，他们从广州调到汕头港务监督任见习引航员。

汕头市和汕头港的领导对汕头港引航队伍的建设十分重视。1956年，汕头市副市长兼汕头港务监督监督长杨堃珊就在见习引航员的师徒合同上签字盖章。杨堃珊副市长和汕头港的领导经常关心刘炳辉、余世鹏两人的生活、学习、工作、培训、考试等情况。在见习期间，林木屏和黄文田这两位老引航员热情向他们俩介绍汕头港风流、潮汐、气象特点，航道浅滩情况，作引航操作示范，同时传授引航经验和技术，从小船到大船，先易后难，放手让他们操作，使他们逐渐积累经验、提高技术。

刘炳辉、余世鹏两人是新中国第一批航海学院本科生，学历较高，但他们尊敬师傅，虚心学习，勤学苦练，技术水平提高很快。至1957年4月，见习期满，他们考试合格，经交通部港务监督局批准，被任命为三等“引水员”，开始在汕头港引航工作中独当一面，并在后来多有建树。

刘炳辉、余世鹏两人是新中国第一批培养的汕头港引航员。

第五节 建国初期汕头港引航人员参加反轰炸、反封锁斗争

解放前夕，败退到台湾的国民党当局不甘心于失败，自1949年11月14日起，开始派遣飞机轰炸汕头港；1950年5月下旬又在汕头港外航道施放水雷，妄图封锁汕头港。汕头港引航人员与广大军民一道，积极投入反轰炸、反封锁的战斗中，为人民立下了汗马功劳。

一、反轰炸斗争[18]

1949年11月14日，美制蒋机首次袭击汕头港，当时停泊在港内的英籍“成兴”轮、“和乐”轮，均遭轰炸、扫射，“成兴”轮救生艇汽油箱起火，“和乐”轮死2人、伤数人，元亨浮趸船被炸沉没。

1954年12月2日，美蒋签订了《共同防御条约》之后，敌机几乎天天空袭汕头。1955年1月19日上午6时1 3分开始，敌机4批30架次轰炸汕头市，投弹28枚，炸死居民12人，伤30人。中午12时50分，敌机4批28架次轰炸港口，系泊在港内5号浮筒的英籍“正伟健”轮中弹三舱进水。港务局领导大力组织抢救，用拖轮将船拖往牛田洋搁浅，途至韩江口下沉(该轮于1958年9月20日由交通部打捞工程局第三工程处整体打捞)。系泊7号浮筒的国轮“南海163”轮船员被炸死2人，重伤1人。大船边的驳船也中弹受伤，死2人，伤1人。在敌机空袭时，“南海163”轮用高射机枪配合陆上防空部队进行猛烈还击，击落击伤敌机4架。“南海163”轮的英勇战斗精神，受到交通部、中国海员工会筹委会的联合表彰，被授予“英雄船”光荣称号，船长谷源松被授予“一等对敌斗争护产模范船长”的称号。

1955年9月27日13时30分，挪威籍“海后”轮载运归国华侨160名和369吨货物，由新加坡来汕，航至港外赤屿附近海面时，遭到敌机2批4架次的俯冲扫射，全船中弹410多处，船上电台、罗经、雷达等均被击毁，船舱漏水，归侨及船员各一人死亡，5名华侨和4名船员受伤。引航员林木屏和“引水艇”船员冒着生命危险，迅速靠拢该船，将该船引领进港，得到岸上防空部队的掩护，保护了船舶，减少了伤亡。

同年9月30日，英籍“德高”轮由香港来汕，在引航员林木屏的引领下航行至尖石灯桩附近时，遭4架敌机的俯冲扫射，全船中弹七八十处，英籍轮机长麦

加利和中籍船员张荣汉二人受伤，其时英籍船长躲进船舱，而林木屏和边防监护人员都坚守岗位，该船被迅速引领进港，避免了船货和人员的更大损失和伤亡。引航员林木屏奋不顾身的精神令中外船员深受感动和佩服。

据统计，自1949年11月至1955年10月，航行于汕头沿海和在港的中外船舶遭炸沉、炸伤的有7艘，造成了重大的人员伤亡。1955年至1957年3月31日，国民党当局又先后派遣飞机轰炸沿海航行及汕头港内船舶共311批1096架次，对人民犯下了滔天罪行。

二、反封锁斗争[19]

国民党当局在派遣飞机对汕头狂轰滥炸的同时，还于1950年5月下旬，在汕头港外航道布下水雷，企图封锁港口。

5月24日上午6时，英籍“新亚”轮运载1174吨红糖及旅客从汕头港起航开往天津，7时左右，航行至赤屿以东海面时，突然爆炸，头舱被炸穿进水沉没，造成船员旅客伤亡12人。当天，中国人民解放军潮汕军分区海巡队（成立于1949年12月14日）派出“长平”轮保护海事现场。5月26日，“长平”轮在“新亚”轮附近又发生爆炸沉没，牺牲10人，伤11人。5月28日，一渔船在港外航道附近作业时爆炸沉没，渔民死亡4人。6月16日，英籍客货船“安徽”轮，从新加坡运载华侨来汕，由英籍“汉阳”轮在前面开路，航行至赤屿附近航道时又发生爆炸，船舱进水，主甲板以下全部没入水中。幸于该处水浅和“汉阳”轮及时抢救，船上死3人，伤10余人，其余830人经救助脱险。

1950年5月24日，当“新亚”轮爆炸事件发生后的当天下午，市军管会和驻汕部队领导召开紧急会议，与会者有人认为是敌人制造的轮船内部爆炸，市公安局对安置在怡安街原南京旅社的“新亚”轮全体船员进行了调查，但无法弄清爆炸的原因。

在汕头港外航道接连发生船舶爆炸事件后，为了保障船舶进出港安全，汕头市人民政府于1950年6月2日做出暂时封闭汕头港的决定。在此前后，暂开放达濠企望湾及海门两个停泊区，供外轮临时停泊和装卸货物。6月27日，交通部正式宣布汕头港暂时封闭停航。

1950年6月3日、11日，在汕头港外广澳东湖附近海滩和海面分别发现两颗头上长角的钢铁圆球。汕头航政局派引航员黄文田(原国民党粤桂江防少将司令)前往察看。黄文田确认这是两颗分别造于昭和14年（1939年）、昭和16年（1941年）的日本水雷。这证实了黄文田一开始就认为船舶触雷爆炸沉没的判断。黄文田进一步指出，汕头港外航道上的水雷是国民党当局派遣军舰在黑夜布下的日本制造的触发式水雷。据此，已可初步断定前数起船只爆炸事件是触雷爆炸。

自1950年5月24日起至6月16日止，4艘船舶接踵爆炸，共死亡22人，损失货物800余吨。由于航道不通，进口暹（泰国）米进不来，物价上涨，谣言四起，一时造成汕头局势不安。“变死港为活港，安定民心，保障民生”，成了新中国汕头人民政权的燃眉之急。

在弄清敌情之后，在没有海军扫雷艇和其他正规扫雷工具的情况下，航政局主任林西园积极调动一切可用的力量，消除一切顾虑，让黄文田在航政局全体职工大会上介绍有关水雷的知识，包括各种水雷的结构、特点、作用以及扫除的办法，特别详细地说明了敌人施放在汕头港口的水雷是泊碇水下触发雷。会上，职工们特别是船员们踊跃提出不少建议，积极主动出谋献策。会后，沈饶生日夜苦思，积极谋求对策，他想起家乡饶平的渔民用双竹筏拖网捕鱼的方法，这个方法也许能拖捞到泊碇在水下的水雷。于是，他利用传统捕鱼的方法和原理加以延伸和提高，设想出一套扫雷的草案。草案经水雷专家黄文田认可并提出了修改完善意见后，沈饶生自己动手制作模型试验，在认为可行之后画出了设计图纸，拟定工具制作方法和用料品名数量，操作方法及船舶选择和人员配置、扫雷船队行进队型以及整套说明书。扫雷方案得到林西园主任的全力支持。

经过紧张的工作，沈饶生终于在6月20日拿出了一套既考虑到当时人力物力条件，又考虑到有效、安全的扫雷方案。

扫雷方案上报以后，中共汕头市委、市军管会火速召开会议进行研究，由市委书记罗范群亲自主持，经反复的研究、修改，汕头市委于6月21日正式批准了扫雷设计图纸和行动方案，并由汕头市军管会主任，正、副市长，人民解放军41军121师师长、军分区参谋长及航政局主任等7人组成“汕头港扫雷委员会”，下设扫雷前线指挥部。指挥部由林西园（军事代表）、郑伯英（公安代表）、沈饶生（技术代表）和部队负责人共13人组成。另由市政府干部7人，部队干部43人，船员49人，潜水员8人及其他干部、工人组成扫雷队。引航员林木屏及“引水艇”船员等汕头港引航人员也全力投入扫雷工作。

经上级批准后，共征集20多艘浅吃水的各式船只。扫雷队按照部署，在商平路港务局的球场内，依照扫雷方案图纸设计的要求，细致地扎好水下工具，并于6月25日在港内珠池肚航道进行演习。一切准备就绪，扫雷前线指挥部和扫雷大军于6月26日从港内码头开往妈屿岛待命。

扫雷的序幕拉开了，“引水艇”载着技术人员出海，在一段以319度真方位为中线，长3海里、宽1海里的的港口航道水域布下大量红绿小浮标，准确地标出了扫雷区域。引航员黄文田、林木屏亲赴一线定位布标，到6月30日上午完成布标工作，为扫雷做好准备。

1950年7月1日凌晨4时半，扫雷艇队开始出海扫雷，保卫船前行，指挥船其次，紧接着三对按“品”字型布开的扫雷船，随后是救护、工具、备用、补给等船，最后又是保卫船，扫雷行动正式开始。至同月12日，通过采用触爆、将扫到的水雷连同泊碇雷座拖往主航道西侧的东湖浅滩处理等办法，将汕头港外航道上的水雷全部扫清，扫雷工作胜利结束。在扫雷过程中，扫雷艇队多次遭到敌机的扫射袭击，但扫雷大军发扬了不怕牺牲的革命精神，与敌机展开了英勇的战斗，出色地完成了扫雷任务。扫雷大军用科学的方法，简陋的工具，以无畏的精神，将标定的扫雷区域全部清扫一遍，共扫获水雷8个，处理掉被风浪扫断自浮水雷2个。台湾国民党军队布放于汕头港外的水雷被全部清理完毕，反封锁斗争取得了的胜利。

1950年7月12日，交通部正式向中外宣告汕头港恢复通航。7月13日，英籍“峨嵋夫人”轮由沈饶生引领安全进港，这是汕头港恢复通航后第一艘进港外轮。7月14日，汕头各界人民协商委员会、工商联筹委会、轮船公会、电船同业公会、航政局5个单位联合在新观戏院举行“扫雷胜利庆功大会”。出席大会的有汕头市党、政、军首长和全市各界代表，以及全体参加扫雷的人员共1000多人。市政府给每个参加扫雷的人员颁发一枚扫雷胜利纪念章 。

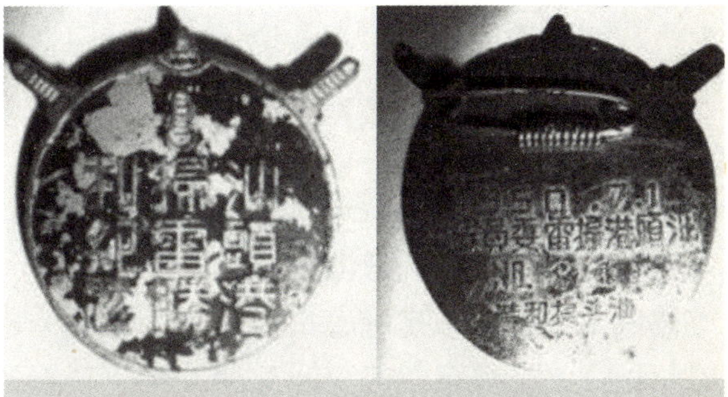

汕头港扫雷胜利纪念章
（沈玮、林文焕、黄梓才 提供）

翌年夏，中南海军司令部特电召黄文田、沈饶生、陈其昌（引航船船员）3人前往广州参加珠江口虎门至垃圾尾航道的扫雷工作。中南海军司令部在汕头同志的指导下，仿照汕头港的扫雷方式和工具，同样取得扫雷的胜利。黄文田、沈饶生、陈其昌圆满地完成任务，再次立功，受到中共华南分局、华南财委会和中南海军司令部设宴犒劳。

1949年11月至1957年，是汕头军民进行反轰炸反封锁战斗的时期。这期间，汕头港引航人员在战斗中作出了重大贡献。当敌机疯狂空袭汕头港时，先是采取船舶白天港内防空，夜间装卸作业；后是采取早上将船开出公海，傍晚将船引进港内，夜间装卸作业。在没有导航灯标的情况下，引航人员克服困难完成引航任务，充分体现了汕头港引航人员对新中国的热爱，高度的组织纪律性和责任感，以及高尚的人道主义精神。他们的特殊贡献将载入史册。

第六节　建国初期的汕头港[20]

一、汕头港的航运

解放初，在中国共产党的领导下，汕头港获得了新生，港口航运得以恢复。

1949年11月13日，英籍"成兴"轮由香港来汕，此为解放后第一艘进入汕头港的外轮。

1949年12月5日，巴拿马籍"新利年"轮由汕开往华北，打开华南华北的海上运输。

1950年1月20日，英籍"大金山"轮由汕头开往南洋，汕头与南洋之客货运航线至此恢复。

汕头港恢复了港澳航线、南北航线和东南亚航线。出口货物还是以土特产为主，往欧美的货物大部分通过香港转口。自1956年后，开始有大量木材、水泥、煤炭进入汕头港。到1957年，港口吞吐量达303万吨，比1953年增长近3倍。

二、汕头港整治通航条件

解放初期，汕头港港湾航道秩序比较混乱，每天有二三百艘渔船在鹿屿水道捕鱼、捞蚬（打捞海底贝壳的水上作业），在港内水域挂网捕捞的桁桩妨碍船舶航行。在粤东行署交通处的支持下，召开了整顿港口交通秩序会议，作出了渔船、蚬船（运输海底贝壳的专用驳船）一律不得在鹿屿水道作业的规定。在市政府的支持下，拔去了碍航桁桩，撤除了部分利用率低却又妨碍大船调头的系船浮筒。

鉴于进出口船舶增多，大量的木帆船与机动船同走鹿屿南航道，造成拥挤不堪等问题。为了使船舶进出港航行安全，经广州区港务管理局批准，于1954年5月21日，开放了汕头港鹿屿北航道，供民船、帆船使用，大大地改善了港湾秩序，为引航工作安全提供了良好的环境。

三、汕头港规章的制订

1.《汕头港务暂行章程》

港湾管理方面，在新的法规出台前，曾暂时沿用解放前潮海关制定的港务管理规则，直到1951年5月，汕头航政局制订了《汕头港务暂行章程》，呈报广州区港务管理局，上报交通部批准，并于同年9月公布实施。

2.《汕头港非机动船艇交通管理暂行规则》

汕头港是一个以商贸为主，兼有军港和渔港的混合型对外开放港口。虽然在1957年以前曾经多次对港湾秩序进行整治，但后来各种渔船仍然占用深水航道和锚地作业捕鱼，严重威胁轮船进出港口和锚泊安全，对内对外造成不良影响。

1958年，汕头港务监督拟订了《汕头港非机动船艇交通管理暂行规则》。经汕头市人大委员会批准，于1959年1月26日公布执行。该规则针对非机动船（民用帆船和渔船等）多在港内作业，阻塞航道，且夜航、锚泊不点灯，任意穿越在航舰船船头等妨碍轮船航行安全等问题作出了相关规定。

3.《汕头港港章》

1958年4月，汕头港务管理局在1951年的《汕头港务暂行章程》基础上，制定了《汕头港港章》，经交通部批准，于1959年1月20日公布执行。《汕头港港章》明确规定“本港引水区域以北纬23°17′，东经116°48′为进港起点和出港终点。”并对船舶进出港、港内航行、港内停泊、移泊、危险品装卸和运输、消防救护、港内建设管理和保护、安全秩序、清洁卫生、违章处理、锚地划分等都作了具体规定。

汕头港务监督在汕头地、市政府、渔政和公安部门的大力支持下，多次召开了汕头港及邻县、区渔民会议，进行法规的学习和思想教育。同时，加强了现场的巡逻、监督，并拔除了部分碍航的桁桩。

《规则》和《港章》的公布执行，以及港务监督加强现场管理，使汕头港湾秩序有了明显的好转，对充分发挥港口功能，以及安全引航都起到积极促进和保障作用。

1963年4月，汕头港务监督对《汕头港章》又作了修订，此后，一直沿用《港章》，没有再作修订、重编或废止。

四、汕头港通信、导助航设施的建设

1.1953年，汕头（港务）分局在港东建设讯号台和讯号杆，用于悬挂风球讯号及与船舶间的信号。讯号杆的位置为东经116°40′21″，北纬23°21′

14″，并以此位置作为汕头港的地理座标。

2.1953年，汕头（港务）分局在妈屿岛建了验潮站。1954年元月1日，妈屿验潮站投入使用，验潮站水尺零点在宫鞋石水准标志之下9.2英尺。验潮站派有专职人员记录完整的潮汐资料，不仅供引航人员使用，而且向国家海洋局、水文部门、以及科研、航运、港口建设、防台防汛等方面提供资料。

位于妈屿岛的验潮站(2009年10月)（刘伟 摄）

3.无线电信号方面

解放前，汕头市电报局在小公园设有一海岸电台与海上船舶信号。1954年10月交通部、邮电部商定，将上述二个电台合并为汕头海岸电台，归汕头（港务）分局管理，为国内外船舶信号和轮船航行安全发挥了重要作用。

4.导助航设施的建设

汕头解放初期，港口导助航设施由驻汕海军管理。1958年，汕头港务管理局接管了驻汕海军管理的助航设施。计有灯塔1座(设于鹿屿)，浮标3座(分别设于娘礁、宫鞋礁、虎口礁)，“新亚”沉船灯浮1座，导标1对(前标在旧飞机场，后标在堛堤，即2号导标)，危险界标1对(鹿屿)。

1958年后，汕头港务管理局陆续新建和改造了导助航设施，增添了4座浮标(1号、2号、3号、4号浮标)，分别设在珠池海面、马岛、外海桁、红澳桁；4座灯桩，有福贵灯桩、鹿屿码头灯桩、赤屿灯桩、尖石灯桩。后来多次对2号导标更新改造，加高加大。

汕头港的通信、导助航设施的接管、增设、和更新改造，为港口引航、轮船进出港创造了良好的环境。

五、新中国自己测量的第一张汕头港图

1956年，交通部海测大队对汕头港附近的水深、底质、岸线、地形、地貌等进行全面测量，汕头港引航员予以密切配合。通过参与测量活动，引航员摸清了港外浅滩的实际情况，提高了水深的利用，进出港船舶的吃水约增加15公分。

1958年海军航保部出版发行了《汕头港及其附近海图》，该图的水深基准面是“略最低低潮面”，即在妈屿验潮站水尺零下0.134米的水平面。新海图的出版,为进出汕头港船舶和港口引航工作提供了资料依据。

参考文献及资料

[1] 参见百度百科、互动百科、新华网——《解放战争》、《三大运动》、《社会主义的三大改造》、《反右派斗争》、《三面红旗》、《“三年困难”的时期》、《建国六十周年的资料》、《集体记忆》

[2] 参见《中国引航史》（人民交通出版社，2001年5月第一版）

[3] 、[5] 、[11]参见《汕头港引航史》（内部稿，1996年10月），《汕头文史》第十六辑（政协汕头市委文史与学习委员会编，1998年12月）——《汕头港引航旧话》/沈饶生，《古今潮汕港》（中国文联出版社，2004年1月第一版）/陆集源著，原“汕头引水业务所”职工写的书面材料

[4]、[10] 余世鹏、李正容访谈录

[6] 参见《汕头港引航史》（内部稿，1996年10月），《潮汕党史》（1984年4月，第四期）——《战斗在黎明前的地下尖兵》

[7] 参见汕头《港务局档案》全宗1940—1950年4号卷

[8] 参见广东省档案馆有关材料

[9] 、[17]参见《中国引航史》（人民交通出版社，2001年5月第一版），《汕头港引航史》（内部稿，1996年10月）

[11]、[20] 参见《汕头港引航史》（内部稿，1996年10月），《古今潮汕港》（中国文联出版社，2004年1月第一版）/陆集源著

[12]、[16]、[18] 参见《汕头港引航史》（内部稿，1996年10月），《汕头港引航大事记》

[13] 参见《中国引航史》（人民交通出版社，2001年5月第一版），《汕头港引航史》（内部稿，1996年10月），沈玮（沈饶生之子）、林文焕（林木屏之子）访谈录

[14] 参见汕头《港务局档案》全宗1940—1950年4号卷

[15] 沈玮（沈饶生之子）访谈录，《汕头日报》（2001年10月19日）——《“排雷英雄”魂归大海》

[19] 《汕头解放记事》（汕头市政协文史资料委员会）——《汕头港扫雷追记》/沈玮（沈饶生之子），《潮风》（2000年11月29日）——《汕头港的扫雷斗争》/陆集源，《汕头港引航史》（内部稿，1996年10月）

第二章 文革时期的汕头港引航

（1966年—1978年）

1966年5月16日，《中国共产党中央委员会通知》（即《五一六通知》）的发布标志着文化大革命正式开始。5月28日，设立中央文化革命小组，以后，文革小组逐步取代中央政治局和中央书记处，成为“文化大革命”的实际指挥机构。

1966年5月29日，清华大学附属中学成立了全国第一个红卫兵组织。此后，红卫兵把中央文革的指示带到各地，并在全国范围内进行“大串连”。

1966年8月5日，毛泽东在中共八届十一中全会期间写了《炮打司令部——我的一张大字报》。8月7日，十一中全会印发了这张大字报。8月8日，十一中全会通过了《中国共产党中央委员会关于无产阶级文化大革命的决定》（即“十六条”）。无产阶级文化大革命全面开始。

1967年1月6日，“上海工人革命造反总司令部”组织召开了“打倒上海市委大会”，夺了上海市委的权，全国“夺权”行动开始，即“一月风暴”。到1968年9月5月，全国29个省、市、自治区先后建立了革命委员会，实现“全国一片红”。

1967年3月，中共中央发出通知，停止一切串联活动。

1967年7月22日，江青首次提出“文攻武卫”的口号，有些红卫兵开始抢军队的权。此后，全国武斗日益严重。

1968年8月26日，“最高指示”下达全国，武斗逐渐平息。

1968年10月，全国开展走“五·七”道路，全国各地大批干部、知识分子下放五七干校劳动改造。

1968年12月22日，毛泽东发出“知识青年到农村去，接受贫下中农的再教育”的指示，1966、1967、1968年的初高中毕业生（后来称为“老三届”）开始上山下乡。随后，全国开展了知识青年上山下乡运动。

1969年3月，中苏爆发珍宝岛战争。

1971年9月13日，林彪篡党夺权的阴谋败露，率领家庭主要成员于凌晨零点32分从山海关机场乘三叉戟飞机仓惶出逃前往苏联。飞机在进入蒙古国领空几百公里后于温都尔汗坠落，林彪及其妻子叶群、儿子林立果、驾驶员潘景寅在事故中丧生。

1971年9月，林彪集团的反革命政变被粉碎后，周恩来在毛泽东支持下主持中央日常工作，在政治、经济、外交等方面采取了许多措施，使各方面的工作有了转机。

1971年10月25日，联合国大会第26届会议通过了恢复中华人民共和国在联合国的一切合法权利的提案。11月15日，中华人民共和国代表团首次出席了联合国大会。

1972年2月21日，美国总统理查德·尼克松访华。2月28日，中美联合发表《上海公报》。它标志着中美在对抗20多年之后两国关系正常化过程的开始。

1972年9月25日，日本首相田中角荣访华。9月29日，中日两国政府发表《联合声明》，中日两国正式建交。中日之间实现邦交正常化。

1974年1月初，全国开展“批林批孔”运动。

1975年1月13日至17日，四届全国人大在北京举行，周恩来提出“实现四个现代化”的目标。会后，周恩来病重，邓小平在毛泽东、周恩来支持下主持中央日常工作。

1975年11月，全国开展“批邓、反击右倾翻案风”运动。

1976年1月8日，国务院总理周恩来逝世，全国人民以各种方式进行悼念活动。4月4日清明节这一天，200多万京内外群众聚集天安门广场，悼念活动达到高潮，发生“四.五天安门事件”。

1976年7月6日，全国人大委员长朱德逝世。

1976年7月28日，河北唐山一带发生强烈地震。

1976年9月9日零时10分，中国共产党中央委员会主席、中国共产党中央军事委员会主席、中国人民政治协商会议全国委员会名誉主席毛泽东在北京逝世，享年83岁。

1976年10月6日，以华国锋、叶剑英、李先念等为核心的中共中央政治局，对江青、张春桥 、王洪文、姚文元及其在北京的骨干实行隔离审查。一举粉碎“四人帮”篡党夺权的阴谋。

1977年8月12日，华国锋在中共十一大上作政治报告，宣告历时十一年的我国第一次无产阶级文化大革命，就以粉碎“四人帮”为标志，胜利结束了。

1978年12月18日～22日，中共十一届三中全会在北京举行。全会作出了从1979年起，把全党工作重点转移到社会主义现代化建设上来，实行改革开放的战略决策；并开始了系统清理重大历史是非的拨乱反正。从此，党和国家进入了以改革开放和社会主义现代化建设为主要任务的历史新时期。

1978年12月，安徽省凤阳县小岗村18户农民在“大包干协议”上按下了手印，搞起了“大包干”，揭开了中国农村改革的序幕。由此，小岗村成为中国农村改革的发源地。[1]

第一节　文革时期的中国引航[2]

一、国家的引航管理体制相对稳定

从1953年起到1970年代末，不管港口管理体制如何变动，引航一直归港口港务监督部门管理，其间唯一的变动是在文革初期，1967年，各港实行军事管制，引航机构也被编入军事编制系列。1968年，各港先后成立了革命委员会，港口生产基本照常进行，港监管理引航的体制又恢复运行。

二、引航收费规则[3]

1967年4月1日起，交通部试行《直属水运企业货物运价计算规则》，1972年1月1日起实行《海港、长江港口费收规则》。《海港、长江港口费收规则》分为《航行国内航线船舶及国内进出口货物海港费收规则》、《航行国际航线船舶及国外进出口货物海港费收规则》和《长江港口费收规则》三类费率。

有关“引水、移泊”费收费项目主要有：

1. 按船舶净吨（拖轮按马力），拖带按拖轮马力+被拖船净吨计费，起码计费吨（马力）为500净吨（马力）；

2. 引航费按进、出港引航和港内移泊以及超出规定引领地点以外的引领三种费率计费；

3. 拖轮另按出租费率计费；

4. 因船舶原因造成引航员滞留费，按小时计费；

5. 接送引航员的交通费；

6. 下半夜和节假日加收加班费。

引航费率和收费项目在长期的实践中经常微调，汕头港引航收费也跟着部颁标准相应调整。

三、“文革”对引航队伍的冲击和引航员第二梯队的培养

“文革”时期，政治运动波及到与外国船长、船员接触的引航业，其最根本之处在于引航工作政治化。引航员中有人因家庭出身、个人历史、海外关系、右派言论等原因受到冲击。受到冲击的引航员或被迫离职，或纷纷被下放

农村劳动，改造思想。

留在一线的引航员一边投入引航工作，一边还要参加各种政治学习，引航队伍人手不足的情况相当严重。因此，经过严密政审和层层筛选，一批复员转业军人、拖轮船员、和下放劳动的航海院校毕业生被推上引航第一线，这批人依靠师傅的指导和自己艰苦努力，很快成长起来，担当起引航的重任，成为新中国培养出来的“第二梯队”引航员。

四、引航设备的改善与引航技术的提高

“文革”后期，全国沿海港口生产有所恢复，但港口建设滞后的情况越来越严重。为了改变这一状况，1973年2月，国务院总理周恩来在中共中央政治局会议上提出：要把港口建设提到议事日程上来，并争取“三年改变港口面貌”。沿海各主要港口开展了大规模的港口建设，引航条件得到较大的改善，拖轮的更新和马力的增大，是引航设备改善的重要标志。

“文革”期间，在引航“硬件”还比较落后的条件下，引航员们更注重经验积累、交流和技术创新，以确保引航工作的顺利开展。

1975年3月20日，全国引航经验交流会在广州召开。这是自“文革”开始以来第一次召开的全国性引航工作会议。

五、《海港引航工作规定》

打倒“四人帮”之初，交通部于1976年11月12日下发了“（76）交船监字第1301号”通知，向各港港务局、港监、海运局、中远各分公司、各外代公司颁发了修订过的《中华人民共和国交通部海港引航工作规定》。该规定全文只有12条，最后一条宣布1959年的规定废止和新规定生效，正文只11条。

修订过的《规定》中只有第八条规定了引航员的责任：船舶在被引过程中，由于引航员的过失所发生的海损事故，引航员应当受应得的处分，但不负经济赔偿责任。其余十条全部是针对被引船方的义务或引航员的权利而作出的详细界定。

与1959年的规定相比，新《规定》更明确地把“引航工作是航政管理工作的重要组成部分，也是一项重要的涉外工作”的定义和定位表达出来。而对于引航安全、引航员应如何完成引航任务和港口管理部门如何对引航进行管理的规定只字未提。这与“文革”期间突出政治的大背景有关。新《规定》没有作多少实质性改变，只是针对于被引领船方的单方面规定，是一份本着港口管理的目的、通过引航员来管理被引船舶的细则。

第二节　文革时期的汕头港引航[4]

一、汕头港引航管理机构的演变

1967年，汕头专区改称汕头地区。

1968年3月16日，经广东省革命委员会批准，成立汕头地区革命委员会。

“文革”开始后的1968年5月，汕头港务局撤消机关科室，成立政工、保卫、生产、后勤四大组。港监、引水属生产组领导。

1968年8月，汕头港务局改称“汕头港务局革命委员会”，港务监督室压缩成了港口作业区生产组中的一个小组，称“港监小组”，“引水组”被取消，引航员归属港监小组。原港务监督室属下的监督员、引航员、验船师等共16人，有的进“学习班”，有的下放“五七”干校，有的到驳船当水手，只留下4人负责全面工作。原有的4名引航员只留下了刘炳辉、余世鹏二人。1968年12月，引航员刘炳辉被任命为港监小组负责人。

1969年3月，“汕头港务局革命委员会”改称“汕头地区水运公司港口作业区革命委员会”。

1972年6月，恢复原汕头港务局建制，“引水组”归港务监督室管理，刘炳辉任“引水组”组长。

1975年11月22日，经国务院批准，汕头市恢复为省辖地级市。

1976年12月，汕头港务局改称汕头港务管理局，“引水组”改称“引航组”，仍属港务监督室管理，引航员刘炳辉任港务监督室的临时负责人，引航员余世鹏任“引航组”负责人。

二、汕头港引航量

“文革”时期，由于政治运动接连不断，港口吞吐量每年只在120万吨至1吨之间徘徊，引航量也停滞不前。1966年的引航量633艘次，“文革”开始后，一路下滑，至1971年仅引领187艘次。其他年份的引航量多在300艘次左右。打倒“四人帮”后才开始有起色，1977年起引航量又突破500艘次，达到548艘次，1978年达到645艘次。

三、汕头港引航技术的突破

“文革”时期，在动荡的形势下，汕头港的引航业务仍能维持正常进行，并有所发展，与引航员的尽职尽责、努力工作分不开。在艰难的环境下，他们坚守岗位，努力探索引航技术的改进，尽力为港口、货主和航运公司排忧解难，凭借优良的引航技术完成了许多高难度的作业，并不断刷新汕头港的引航纪录。

1.刷新了进港船舶吃水纪录

1968年9月10日，吃水6.6米的日籍“昭光丸”被安全引领进港，打破了1948年“海天”轮进港吃水6.09米的记录。

1973年12月24日，日籍“神弦丸”轮，吃水6.78米，同样被安全引领进港，又一次刷新引航记录，这也是汕头港外航道开挖前船舶进港吃水深度的最高记录。

2.“红旗127”轮雾航进港

1960年代末至1970年代中期，汕头地区大约有20多万知青下乡到海南岛，汕头港至海南海口秀英港的客运任务十分繁重。1975年2月2日，万吨级客货轮“红旗127”轮运载下乡海南的知青回汕过春节，由于连日遇雾，在海上慢速航行2—3天，到了汕头港又为浓雾所阻，无法入港靠泊，只好在妈屿岛以西、黄厝围南面海上抛锚。再停了1天，船上旅客水、粮告急，形势十分严峻。汕头市及港务局两级领导十分重视，应船长要求，派引航员余世鹏前往引领。余世鹏充分做好准备工作，在能见度不足100米、海上遍布放“沉钩”小渔船的环境下，指导外代的小交通艇一路摸到锚地登上“红旗127”轮，外代的小交通艇自己回航的时候却因浓雾偏航而搁浅。余世鹏在浓雾中精心操作，将“红旗127”轮安全引进港区老3号泊位前抛锚调头，船位稳定后，在船两边什么都看不见的浓雾里，再起锚将船安全引领靠泊老3号泊，解除了船方和旅客的困境，受到多方赞扬。

3.“埔油一号”进榕江改为陆上固定油库

1976年，2万吨级的退役空载油轮“埔油1号”（长度167米、宽度20米，吃水约：前8呎/后17呎）在内港女引航员李正容的引领下，从汕头港珠池肚安全到达榕江地都段江面抛锚。“埔油1号”作为潮汕地区水上储油库，用于确保当时潮汕地区工农业急需的油料供应。

由于受到台风和洪水、急流的威胁，处在江中的“埔油1号”很不安全，必须改为固定式陆上油库。在汕头专区经委和交委的组织下，在“埔油1号”西侧北岸，开挖一条长度120米、宽度22米、高潮时水深不足4米、偏西北—东南走向类似船坞的水沟。由汕头港务局等领导具体组织，落实该船定点冲坞稳固事宜。1976年7月4日，引航员余世鹏克服思想压力，克服没有拖轮协助（当时没有经费到广州租拖轮），船上没有合格船员，航道与陆上固定点走向接近90度，起锚时锚机突然故障死锚，开挖水沟边上有民房等诸多困难，掌握时机，顺流自航向左调头，然后控制船速，将船首对着开挖水沟“坞口”上流侧（东侧）驶去。接近“坞口”时发现右艉部受强涨潮流压作用，为防止大船船头向右偏转而进不了“坞”，余世鹏算得准更看得准，大胆加车和左满舵，稳住船身和艏向，利用斜顺流将船准确冲进人工开挖的水沟，并继续开进车顶住，防止船体向后溜，船、岸人员迅速配合带上头缆和倒缆，一举成功搁坐、固定到位，完成将油轮改为陆上油库的高难度引航作业。

在榕江地都河段北岸上的“埔油1号”轮（2010年3月）（陈伟明 摄）

四、典型的抢险救助事例

1972年8月1日21时，强西南风和急落潮把在9号锚地装货的7—8千吨级新加坡籍客货船“金福”轮连同两舷的驳船冲至禁锚区内，艏锚已钩住海底的过海电缆。在千钧一发之际，引航员余世鹏立即登轮采取应急措施。首先是在西南风和急落潮的条件下用车、舵控制住船位，并使船微进不退，减轻电缆受力负荷，保住海底电缆不被拉断，然后等缓流时机，船位向前进一点，慢慢绞锚，当锚钩着电缆露出水面后，指挥大船用钢丝作回头缆，吊住露出水面的电缆，再把船位向前进一点，松下锚链，钩住电缆的锚脱开电缆，解开吊住电缆的钢丝回头缆，大船开车前进。两条已露出水面的电缆完好无损放回海底，解脱了一场灾难。

五、汕头港引航增添新设备

1977年，由中山船厂制造的钢质小拖轮“监1”投入使用，该轮船长26米，吃水2.4米，马力428匹。

1978年4月，由上海船厂建造的钢质拖轮“汕港引1”投入使用，该轮船长27.17米，吃水2.6米，马力980匹。

1978年7月，由南宁船厂建造的钢质拖轮“汕港引2”投入使用，该轮船长26.9米，吃水2.6米，马力428匹。

六、汕头内港引航情况

随着时代的进步和政府的重视，经过不断整治的榕江航道的通航能力不断提高。在李正容的精心引领下，进江海船不断增大，1960年代末期，进港船舶达到3000吨级。1976年初，2万吨级空载油轮“埔油1号”在李正容的引领下，安全抵达地都。李正容先后十多次刷新引航纪录。

七、汕头港引航技术总结和交流

于1975年3月20日在广州召开的全国引航经验交流会上，引航员余世鹏介绍了汕头港引航员总结出来的“三不”、“五要”、“四注意”、“四摸清”的引领经验，引起了与会同行的关注。其主要内容是：

“三不”，即不违反客观规律冒险蛮干；不因条件顺利而掉以轻心；不被困难吓倒，冷静、沉着地运用自己掌握的操作技术去克服困难。

“五要”，即引航时态度要严肃；精神要抖擞；表情要愉快；举止要大方；口令要清晰。

“四注意”，即注意听回命；注意车钟及舵角的指示动向；注意及时校对船舶的实际动向是否与口令相符，偶有不符，立即纠正，不能含糊，以免出现危局；注意船员的精神状态和技术水平。

“四摸清”，一是摸清被引领船舶的吃水、性能，对车、舵效应等船舶性能，除听船方介绍外，要经过自己在起锚、开航或掉头操作时，试用一些车、舵加以校对核实，做到心中有数；二是摸清风向、风力、流向、流速、水位、航道、锚地、泊位等情况，做到思想上有个领航方案；三是摸清岸边物标，核对预算水位，做到适时开航；四是摸清有无其他船寄泊，舷梯及缆绳是否收清，与周围船舶的相对方位、距离，做到有备无患。

这里说的都是引航员的基本注意事项及操作要点，其他各港引航员基本都有类似的经验。因此，上述经验并不仅仅是汕头一港引航员的经验，而是沿海各港引航经验的集中反映。

第三节　文革时期的汕头港引航员[5]

一、“文革”对汕头港引航队伍的冲击

“文化大革命”开始后的1968年底，汕头港老一辈引航员也不例外地遭受

严重冲击。

原国民党海军少将，抗日战争中建立战功，解放前后在保护和建设汕头港引航，解放后在反轰炸、反封锁斗争中以及在培养新中国引航员上有着突出贡献的一等"引水员"，广东省政协第二、三届委员，汕头市政协第一届常委，第二、三、四届委员黄文田于1968年10月进"学习班"遭受严重迫害，且因年老体弱无法支撑，当月病逝，享年72岁。十一届三中全会之后，在当时的中央统战部部长乌兰夫的关怀下，黄文田的冤案得到平反昭雪，有关单位为他召开追悼会，肯定了他的一生。黄文田抗日爱国的功绩，将为后人所怀念景仰。[6]

黄文田参加汕头市各界人民代表会议的纪念章（黄梓才 提供）

1968年底，在黄文田去世后，曾获汕头市"先进工作者"称号的一等"引水员"、汕头港"引水组"组长林木屏，被下放干校劳动，直至1972年8月光荣退休。林木屏于1990年9月1日去世，享年79岁。

1956年林木屏获得汕头市先进生产者奖章（林文焕 提供）

在黄文田、林木屏这两位汕头港的第一代中国引航员被迫离开引航员岗位之后，汕头港引航员从原来4人减少为2人。刘炳辉、余世鹏挑起了汕头港引航的重担，他们默默地奉献，从无怨言，并创造出多项突出的业绩。

尽管刘炳辉、余世鹏这两位引航员的技术精湛、经验丰富，政治上也过关，但是，由于"文革"等政治运动的原因，引航员长期停止晋级考试，他们拿了三等"引水员"证书一干就是28年。直至1985年，经交通部港务监督局批准才晋升为一级引航员。

二、汕头港培养引航员第二梯队

1968年底，汕头港的第一代中国引航员全部退出汕头港引航，新中国培养的两名引航员刘炳辉和余世鹏担负起重任，他们坚守岗位，努力工作，维持了汕头港引航的正常进行，并有所发展。

汕头港领导一贯重视引航队伍的建设，70年代初就着手培养新中国引航员第二梯队，廖声钦、钟礼智、林闻水和陈新流四人先后加入到汕头港引航队伍中来。

毕业于大连海军指挥学院、在军队从事航海工作近十年，1970年末退伍转入地方工作的廖声钦（广东潮安人）于1974年经过培训，被任命为汕头港三等“引水员”。

1979年7月5日，他在家中突发心脏病，同事们赶紧将他送往医院抢救。汕头港务管理局党委书记、局长郭日凤、副局长李贵良等亲临医院组织抢救，无奈抢救无效，廖声钦不幸逝世，终年42岁。

港务局领导根据港口生产发展的需要，于1975年挑选了毕业于集美航海学校的钟礼智、1978年挑选了分别毕业于集美航海学校和大连海运学院的林闻水、陈新流为见习引航员，并送上海海运学院进修。

这批新引航员虽没有像以前那样订立师徒合同，但尊师爱徒，学而不厌之风更盛。老引航员经常组织见习引航员学习船舶操纵理论，进行事故案例分析。不断进行安全和职业道德教育，带领他们参加航道和码头的水深测量及验潮作业，以取得第一手材料。师傅带徒弟登轮作引航操作示范，边操作，边讲解，见习引航员受益匪浅。老引航员在放手让见习引航员操作时，更要求事前有引航方案，执行方案要灵活机动，随机应变，事后要写心得体会，讨论会上又可互相交流。这批新引航员始终保持了旺盛的学习热情，吃苦耐劳，不管是白天黑夜，还是刮风下雨，都坚持跟船学习。在老引航员的关怀培养和他们自身的努力下，三位见习引航员进步很快，钟礼智于1978年、林闻水和陈新流于1980年先后经考试合格，获得了三级引航员证书，独立承担引航任务。汕头港引航队伍建立起第二梯队。

令人感动的是，新引航员上岗之初，老引航员总伴随引航船出发，为新引航员巡逻、清道，到码头指挥系缆等，可谓是“扶上马，又送一程”，做到“一人操船，几人操心”。为了共同的目标，为了集体的荣誉，他们互相学习，互相关心，互相帮助，其乐融融。

第四节　文革时期的汕头港[7]

一、汕头港的航运

“文革”时期的汕头港在政治运动中缓慢发展，每年吞吐量只在120万吨至180万吨之间徘徊。在这一时期，国内实行计划经济，南北航线以国内调拨物资（如矿粉、化肥、粮食、煤炭、燃油等）为主，出口贸易仍以东南亚航线和香港航线转口贸易（抽纱等土特产）为主。1960年代末至1970年代初，客轮航线接送上山下乡知青往返汕头——海口曾经十分繁忙。

二、汕头港规章的建设

1966年，“文化大革命”运动开展后，由于无政府主义泛滥，船舶不服从管理，作业区水域和航道秩序混乱，轮船靠离码头受到严重干扰。针对存在问题，汕头港务监督在1971年发出了《关于港口作业区岸线装卸及停泊点的划分》的通知。此后，汕头港务监督根据各时期港口作业区、船舶停泊区发展变化情况，及时公布各种管理规定，保障港口生产顺利进行和船舶航行的安全。

三、汕头港码头的建设

汕头港在“二五”、“三五”建设规划中，都先后提出建设码头泊位．因种种原因终未实现，至1973年底以前，汕头仅有一座靠泊能力只有1000吨级的浮趸船码头，几个系船浮筒和十几个锚位。轮船货物装卸及旅客上下船都是依靠无遮无盖的驳船驳运，既不方便又不安全。

建于1973年老3号泊位3000吨级客货码头，大船下部的木驳船俗称“五肚船”（1970年代）（洪浩 摄）

随着港口生产和客运的发展，特别是数以万计知识青年下乡海南的客运需要，1972年9月，在汕头港港东动工建设一座3000吨级客货码头（老3号泊位，在海军码头西侧）。该码头于1973年12月13日竣工。码头长100米，前沿设计水深 -6.6米。这是汕头港解放后建成的第一座钢筋混凝土码头。同年12月15日，该码头简易投产，希腊籍“帕丽亚”轮在余世鹏引领下安全靠上码头。

1973年年底，在汕头港港西动工建设一座有两个5000吨级杂货泊位（1、2号泊位，在西堤轮渡码头东侧）的码头。该码头于1976年6月底竣工。码头全长250米，前沿设计水深 -7.6米。这座码头是汕头港务局自行设计、施工建成的码头。

以上三个泊位建成后，过港旅客和大部分货物由过去在浮筒或锚地过驳转为直达码头，初步改变了汕头港的落后面貌。

四、汕头港导助航设施的建设

1978年，汕头港建设二个5000吨级杂货泊位码头配套项目中，又增设了1号导标(鹿屿对妈屿)和3号导标(海滨广场对鮀江旅社)。

1979年，鹿屿灯塔和鹿屿码头灯桩的光源由原来点煤油灯改为电机供电发光。

五、汕头港调整海图深度基准面

1975年，交通部、海军航保部、国家海洋局统一制订海图深度基准面标准，将海图深度基准面与当地理论深度基准面统一起来。汕头港的 “深度基准面”作了一次大调整，“深度基准面”从妈屿验潮站原零点之下 0.134米，调整到零点之上0.330米。新版海图水深和潮汐表潮高相应作出调整，实际水深并没有因此而改变。

六、汕头港外航道的整治

汕头港外航道从尖石灯桩至赤屿之间有一片约3公里长的浅滩，称为“外拦门沙”，水深只有 -4.7米，在一般情况下，5000吨级以上货轮必须减载后才能进港，严重影响汕头港的发展。

1977年9月，汕头港有史以来首次对浅滩段外航道进行开挖疏浚，开始了整治外拦门沙的尝试。当时挖槽底宽80米，水深 -5.5米（当地理论深度基准面），由广州航道局负责施工，工程至年底完工。然而只有半年时间，至1978年6月复测，水深恢复至原来的 -4.7米。实践证明，对外航道拦门沙的整治，单纯靠开挖疏浚解决不了问题。

1979年和1980年对外航道再次进行浚深，效果与第一次开挖后一样快速回淤。

在开挖、回淤、维护、又回淤的过程中，引航员一方面适时充分利用挖后短时间内增加的水深，把大吃水的船舶引进港内，另一方面保持清醒的头脑和实事求是的态度，多次到现场一锤一杆地测量，认认真真地验测，掌握水深回淤变浅情况，适当地控制进港船舶的吃水，保证了船舶的安全。同时不断向局领导和科研部门反馈，为有关部门对整治汕头港外航道拦门沙进一步研究提供参考。

参考文献及资料

[1] 参见百度百科、互动百科、维基百科——《文化大革命》、《中国共产党历次全国代表大会数据库》、《林彪叛逃》、《天安门事件》、《唐山地震》、《打倒“四人帮”》、《建国六十周年的资料》、《集体记忆》

[2] 参见《中国引航史》（人民交通出版社，2001年5月第一版）

[3] 参见交通部有关《港口费收规则》

[4] 参见《汕头港引航史》（内部稿，1996年10月），余世鹏、李正容访谈录

[5] 参见《汕头港引航史》（内部稿，1996年10月）

[6] 参见《黄文田其人其事》（《汕头日报》，2001 年7月4日）/黄树煌，《黄文田先生生平及其抗日爱国事迹》/胡明、陈荆淮

[7] 参见《汕头港引航史》（内部稿，1996年10月），《古今潮汕港》（中国文联出版社，2004年1月第一版）/陆集源著

第三章　改革开放二十年间的汕头港引航

（1979年—1998年）

1978年12月16日，中美两国发表《联合公报》。1979年1月1日，中美两国正式建立外交关系，从而结束了长达30年之久的不正常状态。

1975年越南统一，越南决定与苏联发展更为亲密的外交关系，并在国内开始疯狂排华，在中越边境挑起武装冲突。1979年2月17日，中国被迫进行对越自卫反击战。3月5日，中国宣布已达到目的，于3月7日起，正式从越南撤军。3月16日，全部军队撤回中国境内。

1979年7月15日，中共中央、国务院决定在深圳、珠海、汕头和厦门试办“出口特区”。1980年5月16日，“出口特区”被正式改名为“经济特区”。同年8月，第五届全国人大常委会第十五次会议审议批准在深圳、珠海、汕头、厦门设置经济特区，这标志着中国的经济特区正式诞生了。以创办经济特区为标志，中国的对外开放迈出了重要步伐。1988年，海南建省，成为中国第五个经济特区。

1981年6月27日至29日，中共十一届六中全会在北京举行。全会通过了《关于建国以来党的若干历史问题的决议》，对“文化大革命”作出了彻底否定的结论、实事求是地评价了毛泽东在中国革命和建设中的历史地位、总结建国以来的历史经验和教训、明确中国共产党已经逐步确立了一条适合我国情况的社会主义现代化建设的道路。

1982年1月1日，中共中央批转《全国农村工作会议纪要》，确定“家庭联产承包责任制”是社会主义集体经济的生产责任制。家庭联产承包责任制作为农村经济体制改革第一步，突破了“一大二公”、“大锅饭”的旧体制。

1982年1月11日，邓小平就叶剑英1981年9月发表的对台“九条方针”提出“一个国家、两种制度”的概念，即“一国两制”。

1982年9月9日至11日，中共十二大在北京举行。这次大会制定经济建设方面的奋斗目标是：从1981年到本世纪末的二十年，要在不断提高经济效益的前提下，力争使全国工农业的年总产值翻两番，即由1980年的7100亿元增加到2000年的28000亿元左右，使全国人民的物质文化生活达到小康水平。在提出经济建设目标的同时，突出强调社会主义精神文明和社会主义民主。

1984年1月24日至2月15日，邓小平先后视察了深圳、珠海、厦门三个经济特区，对特区建设的成就给予了充分肯定。1984年2月，邓小平在视察广东、福建后，肯定建立经济特区的政策是正确的，并建议增加对外开放城市。4月，中共中央、国务院根据邓小平的意见召开沿海部分城市座谈会，并于5月4日发出《沿海部分城市座谈会纪要》的通知，确定进一步开放14个沿海港口城市。这14个港口城市是：大连、秦皇岛、天津、烟台、青岛、连云港、南通、上海、宁波、温州、福州、广州、湛江、北海。

1984年10月20日，中共十二届三中全会在北京举行。会议一致通过《中共中央关于经济体制改革的决定》。《决定》明确了改革的基本目标和各项要求，为打破计划经济体制创造了条件。

1986年12月5日，国务院作出《关于深化企业改革增强企业活力的若干规定》。《规定》的出台是推动城市经济体制改革的重大步骤，对于进一步简政放权，改善企业外部条件，扩大企业经营自主权，促进企业内部机制改革，具有重要意义。

1987年10月25日至11月1日，中共十三大在北京举行。赵紫阳作了《沿着有中国特色的社会主义道路前进》的报告，阐述了社会主义初级阶段理论，提出"一个中心、两个基本点"的基本路线，制定了到下世纪中叶分三步走、实现现代化的发展战略，并提出了政治体制改革的任务。

1988年9月5日，邓小平在会见捷克斯洛伐克总统胡萨克时，提出了"科学技术是第一生产力"的著名论断。

1989年春夏之交，在北京发生了"六四"风波。

1992年初，邓小平先后到武昌、深圳、珠海、上海等地视察，并发表了一系列重要讲话，通称"南巡讲话"。

1992年10月12日至18日，中共十四大在北京举行。江泽民作《加快改革开放和现代化建设步伐，夺取有中国特色社会主义事业的更大胜利》的报告，确定我国经济体制改革的目标是建立社会主义市场经济体制，并提出用邓小平同志建设有中国特色社会主义理论武装全党。

1993年11月11日—14日，中共十四届三中全会在北京举行。全会通过了《中共中央关于建立社会主义市场经济体制若干问题的决定》。全会指出，要进一步转换国有企业经营机制，建立适应市场经济要求，产权清晰、权责明确、政企分开、管理科学的现代企业制度。

1995年9月25日—28日，中共十四届五中全会在北京举行。全会通过了《中共中央关于制定国民经济和社会发展"九五"计划和2010年远景目标的建议》。《建议》提出两个根本性转变，一是经济体制从传统的计划经济体制向社会主义市场经济体制转变，二是经济增长方式从粗放型向集约型转变。这标志着我国经济建设将朝着深化体制改革、提高质量的方向发展。

1997年7月1日，中英两国政府在香港举行香港政权交接仪式，中国对香港恢复行使主权，中华人民共和国香港特别行政区正式成立。“一国两制”的伟大构想首先在香港开始落实。

1997年7月2日，泰国宣布放弃固定汇率制，实行浮动汇率制，泰国的货币泰铢急剧贬值，引发了一场席卷整个东南亚的亚洲金融风暴。1998年，亚洲金融风暴又袭击俄罗斯，不久，拉丁美洲及欧洲也感受到了它的震荡，连世界头号经济强国美国也遭到冲击，爆发了自1994年的墨西哥金融危机以来的又一次世界性金融风波。

1997年9月12日至18日，中共十五大在北京举行。江泽民作《高举邓小平理论伟大旗帜，把建设有中国特色社会主义事业全面推向二十一世纪》的报告。大会首次使用“邓小平理论”概念，提出了社会主义初级阶段的基本纲领，规划了跨世纪发展的战略部署。同时，把邓小平理论确立为党的指导思想。

1998年夏季，受厄尔尼诺现象影响，我国南方长江流域和北方松花江流域、嫩江流域出现了罕见的持续强降雨，超历史纪录的特大洪水突然袭击了三江地区的广大平原。面对特大洪水的袭击，中共中央、国务院和中央军委周密部署，指挥了一场气壮山河的抗洪抢险斗争。 经过将近两个月的艰苦奋战，9月4日，江泽民在九江市就抗洪救灾工作发表重要讲话，宣布抗洪抢险斗争已经取得决定性的伟大胜利。[1]

第一节　改革开放二十年间的中国引航[2]

一、中国引航体制改革

改革开放之前，港务管理局是政企合一的机构，既负责港口行政，又负有港口生产业务和港口安全监督的职责。行政领导陷于具体的生产业务中，削弱了自身的行政管理职能，港口管理部门为航运单位和其他企业提供公共服务的能力受到抑制。因此，按经济效率办事，以提高经济效益为中心的港口体制改革——“政企分开”，从80年代初就开始了探索和尝试。引航体制改革伴随港口体制改革同步进行。

1. 港安分家

从1982年起，交通部按照国务院的决定，组建“交通部水上安全监督局”，相继对沿海各主要港口的管理体制进行了改革。原港务管理局属下的港务监督和通信导航部门被划分出来，组建“海上安全监督局”。海上安全监督局为港航行政监督机关，实行“双重领导，以交通部为主”的管理体制。港务监督原管辖的引航和岸线，划归港务管理局管理。

2.港口下放

从1984年起，国家开始下放交通部直属港口，沿海各主要港口实行“双重领导，以地方为主”、“以港养港，以收抵支”的港口管理体制。各港的“港务管理局”改名为“港务局”，为政企合一的国有港口企业性质。港口下放工作到1992年基本完成。

3.引航机构设立及升级

沿海各主要港口开始下放后，为了适应形势发展的需要，各港于1987年前后对引航部门进行了调整，将原先的“引航科”或“引航组”升格为“引航处”，或者直接改称“引航站”，为港务局的基层单位，并逐渐成为独立核算、自负盈亏的经济实体，引航开始有了自己的运作机构。

引航站（处）的设立，是引航体制自1953年港监引航科（处或组）成立之后的一次重大转变。这次转变的意义在于，引航作为港口服务中的重要环节，其作用和地位开始受到应有的重视。引航站（处）作为一个相对独立的业务机构，具有比以前更大的自主性。这有利于引航业进一步稳定和壮大队伍，改进技术设备，从而更好地行使维护国家主权、服务于港航运输业的职责。因此，引航站（处）的出现是中国改革开放逐步深入的产物，也是引航业进入新的发展时期的重要标志。

从1987年底起，全国各港引航站（处）相继成立，海港引航机构多属港务局管理，只有少数仍属于港务监督部门管理。尽管引航机构在全国没有一个行业管理机构，但终究还是在港口业中有了自己的运作机构。

4.港口管理“政企分设”

从1996年起，全国港口开始实行“政企分设”，港口生产与港口行政管理分离，引航暂留在港口企业，过渡期为3年。

5.引航机构企业化运作的尝试

在引航体制改革的过程中，从1980年代末起，部分港口引航单位进行工商登记，试行企业化模式来经营、运行。这种尝试为引航体制改革提供了新的思路。

1988年4月1日，蛇口南方船舶引航服务公司正式开始运作，用企业化模式来经营、运行这一尝试首先在新建设的蛇口港进行。到1995年，深圳港出现了三家引航单位竞争的情况，并且各自的管理体制和运作方式都不一样。其他港口也出现多家引航机构相互竞争的情况。

1996年底，交通部在深圳召开了引航体制改革会议，确定了“一城一港一引航”的原则，要求引航业不实行多家机构竞争，应建立统一的引航管理体制，为港航各方提供安全、优质、廉洁、高效的服务，以适应和促进经济的发展，维护国家主权。

这样，经历过企业化的探索之后，引航业开始走向政府管理之下的事业性单位运行方式，在统一的管理体制下，为港口企业提供公共性的专门服务。深圳港引航业又率先走上这种管理模式，其他各港则逐步退出企业法人工商注册，改为事业单位法人登记。

6.引航专业委员会的成立

进入1990年代以后，随着有中国特色的社会主义经济运行机制逐步建立，各港、各地引航机构之间的相互联系和合作也进一步加深。作为一种技术性很强的职业，各港引航员迫切需要有一个行业性组织，以加强相互间的交流、合作，提高技术水平，促进本行业进一步发展，为港口运输提供更加优质的服务。

1990年5月17日，在交通部主管部门的支持下，中国航海学会在广东珠海市召开了引航专业委员会成立会议，宣告中国航海学会引航专业委员会正式成立。引航专业委员会在中国航海学会的领导下，独立开展自己专业领域和范围内的活动，内部实行会员制，参加该会的各港引航机构均为其会员。汕头港务局引航站加入引航专业委员会，成为首批会员。

引航专业委员会每年召开一次全体会员代表大会，共同讨论引航业面临的形势、存在的问题及推进引航业务发展的办法。还不定期举办引航新技术培训和定期举办一级引航员晋级考试培训。

引航专业委员会是一个民间性的行业组织，属学术性机构性质，没有行业协调和行业自我管理的职权。各地引航机构从属于地方港务或航政部门，基本上没有独立的身份。为了推动引航体制的进一步改革，引航专业委员会于1994年向有关方面提出了成立中国引航协会的申请。但是，由于成立中国引航协会问题涉及到引航体制的基本框架，因而在引航体制进一步改革的方向和步骤还不明确的情况下，直到1998年11月，国际引航协会第十四届大会（中国以

“中国引航协会”的名义申办，由上海港引航站具体承办）在上海召开时，成立中国引航协会的申请仍未得到批准。

国际引航协会（简称IMPA）成立于1971年5月，总部设在伦敦，是世界各国引航员共同的国际性行业组织，也是国际海事组织（简称IMO）的一个联系单位，每两年举行一次全体会员大会。

1994年，中国引航员代表应邀以观察员的身份参加了国际引航协会第十二届大会。

1996年5月，中国引航员代表作为正式代表，以中国引航协会（其时中国引航协会尚未成立）的名义参加了在巴西里约热内卢召开的国际引航协会第十三届大会。中国成为国际引航协会的一员。

二、国家引航规章的重建和丰富

1.《海港引航工作的条例》（试行）

1980年4月25日，交通部向沿海各港务局和港务监督下发了《海港引航工作条例》（试行）（交港监字[80]780号）。《条例》对引航工作作了重新定位，不再突出其政治性，而强调“认真贯彻安全质量第一的方针”，强调它与港口航运业的联系，强调其技术性和业务性。

新颁布的《海港引航工作条例》（试行）共7章二十七条，对引航员的任务和责职作了规定：根据港务监督长的指示执行引航任务；在条件不允许的情况下不得冒险引航；必须使用拖船、带缆艇等辅助船舶；树立良好的引航形象；报告有关情况等。对引航员的资历要求及等级作了详细的规定：引航员必须从航海大、中专院校驾驶系毕业生或具有同等学历并担任过三年以上舰船正式驾驶员中择优选拔。引航员分为一、二、三级及助理引航员四个等级。对引航工作的组织领导作了具体规定：各港港务监督长为本港引航工作的直接领导者。港务监督下设引航科（处或组），具体组织实施引航。此外，对港务局、拖船等有关方面的配合及协作提出了明确要求。最后还规定了有关奖励和惩罚制度。

《条例》将以往的“引水”改称为“引航”；“引水员”、“引水人”、“引水船”改称为“引航”、“引航员”、“引航船”。

这份《海港引航工作条例》紧紧围绕安全引航这一主旨和核心内容来制定。它的制定和实施，拉开了中国引航业一场大转变的序幕。

2.《海港引航员安全操作守则》、《对现有引航员技术培训、考核、定级和发证办法》和《海港引航员考试大纲》（试行）

1980年9月，交通部组织召开全国海港引航工作会议。

1980年10月27日，交通部以“交港监字[80]2256号文”向沿海各港务局和港务监督下发了《海港引航员安全操作守则》和《对现有引航员技术培训、考核、定级和发证办法》，以推进引航工作的制度化。

《海港引航员安全操作守则》共八条，根本目的仍然是贯彻安全质量第一的方针。该守则的主要内容是规定了引航员的具体操作规范，针对登轮前的准备工作提出了四点要求，引航员登轮后应注意的事项、引航过程中应注意的事项和特殊情况下的引航工作及安全保障。

《对现有引航员技术培训、考核、定级和发证办法》，对当时的现职引航员进行考核、定级和发证。该规定理顺了1950年代至1970年代新中国培养起来的一大批引航员长期在引航工作岗位上安全操作而得不到晋升的问题，从而激发了引航员的工作热情，尽快稳定了引航队伍。该办法下达后，新引航员的考核、定级和晋升，则严格按《海港引航工作条例》的有关规定执行。

1980年11月29日，交通部海监局又颁发了《海港引航员考试大纲》（试行），对引航员考试的具体内容和要求作了规定。

以上规章的制定和颁布实施，为1980年代初期引航队伍的健全，引航行业规范的建设以至整个引航业的振兴，起到了制度上的保障。

3.《中华人民共和国海上交通安全法》

1983年9月2日，第六届全国人民代表大会常务委员会第二次会议通过了《中华人民共和国海上交通安全法》。《中华人民共和国海上交通安全法》自1984年1月1日起施行。

《中华人民共和国海上交通安全法》共十二章五十三条，其中第十三条明确规定：外国籍船舶进出中华人民共和国港口或者在港内航行、移泊以及靠离港外系泊点、装卸站等，必须由主管机关指派引航员引航。

三、引航员队伍的建设

1980年代初期重建的引航规章，为引航员队伍的稳定、引航员的培养提供了有力的依据。

1982年以后，每年都有院校毕业生充实港口引航队伍。院校毕业生与优秀船员一起，成为引航队伍的两大后备来源。这样，引航员选拔、培养工作终于形成了一套稳定而有效的制度。

1988年，交通部又进行引航员职称改革，决定增设高级引航员职称。高级引航员不经过考试，而是由各港初步评定，报交通部船舶系列高级技术职务评审会评审，通过后再由交通部职称改革领导小组批准产生。

随着引航员考选、晋级制度的稳定，引航员技术培训工作也逐步开展起来。其一是交通部为引航员晋级考试而举办的各种培训；其二是引航专业委员会举办的航海新技术培训；其三是各港引航部门自行组织开展的引航员学习和培养。引航员业务学习和培训制度走上规范化、方法方式多样化轨道。

这样，引航员队伍整体素质和技术水平得以不断提高，从而使引航队伍以崭新的面貌呈现于世界。

第二节　汕头港引航体制的改革进程[3]

一、汕头港监调整内设机构

1980年4月25日颁布的《海港引航工作条例》规定：引航员根据港务监督长的指示执行引航任务；各港港务监督长为本港引航工作的直接领导者。港务监督下设引航科（处或组），具体组织实施引航。

1982年2月10日，汕头港务管理局对港务监督的机构设置作出调整，并以“汕港字[1982]22号文”发出通知：中华人民共和国汕头港务监督，对内属汕头港务管理局一个科级单位，下设三个组（均为股级建制），即监督组、引航组和验船组。汕头港务管理局局长姚克兼任汕头港务监督监督长。引航员余世鹏任引航组组长。同年12月，引航员刘炳辉被提升为港务监督室副主任（副科级）。港监办公地址：汕头市外马路8号。

自左至右：
姚克（汕头港务管理局局长、汕头港务监督监督长）、
刘炳辉（港务监督室副主任）、
戴燕生（汕头港务管理局政工办主任）、
赵文畔（汕头外代经理）（刘影南 提供）

二、汕头港口体制改革

从1963年起，汕头港务局（在历史发展中有时称“汕头港务管理局”）划归广州海运局管理。到1980年代初，汕头港和海口、三亚、八所三港仍由广州海运局管理。汕头港口体制改革，要先把汕头港务管理局从广州海运局脱离出来。

1980年9月，汕头港务管理局组成新的领导班子，李贵良任党委书记，姚克任局长（兼汕头港务监督监督长），洪继明任党委副书记，卓世杰、刁景光、张介清任副局长。

交通部副部长林祖乙莅汕头港监指导工作（刘影南 提供）

1984年1月，汕头港务局脱离广州海运局，归交通部直属管理，更名为“交通部汕头港务管理局”。同年4月，引航员刘炳辉被提升为汕头港务监督副监督长（正科级）。

汕头港务监督副监督长
刘炳辉（刘影南 提供）

1985年6月，汕头港务管理局被下放，实行交通部和汕头市“双重领导，以交通部为主”的管理体制，“交通部汕头港务管理局”改称“汕头港务管理局”。1985年，二级引航员陈新流被提升为汕头港务监督负责人。1986年7月，原汕头港务监督副监督长、引航员刘炳辉调任汕头港务监督协理员（正科级）。

1987年12月6日，汕头港口管理实施“港安分家”，交通部与汕头市人民政府签订了《关于改变汕头港管理体制的交接协议书》，汕头港务管理局改称汕头港务局。港务监督从汕头港务局分离出来，组建汕头海上安全监督局（1999年12月28日，汕头海上安全监督局和汕头港务监督局合并组建汕头海事局由，副厅级建制，新机构于2001年1月1日正式运作。）。引航从港监分离出来，直接由汕头港务局领导。

汕头港务局由林祖安任书记，林德高任局长，曾广存、李德成任副局长。

1988年1月11日，交通部政治部任命引航员陈新流为汕头海上安全监督局局长（书记）兼汕头港务监督监督长（正处级），吴元贞为副监督长（副处级），刘炳辉为调研员（副处级）。局党委由陈新流、吴元贞、朱贤鑑组成。

1988年3月，汕头港务监督调研员（原副监督长），广东省劳动模范，一级引航员刘炳辉因病抢救无效，不幸逝世，终年58岁。刘炳辉从事引航30多年，安全引航成绩显著，抢险救难勇往直前，不畏艰难，勇于改革，善于助人，严于律己，在监督、引航和培养年轻一代引航员上作出突出贡献。他长期带病坚持工作，1985年因肺癌动过大手术，康复后仍参加引航工作，直到1987年10月20日，在港监分离前夕，安全引领他一生中最后的一艘船——“安达江”轮靠泊粮食码头，为他安全引航的一生划上圆满的句号。[4]

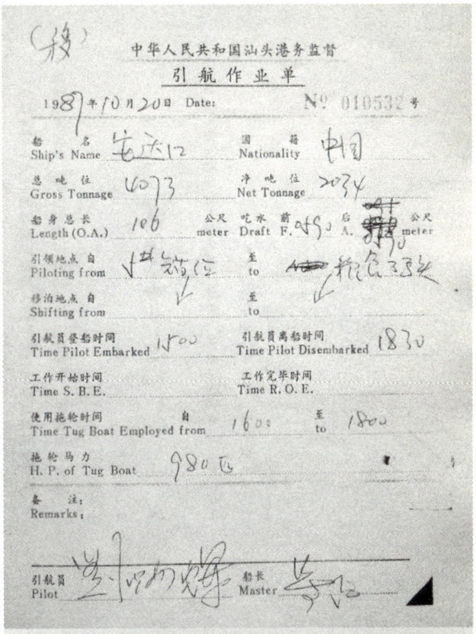
（移）

中华人民共和国汕头港务监督

引航作业单

1987年10月20日 Date:　　No. 010532号

船名 Ship's Name 安达江　　国籍 Nationality 中国

总吨位 Gross Tonnage 6073　　净吨位 Net Tonnage 2034

船身总长 Length (O.A.) 106 公尺 meter　　吃水 Draft 前 F.　后 A.　公尺 meter

引领地点 自 Piloting from　　至 to

移泊地点 自 Shifting from　　至 to

引航员登船时间 Time Pilot Embarked 1500　　引航员离船时间 Time Pilot Disembarked 1830

工作开始时间 Time S. B. E.　　工作完毕时间 Time R. O. E.

使用拖轮时间 Time Tug Boat Employed 自 from 1600 至 to 1800

拖轮马力 H. P. of Tug Boat 980匹

备注：Remarks:

引航员 Pilot 刘炳辉　　船长 Master

刘炳辉最后一张引航作业单

（刘影南 提供）

刘炳辉在引航（刘影南 提供）

三、汕头港务局引航站成立

1987年底，汕头港引航组从港监分离出来，归口汕头港务局领导，准备筹建引航站。

引航组共配有干部职工23人，其中，引航员有余世鹏、钟礼智、林闻水、林武荣4人，见习引航员有林建平、肖少强、邱慧敏3人，拖轮和交通船船员16人。配备小拖轮“汕港引1”（980匹马力，长度29米）、“汕港引2”（428匹马力，长度26米）和出海交通船“汕港引3”（250匹马力，长度22.14米），共有3条船。“汕港引2”随船船员划归汕头海上安全监督局，在汕头港务局配齐拖轮船员之前，随船船员暂时留船借用。

汕头市商平路1号港务局大楼

（2009年10月）（刘伟 摄）

1988年3月3日，原引航组由股级建制升格为副处级建制，成立汕头港务局引航站。余世鹏被任命为站长。引航站成为汕头港务局属下一个二级单位，办公地址从外马路8号港监办公楼搬至商平路1号港务局大楼四楼。引航拖轮和交通船停泊在汕头市海滨路汕头港客运站码头内档。

汕头港务局引航站成立后，汕头港务局从三百门调回“汕港引4”（250匹马力，长度22.14米）加强引航设备的配备，并逐步调配船员充实引航船员队伍。

随着改革的深化、人员的增加和汕头港引航事业的发展，汕头港务局进一步加强引航站的内部建制和干部队伍建设。1989年7月，引航站成立了引航船队，林生存、杨集忠任正副队长。

为加强引航站领导班子力量，培养接班人，1992年9月2日，汕头港务局任命林闻水（引航员）、罗炳湖为引航站副站长。同年7月，引航船队副队长杨集忠退休。

四、汕头港务局引航站尝试企业化经营

1.汕头引航公司

在全国引航机构试行企业化模式经营、运行的过程中，汕头港务局引航站于1992年11月也开始尝试企业化经营，进行了工商登记，改名为“汕头引航公司”，属汕头港务局管理下的二级经营性单位，并按港务局的财务考核指标运作。

引航公司经理余世鹏（高级引航员），副经理林闻水（一级引航员）、罗炳湖。引航公司增设办公室，由罗炳湖兼主任。引航船队队长林生存。

2.引航公司领导班子新老交替

1992年6月—10月，汕头港务局的领导成员有较大的变动，原党委书记林祖安工作调动，调离汕头港务局。6月30日，温锡通任汕头港务局党委书记，负责党政全面工作（1995年1月16日兼任汕头港务局局长）。10月6日，林继宗任党委副书记，李德成任工会主席。10月16日，孙永连、陈刚任副局长。

1993年3月1日，从事引航工作30多年的引航公司经理余世鹏（高级引航员）光荣退休，林闻水（一级引航员）接任引航公司经理，钟礼智（一级引航员）被提升为副经理。罗炳湖仍任副经理兼办公室主任。

1993年3月8日，孙汉国接替于年初调离引航公司的林生存，任引航船队队长。

1993年12月25日，引航公司迁址至老港区一公司东端新建成的二层办公楼。

3.汕头引航公司管理机制改革

1992年底开始，汕头港务局大刀阔斧进行了重大改革，逐步取消二级经营管理模式，局属各二级经营性单位先后改为局直属二级单位，陆续注销各二级单位的工商执照，由港务局统一经营管理。

1994年初，汕头引航公司办理了工商执照注销手续。

1995年9月13日，汕头港务局属下的装卸“公司”更名为“作业区”，其他的“公司”更名为“站”。汕头引航公司对内称“汕头港务局引航站”，对外仍称汕头引航公司。

根据企业实行全员劳动合同制和干部改用聘任（聘用制）制的要求，1995年9月1日，汕头港务局党委以“汕港党字[1995]46号文”的通知，聘任林闻水为汕头港务局引航站站长（副处级），钟礼智、罗炳湖为副站长（科

级），孙汉国为办公室主任（副科级），林德高为办公室副主任（股级，1997年8月15日起被调往局企业管理处负责ISO贯标工作），聘任（用）期均为三年。与此同时，取消引航船队建制，引航船队的职能归入办公室。

1998年1月5日，引航站以“98（01）号文”向港务局请示：“自九五年以来，引航用船增至6艘，船员50多人，仅设办公室一个基层机构，难以应付日常事务及船舶管理，建议成立引航船队，正股级建制，队部设一正一副职。”

经港务局批准，引航站船队于1998年2月4日成立，正式启用“汕头引航公司船队印章”，同时聘用谢志勇为船队队长、陈楷光为办公室副主任（均为股级）。

五、引航公司初步建章立制

1988年3月3日，汕头港务局引航站成立之前，汕头港引航在港务监督的直接领导下开展工作，执行国家有关引航的章则和汕头港的有关规定，没有制定具体的内部管理制度。引航站成立后，站长余世鹏对此十分重视，在原来引航运作习惯上，逐步制定和规范引航派工、派船、劳动纪律、内部分配等内部管理办法。同时，汇编《引航员必读》，收录了《登外轮人员审批和管理办法》、《登外轮工作人员守则》、《中华人民共和国交通部海港引航工作规定》、《海港引航工作条例》（试行）、《海港引航安全操作守则》和《对现有引航员技术培训、考核、定级和发证办法》、《海港引航员考试大纲》（试行），引航员人手一册，规范安全引航行为。

在改革开放中出现的新鲜事物，在操作的过程中没有成文规定的，引航站就以书面报告的形式报港务局审批，获得批准以后才执行。

随着汕头港引航的发展，1993年3月1日，引航公司领导班子新老交替后，在林闻水经理的领导下，引航公司的运作开始以书面通知的形式推行。1995年，熟悉管理工作的林德高被调任引航公司办公室副主任后，积极向公司领导建议，这个建议得到公司领导的支持。引航站逐步以文件的方式建立内部管理的规章制度。从1996年起，汕头引航公司开始以“汕港引字”文件出台了《雾航守则》和有关考勤、港风、修船等规章制度，从此迈出建章立制的步伐。

1997年，汕头港务局开展ISO-2000质量管理体系认证工作，汕头引航公司虽然没有被纳入此次质量管理体系认证，但是按港务局的要求，参照质量体系进行规范管理。汕头引航公司组织人力，整理、修改、补充、完善有关的规章制度，按《部门职责和岗位责任制》、《引航作业控制程序》、《企业标准文件》、《港务局支持性文件汇编》、《外来支持性文件汇编》和《质量记录》

等一系列内容编制了质量管理体系，于1998年6月18日发布实施。

第三节 汕头港引航运作机制的改革进程[5]

一、引航费率的调整[6]

改革开放之后，国内经济快速发展，为适应新形势发展要求，交通部多次对《港口收费规则》中的《航行国际航线船舶及国外进出口货物海港费收规则》（外贸部分）和《航行国内航线船舶及国内运输货物海港费收规则》（内贸部分）进行修订调整。

1.外贸部分

从1986年至1997年，引航费率先后有5次修订调整，1997年的修订对引航费率作出重大调整。

引航费（元/净吨、马力）：1986年至1994年，从 0.25提至 0.6，1997年回调至0.5；

移泊费（元/净吨、马力）：1986年至1994年，从0.12提至0.29，1997年回调至0.22；

交通费（元/次）：1986年，水上184，陆上46；1994年，改为引航（进、出口）423.6，移泊105.9；1997年，接送引航员不另收费。由于接送引航员不另收费，引航站每年减收约60万元。

滞留费（元/小时）：1986年至1994年，从 10提至20.1，1997年回调至20；

超程引领：1986年至1994年，超10海里以内+30%，超10海里以上+50%，1997年调整为引航距离超出10海里部分+0.005元/净吨（马力）、海里，引航距离由各港务管理部门自行公布，报交通部备案；超出引航锚地的，超出部分按0.5（元/净吨、马力）+30%。

2.内贸部分

1990年，引航费、移泊费都是（元/净吨、马力）0.1；

1992年，引航费、移泊费（元/净吨、马力）分别提至0.21、0.15。

二、汕头港务局计费中心

汕头港务局为加强统一经营管理，于1993年2月9日成立“汕头港务局计费结算中心”，2月24日成立“汕头港务局港内银行”，全局统一一个窗口对外结算费用。引航作业单和拖轮单由引航公司登记、统计后送计费中心，由计费中心统一收取。此前40多年里，引航收费是由引航公司（站、组、股）登记、统计引航作业单和拖轮单之后，送港务局商务科，由商务科向相关单位收取。

三、引航申请程序的改革

1953年——1987年底，汕头港引航、交通船、拖轮是在港务监督室领导下进行运作，船舶申请引航由船方或代理直接向港务监督室提出，然后，由引航组根据船舶尺度、吃水、潮夕气象条件，综合港口生产情况，安排引航员、交通船、拖轮和作业时间完成引航任务。

1988年3月3日，引航站成立后，船方或代理直接向引航站申请引航，由站领导安排引航员、交通船、拖轮和作业时间，完成引航任务。

1993年5月12日，引航公司召开了有机关人员、引航员、引航船船长、轮机长和党员等骨干参加的动员大会，贯彻落实港务局关于整顿港风行风动员大会精神，结合公司具体实际，重申了四项规定：

（一）所有船舶进出港、移泊，需在局总调的统一安排下开展工作，一切服从总调的安排；

（二）公司在册干部职工不得以个人名义代表货主、船方参与进行有关引航的业务活动；

（三）公司属下的拖轮、交通艇不准私自揽活，用公家生产工具捞外快；

（四）加强各船值班制度，擅自离岗，延误开船，要追究责任，做到奖罚分明。

船舶申请引航由船方或代理先向港务局总调联系船舶装卸货计划时间，然后再向引航公司申请引航。引航公司根据船舶装卸货计划时间或预计完货时间，结合船舶尺度、吃水、潮汐气象条件，合理安排引航员、交通船、拖轮和作业时间，并将引航计划反馈给总调，协调后再确定下来。

1997年初，汕头港务局对引航申请程序作出重大改革，强调引航不得与货主、船方或代理直接联系，申请引航改由船方或代理向港务局业务处（即原总调）提出，业务处根据船舶生产计划确定引航作业时间，然后通知引航公司值班人员，由引航公司安排引航员、交通船和拖轮完成引航任务。

四、引航值班制度的改革

1.值班调度制度

1993年3月1日，汕头引航公司新一任领导班子成立。经研究，公司领导决定设立一个调度员，由肖少强担任，另安排公司总务陈光智协助调度，节假日由他们两人轮流值班。晚上由机关人员（包括引航员）轮流值班。此前，汕头港引航一直沿袭一套值班制度，由机关人员（包括引航员）轮流值班，接听电话和高频，并作记录。有关的信息及时报领导，由领导作出安排。

值班时间都是：白天为正常工作时间，晚上20时至22时。

1997年初，随着汕头港务局对引航申请程序作出重大改革，引航站取消专职调度，试行由助理引航员和三级引航员轮流值班。到1998年初，有两批年轻引航员共6人相继独立引航，加上实行计件工资制度跟引航员的作业量有直接关系，引航站领导决定取消由助理引航员和三级引航员轮流值班的制度，临时调用办公室人员承担调度工作，之后从引航船队调“汕港引6”的轮机长蔡汉乔担任调度员，保证调度工作正常运转 。

一直以来，22时以后至第二天上班前有关引航作业的联系，包括联系系解缆、船舶动态等，一般通过汕头话台16频道帮助联系，引航员有时用11频道与外代联系，而引航作业习惯使用8频道作为作业频道。晚上由机关人员（包括引航员）轮流值班2小时的制度保持不变。

2.引航员工作制度

1996年之前的几十年里，汕头港由于引航员人手少，引航员没有分日夜班，从来没有节假日，风里来雨里去，随召随到。

引航员的派工办法是一般情况下按船舶尺度分派不同等级的引航员，一艘船从进港到出港，整个过程的引航由一名引航员从头包做到底，有船一出一进时，通常是安排一人完成。如今天多引一艘船进港，明天就安排其他人引进港船，保持每人的引航工作量相对平衡。如果某个人的移泊或出口任务来不及完成，就安排其他人去完成。

这样的引航员值班工作制度一直沿用了几十年，引航员之间互相关心，互相帮助，不分彼此，引航内部的气氛非常融洽，令人羡慕。

随着引航员的增多和抵港船舶数量持续剧增，传统的引航员值班工作制度不能适应汕头港引航发展的需要。因此，从1996年起，引航站开始试行引航员弹性工作制，引航员当班挂牌排队轮转，值班工作制度还在实践中不断改进。排班派工办法试过分两班，每人做2天休2天；不分班，轮转做4天休2天等等好几种办法，当班人手不够时，就调派休息班引航员完成引航任务。

五、引航员工资分配制度的重大改革

1993年初，汕头港务局全面推行生产第一线人员和二级生产单位二、三线人员按吨单价计件工资制度。为了进一步增强引航员的工作责任心和提高积极性，从1997年3月1日起，对引航员实行全计件工资制度，将独立工作引航员的工资、奖金和各种津、补贴捆在一起全部纳入计件工资。引航员全计件工资测算水平按当时的引航量以一级引航员3000元/月、二级引航员2700元/月、三级引航员2400元/月的标准进行测算。测算结果为：

引航员计件工资单价为每千净吨15.0元，另加每艘次定价：一级（含高级）引航员40元/艘次、二级引航员35元/艘次、三级引航员30元/艘次。站领导参加引航作业的，按计件工资标准提20%作为引航作业补贴。引航员无量可计的（如待工、调度值班等）按计时工资3.5元/小时计算，日工资率最高28元。还有，每季度按计件工资总额另提取3%作为季度引航安全质量评比奖金。

改革开放之后，全国推行工资改革，原来国有企事业实行的定级定薪分配制度多被改为工资+奖金。引航站工资分配制度一贯执行港务局的文件规定，奖金以当月完成经济指标确定发放总额，各岗位定奖金系数分发。引航员另加每艘次作业补贴，该项补贴从1980年代的0.4元/艘次逐步增长到1990年代中期的10元/艘次。引航员实行全计件工资前人均月实收入约2000元左右。实行全计件工资后至1997年底，汕头港引航量和收入达到一个新的历史高峰，加上2位持证站领导只参加高难度引航，他们不再排班作业，期间还有一名三级引航员（郑少波）自动辞职，排班引航员人均月全计件工资实收入达到3500元左右。1997年底至1998年，先后有三批共9名年轻引航员晋升为三级引航员，加上从1998年起，汕头港引航量和引航收入开始滑坡，排班引航员人均月全计件工资实收入一路直线下降。1998年下半年后，排班引航员人均月全计件工资实收入下降至1000元左右，三级引航员人均月全计件工资实收入仅约700元左右，这种状况一直维持了2年多时间。

钟礼智（上者）带郑少波（下者）登轮引航（1994年）（刘伟 摄）

六、引航队伍岗前培训工作的改进

改革开放以后，汕头港引航队伍

不断发展壮大，“师带徒”培养后备力量的方法随时代的进步而不断改进，其内涵也跟着不断丰富。从1970年代——1980年代，刘炳辉、余世鹏两位老引航员言传身教，“扶上马，又送一程”，汕头港引航尊师爱徒的优良传统不断发扬光大。

1988年3月，汕头港务局引航站成立后，引航队伍不断壮大，为了提高引航队伍的素质，引航站新老班子领导亲力亲为，在“师带徒”磨练队伍技术基本功的基础上，认真开展新人的岗前培训工作，对新上岗人员进行港史、引航先进事迹和三十几年安全引航无事故的光荣史、法令法规、劳动纪律、职业道德、安全观念等教育，还开展航路、潮汐、操作规程等业务培训。引航站（公司）的干部职工在学习、工作和生活中培养起深厚的感情，形成尊师崇德的良好氛围。大家无论大小都尊称余世鹏站长为“余老师”，亲切地称钟礼智为“礼智兄”。余世鹏站长用亲身体会将引航人员喻为“神仙老虎狗”，既激发汕头港引航人员爱岗敬业的热情，又时刻警醒大家要树立“安全第一”的观念。

1991年 3月中旬，引航站用3天 的时间，组织从港务局船务公司调来配备“汕港引2”的船员进行了岗前集训学习。

1993年底，引航公司先后对从普宁新招来的船员、从港务局门岗转岗来的职工及刚分配来的大学毕业生进行上岗前培训。

1994年底，引航公司有计划地对引航实习生开展助理引航员上岗前培训工作。9月28日，公司领导邀请退休老站长余世鹏老师到公司上课，余老师用生动的语言给大家讲风、流，传经验。10月16日，公司举行一次现场操船技术练兵，利用港口生产空隙和码头空档，把“汕港引1”作为实习船，让已经在引航船或拖轮实习一年的6位实习生练习操纵靠离码头。汇报练习完毕后，公司领导对实习生们的操练给予评议、指导，并共同探讨安全操船的要领。10月19日、20日，公司领导还给实习生们上安全生产、规章制度、法纪课以及业务培训课，使实习生们在登轮见习之前受到良好的教育，为今后尽快提高引航技术打下坚实的基础。

第四节　改革开放二十年的汕头港引航[7]

一、引航量登上历史新高峰

改革开放后，汕头市成为经济特区，对外贸易蓬勃兴起，汕头港的引航事业随着港口生产、建设的发展而迅速发展。1980年代的前5年，年引航量保持在500艘次以上；1980年代后5年，年引航量保持在700艘次以上。进入1990年代，汕头港引航量大幅度增长。1991年，年引航量达到1368艘次，首次突破1000艘次；1997年达到4682艘次，是汕头港有史以来引航量的最高年份，登上了历史新高峰。据资料统计，1979年至1998年的20年间，共引领船舶37840艘次，年平均为1892艘次，是1949年底到1978年年平均引航399艘次的4.74倍。

由于国家逐步取消经济特区的优惠政策和其他原因，汕头港进口货种、数量和进出口船舶快速减少，引航量也跟着一路快速下滑，1998年的引航量为3763艘次，比1997年减少919艘次，同比下降19.6%。

二、引航业务发展登上历史新高峰

在改革开放的大潮中，引航站（公司）不甘人后，为了适应新形势发展的需要，在引航人员人手有限的情况下，除了千方百计完成本港的引航任务，还积极配合港航单位，开辟新的航线。

1. 三百门航线

三百门港位于饶平县柘林湾内，距离汕头港约35海里。经交通部批准，自1986年10月1日起，该港划归汕头港务局管辖。为解决进汕头港货轮需减载过驳的问题，1987年6月17日，三百门港建成两个1.6万吨级过驳锚地。是日，广州海运局所属的“庆丰3号”轮载七千吨化肥，由引航员余世鹏引领，首次系泊该锚地1号浮筒卸货。同年8月16日，引航员余世鹏引领广远“昆明”轮，乘涨潮离浮筒出三百门港，航经南澳岛长山尾水道，抢高潮进入汕头港，创造了“一潮进出两港”的纪录。

自1987年6月17日起，进出三百门港和来往三百门港——汕头港的船舶引航工作由汕头港引航员负责。至1993年3月23日，三百门港划归潮州市管辖止，汕头港引航员担负三百门港航线引航工作的时间长达6年。

2. 汕头港至榕江黄岐山油码头航线

1987年夏，经交通部特许，同意外籍油轮载运救灾成品油进入距汕头港约30海里的榕江黄岐山油码头。为落实交通部“要做到万无一失”的指示，汕头港引航人员对该码头附近和沿江重要河段进行摸查测深，并制成水深图，确定长度小于80米、吃水4.6米以内的油船可以通过汕头港溯江直达油码头。首轮是巴拿马籍油轮“雅璐”，由引航员钟礼智、余世鹏引领。经过引航人员的精心引领，总共完成了4万吨救灾物资江海直达卸运任务。

3. 近邻沿海航线

应有关船公司的要求，汕头港引航站开辟了海上引航业务，计有汕头至东山、厦门，汕头至广州、盐田、蛇口，汕头至海口秀英、八所等航线。由于工作时间长，近海引航实行双人工作制。主要引航员有钟礼智、林闻水、林建平。

4.拖轮海上拖带业务

除了开展沿海、汕头港及附近和榕江的拖带业务外，1980年代末，汕头港引航人员在港监的领导组织下，还开展过一段时间汕头—香港海上拖带业务。

1991年4月，汕头经济特区扩大至整个汕头市区，汕头港迎来新一轮发展，到港船舶不断增多。从1993年起，由于引航员人手有限，根据汕头港务局领导的要求，引航站集中精力完成汕头港的引航任务，至1994年底，几乎放弃了汕头港以外的所有引航业务。

三、引航队伍发展壮大登上历史新高峰

1.引航队伍发展壮大

1988年初，汕头港务局引航站成立后，汕头港引航事业走上新的发展道路，引航队伍不断发展壮大。引航刚从港监分离出来的时候，只有干部职工23人，其中引航员4人，见习引航员3人，拖轮、交通船船员16人。

1993年末，引航站（公司）共有干部职工72名，其中引航员9名，计有一级2名、二级2名、三级3名、助理引航员2名。

1995年末，引航站（公司）的队伍发展到历史上最鼎盛的时期，干部职工人数增加到87人，其中持证引航员19名，计有一级2名、二级3名、三级5名，助理引航员9名。

2.引航技术力量的增强

1982年，从事引航工作25年之后，刘炳辉、余世鹏两位老引航员，经交通部港务监督局核准，从三等“引水员”晋升为二级引航员。

1985年8月20日，中华人民共和国港务监督局（85）水监字第123号文批准刘炳辉、余世鹏二同志晋升为一级引航员，引航员证书编号分别为000001、000002。他们是新中国培养的第一代引航员中第一批晋升一级的引航员。

1987年，钟礼智、林闻水、陈新流三人晋升二级引航员。

1987年底，刘炳辉、陈新流两位引航员随港务监督的分离，一起调到汕头海上监督局，不再从事引航工作。

1988年12月和1990年5月，余世鹏经交通部船舶高级技术职称评审委员会先后评审确认为高级引航员和成绩优异的高级引航员。

汕头港引航员合影（自左至右）：钟礼智、刘炳辉、林武荣、余世鹏、林闻水、陈新流（1987年，在外马路老港监2楼“引水”办公室）（刘影南提供）

钟礼智于1991年、林闻水于1992年先后晋升一级引航员。

随着汕头特区对外贸易的发展，到汕头港的中外船舶剧增，引航员人手不足，难以适应新形势的发展。从1985年到1995年，汕头港引航着手培养年轻一代引航员，先后共招聘大中专毕业生16人，从外单位调入船舶驾驶员2名和引航实习生1名。其中，成为持证独立工作引航员的有16人（见汕头港引航员名单）。

1998年底，引航站（公司）持证独立工作引航员人数达到历史上最多，引航员的年龄结构和梯队结构趋于合理，共有引航员17人，其中一级3名，二级2名，三级12名。

一级引航员：钟礼智、林闻水、林建平

二级引航员：林武荣、邱慧敏

三级引航员：王红星、陈汉林、赖在生、张曙明、史晓宇、王春山、王有良、孙宝发、符仕龙、雷明光、陈伟明、庄贤生

汕头引航公司经理余世鹏（左5）、副经理林闻水（左6）、罗炳湖（左1）与引航员一起研讨引航资料，左起：罗炳湖、邱慧敏、钟礼智、王红星、余世鹏（中坐）、林闻水、肖少强、林建平、陈汉林（林武荣因出海没有参加）（1990年，在港务局大楼5楼小会议室）（摘自1994年《中国引航》画册）

汕头引航公司引航员合影（钟礼智副经理因出海没有参加）后排左起：赖在生、邱慧敏、王有良、陈汉林、林闻水（站长）、林武荣、王红星、史晓宇、林建平，前排左起：陈伟明、张曙明、王春山、符仕龙、雷明光、孙宝发、庄贤生（1997年，在老港区6号码头）（刘伟摄）

四、引航设施发展登上历史新高峰

长期以来，汕头港引航设施简单落后，除了有一两艘小型机动船舶作为引航交通船（兼作监督船）外，没有其他引航设施。引航员克服了设备条件差的困难，靠基本功安全引领中外船舶进出港。有时进出港的轮船多，引航任务紧，还需向兄弟单位借船用。自改革开放以来，引航设施、设备在港口建设中，相应得到较大的发展。

1.引航船和引航拖轮

1987年底，汕头港引航从港监分离出来的时候，只有1条交通船（“汕港引3”）和 2条小拖轮（“汕港引1”、“汕港引2”）。

1988年初，汕头港务局从三百门调回“汕港引4”充实引航交通船。

1993年10月上旬，汕头港务局新建造的全回转消拖两用拖轮“汕港引5”（2×1250千瓦，即3400匹马力）给引航站（公司）正式投入使用。

全回转消拖两用拖轮“汕港引5”号的雄姿（1994年）（刘伟 摄）

1997年6月，汕头港务局调拨一条小拖轮“汕港拖7”给引航站（公司）作交通船。该船经厂修改造驾驶台后改名为“汕港引6”。

1998年底，引航站（公司）还购置了一条玻璃钢加汽油挂机的小飞艇，但小飞艇一直没有下水。

至1998年末，汕头引航公司共有4条引航船、3条拖轮，总马力5839匹。汕头港引航可用的引航船和引航拖轮数量及马力皆登上历史新高峰。

上述引航船和引航拖轮的资料情况：

汕港引1：1978年建成投产，马力980匹，长度29米，原编号为“汕港拖11”、“汕港监5”。

汕港引2：1978年建成投产，马力428匹，长度26米，原编号为“汕港监5”。

汕港引3：1983年在揭阳造船厂建成投产，马力250匹，长度22.14米，原编号为“汕港监1”。

汕港引4：1987年在潮州造船厂建成投产，马力250匹，长度21.9米。

汕港引5：1993年在镇江造船厂建成投产，马力3400匹，长度33米。

汕港引6：1988年在汕头市航总船舶修造厂建成投产，马力250匹，长度17.8米。原编号为“汕港拖7”。

汕港引7：玻璃钢小飞艇没有正式命名，临时编号为“汕港引7”

2. 其他引航设备

原来汕头港引航员工作时只配有望远镜。

1984年4月起，引航员配备了手提式无线电甚高频对讲机。

1988年引航站新购置了六分仪和回声测深仪等设备。此后，引航员每季度用这些仪器测量航道水深变化情况，保障安全引航。

1993年6月起，办公室和引航船、拖轮配备了台式无线电甚高频对讲机，引航站(公司)领导通过这些通信工具及时了解掌握进出港船舶动态，调度指挥引航船、拖轮和引航人员做好引航工作。

1993年底起，分批给引航员、引航船和拖轮驾驶员及机关人员配备传呼机，方便生产调度和通信联络。

五、汕头港引航获得的荣誉登上历史新高峰

改革开放以来，汕头港引航人员不分节假日，不分风雨天，日以继夜，忘我工作，创造了更多的社会效益和经济效益，成绩卓著，贡献突出，单位多次受到港务局、汕头市和交通部的表彰，多名引航员也获得殊荣。

1. 引航组（站、公司）获得的荣誉

1980年——1982年、1993年——1995年被港务局评为“先进集体”。

1980年获得交通部颁发的“为我国航运事业发展作出贡献奖”。

1983年、1986年先后被汕头市交通安全委员会评为“安全先进单位”。

1990年被汕头市交通办公室评为“汕头市交通邮电系统七五期间两个文明建设先进单位”。

1991年被交通部评为“全国交通系统两个文明建设单位”。

1994年被中国海员工会全国委员会、交通部安全委员会评为“全国水上交通安全优秀班组”，续写了汕头港引航39年安全无事故的优秀篇章。

2. 引航员获得的殊荣

刘炳辉：1985年6月被评为广东省劳动模范。

刘炳辉获得的奖章和奖状（刘影南 提供）

余世鹏：1986年4月被评为汕头市劳动模范；9月，市委市政府对余世鹏同志在抗击1986年第7号强台风斗争中，奋勇抗灾救灾表现突出，特给予记大功。

1987年4月被评为广东省先进生产（工作）者。

1988年8月被评为广东省劳动模范。

1989年9月被评为交通部劳动模范和全国劳动模范，并于1989年国庆节登上天安门观礼。

1989年9月被评为广东省优秀共产党员和广东省安全生产先进个人。

1991年8月被评为全国“十佳引航员”。

1991年全国“十佳引航员”合影，左六为余世鹏（摘自1994年《中国引航》画册）

余世鹏获得的部分荣誉证书 （余世鹏 提供）

钟礼智：1991年8月和1994年12月两次被评为全国优秀引航员。

1987年《中国海员》第3期的一篇通信《金色的“罗经花”》，以“在我国引航员的肩章上，有一朵金色的‘罗经花’，它，象征着吉祥和平安”为题记，以“千钧一发救祥安”、“众人护花花更美”、“严细相沿成好风”为内容，讴歌了汕头港引航员抢险救助勇往直前，同舟共济，心心相连，严格自律，精益求精的感人事迹。

六、汕头内港引航[8]

1.汕头内港引航管理机构的演变

1982年，汕头内港实施港航分管，汕头航政局从汕头航运局分离出来，汕头内港引航归航政局辖下港务监督室管理。

1992年，汕头航政局改称汕头港务监督局。

1994年，汕头港务监督局成立汕头港务监督引航站，负责榕江引航工作。

2001年1月，汕头港务监督局并入汕头海事局，汕头港务监督引航站停止运作，但没有取消。此后，榕江引航工作由汕头港引航站完成。

2.汕头内港引航员

（1）李正容

李正容1953年毕业于汕头商船学校，被分配到长江航运局，担任川江船舶驾驶员，被誉为航海界“五朵金花”之一。1957年，她被调到广州海运局港务监督室工作，期间经常到海船上实习驾驶，以及完成监督任务。1960年，她被调来汕头航务局港务监督室工作，1961年汕头港港航分管时被分到汕头航运局工作。

1963年，汕头航运局着手设立内港引航的时候，李正容在首先熟悉汕头港的引航环境，然后深入榕江，到现场熟悉航道，进行测深，摸清榕江的特点，掌握各航段的浅点、重点、难点，了解榕江潮汐、潮流。1964年，她通过了广州港务监督考试，取得三等“引水员”证书（引航区域为汕头内港至榕江）。经过3个月的实习后，她凭借已有丰富的川江船舶“驾引合一”的经验和高度的责任感，于1964年8月，开始引领海船进出汕头内港和榕江，开创汕头内港引航工作。

李正容是新中国培养起来的第一位女引航员，是迄今为止中国引航史上唯一的女引航员[9]，也是迄今为止中国引航史上唯一的海港内港女引航员。1983年11月15日，她被评为二级引航员，之后被评为航海高级工程师。因工作成绩突出，曾当选为汕头市第七、第八届政协常委。在45年的航海生涯中，她

李正容在船上为汕头海校实习生现场授课（1997年）（李正容 提供）

孜孜不倦，任劳任怨，一心扑在热爱的工作上。

1998年9月8日，李正容光荣退休，令她引以为豪的是安全引航30多年、航海生涯45年安全无事故，从未发生一丁点事故，从未造成任何损失，从未在安全上花掉国家一分钱。她爱国爱岗，一片热心，为后辈树起了好榜样。退休以后，她一直任中国航海学会顾问，继续关心汕头市的建设事业、汕头的港口、航运事业和航海人才教育事业，并为此奔波劳累，无私奉献。

李正容在航海这个男性的行当里不让须眉，成就了一番事业，她的事迹多次被广东省和汕头市报章所报道。1995年，李正容在汕头市庆祝3.8国际妇女节大会上，作为汕头市巾帼建功5名代表之一作了专题报告。在汕头经济特区成立20周年庆典上，中央电视台从数百万名为汕头经济建设作出杰出贡献的人选中，挑出4位有代表性的人物进行专题报道，他们是李嘉诚（香港长江实业集团有限公司董事局主席兼总经理）、谢国民（泰国正大国际集团董事长）、李正容（全国唯一的女引航员）和林伦伦（汕头大学教授、现任韩山师院院长）。从1995年至2001年，为了弘扬女引航员李正容的事迹，中央电视台等先后5批次人员莅汕对李正容作了电视专题采访和报道。在成绩面前，性格开朗直爽的李正容总是由衷地感谢党和人民的培养。

李正容在汕头市庆祝3.8妇女节大会上作报告（1995年）（李正容 提供）

（2）林式炳

1968年12月，毕业于集美航海学校。1983年，从内河船长岗位调往跟随李正容学习引航。1989年2月，经考试合格，由广东航政局发给三级引航员证书（编号00015，引航区域：本辖区近岸），正式走上汕头内港引航工作岗位。1993年11月晋升二级引航员。

2001年1月，汕头港务监督局并入汕头海事局后，他被调任汕头海事局榕江处通航科科长。

2003年，他退休后应邀加入汕头粤东引航公司任引航部经理。

在从事汕头内港引航工作中，林式炳一丝不苟，刻苦钻研引航技术，全面掌握榕江通航环境，保持引航安全无事故的安全纪录。汕头港务监督引航站停止运作后，他无私地给汕头港引航站提供相关资料和咨询指导，为年轻引航员从事榕江引航提供宝贵的经验。

林式炳（林式炳 提供）

（3）孙涌新

1990年，毕业于广东省航运学校的孙涌新开始跟随林式炳学习引航。1995年，考取三级引航员证书，成为汕头内港一名正式的引航员。1997年2月，被提升为汕头港务监督局监督科副科长。2004年11月，经考试合格，取得二级引航员证书

孙涌新（孙涌新 提供）

孙涌新勤奋好学，通过努力考取大学本科学历，在工作中踏踏实实，受到各方面的肯定。此后历任汕头港务监督局监督科科长，汕头海事局法规处处长。2007年起任汕头海事局指挥中心主任。2010年9月调任汕头海事局监督一处处长。

3.汕头内港引航技术的突破

1980年，万吨级无动力、无舵、无锚船舶“小姐号”（长度144米，宽度20.5米）由李正容引领，在3条拖船的拖带下安全到达榕江关埠河段寄泊。李正容运用4条钢丝分别从船的首尾向四角伸出，抛下四个临时小锚作为“4脚”定泊。在台风来临前，李正容安全引领“小姐号”进行移泊。李正容一次又一次出色完成高难度的引航任务。

七、汕头粤东引航公司[10]

1993年3月23日，三百门港划归潮州市管辖。当时，汕头港引航业务正处在剧增阶段，加上汕头港务局正在进行大刀阔斧的改革，因此，汕头港引航完全从三百门港撤出。为了填补三百门港引航的空白，汕头海监局（后改为汕头海事局）从秦皇岛港租借引航员到三百门从事引航工作。并于1993年5月组建汕头

粤东引航公司，该公司在汕头市进行了企业法人营业执照注册登记，具有独立的法人资格。汕头粤东引航公司是继汕头引航公司、航政局港务监督引航站之后成立的汕头第三家引航机构。

1993年8月14日，交通部安全监督局发文“安监字[1993]219号文”《关于海监局不宜成立引航机构的通知》，明确：在港口体制进一步改革之前，部属十四个海监局不成立引航机构。

1996年3月，汕头粤东引航公司划归汕头市交通委员会（后改为交通局）领导和管理。

1996年底，交通部在深圳组织召开引航体制改革会议之后，汕头粤东引航公司仍维持正常运作，“一城一港一引航”的原则在汕头港没有得到落实。

汕头粤东引航公司成立后，首先服务于潮州三百门港，1997年底潮州港务局成立引航公司时，粤东引航公司撤出三百门港。

1996年和2000年起，粤东引航公司分别开始为汕头港区的东海码头和广澳港区起步工程码头和加德士码头提供引航服务。同时，还为海门港和进出榕江船舶提供引航服务。

1993年，汕头粤东引航公司开始运作之初，是从秦皇岛港租借引航员。1994年和1995年，汕头粤东引航公司先后培养陈文华和翁创伟两名三级引航员。1998年底，正式从秦皇岛港调入高级引航员郑怀琛和一级引航员卢亚坤。

郑怀琛　卢亚坤　陈文华　翁创伟

（图片分别由郑怀琛、卢亚坤、陈文华、翁创伟提供）

由于工作需要，陈文华和翁创伟两人于1999年7月调回汕头海监局工作。

陈文华于2003年任潮州海事局港口海事处处长，2009年12月升任潮州海事局副局长。

翁创伟于2008年任汕头海事局督察处处长，2010年9月调任汕头海事局指挥中心主任。

2002年6月，卢亚坤调往厦门港引航站工作。

2004年10月，郑怀琛调往深圳港引航站工作。

此后，汕头粤东引航公司从广州聘请退休高级引航员靳锡尧到汕头，继续维持运作。

第五节　改革开放二十年汕头港引航经验和事迹[11]

汕头港引航人员在引航工作中认真执行部颁有关条例、规定，严格遵守引航安全守则，在实践中不断探索引航技术，总结引航经验，做到有所创新。在大船靠中、小级码头、抗台抢险、应急抢险、救助方面做出重要贡献。

一、安全引航经验总结

1982年10月7日，交通部安监局在青岛召开海港引航业务座谈会，汕头港代表余世鹏在会上作了“汕头港监引航组二十五年安全引航”的书面汇报发言，受到与会代表的肯定。11月18日，交通部安监局摘要转发，号召各港引航员学习，广州海运局《航海》总第36期全文转登，号召船舶驾驶员认真读一读。

余世鹏在引领“新联”轮（1990年5月）
（余世鹏、李正容 提供）

二、大船靠中小码头的经验

1970年代初，汕头港才开始建三、五千吨级码头泊位，至1995年，港口只有中小码头泊位。这段时期，汕头港保持快速发展的趋势，但是航运的发展快于港口的发展，由于港口生产的需要，常有万吨级客货轮进港装卸货物和上下旅客。如何解决小码头靠大船就成了生产中的迫切问题。汕头港引航人员通过多年的实践、摸索，总结了一套小码头靠大船的经验。其要领是：首先考虑靠泊时船身施加给码头的力量，因此控制好速度是关键。遇到吹开风和涨潮流时，应尽量支拢些；吹拢风或落潮流时，横距拉开点，车速宁可不足而不过量。其次是解决角度问题，把靠拢时点的接触，尽量控制为面的接触，将瞬间的力分散在面上。再次是缆绳的布置问题，如出缆的先后顺序，以及根据具体船的长度，导缆孔位置合理布置首尾缆及倒缆的走向，以便把系船力合理分摊在码头的各个系缆桩上。这个经验登在1985年6月出版的人民交通出版社《航海技术经验汇编》第二辑（见附录六）。

大船靠中小码头的引航操作，在1990年代又有新的突破。

1994年7月12日，塞浦路斯籍“亚斯多利亚”轮船长186米，载重吨位3.5万吨，这个航次载1.2万吨钢材抵汕头港。因生产需要，港务局领导亲临现场指挥，作业单位二公司积极配合，做好准备工作。由一级引航员林闻水引领，安全靠泊老港区9～10号码头（5千吨级和3千吨级泊位）。这是汕头港有史以来3.5万吨级巨轮靠小码头的首例。

林闻水在引领“连江”轮（1994年）
（摘自1994年《中国引航》画册）

1994年10月31日，希腊籍“伊菲索”轮载运17063吨钢材顺利进港，刷新了进港船舶载运量的纪录。

1996年2月26日，塞浦路斯籍“玛卡拉”轮，船长182米，吃水7.2米，载重吨位3.7万吨，在一级引航员钟礼智的引领下，大船又一次安全靠上9～10号码头。

三、抗台抢险的事迹

汕头港面临南海，地处南海和太平洋台风影响区域之内，年平均受台风正面袭击或严重影响的有6至8次，是台风重灾区。因此，防台抗台成为汕头港引航人员的一项义不容辞的繁重任务。在每次防台抗台中，引航站(公司)是港口防台抗台指挥部的参谋部，积极为防台抗台出谋献策；在实际战斗中，引航员个个不怕艰难险阻，勇当抗台先锋，及时引领船舶到作业地点抢装抢卸，安全引领船舶抗台抢险的突出事例数以百计。在改革开放十多年中，经站长余世鹏抢救脱险的千吨以上中外船舶就达30多艘次。

1986年7月11日，太平洋7号台风正面袭击汕头港。当时港内海面9级大风持续近10个小时，阵风达到12级，凌晨3时多，停泊在港内11号锚地的巴拿马籍“勇敢”轮(1.5万吨级，空载)多次走锚，在“勇敢”轮的右边有码头，左边有其他锚泊船。“勇敢”轮走锚如不及时控制住，将危及本船和附近码头、船舶的安全。余世鹏接到该轮船长高频紧急求助后，仅用半小时赶到11号锚地登轮协助抗台。他指挥船舶改抛“一点锚”（单锚重量仅3.8吨）代替“八字锚”，更好地发挥锚的系驻力，并适当采用车、舵，制止船舶的大偏荡，并在驾驶台坚守指挥了12个小时，扭转了“勇敢”轮走锚可能搁浅、碰撞码头或船舶的危险局面，轮船转危为安。同日夜间，另一艘巴拿马籍“富裕”轮(2万吨级)因大风急落潮，在6号锚地附近走锚搁浅，专业救助船(2600匹马力)施救无效。应船长的要求，余世鹏由“勇敢”轮转战到“富裕”轮指挥，用其本船的动力于翌晨6时自救脱浅成功。余世鹏因在这次抗台中表现突出，汕头市委、市政府给予记大功，并发给荣誉证书以资鼓励。

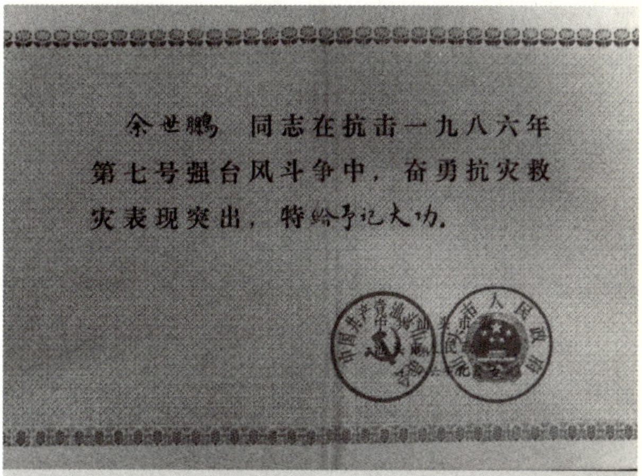

余世鹏获得的奖状（余世鹏 提供）

1991年7月19日，“9105”号台风正面袭击汕头，中心风力12级。当时港内“洪江”轮在7号锚地随风飘转，危机四伏。应船长的要求，林闻水登轮协助抗台，果断地改抛“一点锚”，同时动用车舵抗风，终于使“洪江”轮安全无恙。该船公司三次致电慰问引航员和全体船员。当日停泊在11号锚地抗风的“延安5号”轮(1.2万吨级)走锚至韩江口牛田洋浅坪搁浅，在港务监督和引航站共同努力下，租用路过汕头港的大连和青岛港两艘拖轮进行抢救。由钟礼智指挥，“延安5号”轮顺利脱浅。

四、应急抢险救助的事迹

汕头港引航人员把抢险救助工作当作一项“份内”事。船舶在航行中，由于气象突变，或装载不妥、或设备偶然发生故障，需要抢救的事在汕头港时有发生。每当领导决定组织力量进行抢救时，引航人员总是一马当先。

1982年9月7日，巴拿马籍“祥安”轮从香港装运3000多立方圆木来汕。由于船体老化，装载不当，绑扎不牢，又途遇大风，造成木材严重移位，在抵达汕头港外引航锚地附近时，主甲板护舷崩塌，大量圆木滚落海面，导致船身向右倾斜达25度，“祥安”轮翻沉的危险迫在眉睫。情况十分危急，全船除船长和电报员外，均已穿上救生衣，带着随身行李准备逃生。在救捞单位表示无能为力的情况下，汕头港务监督长（港务局长）姚克带引航员刘炳辉、余世鹏登轮组织抢救，余世鹏敦促船长说服船员立即返回自己的岗位，港务局长和引航员的到来给船员们鼓起了劲，他们按要求赶紧绑紧加固甲板面上的大圆木，机舱人员调压载水，把船身调到右倾斜12度。“祥安”轮的情况稍微稳定后，由姚克和余世鹏在“祥安”轮上指挥操作，刘炳辉在“汕港监5”号拖轮上指挥拖带。经过近6个小时的努力，“祥安”轮终于安全地被拖到港内10号锚地抛锚抢卸。

1986年5月22日，上海“通洋”轮航经汕头附近海域时，受到大浪的冲击，造成正在工作的三名船员严重受伤，生命垂危，船长急电申请引航进港救治伤员。引航组立即派引航员林闻水出海救助，口岸有关单位也着手组织检疫所医生做好接护的准备工作。当引航员登上该轮后发现由于船上忙于做伤员的急救护理工作，而忽略调小该轮吃水要求，已错过乘潮安全过浅滩的时间。引航员马上向单位领导汇报情况，经口岸联检单位特许，用引航船先将伤员接送进港上岸。由于指挥得当，救助及时，三名伤员中有两名得到救治。事后，“通洋”轮船公司领导亲自到汕，将一面写着“救死扶伤，发扬革命人道主义”的锦旗送给引航组。

1993年3月18日，新加坡籍“新中”轮在赤屿305度距离0.9海里处搁浅。19日10时，引航员钟礼智在6级大风中指挥“烟救9号”和“汕港引1”两条拖轮进行抢救。在情况十分恶劣，人员在甲板上无法站稳的情况下，经过3个小时的努力，终于使该轮脱离险境。

1993年初至1995年底，汕头港外航道浚深整治过程和整治完工初期，自航进港船舶由于对航道和潮流的变化不熟悉，接连在赤屿附近发生搁浅事故逾10宗，汕头港引航人员以高度负责的态度，充分发挥引航技术和经验，通过认真计算，采用拖轮协助及运用船上车舵等办法，尽量避免采用过驳造成更大的经济损失，一一及时成功地脱浅。

1995年4月21日，运载5300多吨饲料至汕头港的“金桥轮”因主机故障经船员抢修无效，已在汕头港外锚地停泊十几天。船上缺少食物和淡水，且天气炎热，部分船员生病发烧，加上船上吊机不能使用，无法在锚地开仓卸货，情况紧急。船方、货主请求立即将船拖带引领进港靠码头卸货。汕头引航公司马上将情况报告海监局，并研究确定拖带引航方案。“金桥轮”进港拖带引航由引航公司经理、一级引航员林闻水亲自出马，“汕港引5”和“汕港拖13”分别布置在两舷，“汕港拖12”在船头吊拖，“汕监特43”清道。从下午一点半开始，经过四个多小时的奋战，300多米长的“金桥轮”拖带船队安全通过港外挖槽航道、狭窄的鹿屿水道及船舶密集的港内锚地，于六时多抵达老港区10号泊位。[12]

“金桥轮”被拖带引领进港、靠码头（1995年4月21日）（刘伟 摄）

在改革开放二十年间，汕头港引航人员抢险救助的事例不胜枚举。

第六节 汕头港引航佳话[13]

余世鹏和李正容这两位引航员是一对“天作佳偶”。在海船通过汕头港进出榕江的过程中，曾出现过夫妻接力各引一段的佳话。在引航技术上，他们夫妻俩经常互相探讨，有时互不相让，在争辩中获得提高。在生活上他们俩互相关心，无微不至。常言道：不懂不怕，越懂越怕。一人干活，另一人担心，还怕给对方造成压力，引航方面的风险在他们两人的心理上造成的压力可想而知。在困难面前，他们总是携手同进，出色地完成每一次引航任务。对于有三个孩子的夫妻引航员来说，“顾公不顾私”已成为他们工作、生活

夫妻引航员余世鹏和李正容伉俪合影
（余世鹏、李正容 提供）

中的理念，及时安全引航始终放在他们心上的第一位。

余世鹏、李正容这对夫妻引航员在世界上是绝无仅有的，夫妻双双安全引航几十年，这也是世界唯此一对。他们在引航岗位上创造许多佳绩，多次受到表彰，他们是汕头港引航的光荣，他们的故事在中国航海界也被传为佳话。

1989年—1999年余世鹏、李正容一家连续三连冠，被评为汕头市“十佳文明家庭”。

第七节　改革开放二十年间的汕头港[14]

一、汕头经济特区的设立与扩大、调整[15]

1979年3月2日，设立汕头地区行政公署，1980年1月1日正式挂牌。

1980年，国务院批准设立深圳、珠海、汕头、厦门四个经济特区。

1980年8月26日，于汕头市区东面龙湖片划出1．6平方公里区域试办经济特区。

1981年11月14日，广东省汕头经济特区管理委员会正式成立。

1983年7月13日，中共广东省委决定：撤销汕头地区建制，实行地市合并，市领导县的体制，汕头市为省直辖市（国务院12月22日正式批准）。从9月1日起，海丰、陆丰两县划归惠阳地区管辖。1984年1月起，汕头市共辖8县（澄海、饶平、南澳、潮阳、普宁、惠来、揭阳、揭西）1市（原潮安县与潮州合并，改称潮州市）和6个市辖区（安平、同平、公园、金砂、达濠、郊区）及经济特区。

1984年11月29日，汕头经济特区扩大范围，新增广澳保税区。汕头经济特区面积由原1．6平方公里扩大为52．6平方公里。其中龙湖片区（含妈屿岛）22．6平方公里，广澳片区30平方公里。

1986年8月26日，第五届全国人大常委会正式批准设立汕头经济特区。

1991年4月6日，国务院同意将汕头经济特区的范围扩大到汕头市区。扩大后的汕头经济特区界线是：东部以韩江支流新津河为界，南部以海岸线为界，西北部以桑浦山分水岭为界，西南部以濠江为界，北部以龙坑山分水岭为界，面积从原来的52．6平方公里扩大到约234平方公里。调整方案从1991年11月1日起实施。9月14日，汕头市辖区行政区划调整，安平、同平、公园、金砂、达濠、郊区6个市辖区及原汕头经济特区龙湖、广澳两个片区调整为龙湖、金园、升平、达濠4个市辖区。

1991年12月7日，国务院决定调整汕头、潮州两市行政区划：一、潮州市升格为地级市，将潮安县和饶平县划归潮州市管辖；二、撤销揭阳县，设立揭阳市（地级），将揭东、揭西、普宁和惠来共4个县划归揭阳市管辖；三、汕头市管辖潮阳、澄海、南澳3县和市域4区的行政区划，全市面积2064.4平方公里。

1993年4月15日，经省人民政府报国务院批准，同意撤销潮阳县，以原行政区域设立潮阳市，由省直辖。省人民政府决定，委托汕头市代管潮阳市。

1994年，经国务院批准：（1）扩大市辖区行政区域，增设河浦区。4月25日，潮阳市河浦镇区域划归汕头市区，设立河浦区（县级）。河浦区不作为特区。（2）4月21日，澄海县撤县建市。原澄海县的行政区域为澄海市的行政区域。省人民政府决定，委托汕头市代管澄海市。

1996年3月，八届全国人大四次会议授予汕头市特区立法权。

2000年7月1日起实施的《立法法》，赋予了汕头市以较大市的地方性法规和地方政府规章的制定权。由此，汕头市获得了双重立法权。

2003年1月29日，国务院批准（国函[2003]11号）：调整汕头市行政区划。（1）撤销升平区、金园区，设立金平区。（2）撤销河浦区、达濠区，设立濠江区。（3）撤销县级潮阳市，分别设立潮阳区、潮南区。（4）撤销县级澄海市，设立澄海区。（5）保留龙湖区，将原澄海市的外砂、新溪2个镇、原金园区高新技术开发区东片区域划归龙湖区管辖。

截止2008年末，汕头市辖金平区、龙湖区、澄海区、濠江区、潮阳区、潮南区6个市辖区和南澳1个县，其中金平、龙湖和澄海为主城区（澄海只包括澄城、坝头、莱芜和上华一小部分），潮阳、濠江和潮南为副城区。

二、《汕头经济特区港口管理暂行规定》

1999年1月12日，汕头市人民政府发布第25号市长令，发布施行《汕头经济特区港口管理暂行规定》。该规定第四条规定“汕头港务局是市人民政府主管港口事业的主管部门，行使港口管理当局的职责，具体负责组织实施本规定。”第三十五条至第四十条，对船舶申请引航、引航机构的管理、职责、引航员从事引航，港口经营人对引航所负的职责、引航费收取等都作了相应的规定。

三、汕头港的航运

1.港口客运的恢复与发展

1979年7月1日，恢复了中断15年的汕头——广州海上客运航线。

1980年1月24日，恢复了中断28年的汕头——香港国轮客运航线。

客运量逐年增长，1992年两条航线发展到最高峰，客运量达43万人次。之后，随着深汕高速公路建成和民航的发展，海上客运量在市场激烈竞争中又逐年减少，到1999年所有定班客轮全部停航。

90年代初期繁忙的汕头港老港区之一（汕头港务集团 提供）

2. 海上贸易突飞猛进

1980年汕头经济特区成立后，汕头对外开放力度进一步加强，促进了汕头港海运贸易的发展，钢材、胶合木板、塑料粒三大材料大批量从汕头港进口，燃油、液化石油汽也不断增加。随着华能电厂建成投产，大型散装煤船随着抵港。广梅汕铁路建成后，大批量的萤石粉也从汕头港出口。

90年代初期繁忙的汕头港老港区之二（照片中左侧的高楼为建成于1987年的汕头港务局办公大楼）（刘伟 摄）

1984年起，汕头开辟集装箱业务，汕头——香港、汕头——国内其他港口，汕头——韩、日、东南亚等航线相继开通。

到1990年代末，汕头港已与52个国家和地区的248个港口有货运贸易来往，1993年——1998年，汕头港的发展达到历史上新的鼎盛时期。1998年港口吞吐量903.8万吨，比1978年增长近5倍。改革开放20年，汕头港创造了历史新的辉煌。

四、汕头港的码头建设

1.汕头港改造老港区

1983年6月，在老港区北岸海军码头东侧、人民广场西南动工兴建一座5000吨级客运码头及配套8929平方米的客运大楼（汕头港客运站）。该码头于1986年1月投产。码头前沿设计水深 -7.8米，泊位长度140米。

汕头港客运站，图中的“潼湖”轮为航行于汕头香港的客运班轮（汕头港务集团 提供）

1984年9月，在老港区南岸礐石咀动工兴建一座5000吨级煤炭码头（9号泊位，在礐石大桥东侧）。该码头于1986年12月投产。码头前沿设计水深 -7.8米，泊位长度130米。

1985年4月和9月，在老港区北岸1、2号泊位与老3号泊位之间，先后动工建造一座有1个5000吨级粮食泊位（4号泊位）和1个5000吨级件杂货泊位（5号泊位）的码头。该码头于1987年10月投产。码头前沿设计水深均 -7.8米，泊位长度各122.5米。

1987年11月，动工将原3000吨级客货码头（老3号泊位）改扩建成为一座有1个5000吨级泊位（6号泊位）和1个3000吨级泊位（5号泊位）的码头。该码头于1989年6月投产。码头前沿设计水深均 -7.8米,，泊位长度分别为120米和100米。

1993年5月，汕头港务局自筹资金在老港区南岸建造了1个3000吨级杂货码头泊位（10号泊位，在9号泊位东侧，与9号泊位相连接）。该码头于1994年11月投产。码头前沿设计水深 -7.8米，泊位长度120米。与此同时，还分别将

汕头港老港区1-6号泊位（刘伟 摄）

1、2号泊位及5、6号泊位连接陆岸的引桥改建成码头的配套堆场。

以上这些码头、泊位、堆场的建成投产，年新增加吞吐能力货物230万吨、旅客40万人次。

2. 汕头港深水港区的建设

从1980年代末期，汕头港经国务院批准，开始兴建汕头港深水港区一期工程深水泊位（3.5万吨级煤炭泊位、2万吨级多用途泊位和1.5万吨级杂货泊位各1个）及相应的驳船泊位5个(其中1000吨级2个、500吨级3个)，年吞吐能力530万吨。

1990年8月，在汕头湾内的马山港区动工建设3.5万吨级煤炭码头泊位。1995年11月正式投产。码头前沿设计水深 -10.8米，泊位长度235米，宽22米，年吞吐能力410万吨。

汕头港马山港区3.5万吨级煤炭码头（汕头港务集团 提供）

该码头是汕头港深水港区一期工程最大型的码头，该码头的建成，结束了汕头港没有深水码头的历史，大大提高了港口货物通过能力和靠泊能力。同时对引航工作提出更高的技术要求。

1993年10月，位于汕头湾内珠池港区东侧的2万吨级多用途泊位和1. 5万吨级杂货泊位、配套1000吨级驳船泊位1个、500吨级驳船泊位3个及相应配套设施同时开工建设，于1995年底竣工，1996年6月正式投产。

2万吨级和1. 5万吨级泊位总长440米，宽度35米，泊位前沿设计水深均为-

10.5米，年吞吐能力共120万吨。4个配套的驳船泊位总长206米，宽度18.6米，泊位前沿水深均为-3.6米。

珠池深水港区新貌（刘伟 摄）

3.国际集装箱码头的建设

由李嘉诚先生属下的香港和记黄埔国际货柜码头有限公司与汕头港务局合资兴建的汕头国际集装箱码头2个2.5万吨级集装箱专用泊位及相应配套设施位于珠池港区，于1994年4月25日开工，1995年10月12日开始建设码头主体工程，1997年7月18日简易投产，1998年10月竣工，1999年12月16日通过验收。码头长460米，前沿水深-10.5米，堆场面积20万平方米，两个2.5万吨级泊位年吞吐量可达40万标箱。

五、外导流防沙堤和配套航道工程的建设

长期以来，汕头港由于外航道从尖石灯桩至赤屿灯桩一带有一条长约3公里、水深只有 -4.7米的拦门沙的限制，在一般情况下，满载5000吨级以上的货轮必须减载后才能进港。这不仅严重影响了港口通过能力，而且增大了引航工作的难度。要在汕头湾内建深水码头，就必须首先解决拦门沙问题。因此，经过专家论证，由南京水利科学研究院科研人员现场观测和进行室内模型实验后，决定在港口外的妈屿东北侧韩江支流新津河口西南侧到港湾出海口的赤屿，建一条防沙堤，起到导流、防沙、防浪的作用。

1989年11月22日，外导流拦沙堤工程开始动工，到1994年11月8-9日竣工验收，历时五年。

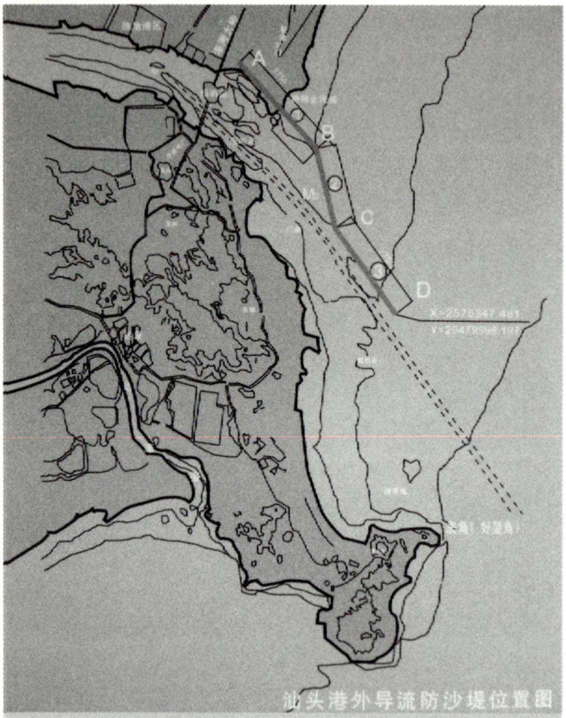

汕头港外导流防沙堤位置图
（汕头港务集团 提供）

外导流防沙堤工程全长7.95公里，分AB、BC、CD三段，并在最外CD段潜水堤首尾设灯桩2支。

1993年4月15日，与外导流拦沙堤工程配套的汕头港内外航道疏浚工程开工。外航道将浚深至-9.5米，内航道将浚深至-8.0米。

外航道长度8174米，设计底宽120米，水深底高程 -9.5米，边坡1:10，并在航道加设灯浮7个，工程挖方量612万立方米，于1994年10月26日竣工，11月16日通过验收。

内航道长度3910米，设计底宽120米，水深底高程 -8.0米，边坡1:10，工程疏浚量达129.5万立方米，于1994年6月5日竣工，7月12日通过验收。

外导流防沙堤和配套航道这两项工程的完成，不仅大大地提高船舶进出港吃水，有利于港口生产的发展，而且也解决了长期以来引航过浅滩的难题。

六、汕头海湾大桥建成[16]

1995年12月28日，横跨鹿屿航道的汕头海湾大桥建成剪彩通车。大桥全长2500米，桥面宽23.8米，主孔跨度452米，净空高度48米，（珠江基面以上），限制通航水上高度46米。大桥轴线与主航道轴线夹角为70度。

参考文献及资料

[1] 参见百度百科、互动百科——《对越自卫反击战》、《中国共产党历次全国代表大会数据库》、《经济特区》、《改革开放三十年》《邓小平南巡》、《亚洲金融风暴》、《建国六十周年的资料》、《集体记忆》

[2]、[9] 参见《中国引航史》（人民交通出版社，2001年5月第一版）

[3] 、[5]、[7]、[11]参见《汕头港引航史》（内部稿，1996年10月），

汕头市、港务局、引航站相关文件、资料，余世鹏、陈新流及引航站职工访谈录，陈光智提供的《汕头港报》（1990年——1995年）有关引航剪报

[4] 汕头海事局及刘影南（刘炳辉之子）提供刘炳辉的资料

[6] 参见交通部有关《港口费收规则》

[8] 参见《汕头都市报》（2001年3月11日），《中国交通报》（2001年11月13日），《广州日报》（2005年3月8日），中央电视台、汕头电视台录制的李正容专题电视节目VCD,李正容、林式炳访谈录

[10] 参见汕头粤东引航公司有关资质认定材料，有关人员访谈录

[12] 刘伟提供的报道材料——《“特种”船队在行动》（1995年4月21日）

[13] 余世鹏、李正容访谈录

[14] 参见《汕头港引航史》（内部稿，1996年10月），《古今潮汕港》（中国文联出版社，2004年1月第一版）/陆集源著，陆集源提供的汕头港区有关码头资料

[15] 网上查找汕头经济特区的相关资料

[16] 汕头海事局及汕头海湾大桥管理公司提供的汕头海湾大桥通航资料

第四章 跨世纪的汕头港引航

（1999年—2010年）

1999年3月22日，《国务院关于进一步推进西部大开发的若干意见》提出了进一步推进西部大开发的十条意见。

1999年9月19日至22日，中共十五届四中全会在北京举行。全会通过了《中共中央关于国有企业改革和发展若干重大问题的决定》，确定了到2010年，基本完成国有企业战略性调整和改组。突出抓好政企分开、探索国有资产管理的有效形式、做好减员增效、再就业和社会保障工作、加强党对国有企业改革和发展工作的领导等。

1999年12月20日，中葡两国政府在澳门文化中心举行政权交接仪式，中国对澳门恢复行使主权，中华人民共和国澳门特别行政区正式成立。

2001年11月10日，在卡塔尔多哈举行的世界贸易组织（WTO）第四届部长级会议通过了中国加入世贸组织法律文件，它标志着经过15年的艰苦努力，我国终于成为世贸组织新成员。

2002年11月8日至14日，中共十六大在北京举行。江泽民作《全面建设小康社会，开创中国特色社会主义事业新局面》的报告。大会确定全面建设小康社会的战略目标，提出要在21世纪的头20年，使我国低水平的、不全面的、发展很不平衡的小康，发展到惠及十几亿人口的更高水平的小康社会；把“三个代表”重要思想写入党章。

2003年9月10日，国务院常务会议研究实施东北地区等老工业基地振兴战略。

2004年1月31日，《国务院关于推进资本市场改革开放和稳定发展的若干意见》颁布，明确指出大力发展资本市场对我国实现本世纪头20年国民经济翻两番的战略目标具有重要意义。

2003年10月11日至14日召开的中共十六届五中全会提出坚持以人为本，树立全面、协调、可持续的发展观，促进经济社会和人的全面发展。

2005年10月8日至11日，中共十六届五中全会在北京举行。全会通过《中共中央关于制定国民经济和社会发展第十一个五年规划的建议》，明确了今后5年我国经济社会发展的奋斗目标和行动纲领，提出了建设社会主义新农村的重大历史任务。

2006年10月8日至11日，中共十六届六中举行在北京举行。全会通过了《中共中央关于构建社会主义和谐社会若干重大问题的决定》。第一次明确提出“构建社会主义和谐社会”。

2007年10月15日至21日，中共十七大在北京举行。胡锦涛作《高举中国特色社会主义伟大旗帜，为夺取全面建设小康社会新胜利而奋斗》的报告。胡锦涛指出，这次大会的主题是：高举中国特色社会主义伟大旗帜，以邓小平理论和“三个代表”重要思想为指导，深入贯彻落实科学发展观，继续解放思想，坚持改革开放，推动科学发展，促进社会和谐，为夺取全面建设小康社会新胜利而奋斗。大会一致同意将“科学发展观”写入党章。

2007年开始的美国次贷危机，到2008年演化为一场全球性的金融危机，迅速从局部扩展到全球，从发达国家波及到新兴市场国家和发展中国家，从金融领域扩散到实体经济领域，酿成了一场历史罕见、冲击力极强、波及范围很广的国际金融危机，被称为“国际金融海啸”。国际金融危机也给中国带来了前所未有的困难和挑战。面对严峻的局面，从2008年6月开始，党中央、国务院果断决策，及时调整宏观经济政策取向，提出实行积极的财政政策和适度宽松的货币政策，迅速出台扩大国内需求的十项措施，陆续制定了一系列政策。到2009年上半年，逐步形成了系统完整的促进经济平稳较快发展的“一揽子计划”。

2009年2月19日，国务院常务会议正式批复了交通运输部的“三定”方案。交通运输部是根据2008年国务院机构改革方案，在原交通部的基础上组建的，国家民用航空局、国家邮政局等部门均在此次“大部制”改革中划归交通运输部管理。2008年3月11日，第十一届全国人民代表大会第一次会议第四次全体会议，讨论设立交通运输部。2008年3月23日，中华人民共和国交通运输部在北京建国门内大街11号挂牌。

2008年5月12日14时28分，四川省汶川发生8级大地震。汶川大地震是中国自一九四九年以来破坏性最强、波及范围最大的一次地震，地震的强度、烈度都超过了一九七六年的唐山大地震，震级是自1950年8月15日西藏墨脱地震(8.5级)和2001年昆仑山大地震（8.1级）后的第三大地震。国务院决定，2008年5月19日至21日为全国哀悼日。5月19日14时28分起，全国人民默哀3分钟，汽车、火车、舰船鸣笛，防空警报鸣响。

2008年8月8日至24日，举世瞩目的第二十九届奥林匹克运动会在中国北京成功举办，中华民族终于实现了百年的梦想。[1]

第一节 跨世纪的中国引航[2]

一、港口体制改革的完成

从1996年开始的全国沿海港口“政企分设”体制改革，经过3年过渡期之后，为了进一步深化改革，全面实现港口管理“政企分开”，于2001年11月23日，国务院办公厅转发《关于深化中央直属和双重领导港口管理体制改革的意见》（国办发[2001]91号），中央与地方政府双重领导的港口全部下放地方管理。港口下放后，实行政企分开，港口企业不再承担行政管理职能；改革引航管理体制，沿海港口的引航机构应从港口企业中分离出来。鉴于引航机构与港口企业分离的条件尚未成熟，为平稳过渡，引航机构尚未与港口企业分离的港口可暂维持现状，过渡期为三年，在业务上接受港口管理机构的指导，为全港所有码头提供服务。

到2002年，全国沿海港口“政企分开”体制改革初步完成，到2005年才真正完成。

二、引航体制改革的完成

1.明确港口引航机构

2000年4月29日，交通部发文《关于加强引航管理的通知》（交水发[2000]226号）。《通知》要求：未经交通部批准，任何单位不得擅自设置引航机构、提供引航服务；沿海双重领导港口的引航由双重领导港务局引航站承担；任何码头公司不得擅自聘请引航员继续引领活动；各港口行政主管部门加强监督、管理，对已擅自成立的引航机构应立即取缔；引航单位加强对引航工作的管理。

2.引航机构资质认证

2002年8月19日，交通部发文《关于认真做好引航安全管理工作的紧急通知》（交水发[2002]375号）。《通知》要求：加强对引航安全工作的领导、完善安全管理制度、重视引航员业务培训、对现有引航机构的资质进行一次全面认证。

3.落实引航机构安全管理责任

2004年11月10日，交通部发文《关于进一步落实引航机构安全管理责任的通知》（交海发[2004]613号）。《通知》要求：引航机构必须建立安全管理体系、海事部门要对引航机构的引航安全进行监督、港口行政管理部门要对引航机构的责任追究。

4. 推进引航体制改革

交通部通过规范引航机构的运作、加强引航安全管理以及落实引航的安全监督、行政管理和引航机构内部管理责任，不断推进引航体制改革。

2005年，“政企分开”的港口体制改革完成后，为进一步落实《关于深化中央直属和双重领导港口管理体制改革的意见》（国办发[2001]91号）中有关引航管理体制改革的精神，继续推进以“引航作为港口行政管理部门管理下的事业单位，在海事管理机构安全监督管理下，为港口提供公共服务”的引航体制改革，2006年2月15日，交通部水运司在广州召开部署全国港口引航管理体制改革会议，全国各港口行政主管部门、港务集团（港务局）、引航机构的领导、代表参加会议，分组研讨配合港口管理体制改革的引航管理体制改革具体措施。会议要求全国各港口于2006年上半年完成引航管理体制改革，引航机构从港口生产企业中分离出来，划归政府管理，为港口提供公共服务。

5. 引航体制改革完成

2006年后，各地人民政府根据国务院办公厅《关于深化中央直属和双重领导港口管理体制改革的意见》（国办发[2001]91号）要求，积极推进引航管理体制改革，取得了较大的进展，为建立公平、公正的引航秩序提供了条件。

2007年4月13日，交通部发文《关于加强我国港口引航管理的通知》（交水发[2007]174号）。《通知》要求：各港口行政管理部门和海事管理机构按照各自的职责加强引航管理和监督；严把准入关，加强引航资质管理，要求于2007年6月30日前向交通部提出引航机构资质审查或行政许可申请，还要严把引航员准入关；全面提升引航服务质量和引航队伍建设；切实加强引航安全管理工作；严格监管，规范引航行为。

到2007年底，全国沿海港口引航机构基本上从港口企业或海事机构分离出来，并向交通部提出引航机构资质审查或行政许可申请，引航体制改革基本完成。

6. 中国引航协会成立

2008年1月7日至8日，中国引航协会第一届代表大会在北京召开。根据国务院《社会团体登记管理条例》及《交通部社会团体管理办法》的规定，代表大会表决通过了《中国引航协会章程》和《中国引航协会管理规定》，中国引航协会第一届理事会选举第一届中国引航协会负责人。3月5日、6日，引航协会负责人人选和《中国引航协会章程》先后经交通运输部人事劳动司和民政部批准、核准生效，中国引航协会正式成立。洪善祥（原交通部副部长）任名誉会长，陈正华（上海港引航站站长）任会长，彭翠红（原交通部水运司副司长）任常务副会长、法人代表。协会共有41个成员单位。

中国引航协会正式成立后，协会与引航专业委员会按照行业建设的需要和会员的要求在协会章程规定的业务范围内开展业务活动，并接受交通部有关司局的指导。引航专业委员会不具有法人资格，不直接发展会员，不设立分支机构，不收取会费。

中国引航协会会员分为团体会员和个人会员。汕头港引航站同时加入中国引航协会，成为协会的一般理事单位；汕头港引航站站长林璜成为协会会员代表大会的代表。

中国引航协会的成立，标志着中国引航进入独立、公共、专营发展的新时期。

参加中国引航协会第一届代表大会的代表与交通部领导合影留念
第二排右二为汕头港引航站站长林璜（中国引航协会 提供）

三、中国引航法规的发展

1.《引航员职业道德和纪律规范》

为了加强引航员队伍建设，提高引航员职业道德素质，树立良好的形象，交通部于2001年3月15日下发了《关于印发〈中华人民共和国引航员职业道德和纪律规范〉的通知》（交水发[2001]119号）。《规范》共四章二十五条，从职业道德标准、工作纪律等方面对引航员的职业行为作出规定，提出引航员的服务宗旨是：维护主权，保障安全，精心引领，服务港航等，对塑造新时代中国引航员形象起到积极的作用。

2.《船舶引航管理规定》

2001年11月30日，交通部发布了“2001年第10号部长令”，公布《船舶引航管理规定》。《船舶引航管理规定》从2002年1月1日起实施。

《规定》共六章四十九条，比较全面地规范了船舶引航活动，适用于中华人民共和国沿海、内河和港口船舶引航。这份建国以来独立自主的引航规章，是对1980年《海港引航工作条例》（试行）的全面完善，既有中国特色，又与国际接轨，具有明显的时代特征、很强的现实意义和重大的历史意义。

3.《港口法》

2003年6月28日，国家发布“中华人民共和国主席令”（2003年第五号），公布《中华人民共和国港口法》。《中华人民共和国港口法》于2004年1月1日起施行。

《港口法》第三十九条规定：依照有关水上交通安全的法律、行政法规的规定，进出港口须经引航的船舶应当向引航机构申请引航。引航的具体办法由国务院交通主管部门规定。

这是新中国成立以来，首次以法律条文的形式对船舶引航加以规定；同时，突出“引航机构”一词，表明引航业受到国家的高度重视，“引航机构”已成为引航业的身份标志。

4.《船员条例》和《引航员注册和任职资格管理办法》

2007年4月14日，“国务院令”（2007第494号）公布《中华人民共和国船员条例》。《中华人民共和国船员条例》于2007年9月1日起施行。

《船员条例》共八章七十三条，规定国务院交通主管部门主管全国船员管理工作，国家海事管理机构依照本条例负责统一实施船员管理工作；还规定了中华人民共和国境内的船员注册、任职、培训、职业保障以及提供船员服务等活动。该《船员条例》明确规定了中国籍船舶的船长和高级船员应当由中国籍船员担任，确需外国籍船员担任高级船员的，应当报国家海事管理机构批准。同时，赋予船长在发现引航员的操纵指令可能对船舶航行安全构成威胁，或者可能造成水域环境污染时，应当及时纠正、制止，必要时可以要求更换引航员的权力。

2008年2月13日，“交通部令”（2008年第2号）公布《中华人民共和国引航员注册和任职资格管理办法》。《中华人民共和国引航员注册和任职资格管理办法》于2008年5月1日起施行。

《引航员注册和任职资格管理办法》共七章六十三条，规定交通部主管全国引航员管理工作，中华人民共和国海事局依照本办法负责统一实施全国引航员管理工作，以及引航员注册、任职、培训、考试和评估的管理活动。该《引航员注册和任职资格管理办法》是以与国际接轨的理念结合中国船员和引航员发展的具体情况，对1980年以来有关引航员任职资格规定作出重大的修改，将有关引航员的任职资格管理与船员管理分离，新增加引航员注册，明确规定申请引航员注册应当具备中华人民共和国国籍。还规定参加相应类别、等级引航员适任考试和评估者，应取得海船甲类二副及以上或者内河船舶一等二副及以上适任证书，同时具有相应的助理引航资历；各类别、等级引航员引领的船舶种类和尺度；引航机构的监督管理责任等。

第二节　跨世纪的汕头港引航管理体制改革[3]

一、汕头港口管理实施政企分设

1.汕头港务局政企分设

根据《关于印发汕头港务局机构编制方案的通知》（汕府办[1998]119号，1998年12月28日）和《关于组建汕头港务集团有关问题的批复》（汕府函[1999]1号，1999年1月7日）的精神，于1999年3月28日，汕头港口管理实施政企分设，将汕头港务局的企业经营职能剥离出来，组建汕头港务集团和汕头港务集团有限公司。汕头港务局为港口行政主管部门，仍属交通部和汕头市地方双重领导，保留副厅级建制。

政企分设后，汕头港务局党委书记、局长温锡通同时兼任汕头港务集团党委书记、董事长，陈家俊、陈刚、曾广存、蔡伟杰（2001年2月到任）任副局长，詹清光任总工程师。陈家俊、蔡伟杰（2001年2月以后）二位副局长先后分管引航工作。

2.汕头港务局引航站（汕头引航公司）更名为汕头港引航站

在汕头港口管理实施政企分设过程中，汕头港务局于1999年5月7日在原汕头港务局航供公司楼下会议室召开引航站和航供公司职工大会，宣布汕头港务局引航站（汕头引航公司）实施分离的有关决定。汕头港务局引航站（汕头引航公司）更名为汕头港引航站，划归汕头港务局管理。

汕头港引航站的职能，由港口生产企业转化为专门组织实施汕头港引航工作，不再经营拖船业务，原管辖的三艘拖轮“汕港引1”、“汕港引2”、“汕港引5”划归港务集团航供公司，交通船“汕港引3”、“汕港引4”、“汕港引6”及玻璃钢小快艇仍留引航站，大部分船员随船调动。

汕头港引航站实行事业单位企业化管理，副处级建制，内设办公室、引航科、交通船队。林闻水为引航站党支部书记、站长（副处级），林璜（原任汕头港务局第三分公司办公室主任）为副书记兼办公室主任（科级），林建平为副站长（科级），钟礼智为主任引航员（科级），邱慧敏为引航科科长（副科级），陈楷光为办公室副主任（股级），孙汉国为交通船队队长（股级），谢志勇为交通船队副队长（副股级）。原引航公司副经理罗炳湖调任汕头港务集团第四分公司工会主席。

1999年5月8日至12日，引航站办公地址从老港区搬迁至中山东路166号珠池深水港区港务集团第三分公司办公楼6楼。

政企分设后的汕头港引航站共有干部职工52人，其中持证引航员17人；钢质交通船3艘，玻璃钢飞艇一条。引航站设专职调度员，24小时专人值班；每天一名股级以上干部作为带班领导加强值班。

1999年8月19日，《关于汕头港引航站内设机构有关问题的批复》（汕机编办[1999]57号）文同意汕头港引航站保留办公室、引航科、交通船队三个市副科级内设机构，核定领导职数6名。

1999年9月14日，汕头港务局党委以（汕港党字[1999]21号）和（22号）文，决定林闻水为引航站党支部书记，林璜为副书记（专职），林建平为支部委员、任副站长，钟礼智任主任引航员，陈楷光任办公室副主任，孙汉国任交通船队队长，谢志勇任交通船队副队长，皆免去其原职务。交通船队队长孙汉国、副队长谢志勇的级别分别调整为副科级和股级。

3.汕头港务局党委对汕头港引航站干部的调整任命

2000年元月4日，任命陈楷光为办公室主任，赖在生为引航科科长。

2000年10月18日，港务局党委再一次调整引航站领导班子，同意林闻水辞去引航站党支部书记、站长职务（仍担任一级引航员工作）。并以（汕港党字[2000]20号）文任命林璜为汕头港引航站副站长，负责引航站党政全面工作；任命陈楷光、赖在生为副站长。陈楷光兼办公室主任,赖在生兼引航科科长。

2001年4月26日，任命彭炎东为交通船队副队长。

2002年4月3日，任命罗伟旋为办公室副主任，邱慧敏为引航科副科长。

2002年9月，副站长陈楷光商调到汕头市行政执法局工作。

2003年6月29日，任命罗伟旋为办公室主任（经考察一年后正式任命）。

二、汕头港理顺引航管理体制

1. 汕头港口管理体制改革

根据汕头市人民政府《印发汕头港口体制改革方案的通知》（汕府办[2004]66号）和《关于印发汕头市港口管理局职能配置、内设机构和人员编制规定的通知》（汕机编[2004]32号，2004年9月7日），汕头港务局改称为汕头市港口管理局。汕头市港口管理局为市人民政府直属正处级事业单位，局机关依照公务员管理，赋予全市港口（不含渔港、军港）行政管理职能，由汕头市交通局实行行业管理。其主要职责有港口执法监督、港口行政管理、港口规划、港口公用基础设施建设维护管理、工程质量监督、港口经营市场秩序管理。

2005年2月21日，（汕组干[2005]66号）文任命蔡伟杰为汕头市港口管理局党组书记，陈晓峰、庄松均、曾仕娟（女）为党组成员。原港务局副局长陈家俊、陈刚分别为副厅级干部和调研员。原港务局副局长曾广存、总工程师詹清光已于此前退休。

汕头港引航站代表参加汕头市港口管理局成立揭牌仪式
左起：张曙明、陈汉林、彭炎东、邱慧敏、王有良、林建平（副站长）、林璜（书记、负责人）、赖在生（副站长）、史晓宇、符仕龙、王春山（2005年3月28日）（刘伟 摄）

2005年3月10日，（汕人任[2005]22号）文任命蔡伟杰为汕头市港口管理局局长，陈晓峰、庄松均、曾仕娟（女）为副局长。

曾仕娟（女）副局长分管引航工作。

原汕头港务局党委书记、局长温锡

通随汕头港口体制改革后不再任职于汕头市港口管理局，但仍任汕头港务集团有限公司党委书记、董事长。

2005年3月28日，汕头市港口管理局揭牌，这标志着汕头港口管理体制改革顺利完成。

2010年4月13日，汕头市第十二届人民代表大会常务委员会第二十七次会议通过，原汕头市交通局更名为汕头市交通运输局。

2005年12月21日，（汕组干[2005]95号）文任命洪理智为汕头市港口管理局党组成员、纪检组长。

（汕组干[2008]191号，2008年7月30日）文和（汕人任[2008]36号，2008年8月11日）文先后任命周江泉为汕头市港口管理局党组成员、总工程师。

2.汕头港理顺引航管理体制

2002年8月19日，交通部发出《关于认真做好引航安全管理工作的紧急通知》（交水发[2002]375号），对现有引航机构的资质进行一次全面认定，同时要求引航机构要建立健全安全生产责任制，将本引航机构的设置方案（机构、人员）和引航的具体范围以及安全生产制度尽快按程序报送审核。汕头港引航站按（交水发[2002]375号）文的要求报送资质认定材料，但由于汕头港口管理体制改革还在推进中，加上汕头港务监督引航站和汕头粤东引航公司还没有取消等尚未解决的问题，汕头港引航站的引航资质认定工作暂时没有结果。

2005年3月，汕头市完成港口管理体制改革后，汕头港引航站维持原建制和设置，行政上归汕头市港口管理局管理，属自收自支事业单位，并依据事业单位相关法律法规和政策开展工作。

汕头市港口管理局新一届领导班子在蔡伟杰局长的带领下，由曾仕娟副局长分管引航等工作。港口局领导对汕头港引航工作给予了高度的重视和支持，着手按《港口法》、《船舶引航管理规定》等国家的法律法规和交通部有关文件精神理顺了汕头港引航管理体制，并对引航员倍加关爱，激发了引航站干部、职工的工作热情和高度责任感，使引航站从此步入新的发展阶段。

（1）全面落实《船舶引航管理规定》

按《船舶引航管理规定》理顺汕头港引航管理，明确汕头市港口管理局对引航工作的行政管理责职，汕头海事局对引航工作的安全监督管理责职。

同时，根据《船舶引航管理规定》理顺船舶引航申请程序，船舶的引航申请由船方或其代理直接传真向引航站提出。引航站调度根据船舶尺度、天气潮汐和通航条件按有关规定作出引航调度计划，并通知船方或其代理。如需使用汕头港务集团的拖轮，由引航站调度通知港务集团业务部派出；如使用其他单位的拖轮，则由船方或其代理、码头业主安排租用。

（2）实现“一港一引航”

2005年10月13日，经汕头市港口管理局与汕头市交通局和汕头海事局协商达成一致，《关于船舶引航机构移交问题的复函》（汕府办函[2005]144号）将原汕头港务监督引航站和汕头粤东引航公司的业务归并到汕头港引航站。11月，汕头粤东引航公司原有的4名工作人员（没有引航员）江岱汕、张英强、肖寅玲、林惠娟调入汕头港引航站工作，原汕头港务监督引航站和汕头粤东引航公司一并注销。至此，汕头市统一了引航机构。

汕头港引航站正式成为汕头市行政辖区内唯一合法的引航机构，汕头港实现“一港一引航”。

三、“汕头港引航站”揭牌

根据汕头市政府《印发汕头港口管理体制改革方案的通知》（汕府办[2003]66号），2005年6月，汕头市港口管理局与汕头港务集团有限公司签订了《汕头港公共基础设施、港政管理资产确认书》，并开始划分港口管理局与港务集团的资产。

汕头市港口管理局曾仕娟副局长（左）主持汕头港引航站新办公楼乔迁揭牌仪式，蔡伟杰局长（右）和引航站林璜书记（中）为汕头港引航站揭牌。（2006年元月17日）（刘伟 摄）

2006年元月15日，汕头港引航站开始从港务集团第三分公司办公楼6楼搬迁至珠池深水港区（三公司）东侧铁道前的二层办公楼，面积共522平方米。

2006年元月17日上午，汕头市港口管理局领导班子和汕头港引航站、港口设施管理站全体干部职工在新办公楼前举行了汕头港引航站和港口设施管理站乔迁揭牌仪式。揭牌仪式由曾仕娟副局长主持，蔡伟杰局长和引航站林璜书记一起为汕头港引航站揭牌。

汕头港引航站调度室之一
（2010年10月28日）（赖在生　摄）

汕头港引航站调度室之二
（2010年10月28日）（赖在生　摄）

照片中写字桌后的海图桌是从解放前潮海关流传下来的，
这是引航站保存完好、历史最悠久的物件。

根据《关于市港口管理局属下事业单位机构和领导职数调整的批复》（汕机编[2005]93号），引航站内设的引航科改称为调度室，加挂引航科牌子。

四、汕头港引航站事业单位法人登记

2007年初，汕头市港口管理局依法向汕头市事业单位登记管理局办理汕头港引航站事业单位法人登记，法定代表人由港口局局长更改为引航站负责人。2007年3月25日，汕头港引航站取得《事业单位法人证书》，业务范围：承担汕头港口引航工作，法定代表人：林璜。

汕头港引航站站长、书记林璜
（2009年10月）（刘伟　摄）

五、汕头港引航站干部队伍的建设

2005年8月，林建平副站长商调到惠州港引航站工作。

2006年底，港口管理局落实关于2006年完成配齐局机关各科室、及下属各站中层干部的工作部署，按组织程序选拔拟任用的干部人选。

2006年10月23日，免去赖

在生兼任的引航科科长职务。

2006年11月10日，分别任命邱慧敏、史晓宇为引航站调度室（引航科）正副主任（科长）。

2007年初，汕头市委组织部和汕头市港口管理局党组按组织原则、组织程序对副处级事业单位的汕头港引航站的领导班子重新进行选拔、调研和考察。

2007年8月5日，汕头市港口管理局蔡伟杰局长在引航站职工大会上宣读（汕人任[2007]88号）文，任命林璜为汕头港引航站站长；宣读（汕组干[2007]341号）文，同意赖在生任汕头港引航站副站长。这标志着汕头港引航站新领导班子正式成立。

2008年8月，交通船队队长孙汉国退休，由副队长彭炎东临时负责船队工作。

2009年2月，引航站主任引航员、高级引航员钟礼智退休。2009年元月16日，林璜站长在2008年度年终总结职工大会上对钟礼智主任的高尚品质、敬业精神以及他对汕头港引航所作出的贡献给予高度的评价。

2009年12月，交通船队副队长谢志勇退休。

2010年3月，从外单位调入孙青任引航站办公室主任。

六、汕头港引航站通过交通部的引航资质许可

根据《关于加强我国港口引航管理的通知》（交水发[2007]174号），汕头市港口管理局商汕头海事局后报广东省交通厅，由广东省交通厅以《关于设立汕头港引航站的请示》（粤交港[2007]785号）上报交通部。

2008年4月24日，交通运输部（原交通部）下发《关于汕头港引航站引航资质许可的批复》（交水发[2008]49号）：

1.同意设立汕头港引航站，从事引航活动。

2.机构类型：事业法人。

3.上级主管部门：汕头市港口管理局。

4.引航具体范围：进出汕头港港口区域和汕头市辖区的船舶引航服务，受委托为揭阳港、汕尾港提供引航服务。

5.汕头港引航站应认真履行职责，严格按照《船舶引航管理规定》的要求，在核定的引航范围内从事船舶引航服务。

6.你厅（广东省交通厅）和汕头市港口管理局、汕头海事局要加强引航管理，定期对汕头港引航站的资质进行检查。

至此，汕头港引航站从政企分设，确定为事业单位，到理顺引航主管部

门、对外业务关系，统一引航机构，搬迁办公地址，完善内部建制和领导干部配置等工作，最后通过了交通部的引航资质许可，前后历经10年之久，汕头港引航管理体制改革终于全面完成了。

第三节　跨世纪走上规范化管理的汕头港引航[4]

一、规范汕头港引航收费

1.执行交通部《港口收费规则》

汕头港引航站的收费，一贯执行交通部规定的收费标准。

外贸部分执行1997年6月20日起实施的《港口收费规则》（外贸部分）。

内贸部分执行1992年12月15日起实施的交通部《关于调整交通部直属及双重领导港口内贸港口费收标准的通知》（交水发[1992]967号）公布的《沿海港口收费规则》。

2005年8月1日起实施《港口收费规则（内贸部分）》，其中调整内贸引航费计费办法，根据引航距离长短制定不同的费率水平，引航距离在10海里内的港口，引航费按0.20元/净吨的基本费率计费，超过10海里的港口，超过部分按每海里加收0.002元/净吨计费。

2.引航站直收引航费

自2001年6月起，汕头港务局决定引航收费不再经由港务集团计费中心收取，改由引航站直接向船方或代理收取。2003年7月1日起，引航收费全部实现由引航站自收，结算时一律凭税务部门的正式发票对外收费，逐笔建账。

二、规范汕头港引航站内部管理

1.建立和完善内部管理制度

1999年3月，汕头港实施政企分设之后，汕头港引航站转化职能，引航站的管理从技术型管理过渡到行政、技术型综合管理，内部管理制度建设迫在眉睫。引航站领导班子用半年多的时间，摸索分析引航站在政企分设后，体制、机构、人事、财务、设备以及引航等管理上存在的问题，在副书记（兼办公室主任）林璜的主持下，办公室人员不辞辛劳挑灯夜战，有针对性地制订了行政、劳保、计生、劳动纪律、物资管理、船舶管理、安全等一系列规章制度。同时，为了更好地贯彻落实新的制度，尽快使引航站走上规范化管理道路，还建立了精神文明等17个领导小组。汕头港内部管理制度在原参照ISO—2000质量管理体系的基础上进一步丰富和完善。

2000年8月，引航站领导班子调整后，新班子按港务局领导指示精神，对现行的规章制度作一次地毯式清理，进行查漏补缺和修改完善，又先后制订了引航作业管理、教育培训、油料消耗考核、财务开支管理、工资分配等10多个规章制度。

至2005年底，引航站基本上建立了一整套涉及内部行政管理和安全生产管理的制度共30余个，经过几年的实践，引航站的工作有章可循，切实有效，各项工作真正走上规范化管理的道路。

2. 建立汕头港引航站安全、生产管理体系

2004年11月10日，交通部发出《关于进一步落实引航机构安全管理责任的通知》（交海发[2004]613号），要求引航机构必须建立安全管理体系。

引航站在建立和完善内部管理制度的过程中，根据汕头港口和引航不断发展的新情况，对《引航操作程序》、《引航员工作制度》、《引航派工办法》等不断进行修改，以符合本港的实际需要。在此过程中，引航站领导广泛听取各方面的意见，精斟细酌，在汕头港口管理体制改革顺利完成后，于2006年初建立一套《安全生产管理体系》，并在实际工作中逐步推行。

经过一年多的试行，《汕头港引航站安全、生产管理体系》经修改完善后，汕头港引航站于2007年4月28日发布《关于颁发<汕头港引航站安全、生产管理体系>的通知》（汕港引字[2007]02号）。《汕头港引航站安全、生产管理体系》自2007年5月1日起执行。这套《汕头港引航站安全、生产管理体系》包括安全管理制度和生产管理制度两部分，对安全工作制度、岗位责任制、安全操作守则、引航作业操作程序、引航员工作制度等作了详尽的规定，涉及引航安全管理和引航生产管理的全过程。

三、规范引航站的工资分配制度

1. 套改事业单位职务工资

1999年5月，汕头港实施政企分设后，汕头港引航站实行事业单位企业化管理。在汕头港务局领导的重视下，引航站参照事业单位工资制度进行自1997年以来的第一次工资改革，由于该时期接连几年中，汕头港口经济处于低迷下滑态势，引航站收入少，难以支撑事业单位工资制度，因此，全员实行半计件工资制度，分配按事业单位工资制度套改职务工资，再加上绩效工资（后来称为浮动津贴）。

分配方案是：引航站每月从总收入中提取30%发放干部职工职务工资和津、补贴。首先按引航员计件工资标准从中划拨排班作业引航员工资总额，扣除排

班作业引航员的职务工资和津、补贴这一固定部分，剩余部分按每艘次4分、每1000净吨1分计发引航员浮动补贴，引航员作业补贴按“死分活值”计发。持证领导参与引航作业不拿作业补贴，其计件工资全额计入作业引航员工资总额。然后，引航站工资总额剩余部分按原来的岗位系数总分分别划拨行政人员和船员两部分工资总额，分别扣除职务工资和津、补贴这一固定部分后，再按新的岗位系数计发浮动津贴。该分配制度于2000年7月份起实施。

2000年10月，引航站新领导班子上任后，报港务局批准，适量增加引航员的收入。2000年11月，引航员计件工资单价统一提到55元/艘次、17元/千净吨。

2002年4月，引航站再从总收入中提取2.5%加入引航员工资总额，用于增加引航员的浮动津贴。

2.实行事业单位工资制度

2005年3月，汕头港口体制改革完成后，汕头市港口管理局新一届局领导班子对汕头港引航站的和谐与发展倾注了大量的心血。4月，局领导就引航站干部职工，特别是引航员收入水平低这件事，要求引航站对工资改革的问题提出解决方案。5月，汕头市港口管理局专门成立以曾仕娟副局长为组长的调研小组，到引航站开展全面细致的调研工作。在引航总收入水平低，交通船的运作负担很重，经济十分困难，引航站实行事业单位工资制度还有一定难度的情况下，只能在企业或事业两种工资制度中2选1。经过深入研究之后，局领导高瞻远瞩，从节支方面考虑，引航站全面压缩成本开支，将使用到期的交通船“引3”、“引6”停产；从增加引航收入方面考虑，认为汕头港引航体制改革完成后，加德士码头的引航收入可以改善引航站的经济困难状况。为规范引航站的工资分配制度，最终作出引航站实行事业单位工资制度的决定。

在港口管理局的大力支持下，引航站在林璜的带领下，长期致力于拓展引航领域，在增加引航收入方面做了大量工作，使引航站事业单位工资制度得以顺利实施。

2005年8月起，引航站全面实行事业单位工资制度，全站干部职工的收入大幅增长。引航员的收入除了事业工资、福利之外，还从引航收入中按汕头市辖区港口引航收入提取8%（2006年起增加2%作为加班作业补贴）、区外引航收入提取25%～40%作为引航作业补贴，实现引航员收入质的提高，2006年排班引航员人均月收入（税前）达到8590元，单人最高月均收入13218元。随着汕头港引航的发展，以及引航员适度流动，引航员人数减少达到减员增效的效果，引航员的收入节节提高，2007年、2008年排班引航员人均月收入（税前）分别达到14302、24131元，单人最高月均收入分别达到20598元、40854元。

3.全国事业单位工资改革

2006年6月1日起，全国事业单位实施工资改革，引航站在港口管理局的领导下，按政策进行事业单位工资套改。引航员和交通船船员的职务工资按人事部、财政部、交通部文件《交通部所属水上作业事业单位工作人员贯彻〈事业单位工作人员收入分配制度改革方案〉的实施意见》（国人部发[2007]5号）的标准确定，基本解决以往遗留的引航员和交通船船员职务工资标准的问题。

四、规范引航员工作制度

1997年起实行的引航员分班弹性工作制和当班排队挂牌轮转的派工办法在实践中不断改进和完善。

在汕头港实施政企分设之后的1999年下半年起，引航站为了加强对引航员的管理，要求引航员坐班候船。

为了及时引航，保障引航员有充足的休息时间，同时减少交通船、车的运作频率和成本压力，2000年6月起，引航站对引航员工作制度作重大调整。将引航员分班弹性工作制改为三班轮转坐班制，工作时间为白天班06时——18时；夜班18时后——第二天06时；夜班后休息一天。人手不足时从副班直到休息班调用引航员，规范了引航员工作制度。

2001年3月，引航站从有限的资金中挤出费用购置一辆“东南得利卡”11座面包车，用于解决榕江航线、广澳港区引航员作业的陆上交通问题，以及解决引航员上下班和汕头港区各码头泊位之间的陆上交通问题，大大减轻引航员的奔波劳累。

2009年2月，排班引航员只有4人，引航员分成2组，1组2人，1组干一天休息一天，工作时间为06时—第二天06时，人手不足时从休息班调用引航员，以及让持证的站行政领导加入引航作业。

五、解决引航交通船存在的问题

1.引航船维修自修

引航站一贯坚持对引航船设备加强日常自修保养和定期进厂维修工作，以保证其正常使用。但是，引航船经常在大风浪中航行，船体和机器设备老化和破损严重，安全系数下降，在使用中存在严重隐患。加之，引航船高投入的运作和维修费用必须从引航费中开支，这使收入低迷的引航站在近十年间雪上加霜。

2.“引3”、“引6”两条引航船使用到期的处理

2005年6月和2006年1月，已达到使用期限的“引3”、“引6”两条引航船先后停产，并按程序报批作报废、竞卖处理。2005年7月，按港口管理局的决定，把原来未下水的玻璃钢小快艇移交给港口设施管理站。至此，引航站仅剩“引4”一条引航船作孤军奋战。

引航船“汕港引4”（2009年10月）（刘伟 摄）

3.解决引航船能力不足的问题

为确保港口生产的正常运转，引航站想方设法，保证唯一引航船的完好率。但是由于“引4”船龄已近20年，难免出现因故障停产维修的情况。加上引航锚地不断向外延伸，抗风浪能力有限的“引4”在大风浪天气下无法到达引航锚地接送引航员。在这种情况下，引航站得到船方、代理和港务集团的支持，由船方或代理通过引航站代为租用拖轮出海，确保港口生产不因引航没有交通船而受到影响。对于小型船舶的引航，则由引航站租用“外代4”号（长度17.74米，宽度3.92米，主机马力150匹）来接送引航员，以节省船舶到港成本，但同时增加了引航站的安全压力。

4.“引4”大修

2009年,引航站的收入取得突破性增长，经过认真研究，站领导下决心对老残的“引4”进行大修。

2010年3月底,“引4”被安排到位于“光华”东、“夏岭”南的汕头市水运总公司第二船队船舶修造厂大修，严重锈蚀、破漏的船体水下船中龙骨和船尾部位及水上主甲板两侧走马更换钢板，主机、舵系、尾轴系、操舵系统、离合器和螺旋桨全面拆检维修，“引4”的各方面性能得到较大的改善。

5.启动建造新型“交拖两用船”的计划

2010年5月,引航站启动建造新型“交拖两用船”的计划。5月底，港口局纪检组长洪理智和引航站站长林璜等一行五人到茂名港，对茂名港引航站刚使用一年的交拖两用船“粤茂拖三”（长度27米，宽度8米，吃水2.3米，主机马力

700匹，航速11节）进行考察、调研。回汕头后，引航站根据收集到的资料和对“粤茂拖三”设计、使用的优点和存在问题进行认真、细致的分析和研究，向船检部门和船厂专家请教相关的问题，提出减小船体水上受风面积、优化舱室布置及功能等修改意见，并重新制定建造船计划，造船工作正式进入实质性阶段。

2010年7月14日，引航站以“粤茂拖三”为蓝本，从设计能力及节省设计费用等方面考虑，在汕头与“粤茂拖三”的设计单位——武汉金鼎船舶工程设计有限公司签订《技术开发（委托）合同》。

2010年8月，引航站与武汉金鼎相互沟通，进一步优化“交拖两用船”的设计细节。9月起，引航站开始接触汕头和邻近的福建造船厂，进入选船厂的工作阶段。

6. 解决技术船员遗留问题

长期以来，引航站的引航船技术船员适任证书有的是内河证书，有的是海船证书，而引航船的适航区域是沿海遮蔽航区，这关系到船舶安全配员，还涉及到船员工资等一系列问题。

为解决历史遗留问题，并为造新船准备配员，引航站一方面着手招聘技术船员，一方面多方努力，争取引航船技术船员的适任证书更换为海船证书。在汕头海事局的大力支持下，2010年6月初，“引4”的驾驶员李顺和及轮机长郑愈雄分别通过了小海船驾驶员和丁类三等大管轮的培训、考试和实操评估。

第四节　跨世纪开拓进取的汕头港引航[5]

一、汕头港引航从艰难爬坡到稳步增长

1999年至2005年初，由于受亚洲金融危机和某些客观因素的影响，汕头港口经济持续低迷，汕头港引航也受到严重影响。2000年，引航1917艘次，收入仅204万元，引航收入跌至低谷。2003年，引航1179艘次，收入211万元，引航艘次跌至低谷。同时，引航站按交通部的部颁标准，接送引航员不另收费，引航站还承担了引航交通船的运作成本，引航经济处于十分困难的境地。

为了汕头港引航的正常运转，克服地方经济低迷、抵港船舶和费收减少、运作负担重等困难，从2000年引航站调整领导班子后，引航站在林璜的带领下，立足经受更多困难和挑战的心理准备，四处出击，找米下锅，以引航安全生产为中心，强化管理，发挥技术优势，狠抓引航服务，积极组织船源，拓展

引航渠道，加强设备自修保养和燃、物料的监管，努力增收节支，在种种困难面前艰难爬坡。

2005年汕头港完成港口管理体制和引航管理体制改革后，随着汕头市委市政府“以港兴市”发展战略的推进，引航站朝着汕头市港口管理局要求的“引航安全，优质服务，引航收入每年递增10%”的目标，以解放思想、攻坚克难、创新引航的思路走上新的发展征程，汕头港引航事业稳步发展。2005年的引航艘次和收入快速增长，共引航1673艘次，收入317万元，引航收入自政企分设以来首次突破300万元。2006年引航收入达到434.2万元，突破400万元。2008年引航2098艘次，引航突破2000艘次，引航收入达到608万元，突破600万元。2009年，引航2645艘次，引航收入达到1008.8万元，突破1000万元，汕头港引航在国际金融海啸的冲击中逆市飘红，持续取得突破性发展。2010年1—9月，引航1690艘次，引航收入达到755万元。

汕头港引航站荣誉栏（2010年10月28日）（江岱汕 摄）

二、接收广澳港区引航工作

1999年1月，根据汕头市委、市政府的决定，广澳海湾发展公司合并到新组建的汕头港务集团有限公司。4月6日，广澳海湾发展公司更名为汕头港广澳港务公司。

1999年3月，汕头港务局引航站（汕头引航公司）接收广澳港区的船舶引航工作，引航站又拓展一个新的引航领域。

一开始，广澳港区的码头仅靠泊长度100米以下的小集装箱船和从汕头过泊后移泊过去的长度100米左右的杂货船。2002年中星油脂公司开业后，3—5万吨级装载大豆的大型散装船开始进出广澳港区，2002年6月26日，大豆船“明业”

装载大豆的“明业”轮在靠泊广澳港区码头(2002年)（刘伟 摄）

轮（长度185米，吃水10.5米）由邱慧敏主操，安全驶进广澳港区靠泊。这是4万吨级船舶首次进靠汕头港广澳港区。

三、开拓榕江引航

1995年起，汕头引航公司全面停止榕江引航。榕江航线的引航工作主要由汕头港务监督引航站完成，粤东引航公司偶尔也参与榕江引航。

1999年5月，引航站随汕头港口管理实施政企分设后，开始有码头、货主与汕头港引航站联系引航业务。6月1日，林建平带领王有良首次引领一艘小油轮“天都峰”进榕江靠地都润丰油库码头。

随着油气、粮食、钢材、煤炭等几类主要货种的增加，进出榕江的船舶对引航的需求不断增大。由于榕江航线没有实施强制引航，多数小型船舶经过几次引航，船长熟悉航路之后，就自己进出榕江，加上有些船舶或码头、货主不按部颁费率以超低价请非正规人员去引领，因此，在一年多的时间里，汕头港引航站的榕江引航量仅维持每月几艘次，而且大部分是大吃水和大型船舶。

2000年，汕头港口经济形势仍未见好转，引航站的生产和经济收入未见起色。10月，引航站新领导班子以榕江引航为突破口，拓展汕头港引航新增长点。在林璜的带领下，引航站主动出击，积极组织船源，多方走访码头、货主单位以及业务关系人等，先后稳住地都润丰，关埠中油、美华，渔湖、矿产，揭阳港务局，冠盛油库，曲溪、金鹰油库等引航阵地，引航数量逐步增长，最多达到20艘次/月。2006年以前，榕江引航年收入约占总收入的10%左右，在困境中对稳定引航形势、促进引航发展起到十分重要的作用。

为了更好地拓展榕江引航业务，引航站一方面加大力度锤炼引航员队伍，师傅热心带徒弟、徒弟积极跟师傅，形成很好的学习氛围，引航员队伍的整体技术水平迅速提高。通过不断努力磨练，大多数引航员能够全天候完成船舶进出榕江的引航作业。另一方面，在不断提高服务质量的同时，专门安排榕江航

液化气船进榕江（2008年）（林利强 摄）

道测深，加强与海事、航道主管部门的沟通，掌握更多的通航要求和资料，不断提高榕江引航尺度，并在揭阳海事局的大力支持下，成功开辟重载船舶榕江夜航，有力推动榕江航运经济的发展。汕头港引航站榕江引航的地位因此得以确立。

四、争取与接收加德士码头的引航工作

1999年5月，汕头港口管理实施政企分设后，引航站领导班子就着手争取加德士码头的引航工作。

2000年10月，引航站新领导班子通过正面渠道，以《汕头经济特区港口管理暂行规定》、交通部《关于加强引航管理的通知》（交水发[2000]226号）及《港口法》为依据，着力争取汕头港及邻近相关水域的引航。一方面积极向港口、海事主管部门反映情况，一方面主动与加德士码头业务部门及有关船舶代理联系，得到各方面的理解和支持。在几年的努力过程中，有几次已确定由汕头港引航站承担靠加德士3号码头船舶的引航，但由于种种原因，在派出引航员之前，引航计划都被突然取消。通过不断努力，汕头港引航站终于逐步参与加德士2号码头和汕头港区东海码头的引航工作。

2005年初，汕头港口管理体制改革顺利完成，促成了汕头港引航管理体制改革向前迈出一大步。9月，汕头港统一了引航机构，汕头港引航站正式接收加德士液化气码头的引航工作。

2005年9月4日，5万吨级的大型液化气船“GAS LEO”（长度230米、吃水10.66米）在高级引航员钟礼智主任的引领下安全靠上加德士3号泊位。对汕头港引航站第一次完成加德士3号泊位靠船任务，市港口管理局领导十分重视，蔡伟杰局长、曾仕娟副局长和相关科室领导以及引航站领导林璜等亲临码头。“GAS LEO”轮顺利靠上码头后，蔡伟杰局长对钟礼智主任的安全操作表示祝贺。

五、开拓汕尾港引航工作

在开拓引航领域的过程中，汕头港引航站了解到汕尾港暂时没有引航员，汕尾港的引航机构仍在汕尾海事局属下，汕尾市尚未接收引航机构，而汕尾港又有引航的需求。因此，于2006年初，林璜带队到汕尾市拜访汕尾海事局、汕尾市港务局和汕尾外代，进行了引航业务沟通。

应汕尾海事局和港务局的邀请，2006年6月17日，汕头港引航站与汕尾海事局汕尾海事职工技术服务部（负责引航业务的部门）签订《引航业务协作协议书》，确定汕头港引航站为汕尾港提供引航服务。

2006年10月3日，汕头港引航站首次完成汕尾港船舶引航任务，发生海事的“海上的士”轮（长度 66 米、吃水4.3 米）在邱慧敏的引领下安全进汕尾港锚地抛锚。

汕尾红海湾粤电码头（汕尾红海湾粤电电厂 提供）

2007年 4月 25日，电煤船“广南”轮（长度185 米、吃水9.5 米）在钟礼智的引领下安全进靠汕尾红海湾粤电码头。

汕尾红海湾粤电码头长度280米，走向300度，码头前沿水深 -15.1米，航道水深 -14.5米，航道宽166米，港池掉头区直径460米。

六、开拓揭阳港惠来靖海粤电码头引航工作

惠来靖海粤电码头位于揭阳市惠来县靖海镇，该码头建成试投产前，汕头港引航站一直关注其建设进度。由于揭阳市没有设立引航机构的意向，汕头港引航站积极与揭阳市港口主管部门交通局和揭阳海事局保持联系，争取该码头的引航工作。这一行动得到汕头市港口管理局领导的大力支持。

经过不懈的努力，在揭阳聘请广州港引航员作电煤船首航进惠来靖海粤电码头后，于2007年2月1日，汕头港引航站与揭阳市交通局、揭阳海事局委托负责惠来引航的惠来县葵阳联合航运公司签订了《协议书》，开辟惠来靖海粤电

码头的引航工作。

2007年2月9日，汕头港引航站首次完成船舶进靠惠来靖海粤电码头的引航任务。“新达江”轮（长度182米、吃水10.5米）在邱慧敏的引领下安全进港靠泊。

惠来靖海粤电码头（惠来靖海粤电电厂 提供）

惠来靖海粤电码头长度280米，走向020度，码头前沿水深 -18.2米，航道水深 -14.5米，航道宽170米，港池掉头区直径460米。

七、开拓广澳港区集装箱班轮航线

广澳港区临时航道第一段底宽100米，第二段底宽120米，基准水深-10.0米，而且潮流走向与航道的走向接近90度，安全通航条件十分有限。

为了开拓广澳港区集装箱班轮航线，迎接大型集装箱船舶到港，引航站领导精心组织，周密研究引航方案，主动向港口管理局和海事局汇报引航对策，向港务集团提出合理化建议，与船舶代理及船公司代表落实船舶资料和动态，充分做好安全引航的准备工作。对重难点及大型船舶和恶劣天气条件下的引航作业，引航站领导坚持高度关注，不管白天黑夜，林璜站长经常深入现场、靠前指挥，保障安全引航措施落到实处，促进广澳港区大船航线的可持续发展。

广澳港区集装箱1号泊位（刘伟 摄）

1.内贸集装箱班轮航线

2007年12月27日，广澳港区内贸集装箱班轮航线首航，中海集运的“新锦州”轮（船长216米、吃水9.8米）由邱慧敏主操、史晓宇协助，安全进靠广澳港区集装箱1号泊位。

2.外贸集装箱班轮航线

2008年3月7日，广澳港区——地中海远洋集装箱班轮航线首航，法国达飞的“达飞兰花”轮（船长222米、吃水10.0米）由邱慧敏主操、史晓宇协助，安全进靠广澳港区集装箱1号泊位。该航线的开通，标志着汕头港结束了没有大型集装箱船舶远洋直航航线的历史。

2008年3月22日，广澳港区——中东远洋集装箱班轮航线首航，法国达飞的“澳航探险者”轮（船长218米、吃水9.38米）由邱慧敏引领，安全进靠广澳港区集装箱1号泊位。

为了满足船公司不断提高抵港集装箱班轮尺度的要求，促进广澳港区集装箱班轮航线的可持续发展，并针对广澳港区的通航条件仍不具备接纳大型船舶等错综复杂问题，2008年初，在“继续解放思想，推动科学发展”活动中，引航站以站长林璜、引航科科长邱慧敏为两级安全通航攻关责任人，研究破解难题的对策，挖掘引航技术潜能，提出切实可行的合理化建议，继续攻坚克难。应海事部门要求，该港区大型船舶进港须召开船前会，须制定引航方案，引航站站长、操作引航员、码头业主、船舶代理均须签名以示负责。2008年3月29日，5万吨级远洋集装

集装箱船“希德伯格”轮（长度258米，宽度32.2米，进港吃水9.41米，总吨位5.3万吨，总载箱量2700标箱）在靠泊广澳港区2号泊位（刘伟 摄）

箱班轮“希德伯格”轮（长度258米，宽度32.2米，进港吃水9.41米，总吨位5.3万吨，总载箱量2700标箱）首次被引领进入汕头港广澳港区。

法国达飞轮船集团赠送汕头港引航站的匾额（2010年10月28日）（江岱汕 摄）

2008年9月13日，“达飞茉莉花”轮（长度262米，吃水8.6米）由邱慧敏引领，安全进靠广澳港区集装箱1号泊位。2008年共安全引领进出广澳港区的大型船舶265艘次，其中内贸集装箱船84艘次，外贸集装箱船175艘次，大豆船6艘次。

集装箱船进广澳港区（2008年）（林利强 摄）

八、开拓海门港区引航工作

1.海门港区大明液化气码头的船舶引航

海门港区大明液化气码头建成后，引航站领导、技术骨干与港口管理局有关科室人员一起到码头进行实地考察，并向业主单位收集码头、航道的有关资料，为引航工作做好准备。

2008年11月11日，液化气船“纳土纳”轮（长度96.6米，吃水4.85米），由邱慧敏引领，安全进靠海门港区大明液化气码头。

2.华能海门电厂码头的船舶引航

2009年1月8日，装运两台桥吊的“振华22”（长度228.5米、吃水8.0米），由邱慧敏引领安全进靠华能海门电厂码头，站领导林璜等及电厂主管领导一早就到码头落实船舶进港靠泊准备工作，及时指挥清理港内碍航的工程船和小浮标。

2009年3月9日，第一艘运煤船“浙海507”轮（长度178米、吃水10.0米）由邱慧敏引领，安全进靠华能海门电厂码头。

华能海门电厂码头（华能海门电厂 提供）

九、培养引航员新生力量

2007年，汕头市委市政府吹响了十年大发展的号角，“以港兴市发展战略”和“用十年时间把汕头港建设成为东南沿海亿吨大港”的战略目标推动了汕头港的发展。随着汕头港引航站引航业务的不断拓展，汕头市港口管理局和汕头港引航站领导着手培养引航员新生力量的工作，以公开、公平、公正的原则和方式方法招聘引航员培养对象，并着力加强引航员培养过程的督导和管理，以确保培养引航员新生力量的素质和质量。

2007年7月，汕头市港口管理局在网上公布招聘具有航海资历的引航人才信息。2008年10月9日，由蔡伟杰局长亲自主持，局、站两级领导班子成员参加，逐一对到场的3名远洋船舶驾驶员进行面试。经认真筛选，由局长办公会研究决定，录取毕业于大连海事大学且持有海船A类二副证书的林利强和邱楚生作为引航员培养对象。

对受聘的引航人才，局、站两级领导都相当重视，一方面力所能及地安顿好他们的生活。另一方面，着手向海事机构办理助理引航员证书，开始引航员新生力量培养的工作。培养引航员的工作沿用“师带徒”的方式，安排两人轮流跟钟礼智和邱慧敏登轮学习，钟礼智退休后，就安排史晓宇接手带班工作。

邱慧敏（梯上前者）带领史晓宇（梯上中者）和林利强（梯上后者）完成“希德伯格”轮引航作业（2008年3月29日）（刘伟 摄）

史晓宇（右）带领林利强（左）正在引领“东平山”轮（长度195米，吃水10.3米）靠珠池2号泊位（2010年3月31日）（刘伟 摄）

同时，站、科两级领导加强对实习引航员的督导工作，要求他们每季度写一篇心得报告。从生活、技术、作风、思想品德等方面严加要求。

根据汕头港引航发展的需要，2009年6月，汕头市港口管理局在网上公布招聘2名引航员，有计划按步骤培养汕头港引航员新生力量。汕头港的发展前景以及汕头港引航站取得有目共睹的成绩，吸引了8名有志者报名应聘，其中3名持有海港二级引航员证书、4名持有海船甲类船长证书和一名持有海船甲类二副证书。港口管理局研究决定，于2009年8月24日，对3名持有海港二级引航员证书应聘者进行笔试（上午）和面试（下午），挑选其中两人作为引航员培养对象。蔡伟杰局长对引航员的招聘工作给予高度重视，亲自带领局党组成员陈晓峰、曾仕娟、洪理智、周江泉、局办公室主任邱子芳及引航站领导林璜、赖在生参加招聘引航员面试会。

第五节　跨世纪的汕头港引航取得新的突破[6]

一、引航员队伍技术水平的提高及人才流动

1.引航员培训和晋级

1999年，一级引航员钟礼智和林建平先后参加交通部在深圳组织由明

华——上海海运学院合办的特大型船舶模拟操纵培训班的学习。

1998年4月、2001年9月和2002年4月，林建平、邱慧敏、林武荣三人先后晋升一级引航员。

1999年10月和2000年10月，陈汉林、王红星先后晋升二级引航员。

2002年10月，钟礼智和林建平经全国船舶系列职称评审委员会评审合格，获得高级引航员职称。

2003年11月至2004年1月,陈汉林经交通部海事局在青岛远洋船员学院举办的一级引航员适任培训、考试和评估，于2004年4月4日取得一级引航员证书。

2004年11月，8名在岗的所有三级引航员（赖在生、张曙明、史晓宇、王春山、王有良、符仕龙、孙宝发、陈伟明）全部通过汕头海事局组织的培训、考试以及实操评估之后晋升为二级引航员。汕头港引航站的引航技术水平再一次得到提高。

2008年1月，林利强、邱楚生2名远洋二副受聘到汕头港引航站学习引航。

2005年11月、2009年元月，一级引航员林闻水、高级引航员钟礼智先后退休。

2008年10月至12月，史晓宇、张曙明、王有良经交通运输部海事局在上海海事大学举办的培训、考试以及评估之后，于2009年3月2日，取得一级引航员证书，5月1日起开始独立引航工作。

2009年10月8日，二级引航员陈伟明通过汕头市港口局组织的笔试及面试，重新回到汕头港引航队伍，经过近2个月的跟船见习，于12月1日起开始恢复独立引航工作。

经引航站站长林璜的多方努力和争取，助理引航员林利强、邱楚生2人提前于2009年10月至11月，参加了交通运输部海事局组织的在上海海事大学举办的三级引航员适任培训、考试和评估，于2010年5月6日取得三级引航员证书，6月1日起开始独立引航工作。

2010年6月6日至8月11日,赖在生参加了交通运输部海事局组织的在大连海事大学举办的一级引航员适任培训、考试和评估。

2010年8月30日至9月10日,在岗的8名引航员分四期（邱慧敏、林利强，史晓宇、邱楚生，陈汉林、陈伟明，张曙明、赖在生）参加了广东海事局在广州黄埔举办的引航员VTS知识培训班。

2.引航员的适度流动

1990年代末，随着汕头港内、外主航道的开挖浚深和码头硬件设施的建设，抵港船舶日趋大型化，大型煤船、集装箱船、矿粉船逐步取代了中小型杂货船，抵港船舶吨位不断增长，而数量却逐步减少，一大批年轻引航员成长起来之后，出现了僧多粥少的局面。1999年至2003年，引航员人均月引航量仅为10艘次左右，加上国内其他港口急需引航人才，从而促成汕头港年轻引航员的适度流动。

从1999年至2009年2月，汕头港17名引航员中有2人退休、2人辞职、7人调离、1人请假（见附录三《汕头港引航员名单》，其中8名引航员分别前往漳州、深圳、天津、湛江、惠州、莱州等港引航站工作），在职独立工作引航员剩下5名。

二、引航设备的提高

汕头港引航站针对汕头港及其附近水域通航条件的特点，积极探索和收集各种资料，不断研究适应新形势下港口发展以及抵港船舶日趋大型化所需要的引航新方案，加大引航科技投入，把引航新技术、新设备应用到引航生产上来。

1.引航员利用船上GPS定位系统和APAR雷达信息，组合使用，设置导航线、避险线，判断风流压差及船速变化，正确掌握被引船的船位。

2.引航员利用船载DGPS、电子海图、AIS导航系统进行导航。

3.2005年，引航站投入2万多元为交通船“汕港引4”安装雷达一台，为雾航安全提供有力保障，提高引航海上交通接送能力，服务港口生产。

4.2006年，引航站总共投入30万元购买三台大连贝斯特DGPS引航导航系统，分期付款，分三批交付使用。在条件许可的情况下，引航站还规划继续配套GPS基站建设和引航电子管理系统建设。

2010年8月，引航站与大连贝斯特签订协议，再购买3套改进型DGPS引航导航系统。

5.在引航员不断学习科技新知识的同时，引航站进一步强调人机沟通工作，使新的设备充分发挥其应有的功能。在使用过程中，引航员积极主动收集有关的数据，校对电子设备与陆标船位的误差，反应灵敏度、局限性和可能出现的异常状况，确保引航安全。

三、引航尺度不断突破

1990年代后期，汕头港建设取得可喜的进步，引航工作也得到长足的发展，引航技术跨越一个又一个的高峰。

汕头港马山港区投产后，到港船舶以“红旗”轮为主，该类船型长度165

米，满载吃水9.5米。随着华能电厂用煤量的增加，到港船舶尺度不断增大，“宁安”轮长度185米，满载吃水10.3米。随后又更换“山”字类船舶，该类船舶长195米、吃水达10.5米。

汕头港马山港区（华能汕头电厂 提供）

汕头港珠池深水港区从2001年开始出口散装萤石粉。2001年6月23日，到港最大船舶“河北发展”达到7万吨级，长度为255米。2001年10月22日，装萤石粉一次出口量最大达4万吨的“金昌”轮长度224.55米，吃水9.5米。在引航员的努力下，都安全地进出港。

汕头港珠池深水港区（刘伟 摄）

珠池深水港区二期投产，抵港集装箱船“向”字号和“河”字号长度也从120米逐步增大到165米、178米、188.8米、191米，吃水也从8.5米增大到10.3米。

广澳港区从杂货船到运豆船、运煤船，船舶长度从100米左右突增到180多米，吃水从7米左右突增到10米左右。远洋集装箱班轮航线开通后，到港船舶尺度再次突增，至2009年6月，船舶最大长度达到264米（2009年6月2日，“达飞牙买加”轮，长度264米，吃水10.2米），最大吃达到11.6米（2009年12月5日，“达飞维纳特”轮，长度240米，吃水11.6米）。

惠来靖海粤电码头的运煤船，从4万吨级提高到7万吨、10万吨级。2009年

4月17日，10万吨级的“畅明洋”轮（长度246米，吃水13.3米），装货85560吨，由邱慧敏引领，安全进靠惠来靖海粤电码头，这是汕头港引航站首次引领10万吨级超大型船舶。

汕头海门华能电厂码头和汕尾红海湾海粤电码头的运煤船，也是从4万吨级提高到7万吨级。

四、三超（超高、超宽、超深）船舶引航技术的突破

1.装运桥吊的专用船舶进港

1990年代中期起，汕头港开始建成万吨级以上深水泊位，大型桥吊随之不断装船抵港，从1997年起到2009年初，先后共到港7艘次。

装运桥吊的专用船舶都有共同的特点：水上高度大、装载宽度大、吃水大、排水量大、操纵保向性能差等特点。这些专用船舶通过主航道受水深、底宽的限制，通过海湾大桥受桥高和拱垂的限制，进入港池还受有效水深范围和潮流的限制，破解这些难题，都是引航技术新的突破。

1997年3月2日，“振华2号”装运两台桥吊进国际集装箱码头，该船长度244米，船宽32米，龙骨上最大高度55.6米，这是当时抵港最大的船舶。引航站专门研究安全引航方案，主操引航员钟礼智亲自到港外锚地登轮测量高度，以确保该船能够万无一失安全地通过海湾大桥。在充分考虑了各种因素之后，将该轮的吃水调至8.5米，在1.4米潮位通过了港外航道最浅航段。接着减速航行，拖延时间给船上压水，将吃水调增至9.0米，在潮位1.0米时，以1.2米的净空高度余量通过了海湾大桥。随后，沿港内临时航道进入国际集装箱码头前350米直径范围的港池，在3400匹马力、980匹马力和600匹马力三条拖轮的协助下，准确定位，抛下了船尾左右双锚，各出150米，以抵抗涨、落流的压力，而后再抛下船头双锚，各出75米，成倒八字，控制船身和余速，船首以90°角顶靠码头，再配合绞缆，对准接卸档口，合理地配置拖轮，不断调节推力，使该轮在整个接卸过程艏向变化没有超过10°，确保了桥吊接卸的安全。这是汕头港首例大船以船头顶靠码头的引航操作。

2003年6月8日，“振华3号”载运一台桥吊进珠池深水港区二期泊位。该船长度225.8米，船宽40米，装载宽度98.5米、龙骨上最大高度56米。在充分了解该船的装载数据后，主操引航员钟礼智认真核对港内外主航道、港区通航水域水深，海湾大桥水上净空高度及跨度拱垂等资料，充分考虑到海湾大桥高度随拱顶向两侧下垂而减少造成的威胁，特别注意到通过大桥时风流的影响等，安排好进港各环节的时间控制。站领导精心组织，在与船方代理充分沟通的基础

"振华3号"通过汕头海湾大桥（2003年6月8日）（刘伟 摄）

上，作出周详的引航方案，经过汕头港务局、汕头海事局批准后，取得船长的认同和支持配合，确保该船引航安全。当天09时，由钟礼智主操、邱慧敏协助，"振华3号"的吃水调至9.25米时起锚开始进港，在潮位约1.6—1.5米时通过港外主航道。11时航行至鹿屿水道外端顶落水流抛下双锚，各出链5节，在3艘大马力拖轮的协助下控制船位，大船加速压载，并等候潮位的下降。该轮吃水调至10.0米后，12时起锚驶入鹿屿水道，13时，潮位为1.10米时该轮以1米左右的净空高余量通过了海湾大桥。随后，船上加紧泵出压载水，吃水减少至9.5米，安全进入珠池港区的港池。14时，在拖船的协助下，右舷平靠珠池5#泊位。这是超高、超宽、超深船舶进入汕头港的一次历史性突破，分三段调整吃水通过受限水域是汕头港引航操作新的技术典范。

2.超吃水船舶出港

汕头港外航道开挖浚深后，由于泥沙下泄、港内小挖泥船抛泥不规范、台风和东北季风的影响，以及维护水深的挖泥船能力及工艺的限制，外航道的回淤很快，平均每月回淤约20—30厘米，维护工程的费用很大。为了满足大吃水船舶及时进港，引航站充分挖掘潜力，利用浮泥层水深，同时减小船舶富裕水深，发挥引航技术，确保船舶进出港安全。经过长期的实践，基本上以低频水深+90%高潮潮高-50厘米富裕水深确定进港船舶吃水，考虑到防沙堤头附近由于地形、海底地貌的变化引起流向、流速的变化，引航员们不断总结经验，掌握大吃水船舶在横流压较缓时刻经过防沙堤头进出港，取得大吃水船过汕头港外主航道引航技术的突破。

2000年4月5日，"泰昌"轮（长度224米，出港吃水9.5米）装载41000吨萤石粉出口，创造汕头港有史以来的两个突破——进港最大的一艘货轮，批量最大的一宗出口货物。

2001年10月中旬，"金昌"轮（长度224米，进港吃水6.8米，出港吃水9.5米）到汕头港装萤石粉，装货量40136吨，创造汕头港有史以来装货速度最快、挑战出港船舶富裕水深最小的新纪录。这是当时汕头港历史上单船出口货量最多的一次。

由于刚受台风的影响，维护水深 -9.0米的港外主航道严重回淤，港外主航道5号、6号灯浮前后及7号灯浮转向航段的中心航道80米宽范围内水深仅剩 -7.0米左右，加上2.3米左右的潮高，水深无法满足“金昌”轮吃水9.5米时安全出港。汕头港挖泥船“汕港浚8”全天候作业都难以完成水深维护任务，而当时国内挖泥船的任务都很满，无法来汕帮忙，时间也很紧，调船来不及。为了保住汕头港出口莹石粉业务，满足货主的要求，避免退货造成汕头港务集团的经济损失以及影响汕头港的声誉，确保“金昌”轮按计划装货安全出口，引航站针对航道水深严重不足，挑战引航极限，一方面做好安全引航的准备工作，另一方面积极与上级和相关部门联系，为领导和相关部门出谋献策，同时给引航员做减压工作。

港务局陈刚副局长和蔡伟杰副局长对“金昌”轮的安全引航工作高度重视，分别主持会议，分析可挖掘的潜力，布置航道浅点突击疏浚、制定引航方案、码头准备工作及掌握“金昌”轮的船舶动态。

10月18日下午，汕头港务局局长温锡通（兼港务集团董事长）亲自主持召开港航协调会，研讨解决一系列难题。会议决定：1、“金昌”轮一到即马上引领进港，外代和港务集团相关部门提早办好有关手续，尽早开工装货；2、疏浚公司全力扫浅，争取外航道水深达到 -8.0米以上，并拿出水深图。3、各单位领导现场指挥，集中全力抢装，同时做好后勤保障工作，争取“金昌”轮在近期最高位潮位2.3米（21日下午）开航，实在不行，22日下午一定要开航；4、掌握气象情况，做好每天下午东北季风起大风的应急预案。

10月19日上午，“金昌”轮一抵港，就由主任引航员钟礼智引领进港，安全靠上珠池1—2号泊位。温锡通局长一早就到码头守候，各部门各单位分头行事，落实协调会精神。

10月21日，“金昌”轮预计晚上完货，下午由蔡伟杰副局长主持引航安全协调会，解决尚未解决的问题。

10月22日上午，温锡通局长主持“金昌”轮航前会，落实该轮开航准备工作，并就引航站提出的建议和港务集团业务处反馈的问题作出指示：1、“金昌”轮出口要万无一失，安全出去；2、出口时，保证没有别的船进出航道；3、派出老练的、技术好的引航员，保证走航道中心；4、港务集团陈乙海总经理和港务局港管处林溪河处长带队，到汕头海事局协商“金昌”轮安全开航事宜。

随后，港务局和港务集团一帮人马上到汕头海事局商讨“金昌”轮安全出港方案。

10月22日13时，汕头海事局陈新流局长亲自主持“金昌”轮开航安全协调会。会上，各单位通报了“金昌”轮各方面情况及各自的意见之后，主任引航员钟礼智也表达了自己的看法。最后，在各项应急措施确定之后，会议决定“金昌”轮按计划争取在最高潮位时通过外航道出口。

10月22日15时，“金昌”轮由一级引航员钟礼智主操，三级引航员赖在生协助，按计划离泊开航。港务集团派出“引5”护航，其他拖轮在四公司候命，汕头海事局派出二条警戒船，一条在港内，一条在港外清道戒备。汕头海事局通航处陈水北处长在海事局值班室协调，及时上报下达通航情况，另派处长助理翁创伟到妈屿岛验潮站实时掌握潮位，及时通报引航员。

10月22日16时，到林百欣广场参加汕头经济特区成立二十周年庆典活动的温锡通局长提前退场，赶到引航站坐镇，全程关注“金昌”轮出港的情况。

在钟礼智的精心引领下，“金昌”轮过港外主航道7号灯浮转向时蹭了两下底，接近5号灯浮时船速从4节左右骤降至1节不到，钟礼智果断运用车舵扭动船体，“金昌”轮拖底而过，终于安全驶出外航道。温局长对“金昌”轮安全出港表示祝贺，同时对引航员表示感谢。

这是汕头港史无前例成功挑战引航极限的典型例子，是在港口经济形势比较困难的情况下，各级领导高度重视，引航员认真负责的结果。当日天公亦作美，在“金昌”轮出港过程中，东北风约5级，风平浪静，这种天气情况给潮位带来了约20厘米高的增水（妈屿岛验潮站实测结果），同时减少船舶通过航道时的风压，给安全引航操纵带来难逢的有利条件。当“金昌”轮到达1号、2号灯浮，引航员离船时大风突起，风力达7级，但紧张的时刻已安然过去了。

五、榕江引航的突破

1999年汕头港引航站恢复榕江引航之后，引航业务迅速发展，申请引航的船舶不断增加，而且尺度越来越大。为适应榕江引航发展的需要，在资深引航员的带领下，年青引航员积极跟船学习，很快掌握航道水深、弯头操纵特点和避让渔船、渡船、浮筒的要领，经一年多的磨练，大部分三级引航员能江海直达，将长度120多米、吃水7.0米以内的船舶引领到渔湖码头，而且逐步开始榕江全夜航。

为满足电厂用重油的需要，地都润丰油库大批量进口重柴油，大型油轮接连抵港，引航站急货主之所急，提出安全引航方案，充分利用潮水，最大限度提高船舶进港的吃水量，又保证这些船重载和空载都能安全通过礐石大桥。

2000年7月21日，在林建平的引领下，3万吨级的大型油轮“学府”轮（长度192米，吃水6.9米），安全从港外引航锚地被直接引领至地都润丰油库码头，创下进榕江船舶最大吨位的纪录。

2001年10月19日，渔湖冠盛油库开业，为满足业主方提出船油及时到泊，参加开业典礼，在揭阳海事局南河海事处的协助下，邱慧敏将长度106米、吃水6.8米的“浙舟油226”轮，于当天19时30分安全引靠冠盛油库码头，受到各方面的好评，同时开创到达渔湖冠盛油库码头夜航的先例。

六、发扬传统　抢险救助

2004年底，汕头港外导流拦沙堤加高加固和CD段潜水堤建成明堤工程完工后，拦沙堤外侧的浅滩有沿着拦沙堤外移的趋势，拦沙堤头附近的绕堤流发生明显的变化，流压增大，流向变化非常复杂，拦沙堤头外1000米附近成为新的船舶搁浅多发地带。

汕头港引航站发扬传统，多次及时向在汕头港和榕江发生搁浅的船舶伸出援手，抢险救助，帮助船方脱险解难，也确保了汕头港水域安全畅通。

1999年12月16日，“苏鹤”轮（长度120米、吃水7.3米）船长自航进港，在搁浅多发地带——港外6号灯浮附近搁浅。在强东北季风作用下，船长自脱失败后申请引航协助脱浅。一级引航员钟礼智经现场勘查，认真计算浮力损失和脱浅所需的动力后，考虑汕头港仅有的拖轮“引5”、“引1”、“引2”、“穗救301”总拖力不足，故采用“引5”将“苏鹤”轮的锚运往计划脱浅的方向抛下。12月17日在脱浅操作时，拖轮、大船开车用舵、同时绞锚多举并下，“苏鹤”轮成功脱浅。这是一次在脱浅拖力不足的情况下，选择风、流适当的时机，使用拖轮、大船车舵，并成功运用大船双锚脱浅的引航技术突破。

2006年9月4日晚上20时45分，巴拿马籍油轮“多利娜”轮（长度126米、吃水8.25米、船上有棕榈油9000吨）开航至港外5号灯浮时突然发生机舱爆炸起火，船上主机失去动力，全船电力中断，船舶失控，堵塞航道，情况十分危急。该轮引航员邱慧敏一方面协助船长清点疏散人员，然后密封机舱并启动二氧化碳灭火系统灭火；另一方面向引航站林璜书记汇报情况，并现场调请过路的拖轮“冠工拖111”协助控制船位。

汕头港引航站领导接报后立即启动安全应急预案。汕头市港口管理局领导火速赶往珠池港区坐镇指挥，蔡伟杰局长果断决定：1、引航船及时把二位受伤船员接到岸上救治；2、马上协调安排大马力消拖两用拖轮出港协助“多利娜”轮控制火情并尽早将其拖离主航道、到安全的地方抛锚。

“多利娜”轮在失控状态下受强涨潮流的作用搁浅于主航道西侧，阻碍主航道的通航。汕头海事局江德亮局长马上主持协调会研究进一步脱浅方案，增派港内马力最大（6000匹）的海上救助船“南海救159”前往施救。晚上12时许，“多利娜”轮终于脱险，被拖往引航锚地抛锚，机舱火情也得到控制，确保了主航道的通航安全。2006年9月5日的《汕头都市报》和9月6日的《汕头日报》都对该事迹进行了报道。

第六节　跨世纪发展的汕头港[7]

一、《汕头经济特区港口管理暂行规定》

1996年3月，全国人大八届四次大会通过，赋予汕头经济特区立法权。

邱慧敏在引领船舶出汕头港（刘伟 摄）

1999年1月12日，汕头市人民政府发布“第25号市长令”，发布施行《汕头经济特区港口管理暂行规定》。该规定第四条规定：“汕头港务局是市人民政府主管港口事业的主管部门，行使港口管理当局的职责，具体负责组织实施本规定。”第三十五条至第四十条，对船舶申请引航、引航机构的管理、职责、引航员从事引航，港口经营人对引航所负的职责、引航费收取等都作了相应的规定。

二、汕头港的航运

1999年后，进口合板、钢材、塑料粒、石头等大宗货物已基本退出汕头港。到港货物主要有电煤、大豆、集装箱和液化气、化工品，出口货物主要有萤石粉、建筑陶瓷等。2000年全港完成吞吐量1284万吨，到2008年，汕头港吞吐量达到 2806万吨，71.9万标箱。

邮轮“奥玛Ⅲ”号准备靠泊汕头港客运站（刘伟 摄）

汕头港区的主要通航航线除了内贸的南北航线电煤船和集装箱班轮外，外贸有韩、日及东南亚集装箱班轮航线。还有零星的香港——汕头海上邮轮航线，到港邮轮有“奥玛Ⅰ”、“奥玛Ⅲ”、“亚洲之星”等。

2002年，广澳港区开始接卸来自美国及深圳中转的大豆船。

2005年，广澳港区开始接卸进口到梅州的中转煤。

2007年底至2008年初广澳港区先后开通南北集装箱和地中海、中东远洋集装箱班轮航线。华美油脂公司接手中星油脂公司后，2008年底，远洋大豆船又恢复到广澳港区卸货。

2006年，广澳港区停止接卸梅州中转煤之后，梅州中转煤仅小部分转到汕头港区四公司码头卸货。2009年初，梅州中转煤恢复大批量从汕头港进口，全部在汕头港区四公司码头卸货。

邮轮“亚洲之星”正在靠泊珠池港区2号泊位（刘伟 摄）

2009年1月18日，汕头市开通对台直航集装箱班轮航线，“东悦”轮（长度124米，吃水

海峡两岸海上直航汕头港首航仪式现场（2009年1月18日）（刘伟 摄）

游客登上邮轮“亚洲之星”号直航赴台湾旅游（2009年5月10日）（刘伟 摄）

6.5米）从国际集装箱码头首航开往高雄。

2009年5月10日，汕头市开通对台邮轮旅游航线，“亚洲之星”（长度131米，吃水8.4米）从珠池港区2号泊位首航开往台湾。

三、汕头港码头的建设

汕头港五大港区分布图（2005年）

1.汕头港珠池港区二期工程

建设规模为5个深水多用途泊位，其中2个2万吨级泊位，2个1.5万吨级泊位，1个1万吨级泊位，设计用途为钢材、杂货、集装箱等，码头岸线长900米，码头面宽36米，前沿水深-11.7米，陆域纵深约900米，设计年通过能力240万吨，于2004年10月试投产。

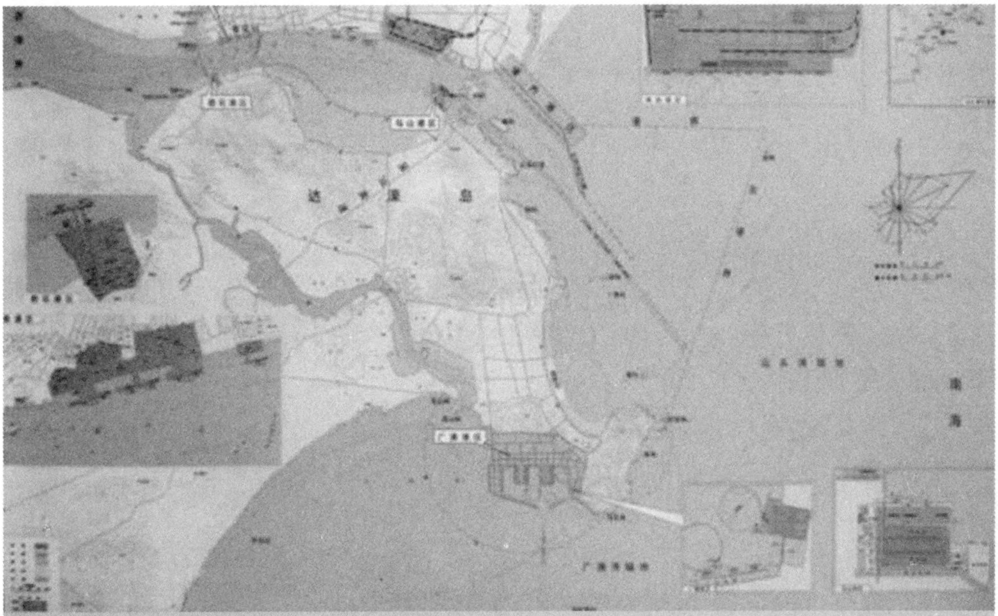

汕头港五大港区分布图（2005年）（汕头港务集团 提供）

珠池港区二期港池建成后，珠池港区成为粤东深水泊位最多，规模最大的大型现代化港区。港区拥有万吨级以上码头泊位岸线长1800米，陆域纵深900米，码头前沿水深 -11米（最终可达到-11.7米），设计年通过总能力600万吨。

汕头港珠池深水港区（汕头港务集团 提供）

2. 汕头港老港区[8]

随着汕头港逐步向广澳港区发展，汕头港老港区由于受水深条件、码头靠泊能力等诸多因素的制约，其港口功能和作用日渐退化。2006年12月起，汕头港老港区原港务集团一公司1—6号泊位全面关闭停产，码头随即核销。

3. 加德士3号泊位

加德士海洋燃气能源公司3号泊位位于广澳角南端，面向南海，为敞开式液化气码头。设计靠泊能力为6.4万吨级，码头总长度350米，靠泊长度250米以下船舶，靠泊船身平整处大于69米，码头走向120°/300°，前沿及调头区设计水深-14.0米，于2001年建成投产。

4. 广澳港区一期工程

广澳港区一期工程是在原起步工程240米长码头面的基础上向北延伸435米，预留段长147米，规划建设二个5万吨级泊位，前沿水深-15.0米，年通过能力150万吨。

经交通部批准，码头水工工程于2002年11月18日开工建设。2006年底完成其中一个码头泊位主体工程240米及安装二座岸上桥吊。第二个泊位由于广澳渔船避风塘的问题工程进度缓慢。码头前沿水深达到 -12.0米，港池、航道水深 -11.0米。2008年，为了开拓大型远洋集装箱班轮航线，经引航站建议，港务集团将进口航道第一段向西拓宽100米，水深 -10.5米，第二段向西拓宽至140米，水深 -11.0米。

5. 华能海门电厂一期工程码头

2009年3月，华能海门电厂一期工程码头1号泊位交工验收，码头以5万吨级立项、按15万吨级结构设计。码头长度305米，码头前沿水深 -18.6米，调头区水深 -14.8米，主航道水深 -15.3米，都是按10万吨级港池、航道施工。主航道长度5.4公里。[15]

6. 海门大明液化气码头

2008年10月，海门大明5000吨级液化气码头试运行。该码头长度150米，靠泊码头面长度97米，码头前沿水深 -6.7米，港池水深 -6.0米。

四、汕头港航道及拦门沙整治二期工程

汕头港外主航道是汕头港的咽喉和命脉，主航道是否畅通，直接关系到汕头港的发展和汕头港口经济的发展。

汕头港外主航道及拦门沙整治二期工程在一期工程的基础上，进行外导流防沙堤的加高加固和航道的浚深拓宽，航道通航能力由2万吨级提高至3万

吨级。

项目建设内容包括两部分：

一是外导流防沙堤的加高加固，工程加高加固总长度6100米，CD段潜水堤建成明堤。AB段1250米、BC段2100米加固，于2001年5月22日开工，12月26日竣工；CD段2750米加高加固，于2002年8月6日开工，2004年12月28日通过验收。

二是外主航道拓宽、浚深。原来底宽120米、水深 -9.5米的2万吨级航道底宽拓宽至150米，水深浚深至 -11.0米，建成3万吨级航道。该航道工程于2005年11月10日顺利竣工，3万吨级船舶满载、5万吨级船舶可乘潮进出汕头港。

五、汕头港导助航设施的建设[9]

随着汕头市区建设的发展，由于用地原因或建筑遮蔽，港内2号导标于1997年9月9日完全拆除，3号导标的后标于2003年11月6日停止使用。

1997年7月1日，已使用了117年的鹿屿灯塔完成了它的历史使命，停止发光，航标部门在其后一点的位置新建一座功能更好的灯塔投入使用。

1998年9月，在鹿屿岛上建成DGPS差分基站和一对天线组，投入调试试用，1999年9月15日正式投入使用，为附近航海者提供更准确的定位数据。

2005年底汕头港外主航道整治二期工程完工后，汕头港航道水上灯浮相应调整，灯浮编号从外往里编号，总共布设16座。港外灯浮从7座增加到10座，原来港内1号灯浮改为11号。

2008年5月，港内3号导标改造成先进的扇型单灯导标。

2009年6月，汕头港内航道灯浮调整位置并增设4座。航道灯浮全部改为同步闪。

六、汕头港启用港口生产调度专用电台

2000年2月14日，汕头港务局发出《关于汕头港口生产调度专用电台业务启用及有关事项的通知》（汕港[2000]05号），汕头港集中设立生产调度专用电台（简称：汕头港电台，SHANTOU PORT RADIO），守听、呼叫频道CH10，工作频道CH12、CH18。按交通部规定，设在汕头海事局的汕头话台CH16频道为国际遇险、紧急、安全通信频道。

七、礐石大桥建成[10]

1999年2月9日，横跨礐石咀的礐石大桥建成试通车。礐石大桥主通航孔净宽200米，净空高度38米（珠基以上），限制通航高度36米。

八、《汕头市水上交通安全监督管理规定》

2009年1月3日，汕头市人民政府“第109号市长令”公布《汕头市水上交通安全监督管理规定》。《汕头市水上交通安全监督管理规定》自 2009年3月1日起实施。

《汕头市水上交通安全监督管理规定》共7章48条，其中第三章对航行、停泊和作业作出规定。第十六条对“应当向引航机构申请引航”的船舶作出规定，第十七条对引航机构和引航员作出规定。

九、广澳港区一期航道竣工

广澳港区航道规划为15万吨级，一期航道拟乘潮通航满载5万吨级集装箱船舶，航道总长度4800米。主航道方位角000°/180°，长度3800米，底宽165米，底高程-13.8米，边坡1：7；进港池连接水域航道加切角加宽，转弯半径约4倍船长，航道段长度1000米，底高程-13.8米，边坡1：7，一期航道连接水域外段存在礁盘，炸礁深度-14.2米。航道与港池水域设10座灯浮标。一期航道疏浚和灯浮标工程于2010年7月25日竣工。

参考文献及资料

[1] 参见百度百科、互动百科——《中国共产党历次全国代表大会数据库》、《建国六十周年的资料》、《改革开放三十年》、《集体记忆》、《国际金融海啸》、《四川汶川地震》

[2]参见《中国引航史》（人民交通出版社，2001年5月第一版），国务院、交通部有关法规、文件，中国引航协会有关文件、资料

[3]、[4]、[5] 、[6]、[7]参见交通部、汕头市、港务局（港口局）、汕头港务集团、引航站相关文件、资料，汕头港引航站相关记录，相关码头、航道水深图，有关人员访谈录

[8] 汕头港务集团提供的资料

[9] 汕头航标处提供的资料

[10]汕头海事局及汕头礐石大桥管理公司提供的汕头礐石大桥通航资料

结束语

《汕头港引航史》是以中国近、现代历史为背景，以中国引航发展为主线，通过管理体制、运作方式、引航统计、引航员、引航设备、典型事迹和汕头港的建设等几个方面，从汕头港的起源开始，主要记述自1860年汕头开港至2010年9月30日止，前后150年间汕头港引航走过的历程，重点突出改革开放30年，特别是最近10年汕头港引航站勇于改革、开拓进取所取得的成绩。

在新的历史发展时期，汕头港引航站一如既往坚持“及时、安全、优质、高效”的服务宗旨，加紧自身建设，强化对外协调，不断提高安全引航和优质服务的能力，在履行“维护国家主权，为港航提供公共服务”的神圣职责上，继续解放思想，推动科学发展，努力再创新的辉煌。

附录一

1947～2009年汕头港引航机构及负责人一览表

机构名称	起止时间	隶属关系	负责人姓名	职务	任职时间
汕头引水分处	1947.3～1948.1	交通部全国引水管理委员会粤桂区办事处	霍远昌	主任	1947.3～1948.1
	1948.1～1948.5	广州航政局汕头办事处、广州区引水辅导委员会	詹德钦	主任	1948.1～1948.5
汕头引水业务所	1948.5～1948.秋				1948.5～1948.秋
	1948.秋～1949.中		沈饶生（兼）	主任	1948.秋～1949.中
	1949.中～1949.10		潘煊	主任	1949.中～1949.10
	1949.10～1950.2	汕头市军管会公用事业接管部交通处航政局	沈饶生	主任	1949.10～1950.2
引水组	1950.2～1951.5	汕头航政局		组长	1950.2～1951.5
港务组	1951.5～1952.2				1951.5～1952.2
	1952.2～1952.6		林木屏	负责人	1952.2～1952.6
引水股	1952.6～1953.1	广州区港务管理局汕头分局海港监督科			1952.6～1953.1
引水组	1953.1～1956.6	华南区港务管理局汕头分局港务监督室			1953.1～1956.6
引水股	1956.6～1959.3	汕头港务管理局港务监督室			1956.6～1959.3
引水组	1959.3～1961.10	广东省汕头专区局港务监督室			1959.3～1961.10
	1961.10～1963.1	汕头港务局港务监督室			1961.10～1963.1
	1963.1～1968.8	广州海运管理局汕头港务局港务监督室			1963.1～1968.5
	1968.5～1968.8	广州海运管理局汕头港务局生产组			1968.5～1968.8
港监小组	1968.8～1968.12	汕头港务局革命委员会生产组			
	1968.12～1969.3		刘炳辉	负责人	1968.12～1969.3
	1969.3～1972.6	汕头地区水运公司港口作业区革命委员会生产组			1969.3～1972.6
引水组	1972.6～1976.12	汕头港务局港务监督室		组长	1972.6～1976.12
引航组	1976.12～1982.2	汕头港务管理局港务监督室	余世鹏	负责人	1976.12～1982.2
	1982.2～1984.1			组长	1982.2～1984.1
	1984.1～1985.6	交通部汕头港务管理局港务监督室			1984.1～1985.6
	1985.6～1987.12	汕头港务管理局港务监督室			1985.6～1987.12
	1987.12～1988.3	汕头港务局			1987.12～1988.3
引航站	1988.3～1992.11		余世鹏（副处级）	站长	1988.3～1992.11
引航公司	1992.11～1993.3			经理	1992.11～1993.3.1（退休）
	1993.3～1995.9		林闻水（副处级）	经理	1993.3～1995.9
汕头港务局引航站（对外称汕头引航公司）	1995.9～1999.5			站长（经理）	1995.9～1999.5
汕头港引航站	1999.5～2000.10			站长	1999.5～2000.10
	2000.10～2005.3		林璜（副处级）	负责人（书记、副站长）	2000.10～2005.3
	2005.3～2007.8	汕头市港口管理局			2005.3～2007.8
	2007.8～			站长、书记	2007.8～

说明：“文革” 间，自1968年5月至1972年6月，汕头港务局撤消机关科室，成立四大组，港监引水属生产组领导。

附录二

汕头港引航站2010年9月30日在职职工花名册

站领导班子		调度室（引航科）	
站长（书记）	林 璜	主任（科长）	邱慧敏
副站长	赖在生	副主任（副科长）	史晓宇
办公室		引航员	陈汉林
主任	罗伟璇	引航员	张曙明
副主任	孙 青	引航员	陈伟明
职员	陈卫东	引航员	林利强
职员	陈冬平	引航员	邱楚生
职员	陈光智	调度员	刘世杰
职员	江岱汕	调度员	张英强
职员	林惠娟	调度员	林闻群
职员	肖寅玲	调度员	蔡两有
职员	陈桂斌	交通船队	
职员	陈武璇	副队长	彭炎东
职员	罗晓平	引4船长	陈锡明
职员	张苑瑶	轮机长	郑愈雄
职员	刘 伟	驾驶员	李顺和
职员	黄一勇	轮机员	杨如龙
司机		轮机员	李正孝
职员	许学群	水手	李锦道
职员	林铮淦	水手	陈木群
职员	郑潮华	水手	张德明

附录三

汕头港引航员名单

汕头港外籍引航员名单

外籍引航员	年龄	国籍	职务	在汕头港任职时间	证书编号	引航服务水域	发证机关
（不详）	不详	德国	领港员	1886 间			
威廉斯	不详——1891.10.23	英国	领港员	1891.10.23之前			
（不详）							
（不详）							
伍德	1937年57岁——不详		领港员兼验船师	1910.9.2～1939.6	6	汕头及附近	潮海关
史多格	1937年59岁——不详	美国		1917.5.2～1937.11	7	汕头及附近	潮海关

汕头港中国引航员名单

1. 汕头港引航站引航员名单：

引航员	毕业时间院校	出生	开始学习	三级（等）	二级（等）	一级（等）	高级	备注
梁文华						1947.3.20		1947.11辞职回广州
黎培根		1950年49岁	1945年任船长			1947.3.20		1950.4辞职回番禺
沈饶生	广东航海学校	1916年正月初三	1945年任船长			1947.3.20		1952.2 离开引航，1981退休，2001.10.15去世
黄文田	广东海军学校	1897年	1925年任舰长			1948.1		1968.10进学习班，同月病逝
林木屏	厦门集美高级水产航海学校	1911年7月廿七	1946年任船长			1947.11		1968年底下放干校劳动，1972.8 退休，1990.9.1去世
刘炳辉	1954 大连海运学院	1931.6	1955.3	1957.4	1982.12	1985.8		1987.12调离，任汕头海监局调研员，1988.3病逝
余世鹏	1954 大连海运学院	1930.6	1955.3	1957.4	1982.12	1985.8	1988.12	1993.3.1退休
廖声钦	大连海军指挥学院	1937	1979年42岁	1974				1979.7.5病逝
钟礼智	1969 集美航海学校	1949.1	1975.10	1978.2	1987.1 1	1992.1.1	2002.10.14	2009.元.31退休
林闻水	1969 集美航海学校	1948.8	1978.3	1980	1987.11	1992.5.28		2005.11病退
陈新流	1968 大连海运学院	1945	1978.3	1980	1987.11			1987.12 调离，任汕头海监局（海事局）局长，2005年底退休
林武荣	1985 武汉河运专科学校	1962.4	1986.4	1987.10	1993.2.1	2002.4.9		2004.11 调往深圳港引航站
林建平	1987 大连海运学院	1965.1	1987.12	1990.7	1993.9	1998.4.21	2002.10.14	2005.8调往惠州港引航站

续上表

邱慧敏	1985 广州海运学校	1963.2	1987.8	1990.7	1994.8.15	2001.9.21		1996 大连海事大学函本毕业
肖少强	1987 上海海运学院	1964.2	1988.12	1990.7				1999.5 调往航供公司
王红星	1989 武汉河运专科学校	1964.10	1991.7	1993.8.23	2000.10.16			2002.1 调往漳州港引航站
陈汉林	1990 集美航海学院	1968.7	1991.7	1993.8.23	1999.10.18	2004.4.27		
郑少波	1989 武汉河运专科学校	1966.2	1992.1	1995.1.23	1999.10.18	2007.7		1991.1 从珠海海事局调入，1997.8 往潮州港引航公司
赖在生	1987 上海海运学院	1965.10	1994.1	1995.1.23	2004.11.2			1994.1 从广州远洋公司调入
张曙明	1984 广州海员学校	1964.5	1995.3	1997.10.28	2004.11.2	2009.3		1991 毕业于青岛远洋船员学院，1995.3 从汕头化工石油气公司调入
史晓宇	1993 大连水产学院	1969.10	1995.2	1997.10.28	2004.11.2	2009.3		
王有良	1993 大连水产学院	1970.2	1995.2	1998.4.9	2004.11.2	2009.3		2007.8 请假
王春山	1993 大连水产学院	1969.5	1994.11	1997.10.28	2004.11.2	2009.3		2007.1 调往天津港引航站
孙宝发	1993 大连水产学院	1971.2	1994.11	1998.4.9	2004.11.2	2009.3		2005.3 调往天津港引航站
符仕龙	1993 大连水产学院	1970.8	1994.11	1998.4.9	2004.11.2	2009.3		2005.11 调往湛江港引航站
雷明光	1995 上海海运学院	1970.10	1996.9	1998.12.7	2004.11.2	2009.3		2003.11 调往湛江港引航站
陈伟明	1995 集美航海学院	1974.12	1996.9	1998.12.7	2004.11.2			2007.辞职，2009.10.8 应聘返回
庄贤生	1995 集美航海学院	1975.7	1996.9	1998.12.7				2004.12 辞职
林利强	2001 大连海事大学	1979.1	2008.2	2010.5.6.				2008.1 从香港远洋公司调入
邱楚生	2005 大连海事大学	1980.7	2008.2	2010.5.6.				2008.1 从中海广州分公司调入

2.汕头航政局港务监督引航站引航员名单

引航员	毕业时间、院校	出生	开始 学习	三级 （等）	二级 （等）	一级 （等）	高 级	备 注
李正容	1953 汕头商船学校	1934	1963	1964.8	1983.11			1998.9.8 退休
林式炳	1968 集美航海学校	1949.1	1983	1989.2	1993.11			2001 任汕头海事局榕江处通航科科长 2003 年退休
孙涌新	1987 广东航运学校	1967.10	1989	1995	2004.11			2007 任汕头海事局指挥中心主任，2010 年 9 月调任汕头海事局监督一处处长

3.汕头粤东引航公司引航员名单

引航员	毕业院校	出生	开始学习	三级（等）	二级（等）	一级（等）	高级	备 注
陈文华	1990 广州航海高等专科学校	1970.10	1993	1995.1.23	1999.10.18			1999.7 调回汕头海监局，2003 任潮州海事局港口海事处处长，2009.12 任潮州海事局副局长
翁创伟	1994 集美航海学院	1972.9	1995	1998	2004.11.2			1999.7 调回汕头海监局，2008 任汕头海事局督察处处长，2010 年 9 月调任汕头海事局指挥中心主任
郑怀琛	1982 大连海运学院	1960.11	1982	1985.4	1987.12	1991.12	1997.7	2004.10 调往深圳港引航站
卢亚坤	1987 集美航海专科学校	1965	1987	1989.12	1992.	1998.2		2002.6 调往厦门港引航站
注：其他借调引航员从略								

附录四

汕头港引航历年引航艘次、净吨、收入情况表

项目 年份	引航艘次	净吨（万吨）	总收入(万元)	备　　注
1993	3982		457.7	其中包括交通费、拖轮费
1994	4668		828.7	
1995	3987		1090.4	
1996	4670		1371.1	其中交通费58.7万,拖轮费604.5万
1997	4682		1205.4	其中交通费62.0万,拖轮费586.2万
1998	3763		959.8	其中拖轮费551.8万
1999	2084		358.3	其中1—4拖轮费139.1万
2000	1917	422.6	204	
2001	1742	455.3	236.6	
2002	1331	561.2	241	
2003	1179	470.3	211	
2004	1220	447	238	
2005	1673	721	317	
2006	1463	938	421.6	
2007	1968	1080	481	
2008	2098	1600	597	
2009	2645	2180	1008.8	
2010.1-9月	1690	1500.3	755	
备注	按部规定，98年开始停收交通费；99年5月实施政企分设， 拖轮划归汕头港为集团集团。			

汕头港历年引航情况表

年份	引航艘次	年份	引航艘次	年份	引航艘次
1947.3—1950.3 共 2876 艘次(梁文华引航艘次无统计)		1992		2199	
1949.11—1957.11 共 2955 艘次		1993		3982	
1958	488	1975	333	1994	4668
1959	379	1976	378	1995	3987
1960	373	1977	548	1996	4670
1961	402	1978	645	1997	4682
1962	351	1979	518	1998	3763
1963	376	1980	647	1999	2084
1964	513	1981	662	2000	1917
1965	713	1982	789	2001	1742
1966	633	1983	725	2002	1331
1967	518	1984	565	2003	1179
1968	323	1985	568	2004	1220
1969	252	1986	730	2005	1673
1970	319	1987	799	2006	1463
1971	187	1988	747	2007	1968
1972	265	1989	848	2008	2098
1973	285	1990	923	2009	2645
1974	338	1991	1368	2010.1-9 月	1690

附录五

引航法规目录

引航法规名称	发布/实施时间	废止时间	发布者	备注
《防夷七条》	1744年/		澳门海防同知印光任	
《防夷人章程》八条	1834年/		两广总督李鸿章	
《中国引水总章》	1868年10月27日/次年	1933年8月	清朝海关总税务司年度第30号通札	
《汕头口引水分章》	1868年10月/		潮海关	
《地方规则》	1868年10月/		潮海关	1913、1914、1915、1923年修定补充
《汕头港务章程》	1913年8月13日		潮海关	
《引水管理暂行章程》	1933年8月		国民政府	
《引水法》	1945年9月28日/1946年4月1日		国民政府	
《引水人员登记办法》	1945年12月4日		国民政府行政院	
《雇用外籍引水人管理办法》	1946年初		国民政府行政院	
《引水法实施细则》	1947年9月22日		国民政府交通部	
《引水费率暂定规则》	1948年1月		全国引水管理委员会	
《汕头港务暂行章程》	1951年9月	1959年1月	汕头航政局	
《海港引水暂行通则》	1953年11月23日	1958年8月	中华人民共和国（下同）交通部	
《汕头港港章》	1959年1月20日		汕头港务管理局	1963年4月修订
《海港引水工作的规定》	1959年12月9日/1960年1月1日	1976年11月	交通部	
《我国沿海各港口船长自行引航的暂行规定》	1959年3月11日/1959年4月1日		交通部	
《海港引航工作规定》	1976年11月12日	1980年4月	交通部	

续上表

引航法规名称	发布 / 实施时间	废止时间	发布者	备注
《海港引航员安全操作守则》和《对现有引航员技术培训、考核、定级和发证办法》	1980 年 10 月 27 日		交通部海监局	
《海港引航员考试大纲》（试行）	1980 年 11 月 29 日		交通部海监局	
《海上交通安全法》	1983 年 9 月 2 日 /1984 年 1 月 1 日		六届人大常委会	
《汕头经济特区港口管理暂行规定》	1999 年 1 月 12 日		汕头市人民政府 1999 年第 25 号市长令	
《引航员职业道德和纪律规范》	2001 年 3 月 15 日		交通部水运司	
《船舶引航管理规定》	2001 年 11 月 30 日 /2002 年 1 月 1 日		交通部 2001 年第 10 号部长令	
《港口法》	2003 年 6 月 28 日 /2004 年 1 月 1 日		中华人民共和国主席令（2003 年第五号）	
《船员条例》	2007 年 4 月 14 日 /2007 年 9 月 1 日		国务院令 2007 第 494 号	
《引航员注册和任职资格管理办法》	2008 年 2 月 13 日 /2008 年 5 月 1 日		交通部 2008 年第 2 号部长令	
《汕头市水上交通安全监督管理规定》	2009 年 1 月 3 日/ 2009 年 3 月 1 日		汕头市人民政府 2009 年第 109 号市长令	

附录六

《汕头港引航点滴》

1985年，在中国航海学会理事长彭德清（原交通部部长）的倡议下，由交通部水上安全监督局组织编写了《中国沿海港口引航经验》，荟萃了44篇文章。其中，《汕头港引航点滴》刊登在《航海技术经验汇编》第二辑《中国沿海港口引航经验》（人民交通出版社出版，1985年6月第一版）第386页—392页。

汕头港引航点滴

汕头港　引航组

为便于互相学习交流经验，现仅就汕头港的某些特性，如水文、气象、过浅、锚泊及靠离等作如下简述。

一、拦门沙现状

汕头港是广东省东部自然条件比较优越而尚未完全开发的河口港，港口潜力很大，深槽水深在-10米以下，为万吨轮安全停泊、装卸货物、防台等提供了有利条件。由于港外拦江沙底质奇硬且水浅，进出港船舶在吃水方面受到限制。万吨轮来港，不能满载且需候潮进港。

自1858年汕头开港至今一百多年来，拦江沙滩基本上是一条天然航道。由于韩江上游长年累月带下来的大量沙泥，经潮汐和洪水不断作用，既沉积又冲刷，以及强风和台风引起的大浪淘沙，形成了一大片拦门沙浅滩。粉末细沙在水下成片凝聚，使人误认为是石头底。五十年代到七十年代前半期，二十多年间，拦门沙浅滩水深相对较为稳定，但范围有所扩大。1977年夏，自航耙吸式“汕头”号挖泥船对拦江沙进行试验性开挖，由于底硬，迫使挖泥船更换了一些耙头，足见浅滩底质坚硬程度。挖后未满三个月，由于风浪的淘刷，80米宽的深槽即告恢复原状，深度依然如旧。已进行过四次的挖泥，回淤情况相同。沙滩总的趋势是缓慢淤浅，范围明显扩大。其主要原因除了韩江上游水土保持不善，逐年带来大量泥沙外，还有港口附近大量围海造田，围堤造地，鹿屿南航道的取沙，港内抛泥等因素所造成的。据多次检测结果，浅滩长度从五、六十年代的五百米到七十年代延伸至1000米，1983年9月检测已扩展到1800米，浅点实际水深仅4米。但由于海图上对深度基准面的交代仅有简单的文字说明，而没有提供准确的数据，因此给使用者的假象是“汕头港变深了”。对此应予以注意。

二、拦门沙附近的水文气象

1. 浪高

自海外传来的浪涌，到拦江沙附近，由于水深迅速递减，因此，波长及周期较短，波峰增高。东北风季节，经常出现破头白浪，船身长度少于一百米的船航经该处，发现纵摇加剧；急落潮时，因风流相逆，激起的浪更甚。

2. 增减水

吹东北风时，港内虽能增水，但浅滩附近涌浪增大，因此对提高吃水，保证安全过浅无实际意义。吹3～4级东南风时，既能增水，涌浪又不大，有利于提高吃水。

3. 流压

以进口船为例，涨潮时，流压自右向左斜压船身，落潮时相反。

三、潮汐特点

本港潮汐属不规则半日潮。多年平均海面1.70米，平均潮差1.10米，极端风暴潮潮高5.0米，极端最低潮位0.015米，相当于现行潮汐表的潮高基准面的负值0.315米。（目前新的深度基准面和新的潮高基准面均以妈屿验潮站水尺零点之上0.33米的水平面为准，而1958年的港图是以妈屿验潮站水尺零点以下0.134米的水平面作为基准面，因此新海图的水深被误认变深0.5米）。

以农历2月及8月为潮汐转变的过渡段，每年9月至翌年1月为冬半年，3月至7月为夏半年。夏半年，高高潮出现在凌晨至天亮前后，涨潮时间长（有时可达8～9小时），潮高也较高，俗称“鸟仔叫流”。这个季节，拦江沙上风平浪静，是提高吃水、安全过浅的最好季节。但用简谐运动分析法，估计本港潮汐变化是不行的。即用1、2、3、3、2、1的简单分析法不符合本港的实际情况。大潮高潮初涨，每小时潮差约0.1米，半潮时约0.15米，高潮前1～2小时可达0.3米，因此高潮前2～3小时，流速较急。低潮在傍晚前后，潮位较低，如大潮又适逢强西南风，潮高可能接近水尺零点，即新基面的负值0.2～0.3米。冬半年的潮汐情况恰与夏半年相反，高高潮出现在午后至傍晚，低低潮在天亮前后。吹北风或西北风时，水位也可能接近零点。有“冬白早，春自夜，夏白晚，秋白午”的特点(白是低低潮的意思)。

由于汕头港内是东西向狭长水域，口外朝东南方向，每年秋、冬及初春多吹东北 — 东风。季节风和地方性的海陆风共同影响，一般午后至子夜前风力较强，涨潮时延长，而落潮时缩短，导致增水。增水值与风力大小及持续时间成正比，有时比天文潮增水可达0.3～0.5米不等；低潮的潮高可能比小潮汛的高潮潮高还要高出0.3~-0.4米。

总的来说，本港的潮汐有如下特点：

（1）5级偏东风，涨潮来得早，出现增水，落潮时缩短。

5级偏西风，涨潮来得晚，出现减水，落潮时拖长。

（2）岸边转流比航道主流早1～1.5小时。

（3）洪水季节，有水位升降，无明显涨水流向。

（4）平流约半小时。

（5）大潮汛高潮前的2.5小时内，涨潮流较急。

（6）小潮汛的落潮，尽管潮差不大，但落潮时间短，落潮流很急。

四、安全过浅注意事项

1.潮汐表的潮时，拦门沙高潮时间一般要比妈屿潮水站早20分钟左右，因此，掌握过浅时机以比潮汐表高潮时间提前半小时至一小时为宜。

2.在引航锚地附近候潮进港，风力不大，涨潮时船首向南，落潮时船首向北，潮涨至八成左右，船首向东，因该处不完全是往复潮。在这种情况下，锚泊船首向左转了近90度角，切莫误认为是落潮流而急于起锚过浅。

3.乘潮顺浪或傍顺浪进港，纵摇较小，而出港的船舶，则纵摇要大一些。因此，出口船的富裕水深应多留一些，以策安全。(曾有过N3型轮船出口时，因强风破头浪影响，富裕水深达一米，仍出现蹬底的事例)总之各船应根据本船长度、波浪周期、波峰高度等不同情况掌握富裕水深在0.2～1米之间，若遇台风长浪，还应相对增加为宜。

4.每逢台风过后或雾天，附近小渔船及竹木排云集该处，挡住深水航道；吹北风或西北风时，进出港的风帆船也因风流不顺，大批横越该处，这些船大多不肯主动避让，过浅船舶应适当控制航速。

5.拖带航行至拦江沙附近，因浪涌周期及波峰的变化，应适当调整拖缆长度，尽量使前后船同步起落，以免发生断缆事故。钢质拖缆也不宜过长，以免沉拖海底。

五、抛锚与走锚

汕头港是个临海的河口港，在船舶操纵方面，既具有海港受风影响为主的特点，又具有河港受流影响为主的特点，有时是两个特点共存。对风的影响比较易观察到而难于控制，而流水的影响是难观察到而易于控制。有时主流与岸边不仅流速不同，甚至流向相反，表层与底层的流向流速也很不一致。复杂的客观因素，给船舶操纵带来了不少麻烦。抛锚和防止走锚有人认为是最简单不过的事。曾有一位初到港的船长，进港后锚泊于7.0米深水域，松链3节入水，对引航员提醒应多松链的劝告不以为然，自以为底质不错，港口潮差不大，自然流速也不急，而且气象报告，风力微弱。出链长度已为水深的10倍以上，万无一失。锚抛妥三小时后突被一声“走锚”惊醒，匆匆跑上驾驶台，发现首尾线与锚链方向成70°交角，船已斜移了0.5海里。搁坐在浅滩上。类似情况，时有发生，甚至断链。

港内锚泊及防止走锚的体会简介如下：

1.港内现有锚地14个，自东向西排列，每个锚地只容许单船锚泊。

2.锚地回旋余地比较宽裕，一般皆抛单锚。

3.1号至4号锚地处于港内第二浅滩水域，锚泊船要受吃水限制，即1号及4号锚地容许吃水6米以下的船锚泊，2号及3号容许吃水5.5米以下的船锚泊。其他10个锚地，凡能进港的船舶均可锚泊。

4.4号锚地处于第二浅滩喇叭口附近，急落潮时，表层与底层流流速流向常不一致，锚泊船漂荡较剧，要防备走锚。

5.8至11号锚地为作业锚地。9号锚地以东为海底电缆禁锚区，西有7号系船浮筒的限制。因此抛锚点要准确，在未设锚标之前，以视北岸黑色大水塔与岸边港口13号仓库屋顶西端串视为抛锚点(亦可参视信号杆)，或以南岸海军信号台与宫鞋浮串视为参考，南北向以7号及9号系船浮筒开视，9号浮筒偏南为准，保持与7号浮筒错开，以防强烈东北风季节万一发生走锚时，不致压向7号浮筒。冬半年满载船顺风顺流进港泊9号锚地时，应注意控制好余速。船至4号浮标应缓速或停车淌航，摆好船位，以向右掉头为宜，至南岸海军码头正横，若发现余速太大，应提前拉倒车，至锚地附近，对地余速为零。下锚1节后，并用车舵协助掉头。船身将受到风流的冲压，对这股前冲和横压的力量应有充分估计，偶因倒车开不出或拉不住，切不能多松锚链，以免当船身横流时，产生断链事故。必要时任一节链入水拖着走或抛下第二只锚，待掉妥头后，再起锚重抛准确的位置。

6. 在10号锚地抛锚，遇到急落潮，不能待船后退才抛锚。该处水深-10米以上，海底表层为稀泥，松链1节入水，往往会发觉船身后退200～300米，仍不见锚链朝前的迹象。为此，一般以微进至抛锚点抛锚1节入水后，停车，当船略有后退趋势继续松链。此时，因流速强，船身后退速度比松链速度要快，锚链不会堆积。3节入水后，抓力已加强，链稍为拉直后，松至5节入水即可。若在4节入水时，仍感到后退速度太快。应及时进车，再松至五节入水为宜。如五节入水抛完后仍无法稳住锚位，松至6～7节也无济于事，应重抛或另移往其他锚位。

7. 11号锚地如遇洪水期或韩江上游启开闸门时，流速可达5～6节，锚泊该处常会发生走锚。

8. 12至14号锚地，处于韩江支流出口之上，不受韩江急流之扰，是洪水期的安全锚地，东北强风袭击本港时，该处风力也较小。

9. 港内锚泊船松出链长一般均为水深的15～20倍，照理可保无虑，但在急落潮或洪水期或港内吹强烈的东北风时，船身偏荡几乎近90°。任一舷侧受到的风流压将比顶风逆流的压力大4～10倍，一旦发现走锚，再松长锚链也无济于事。只有当发现船身偏荡时，及时抛下另一只减荡锚，再松长力锚链，才能稳住锚位。待转流时再绞起减荡锚，以免两链纠缠。如动用车舵，暂时稳住走锚，但必竟是权宜之计，锚爪已失去抓力，应起锚重抛为妥。

10. 港内防台时，码头泊位以及系船浮筒均不准靠泊。防台期间，所有在港船只均必须按照港口防台指挥部或港监通知移往指定锚地抗台。近年来，很少船抛串连锚，一般以抛八字锚或一点锚为主，一点锚对重载尾楼型的船效果极佳。防台抛八字锚时，应掌握时机，判断本港处于台风中心的半圆。如为右半圆则主锚为左锚，当船首朝偏东方向时可再抛下右锚，否则双锚可能发生绞缠。

六、万吨船靠小码头

港内有一座钢筋混凝土的高桩梁板式三千吨级小码头，码头缆桩系船力20至25吨，撞击力不到15吨。由于来港船舶的吨位越来越大，故万吨船经常要靠小码头。但由于码头强度不足，码头前沿长度仅100米，加上两端引桥共150米，万吨船的缆绳都难系带。因此，船长170米的万吨船要靠小码头，则必须认真解决既要靠得上、靠得拢又撞不坏码头。为此，应充分考虑潮差小，码头前沿流速比主流小，涨潮流外推，落潮流压拢，以及港内风力不超过6级等因素。靠离码头的操作应注意：

（1）重点考虑靠拢时船身施加给码头的力量，因此，控制好速度是关键。遇到吹开风或涨潮流时，应尽量支拢些；吹拢风或落湖流时，横距拉开点，车速宁可不足而不过量。

（2）其次是解决角度问题，把靠拢时点的接触，尽量控制为面的接触，把瞬间的力分散在面上。如操作无把握时，可抛下外舷锚一节，拖锚支拢。吹拢风时，锚的落点在泊位的中后，以便留有更多的余地可以拖锚走，尤其是防止最后瞬间船尾靠拢压碰码头的力量，必须使用内舷舵及前进车以资减缓压拢的速度，达到船身平靠码头的目的。

（3）速度及角度问题解决了，缆绳的布置也是重要问题。如出缆的先后次序，以及根据具体船的长度、导缆孔位置合理布置首尾缆及倒缆的走向，以便把系船力合理分摊在码头的各个系缆桩上。由于船身长度比码头要长，首、尾缆均变成倒缆或横缆，因此，必须加强前后倒缆的力量。即一般的前倒缆已变成头缆，应带两条缆分别套在前方的缆桩上；后倒缆已变为尾缆，也应带两条并分别套在后方的缆桩上。这样，码头缆桩分担受力，可保停泊的安全。吹拢风或靠落水头，不愁船身靠不拢。因此，船尾各缆务必等船身靠拢后再送上码头，以便需要动用车舵时的安全。最后对绞缆的先后缓急，或松或停，视现场具体情况而定，总的原则是要求徐徐平稳靠拢，才能确保码头和船舶的安全。

注：潮流，在鹿屿水道潮流顺水道方向流动，高低潮后1—2小时转流，涨潮流速2节，落潮流速4节。当鹿屿水道流速超过1节时，鹿屿西侧产生涡流，涨潮流时最明显；落潮时，在该水道航行，向妈屿水道方向的流压很大，至鹿屿附近才逐渐减小，应引起注意，航行中应及时修正流压。

回顾历史　启迪后人

——读《汕头港引航史》感言

余世鹏　李正容

《汕头港引航史》终于与我们见面了，作为干了一辈子引航工作的我们，感到格外的高兴。这是汕头、乃至中国的第一部有关引航的地方性历史编著，具有开创先河、填补空白的重要意义。

汕头港的引航业，是伴随着汕头港的发展而发展的，这部史书可以见证这一个过程，其中的时代风云、社会变革、人文背景，乃至鸦片战争后旧中国汕头港的屈辱，新中国诞生后，特别是改革开放后汕头港的蓬勃发展与兴旺发达的历史清晰动人。回顾历史，可以知兴废，可以启迪后人，更可以开拓未来。我们认为正是这部《汕头港引航史》出版的值得欣喜之处。

我们是新中国自己培养出来的第一代引航员，李正容是中国第一位女引航员。我们衷心感谢党和人民的培养，是伟大祖国使我们成长为出色的引航员。我们以一份强大的光荣感与责任感，克服了一个又一个的困难，把国家的引航事业和照顾小家庭做到两不误，在引航工作岗位上出色地完成各项任务，得到党、政府和人民的认可，并获得了荣誉；营造温馨、文明的小家庭，获得“汕头市十佳文明家庭”三连冠，我们衷心感谢祖国和人民，感谢伟大的中国共产党。

我们十分高兴的看到我国引航事业的蓬勃发展，十分高兴的看到了汕头港前所未有的兴旺发达。汕头的发展，未来的再创辉煌，以及在以港兴市、文化强市的过程中，汕头港的重要性将日益凸显，引航工作将大有可为，也将任重而道远，期望更多后来的同事们百倍地努力。

当好一个引航员，其实极不容易，不但要有一个健壮的体魄，要有过硬的本领，还要有一种吃苦耐劳和与港口发展共命运的精神，一份把祖国的利益看得高于一切的使命感与责任感，把“安全引航”看得比自己的生命还重要，不断改造世界观、人生观、价值观，要有崇高的理想和价值取向，才能在工作中激发巨大的创造热情、创造卓越的成绩。

我们都是七八十岁的人了，回顾这一生的工作，深感此生无悔。我们热爱引航工作，因为在这平凡而责任重大的工作中，我们挥洒了青春，履践了理想，奉献了力量，为汕头的发展尽了力，为伟大祖国的社会主义事业添砖加瓦。

这部《汕头港引航史》，之所以令我们倍感亲切，就因为正与我们密切相关，是我们引航人的历史。我们只是众多引航员中的一份子，但我们却参与了历史的书写，我们感到由衷的高兴。

十分感谢组织和参与编撰的同志，你们的工作使历史得以留存，使昨天的轨迹与今天的生活，以及明天的灿烂连接起来，你们做了一件功德无量的事情。

二〇一〇年十月二十日

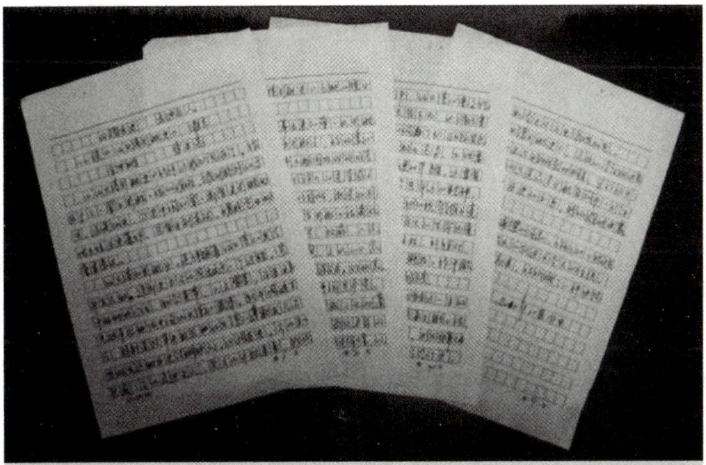

“回顾历史 启迪后人——读《汕头港引航史》感言”手稿/余世鹏、李正容（2010年10月20日）（刘伟 摄）

跋

林 璜

值此汕头开港150周年之际，汕头市港口管理局组织编纂、出版了汕头开港150周年纪念丛书。汕头开港150周年纪念丛书包括《汕头开港150年图像编年史》、《汕头港口志》、《汕头港引航史》。

为展现汕头港引航150年来的演变历程，尤其是建国60多年来的演变历程，讴歌引航人作出的无私奉献，汕头港引航站从2005年重新启动了编纂《汕头港引航史》的工作。编纂《汕头港引航史》是一项细致而又艰难的工程。原因有四：其一，引航的基地和舞台多在开放港口，性质特殊，对象单一，范围狭窄，人员寡少，属于边缘行业。要铺陈一百多年来一个边缘行业的历史面目，其难度不言而喻。其二，国内仅在上世纪九十年代，举全国引航界之力，才完成了《中国引航史》的编写与出版，包括上海、天津、广州、大连、青岛、宁波、厦门等知名港口在内的全国各港口，至今尚未编写出版各自港口的引航史，缺少参考的样板，只能边探索，边总结，“摸着石头过河”。其三，自1860年汕头开港以来，已有150年的风雨岁月，其间经过多次社会动荡、战争烽火、政权更迭，致使不少史迹烟灭，许多史料散佚。其四，在时代的变迁异动过程中，港口自身、以及内部各个部门的变化都很大，要对港口内众多专业之一的引航，跟踪一个半世纪的演变历史，进行收集、整理和汇总相关资料已属不易，再要物色到了解港口历史，又熟悉引航专业，并能秉笔直书的人，更是不易。凡此种种，编纂《汕头港引航史》的难度就可想而知了。

早在上世纪九十年代，原汕头港务局还处在“政企合一”的时期，时任党委书记、局长的温锡通同志，十分重视和支持引航史的编写工作，指示和要求局内有关部门，组织人力物力，加快步伐，实质地推进此项工作。原汕头引航公司经理林闻水亲自牵头，由已退休的原汕头引航公司经理余世鹏与原港务局宣传处干事（副科级）陆集源、刚退休的原港务局技管科科长陈树烈等人组成了编纂班子，完成了四项工作：第一，走访了南京第二国家档案馆、广东省和汕头市档案馆、以及汕头港务局自身的档案室，掌握并收集了大量与引航有关的原始史料；第二，对这些极具价值的原始资料进行了分析、归类和汇总，使之条理分明，脉络清晰；第三，及时拜访了本港老一辈的引航员、老干部和相关人员，了解他们与汕头港引航有关的亲身经历，回忆纪录，查找了当事人第一手的新闻报道和有关材料，并予以核校，确保客观真实；第四，确定了编写的思路、纲要和框架，进而完成了《汕头港引航史》一书的内部稿，只是因种种原因没有出版。对他们为编纂《汕头港引航史》所作的努力、付出和贡献，以及取得的初步成果，应予肯定，更要感谢！

汕头港的管理体制，在2005年又进行了深层次的“下放地方”和“政企分开”的改革，汕头港引航站的性质也发生了很大变化，名副其实地成为了事业法人单位。在汕头市港口管理局蔡伟杰局长、曾仕娟副局长、洪理智纪检组长等领导的关心和支持下，由汕头港引航站林璜站长牵头负责，重新组织了以赖在生副站长为主笔，刘伟、陈卫东、罗伟旋、江岱汕参与的编写组，开始重编汕头港的引航史，着重做了以下工作：第一，以1996年未出版的《汕头港引航史》（内部稿）为基础，重新划分编年方式，调整框架和提纲，形成了“篇、章、节”三个层次；第二，认真整理、校核原有史料和材料，再进一步收集、补充新的史料和材料；第三，抓紧时间，主动找到健在的老一辈引航员，深入了解他们亲历汕头引航的史事和史料；第四，走访汕头海关关史陈列馆和妈屿岛村民以及老一辈引航员的亲属；第五，将汕头港引航史的时限由1996年，继续延展至2010年9月30日，并收集、补充这一时段的历史史料；第六，完成了《汕头港引航史》的编写和出版工作。《汕头港引航史》包括正文“三篇九章四十六节”的史料，以及序言、凡例、绪论、附录、感言和跋，篇幅超过了20万字，图片115张。《汕头港引航史》从内部稿到出版稿成稿，前后跨越了十多个年头，经过两任编写人员的不懈努力，辛勤耕耘，终于收获了成果。

值得一提是，这次重编《汕头港引航史》，得到了余世鹏、李正榕、陈新流、林式炳、钟礼智等老一辈引航员热情真诚的帮助和支持，而且他们还协助校核了自己亲身经历的材料；得到了陆集源老师，以及洪理智、黄华生、邱子芳、林伟生、许建生、张创新、连逸翔、吴志明、郭耿雄等人的帮助和支持，陆集源老师还无私地奉献了自己的力作《古今潮汕港》，以及大量有关材料；得到了故去的汕头港老一辈引航员的亲属子女：沈玮（老引航员沈饶生之子）、林文焕（老引航员林木屏之子）、黄梓才（老引航员黄文田之孙）、刘影南（老引航员刘炳辉之子）等人的大力帮助和支持，他们提供了大量珍贵的原始材料和照片；得到了汕头市委、市政府领导和主管部门的关心、指导和帮助，尤其是汕头市港口管理局蔡伟杰局长亲自领导和部署《汕头港引航史》的编修工作，并给予许多指导与帮助；汕头市港口管理局曾仕娟副局长、洪理智纪检组长多次亲自主持召开专题会议，解决编写过程中遇到的诸多问题；《汕头港引航史》的编修也得到了汕头港务集团有限公司、汕头市档案馆、汕头海关、汕头海事局、汕头航标处等单位的帮助和支持；《汕头港引航史》的编修还得到了交通运输部水运局原副巡视员、海峡两岸交流协会副理事长、教授级专家张钧雷先生的帮助和支持，他不仅对《汕头港引航史》的框架、结构、提纲提出了许多建设性的意见，并对全书进行了主审，还专门为全书撰写了绪论；《汕头日报》的林伟光先生为《汕头港引航史》校稿，提出了中肯的意见；交通运输部徐祖远副部长、中共汕头市委李锋书记为汕头开港150周年纪念丛书书写总序言、汕头市港口管理局蔡伟杰局长为《汕头港引航史》书写序言；中国引航协会陈正华会长（上海港引航站站长）、中国引航协会彭翠红常务副会长（原交通部水运司副司长）、前广东省交通厅张远贻厅长为《汕头港引航史》题词；中国引航协会、全国42个沿海沿江引航机构及中华船长公会台湾省引水人办事处等单位对《汕头港引航史》的出版表示祝贺。在此，谨向上述领导、前辈、专家、老师、同仁及单位，致以深深的谢意。

编写出版《汕头港引航史》毕竟是第一次，又没有兄弟港口引航史可资参考，只能探索尝试，边学边干，由于资料不足，水平有限，谬误在所难免，敬请指正。

二〇一〇年十月二十八日

（汕头港引航站站长）

《汕头开港150周年纪念丛书》编辑委员会成员合影

第一排（左起）：陆集源、黄华生、周江泉、曾仕娟、张钧雷、蔡伟杰、陈晓峰、洪理智、庄松均、林璜

第二排（左起）雷继锋、罗伟璇、许崇馥、吴志明、连逸翔、林伟生、邱子芳、邱文广、张创新、杨冰

第三排（左起）刘伟、张义英、陈洁芹、陈卫东、江岱汕、王少宏、何志强、赖在生、许建生

1860~2010

汕头开港150周年纪念丛书

汕头市港口管理局 编

汕頭開港150年圖像編年史

選堂題

人民交通出版社
China Communications Press

图书在版编目（CIP）数据

汕头开港150年图像编年史 / 汕头市港口管理局 编.
—北京：人民交通出版社，2010. 11
（汕头开港150周年纪念丛书）
ISBN 978-7-114-08774-5

Ⅰ. ①汕… Ⅱ. ②汕… Ⅲ. ①港口—交通运输史—汕头市Ⅳ. ①F552.9

中国版本图书馆CIP数据核字（2010）第221835号

汕头开港150周年纪念丛书

书　　名　汕头开港150年图像编年史
著 作 者　汕头市港口管理局
责任编辑　乔文平
封面设计　陈少华
出版发行　人民交通出版社
地　　址　（100011）北京市朝阳区安定门外外馆斜街3号
网　　址　http://www.ccpress.com.cn
销售电话　（010）59757969，59757973
总 经 销　人民交通出版社发行部
经　　销　各地新华书店
排　　版　汕头市新华广告有限公司
电　　话　0754-88368724
印　　刷　深圳市德信美印刷有限公司
电　　话　0755-82424962
开　　本　787mmX1092mm　1/16
印　　张　11.13
字　　数　2.6万
版　　次　2010年11月第1版　2010年11月第1次印刷
书　　号　ISBN 978-7-114-08774-5
印　　数　0001-2100册
全套定价　460.00元

《汕头开港150年图像编年史》编辑

主　编：黄华生

副主编：刘　伟

编　辑：吴志明　张义英　陈洁芹

摄　影：王瑞忠　韩志光　洪　浩　孙日绚　马　卡

　　　　马礼锐　罗　斌　刘　伟　等

　　　　（图片供稿单位见P176）

书名题签：饶宗颐

总序言一

港口作为交通运输的重要枢纽,是国家对外贸易的主要门户,也是沿江沿海城市和区域经济发展的重要依托。汕头港历史上是粤东、闽西、赣南物资的重要集散地，素有“岭东之门户，华南之要冲”之称。改革开放后，汕头港作为对外开放的沿海主要港口，成为泛珠三角经济圈和海西经济带重要的交通枢纽。

自1860年开港以来，汕头港至今已有150年历史。20世纪30年代，汕头港进出港外洋船艘次及吨位数居全国第三位。建国以来特别是改革开放30多年来，汕头港抓住机遇加快发展，走出了一条港城互动的良性发展轨道。2005年以来，汕头港货物吞吐量和集装箱吞吐量年均增长15%和25%，连续5年保持较快增长的良好态势。目前，汕头港已与世界68个国家和地区的289个港口有客货运往来，正在着力打造多功能、综合性、对外开放的东南沿海深水大港。

为纪念汕头港走过的一个半世纪的风雨历程，弘扬港口文化，传承港口历史，汕头市港口管理局精心组织编辑出版了汕头开港150周年纪念丛书。丛书共分《汕头开港150年图像编年史》、《汕头港口志》和《汕头港引航史》三册，从不同角度展现了汕头港口与城市的变迁轨迹。其

中，《汕头开港150年图像编年史》以400余幅珍贵的历史照片和图像，分晚清时期、民国时期、解放后至改革开放时期、改革开放时期和规划远景五个部分，展示汕头港的变迁和发展历程；《汕头港口志》，以大量翔实的资料，记述汕头港的悠久历史、地理优势、自然环境、港口建设和人文精神状况，展示了汕头港的发展前景；《汕头港引航史》则全面记录了汕头港引航的发展过程，从一个角度反映了港口城市的演变历史。丛书的出版，为后人留下了宝贵的历史资料，也为今后港口的建设和发展提供了重要的借鉴意义。

希望汕头港以开港150周年为契机，加快实施“以港兴市”发展战略，加快构筑区域交通航运中心，为区域经济社会发展作出新的更大贡献！

二〇一〇年十月二十一日

（中华人民共和国交通运输部副部长）

总序言二

在纪念汕头开埠150周年、迎来汕头经济特区建立30周年之际，汕头市港口管理局精心编纂的《汕头港口志》、《汕头港引航史》和《汕头开港150年图像编年史》，即汕头开港150周年纪念丛书出版，这是记述汕头港口建设、城市发展的重要文献，引人瞩目，令人喜悦。

汕头于1860年开埠，是近代中国最早对外开放的港口之一，曾被恩格斯誉为中国“唯一有一点商业意义的口岸”，有“百载商埠”的美誉，历来是粤东、赣东南、闽西南的商品集散地，素有“粤东门户，华南要冲”之称。曾有美、英、法、德、日、俄、荷、比等国家在汕设立领事馆。汕头港开埠150年，经历了发展—停滞—再发展的路程，既给汕头刻下了半封建半殖民地的印记，又使汕头从封闭走向开放，沟通了与全国各地乃与至世界各国之间的联系，促进近现代工商业发展，并在上个世纪30年代创造了辉煌，年往来外洋船舶艘次及吨位数均占全国港口第3位，仅次于上海、广州；商业之盛居全国第7位，仅次于上海、天津、大连、汉口、胶州、广州，呈现“海渡千帆，楼船万国”的繁荣景象。新

150th

1860~2010

中国成立后，汕头港在汕头历届党委、政府的重视下，在历代港口建设者的艰苦创业、顽强拼搏中，规模不断壮大，功能日趋完善，逐步发展成为多功能、综合性、现代化港口，跻身全国沿海25个主要港口行列，与世界68个国家和地区的289个港口有货物往来，并于2009年开通汕-台海上货运直航，成为广东省首个对台海上货运直航港口。改革开放30多年来，汕头得改革开放风气之先，成为全国五个经济特区、沿海开放城市之一，经济社会发展取得了令人瞩目的成就。不仅实现了从计划经济向社会主义市场经济转变，从以农业经济为主向现代工业、服务业综合发展转变，从封闭半封闭状态向开放繁荣、充满活力的滨海城市转变；而且在中西文化的激荡交融中，传承了潮汕传统优秀历史文化，形成了“开放兼容、创新争先”的文化特质和“海纳百川、自强不息”的城市精神。

150年弹指一挥间。150年的历史，在时间长河里只不过是一瞬间，但对于汕头这样一座因开埠而开放，因港口而兴旺的城市来说，却几乎

是全部的岁月。汕头开港150周年纪念丛书引领人们穿越时间隧道，探寻汕头城市文化的痕迹与意蕴，以严谨的学风、完备的体例、翔实的资料、朴实的文字、珍贵的图片，全面记述了一个半世纪来汕头城市发展潮起潮落的历史，客观反映了开埠150年汕头港兴衰起伏的轨迹。本套丛书不仅直观诠释了城市与港口发展的密切关系，深刻揭示了“以港兴市、港航共荣”的港口城市发展的共同规律，向人们展示了改革开放才是强国兴市之路的普遍真理，而且为所有关心、热爱汕头的人们深入了解汕头市情和发展进程提供了可靠的历史借鉴。同时，也为汕头各级各部门创新发展思路，整合港口资源，引进战略投资者，加快建设东南沿海亿吨深水大港，不断增强区域中心城市辐射服务功能，提供了科学的决策依据和参考。总之，编辑出版汕头开港150周年纪念丛书，对于汕头广大干部群众以史为鉴，继续敢闯敢试、敢为人先，擦亮特区牌子，以改革创新精神增创港口城市新优势、续写科学发展新篇章，具有特殊的现实意义与重要的历史价值。

值此汕头开港150周年纪念丛书付梓刊印之际，谨向辛勤劳动且做出

卓有成效工作的全体编纂人员，表示诚挚的问候！向所有为汕头城市和港口发展作出重大贡献的一代又一代建设者，表示崇高的敬意！祝愿汕头在建设亿吨大港、推动科学发展、加快打造区域中心城市的新征程中，迎来更加辉煌的明天！

二〇一〇年十一月八日

（中共汕头市委书记）

序言

《汕头开港150年图像编年史》，以时间为主线，用图像的形式，浓缩汕头开港150年历程，把每个瞬间定格成静止的永恒，既像一卷浓墨重彩的岁月长卷徐徐展开，更像一部跌宕逶迤的纪录片，透过一个个无声而生动的镜头，一一重现汕头港从小小的沙汕头发展成为全国沿海主要港口的历史。在读图的同时，我们仿佛感受到历史沧桑变化的脉搏跳动，又仿佛聆听到时代前进的脚步声，历经艰辛、奋发图强的蓬勃气息扑面而来。

图像不同于文字的地方，不仅在于忠实记录历史，还在于它的直观和感性，让人有亲临其境的感受。汕头市港口管理局把握住图像这一特点，在汕头开港150周年纪念的时间节点上，集中力量，收集大量资料，收集精美图像400余幅，图文并茂地记录汕头港一个半世纪的风雨历

程，客观反映汕头港的过去、现在，精心描绘汕头港未来发展蓝图，对研究汕头港乃至整个汕头市的发展历史有很高的参考价值。

《汕头开港150年图像编年史》，是全国港口行业迄今为止编辑出版跨越年限最长的纪念图册，共划分为晚清时期、民国时期、新中国成立、改革开放、远景规划五个阶段，从恩格斯笔下“唯一有点商业意义的口岸”（恩格斯《俄国在远东的成功》），到上世纪30年代进出港商船登记总吨位居全国第三位的一度辉煌；从改革开放后第一艘万吨轮进港，到新世纪在广东省率先开通对台直航货运班轮，汕头港翻天覆地的变化和令人瞩目的成就像海潮般激荡人心！今日的汕头港，拥有7大港区，开通12条国际集装箱班轮航线，11条国内航线，与全世界68个国家和地区289个港口有经贸往来，拥有18个万吨以上泊位，年综合

通过能力达到3244万吨，集装箱通过能力达到58万标箱，位列全国25个主要港口的地位，2005年以来港口货物吞吐量连续五年保持两位数增长的良好发展势头。正所谓港依城立，城以港兴，港口的开放带动了对外贸易的迅速发展，也直接带动城市经济的繁荣。从1981年至2009年，全市GDP增长26倍，人均GDP增长50倍，地方财政一般预算收入增长48.6倍，全社会固定资产投资增长90.8倍，全市金融机构本外币存款余额、贷款余额、居民储蓄存款，分别是1981年的473.6倍、42.1倍和933倍。可以说，汕头港的发展史，在一定程度上也是汕头经济社会的发展史！

抚今追昔，曾一度辉煌的汕头港既有新的挑战，更有新一轮大发展的期盼。广东省粤东工作会议的召开，珠江三角洲地区改革发展规划纲

要的实施，汕头市委、市政府“以港兴市”战略的推进，都为汕头港新一轮大发展带来了新契机！相信汕头港人将继承和发扬老一辈港口人的拼搏精神，朝着建设东南沿海多功能深水亿吨大港的目标努力奋斗，一座现代化国际港口城市终将矗立在美丽的潮汕平原！

二〇一〇年十一月十八日

（中共汕头市委副书记、市长）

84

1979~2010

改革开放 走向规模发展

150

励精图治 展望港口远景

158

大事记

目录

1860~1912

汕头开港 推动商贸发展

汕头于1860年1月1日（清咸丰九年十一月十九日）被辟为对外通商口岸，汕头就此开港。

汕头开港后，外国资本主义势力纷至沓来，英、美、法、德、日以及挪威、丹麦、荷兰、俄国等国家先后来汕设立领事馆，开办洋行、教会和航运机构，建设码头、仓库，开展海运贸易事业。影响最大的有英国太古洋行创办的汕头太古轮船公司、英国怡和洋行创办的怡和轮船公司等。1862年（同治元年）8月，英国汽船首次公开抵汕头港，随后，美、法、德、日等12个国家的船舶相继来汕。

这一时期，我国近代第一家官督商办的新式资本主义企业---中国轮船招商局诞生。同治

十一年十月三十日（1872年11月29日），招商局“伊敦”号轮船在上海揽载客货，首航汕头港。翌年，招商局在汕头设立办事处。同治十三年（1874年），招商局又增加“富有”号轮船行驶汕头港。光绪二十四年（1898年），招商局汕头办事处改为国营招商局汕头分局，主要经营南港、北港各线海运。南港线包括香港、广州及新加坡、越南、泰国等港口；北港线包括厦门、福州、上海、镇江、汉口、青岛、烟台、天津、营口、大连等港口。

外国船来汕的货物，除了少量的棉花、布匹、工业品外，大部分是鸦片。据《汕头海关志》统计：“从1864年至1911年的48年中，汕头港运进外国货物共值67157万银元，其中仅鸦片一项共283535司马担，输出金额约合2.3亿银元；运出本国货物共值17669万银元，贸易逆差为3.8比1，计49488万银元；征收各种税款约合7958万银元。同一时期潮汕有294万人因生活所迫等原因离乡背井，远涉重洋，到国外、境外谋生，其中大部分以‘契约华工’身份前往。”

汕头开港，记载了西方资本主义国家对潮汕的掠夺，但从客观上又对实现汕头对外开放，促进外贸事业发展起到积极的推动作用。“从此举凡潮州出入口贸易者皆以汕头为吐纳，汕头与新加坡、暹罗、海防、苏门答腊各地商贸日繁，贸易额也以次激增”。

汕头港地处我国南海之滨。在古代，这里是一片大海，后来由于韩江上游大量泥沙下溢冲积，韩江三角洲逐渐扩展而形成。

市区成陆较早的是桑浦山东南麓的鮀浦，老市区积聚时间较晚。宋代时达濠和沙尾(今金砂)已置乡村。今光华埠一带元代已成一片土地相连的较大渔村，称为下岭，又称厦岭，明代初期是对外贸易的要冲，海船进出，都必经厦岭，故有厦岭港之称。明洪武二年(1369年)在厦岭村设立守御千户所。嘉靖年间(1522—1566年)，今升平路头一带，形成沙脊，渔民到这里设棚捕鱼、养蚝，称为沙汕。嘉靖四十二年置澄海县，这一带自此从揭阳划归澄海县管辖。

明万历初年几条沙脊连成一片，称为“沙汕坪”。清康熙五十六年（1717年)清政府在海边沙陇(今外马路49号中国工商银行汕头外马分行)筑烟墩，建炮台，派军队驻守，称为沙汕头讯，沙汕头的名称由此而起。乾隆年间(1736—1795年)，今盐埕至坞（华坞）一带为盐田，清政府在这里设站收税，简称汕头；嘉庆14年(1809年)沙汕头始称“沙汕头港”。随着韩江泥沙的冲积和堤围的构筑，到了近代岸线基本稳定，且与南岸的达濠岛成对峙，韩江也延伸至此，与榕江、练江汇合成出海口总汇。这样形成了以南岸达濠岛为屏障，东有妈屿、鹿屿(德州岛)扼住，自然环境优良的港口。

▲ 汕头港的形成

鸦片战争爆发前，汕头港已具商埠雏形，称为“沙汕头港”。当时木帆船是海上的主要运输工具，主要有红头八卦、大八桨、大乌底、大圆尾、大青头、大斗头、大拖艇、大虎绘、白腹龟。每艘载重量多则三四千担，少则一千担左右。其中，以红头船最为突出。

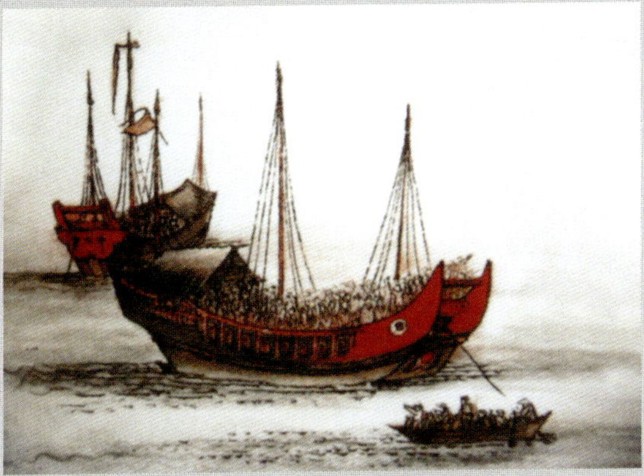

▲ 红头船出洋图

▲ 19世纪末至20世纪初船用华氏温度计

▲ 红头船模型图

▲ 红头船的故乡樟林古港

红头船长约二十米，宽、高五六米，有五至七个船舱，外加密封的椭圆形船尾和坚固的船尾甲板室，载重量大。船头以朱砂油饰，两侧画上黑色小圆圈，像鸡眼，广州人又称之为“鸡目船”。当时汕头港的各种帆船航行区域十分广阔，常来往于闽、粤，北至江苏、浙江，东至台湾，南至东南亚。国外贸易出口以药材、丝绸、陶瓷、茶叶、蔗糖为主；进口以大米、犀角等特产为主。国内贸易多为豆饼、木材、兽皮、陶瓷、棉花、糖、纸、油等。红头船还是潮汕先民到境外谋生的主要交通工具。

乾隆十五年（1750年）6月，粤海关监督派员驻管潮海关总口（庵埠），潮汕各地陆续设立关口征收关税。潮汕地区沿海在乾隆年间共有6个正税口、9个分口及2个挂号口。这一时期的关税关口，还掌握在清政府手里，由中国官吏管理，关税主权完整。乾隆二十一年（1756年）清政府在放鸡山（今称妈屿岛）设立常关，在此征收南北商运的常关税，常关又在沙汕头（今汕头老市区）设收税站。

▲ 潮海关监督管辖的常关支所——府馆。

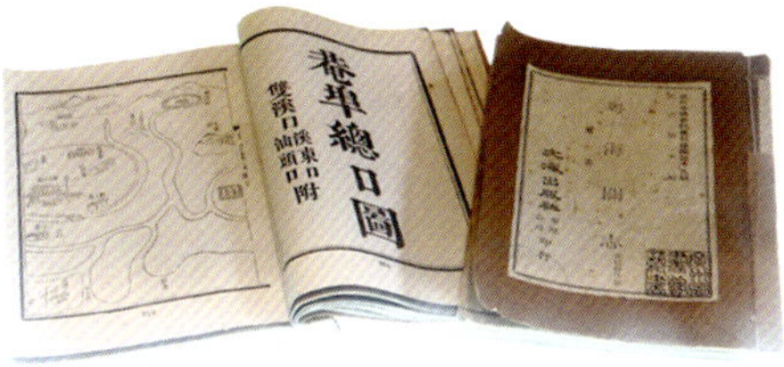

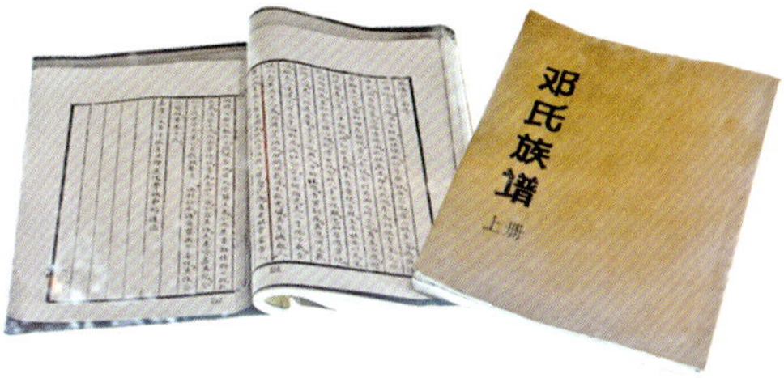

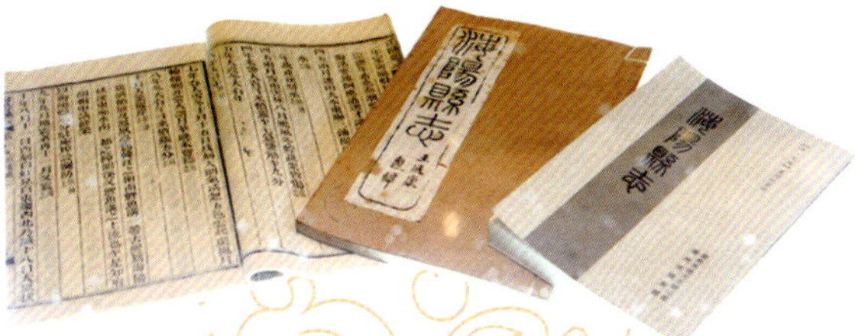

▲ 各种志书和族谱记载着汕头开港前的港口情况

咸丰三年（1853年）潮州与香港之间的贸易发展很快，粤海关在汕头妈屿岛上设立海关，称潮州新关，原庵埠总口改为分口，其所辖各口均归潮州新关管辖。

▶ 康熙二十四年（1685年）粤海关成立后设立庵埠总口，图为庵埠海关地界碑。

▲ 潮海关地界碑

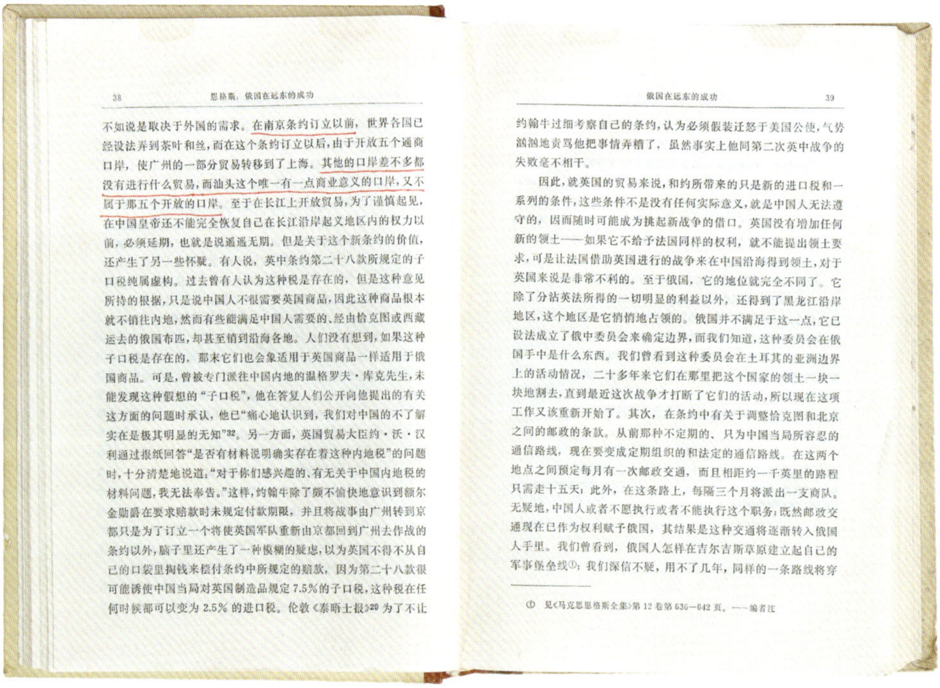

38　恩格斯：俄国在远东的成功

不如说是取决于外国的需求。在南京条约订立以前，世界各国已经设法弄到茶叶和丝，而在这个条约订立以后，由于开放五个通商口岸，使广州的一部分贸易转移到了上海。其他的口岸差不多都没有进行什么贸易，而汕头这个唯一有一点商业意义的口岸，又不属于那五个开放的口岸。至于在长江上开放贸易，为了谨慎起见，在中国皇帝还不能完全恢复自己在长江沿岸起义地区内的权力以前，必须延期，也就是说遥遥无期。但是关于这个新条约的价值，还产生了另一些怀疑。有人说，英中条约第二十八款所规定的子口税纯属虚构。过去曾有人认为这种税是存在的，但是这种意见所持的根据，只是说中国人不很需要英国商品，因此这种商品根本就不销往内地，然而有些能满足中国人需要的、经由恰克图或西藏运去的俄国布匹，却甚至销到沿海各地。人们没有想到，如果这种子口税是存在的，那末它们也会象适用于英国商品一样适用于俄国商品。可是，曾被专门派往中国内地的温格罗夫·库克先生，未能发现这种假想的“子口税”，他在答复人们公开向他提出的有关这方面的问题时承认，他已“痛心地认识到，我们对中国的不了解实在是极其明显的无知”[32]。另一方面，英国贸易大臣约·沃·汉利通过报纸回答“是否有材料说明确实存在着这种内地税”的问题时，十分清楚地说道：“对于你们感兴趣的、有无关于中国内地税的材料问题，我无法奉告。”这样，约翰牛除了颇不愉快地意识到额尔金勋爵在要求赔款时未规定付款期限，并且将战事由广州转到京都只是为了订立一个将使英国军队重新由京都回到广州去作战的条约以外，脑子里还产生了一种模糊的疑虑，以为英国不得不从自己的口袋里掏钱来偿付条约中所规定的赔款，因为第二十八款很可能诱使中国当局对英国制造品规定7.5%的子口税，这种税在任何时候都可以变为2.5%的进口税。伦敦《泰晤士报》[29]为了不让

俄国在远东的成功　39

约翰牛过细考察自己的条约，认为必须假装迁怒于美国公使，气势汹汹地责骂他把事情弄糟了，虽然事实上他同第二次英中战争的失败毫不相干。

因此，就英国的贸易来说，和约所带来的只是新的进口税和一系列的条件，这些条件不是没有任何实际意义，就是中国人无法遵守的，因而随时可能成为挑起新战争的借口。英国没有增加任何新的领土——如果它不给予法国同样的权利，就不能提出领土要求，可是让法国借助英国进行的战争来在中国沿海得到领土，对于英国来说是非常不利的。至于俄国，它的地位就完全不同了。它除了分沾英法所得的一切明显的利益以外，还得到了黑龙江沿岸地区，这个地区是它悄悄地占领的。俄国并不满足于这一点，它已设法成立了俄中委员会来确定边界，而我们知道，这种委员会在俄国手中是什么东西。我们曾看到这种委员会在土耳其的亚洲边界上的活动情况，二十多年来它们在那里把这个国家的领土一块一块地割去，直到最近这次战争才打断了它们的活动，所以现在这项工作又该重新开始了。其次，在条约中有关于调整恰克图和北京之间的邮政的条款。从前那种不定期的、只为中国当局所容忍的通信路线，现在要变成定期组织的和法定的通信路线。在这两个地点之间预定每月有一次邮政交通，而且相距约一千英里的路程只需走十五天；此外，在这条路上，每隔三个月将派出一支商队。无疑地，中国人或者不愿执行或者不能执行这个职务；既然邮政交通现在已作为权利赋予俄国，其结果是这种交通将逐渐转入俄国人手里。我们曾看到，俄国人怎样在吉尔吉斯草原建立起自己的军事堡垒线①；我们深信不疑，用不了几年，同样的一条路线将穿

① 见《马克思恩格斯全集》第12卷第636—642页。——编者注

▲ 1858年，恩格斯在《纽约每日论坛报》发表的《俄国在远东的成功》一文中指出，汕头是五口通商之后“唯一有一点商业意义的口岸”（见《马克思恩格斯选集》第二卷第38页）。

汕头港由于地理位置重要，自然条件优越，开港前，西方国家的船舶已驶到妈屿岛附近海面，进行倾销洋货（主要是鸦片）和贩运人口等非法活动。1858年6月13日、18日、27日，俄国、美国、英国和法国强迫清政府签订《天津条约》。《天津条约》规定：增开汉口、九江、南京、镇江、牛庄、登州、台南、淡水、潮州（后为汕头）、琼州十处为对外通商口岸。1859年8月16日，清政府与美国公使华若翰在天津北塘互换《中美天津条约》批准书，并于11月15日批准美国在汕头先行开市。批文重点称："所有潮州、台湾两口，准美国先行开市，并照新章完纳船只吨钞……。"经双方协商，定于咸丰九年十一月十九日（1860年1月1日）在潮州（汕头）设关开市，称"汕头埠"，汕头就此开港。

▲ 1858年清政府被迫与英国签订不平等的中英《天津条约》

清咸丰九年十一月十九（1860年1月1日）汕头开港后，美国在汕头妈屿岛设关开埠即“潮海关”。至此，潮汕地区并存两个海关：一是外籍人操办的潮海关，也称洋关；一是中国人管理的潮州新关，也称常关。潮汕海关始有洋关、常关之分。同治年间，潮海关制定《汕头口停泊轮船章程》。

▲ 妈屿岛

▲ 位于妈屿岛老海关楼

▶ 1860年潮海关第一任税务司华为士致“Hydroosee”号船长Smith的警告信

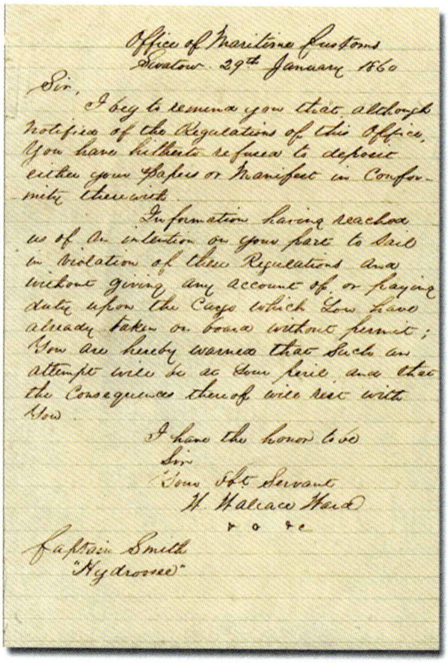

Office of Maritime Customs
Swatow 29th January 1860

Sir,

I beg to remind you that although notified of the Regulations of this Office, You have hitherto refused to deposit either your Papers or Manifest in Conformity therewith.

Information having reached us of an intention on your part to Sail in violation of these Regulations and without giving any account of, or paying duty upon the Cargo which You have already taken on board without permit; You are hereby warned that such an attempt will be at Your peril, and that the Consequences thereof will rest with You.

I have the honor to be
Sir
Your obt Servant
H. Wallace Ward
&c &c

Captain Smith
"Hydroosee"

▲ 1865年潮海关搬迁至居平路此楼办公

◀ 1863年从妈屿岛迁入老妈宫新关街办公

◀ 1867年修建的礐石海边潮海关税务司公馆

◀ 潮海关码头

◀ 潮海关气象预报台

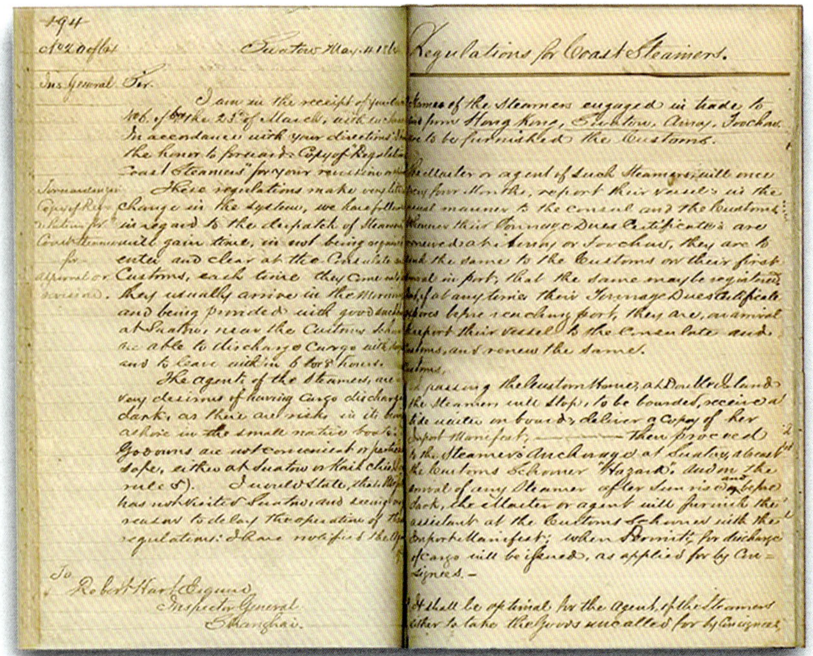

Regulations for Coast Steamers.

To
Robert Hart Esquire
Inspector General
Shanghai.

◀ 1864潮海关船舶管理章程（英文手抄本）

▲ 位于礐石的潮海关与英国领事馆合建专用码头

1863-1917年汕头口岸进口鸦片数量、价值统计表

年份	数量 司马担	价值	年份	数量 司马担	价值	年份	数量 司马担	价值
1863	3 243		1882	3 667	1 510 411	1901	4 838	3 216 179
1864	4 396	2 219 090	1883	4 377	1 924 827	1902	4 821	3 415 981
1865	4 259	2 411 451	1884	4 397	1 798 002	1903	5 881	4 369 366
1866	5 662	3 059 559	1885	3 888	1 594 530	1904	4 864	3 218 902
1867	5 602	3 698 076	1886	6 714	2 848 884	1905	4 129	
1868	4 272	2 714 591	1887	6 339	2 325 004	1906	4 381	
1869	4 438	2 937 309	1888	8 893	2 710 266	1907	4 304	
1870	4 840	2 124 305	1889	7 088	2 887 286	1908	4 233	
1871	5 840	3 042 674	1890	7 750	3 449 581	1909	4 287	
1872	3 743	3 127 104	1891	7 295	3 420 771	1910	2 836	
1873	9 405	4 257 095	1892	7 145	3 142 133	1911	1 940	
1874	9 388	4 313 954	1893	6 375	2 888 740	1912	2 063	
1875	10 184	4 088 357	1894	5 788	2 891 367	1913	2 121	
1876	11 629	4 537 925	1895	4 118	2 359 625	1914	815	
1877	11 624	5 208 843	1896	3 742	2 057 186	1915	253	
1878	9 595	4 517 428	1897	4 228	2 224 920	1916	4	
1879	10 062	4 758 525	1898	5 051	2 710 266	1917	2	
1880	7 760	2 375 834	1899	5 595	3 314 738			
1881	4 666	2 347 590	1900	5 248	2 643 934			

注:价值单位
1863-1868年为银元;
1869-1874年为银两;
1875-1904年为关平两。

◀ 根据《通商章程善后条约：海关税则》，鸦片为合法进口货物。据潮海关统计，1864至1911年输入潮汕地区的鸦片达283 535司马担（每司马担相当于60公斤，即合计17012.1吨），平均每年约362吨，每天接近1吨。

为了实现以关管港目的，潮海关先是划定海岸线的管理范围。1864年6月21日总税务司通令：潮海关关区海岸线以香港至南澎岛为限。1883年7月13日总税务司令：潮海关海岸线管辖范围，改以大鹏角至南澎岛之间为限。

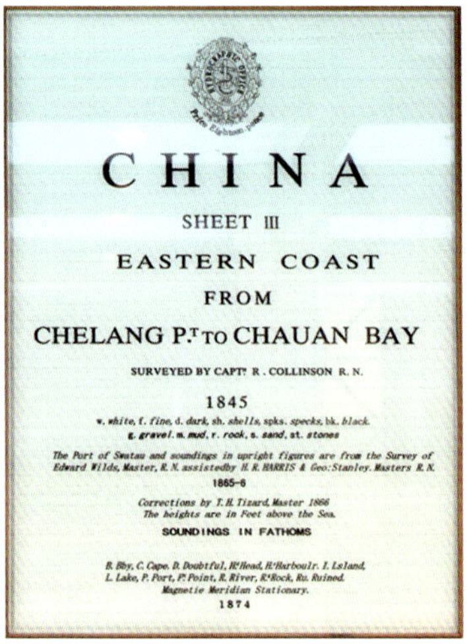

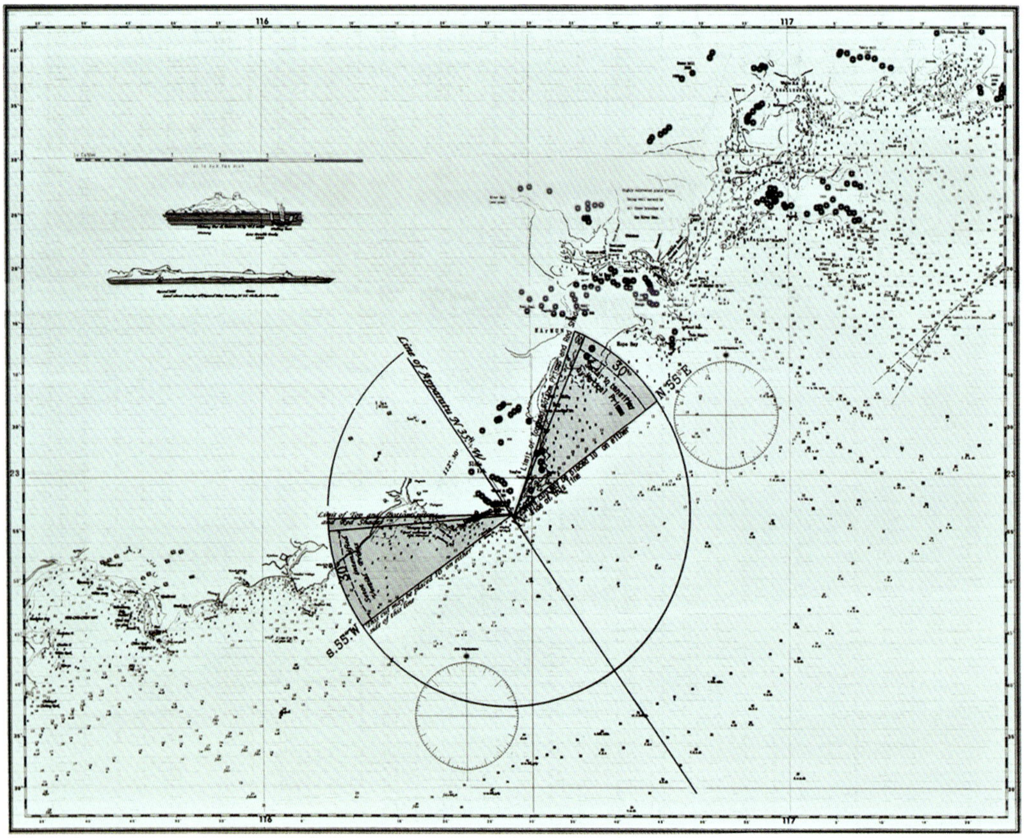

▲ 英国人为了垄断汕头港航运事业，1865年英国航长汉密尔顿等人首次对汕头港进行测量，并于同年11月8日在伦敦出版了《中国东海岸韩江入海口处汕头港》图。这是汕头港第一张海图。

清咸丰八年（1858年），《天津条约》第三十二款规定："通商各口分设浮桩、号船、塔表、望楼，由领事官与地方官会同酌视建造。"这是我国设置近代航标的缘起。同治七年（1868年），清政府决定按先北后南的顺序，建立一个沿海大型灯塔体系。

1874年11月1日和1878年10月13日，英籍三桅船"赛里"号和德籍二桅船"波丽"号先后在石碑山附近海域失事，潮海关于1874年在南澎建灯塔，1880年5月28日、29日，分别在港外的表角和鹿屿（德州岛）上建灯塔。同年12月8日，在石碑山（赤澳）建灯塔，后再建遮浪角灯塔。

下图为潮海关辖区内设立的5座灯塔。

▲ 1874年南澎灯塔

▲ 1880年表角灯塔

▲ 1901年石碑山灯塔

▲ 1911年遮浪角灯塔

▲ 1880年鹿屿灯塔

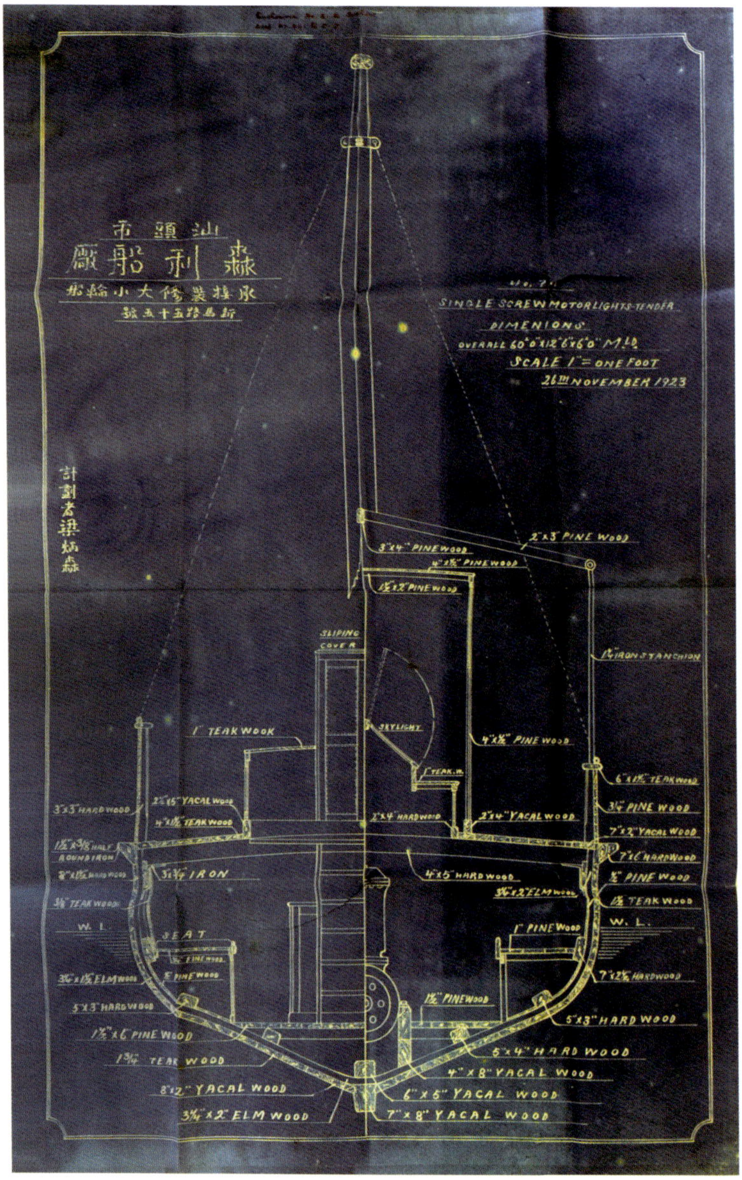

潮海关灯塔 ▶
运输船设计图

▲ 1908年汕头港

汕头开港后，外国资本主义势力纷至沓来，英、美、法、德、日、挪威、丹麦、荷兰、俄国等国家先后来汕设立领事馆，开办洋行、教会和航运机构，建设码头、仓库，开展海运贸易事业。

▲ 1909出版的汕头地图

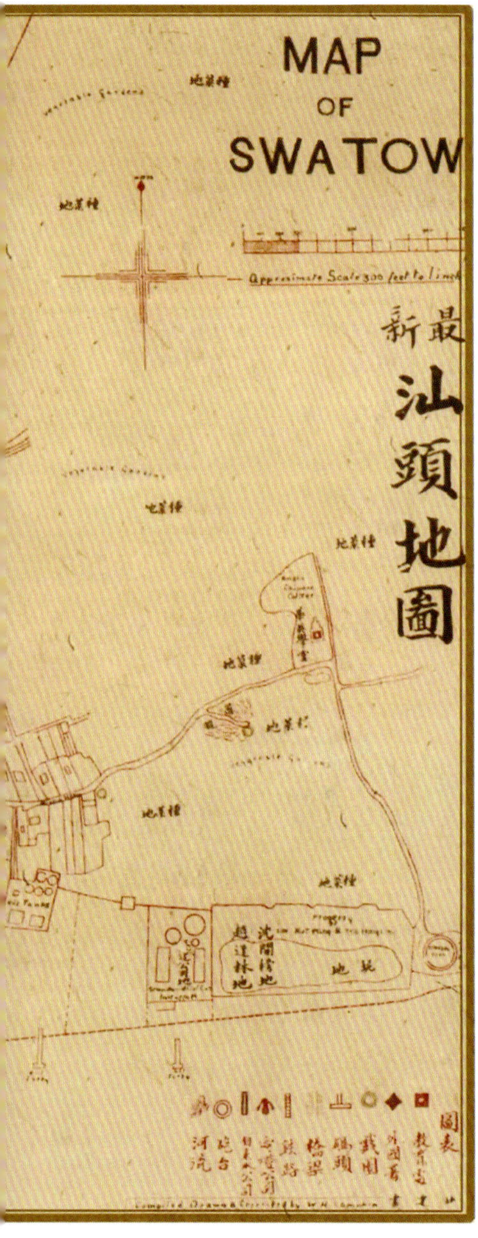

▲ 汕头英国领事馆码头

▲ 汕头美国领事馆

▲ 汕头德国领事馆

▲ 礐石各国驻汕头领事馆

▲ 礐石海边外国人居住区

▲ 汕头基督教神学院

▲ 1908年汕头天主教教堂

▲ 礐石美国教会

▲ 汕头存心善堂

▲ 1908年崎碌马路

▲ 汕头太古洋行在礐石的楼房

▲ 汕头太古仓库码头

太古洋行最早叫丁•卢斯洋行（JONAIHANROSE＆CO），以经营船舶运输为主。19世纪外商在中国的航业以英商为主,而英商之中又以太古为首。该洋行在华轮船曾一度发展至79艘165792吨，定期航线20条。

同治十一年（1872年）该洋行成立伦敦中国航业公司，专门航行于中国沿海口岸。1874年伦敦中国航业公司在汕设立分支机构“汕头太古轮船公司”，船舶、码头和仓库数量面积居于汕头港各家轮船公司的首位。

1954年，经中国政府与该总公司协商，由中国外轮代理公司接管该公司在中国的全部资产。

▲ 1908年汕头太古码头

汕头怡和洋行办公地

同治十一年（1872年），英国组成一个由怡和洋行控制的华海（即东海）轮船公司，由设在上海的怡和洋行总代理，共有轮船7艘，分走上海、烟台、天津、牛庄、福州、厦门、汕头各地。

光绪七年（1881年），怡和洋行成立印度中国航业公司，亦称怡和轮船公司，业务上由怡和洋行总代理。至光绪十九年，怡和轮船公司的船只已增至21艘23953吨，其中往来华北、汕头、广州航线的轮船为7艘。至光绪十二年(1886年)共有香港、上海、广州、汕头等12个分公司。

怡和洋行除代理自己的轮船公司外，还代理英印轮船、亚洲轮船这两个远洋轮船公司的业务，与太古之间竞争激烈。怡和轮船公司在广东的航运业务主要是广州、汕头两港。其中在汕头港建有木栈桥趸船码头1座，仓库栈房53间，面积8000平方米，其航运业务仅次于太古。

1952年，汕头怡和轮船公司由广州区港务管理局汕头分局接管。

▲ 汕头怡和洋行

在西方列强吞食中国的同时，国内资本主义开始萌芽、发展。清同治十一年（1872年），李鸿章在上海创办中国轮船招商局，这是我国近代第一家官督商办的新式资本主义企业。至1875年，招商局相继在我国沿海设立12个办事处。至1877年，拥有轮船33艘。

同治十一年十月三十日（1872年11月29日），招商局“伊敦”轮在上海揽载客货，并首航汕头港。这次航行，不仅是中国钢制蒸汽动力轮船首次行驶南洋航线，也是首次在中国近海航行，标志着外国轮船一统中国的局面被打破。翌年，招商局在汕头设立办事处。光绪二十四年（1898年）招商局汕头办事处改为国营招商局汕头分局，这是旧中国时期汕头港第一家国营轮船公司。

▲ 中国招商局

▲ 中国第一船——招商“伊敦”轮进入汕头港

“伊敦”（Aden）轮，总吨812吨，净吨507吨，总长78.49m，宽度9.08m，型深5.63m，由英国Summers Day & Co在Northam, Southampton 船厂建造，航速12节，是一艘钢质客货两用船，头等舱可坐112人，二等舱坐22人。

◀ 1908年国营招商局汕头分局码头货仓

1912~1949

初具规模 成就一度辉煌

汕头开港至20世纪初，经过几十年的建设发展，汕头港成为一个初具规模的商贸港口，拥有趸船码头6座，仓库200多间（约5万平方米），中外轮船公司10多家，本地船务行或代理行30多家。汕头港与国内沿海各港通航，并与欧洲、东南亚国家和地区几个大港通航。鉴于汕头埠发展趋势及经济地位，1921年广东省政府设立汕头市政厅，与澄海分治，自此汕头成为广东省的一个直辖市（1930年正式成立汕头市政府）。

汕头港随着基础设施的建设，航线的开通，港口海运贸易得到发展，1921年汕头港出入船只达到3090艘，总吨位达到390多万吨。20世纪30年代，汕头海运商贸达到了鼎盛时期，驰名中外，引起各界人士的重视。据《潮海关史料汇编》载："1932—1937年各年往来外洋船舶艘次及总吨位

吨数均占全国港口第三位，仅次于上海、广州”。“1935年进出汕头港国内外船舶共4531艘，6780121总吨位，是开港以后的最高年份”。海运贸易的发达，促进了汕头经济的繁荣。至1925年外国在汕洋行、企业达91家，其中英、美、日三国占大部分。1933年，汕头工商业已发展到3441家，资本达5768万多元。1933年前后几年，汕头市每年贸易额在6—7亿元左右，“商业之盛居于全国第七位，仅次于上海、天津、大连、汉口、胶州、广州”（饶宗颐总纂《潮州志•商业志》）。

这一时期，随着到港货运量不断增加，装卸作业点（区）扩大，形成了点多面广的货物装卸点和客运站点；装卸工人相应增多，逐步形成为一支支较为固定的队伍。港口采用驳船过驳作业，驳船主要有五肚、四肚和青波三种，均为木质。随着商埠扩大范围，驳船停泊区向西伸延到镇邦路尾、安平路尾、永泰路尾和杉排路街口，以及商平路尾、乌桥北海旁、韩堤八角亭旁和西港等处。

1939年6月21日，日军入侵汕头，控制海关，关闭港口贸易，港口生产设施遭受严重破坏，港口内外交通中断，“汕头商民星散，人口内迁”，贸易运输一蹶不振，汕头港曾一度成为“死港”。

1945年8月抗战胜利后，汕头港口航运得到恢复，但因战争创伤，加上国民党政府腐败，通货膨胀，港口海运贸易仍处于冷落状态，至汕头解放的前几年港口货物吞吐量每年只有30万吨左右。至1949年初，汕头港有通往东南亚及国内沿海的航线26条。

汕头开港至20世纪初，经过几十年的建设发展，汕头港成为一个颇具规模的商贸港口。中外轮船公司有英国的太古、怡和轮船公司，法国雷特公司，日本大阪商船会社，泰国中暹轮船公司，还有中国轮船招商局汕头分局、中国民生实业公司汕头分公司等10多家。另有本地太古南记、维记、捷利、和丰、元和、五福等30多家船务行或代理行。汕头港与国内沿海各港通航，并与香港、新加坡、日本等东南亚国家和地区及欧洲几个大港通航。

▲ 1923年汕头港

▲ 1923年汕头崎碌海面

◀ 二十世纪初的汕头港

▲ 1921年成立的汕头市政厅

1921年汕头港出入船只达到3090艘，总吨位达到390多万吨。鉴于汕头埠发展趋势及经济地位，是年广东省政府设立汕头市政厅，与澄海分治，自此汕头成为广东省的一个直辖市（至1930年正式成立汕头市政府）。

▲ 1921年建成的海关钟楼

▲ 1939年汕头港远眺

▲ 汕头水上人家及潮海关

▲ 30年代繁忙的汕头港

▲ 汕头珠池海面

汕头港随着基础设施的建设，国际航线的开通，促进了港口海运贸易的发展，至20世纪30年代，汕头海运商贸达到了鼎盛时期。据《潮海关史料汇编》载："1932—1937年各年往来外洋船舶艘次及吨位数均占全国港口第三位，仅次于上海、广州"。"1935年进出汕头港国内外船舶共4531艘，6780121总吨位，是开港以后的最高年份"，货运量占全国港口的8.64%。

海运贸易的发达，促进了汕头经济的繁荣。至1925年外国在汕开洋行办企业已有91家，其中英、美、日三国占大部分。1933年，汕头工商业已发展到3441家，分5大类55个行业，各行各业资本达5768万多元。1933年前后几年，汕头市每年贸易额在6—7亿元左右，"商业之盛居于全国第七位，仅次于上海、天津、大连、汉口、胶州、广州"（饶宗颐总纂《潮州志·商业志》）。

民国时期，汕头港有大小码头31个（包括港区货运码头、礐石轮渡码头以及韩堤、乌桥一带的小码头），其中可靠泊轮船的码头7个（木栈桥趸船码头），即：怡和公司码头1座（在德安街口怡和公司前）；太古公司码头4座：怡安街口太古公司前1座，中栈巷太古公司前1座，太古43号栈前1座，招商横路太古货仓库前1座即元亨栈桥，招商局码头1座（在招商路招商局仓库前）。汕头沦陷期间，港口码头遭受战火破坏，大部分被飞机炸毁，至汕头解放，残存下来的码头只有东亚码头和太古（元亨）公司一个残缺不全的货运码头。

▲ 汕头港

▲ 妈屿岛灯塔

▲ 潮海关验货厂

在建设木栈桥趸船码头的同时，招商局及怡和公司、太古公司等国内外航运公司，先后在汕头港施放系船浮筒（俗称水鼓），供船舶抵港停泊使用。至汕头沦陷前，港内固定系船浮筒共有18个，分为二列：靠北的一列是1号、3号、5号、7号、9号、11号、13号、15号共8个；靠南的一列是2号、4号、6号、8号、10号共5个；在亚细亚油库前有系泊油轮的浮筒4个；在石炮台有一个系留水上飞机的浮筒。这些系船浮筒招商局仅占其中之一（5号浮筒）。

▲ 汕头太古码头

▲ 汕头港航俯拍

这一时期，汕头港有货物仓库92座(间)，总面积27480平方米，容量60.891吨。在抗战期间，一部分仓库遭受战火破坏，抗战胜利后，完整可供使用只有59间（座），容量49496吨。仓库堆场，汕头港只有在港东招商局仓库东侧一块不足3000平方米的小堆场，货物堆放主要靠仓库，各船公司的仓库都靠近海滨，打开仓门过了马路就是海。轮船货物装卸靠驳船载运，工人装卸货物可以从驳船直接搬入仓库或从仓库直接搬往驳船。

发电所

▲ 汕头货仓

至20世纪30年代，港口装卸生产工具非常落后，几百斤重的货物只能人扛肩挑，装卸工人靠着一支竹槌两条绳，劳动强度很大。他们是社会底层的群体，被洋人称为“臭咕哩（苦力）”。

随着到港货运量不断增加，装卸作业点（区）扩大，装卸工人相应增多，逐步形成为一支支较为固定的队伍。因为有利可图和“僧多粥少”之故，地方封建把头与官僚买办相勾结，以地方姓氏为群体，争占作业地盘，画地为牢，各踞一方。这些封建把头为了争权夺利，经常挑起宗派族群械斗，致使工人自相残杀。

▲ 装卸作业　　韩志光 摄

▲ 被洋人称为“臭咕哩（苦力）的装卸工人

韩志光 摄

随着汕头航运的发展和商业贸易的繁荣，市区迅速扩展：一是潮海关自1865年迁至今市区居平路口后，逐步向东南扩大地盘；清光绪十四年（1888年），澄海县府划现外马路以南140亩海滩给潮海关；次年该关开始建新办公楼(钟楼)、验货厂及宿舍；1890年，又在海关填地中部和西部修筑招商横路和海关大马路（即今外马路），在北部修建海关路。1919至1922年潮海关在海关填地上大规模兴建房屋，同时修建了三条小马路。

▲ 汕头商业街

◀ 外马路街景

二是市区商业布局从四永一升平（永安街、永和街、永泰街、永兴街、升平路）到四安一镇邦（怀安街、怡安街、万安街、棉安街、镇邦街）。1933年南生公司从镇邦街迁到小公园，使市区零售商业形成以小公园为中心向四周辐射，1933年汕头市商行达3341家。

▲ 汕头怀安街

▲ 汕头街景

▲ 汕头台湾银行

上世纪三十年代，汕头港航运事业发达的主要原因之一是侨胞进出境成为港口客运的大量客源，而他们寄回家乡的汇款，又是一笔非常可观的商贸资金来源。据《潮海关史料泄编》记载："1911年汕头（潮汕）在海外移民估计有300万人。1922年至1931年十年汇款总数为3亿2仟8佰万元。1922年约有30艘客轮定期航行，当年外洋进出口旅客17万7千多人次"。可见当时进出港客运量之大。

▶ 侨眷用海外亲人寄回的批款建住宅

▲ 位于汕头市升平路131号的捷成批局旧址及批局收寄的侨批

▲ 新加坡的成丰栈汇兑信局旧址

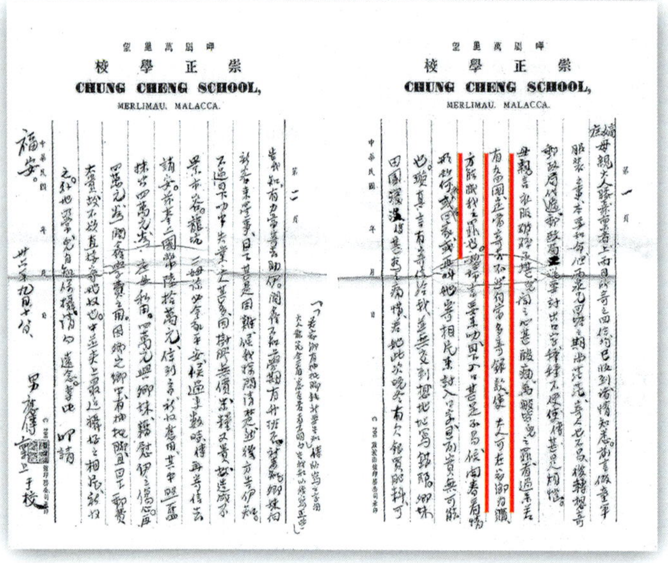

海外侨胞漂洋过海到了异国他乡，举目无亲、孤苦伶仃、谋生不易、创业艰难，经常因收入微薄、不能厚寄回家伺奉长辈、妻儿而深感内疚，表达这种心情的侨批比比皆是

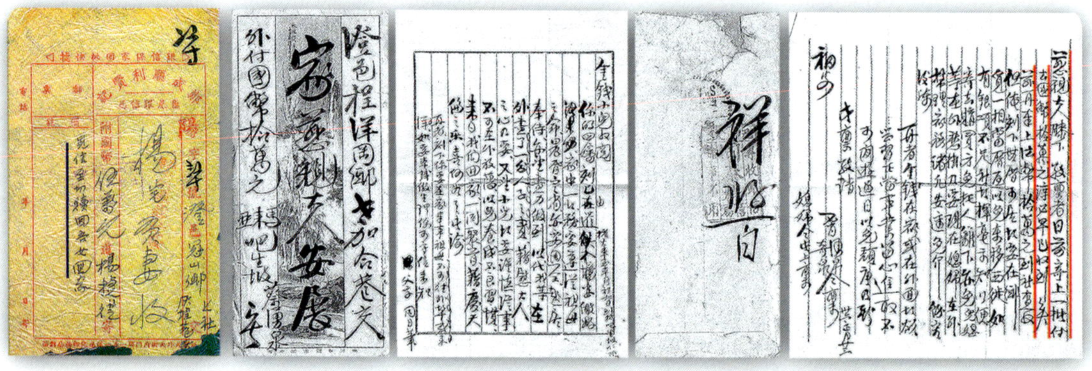

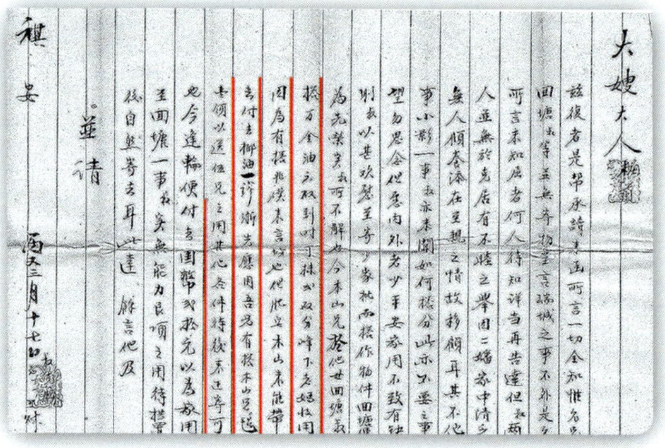

泰国、马来西亚、越南等地的潮籍侨胞寄给家乡亲人度生、治病和赎回自己亲骨肉的侨批

1937年8月13日上午8时，日军用飞机2架空中侦察汕头、澄海、潮安。10月15日，日本军舰炮击汕头港表角灯塔。1938年之后，日机轰炸潮汕铁路和汕头港，港内仓库和码头大部分遭到破坏。此后，汕头无日不受日军飞机和军舰的威胁，市民疏散，人口内迁，经济萧条。

▲ 1939年从轰炸机上看汕头

▲ 在汕头外港扫雷的侵华日军舰艇

▲ 1939年汕头南生公司及其防空网

▲ 1939年6月21侵华日军工兵在汕头港引爆中国守军布设的水雷阵

▲ 1939年汕头街景

1939年6月21日，日军入侵汕头，随即封锁港口，控制海关，港口主权和航运权益由日本帝国主义控制和操纵，对外航运全部停止。自该年7月18日起，日军只允许来自香港、南洋的轮船（主要是英旗轮船）载运邮包进港，但不准装载客货。至1941年，日军批准英国旗的商轮每周一艘进出汕头港一次，仅可载运邮件、旅客和日用食品。在此期间，汕头港进出货物，只许日籍轮船载运。1941年12月太平洋战争爆发后，港口生产设施遭受严重破坏，港口内外交通中断，贸易运输陷于瘫痪。同年12月香港沦陷后，日伪随即接管潮海关，行驶汕头港的其他外国轮终于绝迹，汕头港一度成为“死港”。

1945年8月抗战胜利，汕头港口航运得到恢复，但因战争创伤，加上国民党政府腐败，通货膨胀，港口海运贸易仍处于冷落状态，至汕头解放的前几年港口货物吞吐量每年只有30万吨左右。

▲ 1948年汕头港

1949~1979

历尽艰难　恢复港口建设

1949年10月24日汕头解放，汕头港回到人民的怀抱，并逐渐获得新生。

汕头解放后的第四天（10月27日），汕头市军管会接管了原国民党统治的港口各个管理机构和轮船公司，建立了新中国的港口管理机构和港口企业。

1950年，汕头军民粉碎了败退到台湾的国民党当局妄图封锁汕头港、破坏港口生产的阴谋。“一五”时期修复了码头、仓库，使港口航运得到恢复发展，港口吞吐量从解放初期的30多万吨发展到1957年的130.3万吨。随着社会主义改造的深入进行，为有利港口生产统一管理，汕头港务局从1954年1月至1956年8月，分

三批接收市搬运公司装卸工和驳船工共1442人为港务职工，并成立装卸队、驳船队。

1953年11月1日开始对外轮强制引水。

1956年港口实行统一调度指挥，打捞了沉在海底的趸船2艘，经修复后配套引桥，安置在港西作为杂货码头使用，这是汕头港20世纪五、六十年代唯一的浮趸船码头。

1958年,在港西至平路口至海墘内街一带围海筑堤填堆场，干部职工挑沙运土，填起堆场面积1663平方米，以后逐年续建扩建。同年从哈尔滨调进一部起重五吨的汽车式吊机。至此，汕头港有了第一部装卸机械。

从1958年至1978年二十年间，港口生产建设没有大的发展，港口年吞吐量在120万吨至180万吨之间徘徊。1973年至1979年建成一座3000吨级客货兼用码头和两个5000吨级杂货码头以及一座外轮航修站，加上浮筒泊位，港口通过能力达到150万吨，汕头港也改变了全靠驳船驳运的作业方式，部分船舶可以停靠码头作业，从而扩大港口通过能力，减少货物运转环节，提高装卸效率和技术水平，减轻工人劳动强度，加快船舶周转。同时充分利用3000吨级客货兼用码头，改善服务条件，结束了汕头港没有客运码头的历史。

汕头于1949年10月26日解放。汕头人民迅速投入到医治战争创伤，恢复港口生产的热潮中。

1949年10月27日汕头市军管会接管了原国民党统治的港口各个管理机构和轮船公司，建立了新中国的港口管理机构和港口企业。

▲ 汕头升起第一面五星红旗　　韩志光 摄

▲ 1949年11月25日万众欢腾庆解放　　韩志光 摄

解放前夕，败退到台湾的国民党当局不甘心失败，自1949年11月14日起，开始派遣飞机轰炸汕头港；1950年5月下旬又在汕头港外航道施放水雷，妄图封锁汕头港。在汕头市委市政府的领导下，汕头港引航人员与广大军民一道，积极投入反轰炸、反封锁的战斗中，以无畏的精神，用科学的方法，简陋的工具，共扫除水雷8个，加上自浮水雷2个，取得了反封锁斗争的胜利。1950年7月12日，交通部正式向中外宣告汕头港恢复通航。

同年7月14日，汕头市召开扫雷胜利庆功大会，市政府给每个参加扫雷的人员颁发一枚扫雷胜利纪念章。

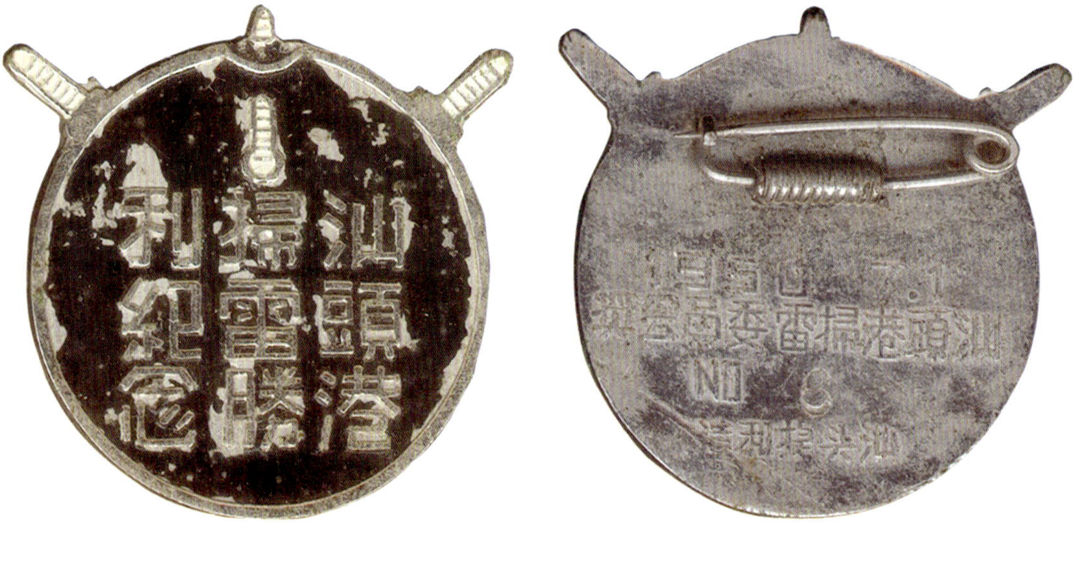

▲ 汕头港扫雷胜利纪念章

▲ 1949年汕头港

韩志光 摄

1958年,在港西至平路口至海墘内街一带围海筑堤填堆场，干部职工涌跃参加劳动，挑沙运土，并逐年续建扩建。

旧中国的汕头港，港口生产设施落后，只有6座木栈桥趸船码头和200多间栈房（仓库）约50000平方米，轮船货物装卸大部在锚地作业，用木驳船（俗称“五肚船”）驳运，货物驳运至岸边，由装卸工人手抬肩扛和大板车、虎头车搬运，劳动强度大，生产作业简单落后，效率低。

▶ 达濠岛广澳后江湾原貌

王瑞忠 摄

▲ 1958年汕头老港区　　王瑞忠 摄

1969年7月28日11时，6903号台风VIOLA在惠来沿海登陆。登陆时台风中心气压936HPA，风速53M/S，南澳、汕头、惠来等沿海县市的风力12级以上，最大阵风52.1M/S。整个汕头市海陆不分，市区平均进水2~3米，郊区达到4米以上。

台风又恰逢农历六月十五的天文大潮，汕头、妈屿、海门、东溪、赤湾等站突破历史最高潮位，妈屿出现最大增水3.14米。几十吨重的机帆船被潮水推着深入内陆十多公里，局部海潮入侵甚至超过30-40公里。汕头地区，民房倒塌141000多间，仓库和工厂倒塌3500多间，堤围崩决上百公里，淹没农田140万多亩，死亡上千人。牛田洋三米半高的大堤被狂潮削去了两米，仅剩残缺不全的废墟，堤内尽成泽国，驻军第55军牺牲指战员470人，劳动锻炼的大学生牺牲83人。

▲ 港口设施损毁严重

▲ 一艘停泊在汕头港的外轮被推上山坡

▲ 全力抢险

▲ 抢救渔船

在台风袭击汕头港过程中，港口从领导到职工，团结战斗，英勇抗击自然灾害，积极抢救国家财产和人民生命安全，夺得抗灾抢险的胜利。港机修理厂的工人战狂风，斗恶浪，把港区前沿两艘趸船分别转移和下沉，避免让海潮冲走而造成破坏仓库的危险；装卸工人奋力抢装抢卸，完成物资疏运任务；5号港作船冲破惊涛骇浪，抢救遇难船员。全港职工全力以赴，同自然灾害进行一场殊死的搏斗，为汕头港谱写了一支抗灾抢险的赞歌。

台风过后，港口职工投入抢修设备、恢复生产的紧张战斗，在全港各部门的配合下，至8月21日港口生产全面恢复正常。

◀ 海门湾桥闸，建成于20世纪70年代初，是练江海口蓄淡排咸的一项多功能重大水利设施

汕头解放至1979年，为了服从国家战备需要，汕头港未有多大发展，只建设一座3000吨级客货码头，两座5000吨级件杂货码头。

一直以来，汕头港没有客运码头，旅客上下轮船均由港口木驳船驳运。1972年9月经广东省交通战线革命委员会批准，汕头港开工建设3000吨级客货码头，1973年12月13日竣工验收。客货码头位于汕头港老港东侧（列港务3号码头），长度100米，两侧25米处设系船墩，宽度为22.60米；引桥长度33.60米，宽度20.10米，设计水深为6.6米，码头前沿底标高为–6.0米。

该码头的建成，结束了汕头港没有客运码头的历史。

▲ 70年代的3000吨级码头 洪浩摄

▲ 改装的“更一”起重船安装5000吨级码头预制构件

▲ 5000吨级码头施工现场

▲ 施工中的第二个5000吨级码头

5000吨级件杂货码头（两座）位于汕头港老港区西侧（列1、2号）。

1974年8月，国家计委批准，1975年2月动工兴建，1976年6月竣工，1978年全部投入使用。码头设计年通过能力为40万吨。码头平面为“Π”型双引桥，码头结构为钢筋混凝土高桩梁板式结构。码头长度250米，宽度24.9米，引桥2座各长62.15米，宽度20.10米，设计水深为-7.6米，码头前沿底标高为7.0米。码头主要配套5吨门座起重机4台，流动机械61台，平板车15部，维修设备10台，900匹马力拖轮1艘。

▶ 首座5000吨级码头投产

▲ 汕头港两座5000吨级件杂货码头

1958年，从哈尔滨调进一部起重五吨的汽车式吊机。至此，汕头港务局开始有第一部装卸机械。1960年黄埔港赠送一部戈斯达货车，后改为5吨汽车吊。1964年在大连调进铲车4部，湛江港调进铲车2部。至1965年汕头港拥有各种装卸起重机械30部，输送带240米，并成立了机械队，由此，港口装卸作业逐渐由机械代替人力。

▲ 1978年汕头港码头之晨　　王瑞忠 摄

▲ 1978年汕头港作业区

▶ 70年代汕头港作业区

王瑞忠 摄

王瑞忠 摄

◀ 汕头港和中心城区俯拍图

1979~2010

改革开放 走向规模发展

改革开放使汕头港这个百年老港焕发出了青春活力，港口面貌发生了翻天覆地的变化。

这一时期，国家加大了港口基础设施的建设和投入。汕头港先后建成了5000吨级煤炭码头、5000吨级粮食杂货码头、珠池港区一期工程（包括南岸3.5万吨级煤炭码头一个和北岸2万吨级散杂货码头二个）、珠池港区二期工程、汕头国际集装箱码头、广澳港区起步工程、广澳港区一期工程、加德士海洋燃气码头、华能海门电厂5万吨级煤炭码头等；建成的港口公用设施有外导流防沙堤、汕头港主航道、汕头港广澳港区航道、汕头港海门港区航道等，同时加强和改善港口通信导航和港口配套设施建设。至2010年，汕头港拥有生产泊位86个，其

中1—5万吨级泊位18个，年综合通过能力3244万吨，集装箱通过能力58万标箱，旅客通过能力40万人次。

生产能力的提高，促进港口生产的发展。港口货物吞吐量不断刷新纪录，1993年货物吞吐量首次突破1000万吨。90年代末期，汕头港货物吞吐量增长缓慢。近年来，汕头市委市政府大力实施以港兴市发展战略，汕头港货物吞吐量和从2005年开始，改变了长达8年每年增长一位数的弱势，连续五年保持两位数增长。广东省粤东工作会议召开三年来，港口货物吞吐量和集装箱吞吐量年均增长达到15.5%和23.1%，两项指标均高于全国沿海规模以上港口，步入持续较快增长的轨道。继2006年突破2000万吨之后，2009年全港货物吞吐量突破3000万吨，集装箱突破80万标箱，初步打下规模发展的基础。

改革开放，促进了汕头港客运事业的发展。1983——1985年末，汕头港建成1座5000吨级客运码头和1座建筑面积8929平方米的客运站大楼。随着开放的不断深入，潮籍海外华侨回家乡办实业、做生意、探亲访友、旅游观光日渐增多，旅客接送量逐年大幅攀升，1992年达到最高峰，客运量达47万人次。

改革开放，促进了汕头港海运贸易事业的发展。1981年汕头经济特区创办之后，港埠企业应运而生，至2010年，全市拥有港务、航运、船务、船舶代理和境外航商常驻机构105家。

▲ 1994年11月10日，中共中央政治局常委胡锦涛（左六）视察汕头深水港

▲ 1995年3月，中共中央政治局候补委员、书记处书记温家宝（左二）视察汕头交通工作

▲ 1995年12月28日，江泽民总书记（前排右五）视察汕头港广澳港区　　孙日绚 摄

▲ 1996年2月10日，李鹏总理（前排左三）视察汕头港广澳港区

▲ 1997年11月20日，政协主席李瑞环（前排左二）视察广澳港区

▲ 1998年10月，朱镕基总理（左三）在海湾大桥视察汕头港

▲ 2001年11月，中共中央政治局常委、国务院副总理李岚清（左二）在海湾大桥上视察汕头港

▲ 2002年1月，吴邦国副总理（前排右三）视察汕头港

▲ 国家副主席荣毅仁（前排左二）在北京举行的汕头经济特区产品展示会上听取汕头市领导汇报深水港工程情况

▲ 1993年，全国政协副主席谷牧（左五）视察汕头深水港

1994年2月18日，人大副委员长田纪云（前排左二）视察汕头深水港马山煤码头

1994年9月，全国人大副委员长程思远（右三）与广东省人大主任林若等领导一起为澄海莱芜集装箱码头开业剪彩

1995年12月28日，交通部部长黄镇东（前排左三）视察汕头深水港区

1993年12月，广东省省长朱森林（前排左二）视察汕头港

1995年，中共中央政治局委员、广东省委书记谢非（前排右三）视察汕头深水港

广东省省长卢瑞华（中）视察汕头深水港

▲ 2006年12月30日，广东省省长黄华华（左三）等领导为华能海门电厂开工奠基

▶ 2007年11月14日，中共中央政治局委员、广东省委书记张德江（前排右一）视察广澳港区

▶ 2008年1月7日，中共中央政治局委员、广东省委书记汪洋（前排右一）视察广澳港区

1985年，汕头市市长程春耕（左二）、常务副市长彭启安（右一）陪同客人考察深水港

1990年5月31日，汕头市委书记林兴胜（右一）视察外导流防沙堤采石场

1994年，汕头市常务副市长彭启安(左三）在深水港煤码头工程现场

1994年8月18日，汕头市委书记许德立(前排左三)在广澳港区起步工程开工起爆现场

汕头市委书记庄礼祥（右二）、市长周日方（右一）带队考察交通港口建设情况

2004年4月，汕头市市委书记林木声（中）到汕头港调研

2007年11月27日海关关长臧玉健（左）到广澳港区调研

2008年4月28日汕头市副市长苏耀光（中）与专家交流广澳港区防波堤工程设计情况

2009年1月18日，汕头市委副书记邓大荣在汕头港对台直航首航仪式上

2009年2月22日，广澳港区航道一期工程开工，汕头市市长蔡宗泽（左）莅临开工典礼

2010年7月16日，市委常委、常务副市长罗仰鹏（前排中）在广澳口岸开放验收会上

2010年9月19日，汕头市委书记李锋（前排右一）在广澳港区调研

▲ 汕头港

汕头港历年货物吞吐量柱状图（单位：万吨）

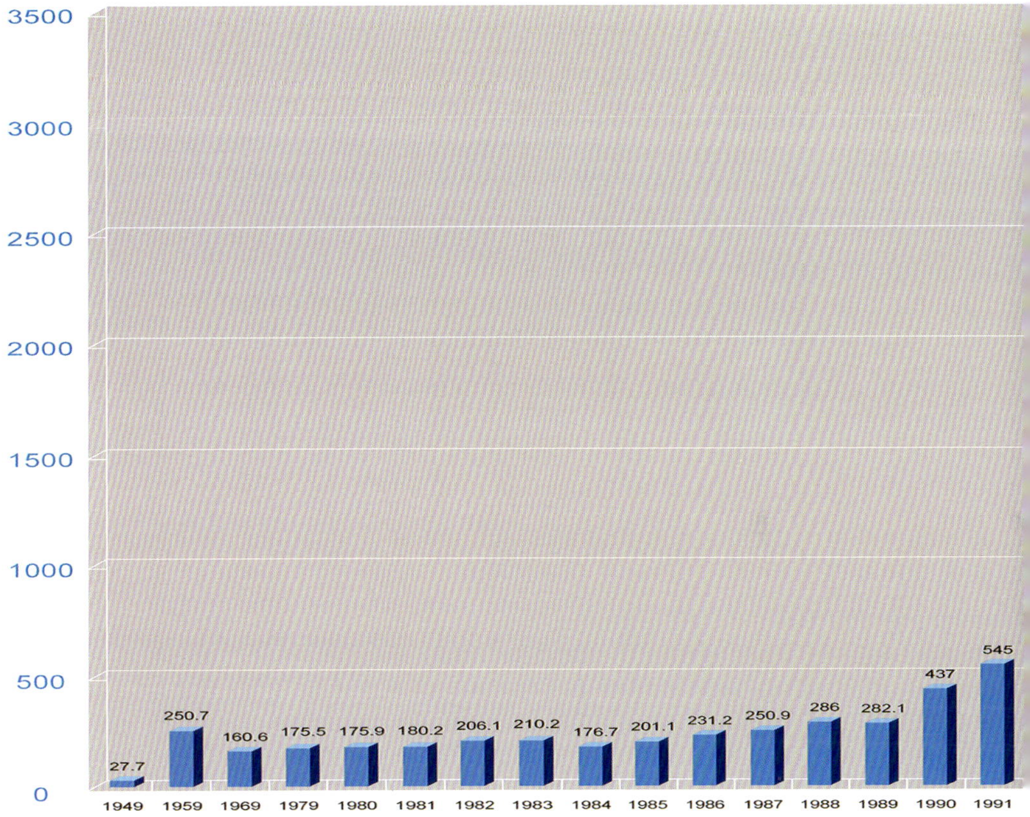

汕头港历年集装箱吞吐量柱状图（单位：TEU）

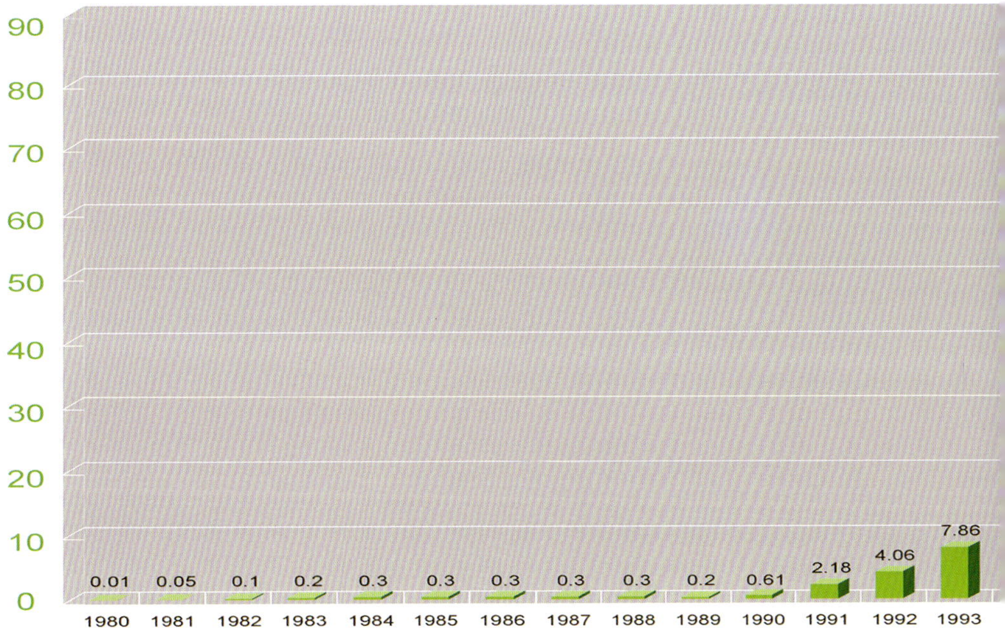

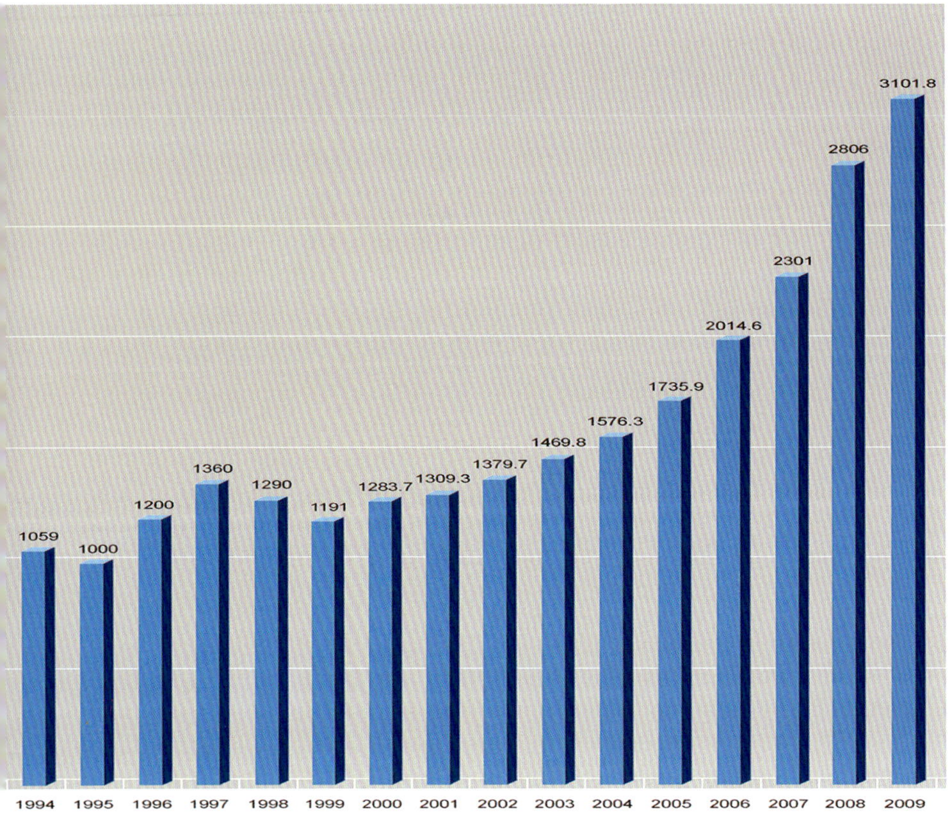
1059
1000
1200
1360
1290
1191
1283.7
1309.3
1379.7
1469.8
1576.3
1735.9
2014.6
2301
2806
3101.8
1994 1995 1996 1997 1998 1999 2000 2001 2002 2003 2004 2005 2006 2007 2008 2009

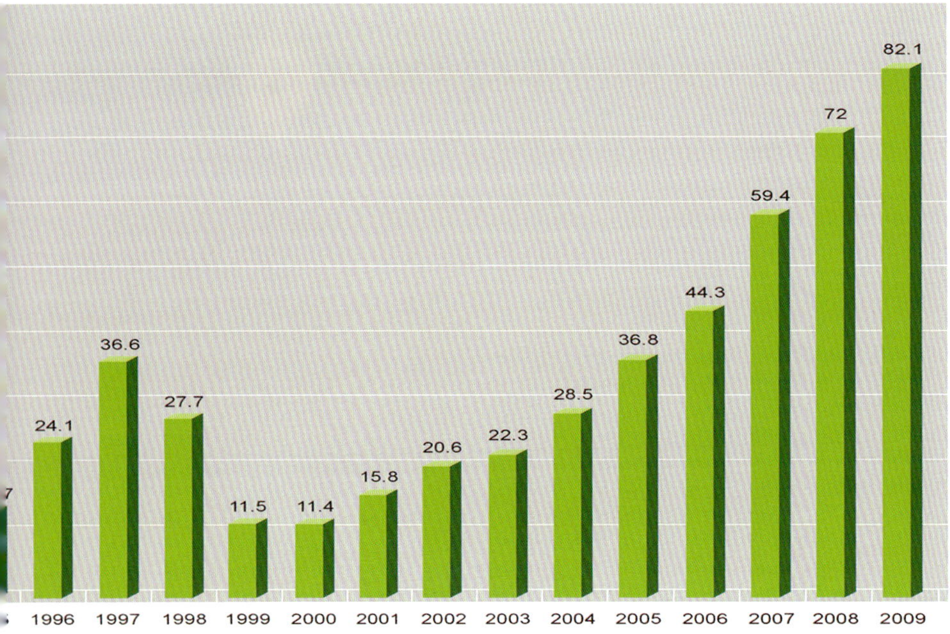
24.1
36.6
27.7
11.5
11.4
15.8
20.6
22.3
28.5
36.8
44.3
59.4
72
82.1
1996 1997 1998 1999 2000 2001 2002 2003 2004 2005 2006 2007 2008 2009

汕头港世界通航情况示意图

1979~2010（改革开放 走向规模发展）

进入80年代，汕头港建设与发展迎来了一个高峰期。1985年4月，在原有两个5000吨级码头和一个3000吨级码头之间建设两个5000吨级粮杂兼集装箱码头，设计年通过能力70万吨，工程于1987年7月31日完工。1987年11月27日，改扩建3号码头为5000吨级、3000吨级码头各1个，年通过能力40万吨，工程于1988年11月27日完工。同时，港口生产机械化水平得到大幅提高。

▲ 1983年从岩石山上远眺汕头港及汕头市区　　王瑞忠 摄

▲ 1983年汕头港远眺　　王瑞忠 摄

▲ 1984年汕头港一瞥　　王瑞忠 摄

▲ 1985年汕头港码头

▲ 1987年老港区码头　　王瑞忠 摄

1984年3月，汕头港在南岸礐石蜈田海滨虎头山北面与航修站毗邻的空地建设1座5000吨级煤炭码头及配套堆场，设计年通过能力100万吨，工程于1987年2月10日正式投产。

这一港区作为汕头港的发祥地，见证了汕头港的变迁与发展。随着汕头港建设和生产重心的转移，目前，除南岸煤炭码头仍在使用外，老港区北岸已停产搬迁。

▲ 老港区南岸煤码头

▲ 老港区码头

▲ 90年代繁忙的老港区码头

20世纪90年代初开始，汕头港投资6.62亿元在汕头市珠池肚兴建深水港区一期工程3个深水泊位、5个驳船泊位，年吞吐能力530万吨。"九五"期间，汕头深水港区二期工程投资11.72亿元，建成1～2万吨级泊位5个，新增吞吐能力240万吨，使码头配套更齐全，生产能力大幅提高。

珠池港区目前是粤东深水泊位最多、规模最大的大型现代化港区。

▲ 建设中的珠池港区码头

▲ 珠池港区集装箱堆场

▲ 汕头港珠池港区

▲ 万吨轮靠泊

▲ 装卸作业

◀ 珠池港区

▲ 港区堆场

1990年8月，汕头港在位于珠池南岸澳头马山海滨动工兴建一座3.5万吨级煤炭专用码头。码头前沿设计水深-10.8米，泊位长度235米，宽22米，年吞吐能力410万吨，于1995年11月建成。该码头的建成投产结束了汕头港没有深水泊位的历史，大大提高了港口通过能力和靠泊能力。

▶ 1996年6月“红旗124”轮首航

▶ 煤炭堆场

▶ 煤码头夕照

▶ 煤码头

▲ 华能汕头电厂和煤炭专用码头

1993年，香港长江实业集团董事局主席、潮籍企业家李嘉诚先生属下的香港国际货柜码头有限公司与汕头港务局成立汕头国际集装箱码头有限公司，合资建成二个2.5万吨级泊位，设计集装箱年吞吐能力40万标箱。工程于1994年4月25日开工，1997年11月18日建成试投产，1998年10月竣工，1999年12月8日正式验收。这是汕头港最早的专业集装箱码头。

▲ 1997年11月18日，国际集装箱码头试投产李嘉诚先生莅临视察

▼ 国际集装箱码头全景

▲ 1997年3月5日，汕头港第一台集装箱桥吊安装调试

▲ 汕头国际集装箱码头有限公司大门

▲ 国际集装箱码头俯瞰

▲ 码头作业

▲ 集装箱堆场

▲ 堆场作业

▲ 码头夜景

广澳港区于1994年开始起步建设，现已建成1—6万吨级码头4个。其中，2#泊位于2002年11月18日开工建设，2009年8月22日通过预验收，水工结构按停靠5万吨级集装箱船舶设计，这是目前粤东地区吃水最深、吨级最大的公用码头泊位。3#泊位和5万吨级航道即将建成。

▲ 广澳湾

▲ 1979年汕头市城建人员勘察广澳湾　王瑞忠 摄

▲ 广澳港区建设爆破现场

▲ 起步工程施工现场　王瑞忠 摄

▲ 桥吊进港

▲ 5万吨级集装箱班轮进港

▲ 散货船靠泊1#泊位

▲ 广澳港区2#泊位

▲ 特殊货种作业

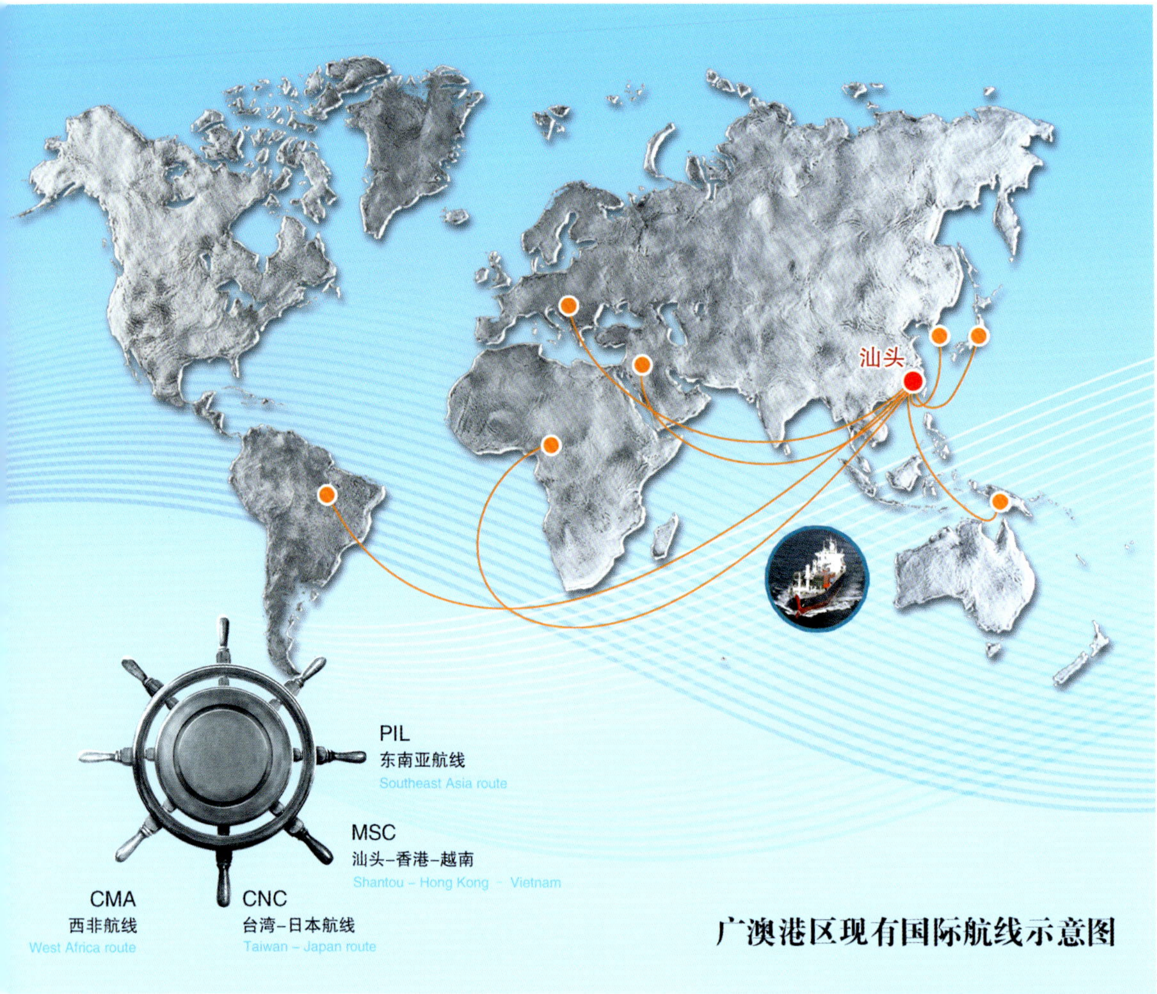

广澳港区现有国际航线示意图

▶ 即将建成的3#泊位

华能海门电厂煤码头是华能海门电厂配套工程，包括5万吨级煤码头和3千吨级综合码头各一个，于2006年12月30日开工建设，2009年6月12日建成并正式通航。煤码头为5万吨级（结构为15万吨级），岸线长345米，航道底宽165米，底标高15.7米，港池回转半径460米，底标高14.8米。

▲ 首航的“苍龙丸”轮

▲ 华能海门电厂码头通航庆典仪式现场

▲ 华能海门电厂煤码头

▲ 码头夜景

南澳历史上为天南海防重地，素有“闽粤咽喉，潮汕屏障”美誉，几百年来在航海史和海防史上都占有重要地位。史载：“郑和七下西洋，五经南澳”。“南澳Ⅰ号”的发现证明了南澳海域是“海上丝绸之路”的重要通道之一，是国际贸易货物的转运站。

改革开放后，随着旅游业和渔业的发展，南澳县政府加大了港口建设力度，1986年～2000年，南澳县共建成300～5000吨级码头8个，货物吞吐量从几千吨到十几万吨，最高达30万吨，客流量达60万人次。

▲ 南海1号打捞船

▲ 水下考古队员在冲洗文物

▶ 南澳长山尾汽车轮渡码头

▲ 南澳前江湾码头

▲ 汕头港广澳港区航道一期工程开工仪式现场

▲ 集装箱班轮驶入广澳港区

长期以来，汕头港由于外航道拦门沙的限制，在一般情况下，满载5000吨级以上的货轮必须减载后才能进港，严重影响了港口生产建设和发展。汕头港在建设深水港的同时，外航道建成一条7.95公里的外导流防沙堤，并进行较大规模浚深整治，至1996年，汕头外航道水深达-9.5米，结束了汕头港万吨轮进不了港的历史。2005年11月，汕头港航道及外拦门沙整治二期工程交工验收，并得到常年正常维护。

广澳港区起步工程原有航道为2万吨级单向航道，航道有效宽度为100米，长度约为2公里，底标高为9.0米。该航道于1996年6月与广澳港区起步工程同时竣工并投入使用；2009年2月一期航道开工建设，于2010年第四季度完工。建成后的航道宽度为165米，长度为4.8公里（含拐弯段），设计底标高为13.8米。

▲ 主航道得到正常维护，大型船舶满载进港

▲ 汕头港外导流防沙堤

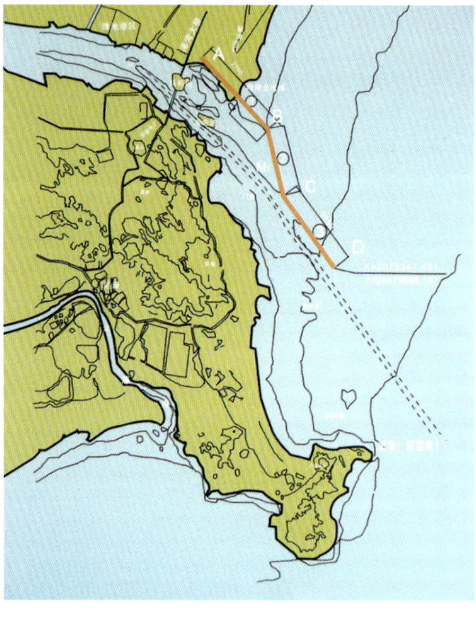

▲ 外导流防沙堤和主航道示意图

▲ 南澎灯塔

▲ 表角灯塔

▲ 石碑山灯塔

▲ 遮浪角灯塔

▲ 德洲岛（鹿屿）灯塔

▲ 半潮礁灯桩

由于战乱自然灾害及自然灾害战乱，汕头港附近海域导航助航设施多次被毁坏，解放后，特别是改革开放至2004年，国家有关部门多次对南澎灯塔、德洲岛（鹿屿）灯塔、表角灯塔、石碑山灯塔和遮浪角灯塔等进行重建和升级改造，还新建了鹿屿RBN－DGPS台站和南澳半潮礁灯桩等一大批各类导助航设施，基本满足了航海及海上作业导助航安全的需要。

1986年汕头港务局成立通讯站，统管无线电台，无线电话台、电话总机，加强对港务局通讯工作的管理。1999年，港区撤消内部有线通讯，并入市话系统，采用内部虚拟网。同年，设立汕头港VHF生产调度专用电台——汕头港话台，承担汕头港生产调度专用通信业务。

▲ 消拖两用拖轮

▲ 两岸直航后,全国最先进的“南海救101”救助轮进驻汕头港

▲ 即将建成的粤东目前最高的公用航道导标（高50.2米）

▲ 引航员登轮

▲ 泊

▲ 邮轮靠泊

▲ 集装箱班轮靠泊

▲ 散货装卸

▲ 生产调度

▲ 吊

▲ 生产现场

▲ 设备养护

▲ 货物防护

▲ 仓储

▲ 物流

▲ 1986年1月1日建成的汕头客运码头及联检大楼　　王瑞忠 摄

1979年9月，交通部批准汕头港兴建5000吨级泊位客运码头和客运站大楼，1986年元月1日建成投产。1979年7月1日，汕头港恢复了中断15年的汕头—广州客运班轮航线；1980年1月24日，恢复了中断28年的汕头—香港客运班轮航线，先后有“龙湖”、“鼎湖”和“金湖”等五艘客轮穿走于汕头—香港。1992年达到最高峰，客运量达47万人次。1993年后，客运量逐年萎缩，至2000年，汕头港客运班轮航线全部停开。之后，偶有豪华邮轮来汕观光旅游。

▲ “龙湖”轮首航

▲ 旅客走下客轮

▲ 1995年8月汕头港客运站联检大厅

▲ 航行汕头至南澳岛的“明珠号”双体飞翔船

王瑞忠 摄

▲ 1998年11月12日，香港丽星邮轮公司“双鱼星”号邮轮首航汕头

▲ “亚洲之星”号邮轮驶入汕头港

▲ 2009年5月6日，350名游客踏上台湾之旅

▲ 2004年3月28日，“澳玛Ⅲ”号邮轮首航汕头港，停靠汕头港客运站

至2010年，汕头港已与68个国家和地区的289个港口有贸易往来。远洋航线主要有：汕头至欧州、美州、澳洲、中东、地中海、南非、西非等；近洋航线主要有汕头至韩国、日本、朝鲜、泰国、印度尼西亚，菲律宾、越南、香港、高雄-台中等；国内沿海航线主要有：汕头至厦门、福州、上海、青岛、烟台、天津、秦皇岛、大连、连云港、营口、黄埔、广州、湛江、海口、北海等；2009年1月18日，成功开通了汕头至台湾高雄-台中航线，实现对台海上货运直航，结束了汕-台海运中断60年的历史。

▲ 2008年3月7日，首条集装箱国际远洋航线汕头-地中海航线开通

▲ 2009年1月18日汕头实现对台货运直航

▲ 对台直航首航的“东悦”轮

▲ 2009年5月6日对台包船邮轮首航

▲ 2010年7月10日，汕头国际集装箱码头开通汕头—马尼拉新班轮航线

汕头现已形成以海港、空港为中心，铁路、高等级公路为骨架的海陆空立体交通网络。1998年4月16日，广梅汕铁路疏港铁路建成开通营运。疏港铁路起自汕头客站北端，至珠池港区多用途、杂货码头，全长6.3公里。榕江、韩江、练江等水上疏运通道可通航5000吨级货轮，具备海铁联运、江海直达等运能大、能耗低的集疏运功能优势。

▲ 1998年6月16日，疏港铁路开通，实现海铁联运

▲ 油气船驶入榕江航道，江海直达

▲ 疏港公路四通八达

▲ 日臻完善的集疏运系统

在改革开放的大潮中，以港口政企分开为标志的港口体制改革，彻底结束了港口政企不分的局面，适应了社会主义市场经济的需要，推动和促进了港口的建设发展。

1999年以来，汕头港先后经历了交通部体制下放、政企分开的改革过程，港口企业从港口管理体制中剥离出去，成为独立的经济实体。港口体制日臻完善，至2005年，实行了“一市一政一港”的管理体制，原汕头港务局改称为“汕头市港口管理局”，行使全市港口行政管理职能。

▲ 2005年3月28日，汕头市港口管理局成立

▲ 港口安全生产态势保持稳定

▶ 组织危险货物事故Ⅱ级应急响应演练，提高港口应急处置能力

▶ 履行SOLAS国际公约，组织港口设施保安应急演习

▲ 利用现代化手段，加强港口安全监控

▲ 2007年7月20日，汕头港第一艘公务艇"汕港管1"号首航，实现汕头港公共设施管理海上巡查

◀ 汕港管1"公务艇

◀ 港口工程质量监督总体受控

▲ 2009年1月1日实现港口规费直接征收

▲ 港口引航及时安全，优质高效

◀ 1996年5月蔡瑶深一家三代港口人喜看港口新变化

◀ 巾帼不让须眉的“三八制造班”

▲ 干部职工摄影展

▲ 技术比武

▲ 意气风发的港口工人

▲ 2007年4月25日CCTV“同一首歌”在汕头港举行

▲ 2010年10月21日第16届亚运火炬传递活动汕头站最后一棒和庆典活动在汕头港隆重举行

▶ 参加“慈善万人行”

▶ 情系灾区，爱心捐款

▶ 双联共建，对口扶贫

励精图治 展望港口远景

2003年，交通部和广东省联合批复了《汕头港总体规划》，但该规划没有覆盖潮阳、潮南、澄海、南澳等区县。2005年，汕头市港口管理局成立后，组织修订了《汕头港总体规划》，覆盖了汕头市全部港口辖区，形成一港九区的规模，并对广澳港区作了重大调整，以适应今后发展的需要。修订后的《汕头港总体规划》规划港口岸线67.9公里，可建设5万吨级～30万吨级泊位50多个，通过能力达到4亿吨、集装箱1800万标箱。

2007年9月，汕头市出台了《汕头市“十年大发展”战略规划纲要》，提出打造粤东区域

中心城市，明确要全力实施“以港兴市”发展战略，增创港口经济新优势，加快构筑区域交通航运中心，争取通过十年的努力实现亿吨大港的战略目标。市港口管理局据此组织编制了《汕头港打造亿吨大港规划纲要（2007～2016年）》，规划投入约180～200亿元，新建20个万吨级以上泊位，配套公共基础设施和支持系统，新增通过能力7500万吨左右，新增集装箱通过能力240万标箱左右。将汕头港集装箱泊位从目前的2～5万吨级提升到10万吨级，散杂货从目前的3万吨级提升到15万吨级，原油石化泊位提升到10～30万吨，满足开辟远洋航线和装卸大型散货船舶的需要。成为粤东、赣南、闽西南等地区对外联系的重要口岸，腹地能源、原材料物资运输的主要中转港，广东省沿海的主要集装箱支线港。努力打造粤东集装箱、油气和液体化工原料仓储和转运、煤炭中转和对台物流四大基地，大力发展临港产业，逐步建成具备运输组织、装卸存储、中转换装、临港工业、保税加工、现代物流、通信信息、综合服务、商贸旅游等多种功能的现代化、综合性深水大港。

▲ 2008年12月17日，交通运输部和广东省政府联合召开高规格的《汕头港总体规划补充报告》审查会

▲ 交通运输部领导和专家现场考察

▲ 省市领导现场考察汕头港规划建设情况

▲ 汕头市港口管理局领导班子和科室领导讨论港口规划

▲ 腹地交通及港口集疏运规划图

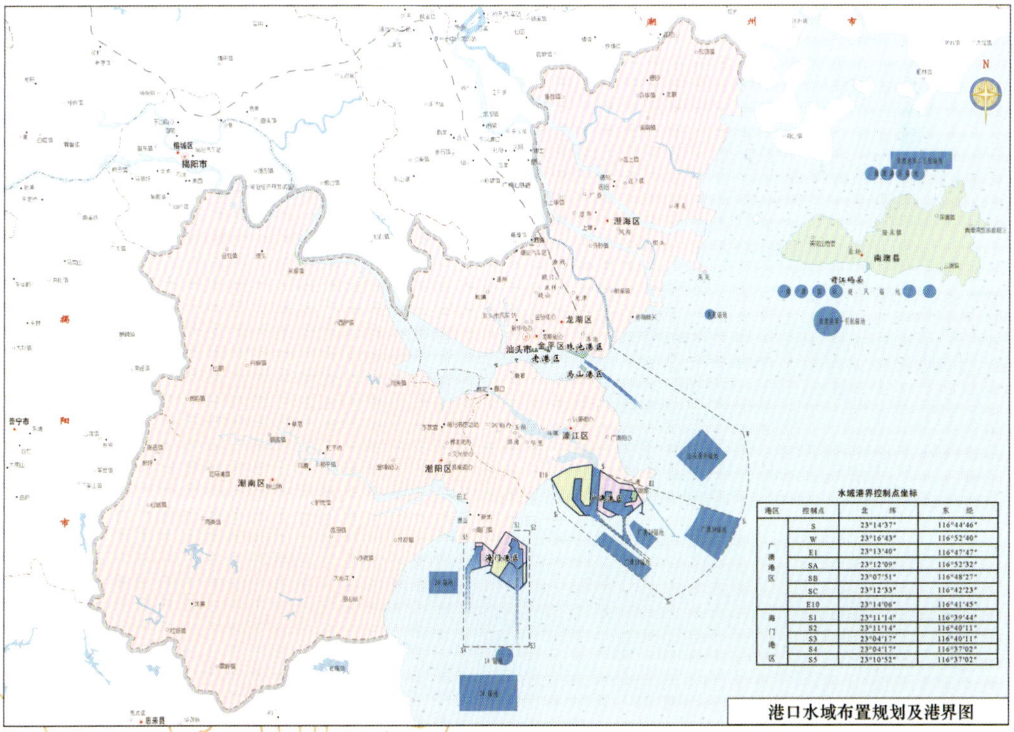

港区	控制点	北纬	东经
广澳港区	S	23°14′37″	116°44′46″
	W	23°16′43″	116°52′40″
	E1	23°13′40″	116°47′47″
	SA	23°12′09″	116°52′32″
	SB	23°07′51″	116°48′27″
	SC	23°12′33″	116°42′23″
	E10	23°14′06″	116°41′45″
海门港区	S1	23°11′14″	116°39′44″
	S2	23°11′14″	116°40′11″
	S3	23°04′17″	116°40′11″
	S4	23°04′17″	116°37′02″
	S5	23°10′52″	116°37′02″

▲ 港口水域布置规划及港界图

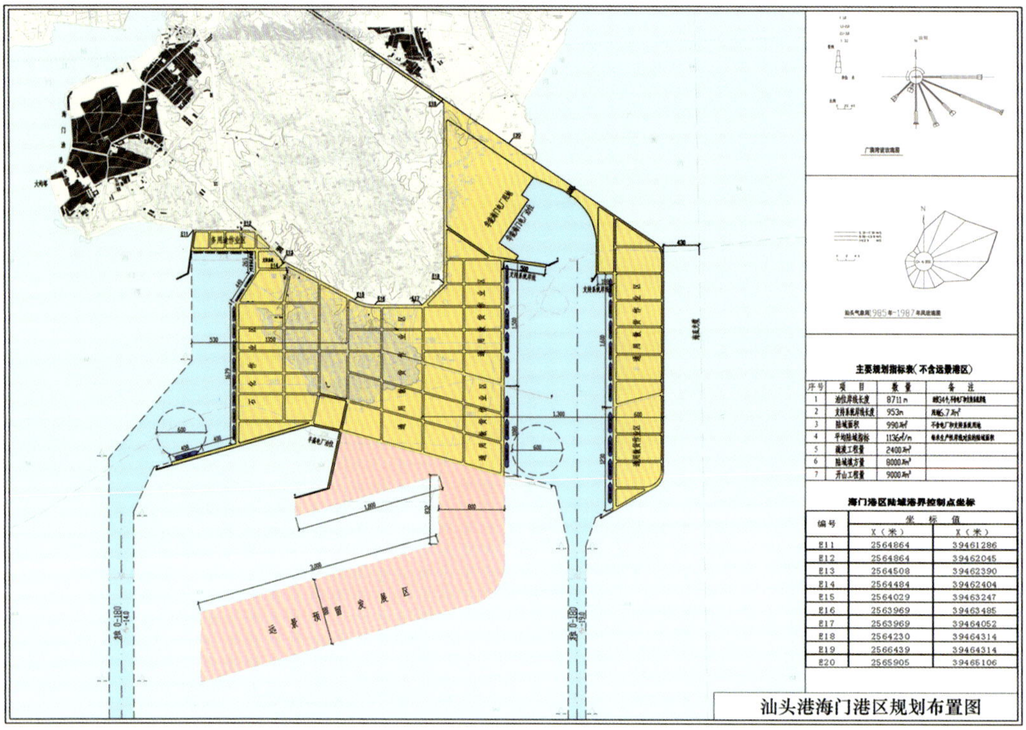

主要规划指标表（不含远景港区）

序号	项目	数量	备注
1	泊位岸线长度	8711m	泊位34个,不含电厂和支持系统岸线
2	支持系统岸线长度	953m	陆域6.7万m²
3	陆域面积	990万m²	不含电厂和支持系统用地
4	平均陆域指标	1136m²/m	每米生产性岸线对应的陆域面积
5	疏浚工程量	2400万m³	
6	陆域填方量	8000万m³	
7	开山工程量	9000万m³	

海门港区陆域港界控制点坐标

编号	坐标值	
	X（米）	X（米）
E11	2564864	39461286
E12	2564864	39462045
E13	2564508	39462390
E14	2564484	39462404
E15	2564029	39463247
E16	2563969	39463485
E17	2563969	39464052
E18	2564230	39464314
E19	2566439	39464314
E20	2565905	39465106

▲ 汕头港海门港区规划布置图

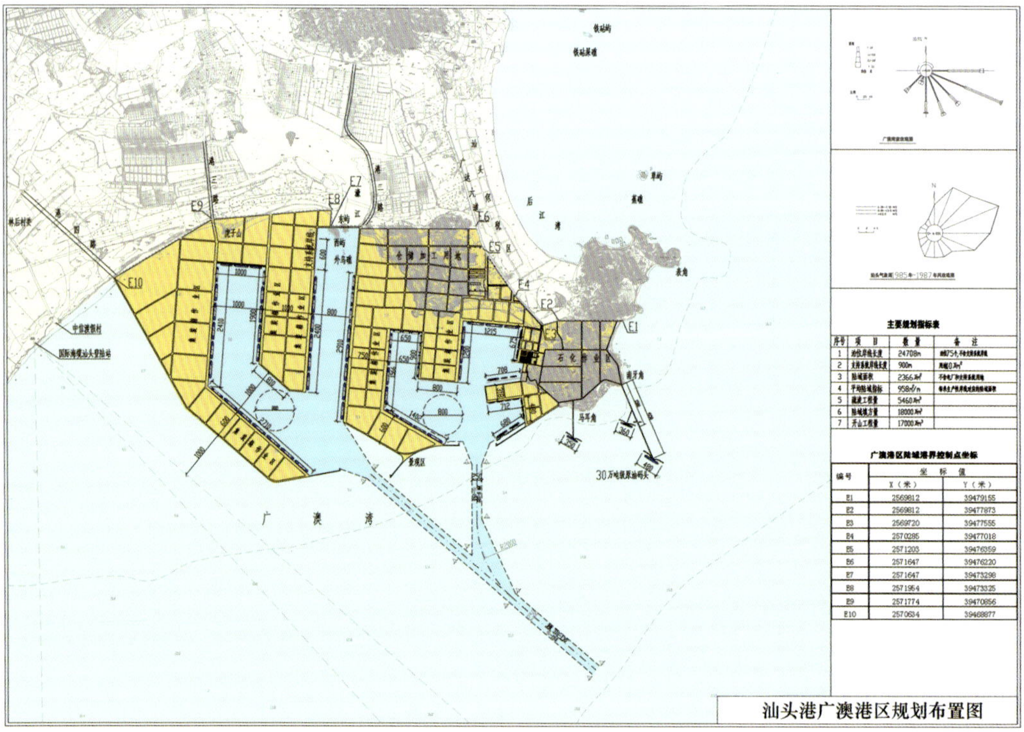

主要规划指标表

序号	项目	数量	备注
1	泊位岸线长度	24708m	泊位75个,不含支持系统岸线
2	支持系统岸线长度	900m	陆域0万m²
3	陆域面积	2366万m²	不含电厂和支持系统用地
4	平均陆域指标	958m²/m	每米生产性岸线对应的陆域面积
5	疏浚工程量	5460万m³	
6	陆域填方量	18000万m³	
7	开山工程量	17000万m³	

广澳港区陆域港界控制点坐标

编号	坐标值	
	X（米）	Y（米）
E1	2569812	39479155
E2	2569812	39477873
E3	2569720	39477555
E4	2570285	39477018
E5	2571203	39476359
E6	2571647	39476220
E7	2571647	39473298
E8	2571954	39473325
E9	2571774	39470856
E10	2570634	39468877

▲ 汕头港广澳港区规划布置图

▲ 广澳港区规划三维效果图

大事记

明清时期

明嘉靖九年（1530年）

今汕头老市区西南部海底几条沙脊渐渐露出水面，渔民在这里设栅捕鱼，称其为“沙汕”。

万历三年（1575年）

今汕头老市区的西南部，原淤积起来的几条沙脊连结成一片，称为“沙汕坪”。

至清代初期，“沙汕坪”逐渐扩展成一片陆地，高处出现小沙丘，称为“沙汕头”。

清康熙二十三年（1684年）

粤海关成立，庵埠为粤海关辖下五大总口之一的潮州总口。

康熙五十六年（1717年）

清政府在今老市区外马路与升平路的东北转角处，建烟墩、筑炮台，作为防守营汛，派兵把守，时称“沙汕头汛炮台”，由此开始出现“沙汕头”的称谓。

乾隆元年（1736年）

樟林港从渔港变为商港，红头船于此出洋，是年盐埕头一带为盐田，清政府设站收税，简称“汕头”，汕头的名称由此起始。

乾隆十二年（1747年）

清政府允许出洋外贸，樟林港大盛，成为了粤东闽西进出口贸易中心。

乾隆二十年（1755年）

清政府于妈屿岛设常关，两广总督派员收南北商运常关税，常关又于沙汕头设站收税，为汕头最早之海关。

嘉庆十四年（1809年）

嘉庆年间，随着渔业、盐业生产的发展，过往船只日见增多，在今老市区小公园南侧至外马路一带的浅海域形成一个港埠，汕头港口已基本形成贸易口岸，成为各地商航停泊地。

嘉庆十八年（1813年）

沙汕头形成雏形市集，有行街、顺昌街等。

道光二十年（1840年）

英国怡和公司在汕头开设分支机构，经营船务、保险、机器、杂货等业务。

咸丰三年（1853年）

粤海关在汕头港口门的妈屿岛上设关，称潮州新关，庵埠海关总口改小口，与原来所辖各口均归新关管辖，汕头地位凸显。

咸丰四年（1854年）

英国德记洋行在汕头设有限公司，经营抽纱原料、布匹、机器、啤酒等业务；福建商人和潮州商人在今安平路东端建立“漳潮会馆”，开设船务、米粮、药材、火柴和汇兑5个行档，这是汕头首个联营性质的商业机构。

咸丰八年（1858年）

第二次鸦片战争爆发后。1858年5月，英法联军攻陷天津大沽。6月13日、18日和27日，清政府分别与俄国、美国、英国和法国签订《天津条约》。《天津条约》规定：增开汉口、九江、南京、镇江、牛庄、登州、台南、淡水、潮州（后为汕头）、琼州十处为对外通商口岸。6月18日，美国公使以战争调停人的身份，强迫清政府签订《中美天津条约》。《中美天津条约》称：“大合众国人嗣后均准挈眷赴广东的广州、潮州，福建之厦门、台湾，浙江之宁波，江苏之上海，并嗣后与大合众国或他国定立条约，准开各港口市镇，在彼居住贸易，任其船只装载货物，于以上所立各港互相往来。”《中美天津条约》约定，自签约之日起一年后，双方政府互换条约批准书才能生效。

咸丰九年（1859–1860年）

8月16日，美国公使华若翰与清政府官员在天津北塘互换《中美天津条约》批准书。清政府认为汕头与西方国家通商已成事实，加上美国公使的多次要求，被迫无奈，于11月15日批准美国在汕头先行开市。批文重点称：“所有潮州、台湾两口，准美国先行开市，并照新章完纳船只吨钞……。”经双方协商，定于咸丰九年十一月十九日（1860年1月1日）在潮州（汕头）设关开市。

咸丰九年（1860年）

1月1日（咸丰九年十一月十九日），中国海关总税务司在汕头港口门妈屿岛上设立“潮海关”，总税务司李泰国任命华为士（美国公使华若翰之弟）为潮海关第一任税务司。潮海关的成立，标志着汕头开港。

是年，英国在汕头设立领事馆，领事馆地址开始在今礐石海旁路，后迁入市区。至二十世纪初，在汕设领事馆的还有：德国、日本、法国、挪威、丹麦、美国、荷兰、俄国等9个国家。

咸丰十一年（1861年）

清政府改沙汕头为商埠，亦称汕头埠。此举是清政府正式将汕头视为一行政单位入册。

是年，法国在汕设立鲁鳞洋行。

同治元年（1862年）

英国汽船第一次公开抵汕。

同治三年（1864年）

潮州新关迁入汕头市区（地址在今之天后宫对面的新关街）。

同治四年（1865年）

潮海关关址从妈屿移入汕头市区（地址在今居平路头）。

是年，英国船长汉米尔顿等人对汕头港进行测量，同年11月8日在伦敦出版了《中国东海岸韩江入口处汕头港》。

同治五年（1866年）

外国帆船、汽船驶进汕头港达525艘，总运量211800吨，洋货输入额达388.9万多关平两（白银）。

同治六年（1867年）

英国渣甸汽船公司、法忌利士汽船公司在汕设立航运机构，开辟汕头、香港、福州航线。

海阳、澄海、潮阳、普宁、揭阳、饶平等

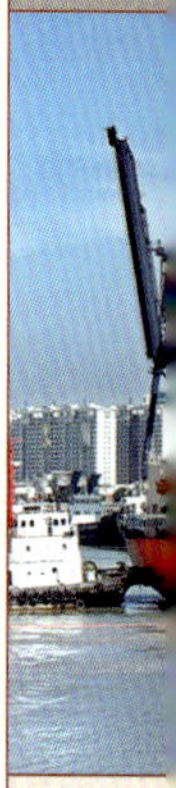

六县商人在汕头创办六邑会馆，作为商业活动场所。

同治十二年（1873年）

中国轮船招商局于1月17日宣布正式对外营业，同年12月19日在汕头设立招商局汕头分局。在招商局宣布开业前夕的1872年11月30日，招商局“伊敦”号轮在上海载货开往汕头，这是中国轮船招商局的轮船首次行驶南海航线。

同治十三年（1874年）

英国伦敦中国航业公司在汕设立分机构“太古轮船公司”。

潮海关在南澎岛上建航标灯塔主塔及附塔两处。

光绪五年（1879年）

因海防需要，清政府批准潮州府在汕头港北岸建石炮台。该炮台的建设由潮州总兵方耀提议。

光绪六年（1880年）

潮海关在鹿屿及表角两地建航标灯塔。

光绪九年（1883年）

法商鲁鳞洋行发生争地案，后该行改为元兴洋行。

光绪十二年（1886年）

英国印度中国航业公司（怡和）在汕设立轮船公司，即怡和轮船公司。

光绪十四年（1888年）

4月，招商局在汕头建趸船码头。

光绪十六年（1890年）

潮阳人肖鸣琴集资5万元在汕设轮船公司，小轮船航行于汕头、潮阳、揭阳之间。

光绪十八年（1892年）

招商局轮船开始定期航行汕头港。

光绪十九年（1893年）

澄海人林月波在汕创办太古南记。是汕头首家轮船代理机构。

光绪二十年（1894年）

英商在　石建油池可装油40万加仑，接着又在市区崎碌建油池可装油875万加仑。

光绪二十四年（1898年）

日本、法国及我国招商局轮船开始航行华南沿海各港。

光绪二十五年（1899年）

日本大阪商船会社在汕设立分机构，这一年日轮进汕头港99艘次，运量8.52万吨。

光绪三十年（1904年）

9月28日潮汕铁路开工建筑，至1906年11月25日建成通车。该铁路从汕头至潮州全长42公里。

光绪三十一年（1905年）

泰国华暹轮船公司的轮船开始定期航行于汕头至曼谷之间，运货载客，随后在汕头设立华暹轮船公司驻汕办事处。

民国时期

民国六年（1917年）

7月10日，孙中山率“应瑞”、“海深”两军舰自上海抵汕南下护法。

民国八年（1919年）

是年进出汕头港的汽船2496艘次，2921531吨位。

民国十年（1921年）

是年新安人刘树德购一艘法国旧舰艇，改造为货轮“潮州”号，航行于汕头至香港之间，速度超越他船。

民国十一年（1922年）

3月，汕头成立海员工会。

8月2日，12级以上强台风袭击潮汕地区，汕头港潮涨丈余，英轮“山东”号搁浅于哈屿附近。

民国二十年（1931年）

4月5日，国民政府令税务司通告上海、汉口、潮海关等各税务司，50里内常关自文到之日停止征税，所有赔款担保部分候出口新税公布后一律转于出口税。

5月，日本人租商业街海滩地抢建码头，引起全市人民义愤前往交涉。9月10日市政府下令，沿海私有海堤一律暂停建筑。

9月，由汕头检疫所所长徐希仁向英国人连亨利收回海港检疫权，英国领事出面反对，经检疫所据理力争终获实现。

民国二十一年（1932年）

2月，日舰因汕头报纸登载涉及把日本天皇称为伪皇一事大举交涉，并派军舰驶入汕头港示威。

民国二十六年（1937年）

是年汕头港外货收入额高达35398247元，本国货收入额57131000元，土货出口额55619012元，贸易总额为148048259元，是汕头港开港以来贸易运输的极盛时期。

民国二十八年（1939年）

1月14日，南洋华侨270余人乘英轮出国，在汕头口外遭日舰艇2艘拦截，乘客200余人被杀害，仅20余人生还。

6月5日，日舰10余艘泊于港外，时局紧张，中共潮汕中心县委召开“岭东青年救亡同志总会”、“汕头青年救亡同志会”在汕党员大会，分析国内外形势，要求抓紧时间做好反抗日军进攻汕头的一切准备。

6月21日凌晨，日军集中万余兵力，在20多架飞机掩护下，40多艘舰艇兵分三路占领汕头港，汕头沦陷。

民国三十年（1941年）

12月8日，日军偷袭珍珠港，太平洋战争爆发，驻汕头日军封闭英美洋行，捕其领事、侨民，妈屿口日本兵舰云集。

民国三十二年（1943年）

9月1日，日轮“白银丸”在汕头港妈屿岛附近被4架盟机炸沉，当时港口装卸工人受伤10多人，死亡数人。

民国三十三年（1944年）

7月26日，中美混合机队飞机轰炸在汕头港海面的日运输舰2艘，1沉1搁浅。

民国三十四年（1945年）

1月17日，盟机轰炸日军舰2艘，1沉1搁浅。

8月15日，日本宣布无条件投降，汕头光复。

10月，汕头至香港客运航线复航，10月23日、26日，“祯祥”轮、“祥发”轮先后从汕头开往香港，在香港附近海面因机器发生故障和违章滥载，导致两轮沉没，乘客死亡失踪共300多人。

12月10日，美军扫雷舰5艘，由沪来汕扫除妈屿口战时所施放的水雷。

民国三十五年（1946年）

2月11日，闽粤边区纵队司令部奉令成立“汕头港运输司令部”，即日查点集中营日俘日侨准备将其输送回国。23日起，东京美军总司令部

陆续派舰到汕，先后6批共遣送日俘日侨5000多人。

5月18日，招商局“海闽”轮由沪来汕，在鹿屿外误触水雷，船体穿洞进水搁浅。5月23日由英国救护船拖回港内修理。

7月16日，英轮“大宝山”在港外红螺线搁浅，十多天后脱浅。

民国三十六年（1947年）

10月起，国民党胡琏兵团经汕头败走，撤退时，在汕头抓了很多青壮年运往台湾，港内一些机动船也被劫走。

民国三十七年（1948年）

8月，国民党政府决定将招商局改组为股份有限公司，原招商局汕头分局改为招商局股份有限公司汕头分公司，任命黄星淇为分公司经理。

中华人民共和国成立以后

1949年

10月24日，汕头市解放。

10月27日，中国人民解放军汕头军事管制委员会公用事业接管部交通处，到汕头港接管伪广州航政局汕头办事处等港口各个管理机构，同时成立汕头航政局。

11月13日，英籍“成兴”轮由香港抵汕，是解放后第一艘外轮进汕头港。

11月14日，台湾国民党首次派遣军用飞机轰炸汕头港，在港的英籍“和乐”轮、“成兴”轮、“峨嵋夫人”轮都遭到不同程度轰炸受伤。

12月5日，巴拿马籍“新利年”轮由汕头港开往华北，恢复华南与华北的海运。

1950年

1月20日，英籍“大宝山”轮由汕头开往南洋，恢复汕头与南洋的海运。

2月，菲律宾籍“新利源”轮首次来汕。

2月23日，中国人民解放军解放南澳岛，航政局动员在港小机船、民船的船员及本局干部支援前线。很多船员自备运输工具参加这次战斗。

4月16日，英籍“安徽”轮由新加坡载运归国华侨来汕，船进入赤屿航道触及台湾国民党军舰施放的水雷，机舱进水下沉，旅客死一人，其它得救。

5月24日，英籍“新亚”轮由汕头开往天津，船到港外赤屿附近航道，触及水雷，船头舱底穿洞沉没，乘客七人死亡。

5月27日、28日国轮“长平”号和一艘渔船触及水雷被炸沉，死伤多人。从5月24日—28日，先后有四艘船舶触及水雷被炸，共死亡36人，伤13人；货物损失800多吨。

6月，成立汕头港扫雷委员会和扫雷指挥部，并组成一支有解放军指战员、市委干部和航政局干部、工人、引水员（现称引航员）参加的扫雷队，于7月1日至12日，共扫获水雷七个，连同被风浪冲击漂起的水雷，共收获水雷十三个。

9月19日，国轮“举振”号由广州开往汕头，是解放后首次开辟汕头至广州的海运航线。

是年航政局派出一批干部到韩江、榕江、练江，动员民船联营，成立联运社和民船工会。到1952年三江一海的民船都组织起来，成为新中国的工人队伍，同时对汕头市29家造船业也组织联营，成立汕头市造船工程处。

1951年

1月，根据政务院的“进出口船舶、船员、旅客、行李检查暂行规则”，由航政、海关、检疫、公安等单位组成联合检查会议，同月16日开始执行联检制度。

5月，航政局移接海关港务股，与本局引水组合并为港务组。

5月，航政局开始修订《汕头港港务暂行

章程》，经批准9月1日开始试行。

7月26日，广州区港务管理局以（51）4049号文，通知汕头航政局改为广州区港务管理局汕头分局，经汕头市委批准同意，并任命杨堃珊为分局局长。

9月13日，潮汕专署以汕秘字第937号文，通知潮汕运输公司将该司船务部（原招商局汕头分局）分开成立华南海运管理局汕头分局，任命蔡少成为分局代理局长。同年10月取消私营轮船行后，外轮业务统一由汕头海运分局代理。

12月，广东省人民政府交通厅内河航运管理局发文，经汕头市委批准同意，将航政局韩江分驻所移交给内河局，改名为广东省交通厅内河航运管理局潮梅分驻所（汕尾办事处至1954年5月1日才移交给潮梅办事处）。

1952年

10月汕头港务分局派“飞鸵”号小机船运载干部10多人支援前线解放南澎岛。

11月1日，汕头港务分局接管英商太古轮船公司第8号和第9号浮筒；11月26日接管英商怡和轮船公司第10号浮筒；11月29日接管港西太古公司轮船木码头和系在该码头的怡和公司小趸船。

1953年

1月1日，以汕头港务分局为主体与汕头海运分局合并，改名为华南区港务管理局汕头分局（以下简称汕头分局）。

9月，汕头分局移接海关码头，改名为港务第一码头，该码头系日本侵略汕头时，于1940年建成的高桩梁板式3000吨级军用码头。后由汕头海军长期借用。

11月1日，汕头分局对外轮开始强制引水。

是年，汕头分局移接海关讯号杆建于港东堆场。

1954年

3月，汕头分局移接市搬运公司的木驳船129艘，由汕头分局统一调度指挥。

9月，汕头分局移接市搬运公司驳船船员577人为港务局固定工人。到1956年，汕头分局先后三批移接市搬运公司搬运工人1442人，成为了汕头分局的工人。

11月，汕头分局接管市邮电局海岸电台。

11月份起，遵照交通部海运总局指示，汕头分局开始试行“昼夜装卸标准”，与南海货轮签订“在港停泊协议书”。

1955年

1月19日上午7：30时，台湾国民党派遣飞机分二批共12架轰炸汕头港。英籍“正伟健”轮遭重创沉没。驻汕部队及“南海163”轮积极回击，击落击伤敌机8架。

1956年

华南区港务管理局汕头分局改为汕头港务管理局。

打捞沉在海底的2艘趸船，修复后安置在港西调度室前，当作浮码头使用，至1977年报废。

是年，交通部和广东省侨委合资给汕头港务管理局改建港东仓库为华侨旅客候船厅，面积1241平方米。接着又将后面仓库改建为行李场，面积2307平方米，与候船厅配套使用。

1957年

改建外马路两座旧仓库为职工食堂和职工候工室，面积1500平方米。

1958年

在港西至平路口至海乾内街一带围海筑堤填堆场面积1663平方米。以后逐年续建扩建。

从哈尔滨调进一部起重五吨的汽车式吊机。

这是港务管理局第一部装卸机械，以后逐年增加发展。

精简机构，下放干部，将17个科室合并为10个，415名科室机关干部工作人员精简了33.25%，先后分三批91人下放到市郊澳头劳动。

9月10日澄海县牛田洋围垦工程竣工。工程于当年4月开工，海堤长7公里，围地9000多亩。

1959年

3月10日，汕头港务管理局与汕头专署交通局将航运部份合并为汕头专署航务局。至1961年10月1日分家。

1960年

3月开辟汕—穗客运航线，由“南海134”轮（后改为“剑兰”轮）担任常班客轮。至1963年11月，因“跃进”轮海难事故全国整顿客运秩序，汕穗客运航线停航。

1961年

3月开始接办华侨行李服务工作。

9月29日，太平洋第25号强台风在广东省东部沿海登陆，汕头港损坏码头3处、仓库6处、船舶17艘。

1962年

11月11日，广东省汕头专区港航监督成立。

1963年

4月15日，汕头港务监督和汕头专区港航监督联合发出有关汕头港内港航监督业务分工的通知。

10月5日，汕头港务管理局10号交通船因船员加油不慎将汽油溅落在主机汽缸大火塞发生火灾，直接经济损失6500元。

1964年

4月9日，任命郭日凤为汕头港务管理局第一副局长代理局长，傅宝德为副局长。

4月20日，广东省委组织部任命宋修义为汕头港务管理局党委副书记代理书记。5月23日，又任命赵连清为汕头港务管理局党委副书记。

1965年

2月在广州海运局工作组指导帮助下，对汕头港务管理局组织机构进行调整，撤销装卸、驳船两个大队，成立9个中队，由局直接领导。

交通部和广州海运局“三五”规划工作组，先后于2月、8月两次到汕头港，讨论研究拟订《汕头港“三五”扩建方案初步意见》。后因“文化大革命”影响和其它原因，方案未能实现。

1966年

6月，“文化大革命”运动开始。

9月20日，经港务局党委研究决定，成立汕头港公安分局，同时撤销港务局经保科。

广州海运局批复汕头港装卸工人工资制度改革。

1967年

3月，汕头市全面实行军事管制，港口进驻军管小组和“支左”部队，港务局成立“文化大革命领导小组”。

8月制订装卸、驳船计时工资制度（计件改为计时）。

1968年

6月30日，汕头市发生“6.30”群众组织武斗事件，港口生产半瘫痪，日轮“晴河丸”运载进口化肥4139吨，停泊时间长达23.6天。

7月，港务局成立革命委员会，各基层成立革命领导小组，武斗停止，派性逐渐消除，港口生产逐渐好转。

1969年

3月，汕头港务管理局与汕头专署航务局合并，成立汕头专区水运公司革命委员会。同年10月9日，原港务管理局部份的机构成立港口作业区革命委员会（科级建制），原机关各科室改为5大组，基层成立连队。到1972年5月港航分家，分家后的汕头港务管理局恢复原来科室建制。

7月28日，历史罕见的太平洋第3号台风（俗称“7.28”台风）。在汕头地区沿海登陆。台风登陆正值港湾涨潮，港内高潮位值4.97米，港区受灾严重，在港的“金华”、“金井”、“襟裳丸”三艘外轮搁浅受损。据灾后统计，港口损失23.9万元，三艘外轮损失84.4万元。

1972年

6月14日，中共汕头地委决定成立汕头地区港务局，同年7月5日港务局恢复16名科级干部的职务。

7月10日，原汕头地区港务局改称为“汕头港务管理局”，同时启用新印鉴。

9月份，开始动工兴建港东3000吨级客货兼用泊位码头，到1973年12月13日竣工投产。码头长度100米，宽22.6米，完成投资262.09万元，其中码头主体130万元。

1973年

1月10日，汕头港务局划归广州海运局领导（除生产、调度、工资、计划，其它业务仍由专区领导）。

3月9日，广东省革委会发文关于调整广州海运局管理体制通知，汕头港务局业务及干部归广州海运局管理，党政工以所在地党委领导为主。

1974年

5月，港务局开工兴建外轮航修站，到1979年12月竣工，完成投资578.90万元。1980年初验收投产。

1975年

2月3日，港务局开工兴建港西二个5千吨级泊位码头，到1976年6月底竣工，“七一”投产。码头长250米，宽度24.9米，包括仓库、机械、供电等配套工程。总投资计划1629万元，实际完成1628.65万元。其中码头主体工程计划投资348.10万元，实际完成352.21万元。

1977年

港务局根据全国“工业学大庆”会议精神，进行恢复性企业整顿，把“文革”前26项全局性规章制度恢复起来。

1978年

7月，港务局恢复被“文化大革命”冲击中断十年之久的装卸工人计件工资制度。1979年2月又在机械大队和船舶大队实行底薪计件工资制度，1980年恢复全局月度奖、速遣奖、年终奖、安全质量奖和技术革新奖。1981年5月，装卸工人实行浮动工资。同时把全局性速遣奖改为季度奖。

1979年

7月1日，汕头港恢复汕头至广州海上客运航线（该航线于1963年11月停航）。

9月，成立汕头港客运站。

交通部批准汕头港兴建5000吨级泊位客运码头和客运站大楼。码头长140米，客运站大楼面积8929平方，设计年客运通过量39.68万人次。该工程于1984年年底开始兴建，1985年年底全部竣工，1986年元旦投产使用。结束了汕头港没有客运站的历史。

1980年

1月24日，汕头港恢复汕头至香港的国内客轮航线。同年将两座旧仓库改为旅客候船厅，

面积2500平方。这一年，港口的客运量高达265.663人次，创造建国30年来汕头港客运量最高记录。

4月，成立外轮服务公司（集体编制）。

4月，创办《汕头港报》。

4月，创办职工业余学校，制订职工教育五年规划。

1982年

5月，交通部审查《汕头港三个5000吨级泊位可行性研究报告》。12月港务局上报设计计划任务书。1983年3月交通部转发国家计委335号文批准三个泊位的设计计划任务书。三个泊位是：5000吨级煤炭泊位和两个5000吨级粮食、杂货兼集装箱泊位。其中煤炭泊位1984年12月开始打桩建设，1986年底竣工。粮食、杂货泊位1985年9月开始打桩建设，1987年竣工。

1983年

汕头港务局建设安装30吨级地中衡（电子秤）一台。

1984年

1月1日，汕头港务管理局的管理体制进行改革，由原广州海运局管理转变为交通部直接管理，成为交通部直属一级企业，名称改为交通部汕头港务管理局。

5月28日，汕头港务局与香港"明华"公司签订运输经济合同，开辟汕头至香港的国际集装箱运输支线，担负集装箱运输任务的"华胜"轮开始试航，11月该支线正式开通。

1985年

6月7日，经交通部批准，交通部汕头港务管理局的行政级别由正处级提升为副厅级。

1986年

元月1日，汕头港客运码头客运站建成投产。上午在客运站举行庆典仪式，港务局局长林德高主持庆典，交通部、汕头市各级领导及有关单位代表和港务局干部职工三百多人参加庆典。

10月1日，根据交通部（85）计交字第454号文"关于汕头港柘林湾万吨级海轮过驳锚地设计任务书的批复"，原汕头航运公司所属三百门港务管理局从1986年10月1日起，移交给汕头港务局领导和管理，同时启用"交通部汕头港务管理局三百门港务公司"印章。

1987年

12月，汕头港改革为交通部与汕头市"双重领导，以市为主"的管理体制，原交通部汕头港务管理局改称为"汕头港务局"。同时，将交通部汕头港务管理局属下的汕头港务监督划出，与港务局海岸电台合并组建为"交通部汕头海上安全监督局"。1988年元旦，港务局与海监局同时挂牌启用新印鉴。

三百门港被列为汕头港务局第三作业区，开始进入外轮过驳和装卸的历史。

1988年

1月，广东省政府和交通部联合向国家计委报告《汕头港深水港区一期工程设计计划任务书》；3月，中国国际工程咨询公司进行评估，4月，向国家计委报送了《汕头港深水港区第一期工程评估报告》。

11月12日，汕头港务局成立"汕头市建港指挥部"。

1989年

10月6日至7日，由汕头市政府委托汕头市建港指挥部主持召开的汕头港总体规划审查会，经市领导、专家、工程技术人员的讨论，审查通过汕头港的总体规划。

12月29日至30日，对原3000吨级客货泊位改扩建为二个中级泊位（一个5000吨级和一个3000吨级）工程竣工通过验收。

1990年

1月，国家计委发文批准汕头深水港区第一期工程设计计划任务书。同年5月，国家交通投资公司在汕头市召开初步设计审查会，并发文批复了初步设计审查意见。

8月6日，经国务院批准同意国家计委发文批复汕头港深水港区第一期工程正式开工。一期工程建设项目是3.5万吨级煤炭泊位、2万吨级多用途泊位、1.5万吨级杂货泊位各1个，配套项目有7.95公里外导流防沙堤和一个1000吨级重件泊位及500吨级泊位4个，年通过能力530万吨。

1991年

3月18日至19日，在广州召开的津汕货班轮会议上，决定4月份开辟天津至汕头不定期货班轮，并签订了联合运输协议书。首航3000吨级红旗轮满载钢材和树脂及饲料于4月29日从天津开赴汕头港。

1992年

6月30日，根据粤组干［1992］317号文和汕组干［1992］137号文，温锡通同志被任命为汕头港务局党委书记，法人代表，负责党政全面工作。

7月11日，国家计委发文批准汕头港深水港区一期工程中的多用途、杂货两个深水泊位工程开工。

7月23日，成立“汕头经济特区招商进出口总公司”，为港务局直属二级单位，副处级建制。

8月24日，汕头港深水港区一期多、杂泊位工程投标评标，交通部第二航务工程局中标。

9月8日，成立“汕头港第四港务公司筹备处”。

10月20日，“汕头经济特区华港集装箱有限公司”合同签字。

12月30日，省人事局粤人任（92）208号文件，免去林德高汕头港务局局长职务。

是年，潮州升格扩大区域，三百门港划为潮州市管辖，更名为潮州港。

1993年

3月13日，汕头港务局首家中外合作企业“汕头经济特区华港集装箱有限公司”正式挂牌营业。

3月23日，汕头港务局三百门港务公司的人财物成建制移交给潮州市人民政府。

7月29日，汕头港深水港区一期工程3.5万吨级煤码头配套的1000吨级驳船码头和重件码头通过单项工程验收，交付使用。

1994年

4月19日，在汕头金海湾大酒店举行中港双方合资兴建汕头国际集装箱码头合同签字仪式。

10月上旬，2×1250千瓦全回转消拖两用船“引航5号”正式投入生产。这是汕头港有史以来最大的拖轮。

10月24日，扩建的汕头港老港区前沿堆场工程竣工验收。堆场总面积11352平方米，设计年堆存能力50万吨。

11月8日至9日，汕头港深水港区一期工程外导流防沙堤工程竣工验收。

11月10日，中共中央政治局常委、书记处书记胡锦涛一行在中共中央政治局委员、省委书记谢非和汕头市领导陪同下视察汕头港。

1995年

1月16日，粤人任［1995］6号文件、汕组干［1995］9号文件，任命温锡通同志为汕头

港务局局长。

2月17日，成立“汕头港航修供应服务公司”，为港务局直属二级单位，正科级建制。9月1日，汕头港深水港区一期煤码头工程竣工验收。

9月8日，经过改扩建的汕头港客运站旅客候船联检大厅正式启用。

11月27日至29日，“汕头深水港珠池港区五个万吨级泊位工程可行性研究报告审查会”在汕召开。

12月28日，中共中央总书记江泽民视察汕头港广澳港区。

1996年

1月，汕头港深水港区（珠池港区）一期工程2万吨级多用途泊位和1.5万吨级杂货泊位试投产。

6月7日，汕头港深水港区一期工程多用途、杂货泊位工程通过国家验收。

6月14日，交通部行文公布汕头港外航道水深为－9.5米，深水港煤码头水深为－10.8米，珠池港区多用途、杂货泊位水深为－10.5米。

7月19日，第一个梅州集装箱运抵汕头港，开创了梅州集装箱在汕头港出口的历史。

1997年

2月13日，港务局开始贯彻GB／T19000－ISO9002标准质量认证工作。

5月28日，汕头港务局同加拿大新不伦瑞克省圣约翰市圣约翰港建立友好港口关系。

6月4日，汕头深水港珠池港区二期工程3＃A、3＃码头初步设计通过审查。

1998年

1月6日，由汕头市达濠市政工程总公司承包施工的珠池港区排洪沟工程竣工验收。

1月13日，汕头港务局首次获得中国方圆认证委员会质量认证中心颁发的GB／T19002：94－ISO9002：94标准质量体系认证证书。

1月16日，15时10分，首趟货运列车4节车厢装载江西赣州的256吨荧石矿抵达汕头港珠池港区。

2月18日，汕头港务局获得德国西南联技术监督机构（TUV）颁发的GB／T19002：94－ISO9002：94标准质量体系认证证书。全局一次整体通过ISO9002标准质量体系国内国际双认证。

4月16日，广梅汕铁路疏港铁路建成开通营运。该路由汕头站北端接轨到汕头港珠池港区，全长6.28公里，营运里程9.43公里，年设计运量290万吨，总投资1.1亿元，工程于1997年3月18日开工至同年10月18日铺通。

11月6日，汕头市市长办公会议研究汕头港口体制改革问题，作出了政企分开、组建汕头港务集团等6项决定。

11月30日，汕头港务局订购的1500立方米喷水推进耙吸式挖泥船“汕港浚8”号，由广东新中国造船厂有限公司建成下水。

12月22日，汕头市政府十届六次常务会议通过了《汕头港务局机构编制方案》和《汕头经济特区港口管理暂行规定》。

1999年

1月7日，汕头市政府批复汕头港务集团组建方案。

3月31日，汕头港广澳港区东防波堤续建工程开工。

4月6日，根据汕头港务集团有限公司《章程》，董事会研究决定，原广澳海湾发展公司更名为汕头港广澳港务公司。

4月26日，在韩江路31号新落成的办公楼，举行了汕头港务局迁址暨汕头港务集团有限公司成立挂牌仪式。汕头港务集团有限公司副董事长、总经理陈一海主持仪式。汕头市委书记庄礼祥为汕头港务集团、汕头港务集团有限公司揭牌；市委常委、常务副市长黄荣汉和汕头

港务局局长、汕头港务集团有限公司董事长温锡通分别讲话。

6月22日，汕头市第十届人大常委会第六次会议通过了《关于要求禁止在汕头港围海造地的决议》。

8月27日，汕头港务集团公司1500立方米喷水推进耙吸式挖泥船“汕港浚8”号船正式投产。该船由中国船舶工业总公司上海708研究所设计，广东新中国造船厂有限公司承建。

2000年

3月13日，汕头－香港客运航线停航（因客运市场竞争激烈，水运缺乏优势）。

4月5日，6万吨级“泰昌”号外轮顺利停泊汕头珠池港区，装卸41000吨出口货物，创造汕头港有史以来的两个突破——进港最大的一艘货轮，批量最大的一宗出口货物。

2000年，汕头港务集团公司完成货物吞吐量1018万吨（首次突破1000万吨大关），比上年增长7%；完成集装箱吞吐量6.76万标准箱，比上年增长53.0%。

2001年

1月9日，汕头港广澳港区专用道路新建工程竣工通过验收。专用道路全长约576米，宽8米，水泥混凝土路面，双车道，国家二级公路标准，工程自2000年7月5日开工，至2000年12月15日完工。

1月16日，交通部在汕主持召开汕头港珠池港区二期工程4＃～6＃泊位码头工程竣工验收会，通过该项目验收，工程质量等级评为优良。

2月10日，汕头港广澳港务公司码头被海关总署批准为汕头保税区专用码头。

4月，南澳县对台经济开发区第一个码头泊位建成（于1998年6月12日动工）。已建成的泊位水深8.3米，可停万吨级船舶，年吞吐能力80万吨。

的泊位水深8.3米，可停万吨级船舶，年吞吐能力80万吨。

5月12日，汕头LPG码头罐区项目3＃泊位工程竣工验收。该泊位位于汕头市达濠区广澳湾，为2.4万吨－6.4万吨级专用液化石油气开敞式码头，结构类型为高桩墩式，码头面标高＋12.0m，前沿设计水深－14.0m。水工工程分码头和引桥两个单位工程。工程自1999年11月10日开工，至2001年4月20日完工。

5月18日，加德士海洋燃气能源公司汕头LPG工程3号泊位（5万吨级）通过综合验收并投入试产。标志着总投资1.44亿美元的加德士汕头LPG码头罐区工程及配套工程全面完成。

5月31日至6月1日，交通部会同广东省人民政府在汕头市召开了汕头港总体布局规划审批工作协调会议。中国交通部第一航务工程勘察设计院汇报了《汕头港总体布局规划》，与会代表和专家对《规划》进行了审议，由汕头港务局组织修改并报汕头市政府审查后，上报交通部和广东省人民政府审批。

9月6日，交通部以交水发［2001］490号文批复汕头港珠池港区二期工程初步设计。同意汕头港珠池港区二期工程建设5个万吨级以上多用途泊位，码头合计长900米，设计年吞吐能力240万吨，核定工程总概算为103741万元。

10月19日，载重量60767吨的金昌轮抵达汕头港珠池港区，装载40137吨荧石粉出口，创造了汕头港单船货物出口装载量新纪录。

12月9日，交通部令10号《船舶引航管理规定》颁布，自2002年1月1日起施行。

12月14日，交通部以交规划发［2001］742号文正式批复汕头港广澳港区一期工程可行性研究报告。该项目建设2万吨级多用途和通用泊位各一个（码头水工结构按5万吨级设计），新增年通过能力96万吨，其中集装箱通过能力3万TEU。工程总投资估算控制在25000万元以内，其中项目资本金8750万元，国家安排港口建设费2190万元，其余部分由企业自筹。

2002年

1月25日，汕头港务局召开外导流拦沙堤AB、BC段加高工程竣工验收会，外导流拦沙堤AB段1230米浆砌块石加高至+2.4米，BC段2100米现浇砼加高至+2.4米，合同造价589万元。工程于2001年5月22日开工，2001年12月26日竣工。

1月29日，泰国总理执政顾问披匿、泰国进出口商协会秘书长玛律，泰国远泰船务有限公司董事长、总经理黄喜源等泰国客人莅港考察访问。

3月8日，长254.2米的“河北进步”轮在汕头港引航站引航员的引领下安全靠泊珠池港区1-2号泊位。至此该轮为汕头港引航站引领长度最大的船舶。

6月7日，经交通部厅水字［2002］233号批复，汕头港正式加入交通部运输EDI信息网络项目。

6月19日，交通部正式批复汕头港航道及外拦门沙整治二期工程初步设计。同意航道按3万吨级散货船和2.5万吨级集装箱船乘潮水位1.49米的单向航道设计，航道全长13298米（其中开挖段长10272米），航道有效宽度150米，底面高程-11.0米。工程总概算19252万元，其中国家安排港口建设费5600万元。工程总工期3年。

6月25日，汕头港务集团广澳港务公司接卸从美国装载大豆38500吨的“明业”轮，至此是汕头港进口卸货量最大的船舶。该轮吃水10.7米，是汕头港引航站至此引领吃水最深的船舶。

7月10日，交通部以交水发［2002］289号文正式批复汕头港广澳港区一期工程初步设计。批复同意码头水工结构按停靠5万吨级集装箱船设计；码头长435米，顶面高程4.5米，码头前沿底面高程-15.0米，港池最小宽度268米，底面高程-10.7米，辅建区布置在1号、2号泊位陆域的后方，供水调节站布置在2#港区大门的北侧；2#通用泊位采用门座起重机装卸工艺方案，3#多用途泊位采用堆场重箱作业、集装箱正面吊运机方案，并利用港务集团公司现有的装卸机械配置设计；采用吹填和回填相结合的陆域形成方案；辅助建筑物总面积7624.3平方米；工程总概算24993.52万元，其中国家安排港口建设费2190万元。工程总工期2.5年。

8月9日，交通部批准汕头港务局申报的汕头港航道及外拦门沙整治二期工程开工报告。完成了项目报建手续。开工日期2002年8月6日，计划竣工日期2004年8月6日。

9月26日，经交通部水运司批准，汕头港务局对汕头港广澳港区一期工程——码头水工结构及护岸工程进行招标。并于10月18日至11月4日在汕头市组织工程开标、评标。经评标，中标单位为中港第三航务工程局（现称中交第三航务工程局有限公司），中标总价为7635万元。

11月8日，广澳港一期工程举行开工典礼。海峡两岸航运交流协会理事长胡汉湘、汕头市市长李春洪等领导和省、市各有关部门负责人及企业各代表出席。

11月9日，汕头港物流中心举行开业庆典，标志着汕头港现代化物流业开始进入全面运作。

11月11日，汕头港务集团公司第二艘1500立方米挖泥船“汕港浚9号”正式投入使用，这是国内第一艘喷水推进耙吸式挖泥船，总长73.8米，型宽14米，型深5.1米，满载吃水4.2米，总吨位1718吨，主机功率970千瓦x2台，最大挖深12米，满载船速11节，总投资3400多万元。

12月26日，汕头港务局接到广东省人民政府办公厅12月19日印发的《广东省双重领导港口下放实施方案》（12月12日签发）。

2003年

1月13日，根据国办发［2002］91号文《关于港口管理体制改革的意见》和财政部有关

文件，交通部批复同意原中国外轮理货总公司汕头分公司从汕头港务集团公司中分离出来，组建具有独立法人资格的汕头市中理外轮理货有限责任公司。

1月29日，汕头港珠池港区二期工程——排洪沟工程（电排站设备二期配套工程）设备及安装通过竣工验收。该工程为汕头市排洪沟工程的配套机电设备工程，由汕头港务局投资兴建。该工程设备安装调试合格，同意验收，移交城市管理部门管理。

3月26日，以韩国平泽市市长金善基为团长的平泽市代表团一行莅港访问，与汕头港务局领导就今后开展合作进行了交流。

4月24日，汕头市中理外轮理货有限责任公司揭牌。

5月7日，省计委以粤计基［2003］425号文批准汕头港广澳港区滚装码头工程可行性研究报告。利用广澳港区一期工程3号泊位码头岸线建设10000吨级滚装码头一座，滚装泊位长度183米，与3号泊位同步建设并综合利用港口配套工程设施。

8月28日，《汕头港广澳港区一期工程初步设计（贯彻国防要求）》通过广东省交通厅审核。至此，广澳港区一期工程完成项目前期工作。

10月1日，南澳县前江湾战备码头建设项目正式动工。该项目经广东省计委粤计基［2003］378号文批准立项。

11月1日，汕头港务集团公司举办“现代港口经营高级研习班”，邀请德国汉堡港口培训学院安德武院长、普雷特教授前来讲课，集团公司领导，各处室、公司主要领导近50人参加了研习班。这是汕头港有史以来首次邀请外国专家来港讲课。

2004年

3月28日，香港——汕头“澳玛Ⅲ”号国际邮轮驶抵汕头港客运站码头，汕头市长黄志光在码头迎接首航客人。

9月7日，根据汕头市机构编制委员会汕机编（2004）32号文“关于印发汕头市港口管理局职能配置、内设机构和人员编制规定的通知”，原汕头港务局改称为“汕头市港口管理局”。

10月20日上午，汕头港务集团公司举行汕头港珠池港区二期工程试投产暨汕头港航道开挖工程开工仪式。

12月1日上午，汕头港开通由中远集装箱运输有限公司和上海泛亚航运有限公司合作的内贸南北航线，该航线内贸干线“滨城”轮首航到达汕头港珠池港区集装箱专用码头。

2005年

2月21日，根据汕头市市委组织部组干（2005）66号文《关于成立港口管理局党组、纪检组和蔡伟杰等同志职务任免的通知》，撤销原汕头港务局党委、纪委，同时任命蔡伟杰同志为汕头市港口管理局党组书记。

3月10日，汕头市人事局（2005）22号文《关于蔡伟杰等同志职务任免的通知》，任命蔡伟杰同志为汕头市港口管理局局长。

3月28日，汕头市港口管理局举行成立揭牌仪式。

4月5日、4月6日，汕头市港口管理局两次向市委市政府领导汇报港口情况，提出了港口发展思路。

5月10日，汕头市港口管理局列入依照国家公务员管理。

9月14日，广东省发展和改革委员会批准汕头港广澳航道一期工程。工程按满足5万吨级集装箱船舶单向乘潮航行标准建设。

9月15日，汕头市政协主席赖益成带队到珠池港区、马山港区和广澳港区视察。

9月17日，汕头市政府批准汕头港广澳港区总体规划。

9月22日，市委书记林木声带队到汕头市

港口管理局进行调研，蔡伟杰局长向其汇报工作。

11月，汕头港航道及外拦门沙整治二期工程（航道工程）交工验收。工程于2004年10月20日开工至2005年11月15日完工，总造价5453.546万元。工程建成后，外航道水深达到－11.0米，满足30000吨级货轮进出港。

2006年

1月，汕头市港口管理局网站正式开通。

2月22日，泰国交通部副部长布拉帕·琳巴潘参观珠池港区。

4月10日，广东省人大财经委员会调研组到汕头市港口管理局，就制定《广东省港口管理条例》进行调研，蔡伟杰局长作了汇报。

5月23日，台湾国民党副主席江丙坤一行8人到港口参观。汕头市港口管理局副局长曾仕娟向江丙坤副主席一行介绍了港口情况。

7月6日上午，广东省钟阳胜副省长一行莅汕，视察加德士燃气公司深水港、南山湾工业区、华能海门电厂项目厂址。

10月14日，国家发改委副主任张晓强、广东省发改委副主任张军一行到加德士、广澳、珠池港区视察，黄志光市长做陪，汕头市港口管理局蔡伟杰局长介绍了港口情况。

12月30日，华能汕头海门电厂工程在潮阳区海门湾举行隆重开工典礼。广东省省长黄华华等领导参加开工典礼。汕头市港口管理局局长蔡伟杰介绍有关海门港区规划建设情况。

2007年

1月27日，广东省副省长佟星一行，在汕头市领导黄志光、蔡宗泽、陈奕威等陪同下，到广澳港区、华能海门电厂工地调研，汕头市港口管理局局长蔡伟杰向他们介绍了汕头港规划建设情况。

2月25日，黄志光、邓大荣、谢泽生等汕头市领导及有关部门领导，就加快交通、港口、能源、工业等重点基础设施建设进行调研。汕头市港口管理局局长蔡伟杰汇报了汕头港口的有关情况。

4月9日，广东省委常委、常务副省长黄龙云在汕头市领导黄志光、蔡宗泽等的陪同下，到广澳深水港码头、华能汕头海门电厂、中海油LNG选址地等汕头重点项目进行调研，汕头市港口管理局副局长陈晓峰介绍港口有关情况。

4月19日，《汕头港三区一县港区总体规划》经过调整，于4月12日至4月19日在汕头市政府门户网站进行公示，该规划的彩图在汕头市规划局展厅展示，供公众参观、提意见。

6月4日，中华人民共和国国务院下发国函［2007］54号《国务院关于同意广东汕头港口岸广澳港区对外开放的批复》，同意广澳港区正式对外国籍船舶开放。

6月15日，交通部水运司组织2007年水运工程建设项目检查工作组，对汕头市港口管理局负责的在建重点项目——华能海门发电厂一期港口工程和汕头港广澳港区一期工程进行检查。汕头市港口管理局副局长陈晓峰向检查组介绍有关情况。

6月20日，汕头市港口管理局局长蔡伟杰、副局长庄松均带队到交通部综合规划司，就汕头市《汕头港三区一县港区总体规划》编制、进展情况作汇报。

7月20日，“汕港管1”号公务艇首航，实现汕头港公共设施管理海上巡查。

8月9日至10日，《汕头港三区一县港区总体规划》专家咨询会召开。交通部总工程师、广东省交通厅领导以及若干知名港口高级专家齐聚汕头，为汕头市拓展港口发展空间，加快港口建设提出宝贵意见。

10月26日，汕头市行政服务中心举行揭牌仪式，汕头市港口管理局派员进驻，负责港口方面的行政审批工作。

11月14日，中共中央政治局委员、广东省省委书记张德江在汕头市市委书记黄志光、

市长蔡宗泽和市港口管理局局长蔡伟杰等的陪同下视察广澳港区。张德江指出，汕头的港口条件得天独厚，最大的优势是大力发展港口工业。

11月24日至28日，汕头市港口管理局召开汕头港珠池港区二期工程竣工验收会，交通部水运司副司长肖大选等有关负责人和专家学者参加了竣工验收会议。汕头港珠池港区二期工程顺利通过交通部竣工验收。

12月27日，根据广东省人事厅批复（粤人函〔2007〕2408号文），汕头市港口管理局列入参照公务员管理。

12月27日，中海集装箱运输股份有限公司旗下的“新锦州”集装箱轮（船长216米，船宽32米，吃水9.8米）成功靠泊广澳港区2号泊位，这是该泊位首次靠泊大型集装箱班轮。

2008年

1月7日，中共中央政治局委员、广东省省委书记汪洋在汕头市市委书记黄志光、市长蔡宗泽等领导的陪同下，视察了汕头港广澳港区。

3月6日，为贯彻落实市委、市政府和黄志光书记关于抓紧广澳港区西防波堤项目的前期工作，汕头市港口管理局成立了以蔡伟杰为组长、陈晓峰副局长为副组长的推进广澳港区西防波堤项目前期工作领导小组。

3月7日，“汕头港——地中海国际集装箱班轮首航仪式”在广澳港区隆重举行。这是汕头港历史上第一条集装箱远洋班轮航线。

3月29日，法国达飞轮船有限公司的集装箱班轮“希德伯格”号安全靠汕头港广澳港区集装箱码头。该轮长258米，宽32.2米，进港吃水10米，总吨位5.3万吨，载箱量2700TEU，是迄今为止进入汕头港长度最长、吨位最大的集装箱班轮。

4月24至25日，汕头市港口管理局召开了汕头港广澳港区西防波堤预可行性报告评审会，对广澳港区西防波堤预可行性报告进行评审并通过了预可行性报告。

5月8日，全国政协原副主席、致公党中央原主席罗豪才率“海峡西岸区域经济发展”调研团莅汕调研，到广澳港区考察并听取情况介绍。

7月25日，广东海事局在汕头市召开《汕头港广澳港区航道一期工程通航安全评估报告》评审会。汕头海事局、汕头市港口管理局等单位代表及专家参加了会议。

8月5日，在汕头市迎宾馆召开《汕头港总体规划补充报告》汇报会。市委、市政府领导及有关部门参加了汇报会。会议听取了汕头市港口管理局及中交第一航务工程勘察设计院有限公司对该《报告》编制和修编情况的汇报。

8月19日，广东省发改委发出《关于汕头港广澳港区西防波堤工程项目建议书的批复》。根据批复，汕头港广澳港区西防波堤工程项目总长7925米，由西防波堤和外东防波堤两部分组成，其中西防波堤长度6317米，外东防波堤长度1608米。项目总投资初步估算为14.5亿。

10月12日，国家交通运输部环保办在汕头组织召开《汕头港总体规划补充报告环境影响报告书》审查会，对《汕头港总体规划补充报告环境影响报告书》进行审查并通过了该报告。

12月16至17日，国家交通运输部与省有关部门在汕头组织召开《汕头港总体规划补充报告》审查会，对《汕头港总体规划补充报告》进行审查并原则上通过了该报告。

12月19日，汕头市港口管理局在汕头港珠池港区成功组织汕头港危险货物事故Ⅱ级应急演练。

2009年

1月18日，汕头港实现对台海上直航，这是广东省第一个对台直航的港口，结束了汕——台海运中断60年的历史。直航班轮航线首航仪式在汕头国际集装箱码头隆重举行。

1月18日，汕头市港口管理局蔡伟杰局长与中联航运有限公司总经理陈洪辉分别代表双方

举行战略合作协议签字仪式，正式建立全方位、深层次的战略合作关系。

2月4日，汕头市副市长苏耀光带队来汕头市港口管理局指导调研。之后，到广澳港区召开港口建设工作现场会，研究部署加快广澳港区的建设和发展。

2月4日，全国中小企业协会会长、国家发改委原副主任李子彬在汕头市委书记黄志光等市领导的陪同下视察广澳港区，汕头市港口管理局局长蔡伟杰介绍了汕头港发展与规划情况。

2月22上午，汕头港广澳港区航道一期工程正式开工建设，汕头市市委书记黄志光宣布开工令。

2月23日，汕头市港口管理局、汕头市国土资源局、汕头市财政局联合发出《关于实施港口岸线有偿使用制度的意见（试行）》（汕港管〔2009〕20号）。文件确定："凡在汕头市行政区域内新建码头及其他港口设施使用岸线（包括沿海岸线和内河岸线）和改、扩建码头新增使用岸线的，均应缴纳港口岸线有偿使用金。"

5月6日，汕头对台直航包船邮轮"亚洲之星"号乘载350名游客扬帆起航。这是大陆继上海、厦门之后国家交通运输部批准的第三宗海上包船直航台湾特案，汕头市也成为广东省首个实现对台包船客运直航城市。

5月19日，汕头市市委书记黄志光带队到汕头市港口管理局调研，研究加快推进港口建设，做强做大港口经济的思路、办法和举措。黄志光强调，各级各有关部门要用科学发展观来统揽工作，进一步增强紧迫感和责任感，大思路、大气魄、大手笔，高起点、高标准、高效能，以广澳港区建设为重点推动新一轮港口大发展。

6月10日，华能海门电厂码头正式启用。华能海门电厂一期1、2号机组海域工程是华能海门电厂配套的港区工程，包括：煤码头与相邻护岸工程、综合码头与相邻护岸工程、航道及港池疏浚工程、防浪堤及厂区护岸工程。其中煤码头岸线长345米，航道底宽165米，水深—15.7米，港池回转半径460米，底标高—14.8米。

6月29日至7月13日，由汕头市市长蔡宗泽带队赴广西钦州市、防城港市和重庆市学习考察，汕头市港口管理局局长蔡伟杰参加本次考察活动。

7月26，汕头市市委书记黄志光带队到广澳港区实地调研工程建设情况，检查各项工作落实情况。

8月22日，汕头港广澳港区一期工程2号泊位竣工初步验收会议在汕头市龙湖宾馆召开。会议通过了《竣工初步验收意见书》。

8月28日，汕头港广澳港区防波堤工程可行性研究报告在广州市通过省交通厅组织召开的专家评审会评审。广东省发改委、省海洋与渔业局、广东海事局和汕头市有关部门参加了会议。广东省交通厅张健副总工程师、汕头市苏耀光副市长出席会议。

10月29日，广东省环境技术中心在汕召开《汕头港广澳港区2万吨级石油化工品码头及库区配套工程》环境影响报告书，专家评审会，会议通过了对《报告》的评审。

11月11至12日，广东省海洋与渔业局在汕头市召开了《汕头港广澳港区防波堤工程海洋环境影响报告书》专家评审会，形成评审意见。

11月11至12日，广东省海洋与渔业局在汕头市召开了《汕头港广澳港区防波堤工程海域使用论证报告》（以下简称《报告》）专家评审会，形成评审意见。

11月26日，广东省交通厅组织有关单位和专家对汕头港广澳港区防波堤工程初步设计进行了审查；12月4日，广东省交通厅以《关于汕头港广澳港区防波堤工程初步设计的批复》（粤交基［2009］1279号），批复了该工程初步设计。

11月，广东省发改委以“粤改交［2009］1210号文”批复汕头港广澳港区防波堤项目工程可行性研究报告，工程估算投资15.18亿元。12月，国家交通运输部以“交函规划［2009］364号文同意该项目列入2010年固定资产投资计划，补助金额45880万元。该项获国家资金补助的比例、数额均为解放以来港口基础设施建设项目获国家资金补助之最。

12月15至16日，汕头市港口管理局组织召开《汕头港广澳港区4号A、4号B　2个10万吨级集装箱码头工程工程可行性研究报告》初审会，会议形成初审意见。

2010年

6月11日，汕头市市委书记李锋主持召开交通重点项目工作汇报会，提出“做强做大融资平台，盘活珠池港区。引进战略性合作伙伴，加快广澳港区建设”的工作思路。

6月23日，汕头市市委书记李锋到广澳港区调研港口建设和发展情况，听取市港口规划建设情况汇报。李锋书记指出：“要整合零零散散的小码头，形成合力，集中精力、集中力量、集中财力搞好广澳港区的建设。要进一步扩大港口规模，优化港口结构，提升港口等级。要充分利用广澳港区优良的天然条件，加快港口泊位、集疏港通道等各项基础设施建设，加快形成港口经济的规模集聚效应。要进一步用活、用足、用透、用尽有关优惠政策，通过区港联动增强保税区辐射功能，带动港口城市经济发展。与此同时，要大力引进战略投资者和合作伙伴，引进有经验、有实力的国际航运公司，开拓更多的国际国内航线，扩大港口经济腹地，加快港口建设和发展。”

7月16日，汕头港广澳港区对外开放顺利通过了国家验收。港区的正式对外开放待报海关总署（国家口岸办）批准后，由交通运输部对外公布。

7月26日，汕头市市委书记李锋在市委九届九次全会上的讲话中指出：“港口是汕头的优势资源，加快推进以港兴市发展战略，就必须整合珠池港区等现有的小港口资源，引进战略合作伙伴，集中力量建设广澳港区，把广澳港区做强做大，早日实现亿吨大港的目标。而置换出来的珠池港区等，又可以通过整体规划，调整功能，通过投融资平台，筹集到大笔资金，迅速解决我市当前财政困难的问题，而且能够优化中心城区布局，加快建设拥有纵深内海湾的生态型海滨城市，一举多得。”

编后记

经过三个多月紧张地搜集、整理、编辑工作，《汕头开港150年图像编年史》终于定稿了。这也使得参与这本画册的所有编辑人员长长地吁了一口气！

如果把汕头港的变迁看成是一条流淌了150年的河流，那么，我们搜集、整理的这一帧帧照片就是沉淀下来的五彩缤纷的鹅卵石。三个多月来，我们的身心一直沉浸在这条澎湃的河流中，并被一块块闪光的鹅卵石感动着、震撼着。如今站立于河畔，屏住呼吸，静静地注视着粼粼的波光，映射出来的鲜活生动的影像，是如此地清晰，如此地令人动容：有晚清时期的屈辱，也有民国时期的动荡；有新中国诞生后的盎然生机，也有改革开放三十年的翻天覆地；有各级领导对汕头港的深切关怀,有热火朝天的港口建设，也有港口工人的辛勤劳作；……。我们从这些历时一个半世纪的珍贵图片中，看到的是一个百年老港的脱胎换骨、改天换地。

这条流淌了150年的河流，仍在奔涌向前，且更加汹涌澎湃，更加不可阻挡。通过这本画册，我们重温150年来一代又一代港口人奋斗的足迹，见证汕头港的变迁和辉煌，展现汕头港未来的宏伟蓝图，从而坚定打造多功能、综合性、外向型、现代化的东南沿海深水大港的信心。这正是我们编辑这本画册的目的和意义之所在。

捧着这本沉甸甸的画册，首先让我们想到的是一代又一代摄影家们，他们有晚清时期和民国时期那些不曾留下姓名的摄影先辈们，有汕头市

老摄影家韩志光、王瑞忠、洪浩等，有汕头市当代摄影家孙日绚、马卡、马礼锐、罗斌等，还有那些活跃在港口一线的摄影爱好者们。正是他们为我们留存下这些珍贵的照片，让我们感受到汕头港走过的不平凡历程。在此，向他们表示崇高的敬意！在照片资料搜集过程中，我们得到了汕头海关关史陈列馆、汕头市档案馆、广东海事局汕头航标处、南澳县宣传部、汕头港务集团有限公司、汕头国际集装箱码头有限公司、汕头市交通协会等单位的大力帮助和支持，在此表示衷心地感谢！还要特别感谢汕头市委党校常务副校长林小斌对这本画册的悉心策划和指导！同时，还要感谢所有为这本画册提供帮助、付出辛劳、做出贡献的人们！

在汕头开港150周年之际，在建设文化强市、打造幸福汕头的新时期，参与编纂这本用图像展示汕头港150年变迁的历史画卷，展示一代代汕头港人的不懈努力和取得的成就，是我们的荣幸。但是，用三个多月的时间，完成一本历史跨度150年的画册，难度可想而知。仅仅一本《汕头开港150年图像编年史》也不可能展现汕头港150年变迁和发展的全部，加上水平有限，难免会有所纰漏，敬请指正。

编者

二〇一〇年十一月八日

图片供稿单位:

汕头海关关史陈列馆
汕头市档案馆
广东海事局汕头航标处
南澳县委宣传部
汕头港务集团有限公司
汕头国际集装箱码头有限公司
汕头潮汕历史文化研究中心
汕头市交通协会

参考文献资料:

《汕头港口志》
《汕头港建设史》
《汕头城市山水》
《汕头侨批文化图片巡展》
《汕头交通运输业改革开放三十年》